2026년도 교회력에 따른

예배와
설교
핸드북

A HANDBOOK FOR PREACHING AND WORSHIP

by SuJung Kim, YoungHyun Choi, KyongKuk Han, SungWoo Kim

Designed with Liturgical and Lectionary Resources
for the Church Year, 2026.

ⓒ김수중, 최영현, 한경국, 김성우, 2025
Published in 2025
by Worship & Preaching Academy

25 Achasan-ro 73gil, Gwangjin-gu,
Seoul, Korea

2026 예배와 설교 핸드북

지은이 | 김수중 최영현 한경국 김성우
펴낸이 | 김현애
책임편집 | 차순이
디자인 | 디자인집(02-521-1474)

찍은날 | 2025년 10월 25일
펴낸날 | 2025년 11월 5일

펴낸곳 | 예배와 설교 아카데미
        등록번호 제18-90호(1998. 12. 3)
주   소 | 서울특별시 광진구 아차산로73길 25
전   화 | 02-457-9756
팩   스 | 02-457-1957

http://wpa.imweb.me
ISBN 979-11-93719-12-1

총판처 | 비전북
전   화 | 031-907-3927
팩   스 | 031-905-3927
책   값 | 56,000원

2026년도 교회력에 따른

예배와 설교 핸드북

저자
김수중
최영현
한경국
김성우

특별기고
김태섭
주교돈
양성부

WPA 예배와 설교 아카데미

차 례

서문 012
돌아보는 2025년 015
내다보는 2026년 030

| 1부 | 특별기고

초창기 내한 선교사들의 세례 예전과 성경 번역 040
성토요일(Holy Saturday)과 공감적 예배 059
전통을 새롭게 기억하기(Traditioned Re-membering)로서의 설교 088

| 2부 | 주일 낮 예배·설교 지침

2025년

■ 대림절

| 11.30 | **대림절 첫 번째 주일** | 108 |
| 시 122; 사 2:1-5; 롬 13:11-14; 마 24:36-44 |

| 12.7 | **대림절 두 번째 주일** | 118 |
| 시 72:1-7, 18-19; 사 11:1-10; 롬 15:4-13; 마 3:1-12 |

| 12.14 | **대림절 세 번째 주일** | 128 |
| 시 146:5-10; 사 35:1-10; 약 5:7-10; 마 11:2-11 |

| 12.21 | **대림절 네 번째 주일** | 138 |
| 시 80:1-7, 17-19; 사 7:10-16; 롬 1:1-7; 마 1:18-25 |

■ 성탄절

| 12.25 | **성탄절** | 148 |
| 시 98; 사 52:7-10; 히 1:1-4, (5-12); 요 1:1-14 |

12.28	**성탄절 후 첫 번째 주일** 시 148; 사 63:7-9; 히 2:10-18; 마 2:13-23	158

2026년

1.4	**성탄절 후 두 번째 주일** 시 147:12-20; 렘 31:7-14; 엡 1:3-14; 요 1:(1-9), 10-18	168

📖 주현절

1.6	**주현절** 시 72:1-7, 10-14; 사 60:1-6; 엡 3:1-12; 마 2:1-12	180
1.11	**주현절 후 첫 번째 주일/주님의 수세 주일** 시 29; 사 42:1-9; 행 10:34-43; 마 3:13-17	190
1.18	**주현절 후 두 번째 주일** 시 40:1-11; 사 49:1-7; 고전 1:1-9; 요 1:29-42	200
1.25	**주현절 후 세 번째 주일** 시 27:1, 4-9; 사 9:1-4; 고전 1:10-18; 마 4:12-23	210
2.1	**주현절 후 네 번째 주일** 시 15; 미 6:1-8; 고전 1:18-31 마 5:1-12	218
2.8	**주현절 후 다섯 번째 주일** 시 112:1-9(10); 사 58:1-9a,(9b-12); 고전 2:1-12, (13-16); 마 5:13-20	228
2.15	**주현절 후 여섯 번째 주일/산상 변모 주일** 시 2; 출 24:12-18; 벧후 1:16-21; 마 17:1-9	238

📖 사순절

2.18	**참회의 수요일** 시 51:1-17; 욜 2:1-2, 12-17; 고후 5:20b-6:10; 마 6:1-6, 16-21	248

2.22	**사순절 첫 번째 주일** 시 32; 창 2:15-17; 3:1-7; 롬 5:12-19; 마 4:1-11	256
3.1	**사순절 두 번째 주일** 시 121; 창 12:1-4a; 롬 4:1-5, 13-17; 요 3:1-17	266
3.8	**사순절 세 번째 주일** 시 95; 출 17:1-7; 롬 5:1-11; 요 4:5-42	276
3.15	**사순절 네 번째 주일** 시 23; 삼상 16:1-13; 엡 5:8-14; 요 9:1-41	288
3.22	**사순절 다섯 번째 주일** 시 130; 겔 37:1-14; 롬 8:6-11; 요 11:1-45	296
3.29	**종려 주일 / 수난 주일** 시 31:9-16; 사 50:4-9a; 빌 2:5-11; 마 21:1-11	306
4.2	**성 목요일** 시 116:1-2, 12-19; 출 12:1-4, (5-10), 11-14; 고전 11:23-26; 요 13:1-17, 31b-35	320
4.3	**성 금요일** 시 22; 사 52:13-53:12; 히 10:16-25; 요 18:1-19:42	332

부활절

4.5	**부활 주일** 시 118:1-2, 14-24; 행 10:34-43; 골 3:1-4; 요 20:1-18	342
4.12	**부활절 두 번째 주일** 시 16; 행 2:14a, 22-32; 벧전 1:3-9; 요 20:19-31	352
4.19	**부활절 세 번째 주일** 시 116:1-4,12-19; 행 2:14a, 36-41; 벧전 1:17-23; 눅 24:13-35	366
4.26	**부활절 네 번째 주일** 시 23; 행 2:42-47; 벧전 2:19-25; 요 10:1-10	378

| 5.3 | 부활절 다섯 번째 주일 / 어린이 주일 | 388 |

시 31:1-5, 15-16; 행 7:55-60; 벧전 2:2-10; 요 14:1-14

| 5.10 | 부활절 여섯 번째 주일 / 어버이 주일 | 400 |

시 66:8-20; 행 17:22-31; 벧전 3:13-22; 요 14:15-21

| 5.17 | 부활절 일곱 번째 주일 | 412 |

시 68:1-10, 32-35; 행 1:6-14; 벧전 4:12-14, 5:6-11; 요 17:1-11

오순절

| 5.24 | 성령 강림 주일 | 422 |

시 104:24-34, 35b; 행 2:1-21; 고전 12:3b-13; 요 20:19-23

| 5.31 | 삼위일체 주일 | 432 |

시 8; 창 1:1-2:4a; 고후 13:11-13; 마 28:16-20

| 6.7 | 오순절 후 두 번째 주일 | 442 |

시 33:1-12; 창 12:1-9; 롬 4:13-25; 마 9:9-13, 18-26

| 6.14 | 오순절 후 세 번째 주일 | 452 |

시 116:1-2, 12-19; 창 18:1-15, (21:1-7); 롬 5:1-8; 마 9:35-10:8, (9-23)

| 6.21 | 오순절 후 네 번째 주일 | 462 |

시 86:1-10, 16-17; 창 21:8-21; 롬 6:1-11; 마 10:24-39

| 6.28 | 오순절 후 다섯 번째 주일 | 472 |

시 13; 창 22:1-14; 롬 6:12-23; 마 10:40-42

| 7.5 | 오순절 후 여섯 번째 주일 | 482 |

시 45:10-17; 창 24:34-39, 42-49, 58-67; 롬 7:15-25a;
마 11:16-19, 25-30

| 7.12 | 오순절 후 일곱 번째 주일 | 492 |

시 119:105-112; 창 25:19-34; 롬 8:1-11; 마 13:1-9, 18-23

| 7.19 | 오순절 후 여덟 번째 주일 | 502 |

시 139:1-12, 23-24; 창 28:10-19a; 롬 8:12-25; 마 13:24-30, 36-43

7.26	오순절 후 아홉 번째 주일	512
	시 105:1-11, 45b; 창 29:15-28; 롬 8:26-39; 마 13:31-33, 44-52	
8.2	오순절 후 열 번째 주일	522
	시 17:1-7, 15; 창 32:22-31; 롬 9:1-5; 마 14:13-21	
8.9	오순절 후 열한 번째 주일 / 광복절 감사 주일	532
	시 105:1-6, 16-22, 45b; 창 37:1-4, 12-28; 롬 10:5-15; 마 14:22-33	
8.16	오순절 후 열두 번째 주일	540
	시 133; 창 45:1-15; 롬 11:13-16, 29-32; 마 15:(10-20), 21-28	
8.23	오순절 후 열세 번째 주일	550
	시 124; 출 1:8-2:10; 롬 12:1-8; 마 16:13-20	
8.30	오순절 후 열네 번째 주일	558
	시105:1-6, 23-26, 45c; 출 3:1-15; 롬 12:9-21; 마 16:21-28	
9.6	오순절 후 열다섯 번째 주일	568
	시 149; 출 12:1-14; 롬 13:8-14; 마 18:15-20	
9.13	오순절 후 열여섯 번째 주일	578
	시 114; 출 14:19-31; 롬 14:1-12; 마 18:21-35	
9.20	오순절 후 열일곱 번째 주일	586
	시 105:1-6, 37-45; 출 16:2-15; 빌 1:21-30; 마 20:1-16	
9.27	오순절 후 열여덟 번째 주일	594
	시 78:1-4, 12-16; 출 17:1-7; 빌 2:1-13; 마 21:23-32	
10.4	오순절 후 열아홉 번째 주일	602
	시 19; 출 20:1-4, 7-9, 12-20; 빌 3:4b-14; 마 21:33-46	
10.11	오순절 후 스무 번째 주일	610
	시 106:1-6, 19-23; 출 32:1-14; 빌 4:1-9; 마 22:1-14	
10.18	오순절 후 스물한 번째 주일	620
	시 99; 출 33:12-23; 살전 1:1-10; 마 22:15-22	

10.25	**오순절 후 스물두 번째 주일**	628
	시 90:1-6, 13-17; 신 34:1-12; 살전 2:1-8; 마 22:34-46	
11.1	**오순절 후 스물세 번째 주일**	638
	시 107:1-7, 33-37; 수 3:7-17; 살전 2:9-13; 마 23:1-12	
11.8	**오순절 후 스물네 번째 주일**	646
	시 78:1-7; 수 24:1-3a, 14-25; 살전 4:13-18; 마 25:1-13	
11.15	**오순절 후 스물다섯 번째 주일**	654
	시 123; 삿 4:1-7; 살전 5:1-11; 마 25:14-30	
11.22	**오순절 후 스물여섯 번째 주일 / 왕이신 그리스도 주일**	662
	시 100; 겔 34:11-16, 20-24; 엡 1:15-23; 마 25:31-46	

| 3부 | 절기 설교를 위한 지침

1.1	**송구영신예배**	672
	시 113; 합 3:16-19; 빌 4:4-7; 요 14:25-31	
5.3	**어린이 주일**	682
	시 101; 잠 22:1-16; 고후 5:6-10, 14-17; 요 6:60-65	
5.10	**어버이 주일**	692
	시 71; 삼상 2:18-21; 히 11:8-12, 17-22; 마 20:20-28	
8.9	**광복절 감사 주일**	702
	시 67; 사 43:14-21; 엡 2:11-22; 마 13:18-23	
*	**추수 감사 주일**	712
	시 1; 전 3:10-15; 살전 1:1-5; 마 13:36-43	

| 4부 | 52주 저녁 예배를 위한 주해 설교

1주	회복의 열쇠, 자기 낮춤 대하 12:1-16	724
2주	또 다른 각자의 길 대하 13:1-22	726
3주	위기 속 강력한 무기 대하 14:1-15	728
4주	여호와를 찾는 신앙 대하 15:1-19	730
5주	신앙의 성공과 실패 대하 16:1-14	732
6주	부흥의 엔진 대하 17:1-19	734
7주	거짓과 진실 사이 대하 18:1-32	736
8주	회복의 길, 회개 대하 19:1-11	738
9주	하나님의 개입을 이끌어 내는 비결 대하 20:1-13	740
10주	승리를 가져오게 하는 믿음의 찬양 대하 20:14-37	742
11주	비상 그리고 추락 대하 21:1-20	744
12주	죄악 속에 숨겨진 약속의 씨 대하 22:1-12	746
13주	참된 개혁, 예배 회복의 첫길 대하 23:1-21	748
14주	영적 기둥을 지탱하라! 대하 24:1-27	750
15주	패망의 선봉 대하 25:1-28	752
16주	성공의 때를 경계하라 대하 26:1-23	754
17주	'그러나'의 신앙이 주는 은혜 대하 27:1-9	756
18주	완전한 영적 파산 대하 28:1-27	758
19주	부흥 매뉴얼 대하 29:1-19	760
20주	폭발적인 기쁨과 헌신의 근거 대하 29:20-36	762
21주	모든 장벽을 넘어선 초청 대하 30:1-27	764
22주	영원한 투자 원리 대하 31:1-21	766
23주	최선과 믿음이 일치하는 신앙 대하 32:1-23	768
24주	회개, 그 위대한 인생으로의 초대 대하 32:24-33	770
25주	기도, 삶의 방향을 바꾸라! 대하 33:1-25	772
26주	순수한 신앙의 열정, 개혁의 시작 대하 34:1-33	774
27주	부흥의 절정 그리고 안타까운 비극 대하 35:1-27	776
28주	잿더미 속에서 시작된 새로운 구원 약속 대하 36:1-23	778
29주	귀환, 잃어버린 영광의 회복 스 1:1-11	780

30주	**첫 번째 귀환자 명단** 스 2:1-70		782
31주	**예배 회복, 그 위대함의 첫발** 스 3:1-13		784
32주	**영적 대반격** 스 4:1-24		786
33주	**새로운 기폭제** 스 5:1-17		788
34주	**상상할 수 없는 방식** 스 6:1-22		790
35주	**말씀의 사람, 새 시대를 열다** 스 7:1-28		792
36주	**하나님에 대한 온전한 신뢰** 스 8:1-23		794
37주	**거룩한 청지기의 책임감** 스 8:24-36		796
38주	**누룩을 제거하기 위한 리더의 중보기도** 스 9:1-15		798
39주	**가장 단호한 개혁** 스 10:1-44		800
40주	**기도로 사명을 품다** 느 1:1-11		802
41주	**마침내 길을 연 기도의 사람** 느 2:1-20		804
42주	**거룩한 연합** 느 3:1-32		806
43주	**위기 대처법** 느 4:1-23		808
44주	**무너진 공동체를 세우는 정의와 희생** 느 5:1-19		810
45주	**위대한 사명에 집중하라!** 느 6:1-19		812
46주	**신앙의 뿌리를 소중히 기억하라!** 느 7:1-73		814
47주	**여호와를 아는 것이 큰 힘이다** 느 8:1-18		816
48주	**주님 앞에 선 정직한 고백** 느 9:1-38		818
49주	**회개를 넘어, 삶의 언약으로** 느 10:1-39		820
50주	**거룩한 도성을 위한 헌신과 결단** 느 11:1-36		822
51주	**뿌리를 기억하는 감사** 느 12:1-26		824
52주	**삶으로 이어진 기쁨** 느 12:27-47		826

PPT예배자료 다운 및 홈페이지 회원등록 방법	828
저자 소개	833
예배와 설교 아카데미 책 소개	834

서문

하나님의 명령에 합당한지 몇 번이고 살펴보았습니다

　새해의 핸드북을 써 내려가는 동안 한시도 마음에서 떠나지 않은 기도가 있습니다. 한국 개혁교회의 주역들인 애독자 여러분이 예배와 설교를 준비하실 때 하나님의 의와 진리가 밝게 나타나, 말씀을 듣는 그리스도인들이 극단적 편향성을 넘어 빛으로 나아오게 해 주시라는 내용입니다. 이는 필자뿐 아니라 이 나라의 온 교회 지도자들이 간절히 외치는 공통된 기도 제목이기도 합니다. 국가 통치로 인하여 분열된 국민과 교인들의 모습을 바라보면서, 그리고 한국교회를 향해 쏟아지는 비난의 목소리를 들으면서, 애통하지 않은 그리스도인은 아무도 없었을 것입니다.

　지난 한 해, 우리는 정치적 격변을 겪으며 기독교인으로서 국가 통치에 관한 최선의 판단과 행위가 무엇인지 고민을 거듭해 왔습니다. 필자 역시 종교개혁시대의 고전인 장 칼뱅(J. Calvin)의 『기독교 강요』(Institutio Christianae Religionis)를 다시금 정독하면서 마지막 장인 '국가 통치'의 의미를 되새겨보았습니다. 이미 알려진 바와 같이 칼뱅은 영적 통치와 국가 통치의 차이를 밝히며 국가 권위의 신성함을 강조하고 복종의 의무를 말합니다. 불의한 통치자에게도 저항은 조심스럽게 이루어져야 한다고 하여 정권을 정당화할 여지를 남겨두었습니다.

　그러나 16세기 유럽 왕정 국가 시대의 상황을 바탕으로 한 이 주장은 현대적 민주 시민 사회로 전환되면서 하나님의 은총과 인간의 자유에 부합하지 않는다는 지적을 받고 있습니다. 이것을 이미 깨달았던 개혁자 칼뱅은 '국가 통치'의 결론으로서 복종의 예외를 다음과 같이 기술하였습니다.

"우리는 집권자들의 권위에 마땅히 복종해야 된다고 했지만 그 복종에는 항상 한 가지 예외가 있어야 한다. 아니 예외라기보다 이것은 가장 중요한 일이다. 즉 우리는 이런 복종으로 인하여, 모든 왕들의 욕망도 마땅히 복종해야 할 분에게 불순종해서는 안 된다. 왕들의 모든 명령도 그분의 명령에 양보해야 하며 왕들의 권력은 그분의 위엄 앞에 굴복해야 한다. 그분을 위해서 우리는 사람들에게 복종하는 것인데 사람들의 비위를 맞추기 위해서 그분을 불쾌하게 한다면 그것은 얼마나 미련한 짓이겠는가? 그러므로 주께서는 왕들의 왕이시며, 주께서 입을 여실 때에는 누구보다도 먼저, 또 누구보다도 더 중요시해서 그분의 말씀을 들어야 한다. 그 다음에 우리들 위에 권위를 가진 사람들에게 순종해야 한다. 그러나 주 안에서만 그들에게 순종해야 한다. 만일 그들의 명령이 하나님께 반대되는 것이라면 그 명령을 존경하지 말라." (장 칼뱅, 『기독교 강요』 하권, 김종흡 외 3인 공역, 생명의말씀사, 1991, 632-633면.)

인간에 대한 복종의 전제조건은 하나님의 말씀과 명령에 합당해야 한다는 점을 뚜렷이 밝히고 있습니다. 왕들의 권력보다 더 높은 위엄으로 내려오는 하나님의 명령에 순종함이 옳습니다. 그러므로 하나님 말씀의 올바른 의미를 알고 그 명령에 따른다면 한국교회와 교인들이 겪는 무분별한 대립과 갈등은 사라지게 될 것입니다. 이를 위해 설교자의 책임이 실로 중요하다는 사실은 아무리 강조해도 지나치지 않습니다.

이에 따라 필자들은 다른 어느 해보다 교회력에 따른 성서정과 내용을 깊이 분석하고 말씀의 적용에 신중을 거듭하였습니다. 특히 이 시대의 국가 통치로 인한 갈등 문제를 말씀의 빛으로 조명하기 위하여 최선의 노력을 기울였습니다. 칼뱅이 지적한 것처럼, 사람의 비위를 맞추기 위해 하나님의 말씀을 변질시켜 그분을 불쾌하게 하는 짓을 일절 없애고자 매일 매시 마음을 다잡고 기도하며 한 줄, 또 한 줄, 글을 썼습니다.

본서의 시작은 이전과 다름없이 지난해의 회고와 오는 해에 대한 전망입니다. 그러나 필자는 지나가는 해를 돌아볼 일이 너무도 많아 마음을 다잡기 어려웠습니다. 그만큼 우리 삶이 긴장의 연속이었으며 신앙생활에도 부침이 심했다는 뜻입니다. 이제 독자 여러분과 함께 미래를 긍정적으로 전망하며 한국교회에 내리실 주님의 은총을 기다립니다. 본서가 내다본 앞날보다도 더 큰 은혜를 받아 기쁨을 함께 나누는 새해가 되기를 진심으로 바랍니다.

올해도 학자 세 분의 연구 내용을 수록합니다. 김태섭, 주교돈, 양성부님의 특별기고는 독자들의 신앙과 목회에 도움을 드릴 소중한 자료가 될 것입니다. 그리고 주일 낮 예배 설교 지침은 변함없이 대림절 기간부터 1년 동안 이어집니다. 앞에서 피력한 바와 같이 한국교회의 현실적 위기를 떠올리며 하나님 말씀의 올바른 의미를 해석, 적용하기 위해 힘썼음을 거듭하여 말씀드립니다.

절기 설교를 위한 지침과 52주 주해 설교도 내용에 신선도를 높이고 깊이를 더하기 위해 노력하였습니다. 실제 사용에 유익한 도움이 될 수 있으면 좋겠습니다. 지난해와 다름없이 주일 영상 예배 자료는 '예배와 설교 아카데미 홈페이지'를 이용하면 받아보실 수 있습니다.

본서『예배와 설교 핸드북』이 올해로 42년이 되었습니다. 오랜 연륜을 쌓아온 것이 주님의 은혜와 독자 여러분의 사랑임을 떠올리며 감사를 드립니다. 저희 저자들은 전통의 성벽만 높이려 하지 않고 한국교회와 소통할 수 있는 방편들을 적극 고안하면서 독자들과의 대화 창구를 더욱 넓혀 가겠습니다. 계속하여 이 핸드북에 관심을 기울여 주시고, 또 언제든지 새로운 제언이 있으면 편집부로 보내 주시기 바랍니다. 올해의 출간이 이루어지도록 저자들과 함께 수고하신 윤교식 목사님, 강성효 목사님, 이상일 교수님, 유성국 목사님 그리고 '예배와 설교 아카데미' 대표 김현애 박사님과 차순이 목사님을 비롯한 편집진 여러분의 헌신을 마음에 새깁니다.

주후 2025년 대림절에
저자 대표 **김 수 중**

돌아보는 2025년

비상계엄부터 조기 대선까지 숨 가쁜 날들이 계속되었다.

2024년 12월 3일 밤 10시 27분, 대한민국 전역에 비상계엄령이 선포되었다. 평화로움 속에 잠을 청하려던 온 국민은 소스라치게 놀라며 귀를 의심했다. 비상계엄은 전시나 사변, 또는 적과 교전하거나 사회 질서가 극도로 교란된 국가비상사태에서 군사력을 사용하여 사법과 행정을 유지하는 긴급조치이다. 우리나라에서는 45년 전인 1979년에 유신체제의 종말과 신군부의 정권 장악 때 사용된 후 국민의 뇌리에서 사라져 버린 국가긴급권이기에 혹시 전쟁이 터진 것은 아닌지 모두가 극도의 긴장감에 사로잡힐 수밖에 없었다.

그러나 당시 대통령의 계엄 선포 이유는 전혀 달랐다. 그는 '종북 반국가 세력들을 일거에 척결하고 자유 헌정 질서를 지키기 위함'이라 주장하며 정치 활동 금지, 언론 출판 통제, 복귀 거부 의료인 처단 등을 골자로 한 포고령까지 발령했다. 계엄 선포의 원인은 전쟁이 아니라 정치적 갈등임을 알게 된 시민들이 국회로 달려갔다. 계엄은 국무회의의 심리를 거쳐 반드시 국회에 통보해야 하고 국회가 과반수 찬성으로 해제를 요구하면 대통령은 즉시 계엄령을 해제해야 한다. 이 헌법 규정을 떠올리며 국회를 지켜야 한다는 국민적 의지가 한데 결집한 시간이었다. 이러한 시민 저항과 국회에 투입된 계엄군들의 소극적 임무 수행으로 인해 국회는 신속하게 대응 절차를 밟을 수 있었다. 한밤중에 국회의 담을 넘어 본회의장에 도착한 190명 의원 전원 찬성으로 비상계엄 해제결의안이 통과되었다. 현장을 생중계하는 TV 화면이 역사적 순간을 생생히 비추고 있었다.

국회의 의결에도 불구하고 계엄은 즉시 해제되지 않았다. 그로부터 3시간을 넘긴 새벽 4시 20분에 대통령의 해제 선언에 따라 계엄은 완전히 실패로 돌아갔다. 하지만 윤석열 대통령과 그의 지지자들은 지금까지 우리나라에 부정선거가 계속되었으며 거기에 중국이 조직적으로 개입했다는 주장을 거두지 않았다. 그들은 계엄이 대통령의 통치 행위이고 헌법적 결단이라 외치면서 적극적으로 옹호했다. 나라는 혼란에 빠지고 말았다.

　　12월 14일, 국회는 대통령 윤석열 탄핵소추안을 통과시켰다. 재적 300인 중 2/3를 넘긴 204인의 찬성으로 가결된 것이다. 대통령의 직무는 정지되고 헌법재판소의 판결을 기다리게 되었다. 그 사이에 '탄핵 찬반 집회'는 걷잡을 수 없이 확산되어 갔고, 국가의 수사 기관들은 앞을 다투어 내란죄 수사에 들어갔다. 공수처, 경찰 국수본, 검찰 특수본, 국방부 조사본부 등이 나서서 당시 국방부 장관과 군 관계자들을 내란중요임무종사 혐의로 구속하였다. 내란 음모의 핵심인 대통령에게도 체포영장이 발부되었다.

　　해가 바뀐 2025년 벽두에 국가 공권력과 대통령 경호처가 무력으로 대치하는 초유의 사태가 벌어졌다. 경호처의 방해로 영장 집행이 실패하자 국민의 분노가 커졌다. 드디어 1월 15일, 윤석열 대통령은 내란 우두머리 혐의로 체포 구속되었다. 그러나 그는 계엄에 대한 사과는 전혀 없이 지지세력을 향한 정치적 발언으로 일관하였고, 그 후 예상하지 못한 구속취소 청구가 인용되어 3월 8일에 석방되었다. 구속 기간을 날이 아닌 시간 기준으로 계산한 이례적 판결에 엄청난 논란이 일었다. 나라의 어지러움은 극도에 달했다.

　　드디어 헌법재판소의 탄핵 선고가 나왔다. "피청구인의 위헌 위법 행위는 국민의 신임을 배반한 것으로 헌법수호의 관점에서 용납될 수 없는 중대한 법 위반 행위에 해당한다. 재판관 전원일치 의견으로 피청구인 대통령 윤석열을 파면한다." 4월 4일 오전 11시 22분, 헌법재판소의 선고에 따라 계엄을 일으킨 대통령이 파면되었다. 계엄 선포 122일 만에 이루어진 국가적 결정이었다. 현행법에 따라 조기 대통령선거 일정은 60일 후인 6월 3일로 공포되었다. 숨 가쁜 날들의 연속이었다.

역사적 변환기에 서 있는 한국교회의 모습을 본다

온 국민이 하루도 마음 편히 잠들 수 없었던 날들을 보내는 동안 한국교회 역시 믿음의 등불을 밝히고 나라를 위한 기도를 쉬지 않았다. 하지만 다수 국민의 일반적 판단은 천주교가 진보성향을 보이는 것에 반해, 개신교는 보수를 극단적으로 지지하고, 나아가 계엄을 옹호한 중심세력이라는 인식을 굳히기에 이르렀다. 한국의 민주 국민은 계엄 선포를 중대한 범죄로 규정하고 그 잘못된 일을 바로잡고자 하는데, 어찌하여 한국교회는 국민 다수가 나아가는 길을 외면하는 것일까?

솔직히 말한다면 이런 판정을 받아야 하는 한국교회의 교인 대부분은 억울하고 괴로운 심정을 가눌 길 없다. 하나님의 구원을 바라며 공의와 사랑을 실천하려 애쓰는 삶을 살아왔으나 이 시점에서 기독교인이라는 이유로 국민의 신임을 배반한 존재가 된 것이다. 정상적인 교인은 정교분리의 원칙을 깨닫고 자신의 신앙을 정치에 연결하는 행위를 자제한다. 선거를 치를 때면 가장 양심적이고 유능한 후보를 찾아내어 신중히 표를 던진다. 정치의 극단적 편향을 거부하며 보수와 진보가 그리스도의 공의로 하나가 되기를 바란다. 그런데도 지금 한국교회와 교인들은 다수의 국민에게 매서운 비판을 받고 있다.

그 까닭은 기독교를 정치에 이용하려는 일부 지도자들과 그를 맹종하는 사람들 때문이다. 우리나라는 복음을 받아들인 후 근현대사의 영향으로 이른바 보수우파 계열에 서는 교회 지도자들이 많아졌다. 8.15 광복 이후 6.25 전쟁, 군사정권 시대를 거치며 반공 이데올로기가 더욱 강화되었고 미국은 국가 수호의 상징처럼 자리를 잡았다. 경제적으로 사회주의와 대립하는 자유 기업 전통을 지키려 신자유주의의 깃발을 들어 올렸다. 이때 한국교회는 외적 성장기를 맞아 새로 등장한 지도자들이 교회가 나아갈 방향을 여기에 맞추었다. 보수 교회가 진보적 변화를 막는 대표적 무기로 내세운 것은 대북강경책 지지, 반이슬람, 동성애 반대 등이었다. 이는 기독교의 근본정신과 맞닿아 있는 요소들이므로 교인들은 그 내용 자체를 거부할 수 없었다. 일부 지도자들은 이를 지나치게 강조하며 교회 안팎에서 대형집회를 열고 교인의 적극적인 참여를 유도하였다. 교회 지도자를 따르는 미덕을 지닌 교인들은 자기도 모르는 사이에 정치적 세력이 되어 갔다.

　기독교 계통의 이단 사이비 종교인 세계평화통일가정연합(통일교)과 신천지예수교증거장막성전(신천지) 등이 신도의 숫자와 자금력을 동원하여 불법적으로 정치에 관여한 사실이 밝혀졌다. 이들은 종교 창시자를 재림주라 일컬으며 치밀한 전도 전략으로 사람들을 모으고 기업을 만들어 사회를 어지럽힌다. 분별력을 상실한 교도들은 자기도 모르는 사이에 교주의 명에 따라 무시로 정당에 가입하고 민의를 왜곡하는 등 민주주의의 파괴자가 되고 만다. 한국교회의 교단 이름을 걸고 있는 교회 가운데도 통일교나 신천지와 유사한 모습을 보이는 경우가 많아 젊은 층을 중심으로 기독교 인구 감소 현상이 뚜렷이 나타났다. 한국기독교목회자협의회(한목협)의 통계는 기독교인의 숫자가 전인구의 15%까지 하강했음을 밝히고 있다. 교인이라 하면서도 교회에 나가지 않는 이른바 '가나안 교인'을 제외하면 한국교회의 교인 수는 700만 명에 이르지 못한다는 결론에 도달한다. 전문가들은 그 까닭을 교회의 사회 비판 기능 약화, 교회의 내부 문제로 인한 실망감 등으로 분석하였다.

6.3 대통령 선거로 국민주권 정부가 돛을 올렸다

　6월 3일에 실시된 대한민국 제21대 대통령선거에는 3,500만 명이 넘는 국민이 참여하여 79.4%의 투표율을 기록하였다. 28년 만에 최고치를 보였을 정도로 투표의 열기는 뜨거웠다. 내란 종식을 앞세운 더불어민주당의 이재명 후보가 49.42%에 해당하는 1,728만여 표를 얻어 당선되었다. 국민의힘 김문수 후보는 41.15%인 1,439만여 표에 그쳤다. 국민은 조기 대선을 통해 계엄을 일으키고 탄핵에 반대한 정치 세력을 심판하였다. 이튿날인 6월 4일, 즉시 취임식을 가진 이재명 대통령은 국민주권정부의 출범을 선포했다.

　새 정부가 내세운 국민주권정부라는 별칭은 국민이 국가의 주인임을 인정하고 국가 운영이나 정책의 방향을 국민 중심 구조로 개선하겠다는 뜻이 담겼다. 따라서 국민참여형 정책을 공론화하고 내각을 비롯한 정부 인사에 국민추천제를 도입하기로 하였다. 아울러 내란 종식과 검찰 권한을 통제하는 개혁 방안에 박차를 가하게 되었다. 법치주의 회복과 정치적 전환점을 만들 목적으로 시작한 3대 특검은 하루가 멀다고 국민의 관심을 집중시켰다.

특검들의 공식명칭은 무척 길어, 약칭 '내란 특검' '김건희 특검' '채 상병 특검'으로 불린다. 계엄령의 기획 내용과 배경을 밝히는 내란 특검은 윤석열 구속에 이어 관련 공무원과 군인들을 수사하였다. 권력형 비리의 진상을 밝히는 김건희 특검도 대상의 정점에 있는 전직 대통령 배우자를 구속하고 16개의 혐의를 파헤쳤다. 전직 대통령 부부가 동시에 구속되는 초유의 일이 발생하였다. 해병대 군인의 안타까운 죽음과 관련하여 군 수사 외압이 작용한 실상을 수사하는 채 상병 특검 역시 최고위층의 개입을 확인하였다. 특검의 활동과 함께 온 국민은 엄숙한 마음으로 역사의 교훈을 되새기는 시간을 보냈다.

국민주권정부는 경제와 외교의 방향을 실용주의 노선으로 정하고 이념보다도 실제적 효율성을 추구하겠다고 천명했다. 진보나 보수의 가치보다도 현실에 발 딛고 서서 문제를 해결하겠다는 뜻이었다. 그 기저에는 기본소득, 곧 국민의 최소 생계를 지원하는 것을 비롯하여 불평등을 해소하는 사회적 약자 보호 강화책이 강조되어 있다. 새 정부가 지향하는 방식들에 관해 국민의 지지가 이어졌으나 반론도 만만치 않았다. 대체로 그 반대 의견들은 대중의 인기에 영합하는 포퓰리즘이란 비판 및 자유시장 경제를 훼손할 수 있다는 점을 지적한 것들이었다.

실용주의 경제 전망에 기대가 부풀었다

7월 21일부터 국민 모두에게 '민생회복소비쿠폰'이 지급되었다. 소비를 활성화하고 소상공인과 자영업자의 매출 확대를 목표로 총예산 13조 9천억 원을 투입한 초대형 정책이었다. 온 국민이 15만 원씩을 받았고, 지역이나 소득 및 가

구 형태에 따라 추가 지급이 있었다. 누구라도 빠짐없이 혜택을 받고 어려운 이웃은 조금 더 받는다는 방식이 따뜻한 느낌으로 다가왔다. 값이 부담스러워 선뜻 사기 어려웠던 수박이나 소고기를 손에 든 가족들이 즐거워했다. 추석을 앞두고 9월 22일에는 상위 10%를 제외한 국민에게 10만 원씩 2차 지급을 시작하였다. 지급률은 95%가 넘었으며 지역 경제 회복에도 큰 도움이 되었다는 긍정적인 반응이 뒤따랐다. 실제 소비는 주로 먹거리를 비롯하여 안경, 의류, 각종 학원, 미용 등등에 사용된 것으로 드러났다. 국민 다수는 이러한 정책의 지속 필요성에 공감하면서 민생의 회복을 기원하였다.

증시 부양책에 관한 기대가 부풀었다. 코스피(KOSPI) 5,000시대를 바라보게 하는 조짐이 보인 것이다. 수년간 코스피 지수는 장중 2,400선이 무너지는 위기를 겪다가 새 정부 출범에 따른 기대감에 상승세로 돌아섰다. 3,200선까지 높아졌으나 트럼프의 관세정책과 이재명 정부의 세법개정안이 논란을 불러오며 다시 한참을 주춤거렸다. 드디어 10월에 들어 코스피 4,000을 돌파하며 사상 최고 기록을 쓰게 된다. 민감한 경기 변동을 경험하면서도 호황을 향한 기대감이 높아진 한 해였다.

경제 증진을 위한 국익의 관점에서 실용외교 방침에도 관심이 집중되었다. 한·미·일 협력 강화라는 가치 중심의 이념에 따른 외교에 익숙해진 우리는 국익과 실용이라는 관점에서의 교섭이 낯설 수밖에 없었다. 그러나 이제부터 우리나라의 이익에 따라 주변국과의 관계를 이루며 실리를 얻는 외교 방식을 지향하겠다는 것이다. 우방과의 협력을 유지하며 새로운 관계를 트는 일이 쉽지 않고, 대화가 끊긴 북한과 한반도 평화 구축을 위한 논의의 재개도 어려운 과제이다. 국가의 미래를 위한 기도가 그만큼 더 커지게 되었다.

트럼프의 관세 압박은 세계를 고통에 빠뜨렸다

미국 대통령선거에 승리하여 집권 2기를 연 도널드 트럼프 정부는 온 세계 무역 대상 국가들에 각각 차별적 상호관세를 부과하며 이른바 관세전쟁을 일으켰다. 트럼프 대통령은 '국제비상경제권한법(IEEPA)'을 활용하여 다른 나라에 대해 경제 제재 조치가 가능하다는 주장을 펴면서 교역국들에 10%의 기본관세에 최고 40%를 넘기는 관세를 일방적으로 부과하였다. 대상국들은 혼란과 고통에 빠졌다. 25%라는 상호관세율을 받아든 한국도 크나큰 충격에 휩싸였다. 수출산업에 치명적 파장이 미칠 것은 당연한 일이었다.

이 사태는 미국의 보호무역 정책에 바탕을 둔 무역적자 줄이기에서 비롯된 것이다. 트럼프 정부가 내세운 '마가(MAGA: Make America Great Again)'는 미국을 다시 위대하게 만든다는 보수적 선거 구호로 인기를 얻었으나 집권 초기에 정치 경제적 성과가 부진하여 지지율 하락 현상이 찾아왔다. 이에 대응하는 방편으로 세계를 향해 미국의 위상을 과시하면서 자국의 제조업 보호와 무역적자 감소를 통한 경제 회복책 마련을 위해 트럼프식 압박 조치가 펼쳐졌다. 관세를 줄이려면 미국에 투자하든지 미국에 공장을 지으라는 노골적인 요구도 곁들였다. 세계에 복음을 전하며 약소국을 지원해 주던 미국 본래의 청교도 정신은 찾을 길 없었다.

압박에 놀란 나라들이 앞을 다투어 미국을 찾아와 무역 협정 타결을 위해 머리를 조아렸다. EU와 영국이 최혜국 대우를 받으며 협정을 마쳤고 아시아에서는 일본이 발 빠르게 상호관세 15%로 협상했다. 필리핀과 인도네시아는 19%, 베트남은 20%라는 차등 결정 소식이 뒤를 이었다. 인도는 협상에 실패하여 특별관리 적용 대상이 되었고 중국은 캐나다, 멕시코, 브라질 등과 함께 최고 관세율 대상국으로 남았다. 우리나라는 새 정부 출범 직후라는 불리한 상황에서 15%로 합의했으나 세부적 협상은 난관의 연속이었다.

한국의 협상 전략 가운데 조선업이라는 결정적 카드가 있었다. 선박을 제조하는 일에 취약성을 지닌 미국의 현실을 파고든 것이다. 우리 대표단은 미국의 구호 '마가'를 '마스가(MASGA)'로 보충해 주면서, 그 사이에 있는 'S'를 '조선업(Shipbuilding)'이라 특별히 강조하였다. 그리고 향후 미국에 투자할 3,500억 달러 중 1,500억을 조선 협력 프로젝트에 사용하기로 제안하자 미국은 만족감을 나타냈다고 한다. 농산물시장 추가 개방을 막은 것도 중요한 성과로 기록되었다.

8월 25일에 이재명 대통령과 트럼프 미국 대통령 간에 한미정상회담이 열렸다. 워낙 예측불허로 소문난 트럼프의 돌발적 행동이 회담 직전까지 긴장감을 조성하였다. 하지만 일부에서 우려하던 대립 상황은 일어나지 않았고 오히려 한반도 평화를 향한 우호적 진전을 이루었다는 평가가 나왔다. 안보와 관련한 방위비 부담이나 시장 개방 문제들을 안고 있는 우리로서는 최근 급속히 가까워진 북한, 중국, 러시아의 관계를 주시하면서 한미동맹과 유엔에서의 외교 활동에 힘을 쏟는 전략을 썼다. 이재명 대통령은 유엔총회 기조연설을 통해 남북 간의 '교류-정상화-비핵화(E.N.D 이니셔티브)' 단계 전략을 내놓았고, 또한 안전보장이사회 의장 자격으로 공개토의를 주재하며 국제사회의 이목을 집중시켰다.

한국인 노동자 317명이 미국에서 일시에 체포 구금당했다

9월 4일에 미국 조지아에서 충격적인 소식이 들려왔다. 한국의 현대차그룹과 LG에너지솔루션이 합작으로 투자한 배터리공장 건설 현장에 미국 이민세관단속국과 국토안보수사국이 대규모 단속에 나서 한국인 노동자 317명을 비롯한 외국인들을 체포하고 구금 시설에 가두었다는 것이다. '노동비자(Working Visa)'를 받지 않고 일을 했다는 죄목이었다. 이 과정에서 무장한 국원들이 우리 노동자들을 마치 전쟁포로처럼 다루며 쇠사슬로 허리와 손발을 묶고 연행하는 장면도 생생히 공개되었다.

이러한 강압적 단속에 한국민의 분노가 타올랐다. 우방을 넘어 동맹국으로서의 예우는 고사하고 미국에 투자한 나라의 국민과 기업 활동에 대한 최소한의 배려도 사라지고 없었다. 그러나 한국은 공분을 참으며 이성적으로 총력 대응하여 문제 해결에 나섰다. 체류 목적에 맞지 않아 단속했다는 미국의 일방적 주장에 맞선 한국의 논리는 정곡을 찌르고 있었다. 미국은 외국기업의 투자를 요구하면서도 이에 따른 전문직과 최소한의 노동력을 위한 취업비자 발부는 매우 인색하다. 이러한 모순이 해소되지 않는다면 앞으로 이와 유사한 현상이 발생할 소지가 크다는 점을 지적하였다.

미국 당국은 한 주일 만에 구금을 풀었다. 이 과정에서 석방 날짜를 갑자기 하루 늦췄는데 그 까닭은 전문인력의 미국 잔류를 요청했기 때문이라는 보도가 나왔다. 하지만 전격적으로 최대 규모의 군사작전을 펼친 미국의 행정부를 믿을 수 없다는 인식이 세계에 퍼져 나갔다. 결국, 구금자 가운데 1명만 잔류를 선택하고 316명의 한국민과 14명의 외국인은 우리 정부가 마련한 전세 항공기를 타고 귀국하였다. 열악한 시설에서 쇠사슬에 묶인 채 보내야 했던 시간은 이들에게 큰 트라우마를 안겨주었다. 미국에 있는 교민들은 이 사태를 바라보며 불안과 공포에 떨게 되었고, 합법적으로 체류하는 사람들조차 외출이나 활동을 꺼리는 결과를 가져왔다. 공장 건설은 기약 없이 중단되었으며 이로 인해 발생한 피해는 예측이 어려운 상태이다.

미국 정부는 뚜렷한 재발방지책을 내놓지 않고 있다. 이민 단속 방식의 개선 방안도 없다. 오히려 트럼프 미국 대통령은 전문인력 고용을 위해 만든 H-1B 전문직 비자발급 수수료를 기존 1,000달러에서 무려 100배 인상한 10만 달러(약 1억 4천만 원)로 올리겠다고 발표했다. 외국인의 인재 유입을 막고 그 자리를 미국인으로 채우겠다는 의도이다. 세계 여러 나라는 미국에 대한 투자 방침을 긴급히 논의하면서 심각한 우려를 표명했다.

두 개의 전쟁은 아직도 끝나지 않았다

우크라이나와 팔레스타인 지역에서 계속되어 온 전쟁은 올해도 끝나지 않았다. 우크라이나에는 러시아를 위해 북한군이 파병되어 충격을 주었고 두 나라의 영토 전쟁이 나토(NATO) 지역 바깥으로 확산할 염려를 낳았다. 트럼프는 자신이 취임하면 24시간 이내에 전쟁을 끝낼 것이라고 호언장담하였으나 시간은 부질없이 흐르고 8월 16일에 알래스카에서 러시아의 푸틴과 가진 회담도 소득 없이 '노 딜(No Deal)'로 끝났다. 4년 가까이 이어진 이 전쟁은 양측 사상자가 100만 명을 넘기는 처참한 상황을 보여주고 있다.

이스라엘과 하마스 간의 전쟁도 2년여 그치지 않은 상태이다. 더구나 올해

6월 들어 미국과 이란 사이에 전운이 감도는 긴장된 시간을 보내야 했다. 이란은 하마스의 배후로서 핵 시설을 보유하고 있는 나라로 알려졌다. 6월 21일에 미국은 이란의 핵 시설 3곳에 대한 기습 폭격을 단행하였다. 이로 인해 이란이 이스라엘을 넘어 미국에 보복을 가하면 더 큰 세계대전으로 비화할 것이라는 걱정이 일었다. 며칠 후 이란은 카타르에 있는 미군 기지에 미사일 공격을 퍼부었다. 그러자 카타르가 재빨리 중재자로 나서서 이를 수습했다. 하지만 이것은 숨겨진 전략으로서 형식상 이란이 보복 공격을 하고 난 뒤 휴전에 합의하려는 계획임이 밝혀졌다.

미국과 이란은 이런 방식으로 위기를 넘겼으나 정작 이스라엘과 하마스 간의 전쟁은 지금도 계속되고 있다. 트럼프의 중재안에 이스라엘은 반응을 보였지만 하마스가 무장해제를 거부하여 완전한 종전 소식은 없다. 전쟁 피해에 관하여 정확한 통계도 알 수 없는 가운데 작년까지 확인된 사망자만 42,000명을 넘겼다는 보고가 나왔다. 대부분 가자 지구에 사는 민간인들이 피해의 대상이다. 이 전쟁의 당사자들과 배후 세력들은 정치적 계산을 거두고 한시라도 빨리 평화를 선포해야 한다. 사람의 생명보다 더 귀중한 것은 없다. 두 개의 전쟁을 비롯하여 세계 각지의 분쟁 지역에서 평화의 소식이 들려오기를 진심으로 바란다.

폭우와 폭염의 신기록을 쓴 여름을 보냈다

지난 여름날은 참으로 '낯선 날씨'와 더불어 지내야 했다. 재난 수준의 폭우와 폭염이 무한 반복되었다. 기상청의 보도에 따르면 북태평양고기압과 티베트고기압이 우리나라 상공을 이중으로 덮는 '열돔(Heat Dome) 현상'이 발생하여 마치 돔 속에 뜨거운 공기를 가두어 놓은 듯하다고 했다. 그러다가 늘어난 수증기가 가열되어 강한 비가 쏟아진다는 것이다. 그 원인은 지구 온난화에 있다. 산업 활동에 따른 온실가스 배출이 폭증한 탓이다.

7월 초부터 극한 더위가 시작되었다. 최고기온이 40도를 넘기는 지역이 다수 발생하고 밤에도 좀처럼 온도가 떨어지지 않았다. 7월 한 달 동안 서울에서 열

대야로 잠 못 이룬 밤이 23일이나 되었으며, 서귀포는 27일을 기록했다. 해수 온도의 상승으로 인해 바다와 가까운 곳이 더 더웠다. 8월에도 폭염과 폭우는 번갈아 가며 내내 우리를 괴롭혔다.

폭우는 그야말로 공포의 대상이 되었다. 이전에 지루하게 내리던 장마는 사라지고 언제부턴가 짧은 시간에 쏟아지는 극단적 폭우로 변해 버렸다. 최근에 사용하는 '극한 호우'라는 용어는 1시간 누적 강수량이 72mm 이상이거나, 1시간 50mm 이상으로 3시간 동안 90mm 이상일 경우를 일컫는다. 그런데 충남 서신 지역에 438.9mm의 비가 하루에 내렸다. 광주광역시와 인근 남부 지역에도 426.4mm가 쏟아졌다. 피해가 막심했다. 경남 산청에도 5일 동안 800mm 넘는 비가 왔다. 더구나 이 지역은 지난봄 산불이 발생하여 고난을 겪었기에 안타까움이 더했다. 그밖에 전국 각지에서 수해가 발생하고 산사태와 지반 침하가 가중되어 도움의 손길이 절실해졌다. 반면에 강릉을 비롯한 일부 강원도 지역은 최악의 가뭄에 시달리는 이변을 겪기도 했다. 기후변화에 따른 강수량 불균형 현상이 주된 원인이었다.

기후 위기의 시대에 폭우와 폭염, 그리고 가뭄 대비를 위한 효과적 방책을 찾아내야 한다. 무엇보다도 뙤약볕 아래서 일하는 노동자들의 안전과 취약계층 보호에 힘써야 하겠다. 극한 호우가 갑자기 밀려올 수 있다는 예상 아래 이에 대응할 준비를 철저히 하고 농어업 피해를 최소화하도록 치밀한 사전 노력이 필요하다. 온갖 기록을 갈아치우고 여름이 서서히 물러갈 때 사람들은 모두 지쳐 있었다. 그러나 그리스도인들은 이것이 하나님의 창조 질서를 무너뜨린 인간의 잘못임을 고백하면서 환경 파괴를 그치고 새로운 복원을 이루겠다는 다짐을 거듭하였다.

인공지능(AI) 시대를 실감하게 되었다

이제 인공지능(AI)은 똑똑한 기계나 특별한 도구가 아니라 우리 곁에서 함께 호흡하는 친근한 벗이 되었다. 어떤 가정에서는 수십 년 전의 가족사진이 생명을 얻은 듯 즐겁게 춤추고 활동하는 것을 보면서 날마다 행복감에 젖는다고 한다. AI 영상이 일상화되어 이렇게 웃음을 주고 생활에 도움을 준다. 스마트폰을 켜면 인공지능이 내 명령에 따라 비서 노릇을 한다. 날씨를 알려주고 전화 거는 심부름은 물론, 청소 등 집안일을 돕는다. 새로운 형태의 학습을 척척 해내는 도우미 친구가 생긴 것이다.

학업이나 연구, 또는 마케팅에 주로 사용되던 인공지능은 갈수록 인간의 모든 일에 관여하게 될 전망이다. 의료 데이터를 활용하여 인류의 건강을 지키고, 정치와 산업 각 분야에 영향을 끼칠 것으로 보인다. 이미 등장한 자율주행 자동차는 일반화될 날이 머지않았다. 이에 따라 AI 시대의 새로운 직업이 나타나고 다수의 직종이 사라지는 등 일자리 변화가 속도를 더하고 있다. 여기에 더욱 불을 지핀 것이 새 정부의 'AI 강국' 정책이었다.

새 정부는 온 국민이 AI를 쓰는 시대를 열겠다며 예산을 대폭 확충하고 AI 인프라를 구축하는 작업에 나섰다. 다양한 분야에 AI 기술을 적용할 수 있는 환경을 조성하겠다는 목표 아래 'AI 고속도로' 설치를 약속했다. 이는 첨단 인프라망을 구축하겠다는 뜻이다. 국민 누구나 누릴 수 있는 AI 복지국가로 나아가는 마당에 쓸데없는 걱정 소리도 들려온다. '나는 인공지능이 무엇인지도 모르고 또 알고 싶지도 않다'라는 공연한 고집이다. 이전에 컴퓨터 디지털 시대가 열리고 스마트폰이 생활화되기 시작할 때도 이런 반응이 있었다. 그러나 정보통신 강국으로 성장한 지금에 와서 이를 문제 삼는 사람은 없다.

이제 인공지능은 우리의 삶에 들어와 함께 숨 쉬며 살아가는 대상이 되고 있다. 현대 과학기술의 정점인 이 도구를 거부할 것이 아니라 어떻게 사용해야 할까를 생각해야 할 시점이다. 기독교인들은 인공지능을 통해 신앙이 더 성장할 방법을 연구 모색해야 한다. 기본적으로 더 좋은 찬양과 기도문을 만들고 활용하면서 풍성한 기쁨을 누릴 수 있다. 여기서 주의할 일은 폭풍우처럼 쏟아지는 정보들을 철저히 분별하고 신앙적 윤리에 합당한 기준 안에서 도움을 얻어야 한다는 사실이다.

APEC이 평화와 경제 협력의 기회가 되기를 바란다

아시아태평양경제협력체(APEC) 정상회의가 25년 만에 우리나라에서 열렸다. 이 기구의 창설 때부터 주도적으로 참여해 온 대한민국은 아시아 지역을 넘어 태평양 연안의 20개국들과 더불어 무역과 투자의 자유화 실현을 목표로 협력 증진에 최선을 다해 왔다. 올해는 우리나라의 경주에서 열리게 된 만큼 한류 문화의 기틀을 세계에 널리 알리고, 나아가 기업 기술과 상품의 가치를 인정받아 투자 유치에 성공을 거두리라는 기대가 컸다.

아울러 한반도의 평화를 확보하고 세계 평화에 이바지할 기회를 마련하는 자리가 될 수 있다. 의장국인 대한민국 정상의 주도로 미국과 중국의 정상이 만나 평화를 지지하는 선언을 이루어낼 것이라는 전망이 현실화했다. 더불어 이 기회에 꽉 막힌 북한과의 대화를 다시 열어보자는 움직임이 일어났다. APEC을 평화와 경제 협력의 기회로 삼기를 바라는 소망이었다.

10월 31일에 열린 정상회의를 준비하기란 쉽지 않았다. 올해의 우리나라가 격변을 거듭한 까닭이다. 6월 들어 출발한 새 정부는 수많은 국가적 과제들이 시간을 다투는 가운데 이번 APEC을 준비했다. 한·미·일과 북·중·러의 대립이 더욱 격화되는 현실에서 올해의 APEC이 경제협력체 이상의 역할을 해야 한다는 목표에 청신호가 켜졌다. 우리나라가 세계의 평화와 경제 협력을 이끄는 중심국가로 부상한 모습을 보여준 기회였다.

K팝 한류 열풍이 세계를 휩쓸었다

〈케이팝 데몬 헌터즈〉(약칭 〈케데헌〉)라는 애니메이션 영화가 한국을 찾아오는 관광객 숫자를 대폭 상승시켰다. 무더운 여름날에도 서울 관광의 행렬이 줄을 이었고 올해의 목표인 외국인 관광객 3,000만 명 달성에 선봉장 역할을 해냈다. 〈케데헌〉은 미국에서 제작된 영화이지만, 한국의 전통신화와 문화재를 소재로 활용하면서 케이팝 뮤지컬의 진수를 보여주고 한국의 음식과 춤에 녹아득도록 만들었다. 케이팝의 힘을 드러내는 대단한 열풍이었다.

'케이팝(K-pop)'은 한국에서 시작된 대중음악의 한 형태로서 댄스 뮤직, 아이돌 음악은 물론이고 트로트까지 포괄하며 영역을 넓혔다. 이제 이 명칭은 한국인의 음악 장르라는 의미를 초월하여 한국문화에 기원을 두고 한국적 스타일로 이루어진 '한국의 대중문화'를 포괄하는 용어가 되었다. K드라마, K푸드, K뷰티, K패션, K게임, K웹툰 등 한국인의 삶의 방식이 글로벌 시장에 역동적으로 나타나고 있다. 지금 이 순간에도 K라는 이름의 뒤에 붙일 수 있는 문화 요소들이 무한한 잠재력을 지닌 채 탄생하고 있다.

기독교 K애니메이션으로 〈킹 오브 킹스〉가 세계적 인기를 얻었다. 장성호 감독이 제작과 각본까지 맡아 영국의 문호 찰스 디킨스 소설을 각색한 예수 그리스도의 이야기이다. 미국에서 먼저 개봉되어 예술성을 인정받고 우리나라를 비롯한 여러 나라에서도 호평을 받았다. 크리스천들은 수준 높은 신앙적 애니메이션에 찬사를 보내며 기독교 케이팝의 후속 작품이 계속 이어지기를 기대했다.

9월 들어 한국의 걸그룹 블랙핑크 멤버 로제는 미국 대중음악 시상식인 'MTV 비디오 뮤직 어워즈(MTV VMA)'에서 자신의 히트곡 〈아파트〉가 K팝 최초로 '올해의 노래'에 선정되는 기쁨을 누렸다. 이는 이전에 BTS가 이루지 못한 꿈이기에 응원의 목소리가 더욱 컸다. 비슷한 시기에 베니스 영화제에서는 박찬욱 감독의 영화 〈어쩔 수가 없다〉가 인기몰이를 하였으나 최종심사에서 아쉽게 입상하지 못했다. 하지만 K무비의 위력을 보여준 이 영화는 내년의 아카데미상에서 반전으로 존재감을 알릴 것이라는 예상이 많다. 모든 장르에 걸쳐 한국의 대중문화는 세계적 열풍을 일으킬 조건과 실력을 갖추고 올해도 그 힘을 유감없이 보여주었다.

광복 80주년을 보내며 구원의 하나님께 감사드린다

올해로 광복 80주년이자 한일 수교 60주년을 보냈다. 그동안 과거사 반성 없는 일본과의 관계 개선 문제를 거론할 때마다 우리 국민의 상처는 더욱 깊어지기만 했다. 특히 지난 정부가 피해자 동의 없는 제3자변제안을 강제징용배상 대안으로 내놓자 분노와 불신은 절정에 달하기도 했다. 따라서 광복 80년을 맞은 시점에서 새 정부의 한일 관계 해결 방안이 무척 궁금할 수밖에 없었다.

이재명 대통령이 제시한 방향은 일본과의 실질적 협력과 역사 문제 해결이라는 두 가지 대립적 문제를 실용외교로 결합하려는 것이었다. 이에 따라 미국과의 정상회담 직전에 한일 관계를 먼저 개선하여 통상 외교와 동북아시아 안보 환경에 공동 대응할 방법을 시도하였다. 당시의 일본 총리 이시바도 적극적으로 응하며 과거 역사에 대한 반성의 뜻을 표명했다. 한·미·일 공조 체제가 한 걸음 더 진전된 결과를 얻었지만, 이를 견제하기 위한 북·중·러 결속이 강화되면서 대립 구도의 심화 현상을 피할 수 없게 되었다. 평화를 향한 노력이 무엇보다 절실하다는 교훈을 얻었다.

하루하루가 마치 예측 불가능한 드라마처럼 흘러갔다. 상상을 초월하는 위기가 극적으로 풀리는가 하면, 역사적 사건들이 반전의 연속을 이룬 나날들이었다. 한국의 국민은 드높은 정치적 역량을 과시하며 경제와 사회의 안정을 모색하는 데 힘을 모았다. 의료대란의 해결 방안을 찾아내었고, 사회안전망 구축에 정성을 쏟았다. 대외적으로 그리스도인들은 올해를 돌아보면서, 기가 막힐 만큼 헤어나기 어려운 처지의 수렁에서 우리를 건져주신 하나님을 찬양하였다. 깊은 웅덩이에서 끌어올려 반석 위에 세워주신 은혜에 감격하며 다윗이 부른 감사의 시를 몇 번이고 함께 불렀던 한 해였다.

"나를 기가 막힐 웅덩이와 수렁에서 끌어올리시고 내 발을 반석 위에 두사 내 걸음을 견고하게 하셨도다"(시편 40:2)

내다보는 2026년

특검이 끝나고 국민적 통합 방안이 제기된다

해를 다하도록 달려온 3대 특검이 수사의 내용과 기소의 대상을 국민 앞에 보고하고 그 임무를 다하게 된다. 우리나라의 특별검사제는 1999년 '옷 로비 의혹 사건' 수사 이래 2016년의 '박근혜정부 국정농단 사건'에 이르기까지 국민적 의혹을 밝히는 도구로 활용되어왔다. 하지만 윤석열정부의 주요 의혹을 수사하는 데는 세 개의 특검을 가동해도 시간과 인력이 부족하였다.

수사 대상에 오른 사람들이 불출석이나 진술 거부 등의 방법으로 특검에 저항했고, 사법부 또한 영장 기각이나 재판 지연으로 국민의 애를 태웠다. 심지어 특검에 파견된 검사들이 집단 반발을 일으켜 위기 국면을 조성하기도 했다. 또한 사법개혁의 필요성이 대두되어 대법관 증원, 대법관 추천 방식 개선, 법관 평가제도 변경 등의 개혁안이 구체적으로 논의되자 의혹의 대상인 법관들은 '사법부 독립'을 내세우며 위헌 논란의 불씨를 지폈다. 그러나 이러한 갖가지 반작용들도 개혁의 큰 물줄기를 막을 수는 없었다.

새해에는 특검이 끝나고 그에 따른 재판이 계속될 것이다. 우리 국민은 누구나 의혹이 있는 곳에 성역 없는 수사가 이루어져야 하고 그에 따른 공정한 재판으로 사법부의 신뢰가 높아지기를 바라고 있다. 이 당연한 일을 가로막는 근본 원인은 권력이나 재물과 결탁한 일부 세력들의 비리 때문임이 밝혀졌다. 정치권은 국민적 여망을 받들어 개혁과 함께 통합 방안을 제기할 의무가 있다. 특검이 끝나면 대대적인 국민 통합 방안이 나올 것으로 보인다.

통합이 쉽지는 않을 전망이다. 우리 사회에 이미 극단적 사상이나 이념을 내세운 배타주의가 뿌리를 내리고 있는 까닭이다. 그러나 우리 민족은 어려운 일을 당할 때마다 공동체의 연대로 위기를 극복해 온 저력이 있다. 지금은 어떤 정당을 지지한다는 선택의 여부를 떠나 사회 갈등 치유에 앞장서며 서로 소통하는 자세를 갖는 것이 무엇보다 중요하다. 새로운 통합의 역사를 쓰는 해가 되기를 기도한다.

검찰청 없는 시대에 무엇이 달라질까?

검찰청이 폐지된다. 정부 조직 개편에 따라 검찰청의 권한이었던 공소권과 수사권이 분리되어 각각 공소청과 중대범죄수사청으로 변화한 것이다. 수사 기관 사이에 빚어질 수 있는 갈등을 조정하고 민주적 통제를 담당하기 위해 국무총리 직속 국가수사위원회가 가동한다. 범죄에 연루되지 않고 살아온 다수의 국민은 검찰청 출입조차 한 번도 해 본 적이 없다. 그리스도인들이라면 더욱 거리가 멀었던 곳이기도 하다. 그렇지만 그곳은 사회정의의 보루로 존재한다는 기본 인식 아래 모두의 신뢰를 받아야 할 기관이었다. 안타깝게도 검찰청이 국민의 믿음에 회의를 일으키고 선량한 사람들의 마음에 고통을 주게 되자 개혁의 대상으로서 변화가 불가피한 지경에 이르렀다. 새로이 출발하는 공소청과 중수청, 그리고 국수위의 구성원들은 심기일전하여 국리민복을 위해 공적 임무에 충실해야 할 것이다.

이뿐 아니라 여러 정부 조직이 새해를 기점으로 달라진 양상을 보이게 된다. 기획재정부는 재정경제부로 분리 개편되고 예산 기능은 신설 기획예산처가 담당한다. 금융위원회는 오랜 논의 결과 국내금융 기능 및 금융감독 기능을 분리하는 작업을 유예하기로 하였다. 그러나 우리 국민 경제를 활성화하는 계기를 만들기 위한 능률적 부처 활동은 조직의 변화와 관계없이 계속 이루어지기를 기대한다. 환경부는 지금까지 산업통상자원부 소관이었던 에너지 분야를 통합하여 기후에너지환경부로, 여성가족부는 성평등가족부로, 방송통신위원회는 방송미디어통신위원회로 각각 확대 개편되었다. 우리 삶에 이로운 변화를 실감할 수 있으면 좋겠다.

AI 기반을 강화하기 위한 전담 부서도 마련되었다. 과학기술부총리가 인공지능 거버넌스를 총지휘하면서 본격적인 AI 시대를 이끌어갈 계획이다. 올해는 인공지능 전략에 따라 국민의 생활에 변화가 올 것이라는 점을 염두에 두어야 한다. 우리의 일상은 검찰청이 없어지는 것보다 인공지능이 새로 다가왔다는 점이 실질적 변화로 느껴질 것이다. 정의로운 사회 속에서 실용적 유익을 구가하며 살아가는 날들이 펼쳐지기를 바란다.

6.3 전국동시지방선거로 정가가 요동친다

6월 3일은 제9회 전국동시지방선거가 있는 날이다. 정가의 주도권을 놓고 대립이 더욱 심해진 여야 정당들은 지방자치단체장과 지방의원 및 교육감 선출에 어느 때보다 전력을 쏟을 것으로 보인다. 지금까지 8번의 지방선거를 거치는 동안 국민의 관심도가 대선이나 총선보다 상대적으로 낮았으나 이제 풀뿌리 민주주의의 본질을 이해하게 되고 주민들의 삶의 문제가 정치를 이끄는 기반임을 인식한 뒤부터 그 중요성이 한층 높아졌다. 이 선거에서 우리 국민은 어떤 선택을 하게 될 것인가?

현재의 여권은 국회에서 다수당의 영향력을 발판 삼아 각 지역의 주민 자치를 개선하겠다는 공약을 발표했다. 청년, 여성, 장애인 등의 공천을 확대하여 사회 취약층의 목소리를 적극적으로 반영할 것이라는 내용의 혁신안도 내놓았다. 이에 반하여 야권은 현재 매우 유리한 구도인 지역단체장 유지 확보에 전력을 쏟아야 할 처지다. 지난번 제8회 지방선거가 대선 승리에 바로 이어 치러진 관계로 광역단체장과 기초단체장을 다수 차지하며 상대를 압도했었다. 지금은 상황이 달라진 만큼 현 정권의 중간평가라는 점을 강조하며 선거 전략을 세울 듯하다.

민주공화국에는 여러 종류의 선거가 있고 모든 선거마다 민심이 요동치는 것을 본다. 우리는 선거를 거듭하면서 민주 의식을 배우고 민주 시민의 역량을 길러 왔다. 지방자치의 중요성을 제대로 알지 못했던 때의 선거와는 완전히 다른 성숙한 국민적 참여로써 자치 행정의 꽃을 피워야 하겠다.

한미 간의 관계에 따라 북한과의 사이에도 변화가 일어난다

지난해에 보여준 미국 트럼프 행정부의 상징은 세계 각국을 향한 강력한 관세 부과로 압축된다. 새해에도 이 상징적 기조는 변할 것 같지 않다. 미국의 연방항소법원이 대통령의 상호관세가 위헌이라고 판단했으나 트럼프는 이 행동을 중단하기는커녕 오히려 항소법원을 맹비난하며 대법원에 상고했다. 트럼프의 스타일을 보면 대법원의 선고가 위법으로 나온다 해도 상호관세를 다른 형태로 부과할 가능성이 없지 않다.

그러나 지금까지 트럼프의 관세정책은 애초의 목표였던 중국 견제에 이르지 못한 채 한국을 비롯한 동맹국들의 성장을 가로막고 고통을 주는 일만 계속하고 있다. 우리나라는 자동차, 철강, 반도체 등 대표적 수출산업이 충격을 받았고 조지아주 구금 사건으로 인해 치유하기 어려운 상처를 입었다. 더구나 트럼프는 '전문직 취업비자(H-1B)' 제도를 개편하여 신청수수료를 대폭 인상한다고 발표했다. 자국민의 일자리 보호를 내세우며 그야말로 폭탄을 터뜨리는 행위를 거듭하고 있다. 이는 한국인 전문인력과 기업에 직접적 영향을 줄 것이며 미국에서 대학을 졸업한 한국 유학생들도 타격이 클 수밖에 없다.

이런 상태가 근본적으로 개선되지 않는 한 새해의 한미관계는 줄타기의 연속이라 해도 과언이 아니다. 하지만 한 가지 중요한 변화 가능성이 존재한다. 그것은 북미 간의 만남과 관계 개선이 현실화되는 상황에서 이루어질 수 있다. 트럼프는 김정은과의 친분을 강조하면서 어느 시기에 가서는 갑자기 회담을 제안할 것으로 보인다. 이는 북한의 핵 개발을 진정시키고 중국과의 밀착을 견제하면서 세계 평화에 공헌했다는 명분으로 노벨평화상을 노린 트럼프 행정부 설계도의 진행 과정이다. 북한은 미국이 주도하는 제재를 풀어내면서 중국과 러시아의 배경을 강화할 계획을 세우고 있다. 어떤 방식으로든지 이 만남은 이루어질 것이다.

여기서 한국의 역할이 대단히 중요하다. 북한은 이미 우리를 대한민국이라 호칭하며 같은 민족이 아닌 제3국으로 대하겠다고 선언했다. 그러나 세계의 정치 경제에 핵심 위치를 점유한 한반도의 국가를 의도적으로 외면할 수는 없다. 미국은 북한과의 접촉을 위해 우리의 협력과 도움이 절실히 필요하다. 미국이 일으킨 한국과의 관세 문제도 북미 접근의 진행에 따라 큰 변화를 가져올 것이 분명하다.

한국교회의 위기를 타개하기 위한 노력이 펼쳐진다

한국교회의 미래를 걱정하는 음성이 더욱 커지고 있다. 교회가 세상을 변화시키는 것이 아니라 오히려 세상이 교회를 걱정하는 시대가 되었다. 이는 한국교회가 위기라는 점을 인정한다는 의미이며 그 위기의 본질을 알고 이를 극복해야 한다는 간절한 열망에서 비롯된 현상이다. 이 위기를 타개하기 위한 노력이 펼쳐지고 반드시 성과를 얻는 한 해가 되어야 한다.

위기를 불러온 원인은 무엇인가? 근본적으로 물질적 세속화라 말할 수 있다. 영성을 이끌고 도덕성의 기반이 되었던 교회 공동체는 급격히 세속화의 물결로 뒤덮이고 말았다. 공동체의 지도자들이 비도덕적 모습을 보이고 구성원들도 갈등하며 분열하는 양상이 나타났다. 교회에 실망한 사람들이 늘어나면서 교회의 신뢰도는 눈에 띄게 하락하였다. 각종 사이비 이단들이 등장하여 세력을 넓히게 되자 교회와 이단 집단들 간의 구분도 모호해졌다.

거기에 더하여 이 시대에 닥친 가장 큰 위기는 정치적 양극화가 깊어짐에 따라 교회가 특정한 경향성을 세상에 드러냈다는 점이다. 대다수 교회는 복음의 본질을 지키려 애쓰고 있지만, 일부 교회로 인해 기독교가 정치적 도구로 변질되었다는 뼈아픈 지적을 받게 되었다. 극단적 정치 성향을 드러낸 교회 지도자가 나오면 필연코 그에 반대하는 교인들의 거부반응이 나타나게 되고 이는 교회 안에서의 갈등과 분쟁, 그리고 개인과 가족의 신앙적 회의로 이어지고 만다. 교회에 나와 함께 예배드리면서도 정치적 성향이 서로 다른 사람과는 눈길도 주지 않는 적대감으로 가득하다. 따라서 지금은 교회와 목회자가 처한 상황이 극도의 위기 상태라는 탄식이 터지고 있다.

무엇보다도 하나님께서 말씀하신 '의'의 본질을 확실히 깨달아야 한다. 학자들이 나서서 신학적 논의를 세우고 올바른 방향을 제시할 필요가 있다. 목회의 장에서는 절대로 정치적 논란을 일으키면 안 된다. 신학과 목회의 밝은 조명 아래 한국교회의 성도들은 신앙적 양심으로 이 혼란을 극복해야 한다. 기독교는 결코 어떤 정치 세력의 도구가 될 수 없다.

청년층의 일자리 확보와 노년의 삶을 대비하는 방도가 마련된다

청년들은 우리 사회의 미래 자산이고 노년층은 오늘의 결실을 있게 한 과거의 주역들이다. 이들이 각각 희망을 지니고 평안을 누리는 사회가 되어야 한다. 그렇다면 청년의 소망인 좋은 일자리 확보와 노년들이 원하는 품위 있는 삶의 조건을 마련하기 위해 적합한 정책이 기획되고 합리적 실천이 뒤따라야 함은 너무도 당연한 일이다.

마침 정부가 나서서 기업이 일정 기간 고용을 유지하면 해당 청년과 기업에 지원금을 제공하기로 했다. 취업 기회를 찾아 헤매던 청년은 취업에 성공하여 생활 안정을 얻고, 채용 부담으로 고민하던 기업은 인건비를 절감하면서 인재를 확보하는 최선의 결과를 낼 수 있다. 이것이 청년 일자리 도약 장려금 제도이다. 지금껏 국내외 경기 악화에 따라 기업은 경력직 채용을 선호하게 되어 29세 이하 청년층의 고용률이 줄어들었는데, 이 제도로 인하여 구직 활동을 포기한 청년들이 다시금 희망을 보았다고 한다. 반도체, 바이오, AI 등의 분야에 편중된 감이 있으나 이를 넘어서서 더 다양한 청년 일꾼들의 일자리가 확보되었으면 하는 바람이다.

드디어 한국은 65세 이상의 국민이 1,050만 명을 넘기면서 초고령사회에 들어섰다. 노년 인구가 20%를 넘는 초고령사회 진입에 최단시간의 기록을 세운 국가가 된 것이다. 노년의 삶에 요구되는 생존과 품위의 조건은 무엇보다도 건강을 유지하면서 빈곤하지 않아야 한다. 신체 건강을 지키기 위해서는 적절한 운동과 검진 등 병을 예방하는 노력이 필요하다. 인지능력의 상실을 막으려면 지적 활동을 그치지 않으면서 이웃과 소통하고 좋은 관계를 유지해야 한다. 기독교인들이 마음의 평화와 감사 생활로 하나님을 찬양하고 가족과 이웃을 돌보며 사랑을 나누는 것은 최상의 모델이 된다. 역할 상실의 아픔이나 고립감을 신앙으로 치유하며 살아가는 사람들이 많아지고 있다. 국책 사업으로 노년 인구 일자리 재창출이 더 활기를 띨 것이라 한다. 평생교육이나 요양 시스템 강화도 이 사업에 포함되어 있다. 변화를 포용하면서 새로운 도전으로 노년의 삶을 가꾸는 이들이 많아지는 것은 참 보람된 일이다.

기후 위기를 비롯한 각종 사회적 위기에 미리 대처해야 한다

인류의 앞날을 연구하는 학자들은 '위기'라는 표현을 넘어 '붕괴', '파멸' 등 극단적 용어 사용까지도 주저하지 않는다. '기후 위기'는 '기후 붕괴'로 나아갔으며, '사회적 위기'는 사회 전반에 걸친 '가치체계의 붕괴'라는 상황에 이르렀다고 분석한다. 과연 2026년에는 어떤 위기가 찾아와 우리 삶을 허물어뜨리려 할까? 그렇다면 그 위기에 미리 대처하는 방법이 무엇일까?

기후 위기는 온 인류가 맞닥뜨린 공통의 과제로서 개인과 국가가 서로 협력하여 대응해야만 한다. 유엔은 '국가온실가스 감축목표(NDC)'를 설정한 후 각 국가에 감축 상황을 제출토록 요구하고 있다. 우리나라는 이미 2030년까지 온실가스 40% 감축을 약속했고, 지난해에 2035년까지 60% 이상 감축할 계획을 세웠다. 그렇게 진행해야만 세계의 목표인 2050년 온실가스 순배출 0이 완성될 수 있다. 국가적 목표의 실현은 국민 개개인의 참여에서 시작한다. 이를 외면하거나 방관한다면 우리가 생생히 겪은 공포의 폭염과 홍수, 그리고 극심한 가뭄 현상이 새해에는 더 무서운 붕괴의 무기로 다가올 수 있다. 기후와 환경을 지켜야 하겠다는 의식을 갖고 일상생활에서 이를 적극적으로 실천해야 한다.

사회의 기본 구조가 무너진다는 우려가 크다. 극단화된 기후처럼 우리 사회도 극단적 주장과 태도들이 힘을 얻으면서 어떤 대상의 중요성을 판단하고 결정하는 가치체계도 혼란에 빠지고 말았다. 이러한 시기를 틈타 사회에는 각종 범죄가 만연하고 인간의 가치를 무시한 물질주의가 판을 치게 되었다. 예수 그리스도의 진리로 세상을 밝혀야 할 그리스도인들의 신앙체계마저 위기에 처하면서 한국교회가 이를 어떻게 헤쳐 나갈 것인지 기대와 염려가 교차하고 있다. 하나님 앞에 믿음으로 굳게 서서 가치체계의 붕괴를 막고 시대적 위기를 이겨내는 그리스도인이 많을수록 올해의 세상은 그만큼 더 밝아지게 될 것이다.

A Handbook for Preaching and Worship 2026

1

특별 기고

초창기 내한 선교사들의
세례 예전과 성경 번역

김태섭 (장로회신학대학교 신학학 교수)

1. 들어가며[1]

오늘날 우리가 보고 있는 『개역개정』(4판, 2005) 신약성경에는 총 14곳에 '(없음)'이란 표현이 등장한다(마 17:21; 18:11; 23:14; 막 9:44, 46; 11:26; 15:28; 눅 17:36; 23:17; 행 8:37; 15:34; 24:6下-8上; 28:29; 롬 16:24).[2] 그렇다면, 우리말 성경에서 '(없

---

1) 이 글은 다음 소논문을 수정한 것임: 김태섭, "『신약젼셔』(1900) 사도행전 8:37에 관한 역사적 고찰," 「신약연구」 20.3 (2021), 491-517.

2) 실제로 『흠정역』(the King James Version 또는 the Authorized Version) 및 공인본문(Textus Receptus)과 비교하면, 『개역개정』에서 구절의 일부 또는 전체가 삭제된 경우는 총 23곳이다(마 17:21; 18:11; 20:16下; 23:14; 막 6:11下; 7:16; 9:44, 46; 11:26; 15:28; 눅 4:8 중간 일부; 9:55下-56上; 17:36; 23:17; 행 8:37; 9:5下-6上; 13:42下 일부; 15:34; 23:9下 일부; 24:6下-8上; 28:29; 롬 16:24; 요일 5:7下-8上). 그런데 '(없음)'이란 표현이 단 14곳에 등장하는 이유는, 절(節)의 전체가 아닌 일부(하반절)만이 삭제되어서 해당 절에 '(없음)'이란 표현을 쓰지 않았거나(마 20:16下; 막 6:11下; 눅 4:8 중간의 일부; 9:55下-56上; 막 9:5下-6上; 13:42下 일부; 23:9下 일부; 요일 5:7下-8上), 선행절의 후반부를 잘라 뒤에 나오는 생략된 절을 메우면서 '(없음)'이란 표현을 쓰지 않은 경우이다(예를 들어 막 7:16의 경우, 원래 『흠정역』과 공인본문에 있는 '들을 귀 있는 자는 들으라'[If any man have ears to hear, let him hear / Εἴ τις ἔχει ὦτα ἀκούειν, ἀκουέτω]를 삭제하고, 막 7:15의 후반부[사람 안에서 나오는 것이 사람을 더럽게 하는 것이니라 하시고]를 잘라 막 7:16을 대신 메웠다. 따라서 막 7:16을 삭제했으나 '(없음)'이란 표현을 쓰지 않게 된 것이다). 참고로 '말씀보존학회'라는 곳에서는 '(없음)'으로 표시된 구절이 총 13곳이라고 주장한다. http://www.biblemaster.co.kr/bbs/board.php?bo_table=B01&wr_id=3 (최종 접속일 2021. 8. 3.). 그런데 이는 『개역한글』을 기준으로 계산한 것이다. 『개역개정』에는 행 24:6下-8上이 '없음'으로 표시되어 있지만, 『개역한글』은 똑같은 내용을 분절(分節)하여 행 24:6下-8上이 마치 원문에 있는 것처럼 표기하고 있다: "6저가 또 성전을 더럽게 하려 하므로 우리가 잡았사오니 7당신이 친히 그를 심문하시면 8우리의 송사하는 이 모든 일을 아실 수 있나이다 하니"(『개역한글』 행 24:6-8). cf. 『개역개정』은 사도행전 24:6-8을 다음과 같이 기록하고 있다: "6그가 또 성전을 더럽게 하려 하므로 우리가 잡았사오니 (6하반-8상반 없음) 7(없음) 8당신이 친히 그를 심문하시면 우리가 고발하는 이 모든 일을 아실 수 있나이다 하니." 여기서 볼 수 있는 바와 같이, 『개역한글』은 8절을 분절하여, 8절 상반절로 7절을 대체하고 있다. 따라서 『개역한글』도 '없음'이라고 표시하지 않았을 뿐, 실제로는 행 24:6下-8上에 해당하는 헬라어 본문(καὶ κατὰ τὸν ἡμέτερον νόμον ἠθελήσαμεν κρίνειν παρελθὼν δὲ Λυσίας ὁ χιλίαρχος μετὰ πολλῆς βίας ἐκ τῶν χειρῶν ἡμῶν ἀπήγαγεν κελεύσας τοὺς κατηγόρους αὐτοῦ ἔρχεσθαι ἐπί σέ)의 번역을 생략하고 있는 것은 마찬가지이다.

음)'이란 구절은 언제부터 등장하게 됐을까? 국내에서 1893년에 내한 선교사들로 조직된 '성경번역자회(聖經飜譯者會[the Board of Official Translators], 이하 '번역자회')'는 복음서에서 시작하여 신약성경을 낱권씩 번역하기 시작한다. 그리하여 1900년에는 신약 전체를 번역한 『신약젼셔』를 출간한다. 그런데 이 역본에서 특이한 점은 오늘날 『개역개정』에서 '없음'으로 처리한 14개 본문 가운데 유독 2곳—사도행전 8:37과 로마서 16:24—은 생략하지 않았다는 점이다. 먼저 로마서 16:24의 경우, 번역자회는 이 구절이 원문(原文)에 있었을 가능성이 높다고 판단한 것으로 보인다(세로쓰기로 되어 있으나 편의상 가로쓰기로 인용).

> ᄯᅳ삼나와 온 교회 식쥬인 가이오도 너희게 문안ᄒᆞ고 셩 즁에 고간 맛흔 에라스도와 형뎨 구아도도 너희게 문안ᄒᆞᄂᆞ니라 ᄯᅳ사우리 쥬 예수 그리스도의 은혜가 너희 모든 이의게 잇슬지어다 아멘 ᄯᅳ오직 하ᄂᆞ님이 나의 복음과 밋 예수 그리스도를 젼파ᄒᆞ시는 거슬 의지ᄒᆞ야 능히 너희를 견고케 ᄒᆞ시ᄂᆞ니 녯젹브터 오묘ᄒᆞ신 믁시가 곰곰ᄒᆞ셧ᄂᆞ니 (『신약젼셔』[1900] 로마서 16:24)

당시 번역자회의 선교사들이 참고한 신약 주석서(註釋書)에는 총 3종류—『알포드(Alford) 그리스어 신약전서』, 『마이어(Meyer) 신약주석』, 『엘리코트(Ellicott) 신약주석』—가 있었다.[3] 이들 중에 알포드와 마이어는 로마서 16:24이 사도 바울에게서 유래했다고 판단했다.[4] 따라서 번역자회가 『신약젼셔』

---

3) Henry Alford, *The Greek Testament vol. II: the Acts of the Apostles, the Epistles to the Romans and Corinthians* (London: Rivingtons, 1871); Heinrich A. W. Meyer, *Critical and Exegetical Handbook to the Epistle to the Romans*, trans. John C. Moore and Edwin Johnson (New York: Funk & Wagnalls, 1884); Charles J. Ellicott ed., *A New Testament Commentary for English Readers vol.2* (London: Cassell Peter & Galpin, 1878). 당시 번역자회에서 참고한 주석집과 문헌 자료들의 목록은 류대영, 옥성득, 이만열, 『대한성서공회사 II: 번역·반포와 권서사업』 (서울: 대한성서공회, 1994), 38 참고.

4) 예를 들어, 알포드는 헬라어 본문을 위에 두고 바로 아래에 영어로 주석을 달았는데, 본문비평을 통해 원문에 없었을 것으로 추정되는 구절들은 삭제하였다. 그런데 롬 16:24의 경우, "이를 생략한 사본들은 필사자들의 변덕에 기인한 것"으로 보고("The omission has perhaps been by the caprice of the copyists"), 이 구절을 남겨두었다. Alford, *The Greek Testament vol. II*, 470 참고. 마이어 역시 몇몇 사본들에서 롬 *16:24*을 생략한 것은 원본이 아니라 후대 필사자들의 판단에 기인한 것으로 본다. Meyer, *Critical and Exegetical Handbook to the Epistle to the Romans*, 561-562 참고. 반면에 엘리코트가 편집한 주석의 경우, 로마서 부분은 샌데이(W. Sanday)가 본문 아래

(1900)에 로마서 16:24을 그대로 존치한 것은 이 구절의 저자적 진정성을 수용한 결과로 보인다. 반면에 사도행전 8:37의 경우, 앞서 언급한 3개의 주석들은 모두 이것을 원본이 아닌 후대의 첨가로 판단하였다.[5] 그리고 번역자회에서 참고한 영어성경 'the English Revised Version(1881, 이하 ERV로 표기)'과 파머(Edwin Palmer)의 헬라어 신약성경 역시 이 구절을 생략하고 있다.[6] 그런데도 번역자회는 사도행전 8:37을 『신약젼셔』(1900)에 존치하면서 독특하게 '꺾쇠'(「」)로 묶어두었다.

^{三六}가다가 물잇는 곳에 니르러 닉시가 말ᄒᆞ되 볼지이다 물이 잇스니 셰례를 밧아도 관계치 아니ᄒᆞ뇨 ^{三七}「빌닙이 골ᄋᆞ되 네가 ᄆᆞ음을 온전히 ᄒᆞ야 밋으면 가ᄒᆞ니라 되답ᄒᆞ야 골ᄋᆞ되 내가 예수 그리스도끠셔 하ᄂᆞ님 아들인줄 밋노라 ᄒᆞ니」 ^{三八}명ᄒᆞ야 병거를 머믈고 빌닙과 닉시가 둘 다 물에 ᄂᆞ려가 빌닙이 셰례를 주고 (『신약젼셔』[1900] 사도행전 8:37)

이처럼 사도행전 8:37을 존치하면서 앞뒤를 꺾쇠로 묶어 표시했다는 것은, 번역자회가 본문비평의 결과는 의식하나 이것을 '의도적'으로 남겨두었다는 뜻이다. 그렇다면 1900년 당시 『신약젼셔』를 역간한 번역자회는 왜 이 구절을 생략하지 않고 꺾쇠로 묶어 존치하게 되었을까? 아쉽게도 이와 관련한 난하주(欄下註)·난외주(欄外註)나 구체적 사료(史料)는 남아 있지 않다. 그리고 국내에서 특정 성경 구절의 '(없음)'에 관한 역사를 고찰한 논문은 아직 부재하다. 이에 본 소고(小考)는 우리말 성경의 '(없음)'에 관한 역사를 간략히 살피면서, 번역자회

해설을 달았는데, '롬 16:24이 가장 오래된 사본들에는 없다'고 각주에 언급하면서, 이 구절의 저자적 진정성에 대해 부정적인 입장을 피력한다. Ellicott, *A New Testament Commentary for English Readers vol.2*, 261, 270 참고.

5) Alford, *The Greek Testament vol. II*, 95; Heinrich A. W. Meyer, *Critical and Exegetical Handbook to the Acts of the Apostles*, trans. Paton J. Gloag (New York: Funk & Wagnalls, 1883), 165; Ellicott, *A New Testament Commentary for English Readers vol.2*, 54.

6) Edwin Palmer, *H KAINH DIAΘHKH: the Greek Testament with the Readings Adopted by the Revisers of the Authorised Version* (Oxford: Clarendon Press, 1881), 280.

가 『신약젼셔』(1900)를 출간했을 당시 사도행전 8:37을 존치하고자 했던 이유를 추정해 보고자 한다.

2. '(없음)'의 간략한 역사

현존하는 사본들 가운데, 신약성경의 단락을 구분한 가장 오래된 시도는 4세기 초·중엽에 제작된 바티칸 사본(Codex Vaticanus)을 꼽을 수 있다.[7] 예를 들어 바티칸 사본은 마태복음을 총 170단락, 마가복음은 62단락, 누가복음은 152단락으로 구분하고 있다.[8] 그러나 신약에서 오늘날 우리가 보는 방식의 장(章)과 절(節)을 최초로 구분한 것은 16세기 프랑스 인쇄업자 스테파누스(Robertus Stephanus, [佛] Robert Estienne)의 헬라어 신약성경 제4판(1551)이다. 이후에 이 본문은 베자(Théodore de Bèze)와 엘제비어 형제들(Isaac and Abraham Elzevir)에게 계승되어 소위 '공인본문(Textus Receptus, 또는 수용본문)'이란 이름으로 큰 인기를 구가한다. 비록 공인본문은 주로 12-15세기에 제작된 소수의 헬라어 사본들을 바탕으로 구성되었지만,[9] 이것은 1881년까지 유럽의 여러 언어로 번역된 신약성경들의 저본(底本)이 되었다.[10] 특별히 영어 『흠정역』(the King James Version, 1611)이 공인본문을 바탕으로 번역되었고,[11] 이후에 『흠정역』은 거의 300년 동안 영미권 개신교 사회에서 가장 인정받는 역본이 된다. 이처럼 스테파누스의 장·절 구분은 공인본문과 주요 역본들을 통해 유럽과 미국에서 표준적인 체계로 자리 잡게 된다.

그러나 18-19세기를 거치면서 더 우수한 헬라어 사본들이 발견되었고, 본문

---

[7] Bruce M. Metzger and Bart D. Ehrman, *The Text of the New Testament: Its Transmission, Corruption, and Restoration* 4th ed. (New York: Oxford University Press, 2005), 34-36.

[8] 4세기 당시 로마에서는 아라비아 숫자를 사용하지 않았기 때문에, 사본을 직접 확인해 보면 헬라어 게마트리아(gematria)로 각 단락의 숫자를 표시하고 있음을 알 수 있다. 그리하여 마태복음의 마지막 단락은 $\overline{PO}$로, 마가복음은 $\overline{\Xi B}$로, 누가복음은 $\overline{PNB}$로 표시되어 있다.

[9] William W. Combs, "Erasmus and the Textus Receptus," *Detroit Baptist Seminary Journal* 1.1 (1996), 45-53.

[10] Metzger and Ehrman, *The Text of the New Testament*, 152.

[11] Gerrit J. van Steenbergen, "영어 성경 번역의 역사," 김동혁 역, 「성경원문연구」 42 (2018), 181-183.

비평이 발전하면서 공인본문의 권위에 대한 도전들이 일어나기 시작했다.[12] 그리하여 1800년을 전후로 독일의 그리스바흐(Johann Jakob Griesbach)는 공인본문을 포기하고, 자신의 본문비평 기준에 따라 새로 편집한 신약성경을 할레, 런던, 라이프치히에서 출판하게 된다.[13] 그리고 1881년에는 영국의 웨스트코트(Brooke Foss Westcott)와 호르트(Fenton John Anthony Hort)가 기념비적인 헬라어 신약성경을 출판한다. 그들은 공인본문이 기초한 헬라어 사본들이 '시리아(비잔틴) 본문 유형(the Syrian text-type)'에 속하는 것으로 분류하고, 제작 시기와 본문 유형으로 볼 때 원문에서 가장 동떨어진 것으로 판정하였다.[14] 대신에 바티칸 사본(the Codex Vaticanus, 4세기)과 1859년에 발견된 시내산 사본(the Codex Sinaiticus, 4세기)을 주축으로 재구성한 신약성경을 출간하게 되었다(원제: The New Testament in the Original Greek, 1881).[15] 이 판본에서 웨스트코트와 호르트는 '원본에 없었을 것으로 판단한 구절들'을 삭제하고 공란으로 처리한다.[16] 같은 시기에 그들은 기존의 『흠정역』을 개정하는 위원회를 이끌며 영역본 ERV의 신약을 역간하는 데 기여한다(cf. 신약은 1881년, 구약은 1885년에 출간). 그리고 이 ERV 위원회의 일원이었던 파머(Palmer)는 기존의 공인본문을 바탕으로 위원회의 비평적 의견이 반영된 헬라어 신약성경을 출간한다(원제: H KAINH DIAΘHKH: the Greek Testament with the Readings Adopted by the Revisers of the Authorized Version, 1881).[17] 결국, 종전에 공인본문과 『흠정역』에는 존재했으나,

---

12) Metzger and Ehrman, *The Text of the New Testament*, 152-164.

13) Metzger and Ehrman, *The Text of the New Testament*, 165-167.

14) Metzger and Ehrman, *The Text of the New Testament*, 177, 180-181.

15) 이 판본은 오늘날 널리 이용되는 네슬-알란트(Nestle-Aland) 헬라어 신약판본들에 큰 영향을 주었다. Kurt Aland and Barbara Aland, *The Text of the New Testament: an Introduction to the Critical Editions and to the Theory and Practice of Modern Textual Criticism*, trans. Erroll F. Rhodes (Grand Rapids: Eerdmans, 1995), 26-30.

16) 웨스트코트-호르트 신약판본에는 다음 구절들이 삭제되었고, 절(節) 전체가 통째로 빠진 부분은 '공란'으로 남겨두었다: 마 17:21; 18:11; 20:16下; 23:14; 막 6:11下; 7:16; 9:44, 46; 11:26; 15:28; 눅 4:8 중간의 일부; 9:55下-56上; 17:36; 23:17; 행 8:37; 9:5下-6上; 13:42上 일부; 15:34; 23:9下 일부; 24:6下-8上; 28:29; 롬 16:24; 요일 5:7下-8上.

17) Palmer, *H KAINH DIAΘHKH*, v.

이후에 웨스트코트-호르트 신약판본과 ERV 및 파머의 신약판본에는 생략되는 구절들이 나오게 된 것이다. 이러한 결과는 우리말 성경 번역에도 큰 변화를 가져오게 되었다.

1893년에 언더우드(H. G. Underwood), 게일(J. S. Gale), 스크랜튼(W. B. Scranton), 아펜젤러(H. G. Appenzeller), 트롤로프(M. N. Trollope)로 구성된 번역자회는 공인본문을 바탕으로 하되 ERV와 파머의 헬라어 신약성경[18] 및 비평주석서들—『마이어 신약주석』,『엘리코트 신약주석』 및 『알포드 그리스어 신약전서』[19]—을 번역에 활용하기로 한다. 그런데 1893년부터 『신약젼셔』(1900) 출간 전(前)까지, 신약을 낱권별로 번역·출간하던 단계에서는,[20] 책에 따라 '생략 구절'의 반영 시기가 달랐다. 예를 들어, 1895년 판 『마태복음』에는 오늘날 생략된 3개 구절(17:21; 18:11; 23:14)이 모두 유지되다가 1898년 판에 가서야 해당 구절들이 삭제되었다. 『스도힝젼』의 경우, 4개 본문(8:37; 15:34; 24:6下-8上; 28:29)이 1895년, 1896년, 1898년 판까지 모두 존치된다. 이처럼 권별로 생략 구절들을 각각 달리 처리해 오다가, 『신약젼셔』(1900)를 출간하면서 신약 전체에 걸쳐 이를 일괄 반영하기 시작한다. 다만 생략한 구절을 현재 『개역개정』과 같이 '(없음)'이라고 표시하지는 않았다. 대신에 아래의 예들에서 볼 수 있는 것처럼, 선행절 또는 후행절을 분절(分節)하여 삭제된 구절을 대체하거나, 해당 구절을 공란으로 남겨두었다.

- 『신약젼셔』(1900)에서 마가복음 15:28을 생략한 경우:
  ²⁷쏘 강도 둘을 예수와 홈의 십즈가에 못박으니 ²⁸흔 나는 우편에 잇고 흔 나는 좌편에 잇더라 ²⁹지나가눈쟈들도 긔롱호고 머리를 흔들며 골으디 아

---

18) 류대영, 옥성득, 이만열, 『대한성서공회사 II: 번역·반포와 권서사업』, 36; 조병수, "『신약젼셔』(1906년) 로마서의 번역 고찰," 『성경원문연구』 29 (2011), 86. 또한 https://en.wikipedia.org/wiki/Revised_Version 참고.

19) 류대영, 옥성득, 이만열, 『대한성서공회사 II: 번역·반포와 권서사업』, 38.

20) 『신약젼셔』(1900)가 출간되기 전까지 낱권 형태의 성경 번역과 간행 과정은 류대영, 옥성득, 이만열, 『대한성서공회사 II: 번역·반포와 권서사업』, 39-52 참고.

하 셩뎐을 헐고 사흘만에 짓겟다 ᄒᆞ던쟈여
▶『개역개정』(4판, 2005) 마가복음 15:27-29과 비교:
²⁷강도 둘을 예수와 함께 십자가에 못 박으니 하나는 그의 우편에, 하나는 좌편에 있더라 ²⁸(없음) ²⁹지나가는 자들은 자기 머리를 흔들며 예수를 모욕하여 이르되 아하 성전을 헐고 사흘에 짓는다는 자여

●『신약젼셔』(1900)에서 누가복음 17:36을 생략한 경우:
³⁵두 녀인이 홈ᄭᅴ 매를 가ᄂᆞᆫᄃᆡ ᄒᆞ나는 다려가고 ᄒᆞ나는 바려두리라 ᄒᆞ시니 ³⁶무리가 엿ᄌᆞ와 ᄀᆞᆯ오ᄃᆡ 쥬여 어ᄃᆡ오닛가 ³⁷ᄃᆡ답ᄒᆞ야 ᄀᆞᆯ오샤ᄃᆡ 죽엄 잇는 곳에는 독슈리가 모히ᄂᆞ니라 ᄒᆞ시더라
▶『개역개정』(4판, 2005) 누가복음 17:35-37과 비교:
³⁵두 여자가 함께 맷돌을 갈고 있으매 하나는 데려감을 얻고 하나는 버려둠을 당할 것이니라 ³⁶(없음) ³⁷그들이 대답하여 이르되 주여 어디오니이까 이르시되 주검 있는 곳에는 독수리가 모이느니라 하시니라

●『신약젼셔』(1900)에서 요한복음 5:3下-4을 생략한 경우:
³ ⁴그 안희 슛흔 병인과 판슈와 졀쑥발이와 혈긔 무른 사ᄅᆞᆷ들이 누엇시니
▶『개역개정』(4판, 2005) 요한복음 5:3下-4과 비교:
³그 안에 많은 병자, 맹인, 다리 저는 사람, 혈기 마른 사람들이 누워 [물의 움직임을 기다리니 ⁴이는 천사가 가끔 못에 내려와 물을 움직이게 하는데 움직인 후에 먼저 들어가는 자는 어떤 병에 걸렸든지 낫게 됨이러라]

위의 사례들에서처럼, 마가복음 15:28이 생략된 경우에 『신약젼셔』(1900)는 '선행절'(27절)을 분절하여 그중 하반절로 28절을 메우고 있고, 누가복음 17:36이 생략된 경우에는 '후행절'(37절)을 나누어 그중 전반절로 36절을 대신하고 있음을 알 수 있다. 그리고 요한복음 5:3下-4이 생략된 경우는, 3절을 '공란'으로 두고 3절 상반절을 4절로 처리하고 있다. 이후에 『신약젼셔』(1906, 공인역[公認

譯]²¹⁾)와 『셩경젼셔』(1911)에 이르기까지, 생략된 구절들은 이처럼 '(없음)'으로 처리되지 않다가²²⁾ 괄호 안에 '없음'이란 표기를 처음으로 도입하기 시작한 것은 『셩경개역』(1938)부터였다. 당시의 한글 표기로는 '업슴'이었고, 다음의 예와 같이 『셩경개역』은 '(절수 업슴)'이란 형식으로 이를 표시했다: (⁻업슴); (⁻업슴); (⁻四 업슴); (四四 업슴) 등.

- ● 『셩경개역』(1938)에서 마태복음 17:21을 생략한 경우:
  ²⁰갈아샤대 너희 밋음이 젹은 연고니라 진실노 너희게 닐아노니 너희가 만일 밋음이 한 계자씨만치만 잇스면 이 산을 명하야 여긔서 뎌긔로 옴기라 하여도 옴길 것이오 또 너희가 못할 것이 업스리라 (⁻⁻업슴) ²²갈닐니에 모힐 째에 예수끠셔 뎨자들의게 닐아샤대 인자가 쟝차 사람들의 손에 넘기워

- ▶ 『개역개정』(4판, 2005) 마태복음 17:21과 비교:
  ²⁰이르시되 너희 믿음이 작은 까닭이니라 진실로 너희에게 이르노니 만일 너희에게 믿음이 겨자씨 한 알 만큼만 있어도 이 산을 명하여 여기서 저기로 옮겨지라 하면 옮겨질 것이요 또 너희가 못할 것이 없으리라 ²¹(없음) ²²갈릴리에 모일 때에 예수께서 제자들에게 이르시되 인자가 장차 사람들의 손에 넘겨져

이후 1952년에 『개역한글』이 출간되고 이를 약간 수정한 2판이 1961년에 나오는데, '업슴'에서 '없음'으로 한글 표기가 달라졌을 뿐 종전에 『셩경개역』

---

21) 『신약젼셔』(1900)는 '시험역'(試驗譯, tentative version)의 성격이었고, 이 역본의 개정과 재개정을 거쳐 발간한 『신약젼셔』(1906)를 '공인역'(公認譯, authorized version)으로 간주한다.

22) 요한복음 5:3下-4을 생략한 경우, 『신약젼셔』(1900)를 재개정하여 출간한 『신약젼셔』(1906, 공인역[公認譯])는 "³그 안에 숫훈 병인과 쇼경과 ⁴졀쑥발이와 혈긔 무른 사롬들이 누엇스니"로 기록하고 있다. '공란' 없이 3절 하반절을 분절하여 각각 3절과 4절을 채운 것이다. 공인역 『신약젼셔』(1906)의 본문은 구약과 합본하여 『셩경젼셔』(1911)에 그대로 수록되었기 때문에, 『셩경젼셔』(1911) 역시 요한복음 5:3下-4을 동일하게 처리하고 있음을 알 수 있다.

(1938)에서 사용하던 '(절수 없음)'이란 형식은 유지되었다. 그러다가 1990년대에 출판된 『개역한글』 성경들에는 대부분 절수와 '(없음)'이 분리되어, 1998년 이후 출간된 『개역개정』과 같이 '절수 (없음)'의 형태를 나타내게 된다.

3. 사도행전 8:37의 본문비평

지금까지 성경에 '(없음)'이 등장하게 된 역사를 간략히 살펴보았다. 그렇다면 이제 사도행전 8:37에 관한 본문비평적 고찰을 하고자 한다. 현재 널리 통용되는 헬라어 신약성경 NA28판과 UBS5판은 이 구절을 삭제하고 있다. 공인본문(ex. 스테파누스의 1550년 판, 베자의 1598년 판, 엘제비어 형제의 1624년 판)을 보면 생략된 사도행전 8:37의 내용을 다음과 같이 확인할 수 있다:

εἶπεν δὲ ὁ Φίλιππος Εἰ πιστεύεις ἐξ ὅλης τῆς καρδίας, ἔξεστιν. ἀποκριθεὶς δὲ εἶπεν Πιστεύω τὸν υἱὸν τοῦ Θεοῦ εἶναι τὸν Ἰησοῦν Χριστόν[23]

私譯: 그리고 빌립이 말했다 만약 당신이 온 마음으로 믿는다면, [세례가] 가능합니다. 그리고 그 [에티오피아 내시]가 대답하여 말했다 나는 예수 그리스도가 하나님의 아들이심을 믿습니다

NA28판의 비평장치에 따르면, 위의 본문을 지지하는 대문자(uncial) 사본으로는 6세기에 제작된 것으로 추정되는 Ea사본(08, the Codex Laudianus)이 있고,[24] 소문자(minuscule) 사본으로는 323, 453, 945, 1739, 1891, 2818 등이 있다(더 자세한 설명은 아래 각주 24번 참고).[25] 라틴어, 시리아어, 콥틱어 역본

---

23) 강세와 숨표 표시는 스테파누스의 1550년 판을 따랐음을 밝힌다. 예를 들어 스테파누스는 εἶναι의 강세와 숨표를 ἐιναι로 표시하고 있음.

24) NA28판은 'E'라고만 표시했는데, 사실 'E'로 표시되는 대문자 사본은 'Eᵃ'(07)와 'Eᵉ'(08) 2종류가 있다. 'Eᵉ'는 사도행전을 본문으로 하는 6세기 사본으로 '라우디아누스 사본'(the Codex Laudianus)이라 하고, 'Eᵃ'는 4복음서를 본문으로 하는 8세기 사본으로 '바실렌시스 사본'(the Codex Basilensis)이라고 한다.

25) NA28판의 비평장치에는 다음과 같이 8:37을 기록하고 있다: εἶπεν δὲ αὐτῷ (+ ὁ Φίλιππος E)· εἰ (ἐὰν E) πιστεύεις ἐξ ὅλης τῆς (-2818) καρδίας σου (-323) ἔξεστιν (σωθήσει E). ἀποκριθεὶς δὲ εἶπεν· πιστεύω τὸν υἱὸν τοῦ Θεοῦ εἶναι τὸν (-323. 945. 1739. 2818) Ἰησοῦν Χριστόν (πιστεύω εἰς τὸν Χριστὸν τὸν υἱὸν τοῦ θεοῦ E) E 323. 453. 945. 1739. 1891. 2818

들(it, vg^cl, syh**, mae) 중에서도 유사한 표현을 발견할 수 있고, 교부 이레나이우스(Irenaeus)와 키프리아누스(Cyprianus)의 글에서도 해당 구절과 관련된 내용을 확인할 수 있다. 여기서 알 수 있는 바와 같이, 사본적 증거로는 6세기(Ea사본)까지 거슬러 올라갈 수 있고, 교부 전승으로는 2세기 이레나이우스에게까지 소급할 수 있다. 이레나이우스가 2세기 후반에 저술한 『이단에 대항하여』(Adversus Haereses) 3권에는 다음과 같은 내용을 기록하고 있다.

> τοῦτον εἶναι Ἰησοῦν, καὶ πεπληρῶσθαι ἐν αὐτῷ γραφήν, ὡς αὐτὸς ὁ εὐνοῦχος πεισθεὶς, καὶ παραυτίκα ἀξιῶν βαπτισθῆναι, ἔλεγε· πιστεύω τὸν υἱὸν τοῦ Θεοῦ εἶναι Ἰησοῦν Χριστόν. ὃς καὶ ἐπέμφθη εἰς τὰ κλίματα Αἰθιοπίας, κηρύξων τοῦτο, ὅπερ ἐπίστευσε, θεὸν μὲν ἕνα, τὸν διὰ τῶν προφητῶν κεκηρυγμένον· τούτου δὲ τὸν υἱὸν τὴν κατὰ ἄνθρωπον ἤδη πεποιῆσθαι παρουσίαν, καὶ ὡς πρόβατον εἰς σφαγὴν ἤχθη, καὶ τὰ λοιπὰ, ὅσα οἱ προφῆται λέγουσι περὶ αὐτοῦ.[26]
>
> 私譯: 이분은 예수이고 성경이 그분 안에서 성취되었음을 [빌립이 선포했다]. 내시 자신이 믿게 되어 곧 세례받기에 합당케 되었을 때 그가 말하기 시작했다 "나는 예수 그리스도께서 하나님의 아들이심을 믿습니다." 그[내시]는 에티오피아 지방으로 보냄을 받아 이것, 곧 그가 믿었던 바, 선지자들에 의해 선포되었던 한 분 하나님을 선포했다. 그리고 그의 아들께서 사람으로서 이미 나타나셨음과

(it, vgcl, syh**, mae; Ir Cyp)
여기서 대문자 E사본(Ea, the Codex Laudianus)에는 주어 '빌립'(ὁ Φίλιππος)이 첨가되어 있고, 조건절이 'εἰ'가 아닌 'ἐάν'으로 시작한다. 그리고 '그것이 가능하다'(ἔξεστιν) 대신에 '당신이 구원받을 것이다'(σωθήσει)로 되어 있고, 마지막 내시의 대답이 '내가 그리스도 곧 하나님의 아들을 믿습니다'(πιστεύω εἰς τὸν Χριστόν τὸν υἱὸν τοῦ Θεοῦ)로 되어 있다. 소문자 사본들은 주로 정관사 유무와 관련이 있는데, 'τῆς'가 빠진 사본은 2818번 사본, 'τὸν'이 빠진 사본들은 323, 945, 1739, 2818번 사본이 있으며, 2인칭 단수 대명사 속격 'σου'가 빠진 사본은 323번 사본이다. 유사한 내용을 확인할 수 있는 번역본들 중에서는 '대부분의 고대 라틴어 역본들'(it)과 1592년 교황 클레멘트(Clement) 8세 판 불가타 역본(vg^d), 616년 하르켈의 토마스(Thomas of Harkel)에 의해 제작된 하르클렌시스(Harklensis) 시리아 역본에서 비평기호로 표시된 부분(syh**), 메소케믹(Mesokemic) 콥틱어 역본(mae)이 있다. 그리고 교부 중에서, 2세기 이레나이우스(Irenaeus)와 3세기 키프리아누스(Cyprianus)의 글들에 관련 내용이 기록되어 있다.

[26] 이레나이우스가 2세기에 쓴 원문은 구두점과 강세 표시 없이 대문자로 기록되었을 것이다. 이 본문은 W. Wigan Harvey, *Sancti Irenaei Episcopi Lugdunensis Libros Quinque Adversus Haereses vol. 2* (Cambridge: Typis Academicis, 1857), 62에서 인용했음을 밝힌다.

양으로서 도살자에게 끌려가셨음을 그리고 선지자들이 그에 대해 말씀한 나머지 것들을 [선포했다]

다행히 해당 부분은 원래 헬라어로 기록된 부분이 남아 있는데, 여기서 세례 직전 에티오피아 내시의 고백으로 나오는 "내가 예수 그리스도께서 하나님의 아들이심을 믿습니다(πιστεύω τὸν υἱὸν τοῦ Θεοῦ εἶναι Ἰησοῦν Χριστόν)"라는 표현은 소문자 사본 323번(12세기), 945번(11세기), 1739번(10세기), 2818번(12세기)과 정확히 일치한다. 그래서 매우 드물긴 하지만, 사도행전 8:37이 원문에 있었고, 그것이 이레나이우스의 글에 반영되었다가, 몇몇 소문자 사본들에 보존되었다고 주장하는 경우도 있다.[27] 그러나 해당 구절은 이른 시기에 제작된 주요 사본들—파피루스 45번 사본(3세기, P45), 시내산 사본(4세기, ℵ), 바티칸 사본(4세기, B), 알렉산드리아 사본(5세기, A), 에프라임 사본(5세기, C) 등—에서는 찾아볼 수 없다. 그래서 메츠거(Bruce M. Metzger)는 사도행전 8:37이 만약 원문에 있었다면, 초기 주요 사본의 필사자들이 이를 생략했을 이유가 없다고 판단한다.[28] 심지어 사도행전 8:37을 포함하고 있는 대문자 Ea사본(6세기)도 구체적인 헬라어 표현에서는 이레나이우스와 차이가 있다: "내가 그리스도 곧 하나님의 아들을 믿습니다(πιστεύω εἰς τὸν Χριστὸν τὸν υἱὸν τοῦ θεοῦ)". 또한 이레나이우스가 사용한 '예수 그리스도'의 헬라어 대격(Ἰησοῦν Χριστόν)은 누가복음과 사도행전에서 그 용례를 찾아볼 수 없다.[29] 더구나 이레나이우스는 사도행전 8:37을 정확히 인용한 것이 아니라 자신의 상상력을 동원해 관련 이야기를 풀어쓴 것이다. 예를 들어 내시의

---

27) cf. Cottrel R. Carson, "Acts 8:37-A Textual Reexamination," *Union Seminary Quarterly Review 51.1-2 (1997)*, 57-78. 카슨은 행 8:37에 관한 4세기 사본들의 증거가 결정적이지 않고, 이 구절의 원문성을 부정할 확실한 근거가 없다고 주장하면서, 이를 본문에 꺾쇠괄호(bracket)로 묶어 존치해야 한다는 의견을 제시한다. 스트레인지(Strange)는 행 8:37이 원문에 있었을 것으로 판단하며, 이것이 필사자들의 실수로 후대의 사본들에서 생략된 것이라고 주장한다. W. A. Strange, *The Problem of the Text of Acts* (Cambridge: Cambridge University Press, 1992), 69-77 참고.

28) Bruce M. Metzger, *A Textual Commentary on the Greek New Testament* 2nd ed. (Stuttgart: Deutsche Bibelgesellschaft, 1994), 315.

29) Metzger, *A Textual Commentary on the Greek New Testament* 2nd ed., 315.

고백 직후에 나오는 '그가 에티오피아로 보냄을 받아 한 분의 하나님과 그 아들이 성육신하셨음을 전했다'는 내용은 사도행전의 어떤 사본들에서도 발견할 수 없다. 따라서 사도행전 원문을 이레나이우스가 인용했고, 그것이 10세기 이후 제작된 소문자 사본들(323, 945, 1739, 2818)에 보존이 됐다고 보는 것은 타당하지 않다. 그보다는 이레나이우스가 독자적으로 쓴 표현을 후대의 필사자들이 보고 본문에 삽입했을 가능성이 더 크다.[30]

그렇다면 19세기 말 번역자회 선교사들이 참고했던 자료들을 살펴볼 필요가 있다. 앞서 언급한 바와 같이 그들은 공인본문을 바탕으로 하되, ERV와 파머의 헬라어 신약성경 그리고 비평주석서들을 활용하면서 원문에 없었을 것으로 판단되는 구절들은 『신약젼셔』(1900)의 번역에서 제외했다. 먼저 ERV와 파머의 헬라어 신약성경을 보면, 모두 사도행전 8:37을 생략하면서 각각 '난하주'(欄下註)에 다음과 같이 생략된 구절을 소개하고 있다.

> Some ancient authorities insert, wholly or in part, ver. 37 *And Philip said, If thou believest with all thy heart, thou mayest. And he answered and said, I believe that Jesus Christ is the Son of God.*
>
> add ver. 37 εἶπε δὲ ὁ Φίλιππος, Εἰ πιστεύεις ἐξ ὅλης τῆς καρδίας, ἔξεστιν. ἀποκριθεὶς δὲ εἶπε, Πιστεύω τὸν υἱὸν τοῦ Θεοῦ εἶναι τὸν Ἰησοῦν Χριστόν. A.S.M.[31]
> 私譯: 그리고 빌립이 말했다. 만약 당신이 온 마음으로 믿는다면 가능합니다. 그가 대답하여 말했다. 나는 예수 그리스도께서 하나님의 아들이심을 믿습니다.

여기서 마지막에 A.S.M.은 파머가 사용한 약자인데, 'A'는 1611년 『흠정역』

---

30) Craig S. Keener, *Acts: an Exegetical Commentary vol. 2* (Grand Rapids: Baker Academic, 2013), 1592.
31) Palmer, *H KAINH DIAΘHKH*, 280.

(the Autorized Version이라고도 함), 'S'는 스테파누스(Stephanus)의 1550년 판 헬라어 본문, 'M'은 ERV의 난외 여백(Margin)을 의미한다.³²⁾ 이처럼 ERV와 파머의 헬라어 신약성경은 모두 사도행전 8:37을 본문에서 제외하고 난하주로 처리하고 있다.

그렇다면 번역자회에서 활용한 3종의 비평주석서들—『마이어 신약주석』, 『알포드 그리스어 신약전서』, 『엘리코트 신약주석』—을 살펴봐야 한다. 첫째, 독일 성서학자 마이어(Heinrich A. W. Meyer)가 저술한 신약주석시리즈 가운데 사도행전을 보면(1883년에 미국판[American Edtion]으로 번역·출간), '8:37이 결정적인 사본들에는 빠져 있다'는 그의 지적을 확인할 수 있다. 그리고 이 구절을 수록하고 있는 사본들도 헬라어 표현상의 차이를 서로 나타내고 있기 때문에, 마이어는 이를 후대의 '추가(addition)'로 간주한다.³³⁾ 둘째, 1871년에 알포드(Henry Alford)는 헬라어 신약성경(원제: the Greek Testament)을 편찬하면서 본문 아래에 방대한 주석을 첨부했다. 그는 숄츠(Johann M. A. Scholz)를 인용하면서, 'E'사본을 비롯한 10개의 사본들에 사도행전 8:37이 수록되어 있고, 시리아어와 아람어 역본들 그리고 이레나이우스를 비롯한 교부들의 글에서 유사한 내용을 확인할 수 있다고 언급한다. 그러나 주요 대문자 사본들(A, B, C, H, L, P, ℵ)을 비롯한 44개 사본들에서는 해당 구절이 없음을 지적하면서, 알포드는 이를 '원문이 아닌 것(spuriousness)'으로 판정하고 헬라어 본문에서 제외했다.³⁴⁾ 셋째, 엘리코트(Charles J. Ellicott)가 1878년부터 편집·출간한 신약주석은 『흠정역』을 본문으로 두고, 그 아래에 비평적 해설을 수록하고 있다. 이 주석에서 사도행전 부분은 플럼프트(E. H. Plumptre)가 해설했는데, 그 역시 사도행전 8:37을 후대 교회의 '삽입(interpolation)'으로 간주했다.³⁵⁾

---

32) Palmer, *H KAINH DIAΘHKH*, vii.
33) Meyer, *Critical and Exegetical Handbook to the Acts of the Apostles*, 165.
34) Alford, *The Greek Testament vol. II*, 95.
35) Ellicott, *A New Testament Commentary for English Readers vol. 2*, 54.

이처럼 번역자회의 선교사들이 참고한 ERV, 파머의 헬라어 신약성경 및 비평 주석서들은 모두 사도행전 8:37을 원문이 아닌 것으로 판정했다. 보통 이런 경우에 번역자회는 해당 구절이나 문구를 『신약젼셔』(1900)에서 제외했는데, 유독 사도행전 8:37만은 꺾쇠로 묶어 존치했다. 앞에서 언급한 바와 같이, 꺾쇠로 묶었다는 것은 '해당 구절이 원문에 없었을 것'이란 본문비평은 인정하지만, 이를 의도적으로 남겼다는 뜻이다. 그렇다면, 번역자회는 왜 이 구절을 존치하고자 했을까. 위에서 본 바와 같이, 사도행전 8:37은 마치 빌립과 에티오피아 내시의 '세례 문답'과 같은 내용으로 구성되어 있다. 그래서 『개역개정』(4판, 2005)과 같이 이 구절이 빠진다면, 내시가 수세를 청원하자마자 중간에 아무런 과정 없이 빌립이 세례를 준 것으로 보일 수 있다.

> ³⁶길 가다가 물 있는 곳에 이르러 그 내시가 말하되 보라 물이 있으니 내가 세례를 받음에 무슨 거리낌이 있느냐 ³⁷(없음) ³⁸이에 명하여 수레를 멈추고 빌립과 내시가 둘 다 물에 내려가 빌립이 세례를 베풀고 ³⁹둘이 물에서 올라올새 주의 영이 빌립을 이끌어간지라 내시는 기쁘게 길을 가므로 그를 다시 보지 못하니라(『개역개정』[4판, 2005] 사도행전 8:36-39)

그래서 번역자회가 참고한 주석들이나 현대의 주요 주석들은 사도행전 8:37이 '세례 예식'을 의식하여 후대 교회에 의해 삽입된 것으로 간주한다.³⁶⁾ 이러한 해석은 이 구절이 『신약젼셔』(1900)에 존치된 이유를 추정케 한다. 신약성경을 번역하기 시작하던 19세기 말은 한국교회의 맹아기(萌芽期)였다. 당시의 내한

---

36) 번역자회가 참고한 주석서들 가운데, 대표적으로 알포드(Alford)는 세례예식 규정과 관련해서 사도행전 8:37이 후대 교회에 의해 삽입된 것으로 보고 다음과 같이 주장한다: "The insertion appears to have been made to suit the formularies of the baptismal liturgies, it being considered strange that the eunuch should have been baptized without some such confession." Alford, *The Greek Testament vol. II*, 95. 오늘날의 주석들은 다음을 참고할 것. Darrell L. Bock, *Acts* (Grand Rapids: Baker Academic, 2007), 348; Metzger, *A Textual Commentary on the Greek New Testament 2nd ed.*, 315; F. F. Bruce, *The Book of the Acts* (Grand Raids: Eerdmans, 1988), 178; Hans Conzelmann, *Acts of the Apostles*, trans. James Limburg, A. Thomas Kraabel, and Donald H. Juel (Philadelphia: Fortress Press, 1987), 69.

선교사에게 초신자가 세례를 받기 위해서는 분명한 신앙의 확인이 필요했다. 그렇다면 사도행전 8:37은 세례 전 문답을 통해 확실한 신앙고백을 담보하는 성경적 근거가 될 수 있었을 것이다. 따라서 우리는 1900년 무렵 한국교회의 세례 상황에 대해 살펴보아야 한다.

4. 선교 초창기 세례 상황

1884년 9월 미 북장로교 의료선교사 알렌(Horace N. Allen)이 내한한 이후로, 미국, 캐나다, 호주, 영국의 여러 교단들에서는 조선에 선교사들을 파송하여 의료 및 교육 사업을 통한 선교활동을 시작했다. 당시 조선인들 중에, 순수한 종교적 동기로 선교사들을 찾아오는 경우도 있었지만, 영어를 배워 벼슬을 하고자 모여든 이들도 있었고,[37] 학생들을 모집하기 위해 선교사들이 베푸는 혜택을 바라고 접근하는 '모식신자(謀食信者, Rice Christian)'들도 있었다.[38] 이처럼 초창기 성도들 중에는 신앙적으로 미숙한 자들이 있었고, 따라서 그들의 세례 청원 동기가 순수하지만은 않았다. 이것을 미 북감리교 선교사 올링거(Franklin Ohlinger)가 강도 높게 비판했는데, 1888년 1월에 내한한 그는 서울에서 5년 8개월 동안 선교사역을 감당했다. 1893년에 감리교 연회에 제출한 보고서에서, 그는 당시 조선인들의 수세 청원이 대부분 순수하지 않다고 보고했다.[39] 그는 조선인들이 선교사를 통해 주거, 직장 및 경제 문제를 해결하고자 세례를 청원한 경우가 많음을 지적하면서, 다음과 같은 기록을 남겼다.

> 지원자 1인당 평균 5불씩 주면 인구의 3/4은 1년 안에 세례를 줄 수 있다고 더욱 확신하게 되었다. 지원자들에게 손으로 만질 수 있는 무엇인가를 얻을

---

[37] 한국기독교역사연구소, 『한국기독교의 역사 I』 (서울: 기독교문사, 1989), 197-199.

[38] 백락준, 『한국개신교회사 1832-1910』 (서울: 연세대학교, 1973), 174-175. 이와 관련하여 조언해주신 장로회신학대학교 역사신학 안교성 교수님께 감사드립니다.

[39] 옥성득, "초기 한국 북감리교의 선교 신학과 정책-올링거의 복음주의적 기독교 문명론을 중심으로," 『한국기독교와역사』 11 (1999), 29-37.

것이라는 희망에 빠지게 하면, 낯선 세례식을 거쳐 수많은 수세자들을 단기간에 만들 수 있다. (중략) 한국처럼 피상적으로 세례를 쉽게 줄 수 있는 선교지는 없다고 본다. 만일 선교회나 개인 선교사가 숫자만을 목표로 한국에 파송되면, 버섯은 한 자 높이에 여덟 자 지름으로 자랄 것이다.[40]

올링거의 견해를 일반화할 수는 없겠지만, 당시 선교사들은 동기가 순수하지 않은 수세 청원을 인지하고, 세례 절차의 엄정성을 갖추고자 노력했다. 미 북감리교 선교회의 경우, 기독교에 입문한 초신자가 교회의 온전한 회원으로 받아들여지기까지 '원입인(inquirer)', '학습인(probationer)', '세례인(baptized probationer)', '입교인(full church member)'의 4단계를 거치도록 규정했다.[41] 네비어스(John L. Nevius)의 서울 방문 이후, 미 북장로교 선교사들도 1895년에 선교원칙을 수립하면서, 그 일환으로 세례 전 학습단계를 종전의 2주에서 6개월, 심지어 1년 또는 2년으로 연장·강화하였다.[42]

이 무렵에 선교사들은 초신자들의 교육을 위해 다양한 교리 및 신앙 서적을 번역·저술했는데,[43] 특히 1895년에 마펫(Samuel A. Moffett)이 출간한 『위원입교

---

40) 올링거의 해당 보고서("Report of the Seoul Circuit, Korea M. E. Mission, To the Annual Meeting, Held Aug. 1-9, 1983")의 원문을 입수할 수 없어 부득이하게 옥성득의 소논문에서 재인용함. 옥성득, "초기 한국 북감리교의 선교 신학과 정책", 32.

41) Robert E. Speer, *Report on the Mission in Korea of the Presbyterian Board of Foreign Missions* (New York: the Board of Foreign Missions of the Presbyterian Church in the U.S.A., 1897), 17; 옥성득, "초기 한국 북감리교의 선교 신학과 정책-올링거의 복음주의적 기독교 문명론을 중심으로," 33; 김형래, "한국감리교회의 기독교 입문에 대한 역사적 고찰," 『신학과 실천』 27 (2011), 32-37. cf. 괄호 안의 영어 표현들은 스피어의 보고서에서 가져 왔음.

42) Kyeong Jin Kim, "The Formation of Presbyterian Worship in Korea, 1879-1934," Th.D. Dissertation (Boston University, 1999), 78. 당시 미 북장로교 해외선교부 총무 스피어(Robert Elliott Speer)가 한국을 방문하여 세례 문답에 참관하였는데, 그가 1897년에 펴낸 보고서에 당시 주례자와 수세 청원자 사이에 오고 갔던 문답을 자세히 소개하고 있다. 주례자는 세례 청원의 이유만이 아니라, 예수 그리스도와 하나님에 관한 신학적 질문, 주일 성수 여부, 현재의 직업, 가족 사랑, 첩의 유무, 음주·도박·간음, 조상제사 유무를 묻는 등, 매우 엄숙하고 깐깐한 분위기 속에 당시 문답이 진행되었음을 알 수 있다. Speer, *Report on the Mission in Korea*, 14-15.

43) Sung-Deuk Oak, "Chinese Protestant Literature and Early Korean Protestantism," *Christianity in Korea*, ed. Robert E. Buswell Jr. and Timothy S. Lee (Honolulu: University of Hawaii Press, 2006), 76-78에 수록된 1890년대 번역서적 목록 참고.

인규됴』(爲願入敎人規條)를 눈여겨볼 필요가 있다.[44] 이 책은 세례를 받고자 하는 '원입교인'(願入敎人)의 교육을 위해 저술된 것으로, 1913년까지 총 11쇄가 나올 정도로 많은 인기가 있었다.[45] 이 책에서 마펫은 '세례'의 의미를 설명하면서, 원입교인에게 다음과 같은 신약성경 구절들을 자세히 읽어보라고 권면한다("셩셔에이뜻을ᄀᆞ르친말슴이잇ᄂᆞ니ᄌᆞ세히보기를ᄇᆞ라노라"): 마태복음 3:11; 28:19; 마가복음 16:15-16; 요한복음 1:33; 3:5; 사도행전 2:38-41; 8:12, 36-38; 10:47; 16:14-15, 31-33; 로마서 6:3-5; 갈라디아서 3:27; 디도서 3:5[46] 흥미롭게도 이 책은 세례의 성경적 근거 중 하나로 사도행전 8:36-38을 제시한다. 앞서 언급한 것처럼 『신약젼셔』(1900)의 출간 전, 낱권으로 번역·인쇄된 『ᄉᆞ도ᄒᆡᆼ젼』의 경우, 8:37이 1895년, 1896년, 1898년 판에 모두 존치됐다. 따라서 1895년에 출간된 『위원입교인규됴』에서 세례의 성경적 근거로 읽어보라 했던 사도행전 8:36-38에는 '37절'—세례 전 내시의 신앙고백—이 포함된 것이었다.

한편, 새문안교회가 창립 100주년을 맞아 1987년에 편찬한 『새문안교회 문헌 사료집』 제1집을 보면, 1907년부터 1914년까지 '새문안 교우 문답책'이 정리·수록되어 있다. 이는 오늘날의 '학습세례명부'에 해당하는 것으로, 세례문답 일시, 장소, 주례자, 참석자, 문답 결과 등을 자세히 소개하고 있다. 『신약젼셔』(1900)와 시기적으로 가장 가까운 1907~1908년도의 자료를 정리한 표를 일부 인용하면 다음과 같다.[47]

---

[44] 『위원입교인규됴』의 저자에 관해서는 논쟁이 있다. 이 책이 마펫의 단독 저술인지, 아니면 장로교인 최명오와 마펫의 공동저술인지, 또는 네비어스의 *Manual for Enquirer*를 마펫이 번역한 것인지 현재 통일된 의견은 없다. 용환규, "한국장로교회 초기 신앙교육서에 관한 연구: 『위원입교인규됴』(爲願入敎人規條, 1895)를 중심으로," 「복음과 실천신학」 26 (2012), 240-241 참고.

[45] 용환규, "한국장로교회 초기 신앙교육서에 관한 연구," 242.

[46] Samuel A. Moffett, 『위원입교인규됴(爲願入敎人規條)』 (발행지 및 발행처 불명, 1895), 18. cf. 아마도 서울의 삼문출판사에서 출판되었을 것으로 보인다. 용환규, "한국장로교회 초기 신앙교육서에 관한 연구," 242 참고.

[47] 새문안교회역사편찬위원회, 『새문안교회 문헌 사료집』 제1집 (서울: 새문안교회, 1987), 40.

문답 회수	일시	주례자	문답자 결과						계
			원입인		세례인		고대인		
			남	여	남	여	남	여	
1	1907.11.29 ~12.1	오월번 목사 송순명 장로	18	18	5	3	8	4	56
2	1908.3.11	상동	6	6	0	0	0	0	12
3	1908.5.15	상동	12	10	5	10	0	2	39
4	1908.10.12	밀러 목사 송순명 장로	8	13	9	11	1	3	45
5	1908.11.16 ~11.27	원 목사	19	26	26	29	0	4	104
	계		63	73	45	53	9	13	256

이상의 표에서 알 수 있는 것처럼, 1907년 11월부터 1908년 11월까지 5회의 세례문답에 참여한 교인 수는 총 256명이고, 그 가운데 세례를 허락받은 교인은 총 98명으로 38.3%에 지나지 않는다. 더구나 2회차 세례문답에는 단 1명도 세례를 허락받지 못했다. '고듸인'(고대인)은 세례문답에 응했다가 탈락한 자를 뜻하는데, 당시 기록에는 그 기준을 '성수주일 하지 않음', '회개하지 않음', '술을 마심(술장사 포함)'이라고 밝히고 있다.[48] '원입인'은 고대인과 세례인 사이에 해당하는 경우로, '그 행위를 자세히 모르는 고로 세례를 작정하지 못한다'는 것이 판정 기준이었다.[49] 이러한 엄격성에서 알 수 있듯이, 1900년 전후에 세례는 교인이 원한다고 하여 그냥 받을 수 있는 것이 아니라, 그의 신앙이 확실히 검증돼야 허락될 수 있었다.

이처럼 선교 초기의 엄격한 세례 절차를 고려한다면, 번역자회가 사도행전 8:37을 『신약전셔』(1900)에 존치하고자 했던 이유를 가늠해 볼 수 있다. 당시는

---

48) 새문안교회역사편찬위원회, 『새문안교회 문헌 사료집』 제1집, 42.
49) 새문안교회역사편찬위원회, 『새문안교회 문헌 사료집』 제1집, 43.

수세례 청원의 종교적 순수성을 담보하기 위해, 세례 교육과 기간 그리고 문답 절차의 엄정성이 요구되던 때였다. 다시 말해 당시의 세례는 누구나 원한다고 받을 수 있는 쉬운 예식이 아니었다. 이러한 분위기 속에서 만약 사도행전 8:37 ―세례 전 내시의 신앙고백―을 제외한다면, '세례'라는 것이 청원만 하면 그냥 줄 수 있는 것으로 오해될 수 있었을 것이다. 더구나 원입교인의 교육서로 1900 년 전후 인기가 많았던 『위원입교인규됴』는 사도행전 8:37을 세례의 성경적 근거 중 하나로 지목한다. 따라서 번역자회는 이 구절의 처리에 고심했을 것이다. 결국 그들은 본문비평의 결과는 의식하되 해당 구절을 『신약젼셔』(1900)에서 제외하는 것보다 그것을 꺾쇠로 묶어 존치하는 것이 당시 성도들에게 더 유익하다고 판단한 것으로 보인다. 이후에 사도행전 8:37은 『신약젼셔』(1906, 공인역 [公認譯])와 『셩경젼셔』(1911)에 이르기까지 유지되다가, 개신교 선교 역사의 반세기가 지난 후 『셩경개역』(1938)에 이르러 자취를 감추게 된다.

5. 나가며

지금까지 신약성경의 '(없음)'에 관한 간략한 역사와 『신약젼셔』(1900) 사도행전 8:37에 대한 본문비평 및 존치의 이유를 추정해 보았다. 당시 번역자회의 선교사들과 조선인 조사들은 우리말 성경을 편찬하기 위해 헌신적인 노력을 아끼지 않았고, 1900년에 드디어 신약 전체를 완역·출간할 수 있었다. 본 소고(小考)는 단 한 구절, 사도행전 8:37에 집중했지만, 번역자회의 노고와 고민을 충분히 느낄 수 있었다. 그들은 원어, 역본, 주석들을 면밀히 검토하면서 최신의 본문비평 결과를 반영하고자 노력했고, 다른 한편으로는 당시 한국교회 성도들을 위해 필요한 결정이 무엇일지를 고민했다. 그래서 『신약젼셔』(1900) 사도행전 8:37을 감싼 '꺾쇠'는 단순한 기호 이상의 의미를 지닌다. 이는 성경 한 구절도 허투루 여기지 않았던 초대 선교사들의 열정과 노고의 상징인 것이다.

성토요일(Holy Saturday)과 공감적 예배

주교돈 (장로회신학대학교 조교수, 예배·설교학)

I. 들어가며

"혼자서만 세상을 사는 듯이 주가 멀어 보이기만 할 때 우리는 바라보아야 하네 우리에게 오셨던 그 주님을, 주님이 우리의 아픈 맘을 아시네 가까이서 우리의 아픔에 공감하시네 우리 가운데 찾아오셨던 그 주님이 우리의 모든 상황에 공감하시네."[1] 이 내용은 '공감하시네'라는 찬양의 가사다. 이 찬양 가사에 대해 한동안 온라인 상에서 논란이 있었다. 주된 논란의 내용은 이 찬양이 과연 찬양으로 적합한가에 관한 것이었다. 비판하는 입장에서는 우리의 예배를 받으시기에 합당하신 하나님을 인간의 수준으로 낮춰버렸다는 점에 주목한다. 하나님의 크심과 일하심에 초점을 두기보다 우리의 아픔에 집중하시는 하나님만을 부각시켰다는 점을 비판한다.[2]

하지만 예배에서 자리하는 하나님의 위치를 예배자인 인간의 자리와 극단적으로 분리하려는 시도 역시 비판적 성찰이 필요해 보인다. 자칫 예배의 자리와 세상의 자리를 분리함으로 인해 예배자의 실존적 분리와 이중성의 결과를 낳는 건 아닌지 돌아볼 필요가 있다. 예배는 하나님의 크심과 임재를 경험하며 갖

---

[1] 김강현 작사, 작곡, WELOVE 보컬 (2020.1.20.)
[2] 해당 가사에 대한 찬반에 관해 다음의 온라인 자료를 참고하라. https://youtu.be/3U9VeYmcrq0; https://youtu.be/zrXGUCzHoGk; https://m.blog.naver.com/bcmm20th/222271485099 [2023.11.5. 접속]

는 웅장하고 영광스러운 자리이다. 그러하기에 거룩하고, 영광이 가득하며, 하나님이 받으시기에 합당한 예배를 꿈꾼다.[3] 그러다 보니 자칫 인간의 한계로 특징지어지는 인간의 파토스(pathos), 즉 고통과 연약함의 감정 또는 열정으로 대변되는 인간성은 예배 가운데 최대한 가려지는 것이 미덕처럼 여겨진다.

그럼에도 예배는 하나님의 에토스(ethos)로만 충만한 자리가 아니다. 단 샐리어스(Don E. Saliers)가 말하듯이 고통 속의 부르짖음과 열정적인 감성의 고백이 담긴 인간의 파토스, 그리고 그러한 인간성과 세상을 향한 하나님의 마음으로 대변되는 하나님의 에토스가 함께 만남으로 진정한 예배가 이루어진다.[4] 인간의 파토스가 외면된 채 하나님의 크심만이 전부라고 하는 것으로도, 반면 자기를 온전히 내어주신 하나님의 구원의 신비를 뒤로한 채 인간의 파토스적 감성만을 앞세우는 것으로도 예배의 의미는 완성될 수 없다. 이런 의미를 고려할 때 과연 예배자가 자신이 경험하는 무거운 현실성을 표출함과 동시에 그러한 예배자의 파토스를 품어 안으시는 하나님의 에토스와 만나는 자리에서 예배하고 있는가 라는 질문을 던지게 된다. 다시 말해, 삶의 자리에서 지치고 상한 예배자들이 위로하시고 돌보시는 하나님의 품안에서 예배하고 있는가 라는 질문을 말이다.

본 글은 오늘도 변함없이 녹록지 않은 일상을 사는 성도들을 떠올리며 시작한다. 힘겨움 속에서도 하나님의 영광 중에 나아가 경배함이 예배의 본질임을 놓치지 않으면서, 공감하시는 하나님의 성품을 예배 가운데 담아내는 더 깊고 폭넓은 필요를 고려해 보고자 한다. 필자가 이미 연구했던 성토요일(Holy Saturday)이 갖는 그리스도인의 실존적 일상에 관한 신학적 접근을 통해 살펴본 '공감적 설교학'[5]에 이어, 공감적 예배의 신학적, 실천적 가능성을 교회력의 한 날이자, 모든 그리스도인들의 실존과 연결되는 성토요일(Holy Saturday)과의

---

3) 김운용, 『예배, 하늘과 땅이 잇대어지는 신비』 (서울: 장로회신학대학교출판부, 2015), 21-22.

4) Don E. Saliers, *Worship as Theology: Foretaste of Glory Divine* (Nashville: Abingdon Press, 1994), 21-38.

5) 주교돈, "공감적 설교학에 관한 연구: 성토요일(Holy Saturday), 그 일상 속에서의 설교," 『선교와 신학』 57집 (2022): 481-517. 참조.

관계 속에서 살펴보고자 한다.

II. 예배의 현장에 대한 이해

1. 성토요일(Holy Saturday)의 일상 그리고 부활의 예배

예배의 다양한 정의 가운데 예배의 역동성과 균형감이 잘 이해되는 정의는 하나님의 일하심과 인간의 응답으로 표현되는 경우이다. 폴 훈(Paul Hoon)은 예배의 현장을 "계시와 응답이 만나는 지점"이라고 밝히며, "예배란 예수 그리스도 안에서 자신을 드러내 주신 하나님의 계시와 그 계시에 대한 인간의 응답"이라고 정의한다.[6] 하지만 사실상 많은 경우 하나님의 계시보다는 인간의 응답이라는 측면에서 열심을 다하라고 강조한다. 그런 인간의 열심이 자칫 예배 가운데 이루어지는 각종 예배의 방식(worship style), 즉 모임과 믿음, 노래나 예식적 요소에 집중되고, 그로 인해 예배가 보다 완성되고 예배다운 예배라 인식하게 된다. 케빈 밴후저는 "예배(worship)는 본질적으로 신학적 행위다. 즉 예배는 하나님이 세상을 향해 허락하신 사랑에 대한 인식이며, 십일조, 기도, 순종과 같은 형태로 하나님께 돌려드리는 사랑의 응답"이라고 말한다. 곧 예배는 예배자의 응답을 위한 모임이지만 이는 곧 성삼위 하나님의 임재와 일하심을 경배하기 위한 응답의 자리, 즉 하나님의 사랑의 계시와 인간의 응답으로 이루어지는 현장이 바로 예배라는 점을 상기시킨다.[7]

이러한 상호 계시와 응답으로 정의되는 예배는 '인간을 향한 하나님의 봉사'와 '하나님을 향한 인간의 봉사'라는 의미를 함께 담고 있는 'Gottesdienst'라는 피터 브루너(Peter Brunner)의 표현 속에서도 그 의미를 확인할 수 있다. '하나님의 봉사'는 "자신을 비워 종의 형체를 가지신" 하나님의 자기 내어주심

---

6) Paul W. Hoon, *The Integrity of Worship* (New York: Abingdon Press, 1971), 77.
7) Kevin J. Vanhoozer and Owen Strachan, *The Pastor as Public Theologian* (Grand Rapids: Baker Academic, 2015), 165-66.

의 사랑을 의미한다.[8] 하지만 예배 속에 하나님의 그 사랑을 우리가 어떻게 구체화할 수 있을까 라는 질문이 여전히 남는다. 그리고 혹여나 하나님을 향한 인간의 봉사로서 열심 있는 파토스적 예배로 그 질문의 대답을 대신하려 하지 않는지 돌아보게 된다.

알렉산더 슈메만(Alexander Schmemann)은 사랑의 행위로서 기억을 강조한다. "우리를 기억하시는 분이신" 하나님, "그분의 기억과 그분의 사랑이 이 세상의 토대"가 된다는 것을 통해 이제 우리가 그 사랑을 기억하는 예배의 가능성 가운데 설 수 있게 된다.[9] 이처럼 계시와 응답이 만나는 자리로의 예배가 회복됨을 주목할 때, 특별히 응답의 주체로서 예배자인 인간들의 실존적 삶을 주시해볼 필요가 있다.

하나님을 높이는 경배의 자리요 예배자들을 돌아보시는 하나님의 거룩한 기억과 봉사가 임하는 공동체 예배의 자리는 십자가의 은혜 안에 엎드리는 자리요, 부활의 승리 앞에 기쁨과 소망을 붙드는 자리다. 하지만 동시에 삶의 자리에서는 십자가 구속의 은총과 부활을 통한 영원한 생명의 시간 사이에서 여전히 힘겨운 인간의 실존에 머물러 살아간다. 세라 트라비스(Sarah A. N. Travis)는 그러한 존재의 자리를 상징적으로 "제 3의 지대(third space)"라고 지칭한다.[10] 기존 신학적 관심은 주로 십자가와 부활에 집중해왔던 것이 사실이다. 십자가와 부활이 곧 성경적 내러티브의 핵심이라 여겨왔기 때문이다. 복음은 분명 십자가와 부활의 축 아래 실현된다. 하지만 그 복음으로 사는 예배자들의 일상은 생각보다 십자가와 부활의 문법만으로는 충실하게 설명할 수 없는 복잡다단함이 있다. 제 3의 지대가 필요해 보이는 이유이기도 하다. 한스 우스 폰 발타자르(Hans Urs von Balthasar)는 십자가에서 부활로 이어지는 막힘 없는 직선적 과정

---

8) James F. White, *Introduction to Christian Worship*, 김상구, 배영민 역, 『기독교 예배학 개론』 (서울: CLC, 2017), 37.

9) Alexander Schmemann, *For the Life of the World*, 이종태 역, 『세상에 생명을 주는 예배』 (서울: 복 있는 사람, 2008), 44-45.

10) Sarah A. N. Travis, "Deconstructing a Gospel of Reconciliation," in *Theologies of the Gospel in Context: The Crux of Homiletical Theology*, ed. David Schnasa Jacobsen (Eugene: Wipf anf Stock Publishers, 2017), 78.

으로 인생의 실존을 이해하려는 입장에 대해 성토요일(Holy Saturday) 신학을 제시하며 문제를 제기했다.[11] 나와 우리를 향한 하나님의 봉사에 응답하고자 나아온 예배자들에겐 응답의 책임과 사명과 더불어 하나님의 봉사 속에 담긴 하나님의 마음을 발견하는 은혜가 고려되어야 한다. 성금요일과 부활절 사이의 제 3의 자리인 성토요일에서 침묵 속의 하나님의 위로와 임재를 새롭게 만나듯, 여전히 고통을 피할 수 없는 그 '사이의 자리(in-between)'를 살아가면서도 분주한 응답으로의 예배라는 막중한 책임 속에 있는 예배자들을 위해 '공감'이 고려되는 예배를 통해 그 은혜에 좀 더 다가가 볼 필요가 있다.

2. 공감이 필요한 예배의 자리

예배는 십자가를 넘어 부활로 확증해주신 승리의 노래가 가득한 잔치와도 같다. 그런데 그 예배를 뒤로하고 예배자들이 나아가는 곳은 다시 성토요일과 같은 자리라는 사실은 언제나 경험하게 되는 예배자의 딜레마처럼 다가온다. 그러고는 다시 그 자리에서 죽음 너머 부활의 내일을 바라보아야 하는 예배자의 실존은 예배의 자리가 가지는 소위 이중성을 보여주기도 한다. 예배의 불안정성으로의 이중성이 아니라 하나님과 인간의 근원적 다름처럼, 부활의 감격과 소망으로의 예배와 여전히 '사이의 자리'로서의 일상은 함께 공존하되 분명히 상반된 것처럼 다가오는 예배자의 현실임을 직시하게 한다.

하지만 그 '사이의 자리'에 채워진 인간의 고통과 상처와 두려움을 하나님은 주목하시며 참여하시길 주저하지 않으신다. 페리코레시스적인 연합 속에 하나님은 애초부터 성부와 성자와 성령이 상호 침투하고 연계함으로 상호 공감적 연대를 이루셨다.[12] 하나님의 본성이 연대이고, 상호 참여이며, 공감이시다. 또

---

[11] Riyako Cecilia Hikota, *And Still We Wait: Hans Urs von Balthasar's Theology of Holy Saturday and Christian Discipleship* (Eugene: Pickwick Publications, 2018), 115-17.; Shelly Rambo, *Spirit and Trauma: A Theology of Remaining*, 박시형 역, 『성령과 트라우마: 죽음과 삶 사이, 성토요일의 성령론』 (경기도 고양: 한국기독교연구소, 2019), 107-11.

[12] John Jefferson Davis, "What is Perichoresis and Why Does it Matter? Perichoresis as properly Basic to the Christian Faith," *Evangelical Review of Theology*, no.2 (2015), 146.

한 예수 그리스도의 성육신을 통해 하나님과 인간 사이의 경계를 허무시고 인간의 삶의 자리에 들어오셨다. 이는 인간의 실존이 감당해야 할 깊은 절망에 대한 적극적인 공감이며, 그 절망을 해결하기 위한 유일한 길을 여신 것이다.[13] 그러한 점을 고려할 때 우리를 향해 공감하시는 하나님에 대한 바른 이해는 보다 충실한 관계적이고 실존적인 예배를 가능하게 해준다.

III. 성토요일과 같은 일상 속에서의 공감적 예배

1. 공감적 예배

하나님의 공감이 예배자를 품어 안는 예배의 '상수'라면, 예배자는 변화무쌍한 일상의 자리를 버겁게 살아가는 예배의 '변수'일 수밖에 없다. 이는 예배의 본질적 행위와 순서들이 담고 있는 의미와도 맥을 같이한다. 예배는 신학적으로 하나님의 부르심이 전제가 되어 그 언약적 부르심의 자리에 설 수 있는 하나님 백성들의 고백과 표현으로 이루어진다고 할 수 있기 때문이다.[14] 공감적 예배가 가능한 건 깊은 좌절과 잃어버린 소망 속에 있는 세상을 위해 친히 죽으시고, 그 죽음이 가져온 슬픔의 심연까지 내려가신 예수 그리스도께서 죽음과 생명의 주가 되셨기 때문이다.[15] 공감적 예배가 필요한 건 그렇게 죽음의 시간, 성토요일과 같은 날처럼 성금요일과 부활절, 고난과 생명, 절망과 소망, 그 '사이의 자리'에서 힘겹게 버티며 서 있는 것이 예배자의 하루하루이기 때문이다.[16]

---

13) 한스 보어스마(Hans Boersma)는 예수 그리스도의 성육신이야말로 우리에게 주어진 최고의 성례라고 표현한다. 그리스도는 우리의 다양한 감각을 통해 찾아오신다. 이 땅에 성육신하심으로 오셔서 사신 삶, 십자가와 부활에 이르는 삶을 오늘 우리로 하여금 우리가 가진 청각과 시각, 미각과 같은 감각을 통해서 친히 드러내신 주님을 깨닫게 된다. 설교를 통해, 성찬을 통해, 우리는 성례전적 예전 속에서 하나님을 깊이 느끼고 만나고 깨닫게 된다. 그 가운데 우리에게 인격적 만남으로, 공감의 만남으로 찾아오시는 주님을 만날 수 있게 된다.: Hans Boersma, *Sacramental Preaching: Sermons on the Hidden Presence of Christ* (Grand Rapids: Baker Academic, 2016), 175.

14) 김세광, "예배 본질의 탐구," 『신학과 실천』, 제28호 (2011, 가을), 40-41.; 안덕원, "이 시대를 위한 (주일)예배 시안," 지형은 편, 『예배를 말하다: 교회 갱신을 위한 예배 콜로키움』 (서울: 말씀삶, 2021), 20-21. 참조.

15) James F. Kay, "He Descended into Hell," *Word & World* 31, no. 1 (Winter, 2011): 23.

16) 돈 샐리어스(Don Saliers)는 자신의 에세이에서 십자가와 부활 사이에 선 세상 속에서 복잡한 현실을 직면하며 다루어가야 할 인간의 실존에 관해 이렇게 언급한다. "공포와 아름다움이 공존하며 섞여 있는 세상을 우리 기

공감적 예배를 고려하기 위해 먼저 공감에 관한 이해가 필요하다. 공감은 무언가를 주도하는 힘이라 할 수 없다. 공감은 관계적 용어이고, 매개적 역할을 한다. 공감적 예배라 하여 예배의 의미를 주도하는 역할을 하지는 않는다. 하나님의 봉사와 예배자의 봉사가 균형 있게 이루어질 수 있는 매개의 역할을 할 뿐이다. 예배자를 향해 품으시는 하나님의 마음이 보다 구체적으로 경험되는 매개가 하나님의 공감이며, 인간의 파토스 안에서만 하나님을 만나는 예배가 아니라, 하나님의 에토스를 바라보며 기대하며 나아가는 것이 하나님을 향한 인간 예배자의 공감이다. 더 나아가 예배자들 서로가 공동체 안에서 성토요일과 같은 '제 3의 자리', '사이의 자리'의 힘겨움을 함께 버텨가는 힘을 전달하는 매개로 공감은 기능한다.

공감을 흔히 동정(sympathy)이나 연민(compassion)과 혼용하여 이해하기도 한다. 공감을 두고 감정적인 상호 작용으로 이해하는 경향도 많고, 주로 부정적인 상황에 대한 감정적 소통으로 생각한다. 로만 크르즈나릭(Roman Krznaric)은 공감을 다면적으로 이해한다. 공감은 감정적 응답을 의미하는 동정처럼 누군가에 대한 안타까워하게 되는 마음만을 의미하지 않는다. 타인의 감정을 느낌과 동시에 그 감정과 타인의 관점에 대해 이해하려고 힘쓰는 것을 의미한다. 더불어 연민처럼 부정적인 특정 상황에 대해 고통을 함께하는 것보다 넓은 개념이다. 공감은 슬픔과 아픔만이 아니라 타인의 기쁨도 함께 나누는 것이기 때문이다.[17] 공감은 정서적인 차원의 이해는 물론이고 타인이 가지는 상황과 관점에 대한 인지적인 이해를 포함한다. 뿐만 아니라 이러한 정서적, 인지적 이해가 서로 밀접하게 얽히면서 구체적인 실천이라는 제 3의 결실을 보게 된다. 공감적

도와 예배, 묵상과 예전의 삶이 직면하게 된다. 점점 더 많은 사람들이 하나님의 부재를 경험하기도 하고, 하나님에 대한 확고한 생각이 흔들리기 시작하면 결국 기도와 예배를 포기하는 데에 이르게 된다." 이는 곧 성토요일과 같은 일상이 가져다주는 예배자의 심각한 위기와 도전을 대변해준다. 심각한 대처가 필요한 현실이고, 이를 위한 공감적 예배는 그러한 상황 속에 작은 대안적 숙고의 가능성을 가지고 있다고 필자는 주장한다.: Don Saliers, "The Bitter Christ: Suffering and Spirituality in Denial," in *Spiritus: A Journal of Christian Spirituality* 10, no. 2 (Fall, 2010): 295.

17) Roman Krznaric, *Empathy: Why It Matters, and How to Get It* (New York: Perigee, 2014), x.; 11-12.

예배를 특별히 논하고자 할 때, 이러한 공감의 이해 기초 위에서 공감적 예배의 흔적을 기존의 예배의 자리 가운데에서 어렵지 않게 찾아볼 수 있다. 사실상 예배 속에 공감의 특징들이 골고루 담겨 있기 때문에, 아래에서 언급하게 될 공감적 예배의 흔적은 정서적, 인지적, 실천적 공감의 특징을 각각의 예배의 자리에서 구분하고자 함은 아니다. 단지 공감이 가지는 세 가지 의미의 흔적을 예배 가운데 찾고자 함이다.

2. 공감적 예배의 흔적

1) 정서적 공감과 예배

대표적으로 하나님의 자기 주심으로의 성찬 성례전 속에서, 정서적인 측면에서의 공감적 예배의 흔적을 찾을 수 있다. 어린 아기를 먹이는 어머니의 헌신은 단지 음식의 제공 차원 그 이상을 의미한다. 자신의 몸으로부터 아기를 먹이는 수유는 그야말로 자기 내어줌의 전형적인 모습이다.[18] 하나님이 자신과 다름없는 독생자를 아낌없이 내어주시기까지 세상을 사랑하셨다는 것은 인간을 향한 하나님의 가장 깊은 정서적 응답이었다. 그런 의미에서 정서적 공감을 이해할 수 있는 대표적인 예배의 자리로 성찬 성례전을 생각해볼 수 있다.

우리를 위해 찢기시고 상하신 성육신의 클라이맥스는 죄의 결과로 영원히 죽을 수밖에 없는 인간 실존에 대해 가장 강력하게 정서적 공감을 보여주신 자리다. 이를 기억하고 재현하는 성찬 성례전은 이 땅에서 하나님의 깊은 정서적 공감을 느끼며 확인하게 한다. 홀튼 데이비스(Horton Davies)에 따르면 그리스도를 통해 주신 성찬은 죄인을 향한 십자가에서의 사랑과 동일한 것으로 주어지고, 이로 인해 그리스도의 고통은 지금도 계속 우리에게 재현된다며 성찬 성례전에서 드러나는 공감적 자기 베풂에 주목한다.[19] 슈메만 역시 성찬 성례전에

---

18) James F. White, *Sacraments as God's Self Giving: Sacramental Practice and Faith* (Nashville: Abingdon Press, 1983), 13.

19) Horton Davies, *Bread of Life and Cup of Joy* (Eugene: Wipf and Stock Publishers, 1999), 51.

담긴 사랑과 그 사랑의 기억으로의 의미를 강조한다. "하나님은 우리를 기억하시는 분이시며, 곧 그분의 기억과 그분의 사랑이 이 세상의 토대. 그리스도 안에서 이제 우리가 기억한다. 즉 우리는 다시 사랑을 향해 열린 존재가 된다. 그리고 우리는 기억한다. … 성찬 성례전은 우주적 기억의 성례다. 성찬 성례전은 실로 세상의 생명인 사랑의 회복이다."[20] 그 사랑을 기억할 수 있다면 성찬 성례전의 자리는 그 무엇보다 확실한 전능자요 절대자이신 하나님의 거룩한 공감을 마주할 수 있게 될 것이다.

2) 인지적 공감과 예배

인지적 공감이 예배와 맞닿는 대표적인 현장으로 세례 성례전을 손꼽을 수 있다. 윌리엄 윌리몬(William H. Willimon)은 그리스도인이라는 정체성을 경험하게 하는 중요하고 기초적이고 지속적인 자리가 세례 성례전이라고 말한다. 하나님의 택하심과 부르심에 대한 인식에 기초한 믿음, 그리고 "나는 부르심을 받았고, 씻김을 받았고, 지명을 받았고, 약속을 받았고, 사명을 받은 이"라 하는 '나는 누구인가'에 대한 인지적 고백이 이 세례 성례전 가운데 담겨 있다.[21] 나를 아는 건 가장 중요한 삶의 숙제 중 하나이다. 나는 하나님께 어떠한 존재이며, 믿음으로 사는 내가 누구인가를 인지하는 건 굴곡 많고, 다양한 도전 속에 성토요일과 같은 일상을 사는 그리스도인들에게 중요하다. 또한 세례 성례전은 그러한 질문에 대한 나를 바라보시는 하나님의 시선이 어떠한지에 관한 인지의 과정이다. 이처럼 하나님에 대한 앎으로의 인지적 공감은 우리의 신앙이 지속적으로 하나님을 찾고, 하나님을 경험하기 위해 힘쓰도록 우리를 이끈다.

3) 실천적 공감과 예배

정서적, 인지적 공감이 성찬과 세례를 통해 확인되듯 교회력은 공동체적인

---

20) Alexander Schmemann, 『세상에 생명을 주는 예배』, 51.

21) William H. Willimon, *Worship as Pastoral Care*, 박성환, 최승근 역, 『예배가 목회다』(성남: 세새대, 2017), 187-97.

실천적 공감의 기회가 된다. 예수 그리스도의 구속사가 가지는 반복적 전통은 교회력을 통해 오늘 우리 삶의 자리(Sitz im Leben)에서 구현된다. 정서적이고 인지적인 차원에서만 아니라, 오늘을 관통하는 그리스도의 신비와 의미는 오늘 우리 삶의 정황 속에, 예배 가운데 깊이 녹아들어 있다. 예수 그리스도의 삶이 보여준 자기 헌신의 삶이 우리를 위한 사랑의 실천이었듯이 교회력을 통한 기억과 재현(anamnesis)이 오늘 우리 가운데 하나님과 이웃 사랑의 섬김으로, 그리고 타자들을 위해 살아가기 위해 자신을 내려놓기까지 하는 배려와 깊은 관심으로 이어질 수 있다.[22] 이것이 실천적 공감으로 이어지는 공감적 예배의 보다 완성된 큰 그림이다.

정서적이고 인지적인 공감은 관계적 공감의 깊이를 더해가지만 거기에만 머무는 것은 내면적인 공감에 만족한다는 것을 의미한다. 내면적 공감은 자칫 공감의 실천적 가치를 외면하게 만들기도 한다. 내면적 공감이 그 의미를 최대화하기 위해선 '상상력'에 기초해서 공감의 구체적인 실천 단계로 나아갈 필요가 있다. 사회학적 상상력은 사회적 관념을 인식하고 분별력을 가지고 사회적 관계 속에서 형성되는 실천적 의미를 찾도록 도와줄 것이다.[23] 예언자적 상상력은 하나님 나라에 관한 경탄을 느끼며 영적 시야를 열어줌으로써 어떻게 살아야 하는가에 관한 신실한 실천으로 이끌어줄 것이다.[24] 언약적 상상력은 성경의 언약 관계 속에서 하나님과 인간 그리고 우리가 살아가는 삶의 자리를 연결해주는 언약 공동체적 공감을 형성해줄 것이다.[25] 이는 자연스럽게 공동체가 함께하는 실천적 언약 공동체의 가치를 바라볼 수 있게 해줄 것이다.

---

22) Robert F. Taft, S.J., "The Liturgical Year: Studies, Prospects, Reflections," in *Between Memory and Hope: Readings on the Liturgical Year*, Maxwell E. Johnson, ed. (Collegeville, Minnesota: The Liturgical Press, 2000): 3-23.

23) Charles Wright Mills, *The Sociological Imagination*, 강희경, 이해찬 역, 『사회학적 상상력』(서울: 돌베개, 2004), 18-33.

24) Walter Brueggemann, *The Prophetic Imagination*, 김기철 역, 『예언자적 상상력』(서울: 복 있는 사람, 2009), 127-55; 195-203.

25) 이학준, "대전환 시대의 영적·도덕적인 전환을 위한 신학교육: 그 새로운 상상력을 위하여," 『한국기독교학회 발표 자료집』(2023, 11): 21-22.

이처럼 공감의 세 측면이 유기적으로 이루어지는 가운데 공감은 실천이라는 보다 구체적이고 실제적인 결과를 보게 된다. 정서적이고 인지적으로 공감하게 된 하나님의 마음과 뜻이, 그리고 저마다의 삶의 자리에서 예배의 자리에 나아온 예배자들의 삶이 실천적 공감의 모습으로 예배 가운데 실현될 수 있을 것이다. 그런 실천적 공감이 실제화되는 공감적 예배를 아래와 같이 제안해 볼 수 있겠다.

IV. 공감적 예배의 실제: 죽음과 예배가 조우하는 성토요일 예배

1. 인생 주기와 예배: 성토요일과 죽음

앞서 성토요일을 예배자들의 일상이 가지는 실존적 모습을 보여주는 삶의 자리로 비유했다. 공교롭게도 성토요일이 그러한 삶을 살아가는 예배자들이 공감적 예배로 참여할 수 있는 기회가 될 수 있다는 점을 주목하게 된다. 에릭 에릭슨(Erik H. Erikson)은 생애주기의 여덟 단계를 제시하면서 연대기적으로 진행되는 인간 발달을 살펴보게 했다.[26] 이것은 저마다의 인생이 갖는 보편적 공통 주기에 대한 의미 있는 조망을 가능하게 해준다.

그런데 그러한 인생 주기를 가로막는 가장 대표적인 요인은 '죽음'이다. 그리고 그 죽음은 당연한 듯 여겨온 인생 주기를 단절시키기에 인간에겐 불편한 사건임은 물론이고 두려운 이유이기도 하다. 예배 공동체 안에서 경험하게 되는 무력감과 힘겨움 역시 많은 경우 죽음을 마주하는 순간 경험하게 된다. 부활절을 눈앞에 둔 성토요일이지만, 깊은 밤을 지나 동이 터오르기 직전 새벽이 가장 어둡다고 하듯 그날은 가장 깊은 절망과 슬픔, 심연의 시간으로 다가온다.[27] 그리고 그날은 '누구에게나 죽음은 찾아온다'는 명제의 당위성과는 별개로 누구에게나 힘겹고 아프게 다가온다.

---

26) Erik H. Erikson, *Childhood and Society*, 윤진, 김인경 역, 『아동기와 사회』 (서울: 중앙적성출판사, 1988), 285-320.

27) R. Lawrence Depalma, "Holy Saturday," in *Sewanee Theological Review* 50:4 (September, 2007): 556-57.

예배자의 공통적이면서 실존적인 주제 중 하나인 죽음을 공감적 예배의 주제로 삼아보려는 이유는 다음과 같다. 첫째, 교회 공동체 구성원들에게 죽음은 깊은 슬픔과 무력감, 상실과 두려움의 장벽으로 다가오는 인생의 사건이다.[28] 그 어떤 사건보다 위로와 슬픔의 공감이 필요한 자리이기 때문이다. 둘째, 죽음은 사랑하는 사람들과의 육신적 단절을 의미하지만 영원한 만남을 향한 종말론적 공감을 취할 수 있는 기회이기 때문이다.[29] 공감적 예배가 가능한 이유는 인간적인 공감으로만이 아니라 영원한 생명을 향한 언약으로의 종말론적 신앙을 공유할 수 있기 때문이다. 셋째, 죽음은 인간 개별 존재를 향한 하나님의 마음을 찾고 깨닫게 하시는 필연적 만남을 향한 마지막 여정과도 같다. 비록 그 여정이 막다른 골목을 향하고 있는 것 같으나 그 막다른 곳에서 분주한 삶의 여정 속에서는 찾지 못한 인생의 주관자이신 하나님의 마음을 헤아리게 되는 자리를 만나게 된다.[30] 이러한 이유로 죽음은 공감적 예배를 드릴 수 있는 의미 있는 자리와 키워드가 될 수 있다.

죽음은 예배의 다양한 환경 가운데 성토요일이 갖고 있는 의미 안에서 고려될 수 있다. 성금요일이 예수 그리스도의 죽음의 사건을 말하지만 그 죽음의 심연에 머무는 시간은 깊이 고려되지 못해 왔다. 성금요일과 부활절 사이에 위치하고 있기에 하루만 지나면 부활의 날이 모든 걸 대답해준다고 여겨왔기 때문

---

28) 필자가 캐나다 토론토의 D장로교회(어린이와 영어권 교인을 포함해서 등록교인 270여 명, 주일 예배 출석 180-200명 가량)에서 2018년-2023년까지 담임목회를 한 5년간 집례한 14차례의 장례예식 중, 자살자와 출산 직전 태중 사산아가 각 한 차례가 있었고, 질병으로 돌아가신 분들 중에 질병 판정 3개월 이내에 사망자가 세 분, 60대 이하 사망자가 세 분이었다. 노환이나 숙환으로 돌아가신 분들도 계시지만 거의 절반 정도가 예상치 못한 사망이었고, 이로 인해 가족과 이웃들의 상실과 충격으로 인한 깊은 아픔이 더욱 크게 다가옴을 경험했다.

29) 김균진, 『죽음의 신학』 (서울: 대한기독교서회, 2002), 379-401.

30) 마이클 부쉬 엮음, *This Incomplete One: Words Occasioned by the Death of a Young Person*, 김요한 역, 『내 아버지 집에 거할 곳이 많도다』 (서울: 새물결플러스, 2010) 참조: 이 책은 저명한 신학자들과 설교자들의 장례설교를 모아놓았다. 특별히 거의 모든 설교가 설교자 자신의 자녀나 가족의 죽음으로 인한 것이다. 첫 설교인 크레익 반즈의 "머물다 간 자리"라는 제목의 설교에서는 태어난 지 3주밖에 되지 않았던 아들의 죽음으로 인한 장례설교에서 그 죽음 속에서도 감사를 찾고 발견할 뿐 아니라 그 작은 인생을 통해 가져다주신 하나님의 마음과 뜻을 찾게 하셨음을 고백하며 선포한다. 죽음은 분명 아프고 고통스럽고 이해할 수 없다 말하고 싶을 것이다. 하지만 죽음이라는 상실 가운데에서도 결국 우리에게 끊을 수 없는 하나님의 사랑의 마음을 반드시 드러내실 것이기에 죽음 가운데에서도 교회는 그러한 마음을 향한 공감의 능력(열심)으로 예배의 자리를 통해 구체화될 수 있도록 해야 한다고 할 수 있을 것이다.

이다. 하지만 성토요일은 그 어떤 날보다 '죽음'의 깊은 의미에 집중할 수 있는 가장 적절한 시간이다.[31] 죽음과 부활 사건 사이의 침묵의 순간처럼 여겨온 성토요일이 죽음으로 인한 슬픔의 눈물과 두려움의 아픔을 공감하고, 회복의 소망을 품게 되는 새로운 경계선과 같은, 소위 '문지방(Threshold)'[32]을 넘는 시간이 될 것이다. 이제 그러한 문지방 위에 서서 성토요일을 주목해본다. 그리고 그 날에 슬픔과 아픔의 마음을 함께 나누며 동시에 소망의 고백과 노래 속에 죽음과 조우하는 은혜의 예배를 조망해 본다.

2. 블루 크리스마스(Blue Christmas)에서 엿보는 성토요일 예배의 가능성

1) 블루 크리스마스(Blue Christmas)

죽음과 조우하는 공감적 예배를 위해 성토요일은 교회력 가운데 가장 자연스러운 날이다. 성육신하신 그리스도께서 친히 죽으심으로 인간의 죽음과 실제로 연대하신 날이기 때문이다. 그럼에도 실제로 성토요일을 인간의 실존적 죽음과 그로 인한 상실과 애통, 그리움과 두려움을 다루는 예배의 날로 삼는 경우는 매우 드물다.

오히려 북미 예배 전통 가운데 이러한 의미를 담아 드리는 예배는 사순절과 부활절기가 아닌 성탄절을 앞둔 대림절기에 행해지곤 한다. 블루 크리스마스 예배(Blue Christmas)라고도 하며, 'The Longest Night Service', 'Solstice Service'로 불리기도 하는 예배이다.[33] 어둠 속의 슬픔과 그리움에 빛을 비추듯

---

31) Travis Ryan Pickell, "Before Christ Rose, He Was Dead: The Truth of Holy Saturday is That God Is with us, even in Our Mortality," in *Christianity Today*, 64 no 3 (April 2020), 47-50.

32) Dennis C. Smolarski, S.J., *Sacred Mysteries: Sacramental Principles and Liturgical Practice* (New York/Mahwah, N.J.: Paulist Press, 1995), 24-26. 종교인류학자 빅터 터너(Victor W. Turner)는 경계인과 경계적 예전의식의 자리에 관해 저술했다. 이러한 경계적 예전의식을 '문지방(threshold)'과도 같은 자리라 여기며 의식적 공동체 안에서 한 인간의 변화와 성장의 중요한 순간을 반영한다고 보았다. 스몰라르스키는 이러한 문지방과도 같은 의미가 인생 주기 가운데 세례, 결혼, 장례예식으로부터 발견될 수 있다고 밝힌다.

33) 블루 크리스마스(Blue Christmas)는 Longest Night Service라고도 부르며, 서구 기독교 전통 가운데 1년 중 밤이 가장 긴 '동지(冬至)'날로 대림절의 하루이다. 이날 서구교회 일부 교단(로마가톨릭, 루터교, 감리교, 개혁교단 교회들)에서는 사랑하는 사람을 잃고 슬픔 가운데 있는 이들, 상실의 아픔을 가지고 예배를 드린다. 이 예배는 일

이 예배는 믿음의 소망에 주목한다. 일 년 중 밤이 가장 긴 동지(winter solstice)에 드리기도 하면서, 그 소망이 이루어지기까지 인내하고 버텨가야 할 삶의 무게가 무겁고 오래도록 계속 되는 것 같기에 그 어떤 밤보다 길게 느껴짐 속에 드리는 예배라는 의미를 가진다. 특별히 그 예배 중에 담는 소망은 사랑하는 사람들의 죽음을 기억하며, 그 죽음으로 인한 슬픔과 아픔 속에서도 위로와 확신의 은혜를 향한다. 상실의 아픔을 제거하고자 함이 아니라, 남겨진 자들이 가진 그대로의 감정과 아픔을 인정하고 받아들일 수 있도록, 하지만 믿음 안에 회복시키고 슬픔을 넘어서는 소망을 갖기를 바라는 마음을 담아 블루 크리스마스 예배는 드려진다.[34] 오직 하나님께만 집중하는 예배라고 강조하지 않는다. 있는 그대로의 슬픔과 그리움을 표현한다. 오히려 그 아픔에 동참하시는 하나님으로 강조된다. 이 예배의 핵심은 죽음과 같은 상실, 하지만 회복과 소망을 바라봄이다. 그 바라봄 속에 그 무엇과도 비교할 수 없는 하나님이 깊이 스며 계시고 임재하시게 된다. 사랑하는 사람들의 죽음을 기억하는 이 예배는 죽음이 상실과 마지막이라는 슬픔의 이유가 아니라 영원한 생명을 향해 문지방을 넘어선 새로운 의미를 가진다는 점을 기억하게 된다.

2) 블루 크리스마스 예배

a. 하나님 백성으로의 모임(Gathering as God's People)

이 땅에서의 공동체적 의미를 고려할 때 죽음은 당사자에게 일어난 인생 마

반적으로 동짓날 또는 그 부근에 드리게 된다. 슬픔과 아픔, 애통이 표현될 뿐만 아니라 그리스도 안에서 주어지는 소망의 약속에 집중하게 된다. 빈 의자(empty chairs)를 사용함으로 이전에 함께 했지만 지금은 함께 하지 못하는 별세한 이들을 기억하는 상징적 도구로 삼기도 한다. 이는 결코 죽은 자에 대한 제사의 의미가 아니라, 그들에 대한 기억이요, 죽음과 상실조차도 그리스도의 언약적 죽음과 연대 속에 깊고 확실한 소망을 바라보게 하는 의미를 가지고 있다.: https://en.wikipedia.org/wiki/Blue_Christmas_(holiday) [2023.11.5. 접속] 참조.

34) 물론 블루 크리스마스가 먼저 죽은 사랑하는 이로 인한 슬픔과 애통에만 주목하진 않는다. 크리스마스 시즌이 가지는 들뜸이 있는 시기적 특징도 있지만 연말이 가지는 또 다른 측면, 즉 한 해 동안 힘겹게 지내온 시간을 돌아보게 하는 의미도 갖는다. 많은 사람들이 한 해를 마무리하며 여전히 지고 있는 힘겨운 삶의 무게, 슬픔과 상실과 우울함, 염려와 경제적 부담감, 실직과 미래에 대한 불확실성, 연로해져 가시는 부모님에 대한 마음, 아픈 자녀들, 최근에 진단받은 질병, 또한 원인을 알 수 없는 육신적 고난 등과 같은 내면적 상황과 힘겨움에 대해 공감하는 시간으로 삼는다.: The United Church of Canada(캐나다 연합교단), "Loss, Healing, and Hope: A 'Blue Christmas' Service," (2016), 1. originally posted on AdventUnwrapped.ca.

지막 사적인 사건일 것이다. 하지만 그 죽음이 가져오는 결과는 여전히 남겨진 이 땅의 사람들에게는 그 의미가 작지 않다. 그 죽음은 그리움을 낳고, 아픔과 슬픔, 때론 애통의 마음을 가져온다. 그래서 블루 크리스마스 예배는 여느 예배처럼 '하나의 백성 공동체로의 모임(Gathering as God's People)'으로 시작하게 된다. 성탄 시즌이 갖는 기쁨의 의미만이 아니라 상실과 염려, 슬픔과 아픔까지 가지고 나아온 예배임을 분명히 밝힌다.[35] 기쁨의 응답으로만이 아니라 다양한 내면의 감정을 하나님께 고백할 수 있는 예배, 그러한 고백과 상황을 서로가 인정하는 예배, 그렇게 진솔한 공감을 하나님 안에서 모든 예배자들이 공유할 수 있음을 선언하며 예배는 시작한다.

b. 하나님의 약속을 경청하기(Listening for God's Promise)

아픔과 슬픔의 삶을 공감할 수 있고, 또 공감받을 수 있음은 단지 인간 사이의 관계적 기능에만 기초하지는 않는다. 그보다 더욱 근원적인 힘은 하나님의 사랑이 전하는 말씀에 기초한다. 참여하는 이들이 하나님 안에서 서로를 공감하는 자리이지만 그 공감은 하나님 말씀이 나눠짐을 통해 더욱 선명해진다. 크게 세 가지 내용으로 하나님의 말씀을 나누고, 또 그 약속의 말씀에 의지하여 기도하게 된다. 첫째는 상실(Loss)에 관해서다. 사랑하는 사람을 잃음으로 인한 슬픔이 하나님이 주신 성경 말씀으로 위로받고, 그 위로가 영원함을 선언하게 된다. 둘째는 치유와 회복(Healing)에 관해서다. 애통과 그리움으로 흑암 속에 머물게 되는 중에도 "밤이 낮과 같이 비추이나니 주에게는 흑암과 빛이 같음이니이다"(시 139:12)라고 노래하는 시편 기자의 고백처럼 주님께서 상실의 삶을 사는 자들의 오른손을 붙드시며 치유하시고 회복하신다는 약속에 귀기울이게 된다. 이러한 치유가 모든 죽음의 기억을 제하는 방식이 아니라, 그 기억을 마음에 품고 살되 그 슬픔의 기억이 새로운 회복의 기억으로 새로워지게 됨을 경험케 하시는 말씀에 귀기울인다. 셋째로 소망(Hope)과 사랑으로 살아갈 수 있게

---

35) The United Church of Canada, "Loss, Healing, and Hope: A 'Blue Christmas' Service," 1-2.

하시는 말씀에 귀기울인다.³⁶⁾ 슬픔과 상실의 원인이 사라짐으로가 아니라 동일한 상황 속에서도 소망 본래의 의미를 깨닫고, 소망의 시력을 얻게 되는 말씀의 은혜에 주목하게 된다.

c. 소망 속에 기억하기(Remembering in Hope)

실제로 블루 크리스마스 예배를 드리는 많은 교회에서 '기억의 나무 예배(a Tree of Memories service)'를 함께 엮어 드린다.³⁷⁾ 기억의 나무에 불빛을 밝힘으로 사랑하는 사람에 대한 기억을 가슴에 담기 위함이다. 더불어 기억 속에 그리움의 대상이 되는 돌아가신 분들의 이름을 호명하며, 초에 불을 하나씩 붙여 주님의 공감의 품안에 있는 돌아가신 분들을 기억할 뿐 아니라, 우리 자신들 역시 그러한 공감의 은혜 가운데 머물고 있음을 보다 깊이 느낄 수 있는 기회가 되도록 한다. 초에 불을 하나씩 밝히며 "우리는 먼저 떠나가신 ooo를 기억하며 이 촛불을 밝힙니다."라고 고백한다. 그리고 마지막에 함께 "이 모든 분들을 기억하며, 우리에게 생명과 소망과 용기를 주시는 주님께 감사를 드립니다."라고 고백하게 된다.³⁸⁾

d. 평화로 나아가기(Going in Peace)

예배 전체의 분위기가 그러하듯 차분하게 예배를 마무리하며 삶의 자리로 나아간다. 각자의 자리에서 예배 전 미리 나눠준 개인 초를 밝히며 죽음을 직면할 수밖에 없는 개인 존재의 한계를 묵상하며, 그런 가운데에서도 우리에게 소망이 있음을 앞선 예배를 돌아보며 다시 묵상하게 한다. 조용한 대림과 성탄의 찬양을 부르거나 들으며 마무리 시간을 가질 수 있도록 한다. 전체적인 예배의

---

36) 위의 책, 2-3.

37) 이는 고인을 기억하며 예배하는 추모예배와 유사한 형태이다. 추모예배는 개인을 기억하며 하나님께 예배하는 것이 대부분이라면, 블루 크리스마스 예배는 공동체의 규모 안에서 공동체적이면서, 개인적인 기억을 공유하고 공감하는 특징을 갖는다.

38) The United Church of Canada, "Loss, Healing, and Hope: A 'Blue Christmas' Service," 3-4.

음악은 어쿠스틱 기타나 클래식 피아노 등으로 공간이 크지 않다면 특별한 전자 음향 없이 사용하도록 한다. 조명은 최대한 어두운 상태에서 밝힌 촛불들이 예배 속에 담긴 공감의 빛 역할을 할 수 있도록 한다.[39] 마지막 강복 선언으로 예배를 마치고, 예배를 통해 주신 공감의 위로와 소망이 교제(fellowship)를 통해 이어질 수 있도록 간단한 공동체 식사나 다과의 시간을 갖는 것도 공감적 관계 형성의 기회가 될 것이다.

3. 성토요일에 조우하는 죽음과 예배

1) 성토요일 공감적 예배

대림절기 중 블루 크리스마스가 예전적 애통과 잘 연결되는 절기라고 한다면, 성토요일은 사순절과 부활절기 가운데 슬픔과 고통 그리고 죽음을 돌아볼 수 있는 적절한 시간이다. 일반적으로 서구에서 행해지는 블루 크리스마스 예배가 상실의 아픔과 육신의 죽음과 연결되어 드려진다면, 성토요일은 보다 근원적인 차원에까지 죽음의 의미를 넓혀볼 수 있을 것이다. 즉 우리 인생 속에 경험하는 육신적 종말로의 죽음만이 아니라, 소위 '작은 죽음'이라 표현해 볼 수 있는 힘겨운 내면적 고통과 절망의 순간을 포함한, 죽음과도 같은 일상의 이야기를 포함하게 된다. 육신적인 죽음은 물론이고 영적인 죽음과도 같은 신앙적 위기의 시기가 그러하고, 갑작스럽게 마주하는 질병, 혼인 관계가 깨어지는 이혼이나 별거, 결별, 경제적인 파산이나 궁핍해짐과 같은 현실이 다름 아닌 작은 죽음과도 같이 인생 주기 속에 언제든 침입해 들어오게 된다.[40] 알랜 루이스(Alan E. Lewis)가 표현하듯 성토요일은 인생의 나이와 단계를 통해 성장하고 배워감으로 매일의 삶 속에 어떻게 죽는가를 깊이 숙고하게 만들며, 이를 통해

---

39) 위의 책, 4.

40) Lloyd George Abrams, II, "Death in the Midst of Life," (Doctor of Ministry diss. Vancouver School of Theology, 2004), 11.

'진정한 자아(authentic selfhood)'를 발견해가게 된다.[41] 그런 의미에서 성토요일은 모든 인간이 마주하게 되는 육신의 죽음이라는 현실은 물론이고, 작은 죽음의 순간들 가운데 직면하는 실존적 한계의 상황에서 아픔과 절망은 물론이고 회복과 소망을 이야기할 수 있는 응답적 차원의 예배를 고려해볼 수 있게 한다.

성토요일 예배를 통해 죽음과 연계된 아픔과 슬픔은 물론이고, 죽음에 대한 신앙적 이해의 깊이를 더할 수 있는 것은 성토요일의 예수 그리스도의 죽음으로의 연대가 가지는 의미와 직접적인 관련이 있다. 그리스도의 구속적 고난과 죽음이 바로 성토요일이 주목해온 중심 주제였다.[42] 하지만 성토요일이 갖는 죽음과 연계된 의미가 역사 속에서 많은 부분 사라지고 말았다. 십자가의 죽음이 가지는 의미가 강조되든지 아니면 죽음을 이기신 부활의 의미가 강조되든지 양쪽 의미를 부연하는 역할에 머물고 말았다. 3세기 이후 기록으로 전해지는 성토요일의 흔적만 보더라도 애초부터 성토요일의 독자적인 의미가 지켜지기보다는 최종적이고 집중적인 세례준비를 위한 시간으로, 그리고 부활절 전야 철야 예배로의 역할에 집중되었던 것으로 보인다.[43] 15세기 무렵엔 부활 전야의 철야 예배가 성토요일 이른 아침 시간까지 옮겨졌다.[44] 이는 부활절의 의미에 집중함으로써 슬픔과 애통, 그리고 죽음의 의미 가운데 머무는 성토요일 예배의 의미를 외면하게 했음을 보여준다.

또 한편으로 여러 개신교단에서는 성금요일의 의미 안에 성토요일을 한정 짓기도 한다. 미국장로교(PCUSA)의 경우 『예배서』(the Book of Common Worship)에서는 성토요일의 예배로 성금요일 예배를 마치도록 한다. 부활절 전야예배 또는 부활절에 이르기까지 침묵으로 떠나 머물며 성금요일 예배를 이어가도록

---

41) Alan E. Lewis, *Between Cross and Resurrection: A Theology of Holy Saturday* (Grand Rapids: Wm. B. Eerdmans Publishing Company, 2001), 437-38.

42) Hoyt L. Hickman, Don E. Saliers, Laurence Hull Stookey and James F. White, *The New Handbook of the Christian Year* (Nashville: Abingdon Press, 1992), 190.

43) 김형락, "Triduum의 형성 과정과 현대적 적용에 관한 연구," 『신학과 실천』 제81호 (2022. 9), 56-57.

44) A. J. MacGregor, *Fire and Light in the Western Triduum: Their Use at Tenebrae and at the Pascal Vigil* (Collegeville: The Liturgical Press, 1992), 3.

한다.⁴⁵⁾ 이러한 특징에 대해 발타자르는 장 칼뱅(Jean Calvin)을 소환한다. 칼뱅은 그리스도의 구원의 행위 자체가 금요일에 일어났다는 것에 집중하며 그 행위를 강조함을 통해 성토요일 자체를 다소 불필요한 날처럼 여겼다고 발타자르는 주장한다.⁴⁶⁾ 이는 곧 성토요일은 부활을 향해 가는 길목에서 성금요일에 일어난 십자가 사건 앞에 침묵의 자리 정도로 여기게 되었다는 것을 의미한다.

그러다 보니 결국 성토요일은 성금요일과 부활절을 위한 공유 공간처럼 되어 버렸다.⁴⁷⁾ 성토요일이 성금요일과 부활절 각각에 무언가를 보태야 두 날의 의미가 분명해지는 건 아니다. 오히려 누구나가 가야 할 죽음을 향한 인생의 여정에 중요한 함의를 얻게 할 성토요일 예배의 고유한 가치를 회복하는 것이 더욱 의미 있는 일이라 할 수 있다.

2) 성토요일 공감적 예배의 신학적 의미

이처럼 성토요일이 가지는 의미를 기초로 공감적 예배의 자리가 되기 위해 몇 가지 기본 조건을 고려할 필요가 있다. 첫째, 성토요일 공감적 예배는 예수 그리스도의 죽음과 그 의미에 대해 먼저 주목하게 된다.⁴⁸⁾ 비록 성토요일이 교회 역사 가운데 독자적인 날로서의 의미를 주목받지는 못했지만 그럼에도 그 날이 가지는 그리스도의 죽음, 그 이유는 세례의 기초가 되었고, 금식함으로 세

---

45) PCUSA, *The Book of Common Worship* (Louisville: Westminster John Knox Press, 2018) 참조; PCUSA, *The Book of Common Worship* (Louisville: Westminster John Knox Press, 1993), 김소영, 김세광, 안창엽 편역, 『공동예배서』(서울: 한국장로교출판사, 2001), 367.

46) Bard Thompson, *Liturgies of the Western Church* (Philadelphia: Fortress Press, 1980), 195, 197-210 참조.

47) 캐나다 연합교회(The United Church of Canada)에서는 성토요일의 예배를 부활절 전야 철야예배(Easter Vigil) 또는 부활절 첫 예배(the First Service of Easter)라 부른다. 캐나다 성공회(The Anglican Church of Canada)의 경우엔 대 전야예배(the Great Vigil)를 부활절 첫 예배라 부르며 성토요일 해질 때부터 부활절 아침 해뜨기까지 편의에 따라 지킬 수 있도록 안내하고 있다. 캐나다 장로교(The Presbyterian Church in Canada)의 예배서(*The Book of Common Worship*)에서는 성토요일의 예배에 관한 설명이 직접적으로 언급되지 않고 Easter Eve라고만 언급한다.: UCC, *Celebrate God's Presence: A Book of Service for the United Church of Canada* (Ontario: The United Church Publishing House, 2000), 183; ACC, *The Book of Alternative Services* (Toronto: Anglican Book Centre, 1985), 321. recited in Lloyd George Abrams, II, "Death in the Midst of Life," 16.; PCC, *The Book of Common Worship* (Canada: PCC, 1991), 448-50.

48) Lloyd George Abrams, II, "Death in the Midst of Life," 23.

레를 위한 최종적인 준비의 날로 삼았다. 십자가에 달리셨던 성자 예수 그리스도의 육신이 거룩한 안식일에 무덤에 계시는 그날, 제 삼일의 부활의 날이 오기까지 죽음의 가장 깊은 실존적 심연에 이르신 예수 그리스도와 함께 기다리는 날로 받아들임이 성토요일 공감적 예배의 우선된 조건이 된다.

둘째, 성토요일의 공감적 예배는 제자들이 경험했을 슬픔에 주목한다. 예수님을 따르던 이들이 예수님의 죽음으로 맞이하게 된 슬픔은 곧 우리 일상 속에 경험하는 사랑하는 이의 죽음으로 인한 상실의 아픔과 직접적으로 연결된다. 예수님의 죽음은 제자들에겐 하나님의 실패와도 같이 여겨졌다. 이미 인간은 제자들이 느꼈을 슬픔과 절망을 경험하며 살아가고 있다. 오늘날 우리 인간들이 사는 일상의 삶이 그러하다. 불가항력적인 전세계적 혼란과 위기는 물론이고, 개개인이 마주하는 절망의 이유들 역시 이루 다 열거할 수 없을 만큼 다양하다. 성토요일은 바로 그러한 우리 일상 속의 실존을 깊이 확인하게 되는 날이다. 그리고 마치 하나님의 실패처럼 이젠 끝난 것 같은 그리스도의 시간에 절망하며 슬퍼했을 그 마음을 오늘 우리 삶의 힘겨움과 잇대어 깊이 느끼고 고백하고 멈추어 설 수 있는 의미의 시간이 될 수 있다. 동시에 큰 소망 없음의 역사 속에서 훨씬 큰 소망을 발견하게 되는 통로요, 그 소망을 향한 문지방을 넘는 역동적인 공감적 예배를 기대할 수 있게 된다.[49]

셋째, 성토요일 공감적 예배는 예수 그리스도께서 성육신하심에 이어 죽음을 통해 인간과의 연대를 이루셨음에 주목한다. 예수 그리스도의 죽음과 이에 대한 슬픔에만 주목할 때에 성토요일은 매우 정서적인 부분에 치중할 수밖에 없게 된다. 하지만 성토요일이라는 자리 가운데에서 진정한 그 의미를 이해하고 공감하기 위해서는 정서적 공감을 넘어서는 노력도 필요하다. 그 노력은 그리스도께서 자기를 포기(self-surrender)하시고, 자기를 비우심(kenosis)으로 인간을 끌어안으시고 인간의 삶 가장 깊은 곳까지 참여하심에 주목하는 것으로

---

49) Alan E. Lewis, *Between Cross and Resurrection: A Theology of Holy Saturday*, 289-300.

의 인지적 공감이다.[50] 이는 곧 죽을 수밖에 없는 한계성과 죄성을 이기지 못하는 인간의 연약함의 자리에 친히 오셔서 죽음까지도 체현하심은 육신적 종말로의 죽음은 물론이고 인간의 일상 속 작은 죽음의 사건들 속에서도 의지하고 소망을 가질 이유를 찾게 된다.

넷째, 성토요일 공감적 예배는 하나님으로부터의 공감의 은혜 안에서 예배자 서로 간의 타자적 공감에 주목한다. 함께하는 이들이 가지는 죽음과 상실로 인한 애통과 그리움을 인정한다. 더불어 크고 작은 인생 여정 속의 죽음에 빗대어 다가오는 힘겨운 일상의 무게를 함께 느끼고 감내한다. 앞에서 살펴본 블루 크리스마스 예배처럼 타자와의 관계 속에서 타인의 아픔에 주목하는 것이 성토요일 공감적 예배에서 역시 중요한 목적이 된다. 더불어 성토요일 공감적 예배는 블루 크리스마스의 그러한 전통을 조금 더 넘어서서 나 자신의 죽음에 대해 영적으로 직면해보고, 스스로 응답하는 자리로 준비할 수 있다.[51] 사실 타자에 대한 공감이 숙제처럼 주어졌지만, 나 자신의 죽음과 같은 거인 앞에 스스로 서는 시간과 자신에 대한 정서적인 공감 그리고 그 거인에 대한 인지적 이해 없이는 타자의 슬픔과 아픔을 고려하는 공감적 예배는 분명 한계가 있을 것이다. 블루 크리스마스 예배가 특정한 대상의 죽음을 기억하며 상실의 마음을 공감하는 자리라고 한다면, 성토요일 공감적 예배는 누구나가 마주할 죽음을 향한 여정 속에 필요한 하나님의 공감을 바라보는 모두의 예배가 될 수 있다.

다섯째, 성토요일 공감적 예배는 앞서 살펴본 개인에 대한 관심은 물론이고 공동체적 공감을 통한 공감적 공동체를 세워감에 주목한다.[52] 앞서 블루 크리스마스가 개별적인 상실과 상처의 아픔에 대한 공감적 접근으로의 예배 성격이 강하다면, 성토요일 예배는 보다 공동체적인 공감을 통해 점점 개인주의화

---

50) Jonathan Cahill, "The Descent into Solidarity: Christ Descent into Hell as Stimulus for Justice," *Journal of Reformed Theology* 9 (2015): 244-46.

51) Alexander Schmemann, *O Death, Where Is Thy Sting?*, 황윤하 역, 『죽음아, 너의 독침이 어디에 있느냐?: 죽음과 부활에 관하여』 (서울: 비아, 2022), 15-21.

52) Lloyd George Abrams, II, "Death in the Midst of Life," 34-37.

되어가는 교회 안에 누구도 소홀히 할 수 없다는 그리스도의 마음을 함께 나누며 그 애씀에 동참하겠다는 예전적 선언처럼 예배가 드려질 수 있다. 블루 크리스마스 예배에서 돌아가신 한 분 한 분을 기억하며 호명과 개별 촛불 점화 등의 순서를 가졌다면,[53] 성토요일 예배에서는 보다 공동체적인 아픔과 힘겨움을 공유하며 그 가운데 함께 하시는 하나님께 집중하는 예식을 준비해볼 수 있다. 예를 들어 성금요일이나 고난 주간 동안 사용한 십자가가 있다면 그 십자가를 활용할 수도 있다. 크게 제작된 십자가를 성금요일 수난예배 때에 사용하고, 성토요일 공감적 예배 때 그 십자가에 작은 메모를 써서 한 명씩 나와 붙일 수 있다. 보통 성금요일에 자신의 죄를 적어 못으로 박는 행위로 십자가 죽음을 통한 구속의 은혜를 구현해내고자 한다면, 성토요일에는 각자 자신의 이름을 '주님의 사랑 가운데 있는 딸(아들) ○○○' 등으로 적어 십자가에 붙임으로써, 십자가에서 돌아가심으로 우리 공동체 구성원 모두가 마주할 실존적 죽음을 감당하신 주님처럼 죽음을 향한 길을 공동체 전부가 함께 담대히 걸어가겠노라고 고백하는 시간을 가질 수도 있을 것이다.

여섯째, 성토요일 공감적 예배는 앞서 제시한 공동체적 공감을 실천적 공감으로 이어간다. 특별히 성육신에 이어 죽음에까지 이르신 예수 그리스도는 그저 말과 논리로가 아닌 실천함으로, 살아냄으로 목적을 이루셨다. 개혁주의 전통에서는 '예수님께서 지옥으로 내려가셨다(He descended into hell)'라는 사도신경 속의 표현을 이해함에 있어서, 예수 그리스도의 십자가 사건 속에 지극히 주관적으로 경험하신 일로 이해해왔다. 현재 개신교회의 경우엔 이 구절이 사도신경 가운데 빠져 있다.[54] 한편 발타자르는 그리스도의 십자가 사건과 엄밀히 구분되는 사건으로 지옥으로 내려가셨던 일을 이해한다.[55] 죽음으로 인해 그리스도가 지옥까지 내려가셨다는 건 절망적인 죽음의 측면까지 경험하셔야

---

53) 필자가 섬겼던 교회에서의 블루 크리스마스 예배에서는 넓은 통에 모래를 채우고 한 명씩 앞으로 나와 그 위에 작은 초를 꽂고 거기에 점화하면서 먼저 돌아가신 가족이나 사랑하는 분들을 기억하는 예식 순서를 가졌다.

54) Shelly Rambo, 『성령과 트라우마: 죽음과 삶 사이, 성토요일의 성령론』, 107-08.

55) Hans Urs von Balthasar, *Mysterium Paschale: The Mystery of Easter* (San Francisco: Ignatius Press, 1990), 50.

했다는 걸 의미한다. 이를 조나단 카힐(Jonathan Cahill)은 죽음이 지속된 성토요일이 침묵의 날과도 같지만, 죽음의 가장 깊은 심연까지 경험하셨다는 점을 통해 하나님의 인간과의 연대(solidarity)를 잘 드러내 준다고 평가한다. 더불어 기독교적 윤리의 중요한 함의를 또한 제시해준다고 주장한다.[56]

이러한 윤리적 함의는 성토요일을 통해 그 지속된 예수 그리스도의 죽음이 가지는 겸손과 연대의 의미를 주목하게 한다. 죽음 이후에도 가장 깊은 고난의 자리에 머물러야 하셨던 그리스도의 모습은 세상의 억압받고 원치 않는 상처와 고난 속에서 벗어나고자 하는 모든 이들에게 힘과 격려가 되는 그리스도의 연대하심을 분명히 보여준다. 이는 곧 세상을 향해 불의에 저항하시는 모습과 더불어 고난과 상처와 아픔을 외면하지 않으시는 하나님의 깊은 공감의 울림을 확인케 한다. 더 나아가 지옥에까지 내려가셨다는 표현처럼, 적극적인 행위와 실천을 통해 억압과 아픔을 해결해 주시려는 그리스도의 적극적인 의지를 보여준다.[57] 이러한 의미는 성토요일 공감적 예배가 정 서적이고 인지적인 공감에 머무는 것이 아니라, 실천적인 공감으로 삶의 자리를 공감적 예배의 현장이 되도록 격려하는 기회가 되어야 한다는 깊은 공명을 불러일으킨다.

3) 성토요일 공감적 예배의 실제

이러한 신학적 의미를 담은 성토요일 공감적 예배는 대속적 죽음의 사랑과 부활하신 능력으로 우리를 위로하시고 영원한 생명으로 이끄실 소망 안에서 어둠과 같은 일상의 삶 속에 힘을 얻는 예배가 될 수 있다. 성토요일에 드려졌던 주된 예전적 흔적이라 할 수 있는 부활절 전야의 철야예배와 차별화를 위해 필자는 성토요일 새벽 또는 아침에 드리는 예배를 고려해보았다. 특히 한국 교

---

56) Jonathan Cahill, "The Descent into Solidarity: Christ Descent into Hell as Stimulus for Justice," 244.

57) "신의 자비는 그의 본성 안에 있는, 그의 존재와 행위를 구성하는, 타자의 비참에 관여함이며 이로써 그의 본성에 있는, 그의 존재와 행위를 구성하는, 이런 타자의 비참을 제거하기 위해 자신을 헌신하는 의지이다. 신이 타자의 비참에 관여함으로써, 그가 실제로 거기에 있음이 말해진 것이며, 그 신이 실제로 거기에 있음으로써, 그가 이 비참을 원하지 않고 그것을 제거하기를 원하며 제거할 것임이 말해진 것이다.": Karl Barth, *Church Dogmatics* II/1, 황정욱 역, 『교회교의학 II/1』 (서울: 대한기독교서회, 2010), 393.

회 새벽기도회의 전통은 성토요일 새벽예배 또는 아침예배를 자연스럽게 받아들이게 할 것이다. 성토요일 공감적 예배는 크게 모임과 나눔, 말씀과 묵상, 기도와 고백, 소망과 실천의 순서로 구성해볼 수 있다.

모임과 나눔

모임과 나눔은 성토요일 공감적 예배의 목적을 분명하게 되새기며 시작된다. 이 예배는 예배자의 내면이 구체적으로 고백 되고, 삶의 시련과 아픔이 주목된다. 초대교회 전통인 병자들을 위한 치유나 도유 예전과도 일면 맥을 같이 한다. 육신의 질병은 물론이고 삶의 시련으로 인한 실존적 한계에 주목한다는 점에서 그러하다. 루스 덕(Ruth C. Duck)이 언급한 바와 같이 "치유는 예배와 목회적 돌봄을 통해 슬픔, 고통, 곤경, 질병을 겪고 있는 사람들과 함께하시는 하나님의 임재를 구하는 교회의 의도적인 사역이다."[58] 전인적인 온전함을 구하는 이들에게 치유가 필요한 현실이 실존적 불균형과 불완전성의 결과라면, 예배자들의 일상은 하나님으로부터의 공감과 예배 속의 공감을 통해 치유를 바라보는 이유가 될 것이다.

성토요일 공감적 예배는 십자가에 달려 돌아가신 예수 그리스도를 선언하며 시작할 수 있다. 역사적 사건으로만이 아니라, 죽음의 가장 깊은 심연의 의미에까지 이르신 그리스도의 실존을 선언한다. 그리고 그 사건은 우리가 가진 의식의 한계 안에선 좀처럼 받아들이기 버거운 좌절의 순간임을 고백한다. 더욱이 그러한 절망과 힘겨움의 순간이 우리가 마주한 여러 죽음의 사건들뿐 아니라, 개인과 공동체 가운데 마주하게 되는 상처와 아픔의 일상 속에 계속됨을 인정하게 된다. 10세기 무렵부터 불려 오던 노래처럼 "우리는 살아 있으나, 죽음 가운데 있다"는 고백이 성토요일 예배를 시작하며 공적으로 나눠지게 된다.[59]

---

58) Ruth C. Duck, *Worship for the Whole People of God: Vital Worship for the 21st Century*, 김명실 역, 『21세기 예배학 개론』, (서울: 대한기독교서회, 2021), 429.

59) James Farwell, *This is the Night: Suffering, Salvation, and the Liturgies of Holy Week* (New York: T&T Clark, 2005), 68.

말씀과 묵상

예배의 두 번째 부분은 말씀과 묵상의 자리로 나아간다. 성토요일이 예수 그리스도에게 어떠한 날인지 말씀을 통해 주목한다. 구원자이신 그리스도이시지만 이 날은 십자가에 달려 돌아가신 후 무덤에 계신 날이었음을 상기한다. 구원자이심이 강조되어 십자가에서 부활로 바로 이어진다면 성토요일은 더욱 침묵 속에 외면되는 하루가 되기 쉽다. 이날은 철저히 우리를 위해 죽음에 머무신 날, 깊은 슬픔과 아픔의 날이라는 점에 주목한다.

먼저 나눌 말씀은 죽음의 고통과 절망을 다룬다. 시편 143:1-12; 예레미야애가 3:1-24; 에스겔 37:1-3; 마태복음 27:57-66; 마가복음 15:42-47; 누가복음 23:50-56; 요한복음 19:38-42 등의 말씀을 함께 읽고, 침묵 속에 묵상의 시간을 가진다. 별도의 설교는 필요 없다. 말씀의 봉독과 침묵과 어둠 속에 개인적인 묵상의 시간을 갖는 것으로 공동체가 함께 예수 그리스도의 죽음 앞에 머무는 의미 있는 시간을 가질 수 있다. 죽음은 누구에게나 찾아오는 인생 주기의 필수 과정이다. 그것이 마지막 같아 보이기에 피하고 싶은 것처럼 여겨지지만 죽음은 영원한 생명을 향해 새롭게 넘어가는 은혜와 소망을 담은 문지방(threshold)과도 같다.[60] 더불어 육신의 죽음만이 아니라 끊임없이 반복되어 밀려오는 삶의 무거운 도전들과 위기들 역시 죽음처럼 자리한다. 갑작스럽게 진단받게 된 육신의 질병이 그러하다. 경제적 위기가 그러하고, 가족 간에 깨어지는 관계가 그러하다. 세상의 다양한 권세들로 인한 억압의 인생이 그러하고, 이러한 일상의 아픔마저 '나'라는 실존에겐 죽음과도 같은 거인처럼 다가온다. 예수 그리스도의 죽음은 그런 다양한 죽음을 마주하는 인간에게 죽음이 인생 속에 가지는 의미는 물론이고, 그 죽음의 두려움을 해결하기 위해 친히 죽음 가장 밑바닥까지 마다하지 않으신 이유를 다시 한번 깨닫고 절망을 소망으로 역전케

---

[60] 앞서 언급한 바 있는 스몰라르스키(Smolarski)는 소위 '문지방 예식"(Threshold Rites)을 거룩한 신비를 담은 교회의 예전으로 표현하면서, 세례, 결혼, 장례예식을 예로 든다. 특히 장례예식에서 마지막 관이 교회를 떠나는 그 순간, 천국으로의 입성을 소망하며 노래하게 된다며 문지방을 넘는 것으로 묘사한다.: Dennis C. Smolarski, S.J., *Sacred Mysteries: Sacramental Principles and Liturgical Practice*, 25.

되는 은혜를 신뢰하게 한다.

두 번째 나눌 말씀으로는 시편 3:1-8, 시편 31:1-5, 14-24, 시편 139:8-12; 이사야 55:1-11; 에스겔 37:4-8; 요한복음 1:1-5 등이 있다. 죽음이 절망으로의 끝이 아닌 치유와 새롭게 됨으로 말미암은 생명을 향한 과정임을 나누도록 한다. 죽음과도 같이 힘겹게 다가오는 연이은 삶의 위기 속에서도 썩지 않고 자라날 씨앗으로 심긴 대속의 죽음은 죽음과 새 생명 사이에 숨죽이며 서 있어야 할 성토요일과도 같은 인간의 일상에 그래도 소망과 힘이 있음을 격려해준다.[61]

기도와 고백

말씀의 나눔과 묵상은 기도로 이어진다. 하나님과 예배자 사이의 공감으로 더욱 친밀하게 만나는 지점이 된다. 먼저 인도자에 의해 지난 한 해(작년 부활절 이후) 동안 하나님의 부르심을 받은 교우들의 이름을 한 명씩 호명한다. 그리고 다 함께 이렇게 기도문을 올려드릴 수 있다. "영존하시는 하나님, 하나님 앞에서 우리는 존경과 애정으로 우리보다 먼저 가신 친구들과 친척들을 기억하나이다. 이제 하나님을 향한 믿음과 사랑을 통하여 우리로 그들과 연합하게 하셔서 지금 이후로 우리로 하여금 하나님의 임재하심 속에 들어가게 하시며, 하나님을 섬기는 자들로 계수해 주시며, 영원하신 영광 가운데 하나님의 얼굴을 바라보게 하소서. 예수 그리스도의 이름으로 기도드립니다 아멘."[62]

이어 특별히 가족 중에 인생의 죽음과도 같은 위기의 거인들을 마주한 이들을 기억하며 기도한다. 부모를 잃은 자녀들이 있을 수도 있고, 자녀를 잃은 부모님들이 있을 수도 있다. 심각한 질병과 아픔 속에 있는 자녀들과 부모님들도 있을 것이다. 채무와 불안정한 사회적인 위협 속에 있는 이들도 있고, 관계의 어려움, 따돌림으로 외로움 속에 있는 가족들도 있다. 심각한 우울증과 공황장애 등으로 심리적 아픔을 겪고 있는 이들도 있다. 외상 후 스트레스 등의 심각한 트

---

61) Debra Rienstra, "Holy Saturday for the Reformed and/or Task-Oriented," https://debrarienstra.com/holy-saturday-for-the-reformed-and-or-task-oriented/ [2023.11.14. 접속] 참조.

62) PCUSA, 김소영, 김세광, 안창엽 편역, 『공동예배서』, 637.

라우마 속에 힘겨운 가족들도 있을 수 있다. 성적인 학대로 아픔을 겪고 치유가 필요한 이들도 있을 수 있다. 이 시간은 그들을 위해 기도하게 된다.

마지막으로 나 자신을 위해 기도한다. 누군가는 육신의 죽음에 대한 두려움이 있는 이들도 있을 것이다. 육신의 죽음이 아니더라도 작은 죽음과도 같은 위기에 힘겨워하는 이들도 있다. 이 시간은 모든 상황에 공감하시는 하나님 앞에 나 자신을 내어드리고 하나님의 만지심과 죽으심에 이르기까지 자신을 비워 내어주신 그리스도의 케노시스를 묵상하며 바라본다.

소망과 실천

앞서 제안된 내용들이 인지적이고 정서적인 공감에 초점을 둔 성토요일 공감적 예배의 측면들이라면, 이제 예배의 마지막 부분엔 실천적 공감에 주목하게 된다. 소망과 실천의 순서로 어제(성금요일)부터 유일하게 남겨져 있던 대형 십자가 앞으로 한 명씩 나간다.[63] 자신의 이름을 쓰고 성금요예배 때에 박아놓은 못에 그 종이를 끼운다. 그리스도의 죽음이 나의 크고 작은 죽음의 위협 속에서도 끝까지 붙드시는 힘이 됨을 바라본다. 이미 별세하신 분들의 이름을 호명하며 생명의 주요 온전케 하시는 하나님의 자비와 은총을 구했던 것처럼, 이제 십자가에 붙인 이름을 통해 나 자신의 내면 속에 호명하시는 은혜를 얻는다. 육신의 죽음은 물론이고 다양한 인생의 작은 죽음들과 같은 일상을 공감하시는 손길을 경험한다. 또한 그리스도의 죽음 안에 살아가는 그리스도인 된 삶의 의미를 새롭게 함을 또한 고백하는 시간을 가진다.

이 외에도 추가적으로 기도하는 마음으로, 정성을 모아 해볼 수 있는 실천적 순서로서 긴 침묵의 시간을 가져도 좋다. 이는 예배를 마무리하는 것으로 끝내지 않고 성금요예배 때부터 이어진 부활을 향한 열린 시간으로 삼고, 각자 침묵

---

63) 가급적 강단과 십자가를 제외한 모든 집기들은 치우도록 한다. 조명은 강단과 십자가에만 비취도록 하고, 자연 채광도 가급적 가리도록 해서 어둠 속에 예배를 드리도록 한다. 십자가의 크기는 가능하다면 실제 예수님의 십자가를 가늠하여 제작하면 좋다. 그리고 강단 아래에 위치시키고 완전히 바닥에 놓아둔다. 이는 낮아지신 그리스도, 죽으심으로 무덤에 계신 그리스도를 상징한다. 종이에 자기 이름 적기는 바로 앞 순서인 기도와 고백 마지막 순서에서 자신을 위해 기도할 때 하도록 해도 좋다.

속에 묵상하며 예배를 스스로 마무리하고 흩어지도록 한다. 더불어 성토요일 하루 동안 먼저 별세한 가족이나 교우의 묘지를 방문하면서 인생과 죽음에 담긴 영적 의미를 더 깊이 느껴봐도 좋다. 또는 각자의 집에서 새 생명 심기와 같은 시간을 가져본다. 씨앗을 심어도 좋고, 모종을 심어도 좋다. 새로운 식물을 화분에 옮겨도 좋다. 죽음 속에 담긴 보다 심연한 생명의 의미를 되새겨보는 시간을 가져보는 것도 소망을 담은 실천적 예배가 될 수 있다. 성토요일 공감적 예배에 참여한 이들 중에는 여전히 시련의 일상으로 인해 실제로 깊은 어둠 속에 머물러 있는 이들도 있을 것이다. 자신의 고통과 아픔을 글로 표현함으로 주님께 올려드리고, 그 내용 안에 더 친밀하고 사적인 위로와 회복을 바라며 기도의 시간을 가질 수도 있다. 중요한 건 공감의 하나님을 인정하고, 나 자신에 대한 나의 공감이 작용해야 하고, 더불어 함께 공감의 나눔과 격려가 공유될 수 있는 예배의 확장이 성토요일 공감적 예배 가운데 고려되어야 한다는 점이다.

V. 나가며

공감적 예배는 신앙적 관계성에 대한 관심과 더불어 예배가 가지는 관계적 측면에 대한 깊은 성찰의 결과이기도 하다. 인본주의와 감성주의가 가져온 결과가 아니라, 예배가 가지는 상호적 봉사의 관계성을 보다 분명히 하고자 한 결과라 할 수 있다. 더불어 죽음과 상실이라는 인간 주기 속의 필수적 여정은 물론이고 점차 더해 가는 비인간화의 현상 속에 다양한 상처와 트라우마를 직면하며 살아가야 하는 삶의 현장은 공감적 예배가 더욱 주목될 필요를 더한다. 특별히 그런 죽음이 하나님과 예배자들 사이의 만남을 잇는 작은 예전적 디딤돌 같은 내용이 될 수 있다는 점 또한 성토요일 공감적 예배를 살펴보게 된 이유이다.

성토요일 공감적 예배는 무엇보다 하나님을 향한 예배자의 공감을 그리고 예배자를 향한 하나님의 공감에 기초해 서로가 그 공감의 깊이와 폭을 넓혀가는 자리가 될 수 있음에 주목한다. 그리고 더 나아가 치유와 회복을 염두에 둔 예배가 아니라 할지라도 고통과 시련 속에 반드시 승리해나갈 수 있음을 선언하는 예배가 될 수 있다. 제임스 파웰(James Farwell)이 설명한 것처럼 "하나님 자신이 우리의 고난 속에 함께하시기 때문에 하나님은 고난과 죽음 속에서 우리를 구원하신다"는 선언이 녹아 있는 예배가 된다.[64] 우리 고난 밖에서 우리의 아픔을 바라보시며 그 시련을 이기도록 구원해주시는 것이 아니라, 그 고난 속에 이미 함께하심으로 그 시련을 이기게 하신다. 그 구원의 하나님과 함께하고 있기에 우리는 고난과 죽음의 아픔과 두려움 속에서 위로를 얻고 힘을 얻는 공감 속에 머물 수 있게 된다. 더 나아가 그 고난과 죽음을 이기는 자리에 설 수 있게 된다. 죽음과 조우하는 예배, 성토요일의 공감적 예배는 성토요일과 같은 일상의 어둠과 맞닿아 살아가는 우리 모두에게 영원한 생명의 호흡과 맥박을 느끼게 해주는 단비와 같은 자리가 될 수 있을 것이다.

---

64) James Farwell, *This is the Night: Suffering, Salvation, and the Liturgies of Holy Week*, 70.

전통을 새롭게 기억하기(Traditioned Re-membering)로서의 설교

양성부(주은혜교회 담임목사)

I. 들어가며

설교자라면 과거 성경본문(text)과 현재 회중이 처한 상황(context) 사이에서 끊임없이 질문을 던지고, 그 답을 찾아야만 하는 과정을 피할 수 없다. 그러나 이 과정에서 본문의 의미를 단순히 주해하거나, 교리를 설명하고, 아니면 간단한 유비관계를 통해 오늘날 모범적 교훈을 전달하는 데 그쳐서는 안 된다. 또 이와 반대로 자신의 주관적 경험을 가지고 본문을 해석하거나 회중들의 기분에 영합하는 내용으로 변질시켜서도 안 된다. 다른 말로 설교는 경험을 단순히 본문화(textualize)하는 전통주의나 보수주의에 매몰될 수 없고, 본문을 단순히 경험화(experientialize)하는 자유주의나 실존주의적 메시지에 치우칠 수 없다. 이런 설교자의 딜레마적 모습을 존 스토트(John Stott)는 성경의 세계(ancient world)와 오늘의 세계(modern world) 사이에 다리를 놓는 자라고 표현한다. 그러나 엄밀히 말해, 토마스 롱(Thomas Long)의 지적처럼, 설교자는 교회를 위하여 성경으로 나아가지만, 설교자가 말씀을 받아 적기 위하여 아무것도 쓰이지 않은 서판만을 들고 가는 것은 아니다. 설교자는 믿음의 공동체로부터 나아온 존재인데, 그 공동체의 신학적 전통, 사회적인 장소, 그리고 성경과 기독교의 복음에 대한 전이해를 가지고 나아온다.

즉, 설교자는 본문 앞에 나아갈 때 그 본문에 대한 공동체의 해석 전통(전이해)과 회중의 일련의 기대를 짊어지고 나아가는 존재이다. 그리고 그런 과정은 반드시 설교자에게 창조적 긴장을 유발하게 된다. 공동체가 가진 기존 해석적 전통을 고수하고자 하는 이들과 그것을 다시 본문에서 새롭게 기억하고자 하는 이들과의 긴장이나 충돌을 피할 수가 없기 때문이다. 그럼에도 불구하고 어떤 사회나 공동체가 가진 고유의 전통은 그 자체로 그대로 유지하기보다 다음 세대가 처한 상황에 따라 재해석되는 과정을 거쳐야만 한다. 한 마디로, 설교란 설교자가 본문을 만나 그가 가져간 전통을 현재 상황에 맞추어 다시 새롭게 기억하는 행위이자, 전통과 현재 사이의 창조적 대화 행위라고 말할 수 있을 것이다. 이런 설교에 대한 이해를 위해 본고에서는 먼저 '전통을 새롭게 기억하는 행위(traditioned re-membering)'로서의 설교를 정의하고, 성경에서 발견되는 구체적인 사례들을 소개한다. 그리고 오늘날 다시 새롭게 기억할 전통으로서 두 가지 내러티브에 대해 살펴본 후, '전통을 새롭게 기억하는' 설교의 구체적 실천 방안을 제시하고자 한다.

II. '전통을 새롭게 기억하기'로서의 설교, 그 정의와 성경적 실례

1. 정의

앞서 언급한 대로 설교는 전통을 새롭게 기억하는 행위이다. 설교학자 존 맥클루어(John McClure)는 설교란 고대 정경과 후속 세대들의 삶의 경험 사이의 관계를 협상하는 역동적인 기억의 행위라고 주장한다. 여기서 역동적으로 기억한다는 의미는 바로 단순한 과거 기억(remembrance)의 답습(reiteration)이 아니라 과거를 다시 기억하는(re-membering) 행위를 의미한다. 실제로 과거 전통에만 집착하는 설교들이 유발하는 문제는 분명하다. 전통이 어느덧 낡고 공허한 기억이 되었을 때, 그것은 단지 옛 좋은 시절을 회상하는 것일 뿐, 회중의 마음과 더 이상 공명하지 못한다. 특히 그런 전통에 의존하는 설교들은 현존하는 질서와 지배 체제를 유지하고 합리화하는 도구 정도로 전락할 위험이 크다. 실제로 오늘날 극우에 속한 많은 설교자들이 강단을 기존의 정치, 사회 질서를 지지하는 기회로 활용하며, 성경이 차지할 회중의 '규범을 만드는 규범(norma normans)'의 자리를 전통과 기존 이념적 헤게모니로 대체하는 경우를 많이 보게 된다. 그리고 이런 설교들의 상당수가 '만약(if)'과 '그러면(then)'의 형태로 구성된 율법적, 조건적인 내용이 주를 이루게 된다. 종교학자 그랜트 와커(Grant Wacker)는 미국 기독교 우파 설교자들이 그들의 설교에서 도덕적 절대주의와 보수적 세계관을 끈질기게 고집하는 이유를 다음과 같이 지적한다. "서구 유대-기독교 전통이 거의 지난 4세기 동안 미국에서 탁월하게 적용가능한 전제들을 제공해 왔기 때문에, (설교에서) 이런 전제들을 훼손하면서까지 외부의 새로운 사실들을 받아들이는 것은 불가능한 일이다." 그러기에 실제로 전통(tradition)을 기억한다는 것은 전통주의(traditionalism)와는 본질적으로 구별된다. 야로슬라프 펠리칸(Jaroslav Pelikan)은 그의 저서 『전통의 변증』(The Vindication of Tradition)에서 그 차이를 다음과 같이 명료하게 설명한다. 전통은 죽은 이들의 살아 있는 신앙이지만, 전통주의는 살아 있는 이들의 죽은 신앙이다.

이와 반대로 설교자가 전통을 경시하는 경우도 심각한 문제를 피할 수 없는 것은 마찬가지다. 전통을 배제한 설교는 현재의 상황(context)을 가지고 과거의 본문(text)으로 들어가서, 회중들의 기분이나 마음을 위로하는 메시지를 찾아내는 경향이 크다. 실제로 설교학자인 토마스 롱(Thomas Long)에 따르면, 이런 유의 설교는 스파에서 마사지를 받는 것처럼 회중에게 어떤 내용이나 목표 없이 쾌적한 미적 경험을 제공할 뿐, 어떤 기억과 신념, 신앙적 삶의 패턴이 형성되는 것과는 거리가 멀다고 통렬히 지적한다. 설교학자 리차드 리셔(Richard Licher)의 주장 역시 동일하다. 설교는 "하나님이 우리 삶의 파편화된 이야기를 그분의 승리의 역사(God's won history) 안으로 받아들이셨음을 사람들에게 알리는 것이 중요하다. 왜냐하면 많은 이들이 기독교 이야기를 단순한 회복의 서사로 생각하기 때문이다. 그들은 구원에서 자존감에 이르기까지 이른바 깨어진 모든 것을 고쳐주겠다고 약속하는 설교자들에게 돈을 보낸다. 이런 개인적 치유와 안정을 약속하는 설교들의 기저에는 포스트모던 시대에서 회중들의 기억 속에 발생한 전통의 진공 상태라는 이유가 존재한다. 실제로 이런 공백은 상업주의와 개인주의적 영성, 그리고 이념적 헤게모니로 급속히 대체되고 있다. 특히 어떤 특정 이념이 전통의 자리를 대체한 두드러진 사례가 급진적 페미니스트와 포스트콜로니얼 관점의 설교들이라고 할 수 있다. 이들이 기존의 성별, 정치, 인종 편향적, 전통적 언어들을 해체하는 데 있어 통찰력을 제공하는 것은 사실이지만, 삶의 경험에 대한 개인적 증언이나 이른바 자신들의 '주변부 기억(marginal memory)'을 성경보다 우선시한다는 지적을 피할 수 없다. 페미니스트 신학자인 엘리자베스 피오렌자(Elizabeth Fiorenza)의 주장처럼, 이들에겐 성경이 중립적인 책이 아닌 여성의 해방 투쟁에 맞선 정치적 무기이며, 설교는 그들의 이념을 전하는 선전(propaganda)의 장이 되고 만다.

요약하면 전통에 치우친 설교와 현재의 상황에 치우친 설교 모두 본문에 근거를 두기보다 그 해석 공동체나 설교자의 이념적 헤게모니에 종속될 위험을 피할 수 없다. 즉, 죽은 신앙으로서의 전통이나 마치 숨을 쉬는 것처럼 오늘날 회중들을 사로잡는 상업적 은유들과 내러티브들 모두 본문의 해석을 왜곡시킨다. 이런 현상에 대해 조직신학자 케빈 밴후저(Kevin Vanhoozer)는 다음과 같이 지적한다. "그 힘이 누구의 것인지, 그 힘이 해방적인지 여부는 아직 밝혀지지 않았다. … 텍스트(text)가 아닌 현재적 상황(context)이 억압자일 때 우리는 무엇에 호소하는가? 포스트모던 예언자들은 우리를 정경의 포로 상태에서 해방시켰다고는 하지만, 결국 그 해석 공동체의 지배적 이익에 다시 노예로 만든 것 아닌가?" 결국 올바른 설교란 과거로의 회귀 내지는 과거와 통합되려는 관성(습관적 전통)을 극복하는 것이자, 현재 공동체가 소유한 이질적·다중적 내러티브들의 지배를 극복하는 것이어야만 한다. 이런 설교자의 숙명을 에드워드 팔리(Edward Farley)는 다음과 같이 묘사한다. 설교자가 속한 "공동체가 과거 공동체를 모방하려 해도 필연적으로 실패할 수밖에 없다. 그 역사적 상황에는 너무 많은 새로운 요소들이 포함되어 있기 때문이다. 현재 공동체가 과거의 시대, 텍스트, 공동체와 맺는 관계는 순응(conformity)이라기보다 전통에의 참여이자 비판적 재해석에 가깝다." 실제로 이런 과거, 전통을 비판적으로, 즉 살아있는 신앙으로 재구성(re-membering)하려는 설교자는 회중들과 일종의 긴장과 불협화음을 경험하게 된다. 그럼에도 불구하고 이런 과거의 전통을 다시 새롭게 기억하는 행위는 기독교와 성서의 역사에 있어서 뿌리 깊은 역사를 가지고 있다.

2. 성경에 나타난 전통을 새롭게 기억하는 사례들

기독교는 기억의 종교이며, 동시에 새롭게 기억하는 행위의 종교이기도 하다. 구약에서 드러나듯 이스라엘 민족은 그들의 핵심적인 기억(root memory)과 서사에 대한 강조를 통해 텍스트 공동체(textual, interpretive community)로서의 정체성을 보존해왔다. 예를 들어 신명기에서 모세는 반복해서 명령한다. "너희가 애굽 땅에서 종이 되었고 여호와 너희 하나님이 너희를 거기서 인도하여 내셨음을 기억하라"(5:15; 15:15; 24:18, 22 참조). 이 기억하라는 동사 '자카르(zakar)'는 여러 형태로 구약에서 169번 넘게 사용되며, 잊지 말라는 그 부정형까지 포함하면 그 빈도는 더 늘어난다. 그러나 이런 기억하라는 명령은 단순히 과거를 반복하라는 뜻이 아니다. 실제로 성경의 기록자들은 바벨론 유배라는 충격적 경험을 마주하며, 제국주의적 패권과 우상 숭배 문화 속에서, 출애굽이라는 오래된 기억을 다시금 새롭게 기억하는(re-membering) 과정, 즉 주어진 상황에서 과거 기억을 새롭게 신학화하는 과정을 보여준다. 이런 과정에서 구약성경의 예언자들은 단순한 시대의 비판자가 아니라, 전통의 자녀로서 새 출애굽과 새 시온과 같은 희망의 잠재성을 전통 내러티브로부터 다시 기억해내기 위해 부름을 받은 존재로 등장한다. 이들의 이런 (설교적) 행위는 기존의 기억을 새롭게 직조하고 변주함으로써 당시 사회, 정치적 세력들과 긴장 관계를 이루는 창조적인 목소리로 드러난다.

이와 유사하게, 신약의 공관복음서 기자들도 이스라엘 고유의 기억들(시편, 이사야 53장과 같은 박해 받는 예언자의 전통, 의인의 살해와 부활, 모세, 엘리야-엘리사, 다윗의 자손에 대한 전통 등)과 예수님의 기억을 각 공동체의 다양한 맥락에 따라 선택하고 재정의하는 이른바 기억(re-membering)의 과정을 그대로 드러낸다. 신약학자 리처드 헤이스(Richard Hays)에 따르면 이런 신학화의 과정을 보여주는 "복음서는 우리에게 구약을 읽는 법을 가르치고, 동시에 구약이 우리에게 복음서를 읽는 법을 가르치고 있다." 오순절 성령강림 사건에서도 이런 모습을 동일하게 발견하게 된다. 오순절 성령강림을 단지 낡고 퇴락한 전통을 제거하고 새로운 자유의 바람으로 대체하는 사건으로 이해하는 것은 불가능하다. 누가는 오순절 사건을 서술하면서, 오순절(칠칠절)을 시내 산에서 율법이 주어진 유대교 전승과 연결한다. 이를 통해 예루살렘의 사건이 곧 새로운 시내 산, 곧 하나님의 백성과 맺는 새로운 언약으로 묘사하고 있으며, 구약의 율법적·예언적 전통(렘 31, 겔 11, 욜 2)을 재구성한다. 이런 신학화의 과정은 전통이 부재한 공동체는 존재할 수 없으며, 성령의 혁신은 전통에 대한 대립이 아니라 오히려 전통의 재해석(re-membering)을 통해 약속과 성취라는 이해를 드러내고 있다. 즉, 이런 모든 증거들은 성경의 기록들 자체가 성령 안에서 전통을 새롭게 기억하는 행위의 산물임을 보여준다. 그리고 이런 성경에서 드러난 재구성화(re-membering)는 지금 설교단에서도 이어져야만 하는 행위이기도 하다. 이를 볼 때 구약학자 월터 브루그만(Walter Brueggemann)의 지적은 매우 적절하다.

> 교회가 그 신앙의 전통을 회복하고, 그 전통이 이른바 성도들을 문화화(enculturation)하는 상황에 이르지 못한다면 교회로서의 진정한 능력과 믿음을 가진다고 할 수 없다. 이는 전통주의(traditionalism)를 옹호하는 주장이 아니라, 오히려 교회가 수행해야 할 가장 시급하고 본질적인 과제가 바로 그 고유한 기억(memory)의 전면적이고도 진정성 있는 재수용(reappropriation)에 있다는 뜻이다.

III. '전통을 새롭게 기억하기'로서의 설교의 두 축

'전통을 새롭게 기억하는' 설교의 구체적 내용으로 들어가기 전에 오늘날 설교자들이 보편적으로 어떻게 본문에 접근하는가를 살펴보자. 그 대표적인 예로

911 사태 직후 미국 설교자들이 행한 설교를 분석해 본다면, 대부분의 설교가 이 참극을 하나님의 관점에서 이해하고자 하는 회중들의 긴박한 요구(context)에 의해 주도되고 있음을 보게 된다. 그리고 이런 요구에 대해 설교자들은 성경 본문에서 자신들이 속한 공동체의 고유한 교리적, 해석적 전통에 근거해서 나름의 답을 제시하려고 시도하는 모습이 목격된다. 실제로 많은 설교자들이 시편 본문(text)을 선택해서 서구 기독교가 오랫동안 주장한 '선과 악'과 '자유와 공포'라는 이분법적 해석 전통을 읽어내거나, 인간이 마주한 참극의 트라우마를 효과적으로 극복하기 위한 심리적 접근법을 제시했다. 그 결과 이른바 공포에 질린 회중들에게 상담자적 목소리를 제공하거나, 위로의 하나님이 그들에게 보살핌과 온유함을 약속하시고, 반드시 악을 징벌하신다는 메시지를 전달하는 내용이 설교들의 주를 이루었다. 그런데 이런 설교자의 모습들은 그들이 자의적으로 선택한 성경 본문 속에 서구 기독교의 이념적 투사를 하고 있을 뿐 아니라, 개인주의적 영성만을 추구하는 현대적 병폐를 반복하고 있다는 지적을 피할 수 없다. 실제로 911 사태 직후 설교들 중에서 회중들에게 회개를 촉구하거나, 심판주이신 하나님 앞에 자신들의 도덕적 진정성을 자성하도록 일깨우는 예언적 목소리는 거의 보기 어려웠다.

이를 볼 때, '전통을 새롭게 기억하는' 설교의 가장 큰 장애물은 바로 회중의 기도이다. 이러한 화석화되고 죽은 기억(dead memory)인 전통을 반복하는 설교, 반대로 현재에서 과거를 읽어내고자 하는 시도들은 회중들의 요구와 입맛에 맞는 메시지를 만들어 내고자 하는 유혹에 굴복한 결과이다. 이런 목회자들의 모습을 기독교 윤리학자 스탠리 하우어워스(Stanley Hauerwas)는 다음과 같이 기술한다.

> 회중들은 자신들의 목회자들이 현대 조직이론 및 정치학의 두드러진 특징인 관료적 사고방식(bureaucratic mentality)을 제대로 갖추고 있길 기대한다. 즉, 목회자들은 자신들의 사명이 '교인들을 관리하는 것'이란 것을 이해하고, 이를 위해 회중들과 '합의의 정치(politics of agreement)'에 전념하여

모든 일에 기꺼이 동의함으로 교회를 잘 '운영(manage)'하기를 바란다. 결과적으로, 이런 방식의 목회에 있어서 설교란 교회 내 갈등 요소를 배제하고, 이미 합의된 가치들을 강화하는 것이 될 수밖에 없다. 왜냐하면 이른바 '좋은 교회'란 분란이 없는 교회이기 때문이다.

이런 지적으로 볼 때, 설사 전통이 붕괴된 포스트모더니즘의 시대라고 할지라도, 여전히 많은 설교자들이 공동체의 현 상황(status quo)을 유지하고자 하는 전통주의의 굴레에서 벗어나지 못한다는 사실을 알 수 있다. 그러나 설교자들이 공동체의 전통이란 명분으로 어떠한 비판과 불협화음도 회피하려는 안전한 길을 선택할 때, 그 폐해는 분명하다. 설교는 회중들의 좋은 소식에 대한 갈망과 공모하여, 자기 과시와 방종이라는 자기애적 성향만을 강화시키는 역할을 하게 된다. 죽은 전통들은 늘 자기기만적이고 자기확신에 찬 기존의 권력과 체계를 옹호하는 특징이 있기 때문이다. 반대로 회중의 요구에 부흥하기 위해 현재에서 과거로의 비역사적인 해석(ahistorical readings from present to past)을 시도하는 것도 문제가 있기는 마찬가지다. 유진 피터슨(Eugene Peterson)이 지적하듯 현재 문제와 고민을 해결해주기 위한 상담학적 또는 자기계발 중심의 메시지를 전달하는 설교는 회중들의 필요(needs)에는 부합하고 호응을 얻을 수 있지만, 교회를 개인주의적이고 소비중심적 시장 시스템으로 변질시킬 뿐이다. 이처럼 전통을 배제한 채, 가벼운 인간의 경험들이나 종교적 감정을 설교자와 성경 본문 사이를 이어주는 매개 규범(normative concerns)으로 인정할 수는 없다.

그렇다면 오늘날 설교자에게 요구되는 것은 바로 '전통을 새롭게 기억하는' 설교뿐이다. 즉, 죽은 기억(dead memory)이 되어버린 전통을 살아있는(living) 기억, 전통으로 오늘날 새롭게 기억하는 것이다. 물론 이 살아있는 신앙으로서의 전통을 회복하는 길이 쉬운 것은 아니다. 오늘날 많은 회중들이 성경적 교리나 성경적 지식에 사실상 문외한에 가깝기 때문이다. 신약학자이자 설교학자인 프레드 크래독(Fred Craddock)에 따르면 영광, 거룩, 성화 등과 같은 추상적 단어들과 교리적 용어들을 사용하는 설교는 성경적 문맹(illiterate)인 회중들에게 들리지 않는 것일 뿐이다.

만약 나의 회중이 구약성경을 모를 뿐만 아니라 내가 그들이 알고 있다고 가정하는 누가복음조차 모른다면 어떻게 되는가? 효과적인 설교란 청중에게서 무언가를 끌어내어 그것을 설교를 들을 때에 떠올리게 하고, 결국 예배 중에 하나님께 대한 헌신을 불러일으키는 것이다. [그러나] 우리의 모든 성경적·신학적 인용과 암시는 강단 앞 바닥에 떨어질 뿐, 청중들에게 들리지도, 받아들여지지도 않는다.

그렇다면 설교자가 주어진 본문에 대한 기존의 해석 전통을 다시 재구성하는 설교를 수행하는 일은 어찌 보면 진퇴양난에 빠진 것으로 보일 수도 있다. 그러나 사회와 문화를 관통하는 메타 내러티브(meta-narrative)가 부재한 포스트모던 시대 속에도, 회중들의 기억 속에 여전히 '뿌리 기억(root memory)'들이 존재한다. 즉, 공동체의 언어이자 문법으로서 기능할 수 있는, 본문과 공동체가 불일치의 긴장 속에서 분리되지 않도록 하는 해석학적 열쇠들로 작동하는 기억들이 여전히 있다는 뜻이다. 그것이 바로 신앙인이라면 누구나 익숙한 예수의 이야기(내지는 사도신경)와 하나님 나라의 이야기이다. 설교자들은 그 어떤 신앙 공동체에서도 이런 기억들을 회중들의 기억의 저수지(reservoir of memory)에서 끌어올려, 주어진 상황에서 새롭게 기억하고 선포할 수 있다. 바로 예수님의 기억, 하나님의 나라라는 대표적인 기억들(core memories)을 다시금 새롭게 기억함으로써 설교자는 바로 현 상황(status quo)을 유지하고 축복하려는 관성에서 벗어나게 된다.

1. 예수님의 이야기

설교학자 맥클루어(John McClure)가 주장하듯, 기존 교회 내의 이성적이고 교리적이며 전통적인 예수님의 기억은 이단을 물리치고 복음을 이해할 수 있는 문해력(Gospel-literate) 있는 청중을 양성하며 내부 집단의 결속을 강화하는데 기여한 것도 사실이다. 그러나 콘스탄티누스(기독교 왕국) 체제가 교회의 공식적 기억이란 명목으로 예수님의 기억을 통해 그 억압적 권력 구조를 지탱해왔단 지적도 부인할 수는 없다. 그러한 예수님 기억의 악용 사례를 최근의 역사에서도 발견할 수 있다. 세계 2차대전 당시 유대인 예수를 숭배해야 한다는 사실에 불편함을 느낀 독일 기독교인들은 예수를 자신들과 같은 아리아인 영웅으로, 유대교를 폭력적인 종교로 새롭게 기억하는 일을 저질렀다. 이런 조작을 통해 예수님의 기억은 보수적인 '공동체적 자기애(communal narcissism)'를 조장했을 뿐 아니라, 교회 내의 유대적 요소를 제거하는 강력한 도구가 되었다. 비록 정도의 차이가 있을지라도, 일부 교회에서는 여전히 예수님의 이야기가 이른바 '죽은' 기억으로 지배집단의 이익을 위해 암묵적 혹은 명시적으로 오용되고 있는 것도 사실이다.

이를 볼 때 오늘날 설교자의 중요한 임무 중의 하나는 신앙공동체의 핵심 기억인 예수님의 이야기가 그 다채로운 증언의 형태로 빛을 발할 수 있도록 '창조적 긴장'을 불어넣는 것이야만 한다. 예수님의 기억이 한 가지의 사실과 모습으로 규정될 수 없다는 사실은 이미 성경에 드러난 그 다양한 해석(re-membering)에서 드러나고 있다. 실제로 신약학자 리차드 헤이스(Richard Hays)에 따르면 복음서의 기자들이 기억하는 예수님의 모습은 너무나 다양하다.

> 마태복음의 논쟁적인 문체(polemical style)와 예수님의 신적 정체성을 옹호하기 위한 명시적 신앙고백은, 신적 신비 앞에서 경외하는 침묵(reverent reticence)을 유지하는 마가복음의 태도와 일정한 긴장 관계에 놓여 있다. 이러한 차이는 단순한 문체의 차원을 넘어, 예수님의 정체성과 사역을 해석하는 데 있어 각 복음서가 지니는 신학적 관점의 다양성을 보여준다. 따라서 정경 안에서 우리는 마가복음을 누가복음과 함께 읽을 필요가 있다. 이는 복음서 전승 내에서 과도한 승리주의(triumphalism)로 기울어질 수 있는 해석 경향에 대한 균형을 제공하기 위함이다.

복음서 저자들의 네 증인이 증명하듯, 예수님의 기억은 각 공동체만의 고립주의(isolationism), 종교적 부족주의(religious tribalism), 공동체적 자기도취(communal narcissism), 또는 자아중심주의(egotism)를 철저히 배격한다. 그러기에 설교자가 예수님의 이야기를 새롭게 기억한다(re-membering)는 것은, 브루그만(Brueggemann)의 언급대로 모든 대립성(over-againstness)을 소멸시키는, 이른바 하나님을 (전통의) 포로로 만드는 종교 행위(religion of the captive God)를 거부하는 것이다.

즉, 예수님을 새롭게 기억하는 설교는 공동체가 가진 그 기억을 정태적으로 고착시키는 것이 아니라, 그를 둘러싼 의미의 틀을 지속적으로 갱신함으로써, 현실 비판적이며 살아 있는 신앙의 언어와 기억(counter-memory)이 되게 하는 행위이기도 하다. 한 마디로 설교자에게 먼저 예수님의 기억은 길들여지기 거부하는 살아있는 위험한 기억이 되어야만 한다. 이와 연관하여 요한 메츠(Johann Metz)는 다음과 같이 설명한다.

> 기억에는 매우 다양한 종류가 있다. 그 중에는 우리가 과거를 충분히 진지하게 받아들이지 않는 기억도 있다. 예를 들어 과거가 위험이 없는 낙원이 되고, 현재의 실망으로부터의 피난처가 되는 기억, 이른바 '좋은 옛날(good old days)'에 대한 기억들이 그것이다. 여기서 과거는 공동체의 클리셰(cliche)로 작동하며, 모든 위협적이고 억압적인 요구들을 거부하는 역할을 하게 된다. 즉, 기억은 너무 쉽게 과거에 대한 '허위의식(false consciousness)'이 되고 현재를 마비시키는 아편이 되는 것이다. 그러나 이와 반대로 다른 형태의 기억도 존재한다. 바로 '위험한 기억들(dangerous memories)'이 그렇다. 우리 삶의 중심부로 파고들어 현재에 대한 새롭고 위험한 통찰을 드러내는 이 기억들은 우리에게 이미 익숙한 것들의 숨겨지고 의심스러운 본질들을 가차없이 드러낸다. 그리고 우리의 소위 '현실주의'가 얼마나 진부한지도 드러낸다. 이 기억들은 그간 당연시되던 모든 것의 정설을 뚫고, 우리의 타당성 구조(our structures of plausibility)를 전복한다.

마치 과거에서 온 위험하고 예측 불가능한 방문객과 같다.

한 마디로 설교자가 예수님의 이야기를 새롭게 기억한다는 것은 바로 이 위험한 기억으로서 예수님을 새롭게 기억한다는 뜻이다. 메츠(Metz)가 주장하듯, 예수님의 고통의 기억은 이미 패배하고 잊힌 자들에게 아직 실현되지 않은 의미와 자유의 미래를 떠올리게 하는 힘이 있다. 이런 예수님을 다시 기억하는 설교는 예수님 안의 고통과 불의, 폭력, 죽음의 기억, 그리고 고통받는 자와의 연대를 다시금 상기하는 것이며, 동시에 이른바 '중산층 기독교(middle class Christianity)'의 안일함에 도전하는 행위이기도 하다. 그리고 이런 위험한 기억(전통을 새롭게 기억하는 행위)의 역사는 예수님의 기억에만 드러나 있지 않고, 구약의 전통까지도 거슬러 올라간다. 예레미야 애가 주석에서 도브스-올솝(Dobbs-Allsopp)은 다음과 같이 기록한다.

> 이 시는 현재의 파괴 이후 공동체를 모세의 지도 아래 있던 신화적 '이스라엘 자손들'과 동일시함으로써, 현재의 고통 경험에 작은 희망의 빛을 비춘다. 즉, 출애굽은 파괴와 지배의 힘이 최종적이지 않음을 궁극적으로 증언하는 '위험한 기억' 중 하나이다. 히브리 노예들의 애굽에서의 해방과 구원은, 하나님의 자비로운 능력이 과거에 그랬던 것처럼 현재에도 실현될 수 있음을 보여준다. 비록 하나님이 현재 침묵하시고 부재하시더라도 말이다.

이처럼 예수님을 새롭게 기억하는 설교는 세상의 정사와 권세와 충돌하는 것이며, 동시에 두 시대(this age and the age to come) 사이와 절망과 희망 사이에서 신음하는 모든 피조물을 향해 주님의 궁극적인 승리를 노래하는 행위이다. 예수 그리스도에 대한 위험하고 종말론적인 기억은 정사와 권세들의 세계에 맞서 주님의 구원의 신비와 승리를 폭로하는 위험한 기억이기 때문이다. 설교학자 찰스 캠벨(Charles Campbell)에 따르면 설교자는 예수 그리스도의 초림과 재림 사이의 기간 동안 설교라는 취약한 방식으로 세상의 정사와 권력에 대항하는 변혁적이고 전복적이며 위험한 임무를 수행하는 자여야만 한다. 그리고 예수님의 이야기를 새롭게 기억하고자 하는 설교자는 기존 해석에 익숙한 회중들로부터 예수님의 십자가가 불러일으키는 것과 같은 적대감과 혐오감에 노출될 위험을 감수해야만 한다.

2. 하나님의 나라

예수님의 기억과 더불어 성경 전반에 흐르는 원형적, 중추기억(prototypical, backbone memory)은 하나님 나라의 내러티브이다. 성경은 그 처음부터 끝까지 하나님의 나라 이야기를 멈추지 않으며, 어느 신자라도 주기도문과 사도신경을 통해 익숙할 수밖에 없다. 삼위일체 하나님이 피조물을 새롭게 하고 그분이 보물처럼 귀하게 여기시는 소유가 될 거룩한 나라를 이루시기 위해 그 아들 예수 그리스도를 통해 행하셨고, 행하시며, 행하실 일을 말이다. 그럼에도 하나님의 나라 내러티브가 개별 집단의 이익을 위해 악용되는 경우도 실재한다. 남아공의 네덜란드 개혁 교회(DRC)의 설교들을 살펴보자면, 이 교단의 설교자들은 그들의 백인우월주의와 흑인 격리(Apartheid)를 정당화하는데 하나님의 나라 이야기를 사용했다. 설교는 성경적 전통을 고수한다는 표면적 명분 아래, 사실상 백인들의 자기기만적 신화적 애국심을 확장하는 권력의 도구로 사용되었다. 즉 하나님은 그들을 위해 일하시며, 하나님의 나라는 그들의 기존 사회질서를 영속케 하는 하나의 약속이 되었다. 설교학자 요한 실리어스(Johan Cilliers)에 따르면 이들에게 국가의 역사는 그들의 하나님에 대한 신뢰와 믿음을 통해 '구속사(salvific history)'로 전환되었다. 즉 하나님을 신뢰하는 선한 행위는 국가의 안정이라는 보상으로 나타나며, 이러한 논리에 따라 설교는 명시적으로 국가와 전통이 요구하는 바를 따를 것을 설득하는 행위가 되었다.

이를 볼 때, 설교란 '좋은 삶과 번영'을 약속하는 세속적 내러티브들에 사로잡힌 회중들의 상상력과 정면충돌하는 하나님의 나라의 내러티브를 선포하는 것이다. 조직신학자 밴후저(Vanhoozer)에 주장처럼, 설교자는 성경에서 하나님의 드라마(theo-drama)라는 진리를 읽어내고 동시에 이를 회중들의 구체적 현실

(local knowledge)로 엮어내야만 한다. 그리고 이를 통해 그들이 이 세상에서 살아있는 '하나님 나라의 비유(parable)'로 그 구체적인 삶을 살아가도록 새로운 상상력을 제공해야 한다. 즉 설교자의 소명은 회중이 하나님의 드라마를 이해하며(hear/understand)' 또한 삶 속에서 '실천하고 수행하게(do/perform)' 하는 신실하면서도 창조적인 수행 대본(script)을 제공하는 것이다. 구약학자이자 설교가인 브루그만(Walter Brueggemann) 역시 이와 유사한 설명을 제공한다. 그에 따르면 설교란 현대 자본주의에 물든 우리의 경험과 언어에 대한 반대증언(counter-testimonial speech)으로서 존재하는 것이며, 설교자는 우리가 매일 경험하는 너무나도 익숙한 상식적 세상과 충돌하는 하나님 나라의 예언자가 되어야 한다는 것이다.

그러나 앞서 살펴본 대로 많은 설교자들이 번영과 안정을 약속하는 상업주의적이며 개인주의적 영성에 휩쓸리고 있는 것이 현실이다. 그들은 하나님의 나라를 일종의 내적 경건이나 개인적 신앙으로 환원하고자 하는 유혹에 빠지거나, 현 상황(the status quo)을 전복시키는 하나님 나라를 선포하길 꺼린다. 그러나 설교는 피상적이고 참신한 예화나 개인의 감동적 이야기를 열거하는 것이 아니다. 설교는 회중이 가진 고정 관념, 이념, 패러다임을 흔들어서, '대안적 상상력 내지는 의식(alternative consciousness)'을 제공해야만 하며, 수잔 본드(Susan Bond)의 주장처럼, 고도로 상징화(symbolic)되고 이상화(idealized)된 미래가 회중들의 상상력 가운데 현존하도록 만드는 일이 되어야만 한다. 즉 설교자란 하나님의 나라를 오늘날 새롭게 기억(re-membering)하는 자로, 하나님의 드라마란 무대 위에서 신실하면서도 상상력 있는 수행자(performance artist)로 부름 받은 자이기 때문이다. 그런 의미에서 설교자에게 하나님 나라를 새롭게 기억한다는 것은 이중적 비전(bi-focal vision)을 가진 회중들을 양육하는 일이 된다. 찰스 캠벨(Charles Campbell)의 주장처럼 "그리스도인, 바로 교회는 무엇을 수행해야 할지 걱정할 필요가 없으며, 오히려 하나님이 이미 이루신 모든 것의 승리 안에서 사는 것을 (설교자의) 과제로 삼는 것이다."

IV. '전통을 새롭게 기억하기'로서의 설교, 그 실천 방안

그렇다면 설교자가 전통을 새롭게 기억하는 이 작업을 어떻게 구체적으로 실천할 수 있을까? 첫째, 주어진 본문에서 하나님의 나라나 예수님의 기억이 가지는 전복성과 그 새로운 의미를 찾으려 노력해야 한다. 앞서 말한 대로, 설교자는 본문을 볼 때, 말씀을 있는 그대로 '객관적'으로 받아들이기보다는, 공동체와 자신의 삶의 맥락과 경험 속에서 해석하고 재구성하며 의미를 부여하기 쉽다. 즉 본문 안에서 눈에 띄는 어떤 요소와 자기 동일화를 하게 되며, 그것을 자신의 경험의 렌즈를 통해 굴절시켜 받아들이게 된다. 이런 경향을 극복하는 길은 그간 습관적으로 읽어내는 해석의 패턴들을 벗어나 '위험한 기억들'을 본문에서 읽어내려고 시도하는 것이다. 물론 모든 본문에서 앞서 말한 예수님의 기억과 하나님 나라의 이야기가 등장하는 것은 아니다. 그럼에도 이 기억들은 단순히 네 복음서에 기록된 예수님 사건에 국한되지 않으며, 성경 전체에 포괄적으로 담긴 내용이기도 하다. 어느 본문에나 이른바 구속사라는 내러티브(the master narrative)가 가진 예측 불가능하며 풍성한 반향들(echoes)이 존재하기 때문이다. 이와 연관하여 에드워드 팔리(Edward Farley)는 다음과 같이 주장한다.

> 신약의 저자들은 이미 이스라엘의 신앙에 뿌리를 둔 상징들의 세계(symbolic world)를 전제하고 있으며, 그 상징들은 히브리 성서(구약)에 넓게 펴져 있다. 예를 들어 창조, 사회악, 율법, 정의, 신정론, 종말론적 희망, 심판과 같은 주제들은 모두 복음의 세계를 구성하는 핵심 요소이다…. 결국 어떤 특정 본문들만 복음의 세계와 일치하거나 그것을 보여준다는 주장 자체가 해석학적으로 잘못 설정된 질문이다. 왜냐하면 우리가 하나님의 구속에 참여할 때 마주하게 되는 복음의 세계는, 주어진 본문 그 자체나 특정 본문들의 집합이 아니라, 구속의 신비(the mystery of redemption) 그 자체이기 때문이다.

이를 감안하면 설교자는 그 어떤 본문이든지 구속의 신비, 바로 예수님의 기억과 하나님의 나라라는 주제를 발견할 수 있다. 성경 전반에 숨겨진 '신비롭고 다성적 통일성(polyphonic unity)'을 지닌 복음의 세계를 선포할 때, 회중들은 자신들의 전통과 상황을 늘 다시 새롭게 기억하게 된다.

둘째, 설교자는 위의 두 가지 기억들을 삶의 다양한 정황에 대한 깊고 풍부한 신학적 레퍼토리로 풀어낼 수 있어야 한다. 요한 실리어스(Johan Cilliers)가 지적하듯, 복음이 그저 재현되어야 할 거룩한 본보기로만 여겨질 때, 그리스도 사건은 인간의 결핍을 보완하기 위한 하나의 매개체로 축소되며, 그리스도는 신앙을 유지하기 위한 교사(Preceptor) 또는 모범(Example)으로 기능하게 될 뿐이다. 이런 설교는 교회 회중들이 삶 속에서 경험하는 죽음, 고통, 슬픔, 충격적 사고, 그리고 부당한 대우(victimization) 등을 하나님의 관점에서 이해하는 데 전혀 도움이 되지 못하며, 그저 일종의 죄의식과 자신의 불경건을 자학하는 결과를 가져올 뿐이다. 오히려 설교자는 예수님의 기억과 하나님의 나라라는 이야기를 통해 그들의 삶의 다양한 경험들과 비극들 속에 현존하시는 하나님을 발견할 수 있도록 도와야 한다. 바로 '서사의 결핍(story starvation)' 시대 속에서, 추상적이고 공허하며 불확실한 자아 감각에 저항하며 살아가는 이들에게 자신의 삶을 이해할 수 있는 길을, 이 핵심기억들을 통해 제공해 주어야 한다는 뜻이다. 하우어워스(Hauerwas)의 주장처럼, 하나님 나라는 그저 성경의 이야기가 아닌 하나님께서 '지금 여기에서' 가능하게 하신 구체적 삶의 방식이기 때문이다.

물론 이런 삶의 경험들에 대한 다양한 용어로서의 신학화 작업은 설교자 혼자만의 일이 아니다. 바로 회중들과 함께 해나가는 신중한 작업이기도 하다. 밴후저(Vanhoozer)가 주장하듯, "교회는 단순히 '성경의 백성'일 뿐만 아니라 '성경의 살아있는 해석(lived interpretation of the book)'이기도 하다. 다른 말로, 살아있는 교회란 과거의 장면을 문자 그대로 재현하려 애쓰는 방식으로 복음을 나타내는 것이 아니라, 신실하면서도 창의적인 방식으로 예수님을 따라 현재도 앞으로 계속 나아가면서 복음을 체험하는 곳이기 때문이다." 교회가 생명력이 있기 위해선, 앞서 밴후저의 주장처럼, 단순히 성경을 보존하거나 설교하는 공간이 아니라, 하나님의 드라마를 살아내는 공동체, 그리고 말씀이 해석되고 구현되는 무대(theo-dramatic stage)로 기능해야 한다. 그리고 그 안에서 성경은 단순한 과거의 기록이 아니라, 오늘을 새롭게 구성하는 살아 있는 텍스트로서 회중들에 의해 수행되어야 한다. 그럴 때 회중들은 예수님의 기억과 하나님 나라의 이야기가 그들의 삶을 해석하는 감동을 경험하게 되고, 설교자는 그들의 '살아있는 증언(living testimony)'들을 발굴해내는 자가 된다. 이를 위해 설교자가 회중들을 교육하거나 인도하는 교사나 목자의 자리에서 크래독(Craddock)의 표현대로 권위 없는 자(One Without Authority), 맥클루어(McClure)나 루시 로즈(Lucy Rose)의 주장처럼 대화의 동반자가 되어야만 한다. 그렇게 공동체 안에서 하나님의 현존을 자신들의 삶 속에서 증언하는 구체적 신앙 간증들이 풍성하게 될 때 집단적 정체성(group identity)이 강화되고, 그들의 삶은 하나의 '살아 있는 주석(living commentary)'으로 깊어지게 된다.

셋째, 전통을 새롭게 기억하기 위해서 설교자는 예수님의 기억, 하나님의 나라란 주제로 끊임없는 대화에 참여해야 한다. 이는 인문학적 독서를 통해 이뤄질 수도 있으며, 다양한 집단과의 활발하고 포괄적인 대화를 통해 기존의 의미형성(sense-making) 방식을 재구성하면서도 이뤄질 수 있다. 즉 이런 개방된 에큐메니컬 대화(open, ecumenical dialogue)는 기독교 신앙이 본질적으로 지닌 다양성의 스펙트럼을 회복함으로써, 동질적 해석 공동체 내에 고착된 구속 서사의 경직된 문법(rigid grammar of redemption)을 해체하는 효과를 낳는다. 그리고 이런 과정이 공동체 안에 부재할 때, 진정한 자기비판(self-criticism)과 자신의 오류 가능성(fallibility)을 마주하는 계기를 놓치게 될 뿐이다. 물론 거기에는 회중에게 불편함과 단절감, 불확실성을 유발할 수 있는 위험성도 존재한다. 그럼에도 교회가 타자에게 열려 있고, 접근가능하려는 의지를 가질 때에만, 신앙 공동체는 자기중심적 정체성의 폐쇄성에서 벗어나 비로소 성숙한 해석공동체로서의 정체성을 회복할 수 있다.

V. 나가며

전통과 현재 사이에 놓인 다리 위에 선 설교자는 과거와 현재, 연속성과 불연속성, 절대주의와 상대주의, 동질성과 이질성이란 긴장관계에 늘 서게 된다. 이른바 밴후저(Vanhoozer)의 묘사처럼 설교자는 위험한 '줄 위의 선 사람(man on a wire)', 본문에 담긴 공동체의 과거 해석 전통과 눈앞의 현실 사이에서 줄타기를 하는 존재이다. 그리고 설교자란 회중들이 예수님의 기억과 하나님의 나라 이야기를 삶의 모든 영역에 적용하고 그 상상력을 가지고 살아내도록 이끄는 사람이다. 이런 설교를 통해서만 회중들은 예수 그리스도와 하나님의 나라에 대한 신학적으로 '두터운(thick)' 묘사, 다른 말로는 복음이란 언어에 대한 유창성(fluency)을 획득하게 된다. 조직신학자 미로슬라브 볼프(Miroslav Volf)는 다음과 같이 두터운 종교와 얇은 종교의 차이에 대해 설명한다.

얇은(thin) 종교란 단 하나의 상징적 제스처로 축소된 종교성을 의미한다. 이러한 축소는 종교를 자의적으로 해석하고 왜곡할 수 있는 여지를 제공한다. 예컨대, "하나뿐인 전능하신 하나님이 나를 위해 존재한다"고 믿는 순간, 그 하나님은 인간의 욕망을 정당화하고 자기중심적 목적을 수행하는 수단이나 종으로 전락하게 된다. 얇은 종교는 구조가 없고, 깊이가 없으며, 신앙 전통의 역사적 다양성과 성경 해석의 풍부함에 기초하지 않는다. 그것은 심지어 성경 전체를 온전히 이해하려는 시도조차 하지 않는다.

설교자의 임무는 이런 '얇은 종교'의 함정을 경계하고, 성령을 통해 드러나는 성경의 무한한 생명력과 깊이를 증언할 책임을 맡는 것이다. 즉 예수님의 기억과 하나님의 나라를 다시 새롭게 기억하는 설교를 통해 교회라는 집단기억의 저장소(Erinnerungsfiguren)가 갱신되고 새로워지며 두터워지는 경험을 하게 된다. 개인의 변화 역시 이런 공동체의 집단 기억이 변화하는 과정 속에서 자연스럽게 수반된다. 물론 하루 아침에 모든 변화가 일어나는 것은 아니다. 그럼에도 이런 설교자의 임무는 지속되어야만 한다. 에드워드 야놀드(Edward Yarnold)가 주장하듯, 오늘 교회가 선포하는 바는 차후의 선포가 의존하게 될 기억의 저수지(reservoir of memory)의 일부가 되기 때문이다. 그러므로 설교자는 안전한 길을 선택하는 자가 아니라, 전통적인 성경해석에 익숙한 회중들의 상상력을 때로 위협하는 존재이며, 때론 거부당하는 존재(clown)이기도 하다. 그러나 설교는 항상 이런 창조적 긴장관계 속에서만 새로워지며, 회중들의 집단 기억(collective memory) 역시 다양하게 풍성해질 수 있음을 기억할 필요가 있다. "교회는 항상 개혁되어야 한다(Ecclesia semper reformanda)"는 루터의 주장처럼 설교자는 전통을 새롭게 기억함으로써 그 창조적 긴장감을 붙드는 존재이기 때문이다.

> 설교를 듣는 청중을 가장 사로잡는 것은 이국적인 이미지나 억지스러운 이야기, 익숙한 요점을 명쾌하게 정리하는 완결성이 아닙니다. 청중을 사로잡는 것은 인간의 본성 속에 있는 복음의 '생생함 또는 낯섦'입니다.
>
> - 리차드 리셔(Richard Lischer)

2

주일 낮 예배·설교 지침

2025 11.30
대림절 첫 번째 주일

성서정과 | 시 122; 사 2:1-5; 롬 13:11-14; 마 24:36-44

예배로 부름 Call to Worship
광야에서 외치는 자의 소리가 있어 이르되 너희는 주의 길을 준비하라 그의 오실 길을 곧게 하라 모든 골짜기가 메워지고 모든 산과 작은 산이 낮아지고 굽은 것이 곧아지고 험한 길이 평탄하여질 것이요 모든 육체가 하나님의 구원하심을 보리라 하나님은 영이시니 예배하는 자가 영과 진리로 예배할지니라(눅 3:4-6, 요 4:24)

예배 기원 Invocation
독생자를 이 땅에 보내주신 사랑의 하나님! 거룩하고 복된 주일에 저희를 성별하여 성전으로 나아오게 하시니 감사합니다. 예수님의 성탄을 기다리는 대림절이 시작되었사오니 저희의 몸과 마음이 더욱 경건하게 하옵소서. 등과 함께 기름을 준비했던 지혜로운 처녀들같이 성령의 충만함으로 깨어있게 하시고, 작은 일에 최선을 다했던 착하고 충성된 종과 같이 신실한 믿음을 지키게 하옵소서. 춥고 헐벗은 이웃을 돌아보는 사랑을 실천하면서 주님 맞이할 합당한 자세를 갖추게 하소서. 육신이 되어 이 땅에 오신 예수 그리스도의 이름으로 기원하옵나이다. 아멘.

이 주일의 찬송 Hymns
면류관 벗어서(25장) / 주는 귀한 보배(81장) / 곧 오소서 임마누엘(104장) /
주 예수의 강림이(179장) / 헛된 욕망 길을 가며(513장) / 구원으로 인도하는(521장)

성시 교독 Responsive Readings   시편 122

인도자	¹ 사람이 내게 말하기를 여호와의 집에 올라가자 할 때에 내가 기뻐하였도다
회 중	² 예루살렘아 우리 발이 네 성문 안에 섰도다
인도자	³ 예루살렘아 너는 잘 짜여진 성읍과 같이 건설되었도다
회 중	⁴ 지파들 곧 여호와의 지파들이 여호와의 이름에 감사하려고 이스라엘의 전례대로 그리로 올라가는도다
인도자	⁵ 거기에 심판의 보좌를 두셨으니 곧 다윗의 집의 보좌로다
회 중	⁶ 예루살렘을 위하여 평안을 구하라 예루살렘을 사랑하는 자는 형통하리로다
인도자	⁷ 네 성 안에는 평안이 있고 네 궁중에는 형통함이 있을지어다
회 중	⁸ 내가 내 형제와 친구를 위하여 이제 말하니 네 가운데에 평안이 있을지어다
다같이	⁹ 여호와 우리 하나님의 집을 위하여 내가 너를 위하여 복을 구하리로다

고백의 기도 Prayer of Confession

죄로 인하여 죽을 수밖에 없던 저희를 십자가의 보혈로 구원하여 주시고 복음에 참여하는 자가 되게 하여 주신 하나님! 복음의 참여자는 운동장에서 달음질하는 경주자처럼 하늘의 상급을 받도록 달음질하라 가르쳐주셨는데, 저희는 주님의 사역을 감당할 때 최선을 다하지 않았습니다. 시간이 없다는 핑계로, 예산이 모자란다는 이유로 마땅히 감당해야 할 복음의 사업에 동참하지 않았습니다. 세상의 운동선수들은 썩어 없어질 면류관을 얻기 위해서도 그토록 절제하는데, 저희는 썩지 아니할 하늘의 상급을 얻는 경기를 하면서도 절제한 것이 없었습니다. 오히려 방탕하여 먹고 마시며 육신의 안일함에 젖어 살았습니다. 이 모든 죄를 용서해 주시고 대림절 기간을 보내는 동안 절제하며 말씀에 순종하며 복음의 길을 힘있게 달려가는 성도가 되게 하여 주옵소서. 예수님의 이름으로 이 고백의 기도를 드립니다. 아멘.

사함의 확신 Assurance of Forgiveness

내가 네 허물을 빽빽한 구름 같이, 네 죄를 안개 같이 없이하였으니 너는 내게로 돌아오라 내가 너를 구속하였음이니라(사 44:22)

> 오늘의 주제

예비해야 할 때

석의적 접근

구약의 말씀 사 2:1-5

이사야 선지자가 유다와 예루살렘에 대한 하나님의 심판을 선포하면서 그 첫머리를 '말일(the last days)'이라는 단어로 시작하고 있다. 이는 종말론적 의미의 '주의 날(the day of Lord)'을 뜻한다. 이사야는 시간적 선언에 이어 공간적으로 시온산이 예배의 중심이 되고, 앞으로 세계 모든 민족이 모여들 메시아의 임재 처소가 될 것이라 예언한다. 여호와께서 내려주실 말씀의 근거지는 예루살렘이라고 명확히 밝혔다. 종말의 중심 장소가 시온을 포함한 새 예루살렘이 될 것이라는 예고가 이렇게 완성되었다.

그곳에 모인 백성은 이제까지 지내왔던 삶의 모습과 전혀 다른 방식을 적용받게 될 것이다. '많은 백성'이라는 거듭된 표현에서 보이듯 그 대상은 유다 종족뿐 아니라 뭇 이방인들도 새로운 왕국으로 모여들 사람임을 알려주고 있다. 이렇게 모인 백성을 여호와께서 친히 조정하시며 판결하신다. 새 율법의 기조는 평화와 의로움이다. 이에 따라 전쟁의 도구인 칼과 창이 이제는 생산의 기구들로 바뀌게 된다. '보습'(4절)은 땅을 갈아 일으키기 위해 쟁기의 바닥에 끼우는 쇳조각을 가리킨다. 여호와가 다스리실 나라는 이처럼 싸움이나 적대행위가 사라지고 그 자리에 평화와 풍요로움이 깃들게 되는 것이다. 이사야 선지자는 야곱의 후손인 유다 백성이 먼저 흑암의 자리에서 벗어나 여호와의 빛으로 나아오기를 촉구하였다.

서신서의 말씀 롬 13:11-14

본문은 로마서가 들려주는 종말의 경고이며 이에 대비하기 위한 구체적 지침을 제시하는 내용으로 구성되었다. 먼저 구원의 때가 가까이 왔음을 알려준다. 죄와 어둠의 시대가 깊어갈수록 거룩한 빛의 시대는 더 가까이 다가오고 있음을 깨달아야 한다. 여기 열거한 갖가지 어둠의 행실들은 많은 사람의 정신을 파괴하는 죄목이다. 방탕함, 술 취함, 음란, 호색, 다툼, 시기 등은 인간의 흐트러진 태도에서 발생하는 악행들이다. 이들을 미련 없이 버리고 취해야 할 것이 단정함이다. 이는 복음서에서 그리스도가 말씀하신바 "허리에 띠를 띠고 등불을 켜고 서 있으라"(눅 12:35)라는 명령을 떠올리게 한다. 정신을 차리고 주인을 맞이할 준비를 마친 종의 모습이 이것이다. 띠와 등불은 단정함의 표상이다.

'빛의 갑옷(armour of light)'이라는 용어가 등장한다(12절). 이는 군사적 용어를 복음에 대입한 것으로서 바울서신에서 이와 유사한 용례를 자주 볼 수 있다. 바울은 로마서의 앞부분에서도 그리스도인의 육신을 '의의 무기'와 '불의의 무기'로 나누어 표현했고(롬 6:13 참고), 에베소서에서는 '하나님의 전신 갑주'라는 명칭 아래 이 비유를 상세히 설명했다(엡 6:10-20 참고). 제자 디모데에게는 총체적으로 '그리스도 예수의 좋은 병사'(딤후 2:3)가 되라고 가르쳤다. 올바른 군인은 뚜렷한 목표를 갖고 훈련하기를 멈추지 않으며 끝까지 주군에게 충성을 바친다. 이 모습이 그리스도를 섬기는 사람의 자세로서 그 지향하는 바가 곧 진리의 빛이라는 의미를 담고 있다.

복음서의 말씀 마 24:36-44

그리스도의 긴 강론 중에, 재림의 때를 준비할 필요성을 강조하신 부분이다. 23장의 강론이 성전에서 군중을 대상으로 삼아 이루어진 것임에 반해, 24-25장에 수록된 강론은 감람산에서 제자들을 향하여 주신 말씀이다. 본문이 속한 대목은 감람산 강화의 한 부분으로서 재림과 관련한 핵심적 소재를 다루고 있다. 제자들은 잠시 전에 들었던바, 저 거대한 성전이 무너질 것이라는 주님의 말씀에 충격을 받은 채로 이 일이 언제 일어날 것이며 그 징조는 무엇인지를 질문하였다(3절). 그들은 성전의 무너짐이 곧 세상의 마지막 날이며 종말의 때라는 인식을 지니고 있었다.

주님의 대답은 자상하고도 생생하다. 재난의 시작부터 가장 큰 환난을 알려주시고 그 징조를 눈으로 확인하듯 묘사하며 무화과나무의 비유까지 들려주신다. 그러나 이 거대한 종말의 구체적인 시간은 알리지 않으셨다. "아들도 모르고 오직 아버지만 아시느니라"(36절) 하신 말씀에는 의문의 여지가 있다. 성부 하나님과 일체이신 아들이 재림의 날을 모르실 리 없겠으나 이는 인간으로 오신 성자의 인성을 기준으로 삼아 이해해야 한다. 노아의 때로부터 이 시대에 이르기까지 의인이나 평범한 인물을 막론하고 주님께 선택받을 대상은 깨어 있는 사람이라고 하였다. 주님이 임하실 그 시기를 알지 못하므로 항상 깨어 준비하고 있어야 한다는 교훈이다.

설교를 위한 조명

복음서의 말씀(마 24:36-44)으로 설교 작성 / 귀납적 설교

"미래를 아는 것"

I. 누구나 미래를 이야기한다

올해 유독 힘들었던 삶의 고비를 넘긴 이 땅의 성도들이 이제 4주간의 대림절 절기를 맞이하게 되었다. 우리 주님 예수 그리스도의 강림을 기다리며 그분을 영접할 준비를 하는 성도들 모두가 미래의 영광을 확신하는 가운데 소망이 가득하기를 기도드린다. 대림절 기간은 단순히 성탄을 축하하고 한 해를 정리하기 위해 마련된 절기가 아니다. 이미 인간의 몸으로 오신 주님께 감사드리는 과거 시간적 의미, 지금 주님의 구원에 참여하는 현재적 의미, 그리고 다시 오실 주님 앞에 서게 될 미래적 의미가 함께 어우러진 은총의 기간이다. 그리하여 대림절은 모든 기다림의 시간을 한데 묶어 한 해의 교회력을 시작하는 첫 절기가 되었다.

    과거와 현재를 바탕으로 미래에 우리 앞에 오실 주님을 기다리며 준비하는 자세란 과연 어떤 것일까? 특히 그리스도인들의 미래관은 세상 사람들과 달라야 한다. 인간이라면 누구나 서로 마주 앉을 때마다 미래 이야기를 펼친다. 눈앞에서 뛰노는 아이를 바라보면서, "저 아이는 장래 잘될 것 같다", "아이의 행동을 보니 기계 방면에 소질이 보인다" 등 미래를 예상한다. 친구가 시작한 사업을 놓고 "그는 크게 성공할 것이다", "시기가 적절치 못해 어려움이 예상된다" 하면서 자신의 판단을 말하기 좋아한다. 그리스도인들은 다만 과거와 현재를 통해 주님께 받은 은혜를 마음에 두고 있음이 세상 사람과 다를 뿐이다.

    우리나라와 민족, 그리고 인류가 나아갈 미래에 대하여 그리스도인의 태도가 어떠했는지 돌아보아야 할 시간이 왔다. 미래에 관한 주님의 말씀을 읽으면서도 이미 지나버린 과거에 있었던 교훈 정도로 여기는 사람이 많았다. 지금 눈앞에 닥친 개인의 이익과 선호에 따라 자기 마음대로 미래를 판단하였다. 그리스도의 말씀은 간데없고 자신의 주관을 내세우며 목소리를 높이기도 했다. 우리에게 찾아온 대림절은 이런 무지와 잘못을 깨닫게 하고 회개할 기회를 주시는 주님의 시간이다. 우리가 세상의 지식을 내세우며 교회의 이름으로 부르짖은 미래에 관한 판단은 어떤 것이었던가? 스스로 세상의 일에 도취한 자칭 미래학자의 모습은 아니었을까?

II. 미래학과 미래학자들

    '미래학(Futurology)'이라는 학문 분야가 있다. 미래 사회와 인간의 존재 양식을 탐구하는 데 목적을 둔다. 미래를 예측하기 위해 현재의 경향을 다양하게 연구하는 까닭에 그 범위도 대단히 넓다. 역술을 동원하여 점을 치는 것이라든지,

단순한 상상력에 근거하여 결론을 내는 일들은 배격한다. 여러 학문적 지식을 바탕으로 미래에 관한 통찰력을 제공한다는 점에서 현대인들의 많은 관심을 받고 있다.

대표적인 미래학자로 앨빈 토플러(A. Toffler)가 손꼽힌다. 그는 10년 전 세상을 떠났으나, 지난 세기 말엽에 나온 그의 저서 『제3의 물결』(The Third Wave)은 세계를 뒤덮는 베스트셀러가 되었다. 농경 시대와 산업화시대라는 제1, 제2의 물결 뒤에 지식정보 시대로 불리는 제3의 시대가 와서 과학기술의 변화와 함께 미래 사회를 이끌 것이라 하였다. 이어서 토플러는 후속작 『권력 이동』(Powershift)을 통해 인류 사회는 저품질 권력인 폭력에서 부(富)로, 그리고 지식이라는 정보계층이 소유한 고품질 권력의 수단으로 이동하는 변화를 예고했다. 토플러의 이론은 이제 미래학이 아닌 현실 세계의 영역이 되었다.

현재 생존하는 미래학자 중에 레이 커즈와일(R. Kurzweil)이라는 사람은 인공지능이 출현하여 인간의 두뇌와 하나가 될 것이라고 예측함으로써 크게 주목을 받았다. 그가 저술한 『특이점이 온다』(The Singularity is Near)에 AI와 인간이 2029년에 동등한 지능 수준을 갖게 될 것으로 예측하면서 그것을 두려워하지 말라고 외친다. 그런데 커즈와일은 인간의 불로불사(不老不死)에 집착한 나머지 2045년이 되면 완전한 기술적 특이점이 찾아와 영생을 누린다는 예고를 하고 있다. 물론 그는 기독교인이 아니고 불가지론자에 속한다.

그렇다고 미래학이나 미래학자들이 기독교와 분리되는 것은 아니다. 이 시대의 젊은 한국인 미래학자 가운데 그리스도인들도 많고 또 목회자이면서 미래학을 연구하는 사람도 있다. 그리스도인으로서 그 책임과 사명을 다하기 위해 미래는 더욱 깊이 있게 연구해야 할 대상이다.

III. 성경이 제시하는 미래

성경이 우리에게 주시는 가장 귀중한 약속이 실현될 날이 오고 있다. 그 약속은 주님의 오심으로 이루어진다. 이날을 조용히 기다리는 기간이 바로 대림절이다. 오늘 그 첫 번째 주일에 확실한 미래의 약속을 다시 한번 새겨본다. 본문 마지막 절의 말씀이다. "이러므로 너희도 준비하고 있으라 생각하지 않은 때에 인자가 오리라"(44절).

여기에 나타난 분명한 선포는 인자, 곧 주 예수 그리스도께서 이 세상에 다시 오신다는 것이고 이는 인류가 맞이하게 될 완전한 미래다. 그러면 사람들은 한결같이 질문을 던진다. 그날이 언제인지 알려주시면 때맞추어 준비하겠다는 얄팍한 심사가 곁들인 요청이다. 이를 모를 리 없으신 주님께서는 본문의 첫 절에서 이것이야말로 성부 하나님의 신성한 비밀임을 선제적으로 공표하셨다. "그러나 그날과 그때는 아무도 모르나니 하늘의 천사들도, 아들도 모르고 오직 아버지만 아시느니라"(36절).

우리의 삶에는 앞으로 반드시 찾아오게 될 일이 있고, 또는 올 수도 있거나 오지 않을 수 있는 일이 있다. 반드시 오게 될 일을 대비하는 것처럼 중요한 일은 없다. 이를테면 학생이 한 학기를 시작하고 나면 반드시 찾아올 일은 무엇인가? 성적이 나오고 학점을 받는 것이다. 이를 위해 학기의 마지막에는 꼭 시험을 치르게 된다. 시험 없이 성적이 나올 수 없으므로 학생이라면 반드시 이것을 준비해야 한다. 학기 중에 때때로 학생들에게 즐거운 일이 있다. 교수에게 무슨 일이 생겨 휴강 공고가 뜨면 친구들과 뜻밖의 자유시간을 보내게 된다. 하지만 휴강은 올 수도 있고 전혀 오지 않을 수도 있다. 그러므로 휴강으로 노는 일에 학교생활의 비중을 두어서는 안 된다. 아무리 힘들어도 반드시 닥쳐올 시험 준비에 최선을 다해야 한다.

우리 인생에 반드시 찾아올 일은 무엇인가? 출세하고 부자가 되는 것, 행복한 가정을 이루는 것, 선거에 출마하여 당선되는 것, 이런 일들이 찾아오면 좋겠지만 그렇지 않을 수도 있다. 병드는 것, 사고를 당하는 것, 감옥에 갇히는 것들이 혹시 찾아온다면 어찌할까 걱정하지만 정말 감사하게도 내게 오지 않을 수 있다. 그러나 피할 수 없이 반드시 나를 찾아오는 일은 죽음이다. 이것을 준비하는 것처럼 당연하면서도 지혜로운 일은 다시없다. 죽음을 예비하기 위해 우리는 생명의 주인이신 하나님, 그의 아들이신 구원의 주 예수 그리스도를 오늘도 찾아와 신앙고백을 드리고 있다.

Ⅳ. 주님이 들려주신 말씀

인간들이 십자가에 못 박아 죽였으나 하나님께서 부활시키신 예수 그리스도는 하늘로 올라가시면서 다시 오실 것을 선언하셨다. "그때에 인자의 징조가 하늘에서 보이겠고 그때에 땅의 모든 족속들이 통곡하며 그들이 인자가 구름을 타고 능력과 큰 영광으로 오는 것을 보리라"(마 24:30)라는 말씀이 예수님께서 친히 하신 예언으로 복음서에 기록되었고, 주님의 승천 현장에 임한 두 천사는 "갈릴리 사람들아 어찌하여 서서 하늘을 쳐다보느냐 너희 가운데서 하늘로 올려지신 이 예수는 하늘로 가심을 본 그대로 오시리라 하였느니라"(행 1:11) 하고 일러주었다. 주님은 분명코 다시 오신다.

우리의 죽음이 확실한 것처럼 주님의 다시 오심도 확실하다. 이때를 가리켜 종말이라 하므로, 인간으로서 종말을 예비하는 것이 가장 지혜로운 일이다. 예비하는 방법을 가르쳐 주시기 위하여 주님께서는 구약의 사건을 예로 드신다. '노아의 때'가 그것이다. 노아가 살던 때 갑자기 홍수가 밀려온 것 같지만 그렇지 않다. 이미 120년 전에 하나님께서 노아를 부르시어, "모든 혈육 있는 자의 포악함이 땅에 가득하므로 그 끝 날이 내 앞에 이르렀으니 내가 그들을 땅과 함께 멸하리라"(창 6:13)라고 말씀하셨다. 어떤 대책도 마련할 수 없어 그저 부들부들 떨고 있는 노아에게 하나님은 구체적으로 준비할 방법을 내려주셨다. "너는 고페르 나무로 너를 위하여 방주를 만들되 그 안에 칸들을 막고 역청을 그 안팎에 칠하라"(창 6:14). 그러고는 방주의 크기, 3층의 높이, 심지어 창문을 낼 위치까지 친절하게 가르쳐 주셨다.

지금도 주님께서는 성경 말씀을 통해 종말을 예비할 방법을 자상하게 가르쳐 주고 계신다. 그것으로도 부족하여 설교자들을 세우셔서 이러한 방법으로, 저러한 모양으로 준비하라 이르신다. 노아 때도 120년을 참으시며 기다리셨다. 노아는 산꼭대기에 방주를 만들면서 준비하라 외쳤으나 사람들은 홍수가 나서 그들을 다 멸하기까지 깨닫지 못한 채 먹고 마시고 장가들고 시집가면서 예비하려 하지 않았다. 지금 우리도 홍수, 지진, 전쟁, 전염병 등 각종 재앙이 다가와도 종말을 준비하지 않는다.

이어서 들려주시는 주님의 비유 말씀이 40-41절을 장식한다. 두 사람이 밭에서 함께 일하고, 또 두 여인이 나란히 앉아 맷돌을 돌리고 있다. 그런데 같은 자리와 같은 처지에 있던 두 사람 가운데 하나는 하나님 나라에 들어갔고 다른 하나는 버려졌다. 부부가 함께 살아도, 두 자녀를 같이 키워도, 두 교인이 나란히 예배를 드려도, 그중 하나는 준비된 그리스도인이고 다른 하나는 준비 없이 형식적 교인에 불과하다면 하나님 나라에 함께 들어갈 수 없다. 정신이 번쩍 들도록 두려움을 주는 말씀이다.

V. 올해의 대림절

세상에 사는 동안은 부모 형제, 친지나 지인의 덕을 볼 수 있다. 내 종친이 대통령이라며 큰소리치는 사람도 있었다. 내 친척이 재벌 그룹 회장이라서 늘 도움을 받는다고 자랑하던 이들도 죽음의 날이 오면 친척이라는 배경을 다 떨치고 홀로 가야만 한다. 주님께서 다시 오시는 날에 대통령이나 재벌의 일가친척이라는 자랑은 아무 필요가 없고 오직 그리스도를 구주로 믿는 믿음만 필요할 따름이다.

미래에 대하여 확실하게 알 수 있는 일은 무엇인가? 미래학자들의 과학적 예측도 아니고, 세상의 권력이나 물질의 향배를 좇는 능력도 아무 소용이 없다. 오직 그리스도께서 주관하실 새로운 나라가 온다는 사실, 그것만이 확실한 미래일 뿐이다. 시작이 있었으므로 종말이 온다. 그때를 예비하는 것이 우리 삶에서 가장 지혜로운 일이다. 그것은 종말이 이르기 전에 주님께로 돌아오는 일을 가리킨다. 내 가족과 내 이웃을 이끌어 구원의 방주로 함께 들어가야 한다. 우리 주님 오실 때가 무척 가까워진 올해의 대림절이 지금 이렇게 시작되고 있다.

2025 12.7
대림절 두 번째 주일

성서정과 | 시 72:1-7, 18-19; 사 11:1-10; 롬 15:4-13; 마 3:1-12

예배로 부름 Call to Worship
여러 나라의 종족들아 영광과 권능을 여호와께 돌릴지어다 여호와께 돌릴지어다 여호와의 이름에 합당한 영광을 그에게 돌릴지어다 제물을 들고 그 앞에 들어갈지어다 아름답고 거룩한 것으로 여호와께 경배할지어다(대상 16:28-29)

예배 기원 Invocation
찬양과 경배와 영광을 받으시기에 합당하신 하나님! 광야 같은 세상에서 방황하며 저희를 돌아보시고 주님 계신 장막으로 불러주시니 감사합니다. 주의 궁정에서의 한 날이 다른 곳에서의 천 날보다 나은즉, 이 거룩한 주일에 악인의 장막에 있지 않고, 하나님 성전의 문지기로 있게 하옵소서. 정직한 자에게 좋은 것을 아끼지 않고 주시겠다고 약속하신 하나님! 정직하고 순결한 마음으로 드리는 예배를 받으시고, 우리에게 좋은 것으로 채우시되 성령의 충만함으로 하옵소서. 예배의 주관자가 되시는 예수님의 이름으로 기원하옵나이다. 아멘.

이 주일의 찬송 Hymns
구주를 생각만 해도(85장) / 이새의 뿌리에서(101장), 다 나와 찬송 부르세(131장), 세상의 헛된 신을 버리고(322장), 내 영혼에 햇빛 비치니(428장), 그 큰 일을 행하신(615장)

성시 교독 Responsive Readings   시편 72:1-7, 18-19

인도자	¹ 하나님이여 주의 판단력을 왕에게 주시고 주의 공의를 왕의 아들에게 주소서
회 중	² 그가 주의 백성을 공의로 재판하며 주의 가난한 자를 정의로 재판하리니
인도자	³ 의로 말미암아 산들이 백성에게 평강을 주며 작은 산들도 그리하리로다
회 중	⁴ 그가 가난한 백성의 억울함을 풀어주며 궁핍한 자의 자손을 구원하며 압박하는 자를 꺾으리로다
인도자	⁵ 그들이 해가 있을 동안에도 주를 두려워하며
회 중	⁵ 달이 있을 동안에도 대대로 그리하리로다
인도자	⁶ 그는 벤 풀 위에 내리는 비같이, 땅을 적시는 소낙비같이 내리리니
회 중	⁷ 그의 날에 의인이 흥왕하여 평강의 풍성함이 달이 다할 때까지 이르리로다
인도자	¹⁸ 홀로 기이한 일들을 행하시는 여호와 하나님 곧 이스라엘의 하나님을 찬송하며
회 중	¹⁹ 그 영화로운 이름을 영원히 찬송할지어다 온 땅에 그의 영광이 충만할지어다 아멘 아멘

고백의 기도 Prayer of Confession

애굽에서 종살이하던 이스라엘 백성을 구원하여 주신 하나님! 죄와 사망의 땅에서 저희를 구원하여 주심에 감사드립니다. 애굽을 떠나 광야로 나온 이스라엘 백성 중에 어떤 이들은 구원자가 되시는 하나님을 떠나 우상을 숭배하다가 멸망하였습니다. 어떤 이들은 음행하다가 하나님의 심판을 받았으며, 또 어떤 이들은 주를 시험하다가 뱀에게 멸망을 당하였습니다. 저들이 광야에서 멸망한 것이 오늘날 우리의 본보기가 된다고 하셨는데, 저희는 그러한 경계의 말씀을 두려워하지 않고 하나님을 원망하며 살았습니다. 탐심이 가득하여 우상을 숭배하였으며, 혼자만의 힘으로 여기까지 온 줄로 알아 교만했습니다. 이스라엘 백성들이 회개할 때, 그 모든 죄를 덮어주셨던 하나님! 참 마음으로 아뢰는 회개를 받으시고 용서해 주옵소서. 예수님의 이름으로 이 고백의 기도를 드립니다. 아멘.

사함의 확신 Assurance of Forgiveness

악인이 만일 그가 행한 모든 죄에서 돌이켜 떠나 내 모든 율례를 지키고 정의와 공의를 행하면 반드시 살고 죽지 아니할 것이라 그 범죄한 것이 하나도 기억함이 되지 아니하리니 그가 행한 공의로 살리라 (겔 18:21-22)

오늘의 주제

주님을 맞이하는 마음의 자세

석의적 접근

시편의 말씀 시 72:1-7, 18-19

'솔로몬의 시'라는 표제가 달려 있다. 그러나 왕의 통치를 축복한 내용이 중심을 이루고 있어, 20절의 기록에 따라 다윗의 저작으로 보기도 한다. 다른 각도에서 살피면, 오늘의 본문에서 벗어나 있지만 '스바와 시바 왕들의 예물'(10절 참고)이라는 점에서 솔로몬 왕에게 예물과 더불어 바친 시를 솔로몬이 개작한 것으로 보는 학설도 있다. '스바'는 아라비아 남동쪽 예멘 지역을 일컬으며 그 나라의 여왕이 직접 솔로몬에게 예물을 들고 찾아왔다는 이야기가 널리 알려졌다. '시바'는 아마도 에티오피아 지역을 가리키는 지명일 것으로 본다. 시편에는 '솔로몬의 시'라고 표시된 작품이 두 편이다. 다른 한 편은 127편으로서 '솔로몬의 시 곧 성전에 올라가는 노래'라 기록되었다.

72편의 전반부는 하나님께 판단력과 공의를 간절히 구하는 내용으로 되어 있다. 하나님의 사랑을 받은 나라는 지도자와 백성이 옳고 그름을 분별하는 능력이 있어 그에 따라 의를 행할 수 있음을 보여준다. 특히 지도자는 백성의 억울함을 풀어주고 가난한 사람들을 보호한다. 낮이나 밤에도 한결같이 하나님을 두려워하면서 어떤 모사도 꾸미지 않는다. 그리하여 마치 잘 깎인 풀 위에 내리는 비처럼 성장하고 흥왕하여 풍성함을 이룬다. 판단력이 있는 왕과 그 나라의 백성은 온 세상에 은혜를 펼쳐 메시아의 통치를 예고한다. 18-19절은 시편 제2권을 끝내는 송영으로서 하나님의 이름을 널리 찬송한다.

서신서의 말씀 롬 15:4-13

본문은 인내와 위로를 강조하며 시작한다. 성경에 기록된 교훈은 이 두 가지로 인하여 소망을 얻게 된다고 하였다. 성경의 가르침과 자신의 삶 사이의 괴리를 메우기 위해서는 엄청난 인내가 필요하다. 그 과정에서 하나님은 믿음의 사람에게 끊임없이 위로와 격려를 내리신다. 따라서 이 두 가지 개념은 하나님과 그의 아들 예수 그리스도의 고귀한 성품으로 인정되었다. 믿음이 있는 사람은 연약한 이웃들이 믿음의 덕을 세워가기까지 인내하도록 도와주고 위로를 베풀어야 한다. 그리스도인은 인내와 위로의 하나님과 그의 아들 예수님을 본받아 성도 사이에 한마음이 되고 뜻을 한데 모아 아버지께 영광을 돌릴 의무가 있다. 한마음과 한 입, 그리고 한 뜻을 이루어야 비로소 가능한 일이다.

믿음이 강한 사람은 더욱 해야 할 일이 많다. 자기보다도 이웃을 더 기쁘게 해 주기 위해 선함으로 덕을 베풀어야 한다. 그리스도께서는 자기를 기쁘게 하려 하지 않으시고 온갖 비방을 견디어내셨으며, 이스라엘에게 주신 약속의 진실함을 알리기 위해 할례를 비롯한 언약들을 추종하셨다. 그리하여 유대인과 이방인의 구별 없이 하나님께 영광을 올리고 열방이 하나님을 찬송하게 되었다. 13절의 기도는 의로운 사람이 소망을 간직하고 살기를 권고하는 내용으로 되어 있다. 소망의 충만함과 견고함은 마치 '튼튼한 영혼의 닻'과 같다는 말씀(히 6:19-20)을 떠올리게 한다.

복음서의 말씀 마 3:1-12

잠잠했던 예언의 소리가 재개되었다. 유대 광야에 혜성처럼 등장한 세례요한은 "회개하라 천국이 가까이 왔느니라"라고 외쳤다. 이는 사람들의 근본적인 변화를 촉구하는 가장 간결하고 직설적인 메시지이며 하나님의 통치가 이루어질 새 시대가 왔음을 알리는 선언이었다. 그는 주의 길을 예비하는 사명을 수행하였다. 이사야 40:3-5에서 예언한 바와 같이 포로에서 돌아오는 길을 곧고 평탄하게 하는 광야의 소리가 된 것이다. 세례요한의 의복은 낙타털옷에 가죽 띠를 띤 거친 차림으로서 엘리야를 연상시키는 검소하고 강한 이미지를 풍겼다. 음식도 매우 금욕적인 것들로 메뚜기와 바위틈에서 얻은 꿀 종류를 벗어나지 않았다.

세례요한이 요단강에서 세례를 베풀자 바리새인들을 비롯한 위선적인 무리가 그 현장에 나타났다. 요한은 그들의 진정성에 의문을 품고 '독사의 자식들'(7절)이라는 경고를 보낸다. 사탄처럼 교활하게 심판을 피하려는 태도를 지적한 것이다. 이어 '도끼가 나무 뿌리에 놓였다'(10절)는 비유는 임박한 심판의 표현으로서 그리스도의 오심과 마지막 날의 도래를 예고하고 있다. 요한은 "그리스도의 신을 들기도 감당하지 못하겠노라"(11절)라고 말하면서 종의 자격도 갖추지 못했다며 겸손해한다. 그리스도가 베푸시는 세례는 성령과 불의 역사가 임할 것인데, 불은 심판과 함께 정결하게 한다는 의미를 지닌다. 불세례가 마지막 심판과 관계되는 이유는 12절 말씀에 잘 드러나고 있다.

설교를 위한 조명

시편의 말씀(시 72:1-7, 18-19)으로 설교 작성 / 네 페이지 설교
"우리에게 판단력을 주소서"

Page 1. 솔로몬의 시(성경 속의 문제)

오늘 우리는 웅장하고 의미 깊은 한 편의 시를 읽고 있다. 시편 제2권을 마감하는 시로서 중요한 자리에 배치한 편집자의 의도를 짐작하게 한다. 이 속에는 주님의 판단력과 공의, 백성에게 주는 평강, 가난하고 궁핍한 자들을 위한 구원의 약속이 담겼다. 그 시작은 "하나님이여 주의 판단력을 왕에게 주시고 주의 공의를 왕의 아들에게 주소서"(1절)이다. 표제에 '솔로몬의 시'라 적혀 있으므로 여기 나오는 왕은 솔로몬이 분명하다. 이스라엘 왕국의 최고 융성기를 이끈 솔로몬 왕이 하나님께 간절히 구한 시라고 할 수 있겠다.

대림절 기간에 솔로몬을 만나게 되어 무척 반가우면서도 의아한 느낌이 든다. 열왕기상과 역대하의 앞부분을 장식한 지혜의 임금, 성전을 세운 임금, 화려한 호사를 누린 임금이 바로 솔로몬이다. 인류의 역사에 다시없는 최고의 지혜자 솔로몬 왕이 호사를 조금만 절제했어도 이스라엘에 그토록 많은 우상이 출현하지 않았을 것이고, 아들 르호보암 때에 남북 분열이라는 참담한 역사를 방지할 수 있었을 것이다. 솔로몬의 영광과 몰락을 갈라놓은 것이 바로 오늘의 말씀 첫머리에 나오는 '판단력'이다. 이것을 더욱 기르고 잘 사용해야만 우리 주님의 강림을 올바르게 준비할 수 있다. 솔로몬은 놀라운 지혜로 어린아이의 진짜 어머니를 찾아주는 명판결을 했고, 스바 여왕을 비롯한 통치자들에게 지혜를 가르쳐주며 국제 정세를 안정적으로 주도했다. "그가 잠언 삼천 가지를 말하였고 그의 노래는 천다섯 편이며 그가 또 초목에 대하여 말하되 레바논의 백향목으로부터 담에 나는 우슬초까지 하고 그가 또 짐승과 새와 기어다니는 것과 물고기에 대하여 말한지라 사람들이 솔로몬의 지혜를 들으러 왔으니 이는 그의 지혜의 소문을 들은 천하 모든 왕들이 보낸 자들이더라"(왕상 4:32-34). 인문과학부터 자연과학에 걸친 솔로몬의 해박한 지식과 지혜를 보라. 이 지혜가 올바른 판단력으로 완전해졌다면 얼마나 좋았을까!

그러나 그 후에 있었던 안타까운 말씀의 기록(왕상 11:6-8)을 보자. 앞서 지혜의 왕과 전혀 다른 모습을 보이는 이 사람이 과연 솔로몬이 맞는지 의심이 들 정도이다. 그는 변했고 판단력이 흐트러졌다. 거기서 얻은 결과는 나라의 비참한 분열이었고, 온 백성이 역사의 어둠 속에서 고통을 겪어야만 했다.

Page 2. 판단력이 필요한 때(세상에서의 문제)

판단력이란 사물의 옳고 그름을 분별하는 능력이다. 이 판단력을 왕에게 주시라 하였다. 통치자가 갖추어야 할 근본적인 조건은 판단력이다.

통치자가 되려는 사람은 누구나 국민을 올바르게 인도할 목표를 갖고 출발한다. 그러나 불의한 세력이 간교하게 선으로 위장하고 통치 권력에 다가오기 때문에 자신의 의지만을 과신해서는 안 된다. 따라서 하나님께서 원하시는 판단은 무엇인지 깨닫는 힘을 주시기를 간절히 기도해야 한다.

솔로몬 왕이 어린아이의 참어머니와 거짓 어머니를 가려냈듯이 그런 올바른 판단이 공의를 이루게 한다. 아무리 솔로몬의 머리가 좋다 하더라도 이것은 그 자리에서 번쩍 떠오른 감각적 센스로 결정한 것이 아니다. 재판을 앞두고 깊이 기도하여 하나님께 받은 판단력의 결실이다.

지도자의 잘못된 판단력이 나라의 파탄을 가져온 사례를 떠올려 본다. 제왕의 권력 시대를 지나서 근대사에 이르면 가장 먼저 떠오르는 파탄의 인물이 나치 독일의 총통이었던 아돌프 히틀러(A. Hitler)이다. 그는 가톨릭 영세를 받았으나 훗날 파문당했는데, 이미 신앙이 변질된 상태에서 자기가 독일을 구하고 세계를 정복할 메시아라 외치며 유대인을 제거할 명분을 만들었다. 잘 알려진 것처럼 히틀러는 뛰어난 웅변가였다. 그러나 그 웅변은 올바른 판단력을 상실한 자신의 일방적 주장일 뿐이었다.

히틀러는 1939년에 폴란드를 침공하여 제2차 세계대전을 일으켰다. 그는 극단적 민족주의와 인종 우월주의에 사로잡혀 무려 600만 명에 달하는 유대인을 학살하는 등 잘못된 판단을 했다. 또한 자기 손으로 세계의 중심 지구 수도인 게르마니아를 만든다는 환상 속에서 근대 최악의 역사를 썼다. 세계대전으로 목숨을 잃은 사람의 숫자는 5,000만 명이 훨씬 넘는다. 잠언의 말씀이 주는 교훈이다. "악인의 길은 어둠 같아서 그가 걸려 넘어져도 그것이 무엇인지 깨닫지 못하느니라"(잠 4:19). 히틀러는 자신이 어둠에 걸려 넘어지기까지 깨닫지 못했다. 판단력이 없어 주님의 의를 깨닫지 못한 채 결국 스스로 목숨을 끊었다.

판단력을 상실한 지도자의 참담한 모습은 현대사에도 계속 등장하고 있으며 우리나라 역시 예외가 아니다. 가장 합리적으로 판단해야 할 재판관들이 공의를 무너뜨리는 판결을 한 사례도 빈번하다. 그렇다면 판단력은 통치자나 재판관들에게만 필요한 것인가? 아니다. 이 시대를 살아가는 우리에게도 필수적인 능력이다. 하루가 시작하면 매우 작은 일상에서부터 회사와 가정의 앞날을 좌우하는 일까지 판단력이 동원되어야 한다. 판단해야 할 때가 오면 감정에 사로잡히지 말고 냉철하게, 그리고 긍정적으로 결정해야 한다. 판단력을 주시는 하나님께 반드시 먼저 기도해야 함을 잊지 말자.

Page 3. 벤 풀 위에 내리는 비같이(성경 속의 은혜)

오늘의 시편에서 솔로몬은 우리에게 지혜로운 비유 하나를 들려준다. "그는 벤 풀 위에 내리는 비같이, 땅을 적시는 소낙비같이 내리리니"(6절)라는 대목이다. 하나님의 말씀은 여러 군데에서 사람을 풀에 비유하고 사람의 영광을 풀의 꽃에 비유하였다. 대표적인 말씀이 이사야 40장에 있다(6-8절). 우리는 풀이다. 하나님께서 풀 같은 우리를 베신다. 풀이 베어진 그 위에 내리는 빗줄기는 다시금 새로운 생명을 준다.

도회지에서 살다가 시골에 내려간 사람들이 가장 어려워하는 일이 풀베기라고 한다. 풀을 베야 할 범위가 워낙 넓으면 예초기를 사서 돌리지만, 낫으로 일일이 베야 하는 경우가 더 많아 무척 힘이 든다. 그러나 그리스도인이라면 베어지는 풀을 보며 인생을 생각하고 진리를 배우는 기회가 된다. 하나님께서는 어찌하여 저런 쓸모없는 풀들을 자라게 하셨을까? 그리고 베고 난 자리에 왜 다시 또 생명을 자라게 하시는 것일까?

풀 같은 우리 생명은 자주 베임을 당하는 아픔이 있다. 불필요하게 웃자란 풀은 아무 구실도 할 수 없다. 그것들은 잘리고 깎이고 베어져야 한다. 깨끗이 베어지면 아름다운 마당이 되고, 들판이 되고, 푸른 잔디밭이 된다. 처음 자란 풀은 잘리기 싫어할 것이다. 풀 같은 우리 인생도 판단력이 거기까지밖에 미치지 못한다. 그 후에 벤 풀 위로 다시 내릴 소나기 속에 생명의 성장을 얻게 된다는 것을 판단하기까지는 시간과 경험이 필요하다. 처음의 아픔 때문에 판단력을 잃어버리면 안 된다.

삶에서 풀처럼 베어져 버린 내 삶의 아픔은 무엇이었는가? 내 하잘것없는 인생의 자존심이었을까, 어떤 명예나 재산이었을까, 젊은 날의 한갓 부질없는 욕심이었는지도 모른다. 솔로몬에게 물어보자. 인생을 어떻게 판단하느냐고. 그는 이렇게 대답한다. "은 금과 왕들이 소유한 보배와 여러 지방의 보배를 나를 위하여 쌓고 또 노래하는 남녀들과 인생들이 기뻐하는 처첩들을 많이 두었노라"(전 2:8). 아하, 그랬었지, 처음에는 부럽기 짝이 없다. 그런데 그것이 지나버리고 난 결과는 무엇이라고 말할 것인가? "그 후에 내가 생각해 본즉 내 손으로 한 모든 일과 내가 수고한 모든 것이 다 헛되어 바람을 잡는 것이며 해 아래에서 무익한 것이로다"(전 2:11). 그는 벤 풀 같은 인생의 모습을 돌아보며 무익하고 헛되다고 고백하였다.

주님께서는 우리처럼 연약한 인생에 찾아오셔서 풀을 베시고 소낙비를 그 위에 내리심으로 새로운 판단력을 갖게 해 주셨다. 이제 우리는 그 판단력으로 주님께서 다시 오실 때가 되었음을 안다. 오늘 시편의 말씀처럼 "그의 날에 의인이 흥왕하여 평강의 풍성함이 달이 다할 때까지 이르리로다"(7절) 하신 예언이 이루어질 대림절 기간을 보내고 있다.

Page 4. 의인이 흥왕한다(세상에서의 은혜)

세상에는 지금도 하나님의 의를 거역하며 악한 판단을 하는 자들이 있다. 오늘의 시편 다음인 제3권의 첫 시인 73편 '아삽의 시'는 이런 악인들이 잘 되는 듯한 모습을 보면서 하나님께 격하게 항의하는 것으로 시작한다. "왜 악인들이 형통하고 강건하며 재앙도 없는 듯 보이는가? 어찌하여 교만한 데도 많은 소득을 얻단 말인가?" 하며 항의한다. 그래서 신앙에 회의를 일으킬 수 있었으나 나중에 비로소 알게 된 일이 있다.

"하나님의 성소에 들어갈 때에야 그들의 종말을 내가 깨달았나이다"(시 73:17). 성소는 깨달음의 장소이다. 하나님의 성전은 통찰력과 판단력을 내게 주신다. 성전은 주님께서 빛을 비추시는 곳이기 때문에 악인의 종말을 볼 수 있는 계시를 받게 되고, 앞으로의 내 인생을 통찰할 판단력을 얻게 한다. 성전에서 기도하며 하나님께 여쭈면 밝은 빛과 같은 판단력을 주신다. 하나님의 의를 알고 깨달아 그 길로 행하도록 인도하여 주실 것이다.

'의인이 흥왕하고 풍성하리라'는 축복의 말씀을 다시 듣는다. 의인은 하나님의 의를 드러내며 살아가는 사람을 말한다. 죄의 유혹은 교묘하게 다가와서 우리를 혼란에 빠뜨린다. 마치 에덴동산의 선악과를 따먹으면 눈이 밝아진다는 사탄의 계략 앞에 흔들리는 인간의 모습 그대로인 것이다. 하나님께서 주시는 빛과 같은 판단력과 굳센 믿음이 필요하다. 이 시의 주인공인 솔로몬은 의인이 되지 못했다. 그렇게 많은 지혜를 가지고 있으면서도 판단력과 공의가 부족했다. 지혜의 왕이라는 이름은 얻었으나 의로운 왕, 의인이란 이름은 얻지 못했다. 자기가 나라를 다스리는 동안에는 풍성했으나 그 후 이스라엘 왕국은 흥왕하지 못하고 분열과 멸망의 길로 걸어가고 말았다.

우리는 이 역사적 교훈 앞에서 겸손하게 기도드린다. 가난했던 우리나라에서 제대로 배우지 못했던 시대가 가고, 이제는 거의 모든 사람이 지혜가 넘쳐나고 지식이 높아졌다. 생활도 풍성해져서 궁핍함을 모르게 되었다. 그러나 그럴수록 주님의 판단력과 공의가 사라져 간다. 의롭게 판단하는 능력이 약해진다. 의로움을 멀리한 채 내 이익, 내 기분, 내 감정에 맞는 것만을 취하려 든다. 솔로몬이 풍성함을 누리게 되자 판단력과 공의를 상실한 것과 같다. 이 나라는 어찌 될 것인가? 하나님의 의를 버리고 판단력 없이 행하면 국가는 분열되고 교회는 쇠약해지고 만다.

우리에게 주시는 교훈이다. 하나님 앞에서 내가 의인으로 인정받을 수 있을까? 솔로몬도 이루지 못한 의인의 명칭을 내가 얻을 수 있으리라고 자신하지 말라. 그러나 내가 비록 풀과 같은 인생이며 벤 풀처럼 깎이고 잘렸다 할지라도 올바른 판단력을 굳게 지니고 있다면 가능한 일이다. 하나님이 원하시는 의로운 방향이 어디인지 판단하여 그 길을 변치 않고 걸어가면 된다. 그리하면 하나님께서 은혜의 소낙비를 내려주시고 의인으로 삼아 흥왕하게 하신다. 주님! 대림의 신앙으로 주님 오심을 기다리는 우리에게 판단력을 주소서.

2025 12.14

대림절 세 번째 주일

성서정과 | 시 146:5-10; 사 35:1-10; 약 5:7-10; 마 11:2-11

예배로 부름 Call to Worship

그러므로 형제들아 내가 하나님의 모든 자비하심으로 너희를 권하노니 너희 몸을 하나님이 기뻐하시는 거룩한 산 제물로 드리라 이는 너희가 드릴 영적 예배니라(롬 12:1)

예배 기원 Invocation

성도의 앉고 일어섬을 아시며, 택한 자녀의 발걸음을 인도하여 주시는 하나님! 지난 한 주간 주께서 드리워주신 권능의 날개 아래서 평안히 거하다가, 오늘은 거룩한 주일을 맞이하여 예배의 자리로 나왔습니다. 믿음의 눈을 열어주시어 이곳에 임재하신 하나님의 빛난 얼굴을 뵙게 하시고, 귀를 열어주시어 강단에서 선포되는 진리의 말씀을 청종하게 하옵소서. 입을 열어 거룩하신 하나님의 이름을 찬양하게 하시며, 마음을 열어 이 땅에 구원자로 오신 독생자 예수 그리스도를 영접하게 하옵소서. 예수님의 이름으로 기원하옵나이다. 아멘.

이 주일의 찬송 Hymns

찬양하라 복되신 구세주 예수(31장) / 참 놀랍도다 주 크신 이름(34장) /
오랫동안 기다리던(105장) / 내 모든 소원 기도의 제목(452장) / 기쁜 소리 들리니(518장) /
내 주여 뜻대로(549장)

성시 교독 Responsive Readings   시편 146:5-10

인도자	⁵ 야곱의 하나님을 자기의 도움으로 삼으며
회 중	여호와 자기 하나님에게 자기의 소망을 두는 자는 복이 있도다
인도자	⁶ 여호와는 천지와 바다와 그 중의 만물을 지으시며 영원히 진실함을 지키시며
회 중	⁷ 억눌린 사람들을 위해 정의로 심판하시며 주린 자들에게 먹을 것을 주시는 이시로다
인도자	여호와께서는 갇힌 자들에게 자유를 주시는도다 ⁸ 여호와께서 맹인들의 눈을 여시며
회 중	여호와께서 비굴한 자들을 일으키시며 여호와께서 의인들을 사랑하시며
인도자	⁹ 여호와께서 나그네들을 보호하시며 고아와 과부를 붙드시고
회 중	악인들의 길은 굽게하시는도다
인도자	¹⁰ 시온아 여호와는 영원히 다스리시고
회 중	네 하나님은 대대로 통치하시리로다 할렐루야

고백의 기도 Prayer of Confession

모든 것이 가하나 모든 것이 유익한 것은 아니라고 가르쳐 주신 주님! 저희는 십자가의 능력으로 구원을 받은 후에 그리스도 안에서 얻게 된 자유를 오해하였습니다. 어떤 행위든지 다 용납된다고 잘못 알아 경건한 생활을 지켜내지 못했습니다. 모든 것이 가하다는 지식만을 앞세워, 덕을 세우는 삶을 살지 못했습니다. 믿음의 공동체 안에서도 개인주의에 사로잡혀 자신의 유익만을 구하는 이기적인 선택을 하였습니다. 스스로를 믿음이 강한 사람이라 자부하면서 나의 무절제한 행동을 보며 상처받을 연약한 성도의 양심은 배려하지 않았습니다. 방탕한 생활을 하면서도 그것을 마치 그리스도 안에서의 자유인 양 착각하며 살았던 저희의 교만함과 어리석음을 용서해 주옵소서. 예수님의 이름으로 이 고백의 기도를 드립니다. 아멘.

사함의 확신 Assurance of Forgiveness

하나님께서 구하시는 제사는 상한 심령이라 하나님이여 상하고 통회하는 마음을 주께서 멸시하지 아니하시리이다 (시 51:17)

> 오늘의 주제

영광된 미래를 위하여

석의적 접근

구약의 말씀 사 35:1-10

영광스러운 미래의 모습이 예고되면서 거룩한 백성을 위한 약속이 펼쳐진다. 광야, 메마른 땅, 사막 등으로 묘사된 황폐한 땅이 레바논, 갈멜, 사론의 아름다움으로 바뀐다. 이 지역들은 백향목과 관목이 우거진 꽃동산이며 비옥한 평야로 소문난 곳이다. 이전의 폐허들이 이제 풍요하고 아름다운 땅으로 변화하는 기쁨의 소식이 전해진다. 이어서 구원 백성에게 용기를 주는 말씀이 선포된다. '굳세어라' '두려워 말라' '하나님이 너희를 구하시리라' 하는 약속이 중심을 이루는데, 그 사이에 '보복하시며'(4절)라는 지적이 나온다. 이는 사탄의 세력을 멸하실 메시아 강림을 예고하는 것으로 볼 수 있다.

구원의 날이 오면 인간 육체의 눈, 귀, 다리, 혀의 기능이 회복됨은 물론이고 거룩한 백성의 영적 능력도 다시 온전해진다. 8절은 '대로(highway)'로 상징되는 회복의 약속이다. 그 '대로'는 구원받은 사람이 하나님께 나아가는 거룩한 큰길이다. 좁은 문을 지나 구원 백성이 되면 이 거룩한 큰길을 걸어 주님의 나라에 이르게 된다. 그 길은 완전하고 또 안전하다. 인간을 위협하는 맹수가 없어지듯 폭력과 전쟁, 공포가 모두 사라진 길이다. 속량 받은 사람들이 돌아오는 길의 종점이 시온이라 하였다. 시온으로의 행복한 귀환이 여호와의 날에 이루어질 것을 약속하는 말씀이다.

서신서의 말씀 약 5:7-10

야고보서의 말씀은 주님께서 강림하시기를 기다리는 사람들이 갖춰야 할 두 가지 필수적 요소를 들려준다. 그것은 인내하는 태도와 견고한 마음이다. 거기에 농부와 선지자의 사례를 들어 그 참음이나 굳건함이 어떻게 믿음의 본으로 나타나게 되는지를 설명한다. 먼저 농부는 일찍이 씨를 뿌리지만 금방 곡식을 거두는 것이 아니다. 하나님께서 그 땅에 비를 내려주시고 추수할 조건을 허락하셔야만 비로소 농작물이 무르익게 된다. 농부는 철 따라 내리는 비를 기다리며 인내하고 마음을 굳게 해야만 한다. 농부가 추수할 때를 기다리듯 그리스도인들도 길이 참고 마음을 견고히 하여 주님의 강림을 기다려야 한다.

다음으로, 선지자의 경우가 제시되었다. 선지자들은 고난의 대명사라 할 수 있다. 그들은 하나님의 말씀을 가감 없이 전하였으므로 악한 세력들에게 언제나 박해의 대상이었다. 하나님께서는 신실한 백성이 고난받음으로써 유익해짐을 아시므로 선지자들을 고난 속에 두셨다. 예수 그리스도의 말씀이 이를 증명한다. "기뻐하고 즐거워하라 하늘에서 너희의 상이 큼이라 너희 전에 있던 선지자들도 이같이 박해하였느니라"(마 5:12). 사도 바울은 디모데에게 전도를 위해서는 선지자처럼 고난을 받아야 함을 가르쳤다. "그러나 너는 모든 일에 신중하여 고난을 받으며 전도자의 일을 하며 네 직무를 다하라"(딤후 4:5). 선지자는 주님의 강림을 기다리는 성도들에게 고난과 인내의 모범이 되고 있다.

복음서의 말씀 마 11:2-11

옥에 갇힌 세례요한이 제자들을 보내어 예수님께 질문한다. 예수님이 진정 메시아인지를 직접 확인하고 싶었던 까닭이다. 예수님께서 행하시는 일들이 심판의 주가 아니라 치유와 말씀 선포에 그치는 것으로 보여 의문을 가진 듯하다. 요한은 이전에 이미 그분이 메시아인 줄 알았으나 옥중 생활에서 확신이 흔들렸을 수도 있다. 그것이 아니라면, 요한이 자신의 죽음을 앞에 두고 제자들에게 주님을 확실히 믿도록 하려는 뜻에 따라 한 일이라고 보아야 한다. 예수님께서는 구약의 예언과 그에 관한 자신의 사역이 일치함을 들어 대답을 대신하셨다. 본문 5-6절 말씀은 이사야 35:5-6, 61:1과 직접 연결된다.

요한의 제자들을 보내고 나서 예수님께서는 무리를 향하여 요한에 대해 말씀하셨다. 요한에 관한 오해를 불식시키려는 주님의 의도였다. 광야에 나가면 갈대처럼 흔들리는 나약한 이들을 볼 수 있고, 권력으로 감싼 왕궁의 사람들도 간혹 나타난다. 그러나 정작 광야의 소리가 울려날 수 있음은 주님의 길을 예비하는 선지자가 그곳에 있기 때문이다. 세례요한은 이전 선지자보다 큰 사람으로서 사명을 다한 것이다. 그러나 "천국에서는 극히 작은 자라도 그보다 크니라"(11절) 하신 말씀은 매우 난해하다. 그리스도를 알고 믿어 천국에 간 사람은 이전의 큰 선지자보다도 더한 은혜를 받게 된다는 해석이 가능하다.

설교를 위한 조명

구약의 말씀(사 35:1-10)으로 설교 작성 / 대지 설교
"왕의 대로를 걷는 사람"

말씀에로 나아감

대림절 기간을 지내면서, 우리는 구약성경 가운데 천국의 영원한 기쁨을 예언한 최고의 말씀과 만나게 되었다. 이사야 35장에 나타난 이 영광스러운 미래의 모습은 하나님의 자녀인 우리를 위해 예비해 두신 약속이다. 그 거룩한 길을 걸으며 구속함의 노래를 부르게 해 주신 하나님의 은혜에 감사와 찬송을 드린다.

이 아름다운 약속은 앞에 있는 34장과 완전한 대조를 이루고 있다는 점에서 그 가치가 더 크다. 다시 말하면 34장은 무섭고 잔혹한 지옥의 현장이다. 차마 읽기에도 두려운 말씀이 계속된다(사 34:3-4). 하나님의 심판인 전쟁, 질병, 지진 같은 사태로 인하여 시체가 쌓이고 또 하늘의 만상, 곧 해와 달과 별들이 사라져 지구의 형체가 두루마리 말리는 것처럼 변하고 푸른 생명체인 나무들이 다 말라 버릴 것이라 하였다. 하나님을 배반한 에돔 나라의 모습이 곧 지옥의 상징이다.

이와 대조적인 천국의 아름다움은 히스기야 왕과 신실한 백성이 살아가는 미래의 유다 나라에 이루어질 은혜로운 비전이다. 사막이 백합처럼 아름답게 변하고, 백향목으로 뒤덮인 레바논과 관목의 산 갈멜, 그리고 비옥한 사론 평야가 풍요를 준다. 얼마나 영광스러운 모습인지!

또 하나의 대조되는 상황이 있다. 심판의 땅에 모여드는 것들은 당아새(펠리칸)와 고슴도치, 부엉이와 까마귀, 들짐승과 이리 떼 들이다. 그것들은 주로 어둠 속에서 활동하며 썩은 고기를 탐한다. 죽음과 부패로 절망의 끝에 몰려 있는 상황을 나타낸다.

이제 오늘 말씀에서 가장 중요한 대조가 있다. 심판받을 나라는 불붙는 역청에 유황이 부글부글 끓고 연기가 자욱하여 아무도 그리로 지날 자가 없다(34:10). 하지만 하나님 자녀의 나라에는 '거룩한 길(the way of holiness)'이라는 대로가 있다. 하나님께 나아갈 수 있도록 열린 큰길이다(8절). 주님의 자녀인 우리에게는 안전하고 빠르게 주님께 나아갈 거룩한 대로가 마련되어 있는 것이다. 일명 '왕의 대로'라 이르는 이 길을 과연 어떤 사람이 걸을 수 있을까?

본문 이해와 주안점

1. 깨끗한 사람만이 왕의 대로를 걸을 수 있다(8절)

고대 중동 지역에 사는 사람들은 '왕의 대로'라는 말을 익히 알고 있었다. 그들은 저 멀리 동방에서 오는 왕들을 맞이하고 무역로를 만들기 위해 요단강 동쪽에 남북으로 길게 길을 뚫었다. 왕의 행차 소식이 들리면 그를 맞이하기 위하여 다시금 길을 닦는 작업이 대대적으로 이루어졌다. 이사야 선지자는 왕으로 오시는 여호와를 맞이할 길을 닦으라는 말씀을 이사야 40장에 선포한다. 오늘

35장 말씀은 40장과 이어진다. 그 사이에 있는 36-39장은 유다 나라가 위험에 빠졌던 때의 역사 기록이다. 그러면 큰길을 만드는 40장의 말씀을 보자. "외치는 자의 소리여 이르되 너희는 광야에서 여호와의 길을 예비하라 사막에서 우리 하나님의 대로를 평탄하게 하라 골짜기마다 돋우어지며 산마다, 언덕마다 낮아지며 고르지 아니한 곳이 평탄하게 되며 험한 곳이 평지가 될 것이요 여호와의 영광이 나타나고 모든 육체가 그것을 함께 보리라 이는 여호와의 입이 말씀하셨느니라"(사 40:3-5).

골짜기를 돋우고 산과 언덕을 깎아내며 험한 곳을 평평하게 하여 넓은 길을 만든다. 그래야 그 길로 왕의 행차가 편안하고도 빠르게 올 수 있다. 이런 목적이 있는 길이므로 그것을 '왕의 대로'라 불렀다. 이 길을 만들 듯이 우리 마음에 갖가지 욕심을 깎아내고 믿음을 돋우어 대로를 닦으면, 왕이신 우리 주님께서 내게 오시는 길이 되고 내가 주님께로 나아가는 길이 된다. 우리가 좋아하는 찬송가 242장 '황무지가 장미꽃같이'는 본문 말씀을 시와 노래로 표현한 것이다. 찬송의 원문은 계속하여 '왕의 대로를 걸어간다(walking in the King's highway)' 하는 말을 반복한다. 지금 같으면 '하나님께로 가는 고속도로'라고 표현할 만하다.

그런데 성경 말씀은 이 왕의 대로를 걸어갈 사람의 자격을 엄격하게 제한하였다. 이 하이웨이에 올라 걸을 수 있는 사람은 누구일까? "깨끗하지 못한 자는 지나가지 못하겠고"(8절). 처음 조건은 깨끗한 사람이다. 깨끗한 사람이란 하나님의 계명을 지켜 세속의 구덩이에 빠지지 않은 사람을 가리킨다. 하나님 말씀을 떠나 죄의 길로 접어들면 신성함이 사라지고 세속에 물들어 더럽혀진다. 인간은 연약한지라 더러움에 물들지 않을 수 없다. 그렇다면 아무도 이 길을 걸을 수 없지 않을까?

이를 아시는 하나님께서는 더러움을 씻고 다시 깨끗하게 될 방법을 마련해 주셨다. "그 날에 죄와 더러움을 씻는 샘이 다윗의 족속과 예루살렘 주민을 위하여 열리리라"(슥 13:1). 스가랴 선지자가 말한 이 샘이 예루살렘에 어떻게 열릴는지 사람들은 알지 못했다. 그러나 하늘의 빛이 비치고 빛 가운데로 행하는 사람이 깨닫게 된 깨끗함의 샘은 예수 그리스도의 피였다(요일 1:7). 예수님의 피를 믿고 죄 사함을 확신하며 고백하는 사람은 깨끗하게 된다. 이 사람이 왕의 대로, 곧 거룩한 길을 걸어갈 자격이 있다. 우리는 그리스도를 믿어 깨끗하게 된 사람들이다.

2. 오직 구속함을 입은 자들을 위하여 있는 길이다(8-9절)

두 번째로 왕의 대로를 걸을 사람은 '오직 구속함을 입은 자'들이다. 요즘 사람들은 워낙 잡아 가두는 일들이 일상사가 되어 있어 구속이라 하면 먼저 체포나 구금(arrest)을 떠올린다. 그러나 구속의 하나님은 우리를 잡아 감옥에 가두시는 분이 아니다. 체포와 반대되고 차원이 전혀 다른 은혜롭고 아름다운 구속이 있다. 하나님의 자녀들은, '건질 구(救)', '속바칠 속(贖)', 곧 내 죄를 대신 갚음으로써 구원해 주시는 구속(redeem)을 온 마음에 가득 지니고 있어야 한다. 거룩한 길을 걸을 사람의 조건은 구속함을 입었는가 아닌가 그 여부에 달려 있다.

오늘 본문은 8절과 9절에서 구속함을 반복해 강조하며, 10절에서 속량함을 받은 자라고 말씀하였다. '속량(贖良)'이란 종의 신분을 면하여 양민이 되게 한다는 뜻이다. 여기 사용된 글자인 '속(贖)'은, 앞에서 말한 바와 같이 죄를 면하려고 재물을 바친다는 의미가 있다. 옛날에 노비가 천한 신분을 벗으려면 나라에 큰 공을 세우거나 많은 돈을 내는 방법뿐이었다. 그러나 노비가 나라를 구할 기회는 좀처럼 오지 않았고 큰돈을 마련할 힘은 처음부터 아예 없었다. 또 전쟁이 그치지 않은 시대였으므로 침략자들은 양민의 가족들을 포로로 잡아서 끌고 가버렸다. 포로를 찾아내어 구하여 데리고 오려면 많은 돈이 필요했다. 다행히 소식을 듣고 돈을 마련한 사람들은 천신만고 끝에 그 나라에 가서 가족의 몸값을 주고 고향으로 돌아오게 할 수 있었는데 그것을 '속환(贖還)'이라 했다.

구속이란 우리의 믿음 가운데 가장 중요한 개념이다. 넓은 의미로 구원이지만, 구체적으로는 죄의 종이 되어 있던 인간을 대가를 치르고 구해 주셨다는 뜻이다. 남의 죄를 대신 갚았으므로 '대속(代贖)'이라는 말도 적합하다. 이사야 선지자는 하나님께서 이스라엘을 위하여 큰 대가를 치르셨다고 선언한다(사 43:3). 하나님은 작은 나라 백성 이스라엘을 위하여 큰 나라인 이집트나 에티오피아, 그리고 아라비아 반도에 있는 나라들을 대속물로 삼으셨다. 그 나라들이 페르시아의 공격 대상이 되었고, 대신 이스라엘은 포로에서 석방되었던 역사를 만드신 것이다.

그러나 온 세상 사람들을 위한 구속은 그것으로 끝날 수 없었다. 때가 이르자 하나님께서는 자신의 유일하신 아들을 인간으로서 세상에 보내셨다. 생명의 말씀을 직접 인간의 목소리로 전하게 하시고 의와 사랑을 몸소 보여주셨다. 끝내 하나님을 거역한 인간들의 죄를 대신 지시고 십자가에 달려 죽으셨다. 이것이 대속의 은혜이며 이 구속함을 받아들인 사람은 죄 사함을 받는다. 내 죄가 하나님의 아들이 대신 흘린 피로 인하여 용서를 받게 된 것이다. 종이 자유를 얻어 양민이 되고, 포로가 억압에서 풀려나 고향으로 돌아갈 기쁨을 얻었다. 그리스도를 믿음으로써 죄에서 해방되었다. 찬송가 가사처럼 '구속함의 노래 부르며 거룩한 길 다니리.' 이렇게 찬송하며 왕이신 하나님께로 향하는 대로를 우리 함께 걸어가자.

3. 영원한 기쁨을 지니고 찬송하는 사람들이 걷는 길이다(10절)

왕의 대로를 걷는 사람의 공통된 점이 오늘 말씀의 마지막 절에 기록되었다. "여호와의 속량함을 받은 자들이 돌아오되 노래하며 시온에 이르러 그들의 머리 위에 영영한 희락을 띠고 기쁨과 즐거움을 얻으리니 슬픔과 탄식이 사라지리로다"(10절). 기쁨이 그들에게 영원히 머물 것이라고 하였다. 그 기쁨으로 인하여 슬픔과 탄식은 다 사라져 버렸다. 하나님께로 향하는 거룩한 대로는 기쁨으로 가득한 사람들이 찬송하며 즐겁게 걸어가는 길이다.

하나님의 자녀들이 가져야 할 기본 감정은 기쁨이다. 성령의 열매 가운데 사랑 다음으로 제시된 것이 기쁨이며, 또한 기도와 감사보다 앞서 권하는 말씀이 '항상 기뻐하라'(살전 5:16)이다. 우리는 이 말씀을 잘 알고 있으면서도 금방 기쁨이 사라지고 슬픔에 젖는 일이 많다. 구속함을 입은 사람은 하나님의 약속을 믿고 기쁨을 영원히 간직해야 한다. 이사야의 또 다른 말씀이 뒤를 잇는다. "두려워하지 말라 내가 너와 함께 함이라 놀라지 말라 나는 네 하나님이 됨이라 내가 너를 굳세게 하리라 참으로 너를 도와주리라 참으로 나의 의로운 오른손으로 너를 붙들리라"(사 41:10). 그렇다. 왕의 대로는 나 혼자 걷는 길이 아니다. 주님의 강하고 든든한 오른손이 나를 붙들고 있다.

또 기쁨이 없어지는 이유는 물질만능주의로 가득한 세상에서 자신을 유혹하는 욕심 때문이다. 세상의 것에 비교하며 슬퍼하지 말라. 우리에게는 더 크고 영원한 기쁨이 있다. 마태복음에서 그리스도의 말씀은, 밭에서 보화를 발견한 사람이 자기의 소유를 다 팔아 그 밭을 샀다고 하였다(마 13:44). 이 보화가 천국이며 나를 구속하신 하나님을 마음에 모셨다는 비유의 말씀이다. 그것만 생각한다면 기쁨이 떠나지 않는 인생으로 살아갈 수 있다. 골로새서의 말씀은 이를 잘 보충하고 있다(골 2:2-3). 하나님의 비밀인 예수 그리스도 안에 모든 보화가 있다. 이것이 영원한 나의 소유인데 어찌 기뻐하지 않을 수 있으랴!

말씀의 갈무리

대림절 기간이 흐르고 있다. 이미 교회력으로는 새해가 시작되었다. 새로운 시작을 위하여 창조주 하나님의 도우심이 간절히 필요한 때이다. 우리는 왕이신 하나님의 거룩한 대로에 들어서서 걸어가기 시작한 사람이다. 깨끗하지 못한 자는 들어설 수 없는 길, 구속함을 입은 자들을 위하여 있는 길, 영원한 기쁨을 띠고 찬송하는 이 길을 걸을 때 주님의 의로운 오른손이 우리를 붙들어 주실 것이다.

이 길을 걸어가는 우리에게 질병과 고통이 감히 침범하지 못하며, 전쟁이 자취를 감추는 평화의 세상이 열리리라 확신한다. 정파 간의 갈등이나 모략이 사라져 의로운 질서가 세워지는 나라가 되기를 기도한다. 일상을 위협하는 불안 요소가 제거되어 사회적 범죄가 줄어드는 안전한 삶이 펼쳐지기를 바란다. 경제 문제로 힘들어하는 사람에게 길이 열리고 사랑과 나눔이 풍성한 나날들로 채워지기를 소망한다. 말씀 위에 굳게 서서 이 길을 걷는 우리 그리스도인들의 행진이 아름답고 장엄하다.

2025 12.21
대림절 네 번째 주일

성서정과 | 시 80:1-7, 17-19; 사 7:10-16; 롬 1:1-7; 마 1:18-25

예배로 부름 Call to Worship
성문으로 나아가라 나아가라 백성이 올 길을 닦으라 큰길을 수축하고 수축하라 돌을 제하라 만민을 위하여 기치를 들라 여호와께서 땅끝까지 선포하시되 너희는 딸 시온에게 이르라 보라 네 구원이 이르렀느니라 보라 상급이 그에게 있고 보응이 그 앞에 있느니라 하셨느니라(사 62:10-11)

예배 기원 Invocation
믿는 자마다 멸망하지 않고 영생을 얻게 하시려고 독생자를 보내주신 하나님 아버지! 대림절 네 번째 주일에 드리는 예배를 받으시옵소서. 대림절 기간이 더하여 갈수록 우리 영혼은 아기 예수님의 성탄을 사모하며 간절한 마음으로 기다립니다. 예배하는 이 시간, 성육신의 비밀을 깨닫게 하셔서 이 땅에 나타내신 하나님의 능하신 팔과 구원의 역사를 깨닫게 하여 주옵소서. 비천한 자를 높이시고 주린 영혼에 좋은 것으로 채우시는 하나님의 은혜를 경험하게 하옵소서. 육신이 되어 이 땅에 오신 예수 그리스도의 이름으로 기원하옵나이다. 아멘.

이 주일의 찬송 Hymns
빛나고 높은 보좌와(27장) / 영원한 문아 열려라(102장) / 우리 주님 예수께(103장) / 그 맑고 환한 밤중에(112장) / 하나님의 말씀으로(133장) / 구주 예수 의지함이(542장)

성시 교독 Responsive Readings 시편 80:1-7, 17-19

인도자 1 요셉을 양 떼 같이 인도하시는 이스라엘의 목자여 귀를 기울이소서 그룹 사이에 좌정하신 이여 빛을 비추소서

회 중 2 에브라임과 베냐민과 므낫세 앞에서 주의 능력을 나타내사 우리를 구원하러 오소서

인도자 3 하나님이여 우리를 돌이키시고 주의 얼굴빛을 비추사 우리가 구원을 얻게 하소서

회 중 4 만군의 하나님 여호와여 주의 백성의 기도에 대하여 어느 때까지 노하시리이까

인도자 5 주께서 그들에게 눈물의 양식을 먹이시며 많은 눈물을 마시게 하셨나이다

회 중 6 우리를 우리 이웃에게 다툼 거리가 되게 하시니 우리 원수들이 서로 비웃나이다

인도자 7 만군의 하나님이여 우리를 회복하여 주시고 주의 얼굴의 광채를 비추사 우리가 구원을 얻게 하소서

회 중 17 주의 오른쪽에 있는 자 곧 주를 위하여 힘있게 하신 인자에게 주의 손을 얹으소서

인도자 18 그리하시면 우리가 주에게서 물러가지 아니하오리니 우리를 소생하게 하소서 우리가 주의 이름을 부르리이다

회 중 19 만군의 하나님 여호와여 우리를 돌이켜 주시고 주의 얼굴의 광채를 우리에게 비추소서 우리가 구원을 얻으리이다

고백의 기도 Prayer of Confession

사랑의 하나님. 저희는 십자가의 보혈로 죄 씻음을 받아 새사람이 되었지만, 성도로서 살아가는 모습은 옛사람 그대로입니다. 감각을 잃은 병자처럼 자신을 방탕함에 방임하면서도 그 심각함을 알지 못했습니다. 구원의 감격을 체험하였음에도 유혹의 욕심을 떨치지 못하고 썩어가는 구습을 따라 살았습니다. 지체가 되는 믿음의 형제들에게 함부로 하며 거짓말을 하였습니다. 낮에 얻은 분노를 해가 지도록 품으므로 마귀에게 틈을 줄 때도 많았습니다. 입 밖에도 내지 말아야 할 더러운 말은 입에 달고 살았는데, 이웃에게 덕을 세우고 은혜를 끼치는 선한 말은 많이 하지 않았습니다. 이 외에도 성도로서 버려야 할 악독과 노함이 아직이 우리 안에 남아있습니다. 성령님의 마음을 근심케 하는 이 모든 죄를 용서해 주옵소서. 예수님의 이름으로 이 고백의 기도를 드립니다.

사함의 확신 Assurance of Forgiveness

주의 크신 긍휼로 그들을 아주 멸하지 아니하시며 버리지도 아니하셨사오니 주는 은혜로우시고 불쌍히 여기시는 하나님이심이니이다(느 9:31)

> 오늘의 주제

그리스도의 초림과 재림

석의적 접근

구약의 말씀 사 7:10-16

    이사야 선지자는 유다 왕 아하스에게 예언한다. 그 중심 내용은 하나님께서 그들을 구원하시기 위해 처녀에게서 아이가 태어나도록 하실 것이며 그 이름을 '임마누엘'이라 부르게 된다는 말씀이다. 그 말의 뜻은 "하나님이 우리와 같이 계심이라"로서 약속의 메시아가 이 땅에 오실 것이라는 선포였다. 예수님께서 세상에 오셨을 때도 많은 사람이 하나님의 약속을 믿지 않고 메시아를 거부했던 것처럼, 당시 유다 왕국의 왕 아하스를 비롯한 다수의 백성이 임마누엘 선포를 받아들이지 않았다.

    B.C. 734년 무렵에 시리아 왕 르신과 북왕국 왕 베가가 동맹을 맺고 유다 왕국을 공격해 왔다. 아하스는 공포에 떨며 예루살렘으로 들어오는 수로를 점검하고 있었다. 이사야 선지자는 왕에게 두려워 말고 굳게 서서 하나님께 징조를 구하라고 하였다. 그러나 왕은 여호와를 시험하지 않겠다며 구하기를 거부한다. 겉으로 겸손한 모습을 가장했으나 실은 강대국 앗수르에게 도움을 청할 계획이 있었기 때문이었다. 이제 그 나라의 앞에는 믿음으로 메시아 소망을 따를 것인가, 아니면 악을 선택하여 황폐함을 벗어나지 못할 것인가, 이 두 개의 갈림길이 놓여 있을 뿐이었다.

서신서의 말씀 롬 1:1-7

로마서를 여는 첫인사로 구성된 본문이다. 바울은 먼저 발신자인 자신이 어떤 사람인지를 밝히고 곧장 하나님의 아들이신 예수 그리스도에 관한 언급으로 들어가 그의 두 가지 성품, 곧 신성과 인성을 말한다. 그리고 이 서신의 수신자들인 로마의 성도들을 가리켜 이방인 중에서도 그리스도의 부름을 받은 사람들이라 하였다. 그들을 향하여 사도 바울은 성부와 성자의 이름으로 복을 선포하고 인사를 마친다.

바울은 자신을 '예수 그리스도의 종'이라 소개한다. '둘로스(δουλος)'라는 헬라어 단어는 가장 낮고 비천한 종이나 노예를 가리킨다. 바울이 겸손하게 자기를 비하한 표현이다. 그러나 그는 이 종이 복음을 위해 선택된 '아포스톨로스(ἀπόστολος)' 곧 사도로 부름을 받았다고 하였다. 어떤 일을 수행할 목적 아래 파견된 사람을 사신이나 사도라 한다. 바울이 사도로서 해야 할 일은 하나님이 성경에 약속하신 아들에 관하여 전하는 것이었다. 이제부터 그가 선포할 예수 그리스도는 다윗의 혈통으로 나신 인성의 소유자이시며, 아울러 이 땅에서 죽임을 당하였으나 부활의 능력으로 신성을 확증해 주신 하나님의 아들이다. 이를 믿고 순종하면 이방인 중에서도 부르심을 받은 그리스도의 사람이 될 수 있다고 하였다.

복음서의 말씀 마 1:18-25

예수 그리스도가 아기로 태어난 것은 성령으로 잉태된 것의 나타남이라고 말씀한다. 약혼한 사이인 요셉과 마리아가 동거하기 전이므로 육신의 자녀가 태어날 수 없었다. 이는 오직 아들을 세상에 보내시려는 하나님의 초자연적인 역사이며 약속의 성취였다. 그러나 성령의 잉태를 믿기 어려워하는 인간의 고심이 약혼자인 요셉에게서 드러난다. 그는 마리아의 임신 사실을 알고 번민하며 가만히 헤어지려 했으나 천사의 현몽으로 인해 하나님의 뜻을 알게 된다. 요셉은 하나님이 인정하시는 의로운 사람이 되었고, 이후로 아내 마리아와 아들 예수를 데려와 보호하는 사명을 수행하였다.

주의 천사가 밝혀준 선지자의 예언은 이사야 7장 14절이었으며, 그 이름은 '임마누엘(Ἐμμανουήλ)'이라 하였다. 이 단어의 기원은 히브리어로서 '하나님'을 가리키는 '엘(אל)'과 '우리와 함께'라는 의미의 '임마누(עמנו)'가 결합한 것이다. 이 이름은 그리스도의 상징적 명칭이 되었을 뿐 아니라, 이후로 예수 그리스도 안에서 성도가 누릴 복을 포괄하는 의미를 띤다. 하나님의 임재를 약속하는 이 말은 그리스도인에게 삶의 위로와 구원의 확신을 준다. 그러므로 '임마누엘'은 동행하시는 하나님을 상기함으로써 영적 성숙을 이루도록 이끄는 신앙의 핵심 개념이다.

설교를 위한 조명

복음서의 말씀(마 1:18-25)으로 설교 작성 / 대지 설교

"임마누엘 아기와의 만남"

말씀에로 나아감

오늘이 대림절 마지막 주일이고, 나흘 뒤에 성탄절을 맞이한다. 오늘의 성서 정과는 아기 예수의 탄생을 기록한 마태복음 말씀이다. 이로 인하여 우리는 다시 오실 주님을 기다리며 이천 년 전에 세상에 오신 임마누엘 아기를 만나보는 소중한 기회를 얻었다. '임마누엘'은 이사야 7장 14절의 예언에 따라 이 땅에 태어날 아들의 이름이며, 그 뜻은 "하나님이 우리와 같이 계심이라"이다. 이 임마누엘 사건에 따라 세상은 B.C.(Before Christ)와 A.D.(Anno Domini)로 갈렸고, 혼란한 과거와 은혜로운 시작의 역사를 구별하게 되었다.

그러나 세상을 바꾼 임마누엘 아기는 특별한 모습으로 태어나지 않았다. 울지도 않고 의젓하게 일어나서 경배를 받는 특수한 존재라고 생각하면 안 된다. 갓 태어난 그 생명은 베들레헴의 초라한 말구유에 누워 배고프면 젖을 달라 보채는 아기에 불과했다. 화가 렘브란트는 아기에게서 광채가 나고 머리 주위에 후광이 비치는 장면의 성화를 그렸다. 하지만 그 빛은 예술적 상징으로 이해해야 한다. 광채와 후광은 없고, 젊은 유대인 어머니의 품에 안긴 평범한 아기의 모습으로 세상에 왔다.

그렇다면 무엇이 달라졌기에 그 아기의 태어남이 인류 역사를 A.D.로 변하게 하였는가? 그 아기는 하나님이 함께하시는 '임마누엘'이었다. 임마누엘 신앙의 사람이 되면 삶이 바뀌고 역사를 바꾼다. 올해의 대림절 마지막 주일에 임마누엘 아기 예수를 영접하는 우리의 모습이 어떻게 달라져야 할까?

본문 이해와 주안점

1. 성령의 인도하심으로 겸손히 경배하는 사람이 된다(20절, 2:11)

그 누가 억지로 시키지도 않았는데 목자들이 찾아와 경배했고, 동방의 박사들도 먼 길을 와서 경배하였다. 목자들은 가까운 곳에 있는 사람들이고, 박사들은 먼 데서 온 사람들이다. 어떤 권력자가 강제로 명령한다 해도 그 추운 겨울에 경배의 행렬에 선뜻 나서기란 무척 어려운 일이다.

목자들은 서민이요, 박사들은 지식층에 속하여 권력과 가까운 사람들이다. 그런데도 이들이 하나같이 경배했다. 귀족들은 자만과 자기존중을 내세우며 살아온 사람들이기에 자발적으로 머리를 숙이는 경우가 드물다. 동서양을 막론하고 선비 정신은 권력에 굴복하지 않았다. 벼슬을 버리고 쫓김을 당할지언정 절대 무릎을 꿇지 않는다. 학자들은 권력에 굴종하는 사람을 가장 치사하게 여기며 상종하지 않으려 한다. 그런데 박사들이 스스로 찾아와 그 앞에 엎드렸다. 더구나 손에 최고의 보물인 황금, 유향, 몰약을 들고서 말이다. 진정한 마음에서가 아니라면 생각지도 못할 경배의 모습이었다(마 2:11).

또한 아무리 서민이라 한들 목자들도 순순히 머리 숙일 사람들은 아니었다. 베들레헴에서 양을 치는 목자들은 다윗의 후손이라는 자존심을 지니고 있다. 그들의 선조 다윗이 누구인가? 여호와의 이름으로 물맷돌 다섯 개를 가지고 나아가 하나님을 모욕하는 블레셋의 거인 장수 골리앗을 일격에 무너뜨린 영웅이며 통일 이스라엘의 성군이다. 그 영광을 기억하면서 지금은 비록 가난한 백성이지만 다윗의 고향을 지키며 살아가는 후손이 바로 그들이다. 목자들은 천사의 인도에 따라 아기를 찾아보고 하나님께 영광과 찬송을 드렸다(눅 2:20).

성탄절에 우리 그리스도인은 어떻게 달라져야 할까? 오늘의 성경 말씀은 그리스도의 나심이 성령으로 된 것임을 거듭 강조한다(18, 20절). 따라서 성령의 인도하심으로 겸손히 경배하는 사람이 되어야 한다. 성전에 나아가 삼위 하나님을 찬양하며 구원의 주로 오신 임마누엘 아기 예수께 경배를 드려야 함은 당연하다. 그리고 겸손한 마음으로 남모르게 선행을 베풀도록 하자. 작은 자를 도와주는 것은 곧 주님께 하는 일과 같다. 의지할 데 없는 외로운 사람들을 찾아 작은 사랑을 전하면 주님께서 우리의 정성을 기쁘게 받으신다. 이것이 임마누엘 주님께 경배드리는 일이 된다.

교회와 가정에 성탄목을 만든 이들도 많다. 크리스마스 트리라고 불리는 아름다운 나무 장식이다. 중세 서양에서 성탄 전야에 늘 성극을 연출했는데, 거기에는 에덴동산의 아담과 하와 및 생명나무가 등장했다. 무대 중앙에 생명나무를 상징하는 전나무를 세우고 거기에 선악과의 모형인 사과를 달아 죽음과 죄를 상기시켰다. 이어서 이사야 11장 1절 말씀을 인용한 노래를 부르며 장미꽃을 나무에 달았다. 이는 인간의 죄 때문에 닥치는 죽음과 절망을 뚫고 생명을 피워내는 소망의 주 예수 그리스도를 상징하는 표였다.

이후에 사람들은 성탄목에 빵과 과자를 달았다. 그리스도께서 생명의 양식이기 때문이다. 또 촛불과 전구가 추가되어 반짝이는 것은 세상의 빛으로 오신 주님을 맞이하기 위함이다. 아름답고 상징성 짙은 성탄목을 만들어 세우는 정성도 귀한 헌신이다. 그러나 무엇보다 중요한 성탄목의 의미는 아기 예수께 경배드리는 것이고, 거기 걸린 상징물들은 겸손의 열매가 되어야 한다는 점이다.

겸손한 마음과 자세로 성탄을 준비하는 성도들이 되자.

2. 하나님이 함께 계심으로 평화의 사람이 된다(23절, 눅 2:14)

주님이 태어나실 당시에도 세상은 전쟁과 대립이 극심하여 평화가 없었다. 로마제국은 군사력으로 영토를 넓히고 있었으며 유대 나라는 그의 식민지로서 숨죽이며 살아야 했다. 기원전 1세기 말 아우구스투스 황제 때부터 이른바 '팍스 로마나(Pax Romana)' 시대가 열렸는데 이는 '로마의 평화'라고 하여 로마에 복종함으로써 정치 사회적 안정을 얻는다는 의미였다.

임마누엘 아기 예수를 만난 사람들은 하나님이 우리와 함께 계심을 마음 깊이 깨닫게 되었다. 그리고 목자들은 천군 천사의 찬양을 통하여 '로마의 평화'가 아닌 '하나님의 평화'를 받아들였다(눅 2:14). 로마의 왕정이 제공하는 일시적인 평화와 근본적으로 다른 평화를 비로소 알게 된 것이다.

목자들이나 박사들은 어린 왕을 만났다고 하였다. 특히 박사들은 유대인의 왕으로 나신 이를 찾아 경배하러 왔다고 말했다(마 2:2). 이는 정복자 로마의 처지에서 볼 때 심각한 반역의 씨앗이 아닐 수 없었다. 분봉왕 헤롯은 미친 듯이 아기 예수를 찾아 죽이도록 명령하고 두 살 이하의 어린 생명을 잔인하게 학살했다. 그러나 평화의 아기 예수를 만난 목자들의 인격과 삶은 하나님께 영광을 돌리는 태도로 변해 있었다. 들판에서 거칠고 조급하게 살아온 사람들이 평화의 화신으로 바뀌었다. 평화를 얻은 동방 박사들은 헤롯 왕을 만나지 않고 다른 길로 돌아 고향으로 돌아갔다.

우리가 사는 이 시대의 평화를 점검해 본다. 세계의 두 지역에서 벌어지고 있는 전쟁은 수많은 사상자를 내며 사람들을 절망과 공포 속으로 몰아간다. 철모르는 어린아이를 비롯한 양민들의 희생은 온 인류의 가슴에 견딜 수 없는 아픔을 주고 있다. 평화가 깨질 위기 앞에서 아슬아슬한 긴장감으로 지새우는 나라들도 적지 않다. 그중의 하나가 남북으로 갈린 한반도이다. 핵무기로 무장하고 러시아와 군사적 밀착을 도모하는 북한에 맞서 대응하는 우리에게 무엇보다도 필요한 것이 진정한 평화이다.

총칼을 들지 않았어도 이 세상에는 더 무서운 전쟁이 있다. 이른바 '무역 전쟁 (trade war)' 같은 것들이다. 미국과 중국 사이의 패권 경쟁은 무역으로 불붙어 한쪽이 수입품에 보복 관세를 부과하자 다른 쪽은 반발 관세로 대응했다. 이로 인하여 뭇 나라들이 큰 고통을 겪고 있다. 이는 '기술 전쟁'으로 옮겨가며 반도체나 인공지능(AI) 분야에 격전과 분쟁을 예고한다.

주님 없는 세상은 평화가 없다. 평화의 주님께서 말씀하신다. "그러나 너희 듣는 자에게 내가 이르노니 너희 원수를 사랑하며 너희를 미워하는 자를 선대하며 너희를 저주하는 자를 위하여 축복하며 너희를 모욕하는 자를 위하여 기도하라"(눅 6:27-28). 이 말씀 속에서 평화가 이루어진다. 평화를 위하여 서로 사랑해야 하고, 한없이 호의를 베풀어야 하고, 자신을 낮추며 겸손히 기도해야 한다.

3. 구원의 주 예수님을 전파하는 사람이 된다(21절, 눅 2:17)

목자들이 임마누엘 아기 예수를 찾은 때부터 시작한 일은 아이에 대하여 전하는 것이었다. 천사의 말을 전하고, 자기들이 듣고 본 모든 것을 전하였다(눅 2:17, 20). 예수 그리스도를 진정으로 마음에 모신 사람의 특징은 남에게 전하지 않고는 견딜 수 없는 심정으로 변하는 것이다.

오래전, 보험 세일즈 왕으로 불렸던 레더맨이란 사람이 있었다. 그는 보험 세일즈를 잘할 수 있는 두 가지 방법을 말했다. 먼저 이 보험이 당신에게 정말 적합하고 유익한 것이라는 확신을 주어야 한다. 그렇다. 듣는 사람은 보험 권유자가 참으로 내게 좋기 때문에 권하는지, 아니면 그저 자기 이익 때문에 권하는지 구분할 수 있다. 권하는 사람이 먼저 정말 좋은 경험을 하고 있음을 드러내 보여야 한다. 나에게도 이와 비슷한 기억이 있다. 나는 젊었을 때 자전거를 많이 탔다. 군에 가서 전령 병사로 근무할 때부터 이후 출퇴근 수단으로 줄곧 사용했고, 신학생 시절에는 가족들을 태우고 복잡한 서울 거리를 달렸다. 자전거를 처음 살 때의 일이다. A제품 자전거를 계약하자는 사람이 왔는데, 유심히 살펴보니 그는 B회사 제품 자전거를 타고 왔다. 내가 그 점을 지적하자 동생의 자전거를 빌려 타고 왔다고 변명했지만 나는 계약하지 않았다. 자기는 B를 타면서 나에게는 A를 팔려 하다니 …. 그 후에 나는 B제품 자전거를 샀다.

레더맨 세일즈의 두 번째 방법은 보험 대상자를 만나기 위해 그 사람을 1주일 동안 연구하라는 것이었다. 많은 준비가 있어야만 성공에 이르게 된다는 말이다. 나는 이 말을 들으면서 하나님이 직접 보여주신 창조의 원리를 떠올렸다. 전능하신 하나님께서 이 작은 인간들을 위하여 창세 전부터 준비하셔서 일곱째 날에 이르도록 하셨고, 또 오랜 날들을 지내시며 예비하신 예수 그리스도를 세상에 보내셨다. 이 위대한 역사를 확신하고 나도 최선을 다해 준비하면 세상의 계획들이나 세일즈까지도 모두 성공을 거둘 수 있음을 알게 되었다.

곧 다가올 성탄절에 우리는 임마누엘 아기 예수를 만날 준비를 하고 있다. 구원의 주님을 거듭 확신하고 그분을 세상에 널리 전하는 사명을 수행하는 성도들이 되어야 하겠다. 이미 창세 전부터 우리를 예정하신 성 삼위 하나님께서 구원의 자녀들을 돌보시며 영원한 하늘나라로 이끄실 것이다.

말씀의 갈무리

임마누엘 아기는 고요히 이 세상에 오셔서 낮고 천한 말구유 위에 누우셨다. 배경 있는 가정도 아니었으므로 주목받을 조건이 전혀 없었다. 그러나 그 아기를 만난 사람들은 하나님의 영에 감화되어 경배하고, 평화를 얻고, 이 사실을 널리 전하였다. 예배드리고 평화를 이루며 전도하는 삶, 이것이 우리가 성탄절에 누릴 은혜로운 A.D.의 시작이다.

지금까지의 생활이 어둠 속에서 갈등으로 얼룩진 옛 B.C.의 모습이었다면, 우리는 올해 성탄을 통해 평화의 A.D.로 새롭게 출발해야 한다. 임마누엘 아기 예수를 만난 사람들의 마음에는 평화가 자리를 잡고 있었다. 이제 무엇이 달라져야 할까? 임마누엘 이전과 이후의 내 모습을 마음의 거울에 비추면서 조용히 믿음을 점검해 볼 시간이 왔다.

2025 12.25 성탄절

성서정과 | 시 98; 사 52:7-10; 히 1:1-4, (5-12); 요 1:1-14

예배로 부름 Call to Worship
아들을 낳으리니 이름을 예수라 하라 이는 그가 자기 백성을 그들의 죄에서 구원할 자이심이라 하니라 이 모든 일이 된 것은 주께서 선지자로 하신 말씀을 이루려 하심이니 이르시되 보라 처녀가 잉태하여 아들을 낳을 것이요 그의 이름은 임마누엘이라 하리라 하셨으니 이를 번역한즉 하나님이 우리와 함께 계시다 함이라(마 1:21-23)

예배 기원 Invocation
할렐루야! 성탄의 기쁜 소식이 온누리에 울려 퍼지는 아침에 저희가 성전으로 나아와 예배합니다. 베들레헴의 춥고 냄새나는 마구간으로 오셨던 주님! 오늘 우리의 추하고 천한 마음에도 오시옵소서. 죄 사함으로 말미암는 구원의 능력을 알게 하시고, 돋는 해가 비침 같은 하나님의 자비하심을 경험하게 하옵소서. 한밤중에 양 떼를 지키던 목자에게까지 성탄의 소식이 전해졌던 것처럼, 오늘도 어두운 곳에서 고통받고 있는 모든 사람에게 구주 탄생하심의 기쁜 소식이 전파되기를 원하오며 예수님의 이름으로 기원하옵나이다. 아멘.

이 주일의 찬송 Hymns
고요한 밤 거룩한 밤(109장) / 저 아기 잠이 들었네(113장) / 옛날 임금 다윗성에(119장) / 저 들 밖에 한밤중에(123장) / 천사들의 노래가(125장) / 마리아는 아기를(129장)

성시 교독 Responsive Readings 시편 98

인도자	¹ 새 노래로 여호와께 찬송하라 그는 기이한 일을 행하사
회 중	그의 오른손과 거룩한 팔로 자기를 위하여 구원을 베푸셨음이로다
인도자	² 여호와께서 그의 구원을 알게 하시며
회 중	그의 공의를 뭇 나라의 목전에서 명백히 나타내셨도다
인도자	³ 그가 이스라엘의 집에 베푸신 인자와 성실을 기억하셨으므로
회 중	땅 끝까지 이르는 모든 것이 우리 하나님의 구원을 보았도다
인도자	⁴ 온 땅이여 여호와께 즐거이 소리칠지어다
회 중	소리 내어 즐겁게 노래하며 찬송할지어다
인도자	⁵ 수금으로 여호와를 노래하라 수금과 음성으로 노래할지어다
회 중	⁶ 나팔과 호각 소리로 왕이신 여호와 앞에 즐겁게 소리칠지어다
인도자	⁷ 바다와 거기 충만한 것과 세계와 그 중에 거주하는 자는 다 외칠지어다
회 중	⁸ 여호와 앞에서 큰 물은 박수할지어다 산악이 함께 즐겁게 노래할지어다
인도자	⁹ 그가 땅을 심판하러 임하실 것임이로다
회 중	그가 의로 세계를 판단하시며 공평으로 그의 백성을 심판 하시리로다

고백의 기도 Prayer of Confession

거룩하신 하나님! 성탄절 아침에 드리는 고백의 기도를 들어주소서. 성탄절은 하나님께서 인류를 구원하시려고 독생자를 내어주신 가장 신령한 날이건만, 저희는 들뜬 마음에 연말연시를 즐기고, 육체의 정욕을 채우는 절기로 삼았습니다. 지극히 높은 곳에서는 하나님께 영광이요, 땅에서는 하나님이 기뻐하시는 사람들 중에 평화가 임하는 날이건만, 저희의 관심은 온통 세속적인 것에만 머물러 있었습니다. 성탄의 소식을 들었을 때, 목자들은 속히 베들레헴으로 달려가 아기 예수님을 뵙고 하나님께 영광을 돌렸는데, 저희는 한 달여의 대림절 기간을 보내는 동안, 교회를 멀리하며 영적인 일에 무관심하게 지냈습니다. 성탄을 통해 구원을 이루시는 하나님의 사랑과 예수님의 은혜를 잊고 살아가는 저희 죄를 용서해 주옵소서. 예수님의 이름으로 이 고백의 기도를 드립니다. 아멘.

사함의 확신 Assurance of Forgiveness

그런즉 누구든지 그리스도 안에 있으면 새로운 피조물이라 이전 것은 지나갔으니 보라 새 것이 되었도다 (고후 5:17)

오늘의 주제

성탄의 참된 의미

석의적 접근

구약의 말씀 사 52:7-10

　평화와 구원의 복된 소식이 오기까지 시온은 사로잡힌 딸로 묘사되었다. 잡혀간 포로는 옷을 벗기운 채 목을 잡아맨 밧줄로 묶여 있는 신세를 벗어날 수 없다. 그러나 52장의 예언은 시온이 이제 목줄을 스스로 풀고 속량될 것이라 한다. 이것은 이스라엘의 역사에 관한 하나님의 약속이다. 시온으로 상징되는 이스라엘 백성은 포로의 처지로 전락하여 큰 어려움을 겪게 되겠지만, 이후에 그들이 속량 받아 기쁨으로 노래하며 귀환할 것임을 분명히 밝히셨다. 이에 따라 본문은, 파수꾼의 역할을 맡은 선지자의 메시지를 아름다운 시적 언어로 전달하고 있다.

　좋은 소식을 전달하는 메신저들은 멀리서부터 산을 넘어와 하나님이 통치하신다는 사실을 전한다. 사도 바울은 본문 7절을 인용하여 복음 전달자에게 적용할 말씀을 썼다(롬 10:14-15 참고). 하나님이 내리시는 평화와 구원을 선포하는 일보다 더 아름다운 것은 없다. 어두운 세상에 하나님의 통치를 전하는 사명은 참으로 고귀하다. 복음 전도자의 임무는 이 땅에 좋은 소식을 알리는 일이며, 최상의 복된 메시지는 예수 그리스도께서 평화와 구원을 이루기 위하여 세상에 오셨다는 소식이다. 본문에서는 황폐한 예루살렘을 하나님이 거룩한 팔로 나타내셔서 구원을 보게 하셨다는 말씀(9-10절)과 직결된다.

서신서의 말씀 히 1:1-4, (5-12)

히브리서는 구약의 대제사장이나 선지자들보다 더 우월하신 예수 그리스도를 강조한다. 구약에서의 하나님은 꿈과 환상, 또는 천사를 통해 알리셨으나 마지막에는 아들을 통해 직접 우리에게 말씀하시고 창조하신 모든 것을 맡기셨다. 빛으로 세상에 오신 그리스도는 '본체의 형상' 곧 하나님의 본래대로의 모습이시다. 그는 능력의 말씀으로 만물을 보존하고 지배하신다. 그뿐 아니라 죄를 정결케 하시며, 하나님의 오른쪽에 앉아 영광의 위엄을 더욱 높이는 분이라 하였다.

예수 그리스도는 천사보다 뛰어난 존재임을 강조한다(4절). 이어서 5절 이하는 이를 증명하기 위해 구약의 말씀 위주로 여러 차례 인용 절차를 밟는다. 천사는 하나님의 뜻을 인간에게 전달하는 역할을 담당하므로 자연스레 천사를 숭배하는 사상이 생겨났다. 따라서 그리스도 역시 천사와 같은 존재가 아닐까 하는 의문이 일었다. 그러나 본문은 이를 부정하면서, 하나님께서는 천사에게 '내 아들'이라 하신 적이 없다고 말한다. 본문에 인용된 말씀은 시편의 내용을 중심으로 하여, 천사들의 사역은 바람과 불꽃처럼 일시적으로 나타나는 것이나 그리스도의 왕권은 영원성을 지닌다고 선포하고 있다.

복음서의 말씀 요 1:1-14

말씀은 영원 전부터 이미 존재하고 있었다. 헬라어 표기로 '말씀'은 '로고스(λογος)'인데, 이 단어는 사상이나 이성을 가리키는 용어였으며 우주의 원리를 적용하는 말로도 사용하고 있었다. 그러나 요한복음은 이 '로고스'를 단순한 말이나 원리에 그치지 않는 하나의 인격체로 이해한다. 하나님과 함께 만물을 창조하시고 성육신하여 그 말씀을 증언하신 예수 그리스도를 '로고스'로 지칭한 것이다. 말씀이 사람의 사상을 표현하듯 '로고스'이신 예수 그리스도는 하나님의 성품이며 하나님의 말씀 그 자체이시다. 이는 생명을 지니고 있었으며 그 생명은 사람들 앞에 '빛' 곧 '포스(φως)'로 나타났다. 빛은 죽음이나 암흑에 대비되는 생명과 진리의 표상이다.

빛의 증언자로 보냄을 받은 사람이 세례요한이며, 그는 뒤에 오실 그리스도를 증언하는 사명을 다하였다. 때가 이르러 그리스도는 '참 빛(True Light)'(9절)으로 모든 사람에게 비치고 이 땅에 직접 오셨다. 이것이 성탄의 빛이며 하나님 아버지의 독생자의 영광이다. 빛을 보면서도 영접하지 않은 사람들이 많았으나 그를 믿고 영접하는 이들에게는 권세 있는 하나님의 자녀로 삼아 주셨다. 예수 그리스도께서는 태초부터 하나님과 함께 계신 '말씀(로고스)'이시다. 그분이 성육신하셔서 우리 인간에게 오셨다. 하나님의 유일하신 아들의 영광은 위대하여 우리에게 은혜와 진리가 충만하게 하셨다는 선포로 요한복음이 시작되고 있다.

설교를 위한 조명

복음서의 말씀(요 1:1-14)으로 설교 작성 / 이야기 설교

"성탄절은 어떤 날인가?"

Stage 1. 겨울축제일로 여기는 사람들

성탄절은 어떤 날인가? 기독교인들만의 명절이라고 생각하는 사람들이 있다. 그런 부류의 무리는 말하기를, 이날이 기독교인이 아닌 사람에게는 무의미한 날이므로 불교 명절인 석가탄신일과 함께 묶어 공휴일에서 빼 버리자고 주장한다. 종교적 명절이므로 비신자들에게는 지켜야 할 가치가 없다는 말이다. 심지어 오랜 기독교 전통을 지닌 영국에서도 일부 사람들이 '크리스마스(Christmas)'라는 명칭을 '윈터벌(Winterval)'로 바꾸자고 했던 기억이 떠오른다.

그것은 '겨울'이라는 단어 '윈터(winter)'와 '축제'라는 '페스티벌(festival)'의 합성어로서 '겨울축제일'이라는 뜻이다. 성탄절이 술 마시고 춤추며 노는 세속의 날로 변질되어 가는 모습을 보여주고 있다.

심지어 성탄절의 날짜 문제까지 들고나오기도 한다. 성탄절이 12월 25일이라는 구체적 근거가 없으며, 목자들이 밖에서 양을 쳤기 때문에 봄철이 아닐까 하는 추측을 내어놓는 사례도 있었다. 그러나 예수 그리스도의 탄생은 분명히 겨울이었다. 크리스마스를 세상의 교회들이 지키게 된 4세기에는 태양이 지평선의 가장 낮은 지점으로부터 올라와 우주에 빛을 주는 날이 12월 25일로 인정되고 있었다. 당시의 동지였던 셈이다. 그래서 이날은 이교도들도 태양신의 생일이라 하여 기념하는 일이 많았다. 온 교회들은 이날을 그리스도 탄생일로 삼아 이듬해 1월 6일인 주현절까지 기념행사를 계속하였다. 이 기간을 성탄절 절기라 하며 동방박사들의 경배도 이 시기에 이루어졌다.

성탄절은 하나님의 아들이신 예수 그리스도가 인간의 몸으로 세상에 오신 날이다. 하나님의 섭리인 빛과 말씀이 최고의 결정체로 나타나 우주적 구원 역사가 시작된 은총의 시간이다. 춤추고 노는 자리에 몸을 맡기는 겨울축제일이 아니다. 그리스도를 마음으로 영접하며 감사와 기쁨의 예배를 드리고 주님이 세상에 오신 이야기를 해야 할 날이 바로 오늘 성탄절이다.

Stage 2. 성경 이야기를 위한 '3상 원칙'

그러면 이제부터 성탄절 이야기를 해야 할 차례다. 성탄뿐 아니라 성경 전체를 한마디로 말한다면 '살아있는 이야기'라 할 수 있다. 말씀하시는 하나님, 대화를 이루시는 하나님을 바라보며 우리도 즐겁게 이야기를 나누면서 말씀을 이해해야 한다. 성경은 전달과 의사소통의 효과를 높이기 위해 다양한 문학 유형과 기법을 사용하였다. 따라서 성경을 펴든 사람들은 상상력을 갖고, 상식을 동원하여, 상황에 비추어 말씀을 읽어야 한다. 이를 가리켜 '성경 이야기하기를 위한 세 가지 원칙' 곧 '3상 원칙'이라 부른다. (이는 필자를 포함한 4인의 공동저자가 집필한 『사랑의 이야기 성경연구방법』에서 이종록 교수가 제시한 방법이다.)

'3상 원칙'은 첫 번째, 상상력을 갖고 읽으라는 것이다. "태초에 하나님이 천지를 창조하시니라"(창 1:1)라는 말씀을 읽기 시작한다면 그저 단순히 '그랬던가 보다' 하는 식으로 반응해서는 안 된다. 우리가 바로 그 자리에 있다는 상상력을 발휘하여 시간을 거스르는 여행을 해야 한다. 혼돈하고 공허한 땅과 칠흑 같은 어둠을 경험하는 태도로 그 속에 서서 말씀을 받아들인다. 이때 말씀 가운데 활동하시는 하나님의 영을 깨달으며 "빛이 있으라" 하시는 음성과 함께 온 땅에 처음으로 빛이 열리는 순간을 떠올려 본다. 이것이 상상력을 발휘하여 이야기의 현장을 경험하게 되는 방법이다.

두 번째, 상식적으로 읽어야 한다는 것이다. 사람들은 성경을 읽을 때면 신앙적 판단을 염두에 두어 자신도 모르는 사이 상식을 뛰어넘는 생각을 하기 쉽다. 우리는 신앙을 비상식적인 것이라고 여기면 안 된다. 예컨대 예수님께서 제자들과 함께 전도하러 다닐 때 그들의 숙식은 어떻게 해결했으며, 70명을 따로 세워 동네로 보내실 때는 어떤 방식으로 얼마 동안 교육을 하였을까 하는 의문들이 생긴다. 주님이 곁에 계시므로 먹지 않아도 배가 부르고, 교육이 없어도 다 지식이 넘칠 것으로 생각한다면 비상식적이다. 그 자리에는 주님의 사역을 돕는 자원봉사자들이 많았고, 제자들은 잘 훈련되고 조직된 일꾼이었다는 상식을 바탕으로 성경을 읽으면 그 이야기가 우리 삶에 더욱 구체적으로 친근하게 다가온다.

세 번째, 상황에 비추어서 읽으라는 것이다. 말씀의 핵심 곧 알맹이는 영구불변하지만, 전달방식이라는 껍데기는 상황의 변화에 따라 바뀌고 버려진다. 구약시대의 제사나 안식일 규정을 아직도 그대로 따르는 사람은 없다. 지금은 그 의미를 뽑아 변화된 예배를 드리고 또 주일을 지킨다. 그러므로 성경은 문자적으로만 보아서는 안 되며 그 상황에 맞추어서 읽어야 한다. 하나님께서는 이 말씀을 우리에게 주시고, 더불어 말씀을 인격적으로 이해하고 해석하도록 지혜를 주셨다.

Stage 3. 성탄절의 상상력

오늘 성서정과의 복음서 말씀은 그리스도께서 탄생하신 현장을 비추고 있지 않다. 여기에는 말씀이 육신이 되어 우리 가운데로 오신 그 깊은 성탄의 의미가 본문을 가득 채우고 있다. 이제 우리도 오늘의 말씀을 따라 '태초에 계신 말씀'을 떠올리는 드높은 상상력을 발휘해 보아야 하겠다. '말씀'은 '로고스(Logos)', 곧 우주 만물을 이루는 이성적 원리를 가리킨다. 이 로고스가 하나님이시며 또한 하나님과 함께 계시는 예수 그리스도라 하였다.

로고스 안에는 생명이 있다. 이 생명이 빛을 비추는 모습을 상상해 보라. 어둠을 향해 선명히 비치는 밝은 빛! 이는 일찍이 창세의 시간에 하나님께서 만들고 비추어 주신 것이다. 빛은 생명의 근원이며 우주의 실체를 조명해 주는 하나님의 창조물이다. 이 흑암의 땅에서 살아갈 인간들에게는 영적인 고난과 시련, 그리고 누구도 피하지 못할 죽음이라는 육신의 고통 등 어둠을 이겨낼 참 빛이 필요했다.

드디어 거룩한 빛이 이 세상으로 들어왔다(9절). 로고스 하나님께서 인간들을 위해 인간의 몸을 입으시고 참 빛으로서 인간이 사는 땅에 오신 이날이 성탄절이다. 빛이 비치는 모습을 상상해 보라. 인간이든 물체든 무엇이나 표면과 이면이 있다. 대체로 표면은 잘 정돈되어 있고 침착하며 아름다운 법이다. 반면에 이면은 어지럽고 캄캄할 뿐 아니라 추악한 모양을 감추고 있다. 빛이신 그리스도는 우리의 어두운 이면까지 비추시며 진리의 말씀으로 어루만지신다. 그리하여 가장 연약하고 부끄러운 인간적 부분을 변화시켜 하나님의 자녀로 이끄신다. 로고스의 빛이 내게 찾아와 내 영혼과 육신을 밝게 비추는 모습을 보는 것, 이것이 우리가 오늘 성탄절에 발휘하고 또 확인해야 할 은총의 상상력이다.

Stage 4. 상식으로 만나는 성탄절

성탄절은 예수 그리스도를 영접하는 사람이 하나님의 자녀가 되는 날이다

(12절). 영접한다는 것은 이날에 오신 그리스도를 나의 구세주로 믿고 받아들이는 것을 가리킨다. 주님을 받아들여야만 하나님의 자녀가 될 수 있다는 것은 상식이다. 이처럼 당연하면서도 엄청난 결과를 얻는 상식을 다시 한번 일깨우는 날이 바로 오늘 성탄절이다.

아직도 마음속에 그리스도에 대한 한 점이라도 의심의 구름이 남아있다면, 이 성탄절을 통해 그 마지막 조각까지 온전히 거두고 구세주로 영접해야 한다. 이 상식의 핵심은 지금 낮은 자리에 오신 아기 예수께서 우리의 죄를 대신 지고, 십자가에 달려 죽으시고, 사흘 만에 부활하셔서 우리를 영생으로 이끌어 주신 것을 받아들인다는 뜻이다. 이렇게 그리스도를 자신의 주님으로 영접하는 사람은 하나님의 자녀가 된다.

주님을 영접한 이후의 삶은 자녀로서 권세를 얻는다. 이것도 상식의 범위를 벗어나지 않는다. 자녀라면 아버지의 집을 마음대로 출입할 수 있고, 아버지의 사랑과 보호를 받으며, 아버지의 상속을 받을 자격을 누린다. 이처럼 은혜로운 일이 눈앞에 있는데도 상식을 벗어난 태도로 일관하는 사람들이 있다. 마음의 문을 열지 않고 의심하면서 불신앙, 세상의 쾌락, 교만과 아집에 사로잡혀 스스로 몰상식한 지경에 빠져든다. 성탄절을 맞아 주님 영접을 확신하면서 삶의 상식을 되찾는 계기를 마련하도록 하자.

Stage 5. 성탄절, 은총의 상황

"말씀이 육신이 되어 우리 가운데 거하시매 우리가 그의 영광을 보니 아버지의 독생자의 영광이요 은혜와 진리가 충만하더라"(14절). 오늘의 말씀에 의하면 성탄절은 '말씀이 육신이 되어 우리 가운데 거하신 날'이다. 매우 신비한 은총의 상황이다. 말씀이신 로고스가 변하여 인간의 몸을 입고 우리에게 찾아오신 상황이라 할 수 있다. 세상을 향해 로고스로 말씀하셨으나 믿지 못하는 사람이 많아 친히 인간이 되어 세상에 내려오셨다. 알지 못하는 상황에서 헤매는 이들에게 생생히 설명해 주신 가르침의 날이 성탄절이다.

우리는 주님이 빛과 말씀으로 우리에게 오신 상황을 두고 놀라움을 금치 못한다. 그리스도께서는 그 빛이나 로고스의 거룩함을 외면하는 사람들이 많기에 오히려 이들 속에서 구원의 은총을 베풀고자 우리와 똑같은 인간으로 세상에 오셨다. 그것도 권력 있는 궁궐이 아니라 낮고 천한 자리에 태어나셨다. 이 세상에서는 부자가 가난한 사람을 위로할 수 없고, 권력자가 아무리 서민을 위한다고 해도 그 진심을 의심받기 마련이다. 병든 사람은 더 아픈 사람을 보는 것으로 위로가 되며, 죄인은 더 큰 죄인의 아픔을 느껴 봄으로써 비로소 마음의 안위를 얻는다.

상황에 비추어 성탄을 생각해 본다. 우리는 아무리 어려운 상황 속에 태어났다고 해도 호적하러 가는 길에 누울 곳이 없어 말구유에 눕혀지지는 않았다. 아기 예수의 탄생 상황이 우리에게 위로를 전해 온다. 뭇 인간들의 심리까지도 다 꿰뚫어 보시는 가운데 그리스도의 성탄이 이루어졌다. 일찍이 하나님께서 깊은 지혜와 섭리를 베푸셔서 여기 빛과 말씀을 하나의 육신으로 만드사 영접하도록 인간에게 내리신 날이 바로 오늘 성탄절이다. 하나님께서 내리신 은총의 결정체이며 우주적 구원의 사건이 이렇게 이루어졌다. 크리스마스는 춤추며 술 마시고 노는 자리에 몸을 맡기는 겨울축제일이 아니다. 온 세상 사람들이 우리를 위해 세상에 오신 그리스도의 영광을 보며 은혜와 진리의 충만함을 깨닫고 하나님께 감사의 예배를 드리는 날이다.

우리는 '3상 원칙'을 적용하여, 빛과 말씀으로 세상에 임하시는 주님을 상상하며 은총을 확신한다. 그리고 주님을 영접함으로써 구원의 자녀가 된다는 상식을 따라 이웃에 복음을 전해야 할 것이다. 또한 이 시대의 상황과 우리의 처지를 생각하며 감사와 찬송을 쉬지 말아야 한다. 오늘은 온누리에 주님의 영광이 가득 임하신 은혜로운 성탄절이다.

2025 12.28

성탄절 후 첫 번째 주일

성서정과 | 시 148; 사 63:7-9; 히 2:10-18; 마 2:13-23

예배로 부름 Call to Worship

주의 목전에는 천년이 지나간 어제 같으며 밤의 한 순간 같을 뿐임이니이다 우리의 모든 날이 주의 분노 중에 지나가며 우리의 평생이 순식간에 다하였나이다 우리에게 우리 날 계수함을 가르치사 지혜의 마음을 얻게 하소서(시 90:4, 9, 12)

예배 기원 Invocation

대대에 우리의 거처가 되시는 하나님! 2025년 한 해를 은혜 가운데 돌보아 주시고, 때마다 시마다 권능의 손길로 붙잡아 주신 사랑에 감사를 드립니다. 송년 주일을 맞이하여 지극히 겸손한 마음으로 하나님께 예배합니다. 덧없이 한 해를 보냈다는 자책감으로 안타까워하는 자녀들에게 위로와 평안을 더하여 주시고, 지나온 세월보다 더욱 아름다운 미래를 열어주실 하나님의 섭리를 확신하게 하옵소서. 우리의 연수가 신속히 가는 것을 깨달아 내 생애의 남은 시간을 온전히 주님께 드리는 결단이 있게 하여 주옵소서. 예수 그리스도의 이름으로 기원하옵나이다. 아멘.

이 주일의 찬송 Hymns

주 예수 이름 높이어(36장) / 예부터 도움 되시고(71장) / 기쁘다 구주 오셨네(115장) / 주의 영광 빛나니(132장) / 오 신실하신 주(393장) / 시온의 영광이 빛나는 아침(550장)

성시 교독 Responsive Reading　　　　　　　　시편 148:1-13

인도자　1 할렐루야 하늘에서 여호와를 찬양하며 높은 데서 그를 찬양할지어다
회　중　2 그의 모든 천사여 찬양하며 모든 군대여 그를 찬양할지어다
인도자　3 해와 달아 그를 찬양하며 밝은 별들아 다 그를 찬양할지어다
회　중　4 하늘의 하늘도 그를 찬양하며 하늘 위에 있는 물들도 그를 찬양할지어다
인도자　5 그것들이 여호와의 이름을 찬양함은 그가 명령하시므로 지음을 받았음이로다
회　중　6 그가 또 그것들을 영원히 세우시고 폐하지 못할 명령을 정하셨도다
인도자　7 너희 용들과 바다여 땅에서 여호와를 찬양하라
회　중　8 불과 우박과 눈과 안개와 그의 말씀을 따르는 광풍이며
인도자　9 산들과 모든 작은 산과 과수와 모든 백향목이며
회　중　10 짐승과 모든 가축과 기는 것과 나는 새며
인도자　11 세상의 왕들아 모든 백성들과 고관들과 땅의 모든 재판관들이며
회　중　12 총각과 처녀와 노인과 아이들아 13절a 여호와의 이름을 찬양할지어다
다같이　13절b 그의 이름이 홀로 높으시며 그의 영광이 땅과 하늘 위에 뛰어나심이로다

고백의 기도 Prayer of Confession

사랑과 은혜가 충만하신 하나님 아버지! 세월은 너무나도 빠르게 흘러서 숨 한 번 쉬는 동안에 한 해가 지나갔습니다. 쏜살같이 날아간 지난 1년을 돌아보니 저희는 주님께서 허락하신 수많은 시간을 가치가 없으며 허망하기 짝이 없는 일에 사용하며 살았습니다. 하나님께 영광을 돌리며 어려운 이웃을 섬길 기회가 여러 번 있었으나, 모두 놓치고 말았습니다. 기도 없이, 감사 없이, 찬송 없이, 헌신 없이 허탄하게 한 해를 보내고 이렇게 하나님 앞에 서 있습니다. 자비로우신 하나님! 열매가 없는 무화과나무일지라도 두루 파고 거름을 주겠다고 했던 농부의 말처럼 저희에게 한 해를 더 참아 주옵소서. 새해에는 기필코 하나님을 기쁘시게 하는 열매를 맺고자 다짐하오니 도와주옵소서. 예수님의 이름으로 이 고백의 기도를 드립니다. 아멘.

사함의 확신 Assurance of Forgiveness

여호와께서 그의 종들의 영혼을 속량하시나니 그에게 피하는 자는 다 벌을 받지 아니하리로다 (시 34:22)

> 오늘의 주제

하늘과 땅의 찬양

석의적 접근

시편의 말씀 시 148

일명 '할렐루야 시'라 불리는 시편의 마지막 다섯 편 찬양시는 형식과 내용에서 유사한 성격을 나타낸다. '할렐루야'로 시작하고 마치는 영광송 형태를 유지하면서, 하나님의 속성을 드러내어 경탄과 감사를 표하는 내용으로 일관한다. 삶의 고난을 슬퍼하거나 불만을 호소하는 것이 전혀 없는 순수한 찬양시라 할 수 있다. 한 사람의 시인이 쓴 것으로 보이나 그가 누구인지는 밝혀지지 않았다. 저작 시기는 바벨론 포로기 이후로 추측되며 회당의 아침 예배에서 매일 사용했으리라 여겨진다.

본문인 148편에서는 하늘에서의 찬양(1-6절)과 땅에서의 찬양(7-14절)으로 구분하고 있다. 그러나 이 부분들은 하나님의 백성이 찬양하는 것으로 통합되어 최고의 영광을 올림으로써 마무리된다. 하나님을 찬양하는 존재들은 하늘과 땅을 가리지 않고 인격화되었다. 생물과 무생물이 따로 없고 그 대상들에게 말을 건네며 하나님 찬양을 권유하고 있다. 4절의 '하늘의 하늘'이나 '하늘 위에 있는 물들', 그리고 7절의 '용들과 바다' 등이 대표적인 인격화 사례로서 '가장 높은 하늘', '구름', '바다의 괴물과 악의 세력' 들이라고 해석할 수 있다. 마지막에는 사람들을 대상으로 계급이나 성별이나 세대의 차이를 뛰어넘어 여호와를 찬양하라고 노래한다. '백성의 뿔'이란 이스라엘 자손들이 자랑스럽게 드러낼 만한 힘과 위엄을 형상화한 표현이다. 그들이 하나님 안에서 힘을 얻고 하나가 되기를 바라는 기원을 담았다.

서신서의 말씀 히 2:10-18

본문의 앞 9절에서는 구원의 주님이 사람으로 오셔서 천사들보다 잠시 못하게 된 적이 있었다고 하였다. 이에 관한 해석이 10절을 장식한다. 이는 하나님이 그를 고난을 통하여 온전하게 하심이 합당하다고 하였다. 예수 그리스도가 구원의 주로서 고난을 받는 것이 하나님 보시기에 옳다는 뜻이다. 이러한 의미를 담아 본문은 그리스도를 '구원의 창시자'라 하였다. 이 번역은 NIV의 기록인 'author of their salvation'과 일치한다. 'author'는 '저자' 또는 '창시자'라는 뜻을 가졌다. KJB 표기는 'captain'으로서 주님을 '구원의 대장'이라 번역할 수 있다.

구원의 대상들은 거룩한 근원에서 출생하여 한 형제가 된 사람들이다. 그리스도는 그들 모두를 형제라 부르시며 혈과 육을 입고 이 땅에 오셨다. 본문은 그 이유를 다섯 가지로 설명하였다. 첫째는 마귀를 멸하기 위함이다. 주님은 사탄의 세력을 철저히 거두신다. 둘째는 종노릇하는 자들을 놓아주려 하심이다. 자유와 해방을 주시는 주님이시다. 셋째는 인간을 구원하시기 위함이다. 천사가 아니라 아브라함의 자손, 즉 약속하신 자녀들을 붙들어 주신다. 넷째는 백성의 죄를 속량하기 위함이다. 이는 신실한 대제사장으로서의 사명을 이행하는 일이다. 다섯째는 시험받는 자들을 도우심이다. 그는 친히 시험을 당하고 고난받는 인간이 되셨다.

복음서의 말씀 마 2:13-23

아기 예수의 가족이 애굽 땅으로 피난을 떠난다. 구약에서 모세가 출생할 때 벌어졌던 박해와 유사성을 보인다. 애굽은 우상 숭배와 폭정이 가득한 나라이지만, 그곳도 하나님의 목적에 따라 역사의 피난처가 되기도 한다. 하나님을 섬기는 나라가 그의 아들을 박해하면 그리스도는 다른 곳으로 떠나신다. 호세아 11장 1절의 예언은 역사적으로 출애굽 사건을 가리키지만, 이제는 그리스도의 탄생과 결부된 부르심으로 새로운 성취를 이루었다. 헤롯은 박사들과 소식이 끊어지자 분노에 차서 무서운 만행을 저지른다. 베들레헴 지경을 확대하여 두 살 이하의 사내아이들을 무참히 살해한다. 예레미야 31장 15절에 나온 어머니들의 슬픔이 온 땅을 덮었다는 말씀이 여기에 적용되었다.

학살의 주범 헤롯은 곧 죽었고, 그의 아들 세 사람이 영토를 나누어 통치하기 시작했다. 유대 땅은 아켈라오, 갈릴리 지역은 안티파스, 동북쪽 요단강 건너편은 필립이 맡았다. 포악한 아켈라오는 백성 삼천 명을 학살하면서 자신의 권력을 과시했다. 하나님의 이끄심으로 아기 예수는 부모와 함께 갈릴리 나사렛으로 귀환하였다. 이곳은 원래 요셉과 마리아가 살았던 곳이었다(눅 1:26 참고). 예루살렘 같은 대도시가 아닌 한적한 시골이라서 사람들에게 무시당하는 지역이었으나 예수 그리스도께서는 이곳에서 자라며 강하여지고 지혜가 충만하게 되었다. 하늘과 땅이 하나님의 은혜를 찬양하는 가운데 그리스도의 공생애 준비가 조용히 시작되고 있었다.

설교를 위한 조명

시편의 말씀(시 148:1-14)으로 설교 작성 / 전개식 설교
"가고 오는 시간 속에 홀로 높으신 이름"

Move 1. 할렐루야 시편들

성탄절을 보내고 올해의 마지막 주일을 맞이하게 되었다. 오늘의 시편 말씀은 '할렐루야 시'로 불리는 146편부터 150편까지의 다섯 편 가운데 세 번째 시이다. 히브리어 '할렐루야'의 뜻은 '여호와를 찬양하라'로서, 여기 다섯 편 모두 시작할 때와 끝날 때 똑같이 이 외침을 반복하였다. 파란만장했던 한 해를 하나님의 은혜로 무사히 지내온 우리는 그 누구보다도 감사한 마음으로 이 시편 말씀을 읽으면서 여호와를 찬양하고 있다. 할렐루야!

'할렐루야 시'들은 대체로 그 배경이 크고 방대하여 하늘, 바다, 들, 나라와 민족 등을 소재로 삼고 있다. 148편은 그 가운데서도 하늘과 땅을 오가며 우주적인 대상을 보여줄 뿐 아니라 생물과 무생물들을 상대로 대화하면서 여호와의 이름을 함께 찬양하도록 요청한다. 우주에 편만하신 하나님을 높이 찬양하면서도 세상에서 보잘것없는 존재로 여기는 평범한 노인과 아이들에게도 잊지 않고 하나님 찬양을 권한다.

이 시의 구성은 내용에 따라 두 개의 부분으로 나뉜다. 먼저 1-6절은 하늘에서 여호와를 찬양하는 대목이며, 나중 7-14절은 땅에서 하나님을 찬양하는 것으로 대조적인 내용이 펼쳐진다. 하나님께서 창조하신 우주의 각 부분에서 크고 작은 모습으로 최선을 다해 그의 영광을 찬양하는 모습이 감동을 준다. 우리는 한 해를 보내며 내가 거주하는 이 우주의 한 편에서 진정으로 창조주 하나님을 찬양하는 할렐루야의 삶을 살았는지 돌아보아야 하겠다.

Move 2. 하늘에서 하나님을 찬양

하나님을 찬양하는 우렁찬 소리는 높은 하늘에서부터 시작된다. 우리 인간들이 미처 알지 못하는 하늘의 존재들이 먼저 하나님을 찬양하고 있다. 그들은 천사와 군대들이며, 해와 달과 밝은 별들이고, 하늘의 하늘, 하늘 위에 있는 물들이라 하였다. 천사와 구분하여 '군대(hosts)'로 표현한 것은 그 존재들이 하나님의 명령을 따르기 위해 강력하고 잘 훈련된 병사들과 같다는 의미가 있다. 성경에 '천군'이라는 용어를 쓰는 까닭은 하나님께서 악한 사탄의 세력을 하늘의 군대로 다스리시기 때문이다. 예수 그리스도께서 고난받으실 때 '열두 군단 더 되는 천사'(마 26:53 참고)를 언급하신 것도 이와 관련된 말씀으로 여길 수 있다.

천사에 이어서 해, 달, 그리고 별들이 여호와를 찬양한다. 이들은 하늘의 존재 중에서 낮과 밤을 주관하는 상징적 대상이다. 따라서 세상 사람들은 해와 달과 별을 숭배하며 그것을 우상으로 삼아 예배하는 일이 많았다. 그렇지만 이 시에서 해, 달, 별은 하나님이 창조하신 피조물 가운데 하나이며 그들이 발하는 빛도 창조주의 영광을 찬양하는 도구라는 점을 뚜렷이 밝혀 주고 있다. 할렐루야!

다음으로, '하늘의 하늘'이 찬양한다. 이는 가장 높은 하늘이라는 뜻이므로 여러 개의 하늘이 있다고 이해해야 한다. 구약성경에는 '하늘과 모든 하늘의 하늘'(신 10:14)이라는 표현들이 나오고, 바울서신에서도 '셋째 하늘'(고후 12:2)이 등장한다. 일반적인 해석은 첫째 하늘이 대기권을 가리키고, 둘째 하늘은 해와 달과 별의 영역, 그리고 셋째 하늘은 하나님의 보좌가 있는 초월적 영역을 의미한다고 본다. 이처럼 최상의 차원에 있는 창조물들까지 하나님을 찬양하는 소리로 우주를 가득 채운다.

여기에 이어서 '하늘 위에 있는 물들'도 찬양의 대열에 참여한다. "하나님이 이르시되 물 가운데에 궁창이 있어 물과 물로 나뉘라 하시고 하나님이 궁창을 만드사 궁창 아래의 물과 궁창 위의 물로 나뉘게 하시니 그대로 되니라"(창 1:6-7)라고 기록된 창세기의 말씀처럼 물이 창공에서 나뉘어 저장되는 것은 비를 담은 구름과 결부시켜 해석할 수 있다. 이러한 천상의 존재들이 모두 하나님의 명령을 받아 영원히 세움을 받고 보존되고 있으므로 찬양을 드리지 않을 수 없다. 할렐루야!

Move 3. 땅의 만물이 하나님을 찬양

이제 하나님 찬양의 소리가 지상에서도 호응한다. 먼저 용들과 바다가 여호와를 찬양한다. 용은 바다의 괴물로 인식되는 악의 세력인데, 저 깊은 곳에 도사린 모든 것들도 찬양의 대열에서 벗어날 수 없음을 가리킨다. 다음으로 땅에서 일어나는 현상들과 동식물들이 여기 합류한다. 불, 우박, 눈, 안개, 광풍, 그리고 산과 언덕들도 창조주의 영광을 높이고, 과일나무와 백향목 같은 식물뿐 아니라 들짐승들이나 가축, 기어 다니는 곤충, 날아가는 새들 같은 생명체들도 하나님을 찬양한다.

끝으로 여호와의 이름을 찬양해야 할 결정적인 대상은 인간들이다. 왕과 백성, 고관들과 재판관들, 총각과 처녀, 노인과 아이들을 묶어 언급한다. 하나님 찬양에는 권력이나 계급이 따로 없으며 성별이나 세대별 차이가 존재하지 않는다. 오직 홀로 높으신 이는 창조주 하나님 한 분뿐이시며 온 성도들은 그분의 능력을 받아 높임을 받게 된다. "그가 그의 백성의 뿔을 높이셨으니"(14절) 라는 말씀에서 '뿔'이 의미하는 힘과 위엄이 성도에게 나타나고 있음을 본다. 이 땅에서 하나님의 백성으로 은총을 받은 우리 모두 함께 소리높여 여호와를 찬양하자. 할렐루야!

어떤 사람은 말하기를, 우리는 피조물이라서 무조건 하나님을 찬양해야만 하느냐고 의문을 표시한다. 피동적이 아니라 한 해가 지나가는 시점에서 우주의 변화를 역사와 종교적 관점으로 살펴보고 싶다는 뜻을 드러내는 지식인들도 있다. 이에 따라 지난 세기에 종교학을 상징하는 대표적인 학자의 우주관과 시간관의 핵심을 소개하기로 하겠다.

Move 4. 엘리아데의 '원형과 반복'

『우주와 역사』(*Cosmos and History*)라는 저술로 널리 알려진 종교학자 미르치아 엘리아데(Mircea Eliade: 1907-1986)는 '원형과 반복' 및 '시간의 재생'이라는 주제로 종교 전승에 관한 본질적 접근을 시도하였다. 그는 '원형(Archetype)'을 끊임없이 되풀이되는 흐름 속에서 얻은 근본적인 의식이라 여기고, 시간도 그냥 흘러가는 직선적 개념이 아니라 다시 되돌아오는 해의 순환이라 규정했다.

인간에게 실재란 '천공적 원형(天空的 原型, celestial archetype)'의 모방 기능으로 보았다. 곧 황량하고 미개간된 지역은 '혼돈(Chaos)'이다. 그것들은 아직 미분화되었고 형태가 없는 창조 이전의 양태에 불과하다. 인간은 이때 '천지창조(Creation)'의 행위를 상징적으로 반복하는 제의(祭儀)를 행한다. 미개간된 지역은 그곳이 '우주화', 또는 '질서화(秩序化, cosmicized)'된 다음에야 비로소 인간이 거주하는 땅이 된다는 것이다.

엘리아데는 하늘의 모델 가운데 하나로 예루살렘을 예로 든다. 지상의 예루살렘이 인간의 손에 의해 건축되기 전에 천상의 예루살렘은 하나님에 의해 창조되었으며 이사야와 에스겔 등 히브리 예언자들의 영감에 불을 붙여 주는 역할을 했다. 그리고 가장 아름다운 묘사는 요한계시록 21장 2절 이하의 서술이라고 하였다. 거기에 언급한 미래의 예루살렘은 "하나님의 영광이 있어 그 성의 빛이 지극히 귀한 보석 같고 벽옥과 수정같이 맑더라"(계 21:11)라고 표현한 데 이어, "만국이 그 빛 가운데로 다니고 땅의 왕들이 자기 영광을 가지고 그리로 들어가리라"(계 21:24) 하는 예언처럼 결국 그 창조의 모델이 상징적으로 반복하는 과정을 거치게 된다고 여겼다.

인간들은 세계가 원초적인 행위의 반복, 곧 신의 천지창조 행위를 통하여 '카오스(Chaos)'를 '코스모스(Cosmos)'로 변화시킨 그 일을 반복하는 것일 뿐이라 생각했다. 그리하여 그들은 황무지를 개간함으로써 사실상 신의 행위, 즉 카오스에다 형태와 규범을 부여하여 그것이 하나의 유기체가 되도록 한 신의 행위를 반복했다는 것이다. 이것이 엘리아데의 종교학 연구의 핵심이다. 이에 주위 사람들이 그의 연구 업적을 기념하는 서적을 발간하고 그 책의 제목을 '신화와 상징(Myths and Symbols)'이라고 붙이려 하자, 엘리아데는 스스로 그 제목을 '물음(Quest)'이라 바꾸었다. 인간의 생각은 한계가 있으므로 자신은 학자로서 이 거대한 우주의 문제에 대하여 겸손히 질문한다는 의미를 담고자 했다.

Move 5. 영원히 홀로 높으신 이름

다시 시간이 흐르고 새해가 시작된다. 앞에서 언급한 학자 엘리아데는 새해를 가리켜 '시간을 처음부터 다시 시작하는 것, 곧 우주 창조의 반복'이라고 말했다. 인류학적으로 볼 때 그것은 '개인적인 죄와 과오는 물론 공동체 전체의 죄와 과오를 소진시켜 버리고 무효화해 버리는 제의적인 정화의 의미'라는 것이다. 따라서 이는 재생(regeneration)이며 새로운 탄생이다.

　세상의 학문도 새해에 관한 의미를 매우 중요하게 다루고 있다. 우리는 하나님의 자녀로서 가고 오는 이 시간이 더욱 귀중한 것임을 깨닫는다. 하늘과 땅이 한마음으로 목소리를 합하여 창조주 여호와의 이름이 홀로 높으심을 찬양하고 있다. 하나님을 알지 못한 사람들도 공동체의 새로운 탄생이라는 의식을 드러내는 때이다.

　하늘을 쳐다보면 천군 천사의 찬양이 울려 퍼지고, 태양은 물론 비를 머금은 구름 한 조각까지도 창조주 하나님을 찬양한다. 땅을 둘러보면 산과 바다와 그 안에서 살아가는 생명체들도 여호와의 이름을 찬양한다. 그리고 온 인류가 신분을 초월하여 모두 하나님의 백성이라는 자격으로 찬양을 올리는 것을 깨닫게 된다. 이제 우리도 가고 오는 시간 속에서 영원히 홀로 높으신 그 이름을 함께 찬양한다. 할렐루야!

2026 1.4
성탄절 후 두 번째 주일

성서정과 | 시 147:12-20; 렘 31:7-14; 엡 1:3-14; 요 1:(1-9), 10-18

예배로 부름 Call to Worship
할렐루야, 여호와의 종들아 찬양하라 여호와의 이름을 찬양하라 이제부터 영원까지 여호와의 이름을 찬송할지로다 해 돋는 데서부터 해 지는 데까지 여호와의 이름이 찬양을 받으시리로다 (시 113:1-3)

예배 기원 Invocation
우리의 기쁨이요 소망이 되시는 하나님 아버지! 2026년 새해를 맞이하여 새롭게 뜻을 세우고, 헌신을 다짐하며 예배하오니 기쁘게 받아주옵소서. 저희는 주님께서 이끌지 않으시면 한 걸음도 앞으로 나아갈 수 없고, 주님께서 도와주지 않으시면 지극히 작은 짐도 홀로 질 수 없는 연약한 존재입니다. 간구하오니 올 해에도 광야같이 거칠고 험한 길을 걸어갈 때 임마누엘로 함께하여 주옵소서. 우리의 발걸음이 실족하지 않도록 강하신 팔과 능력의 손으로 붙잡아 주옵소서. 예배의 주관자가 되시는 예수 그리스도의 이름으로 기원하옵나이다. 아멘.

이 주일의 찬송 Hymns
찬송하는 소리 있어(19장) / 하나님의 말씀으로(133) / 비바람이 칠 때와(388) / 내 평생에 가는 길(413) / 교회의 참된 터는(600) / 그 큰 일을 행하신(615)

성시 교독 Responsive Readings   시편 147:12-20

인도자	¹² 예루살렘아 여호와를 찬송할지어다
회 중	시온아 네 하나님을 찬양할지어다
인도자	¹³ 그가 네 문빗장을 견고히 하시고
회 중	네 가운데에 있는 너의 자녀들에게 복을 주셨으며
인도자	¹⁴ 네 경내를 평안하게 하시고 아름다운 밀로 너를 배불리시며
회 중	¹⁵ 그의 명령을 땅에 보내시니 그의 말씀이 속히 달리는도다
인도자	¹⁶ 눈을 양털 같이 내리시며 서리를 재 같이 흩으시며
회 중	¹⁷ 우박을 떡 부스러기 같이 뿌리시나니 누가 능히 그의 추위를 감당하리요
인도자	¹⁸ 그의 말씀을 보내사 그것들을 녹이시고 바람을 불게 하신즉 물이 흐르는도다
회 중	¹⁹ 그가 그의 말씀을 야곱에게 보이시며 그의 율례와 규례를 이스라엘에게 보이시는도다
인도자	²⁰ 그는 어느 민족에게도 이와 같이 행하지 아니하셨나니
회 중	그들은 그의 법도를 알지 못하였도다 할렐루야

고백의 기도 Prayer of Confession

사랑이 많으신 하나님 아버지! 구원받은 성도임을 자부하는 저희는 세상에 나아가 '기독교가 사랑의 종교'라고 자랑하였지만, 행동으로는 성경에 기록된 사랑을 구체적으로 나타내지 못했습니다. 내게 잘못하고 실수하는 사람에게 오래 참지 않았습니다. 이웃을 대할 때 온유하지 못했습니다. 내게 주어진 보잘것없는 것들은 자랑하면서 교만했습니다. 무례하였습니다. 혼자만의 유익을 추구했습니다. 쉽게 성내고, 악한 생각에 사로잡혀 살았습니다. 진리와 함께 기뻐하지 않고 오히려 불의한 것을 기뻐하였습니다. 환난 중에 인내하지 못했고, 소망 중에 모든 것을 바라며 견디지도 못했습니다. 참사랑의 모습을 드러내지 못하고, 소리 나는 구리와 울리는 꽹과리처럼 허탄한 삶을 살았던 저희의 죄를 용서해 주옵소서. 예수님의 이름으로 이 고백의 기도를 드립니다. 아멘.

사함의 확신 Assurance of Forgiveness

허물의 사함을 받고 자신의 죄가 가려진 자는 복이 있도다 마음에 간사함이 없고 여호와께 정죄를 당하지 아니하는 자는 복이 있도다 (시 32:1-2)

오늘의 주제

진리는 은혜의 약속

석의적 접근

구약의 말씀 렘 31:7-14

하나님께서는 이스라엘의 회복을 확인시켜 주는 약속의 말씀을 선포하신다. 31장에서의 약속은 여섯 가지로 전개되고 있으며, 본문은 그 두 번째로서 포로에서 풀려나 귀환할 것을 말씀하신다. 하나님은 흩으셨으나 다시 모으시고 연약한 사람들의 심령을 물 댄 동산처럼 풍성하게 해 주시겠다는 내용이 중심을 이루고 있다. 예레미야 선지자는 바벨론으로 끌려간 이스라엘 백성 포로들이 다시 고향으로 돌아갈 것이라는 소식을 기쁘게 외치고 전파하며 하나님을 찬양하라고 외친다.

이스라엘 백성은 장애인이나 출산하는 여인처럼 약하고 넘어지기 쉬운 사람들이다. 하나님은 그들을 아버지의 심정으로 인도하시며 마치 목자가 양 떼를 모으듯 연약한 백성을 지키신다. 여호와의 구원은 힘이 있으므로 아무리 강한 세력이 억누른다 할지라도 이스라엘을 속량할 능력이 충분하다. '시온의 높은 곳에서 찬송하며'(12절)라는 의미는 무너진 성전이 복구되어 예배의 회복이 이루어진다는 것이다. 영적 회복의 다음으로 열거된 목록들은 육신의 삶에 넘쳐나는 풍요로움이다. 새로운 시대에는 하나님의 일을 맡은 제사장부터 청년과 노인에 이르기까지 온 백성이 만족을 누리게 될 것이다.

서신서의 말씀 엡 1:3-14

하나님의 선택과 예정은 하늘에 속한 신령한 복이다. 사도 바울은 이 위대한 역사를 찬양하며 경배를 드린다. 여기에 삼위일체 하나님의 영광이 성부 성자 성령의 순서를 따라 나타나고 있다. 먼저 성부 하나님은 창세 전에 주권적으로 우리를 선택하시고 예정하여 자녀로 삼으셨다(3-6절 참고). 선택의 기초는 그리스도이시다. 그리스도 안에서 신령한 복과 예정이 완전히 연결되어 우리는 거저 주시는 은혜를 받게 되었다.

다음으로, 성자 예수 그리스도는 그 피로 우리 죄를 사하셨으며 지혜와 총명으로 하나님의 비밀을 알려 주셨다. '때가 찬 경륜'이라는 말씀은 에베소서 3장에서 한 번 더 반복되며, 성서정과 역시 곧 이어지는 주현절 본문에 그 부분을 포함하고 있으므로 거기서 다루도록 하겠다. 여기서는 그리스도 안에서의 통일이라는 의미가 중요하다. 죄가 하나님과 인간 사이를 갈라놓았으나 그리스도로 인해 정상화되고 우주적 일체를 가져오게 되었다(7-12절 참고). 끝으로, 약속의 성령이시다. 성령은 약속으로 인을 치고 보증의 역할을 담당하신다. 인을 치는 것은 신분을 증명해 주는 행위이므로 이는 우리가 온전히 속량 받는 그 날까지 구원의 자녀라는 성도들의 신분을 보장해 주시는 은혜의 약속이다(13-14절 참고).

복음서의 말씀 요 1:(1-9), 10-18

요한복음의 서두에서 예수 그리스도의 정체성을 밝히는 이 본문은 빛과 진리의 조화를 꾀하고 있다. 중심으로 다루어야 할 10-18절에서 그리스도는 성육신하여 세상에 오셨으며 그를 받아들이고 믿는 사람은 하나님의 자녀가 되는 은혜로운 특권을 누리게 된다고 하였다. 이것은 대체로 사람들이 의문을 품게 될 일이지만, 실제로는 하나님의 독생자이신 예수 그리스도에게서 온 진리임을 강조한다. 이 진리는 요한복음을 관통하며 그리스도의 인격과 결합하여 구원의 길로 인도한다. 그것은 죄에서 벗어나 해방을 얻게 하고(요 8:32 참고), 나아가 예수 그리스도의 정체를 나타내는 본질 가운데 하나로 선언되기에 이른다(요 14:6 참고).

본문의 전제 조건이 될 1-9절에는 진리와 관련되는 요소들이 많다. 말씀(1절), 생명(4절), 빛(4, 5, 9절) 등이 그것이다. 로고스이신 말씀은 하나님의 본질이시고, 그 안에 있는 생명과 빛은 하나님이 창조하신 피조물과 관련한 본질로 해석할 수 있다. 곧 하나님과 그분의 독생자이신 예수 그리스도는 인간을 포함한 모든 피조물의 생명이요 빛이 되신다는 의미이다. 여기서는 다음에 나오는 진리와 연관하여 특히 빛을 주목해야 한다. 9절에는 '참 빛'이라 말씀하였다. 빛의 앞에 쓰인 '참'이라는 뜻의 원문 헬라어는 '알레디논(ἀληθινόν)'으로서 거짓에 대하여 진실을 말할 때 사용하는 단어로 '진리'와 직접적 관계를 맺고 있다.

설교를 위한 조명

복음서의 말씀(요 1:1-9, 10-18)으로 설교 작성 / 분석 설교

"빛처럼 반짝이는 진리"

서론

2026년 새해의 첫 주일이다. 교회마다 신년 표어를 내걸고 새로운 각오와 다짐을 하는 시간을 보내고 있을 것이다. 그렇다면 무거운 주제에 접근하기 전에 우선 쉬운 문제를 한 번 풀어보기로 하자. 오래전, 「뉴욕타임스」에 '뇌를 훈련시키는 퍼즐'이라는 제목으로 소개되고 우리나라에도 수수께끼로 인용된 적이 있는 질문이다. 새해에 무슨 실없는 퀴즈를 하느냐고 넘겨버리지 말라. 하나님께서는 뇌를 창조적 방법으로 자극해야 맑은 정신을 유지할 수 있도록 우리를 만드셨다.

바둑을 너무도 좋아하는 왕이 있었다. 서양에서는 체스라 일컫는데 그가 왕위에서 물러나기로 작정하고 세 아들을 불러 이렇게 말했다고 한다. "너희들의 남은 인생에서 정확히 절반 동안 바둑을 둘 수 있는 사람에게 왕위를 물려주겠다." 첫째 아들은 자기가 얼마나 오래 사는지 알 길이 없다며 고개를 흔들었다. 둘째는 바둑 두는 시간과 그 밖의 시간을 어떻게 정확히 계산할 수 있을지 몰라 고민을 거듭했다. 그러나 셋째는 아버지의 조건을 쉽게 받아들였다 어떻게 하면 되겠는가?

누구나 처음에는 내가 몇 년을 더 살까, 시간 계산을 어떻게 할까를 생각한다. 하지만 답은 이것이다. 하루는 줄곧 일하고 다음 하루는 내내 바둑을 두면 된다. 언제까지 살든 정확히 절반을 쓸 수 있다. 셋째 아들은 여기서 두 가지 교훈을 얻었다. 먼저 진리는 쉽다는 것이다. 다음으로 삶의 문제는 가까운 데서부터 풀어나가야 한다는 것이다. 그러면 어려운 문제라 여겼던 것도 쉽게 해결을 볼 수 있다. 이제 수수께끼를 끝내고 신앙적 문제를 풀어보기로 하자. 진리는 우리의 삶을 밝혀 주기 위해 지금도 우리 곁에서 반짝인다. 구원을 얻어 하나님의 자녀가 되고 영생을 얻는 방법은 무엇인가?

본문 접근

전반부 1-9절에서 선포하는 핵심 단어는 말씀, 생명, 빛이다. 본문을 압축하면 이렇게 이어진다. "태초에 말씀이 계시니라"(1절). 여기에 사용된 '말씀'은 우주의 원리를 가리키는 '로고스(λογος)'이다. "그 안에 생명이 있었으니 이 생명은 사람들의 빛이라"(4절). 말씀 안에 있는 생명은 어두운 세상을 비추는 빛으로 나타났다. "참 빛 곧 세상에 와서 각 사람에게 비추는 빛이 있었나니"(9절). 예수 그리스도는 '참 빛(true light)'으로 이 세상에 오셨다.

10-18절은 그 빛 속에 진리가 충만함을 밝혀 주신다. "영접하는 자 곧 그 이름을 믿는 자들에게는 하나님의 자녀가 되는 권세를 주셨으니"(12절). 가장 확

실한 진리는 그리스도를 맞아들인 사람에게 구원의 특권을 내리셨다는 것이다. "율법은 모세로 말미암아 주어진 것이요 은혜와 진리는 예수 그리스도로 말미암아 온 것이라"(17절). 율법을 완성하는 진리는 하나님의 아들이신 예수에게서 왔음을 확증하였다. "말씀이 육신이 되어 우리 가운데 거하시매 우리가 그의 영광을 보니 아버지의 독생자의 영광이요 은혜와 진리가 충만하더라"(14절). 우리는 진리 안에서 예수 그리스도의 드높은 영광을 보고 한없는 은혜를 누리게 된다.

주제 정의

하나님의 독생자이신 예수님은 빛이시며 진리이시다. 진리라는 말은 다소 추상적이지만, 그 속성이 빛과 일치하므로 밝고 분명하며 거짓을 용납하지 않는다. 오늘 말씀의 개요를 요약하면 "그리스도를 영접하는 사람은 하나님의 자녀가 되는 특권을 얻는다. 이것이 곧 충만한 은혜와 진리이다"라고 할 수 있다. 이 진리는 빛으로 오신 예수 그리스도로 인하여 생겨난 것이다.

주제의 필요성

구약시대 이스라엘 백성은 하나님의 자녀라는 말을 떠올릴 때마다 먼저 계명을 생각했다. 십계명을 비롯한 모세 오경의 계명들, 그리고 구전으로 내려온 613조의 계명들을 지키지 못하는 사람을 비방하면서 늘 율법적 형식주의에 매여 살아왔다.

이 시대의 우리도 성경 말씀을 받아들자 큰 걱정이 생겨났다. 아브라함의 행적을 닮아야 하고 사도 바울이 걸어간 길을 따라야 할 텐데 그렇게 하지 못하는 자신의 모습이 부끄러워진다. 이때 갑자기 나타난 어떤 종파들이 여기에 구원이 있고 종말을 대비하는 진리가 있다고 유혹한다. 혼란스러울 수밖에 없다. 그러나 하나님의 자녀가 되는 것은 수백 개의 계명을 지키는 것이 아니고 성경을 깨닫게 해 준다는 종파에 들어가야 하는 것도 아니다. 진리는 빛처럼 밝게 우리 곁에 가까이 있다. "영접하는 자 곧 그 이름을 믿는 자들에게는 하나님의 자녀가 되는 권세를 주셨으니"(12절).

영접한다는 것은 '받아들인다(receive)'라는 말이다. 마음으로 인정하고 믿는다는 뜻이며, 내 집으로 들어오도록 모신다는 의미로도 사용된다. 과연 그리스도를 영접함으로 하나님의 자녀가 되었단 말인가? 정말 그렇다. 진리이신 주님께서 말씀해 주셨다. 이때 사람들은 그토록 쉬운 것을 왜 몰랐을까 하며 의아하게 여긴다. 그럴 수 있다. 인류의 역사에는 매우 쉬운 것도 잘 모르고 지나쳐온 일들이 적지 않다.

크리스토퍼 콜럼버스는 15세기에 신대륙을 발견한 항해사이다. 그는 서쪽으로 계속 항해하면 동양 땅 인도에 이를 수 있다는 신념을 성취했다. 그러나 신대륙에는 이미 원주민들이 살고 있었으므로 이는 유럽 중심의 관점에서 발견이며, 그가 상륙한 곳은 지금의 바하마 제도로서 인도 땅이 아니다. 콜럼버스를 질투하거나 그 행적을 폄훼하는 사람들이 많아지자 그는 그들 앞에서 달걀 하나를 꺼내 들었다. 그리고 누가 이 달걀을 세울 수 있냐고 물었다. 아무도 세우지 못하자 콜럼버스는 달걀 아랫부분을 깨뜨리고 탁자 위에 세우면서 말했다. "문제 해결 후에는 그것이 아주 쉬워 보인다. 누가 못하겠느냐며 비난하지 말라. 이것도 쉬운 것 같으나 아무도 못하지 않았는가." 일화로 전해오는 '콜럼버스의 달걀(Egg of Columbus)' 이야기이다.

주제 실천의 방안

1. 예수 그리스도를 따라 생명의 빛을 얻어야 한다 (요 8:12)

창세기 첫머리에는 어둡고 공허한 혼돈이 세상을 뒤덮고 있었고 그 위를 운행하시던 하나님께서 "빛이 있으라"고 하셨다. 이 말씀에 따라 빛이 생겨나자 어둠과 혼돈이 단숨에 물러가고 세상에 생명이 시작되었다. 말씀이 그 안에 생명을 품고 이 세상을 빛으로 비추신 것이다.

이 땅에 오신 예수 그리스도께서는 사람들에게 직접 말씀하셨다. "나는 세상의 빛이니 나를 따르는 자는 어둠에 다니지 아니하고 생명의 빛을 얻으리라"(요 8:12). 빛의 증거물은 따로 없다. 빛이 있으면 어둠이 물러가고 생명이 소생한다. 지치고 상한 육신들이 새 힘을 얻고 밝은 모습을 되찾는다. 햇빛이 비치기 시작하면 새들까지도 기뻐서 지저귄다.

성경은 빛으로 시작하여, 빛의 정점에 이르렀다가, 마지막을 빛으로 마무리한다. 성경의 3대 주제는 창조, 구원, 그리고 하나님의 나라이다. 먼저 창조의 때에 빛이 있었고, 하나님께서는 그 빛을 창조의 원천으로 삼으셨다. 구원의 빛은 예수 그리스도를 통해 세상 사람들에게 비추었다. 그리스도는 '세상의 빛'이며 '참 빛'(9절)이었다. 끝으로 하나님의 나라는 영광의 빛이 비치는 새 예루살렘이다. "그 성은 해나 달의 비침이 쓸데없으니 이는 하나님의 영광이 비치고 어린 양이 그 등불이 되심이라 만국이 그 빛 가운데로 다니고 땅의 왕들이 자기 영광을 가지고 그리로 들어가리라"(계 21:23-24). 이렇게 빛의 영광으로 새 하늘과 새 땅이 열리게 된다. 이처럼 성경은 우리에게 빛의 약속과 증거를 밝혀 주는 말씀으로 이루어졌다.

2. 하나님의 자녀답게 진리로 충만해야 한다(12-14절)

그리스도인으로서 살기 원하는 우리에게 세상 사람들이 묻는다. "예수가 구원의 주님이라는 증거가 무엇인가?" 어렵게 여길 필요가 없다. 진리는 항상 쉽고 또 가까이 있는 것이니까. "빛이 어둠을 쫓아내는 것을 보시오. 진리이신 예수 그리스도가 세상을 비추는 빛이라오." 불의를 몰아내고, 병든 육신을 일으키고, 세상에 소망을 주는 빛이 진리로 반짝이고 있다.

예수 그리스도의 말씀이다. "너희가 내 말에 거하면 참으로 내 제자가 되고 진리를 알지니 진리가 너희를 자유롭게 하리라"(요 8:31-32). 그리스도의 인격과 존재 자체는 진리이시다. 그리고 이 말씀 속에서의 진리는 주님의 인격과의 결합을 통해 깨닫게 되는 진리를 가리킨다. 곧 예수님께서 하나님의 독생자이시며 그를 믿는 자마다 구원을 얻는다는 진리를 깨달으면 죄와 사망의 굴레를 벗고 해방을 얻게 된다는 뜻이다.

진리이신 주님을 믿으면 진리로 충만해진다. 그 충만함 속에서 우리 인생이 받게 되는 것은 말로 다 표현할 수 없는 은혜이다. "우리가 다 그의 충만한 데서 받으니 은혜 위에 은혜러라"(16절). 그리고 이 은혜와 진리는 한데 묶어 예수 그리스도로 말미암아 온 것이라고 말씀하고 있다(17절 참고). 하나님의 자녀는 은혜와 진리로 충만하여 영원한 영광을 보게 된다.

3. 은혜받은 사람으로서 경건한 삶을 살아야 한다(16-17절)

주님을 영접하기만 하면 경건한 생활을 하지 않아도 되는 것일까? 이는 일부 이단 종파에서 교묘하게 악용하는 내용이다. 이미 주님을 영접하였는데 회개를 계속하는 것은 구원받지 못한 증거라고 하면서 예배나 기도도 필요치 않다고 가르친다. 이는 그리스도인들의 경건한 삶을 무력화하려는 시도이다. 하나님께서는 올바른 교회 생활을 통해 우리를 성화시키신다. 이미 자녀가 된 성도는 신앙이 성장한 사람들이므로 주님은 그들의 삶을 일일이 간섭하지 않으신다.

미국인 설교학자 웨이드 휴이(W. Huie) 교수는 다음과 같은 경험담을 들려주었다. 그는 16살 때 큰 도시의 대학으로 진학하기 위해 고향을 떠나야 했다. 부모님은 그를 방으로 부르셔서 앞으로 많은 어려움과 유혹이 있을 것이라 하셨다. 그래서 그는 부모님께서 '해야 할 일'과 '하지 말아야 할 일'의 목록을 주시리라고 생각했다. 하지만 부모님은 단순히 말씀하기를 "너는 단지 나의 사랑하는 아들임을 기억하라"고 하셨다. 세상에서 가장 귀한 충고였고, 그것이 바로 복음이었다.

하나님께서는 바울서신을 통해 그의 자녀들에게 이렇게 말씀하신다. "너희가 전에는 어둠이더니 이제는 주 안에서 빛이라 빛의 자녀들처럼 행하라"(엡 5:8). 너는 내 아들이요 딸이므로 오직 빛의 자녀로서 살아가라는 말씀이다. 빛의 자녀로 사는 사람이 회개하지 않고 교회를 떠나는 것을 상상할 수 없다. 빛의 자녀는 착함과 의로움과 진실함의 열매를 거둔다(엡 5:9 참고). 그것이 경건한 삶의 결실이다.

주제 실천의 결과

진리를 따라 살아가려는 사람들도 지켜야 할 계명이 너무 많다고 여길 때 옛날 서기관처럼 주님께 묻는다. "주님, 모든 계명 중에 첫째가 무엇입니까?" 그날에 주님께서는 이렇게 대답하셨다. "네 마음을 다하고 목숨을 다하고 뜻을 다하고 힘을 다하여 주 너의 하나님을 사랑하라 하신 것이요 둘째는 이것이니 네 이웃을 네 자신과 같이 사랑하라 하신 것이라"(막 12:30-31). 하나님 사랑과 이웃 사랑, 그 속에 진리가 빛처럼 명확히 반짝인다.

하나님을 사랑한다면 그분의 자녀로서 어찌 경건한 생활을 하지 않을 수 있겠는가. 주님의 몸이신 교회에서 진리를 배우며 그 진리를 따라 빛의 열매를 거두는 일에 어찌 조금이라도 소홀할 수 있단 말인가. 주님께서 돌보시는 형제와 이웃을 어찌 내 몸처럼 사랑하지 않을 수 있으랴. 우리 주님을 따라 진리의 길을 걸으면 독생자 그리스도의 영광과 은혜가 삶에 충만히 임하게 된다.

결론

성경 말씀이 어렵다고 투정을 부리는 사람들이 있다. 그렇지 않다. 진리는 쉽다. 진리이신 예수 그리스도께서 밝히 이끌어주시기 때문이다. 하나님께서 우리의 기도를 들으시는지 의심될 때 "구하라 그리하면 너희에게 주실 것이요 찾으라 그리하면 찾아낼 것이요 문을 두드리라 그리하면 너희에게 열릴 것이니 구하는 이마다 받을 것이요 찾는 이는 찾아낼 것이요 두드리는 이에게는 열릴 것이니라"(마 7:7-8) 하신 말씀을 생각하라. 주님은 이처럼 우리에게 은혜와 진리를 나타내 보이셨다.

니고데모가 그리스도를 찾아와 구원의 길을 물었을 때 "하나님이 세상을 이처럼 사랑하사 독생자를 주셨으니 이는 그를 믿는 자마다 멸망하지 않고 영생을 얻게 하려 하심이라"(요 3:16)라고 말씀하심으로 복음의 핵심적 진리를 알리셨다. 유대인과 이방인이 구원을 받는 것에 차별이 있음을 염려할 때 성경은 한

마디로 진리를 선포한다. "누구든지 주의 이름을 부르는 자는 구원을 받으리라"(롬 10:13). 진리는 어렵지 않고 이처럼 명쾌하다.

어거스틴은 어머니가 믿는 그리스도의 말씀이 너무 쉽다고 무시하며 다른 철학과 수사학을 따라갔던 사람이다. 그러나 그는 결국 이처럼 쉬운 말씀이 참 진리임을 깨닫고 주님께로 돌아와 무릎을 꿇었다. 진정으로 진리는 쉽다. 그리스도를 영접하고 믿으면 하나님의 자녀가 된다. 그리스도는 세상을 비추는 빛이다. 그 속에서 진리는 환하게 반짝인다. 올해의 첫 주일에 내리는 빛 속에서 주님의 영광이 나타나고 지금 은혜와 진리가 온 천지에 충만하다.

2026 1.6 주현절

성서정과 | 시 72:1-7, 10-14; 사 60:1-6; 엡 3:1-12; 마 2:1-12

예배로 부름 Call to Worship
일어나라 빛을 발하라 이는 네 빛이 이르렀고 여호와의 영광이 네 위에 임하였음이니라 보라 어두움이 땅을 덮을 것이며 캄캄함이 만민을 가리려니와 오직 여호와께서 네 위에 임하실 것이며 그의 영광이 네 위에 나타나리니 나라들은 네 빛으로, 왕들은 비치는 네 광명으로 나아오리라 (사 60:1-3)

예배 기원 Invocation
마음이 정직한 자에게 그 얼굴을 보이시겠노라 약속하신 하나님! 공생애를 시작하시며 거룩하고 신령하신 모습을 온누리에 보여주신 예수님을 묵상하며 주현절 예배를 드립니다. 이날에 보이신 흠 없고 순결하며 거룩하고 완전하신 모습을 마음에 품고, 저희도 예수님을 닮아 경건한 인격으로 자라가게 하옵소서. 주현절 예배를 통하여 예수님의 빛나는 영광을 목도한 성도마다 세상으로 나아가 어두움을 밝게 비추는 빛이 되어 살게 하소서. 찬양과 영광을 성삼위일체 하나님께 돌리오며 예수 그리스도의 이름으로 기원하옵나이다. 아멘.

이 주일의 찬송 Hymns
동방에서 박사들(116장) / 참 반가운 성도여(122장) / 양 지키는 목자여(124장) /
그 고요하고 쓸쓸한(127장) / 죄짐 맡은 우리 구주(369장) / 오 놀라운 구세주(391장)

성시 교독 Responsive Readings   시편 72:1-7, 10-14

인도자 ¹ 하나님이여 주의 판단력을 왕에게 주시고 주의 공의를 왕의 아들에게 주소서

회 중 ² 그가 주의 백성을 공의로 재판하며 주의 가난한 자를 정의로 재판하리니

인도자 ³ 의로 말미암아 산들이 백성에게 평강을 주며 작은 산들도 그리하리로다

회 중 ⁴ 그가 가난한 백성의 억울함을 풀어 주며 궁핍한 자의 자손을 구원하며 압박하는 자를 꺾으리로다

인도자 ⁵ 그들이 해가 있을 동안에도 주를 두려워하며 달이 있을 동안에도 대대로 그리하리로다

회 중 ⁶ 그는 벤 풀 위에 내리는 비 같이, 땅을 적시는 소낙비 같이 내리리니

인도자 ⁷ 그의 날에 의인이 흥왕하여 평강의 풍성함이 달이 다할 때까지 이르리로다

회 중 ¹⁰ 다시스와 섬의 왕들이 조공을 바치며 스바와 시바 왕들이 예물을 드리리로다

인도자 ¹¹ 모든 왕이 그의 앞에 부복하며 모든 민족이 다 그를 섬기리로다

회 중 ¹² 그는 궁핍한 자가 부르짖을 때에 건지며 도움이 없는 가난한 자도 건지며

인도자 ¹³ 그는 가난한 자와 궁핍한 자를 불쌍히 여기며 궁핍한 자의 생명을 구원하며

회 중 ¹⁴ 그들의 생명을 압박과 강포에서 구원하리니 그들의 피가 그의 눈앞에서 존귀히 여김을 받으리로다

고백의 기도 Prayer of Confession

화평과 질서의 하나님! 하지만 저희는 영적 교만에 사로잡혀 친히 세우신 질서를 깨뜨리는 행위를 많이 범하였습니다. 내가 받은 은혜만이 절대적이라 착각하여 교우들에게 있는 신앙을 무시하였습니다. 내게 있는 은사를 자랑하며 함부로 생각하고 판단하는 등 잘못된 행동을 보였습니다. 특별히 의롭다고 착각하며, 하나님께서 세우신 감독과 교사와 여러 종들이 전하는 교훈에 귀를 닫았습니다. 이 모든 죄와 허물을 용서해 주시고, "모든 일을 품위 있게 하고 질서 있게 하라"고 하신 성경의 가르침을 따라 정결하고, 거룩하며, 질서 있는 성도의 삶을 살게 하옵소서. 예수님의 이름으로 이 고백의 기도를 드립니다. 아멘.

사함의 확신 Assurance of Forgiveness

그의 노염은 잠깐이요 그의 은총은 평생이로다 저녁에는 울음이 깃들일지라도 아침에는 기쁨이 오리로다 주께서 나의 슬픔이 변하여 내게 춤이 되게 하시며 나의 베옷을 벗기고 기쁨으로 띠 띠우셨나이다 (시 30:5, 11)

오늘의 주제

주현절을 맞이하는 성도의 자세

석의적 접근

구약의 말씀 사 60:1-6

　미래의 영광을 보여주는 이사야 예언의 핵심 구절이다. 지역적 배경은 예루살렘이고 구체적으로 하나님의 성전이 자리한 시온이다. 그러므로 여기서 '너'로 표현되는 대상은 일차적으로 시온이며, 폭을 넓혀 시온의 거민, 곧 하나님의 백성으로 인식된다. 영적으로는 시온이 성전의 상징이기에 세상의 교회와 교회에 속한 성도들을 널리 함축한다는 해석이 가능하다. 여기에 미래의 시간적 배경을 그리스도께서 강림하실 때로 본다면 단순히 이스라엘 백성에 그치지 않고 세계의 교회와 거기에 속한 구원 백성을 가리키며 그 빛은 복음을 의미하는 것이 된다.
　본문을 시작하는 처음 두 개의 단어는 '일어나다'라는 뜻의 동사 '쿰(קום)'과, '빛나다'라는 동사 '오르(אור)'의 여성 단수 명령형이다. 어둠에 가려 잠들어 있던 시온에게 '일어나라'는 명령이 떨어진다. 이어서 밝게 빛나라는 뜻으로 '빛을 발하라' 하신 말씀을 덧붙인다. 빛은 하나님의 본질이며, 하나님은 빛으로 자신의 영광을 드러내신다. 그렇다면 이 명령은 온 세상에 하나님의 영광을 나타내라는 뜻으로 볼 수 있다. 어둠을 이기고 세상을 비추는 능력을 우리에게 허락하신다는 약속의 선언이다. 이 은총을 받은 하나님의 자녀들은 사방에서 오는 풍요와 기쁨을 얻고 여호와 하나님을 전파할 것이라 하였다. 육신의 부유함과 영적인 풍성함을 함께 얻는다는 의미를 가득 담고 있다.

서신서의 말씀 엡 3:1-12

주현절(Epiphany)은 하나님께서 세상에 자신을 드러내신 절기를 뜻하며, 이는 예수 그리스도 안에서 빛으로 계시하신 방식을 통해 이루어졌다. 사도 바울은 이 현현(顯現)의 은총을 '은혜의 경륜', '계시의 비밀'이라는 용어를 사용하여 특히 이방인들을 대상으로 선포하고 있다. '경륜(經綸, dispensation)'이란 국가를 통치하는 경험과 능력을 가리키는 말인데, 신학적으로는 하나님이 세상을 다스리시는 완전한 섭리를 뜻한다. 바울은 이것이 그리스도의 비밀에 속한 것이라 설명하면서 하나님께서 직분을 맡긴 일을 여기에 적용하였다.

이방인들이 복음으로 인해 받게 된 은혜를 상속자, 지체, 약속 참여자로 압축하고 있다. 상속자는 하늘의 유업을 이을 가족이라는 의미이며, 지체(same body)란 한몸의 부분이라는 뜻이므로 온전히 하나가 되었음을 나타낸다. 약속에 참여하는 것은 유다 자손과 다름없이 구원 백성이 된다는 선언이다. 바울은 자신이 이 일을 수행하는 일꾼이 되었음을 확신하면서 그 비밀의 경륜을 알게 해 주심을 겸손히 감사한다. 그리고 이제는 교회가 그리스도 안에서 하나님의 예정하심을 전해야 한다는 사실을 밝힌다. 이 사명을 맡은 이들은 담대한 확신 아래 어떤 환난이 오더라도 낙심하지 않고 구원의 계시와 그 비밀을 알려주어야 할 것을 강조하였다.

복음서의 말씀 마 2:1-12

성서정과는 1월 6일을 주현절로 정하고 동방박사들의 아기 예수 방문에 중요한 의미를 두고 있다. 교회사적으로 서방교회는 주현절을 박사들의 경배에 집중하였고, 동방교회는 주님의 세례 받으심을 기념하는 절기로 지켰다. 지금의 성서정과는 주현절을 성탄에 이어 이 세상에 그리스도의 빛이 드러난 날로 삼고 그다음 주일을 '주님의 수세 주일'로 정하였다. 성탄의 영광 뒤에 오는 빛의 절기에 주님께서 세례받으심으로 인하여 성육신의 신비가 이어져 나가도록 한 것이다. 오늘 주현절의 복음서 본문은 박사들의 방문과 경배를 다룬 대목이다.

동방의 박사들은 라틴어로 '마기(Magi)'라 불리는 현자요 점성술사인 예언자들이었다. 그들은 옛 페르시아 지역에 거주하던 과학자들로서 당시에 유행하던 별 예언을 따르고 있었다. 별의 출현에 놀라움을 갖게 된 박사들은 별을 따라 유대 땅으로 찾아와 아기 예수에게 최상의 예물을 드렸다. 박사들에게서 그리스도의 탄생 소식을 듣게 된 유대의 헤롯 왕은 크게 불안해졌다. 이에 대제사장과 서기관들을 불러 그리스도의 출생지에 관해 질문하자 그들은 미가 5장 2절 말씀을 인용하여 베들레헴이라 대답한다. 그곳은 예루살렘 남쪽에 있는 다윗의 고향이었다. 간교한 헤롯은 자기도 경배하겠다며 박사들에게 세세한 정보를 얻으려 했으나 실패하고 만다. 계획이 불가능해지자 헤롯 왕은 마침내 유아들을 살육하는 엄청난 범죄를 저지르게 된다.

설교를 위한 조명

구약의 말씀(사 60:1-6)으로 설교 작성 / 이야기 설교
"일어나 빛을 발하는 교회"

Stage 1. '구미, 오리'를 지날 때마다

먼 거리에 있는 교회에 가느라 새벽부터 집을 나서는 사람이 있다. 그의 집은 서울 송파구의 최남단에 있고 교회는 경기도 용인시 경내로 진입하여 주택가를 지나야 하므로 운전하는 부담도 만만치 않다. 성남시를 관통하여 내려가면 분당 시가지 남쪽에 구미동이 나오고, 조금 더 진행하여 만나게 되는 곳이 지하철역으로 잘 알려진 오리 지역이다. 그는 이곳을 지나면서 떠오르는 태양을 바라보고 '구미, 오리'라 외치는 습관이 생겼다.

다른 곳도 많건만 유독 구미동, 오리역 앞에서 지명을 부르짖는 이유는 무엇일까? 그가 성경을 배울 때부터 가슴에 새긴 이사야 60장의 명령, 곧 본문을 여는 오늘의 말씀을 기억하기 때문이다. "일어나라 빛을 발하라"라는 말씀의 영문성경 표기는 "Arise, Shine"이다. 그는 영어에 더하여 히브리어를 공부하다가 여기 사용되는 두 개의 히브리 동사 발음이 "쿠미, 오리"임을 알았다. 그 뒤로 그가 가는 길목에 서로 인접해 있는 이곳에서 자연스레 이사야의 외침이 터져 나오게 되었다는 것이다.

히브리어로 '일어나다'라는 단어는 '쿰(קום)'이다. 마가복음 5장에 예수님께서 회당장의 딸을 살리시며 하신 말씀을 떠올려 본다. "그 아이의 손을 잡고 이르시되 달리다굼하시니 번역하면 곧 내가 네게 말하노니 소녀야 일어나라 하심이라"(막 5:41). 여기 '달리다굼'에서 '굼'은 실제 발음으로 '쿰'이며 '일어나다'라는 동사의 기본형이다. 히브리어는 변화가 많은 언어이므로 '쿰'의 여성 단수 명령형은 '쿠미(קומי)'이다. 이리하여 '쿠미!'라는 외침은 '일어나라' 하는 성경의 명령어가 된다.

다음은 "빛을 발하라"의 히브리어를 살핀다. '빛나다'라는 동사의 기본형이 '오르(אור)'인데 역시 여성 단수 명령형으로 변화를 시키면 그 형태가 변하여 '오리(אורי)'가 된다. '오리!'는 '빛을 비추어라'라는 두 번째 명령어이다. 이렇게 "쿠미 오리", 곧 "일어나라 빛을 발하라" 하신 이사야 말씀의 원어가 완성되었다. 이 말씀을 아는 사람으로서 두 개의 뜻깊은 이름이 이어지는 이곳을 지날 때 어찌 무심하게 그냥 넘겨버릴 수 있으랴. 얼마든지 외쳐도 좋고 기쁨이 넘친다. "쿠미! 오리!"

Stage 2. 시온, 예루살렘의 모습

하나님께서는 이사야 선지자를 통하여 새 예루살렘이 받을 영광을 선언하셨다. 예루살렘 성읍의 높은 터인 시온에는 거룩한 성전이 있어서 그곳에서 예배드리는 성도들은 진리의 빛을 세상에 비추어야 할 사명을 얻었다. 그런데도 오랫동안 그들은 하나님의 자녀라는 이름을 가지고도 어둠의 골짜기를 헤매고 있었다. 죽음과도 같이 깊은 잠에 빠져 사명을 망각했다는 뜻이다. 주님은 믿음의 자녀들에게 '너희는 세상의 빛'이라 하셨는데 그 빛을 다 꺼뜨리고 흑암 속에 누워 있는 사람이 되고 만 것이다. 이제 하나님의 명령이 떨어졌다. 이 명령은 시온의 백성뿐 아니라 성전을 사모하는 사람들 모두에게 주시는 명령이다. 명령은 아주 짧다. 이것은 두 가지를 함께 붙여 이은 이중 명령형이다. "일어나라 빛을 발하라 이는 네 빛이 이르렀고 여호와의 영광이 네 위에 임하였음이니라"(1절).

그런데 참으로 안타까운 일이다. 당시의 시온 예루살렘의 모습은 "어둠이 땅을 덮고 캄캄함이 만민을 가렸다"(2절 참고)라고 기록되었다. 그곳에는 하나님의 구원이 임하지 않고, 빛을 바라지만 어둠뿐인 상태가 계속되는 중이었다. 본문 바로 앞장인 59장에서 이사야 선지자는 그 까닭을 이렇게 말하였다. "여호와의 손이 짧아 구원하지 못하심도 아니요 귀가 둔하여 듣지 못하심도 아니라 오직 너희 죄악이 너희와 너희 하나님 사이를 갈라놓았고 너희 죄가 그의 얼굴을 가리어서 너희에게서 듣지 않으시게 함이니라"(사 59:1-2).

하나님이 능력이 없으셔서 이 캄캄한 어둠을 그대로 두고 계시는 것이 아니다. 성경은 우리와 하나님 사이를 갈라놓은 담장이 있다고 하였다. 그 담장이란 무엇을 말하는가? 그것은 우리의 죄악이다. 두껍고 답답한 죄의 벽이다. 59장 말씀은 죄악의 목록들을 하나씩 들추어낸다. 읽어볼수록 그때와 지금의 모양이 다르지 않음을 본다.

Stage 3. 무섭고 잔인한 죄악들

참담한 죄악들이 열거된 부분들을 편한 마음으로 읽어갈 사람은 아무도 없다. 문제는 이러한 죄악들이 지금 우리의 곁에서 여전히 사라지지 않고 있다는 사실이다. 손이 피에 젖어 있다 함은 생명을 경시하고 무죄한 피를 흘리게 하는 일들을 말한다. 살인과 폭력, 그리고 전쟁이 끊이지 않음을 가리킨다. 생명의 주인이신 하나님 앞에 저지르는 가장 무서운 죄악이다.

　손으로 더러운 죄를 짓고, 입술로 거짓을 말한다. 재판정에서도 소송이 의롭지 않고 판결 역시 진실하지 않다고 하였다. 정의와 성실과 정직이 사라져 평강을 얻을 수 없다는 선포가 귓전을 때리는 데도 사람들은 불의에서 벗어날 줄 모른다. 오히려 허망한 것을 의뢰하여 미신을 섬기는 것이 많음이 드러났다. 하나님께서 선택하신 민족이라 자랑하면서, 더구나 성전을 곁에 두고 신앙생활을 한다는 시온 백성이 어찌 이런 죄악의 담장을 쌓고 있었단 말인가! 그렇다면 지금 이 시대에 동방의 이스라엘이라는 호칭을 들으며 많은 숫자의 교회와 성도를 자랑하는 우리 대한민국이 범한 죄악의 목록들은 무엇일까? 부끄럽게도 거짓과 불의, 미신을 의뢰하는 태도들이 당시의 예루살렘 사람들과 조금도 다르지 않다.

　이제 회개할 일만 남았다. 시온의 백성은 뒤늦게 여호와 하나님 앞에 회개하였다. "이는 우리의 허물이 주의 앞에 심히 많으며 우리의 죄가 우리를 쳐서 증언하오니 이는 우리의 허물이 우리와 함께 있음이니라 우리의 죄악을 우리가 아나이다"(사 59:12). 하나님 앞에 허물 많은 나 자신을 숨김없이 드러내면서 내 죄악을 내가 안다고 고백한 것이다. 숨기지 않고 고백하는 것이 중요하다. 한국교회도 시온의 백성처럼 이렇게 회개하고 고백해야 하나님의 용서를 받을 수 있다. 그래야만 죄악의 어두운 담장이 무너지고 하나님께서 말씀하시는 바 "일어나라", "빛을 발하라"라는 은총의 명령을 듣게 된다.

　우리나라는 정치 사회적 어려움 속에 고통을 거듭하다가 지난해에 대선을 치르고 새로운 역사를 시작하게 되었다. 온 백성이 괴로운 시간을 보냈건만 한국교회는 이 나라를 주님의 이름으로 위로하거나 인도하지 못하였다. 성경에는 '정의와 공의가 물러나고, 성실이 없어지고, 정직이 나타나지 못하면'(사 59:14 참고), 이런 현상이 온다고 말씀하였다. 우리나라와 한국교회는 의롭고, 성실하며, 정직한 모습으로 주님께 영광 돌리고, 백성에게 위로를 베푸는 공동체가 되어야만 한다.

Stage 4. 빛을 누리고 빛을 발하는 교회

'구미'와 '오리'를 지나 도착한 교회는 아담하면서 소박한 외양을 보여주고 있다. 마당에 햇빛이 가득한 모습이 교회의 이름과 어울린다. '빛누리교회', 이 교회는 '빛을 누리고 빛을 발하라' 하는 구호를 새겨 놓았다. 학교로 말한다면 교훈과 다름없다. 이러한 교훈에 따라 빛누리 교인들은 일찍 자리에서 일어나고, 밝은 아침 빛이 창문 틈새로 들어와 눈을 부시게 하는 순간, 맨 먼저 교회를 생각하며 감사기도를 드린다.

교회의 역사가 시작될 때부터 성도들은 깨어 일어나기를 기도하며 함께 출발한 기록을 남겼다. 깨어 있는 교회가 되기를 원했던 것이다. 구원이 가까이 왔음을 깨닫는 사람들은 깰 때를 안다. 그리하여 빛누리 교인들은 로마서 말씀을 항상 마음에 떠올리며 믿음의 생활을 이루어 간다. "또한 너희가 이 시기를 알거니와 자다가 깰 때가 벌써 되었으니 이는 이제 우리의 구원이 처음 믿을 때보다 가까웠음이라"(롬 13:11).

그들은 빛을 누리고 빛을 발하라는 의미의 말씀을 하나 더 새기고 있다. 주님께서 빛이시기 때문에 성경에는 이와 관련한 구절이 많지만, 특히 교인들은 이 말씀을 매우 사랑한다. "너희가 전에는 어둠이더니 이제는 주 안에서 빛이라 빛의 자녀들처럼 행하라 빛의 열매는 모든 착함과 의로움과 진실함에 있느니라"(엡 5:8-9). 착함, 의로움, 진실함을 목표로 삼아 빛의 자녀들이 모이는 공동체를 지향한다. 일반적으로 '착하다'라는 말은 어린이에게 주로 사용하고, 어른에게 적용할 때는 '선(善)하다'라는 한자어로 바꾸어 놓는 경우가 많다. 그러나 이 단어들은 '마음씨나 행동이 바르고 어질다'라는 같은 뜻이며, 하나님의 속성 가운데 하나로서 어린아이에게 주신 은총이다. 그러므로 '착한 어른'이 된다는 것은 천국 시민의 자격을 얻는 것과 다름없다.

빛의 자녀들은 한 가족처럼 서로 사랑하고 위로하며 돕는 '착함'이 있어야 한다. 불의를 용납하지 않고 정직하게 행하는 '의로움'에 몸 바쳐야 한다. 거짓 없이 믿음을 잃지 않는 '진실함'으로 주님의 복음을 세상에 널리 전해야 한다. 어느 때를 막론하고 이러한 빛의 열매를 맺어야 하겠으나, 특별히 주현절인 오늘 '일어나 빛을 발하는' 사명을 위해 기도하고 실천을 다짐하는 것은 매우 중요한 일이다.

Stage 5. 주현절, 빛의 사람에게 내리실 은총

마지막으로 오늘 말씀의 후반부를 본다. 일어나 빛을 발하는 교회와 빛의 사람에게 내리실 은총이 어떠한 것인지를 선포하고 있다. "네 눈을 들어 사방을 보라 무리가 다 모여 네게로 오느니라 네 아들들은 먼 곳에서 오겠고 네 딸들은 안기어 올 것이라"(사 60:4). 이는 하나님의 뜻에 따라 새 예루살렘 땅 시온으로 몰려오는 거룩한 무리를 예언한 것이다. 일어나 빛을 발하는 교회를 향해 모이는 사람들로 인하여 하나님은 영광을 받으시고 그 교회는 풍요와 영적 성장을 누리게 된다. 여기 모인 아들과 딸들은 모두 하나님의 자녀들이다.

빛의 교회, 빛의 사람들이 모인 공동체 위에 하나님의 은총이 약속되어 있다. 세상에 빛을 발하며 착함과 의로움과 진실함으로 걸어온 성도들에게 주님은 반드시 응답하신다. 오늘의 말씀 5-6절에서처럼 기쁜 빛이 내리고, 마음이 화창하게 되고, 그리고 부와 재물의 복도 주시겠다고 약속하셨다. 이 은혜를 모두 충만히 받고 주님 명령에 따라 '일어나 빛을 발하는' 빛의 성도들이 되어 하나님께 영광을 올리며 이 땅을 변화시키는 은총의 역사를 이루어 나아가야 하겠다.

오늘은 주현절이다. 하나님께서 예수 그리스도를 통하여 온 세상에 빛으로 현현하신 날이다. 빛과 영광이 나타남을 보고 동방박사들이 아기 예수를 찾아와 경배를 드렸다. 유대와 이방을 포함한 이 땅의 사람들 모두가 빛으로 세상에 오신 그리스도의 영광을 찬양한다. 일어나 빛을 발하는 성도들 위에 그리스도께서 지금 주현절의 크고 밝은 빛을 비추어 주고 계신다.

2026 1.11

주현절 후 첫 번째 주일 / 주님의 수세 주일

성서정과 | 시 29; 사 42:1-9; 행 10:34-43; 마 3:13-17

예배로 부름 Call to Worship

예수께서 세례를 받으시고 곧 물에서 올라오실새 하늘이 열리고 하나님의 성령이 비둘기같이 내려 자기 위에 임하심을 보시더니 하늘로부터 소리가 있어 말씀하시되 이는 내 사랑하는 아들이요 내 기뻐하는 자라 하시니라. 하나님은 영이시니 예배하는 자가 영과 진리로 예배할지니라 (마 3:16-17, 요 4:24)

예배 기원 Invocation

할렐루야! 거룩하신 하나님께 찬송과 영광과 경배를 올려드립니다. 자비롭고 친절하신 손길 아래 한 주간을 보낸 저희가 오늘은 복된 주일임을 기억하고 성소로 나와 예배를 드립니다. 수세주일에 드리는 예배를 기쁘게 받으시고, 충만한 은혜를 내리시사 이곳에 함께한 모든 성도에게 물로만 아니라 말씀과 성령으로 임하여 주옵소서. 죄 없으신 예수님께서 하늘 아버지의 뜻을 이루시기 위하여 세례를 받으심 같이, 저희도 겸손과 복종으로 하나님의 뜻을 받들며 살아가게 하옵소서. 예수님의 이름으로 기원하옵나이다. 아멘.

이 주일의 찬송 Hymns

예수님은 누구신가(96장) / 성령의 은사를(196장) / 성자의 귀한 몸(216장) /
내 임금 예수 내 주여(313장) / 흑암에 사는 백성들을 보라(499장) / 나 같은 죄인까지도(547장)

성시 교독 Responsive Readings 시편 29:1-11

인도자 1 너희 권능 있는 자들아 영광과 능력을 여호와께 돌리고 돌릴지어다
회 중 2 여호와께 그의 이름에 합당한 영광을 돌리며 거룩한 옷을 입고 여호와께 예배할지어다
인도자 3 여호와의 소리가 물위에 있도다 영광의 하나님이 우렛소리를 내시니 여호와는 많은 물위에 계시도다
회 중 4 여호와의 소리가 힘 있음이여 여호와의 소리가 위엄차도다
인도자 5 여호와의 소리가 백향목을 꺾으심이여 여호와께서 레바논 백향목을 꺾어 부수시도다
회 중 6 그 나무를 송아지같이 뛰게 하심이여 레바논과 시룐으로 들송아지 같이 뛰게 하시도다
인도자 7 여호와의 소리가 화염을 가르시도다 8 여호와의 소리가 광야를 진동하심이여 여호와께서 가데스 광야를 진동시키시도다
회 중 9 여호와의 소리가 암사슴을 낙태하게 하시고 삼림을 말갛게 벗기시니 그의 성전에서 그의 모든 것들이 말하기를 영광이라 하도다
인도자 10 여호와께서 홍수 때에 좌정하셨음이여 여호와께서 영원하도록 왕으로 좌정하시도다
회 중 11 여호와께서 자기 백성에게 힘을 주심이여 여호와께서 자기 백성에게 평강의 복을 주시리로다

고백의 기도 Prayer of Confession

사람의 외모를 보지 않으시고 중심을 살피시는 하나님! 진심으로 회개하오니 우리가 범한 죄악을 용서해 주옵소서. 지난 한 주간 저희는 거짓말을 하며, 악한 행동을 하면서도 이것이 하나님과 사람에게 드러나지 않을 것이라 생각했습니다. 세상과 짝하여 살면서, 하나님의 이름을 망령되이 일컬었으며, 죄인들과 연합하여 그들이 행하는 은밀한 죄악에 동참하였습니다. 귀를 지으신 이가 어찌 듣지 못하시며 눈을 만드신 분이 어찌 보지 못하셨으리이까? 악인은 풀 같이 자라며 잠시 흥왕할지라도 영원히 멸망한다는 사실을 기억하지 못하고 죄악 중에 함부로 행하였던 잘못을 용서해 주옵소서. 다시는 악한 동무들과 어울려 망령된 행동을 하면서 하나님의 영광을 가리는 일이 없도록 도와주옵소서. 예수님 이름으로 이 고백의 기도를 드립니다. 아멘.

사함의 확신 Assurance of Forgiveness

네가 듣고 마음이 부드러워져서 여호와 앞 곧 내 앞에서 겸비하여 옷을 찢고 통곡하였으므로 나도 네 말을 들었노라 여호와가 말하였느니라 (왕하 22:19b)

하나님이 보내신 겸손한 종

석의적 접근

구약의 말씀 사 42:1-9

하나님의 구원 계획에 따라 그의 종 메시아를 소개한다. 이것이 이른바 '종의 노래'이며 본문 1-4절을 장식하고 있다. 종은 하나님의 영으로 와서 이 세상에 겸손히 정의를 베풀고 연약한 사람들을 돌볼 것이다. 종의 성품은 하나님의 영을 받아(1절), 자신을 과시하지 않으며(2절), 인내로 약한 자를 돌보고(3절), 의를 세워 승리에 이른다(4절). 두 번째 '종의 노래'는 49:1-7, 세 번째는 50:4-9에 나타나며, 마지막 네 번째 노래는 52:13-53:12에 이르는 유명한 '고난받는 종'의 예언으로서 종의 정체성이 예수 그리스도라는 사실을 명확히 밝혀 준다.

본문 5-9절은 여호와께서 선언하신 '나의 종'에 대한 해설의 성격을 띤다. 종의 사명은 백성의 언약과 이방의 빛이 되는 것이다(6절). 언약 백성이란 이스라엘의 조상 아브라함으로부터 내려온 자손들로서 구원의 약속을 믿어 의롭게 되는 것을 가리키며, 이방의 빛은 이 언약이 다른 민족으로 널리 확산하여 퍼지게 된다는 의미를 담고 있다. 이를 이루기 위해서 종이 할 일은 눈을 밝히고 감옥에서 벗어나야 한다고 하였다(7절). 이는 육신의 치유와 해방을 뜻하지만, 영적 자유를 함유한다는 해석이 가능하다. 죄로 인해 빛을 잃었던 사람들과 죄악에 묶여 신음하던 죄인들을 풀어주는 것을 비롯한 '새 일(new things)'이 일어나게 될 것을 알려주고 있다.

사도행전의 말씀 행 10:34-43

　　로마 군대 장교인 고넬료가 자기 집으로 베드로를 초청하여 믿음 얻기를 겸손히 구하였다. 베드로는 여기서 이방인의 구원을 위한 말씀을 선포한다. 예수 그리스도는 하나님의 능력으로 세상에 오셔서 선한 일을 하시고 치유를 베푸셨다. 이것을 믿음으로써 이방에 구원 사역이 시작되었고 그를 믿는 사람들이 죄 사함을 받는다는 것이 이 설교의 핵심이다. 이는 사도행전 2장부터 5장 사이에 짧은 분량으로 여러 군데 실린 베드로의 설교 내용을 종합한 것으로 볼 수 있다.

　　하나님은 어느 나라를 막론하고 의를 행하는 백성을 다 구원하신다. 예수 그리스도께서 세상에 오신 목적은 성령의 기름 부음을 받아 복음을 전파하려 하심이었다. 그러나 유대인들이 그를 나무에 달아 죽였고 하나님은 사흘 만에 다시 살리셨다. 그로 인하여 이제 그리스도께서 친히 나타내신 부활의 증인들이 있고 베드로도 그 사명을 맡아 백성에게 전도하는 것이라 하였다. 이 설교의 결론은 42-43절로서, 그리스도는 세상을 심판하실 재판장으로 다시 오실 것과 여러 선지자가 증언한 바와 같이 그의 이름으로 죄를 사하여 구속의 역사를 이룰 것이라고 선포하였다.

복음서의 말씀 마 3:13-17

　　예수님께서 요단강에 나오셔서 요한에게 세례를 받으신다. 요한은 정중히 세례 베풀기를 사양한다. 요한의 세례는 회개를 권고하는 것이므로 예수님은 세례받지 않아도 되고 하나님이 내리시는 용서도 필요 없으신 존재이다. 그러나 예수 그리스도는 종으로 세상에 오셨고, 따라서 세례라는 공적 의식이 필요했다. 세례를 받으심으로써 하나님의 구원을 바라는 사람들과 일체가 되신 것이라 할 수 있다. "우리가 이와 같이 하여 모든 의를 이루는 것이 합당하니라"(15절) 하신 말씀은 하나님의 뜻을 확증하여 그 뜻을 이루는 데 함께해야 한다는 의미를 포함하고 있다.

세례를 받으신 후 하늘이 열렸다. 이 이적은 구약시대에 에스겔 선지자가 소명을 받던 그발 강가에서 나타났고(겔 1:1), 이후로 스데반의 순교 현장(행 7:56), 사도 요한의 계시(계 4:1)에서도 그 현상이 보인다. 이는 하나님이 기뻐하시는 뜻을 세상에 드러내실 때 제한적으로 사용되었다. 여기 세례의 현장에는 그와 더불어 성령이 비둘기같이 내리고 하늘의 소리가 들려왔다. 비둘기는 영적 안목으로 보아야 할 형상이며 순결, 온유, 평화를 상징한다. 하늘의 소리는 하나님의 아들임을 증명하는 말씀과 함께 "내 기뻐하는 자라"라는 특별한 구절이 이어졌다. 이는 이사야 42:1의 인용으로써 그리스도가 수난받는 종이라는 사실을 확증한다.

설교를 위한 조명

구약의 말씀(사 42:1-9)으로 설교 작성 / 4C 설화체 설교(이야기식 설교)

"하나님의 종을 보라"

모순(Conflict) : 왜 멸시받는 종을 말씀하시는가?

하나님께서 내려주신 빛의 절기를 보내고 있다. 겨울 추위 속에서도 온화한 날씨에 하얀 눈이 포근히 쌓이게 하심은 우리의 허물을 덮으시고 새로운 시작을 허락하신 하나님의 은총이다. 오늘 주님의 세례 받으심을 생각하며, 그날에 하늘이 열리고 성령이 비둘기같이 내려 임하셨다는 말씀을 기억한다(마 3:16). 이 말씀에 따라 세례를 받은 사람들 모두 하나님께서 기뻐하시는 자녀로 살아갈 다짐을 새롭게 해야 하겠다.

여기 본문 말씀 속에는 매우 특별한 노래가 있어 눈길을 끈다. 본문 가운데 1-4절을 가리켜 '종의 노래(Song of the Lord's servant)'라고 한다. 그런데 이 노래는 단순히 한 편만으로 끝나지 않는다. 이사야 말씀에는 모두 네 편의 '종의 노래'가 있다. 49:1-7, 50:4-9, 52:13-53:12에 각각 시적인 형태의 노래가 계속된다. 이 노래들은 표면적으로 아름다운 문장과 화려한 운율을 지니고 있으나 내용상 그 속에 등장하는 주인공은 연약한 종이다. 하나님의 택함을 받고 정의를 실현하기 위해 이 땅에 오는 주인공이 사람들에게 멸시를 당하고 징계를 받는 고난의 종이라고 한다. 어찌 이런 일이 있단 말인가!

이스라엘 백성들이 가장 싫어하는 일은 남의 종으로 사는 것이었다. 역사적으로 그들은 오랫동안 애굽 땅에 살면서 비참한 노예 생활에 시달렸다. 하나님께서 모세를 통해 출애굽을 하도록 이끄셨고, 그 결과 이스라엘 민족은 약속의 땅에 들어가 어려움 속에서 왕국을 이룰 수 있었다. 이 과정에서 그들은 하나님의 택한 백성이라는 자부심을 높였다. 이제 그들은 다시 종이 되거나 다른 민족의 노예가 되어 살아간다는 것을 상상조차 하기 싫어했다.

그런데 남북으로 갈린 이스라엘의 북왕국이 앗수르에게 침략을 받아 멸망하고 말았다. 다시금 종의 역사를 되풀이해야 할 형편이 되어버린 지금, 그런 백성을 향해 하나님께서 "나의 종을 보라"고 말씀하신다. 이스라엘 백성은 종이라는 예언이 반갑지 않았다. 하필이면 다시 떠올리고 싶지 않은 종을 택하여 고통스러운 세상에 정의를 세우게 하신다는 것이 그들에게는 도저히 이해할 수 없는 모순투성이 선언이었다.

이스라엘을 구할 사람이 온다면 당연히 개선가를 부르며 의기양양 행군하는 장수의 모습과 같을 것이라는 게 백성들의 생각이었다. 그 장수는 군대의 행렬을 이끌면서 큰 함성과 북소리로 위엄을 과시할 것으로 여겼다. 그리하면 온 세상에 왕국의 힘을 과시하면서 다른 민족을 노예로 부릴 수 있게 될 것이다. 그런데 하나님이 말씀하신 이 사람은 함성은커녕 조그만 소리조차 거리에 들리게 하지 않는다고 한다(2절). 상한 갈대도 꺾지 않고 꺼져가는 등불조차 끄지 아니하는 사람이라 한다(3절). 그는 연약한 무리를 돌보는 겸손한 종이었다. 이스라엘 백성의 예상은 완전히 빗나가고 말았다.

갈등(Complication) : 바벨론 강가에서

남북으로 나뉜 채 근근이 역사를 이어오던 이스라엘 민족은 B.C. 722년 무렵 북 왕국이 먼저 앗수르에게 망하고 만다. 이 모습을 지켜본 남 왕국의 선지자 이사야는 미래를 예언하며 하나님의 종을 통한 회복과 정의로운 세상에 관해 선포한다. 북이스라엘의 멸망 후 130여 년이 지난 시점에 남쪽 유다 왕국도 바벨론에게 나라를 빼앗기고 역사에서 사라지고 만다. 그들은 왕족부터 서민에 이르기까지 바벨론 땅으로 끌려가 노예 생활을 해야만 했다. 그때 비로소 이스라엘 백성은 예언서에 나타난 종의 노래를 떠올리게 된다.

포로로 잡혀간 그들의 삶은 참담했다. 간혹 바벨론 권력자들의 눈에 들어 관직을 얻은 사람도 있었지만, 그들마저도 멀리 두고 온 고국을 생각할 때마다 뜨거운 마음으로 시온의 노래를 부르지 않을 수 없었다. 시온의 노래는 하나님께 예배드릴 때 부르는 찬송인데, 바벨론 정복자들은 그 노래가 듣기 좋았던지 자기들의 만족을 위해 부르기를 강요했다. 하나님을 찬송하는 노래를 그렇게 함부로 부르지 않으려고 그들은 버드나무에 하프를 걸고 차라리 연주 능력을 잊게 해 주시거나 혀가 입천장에 달라붙어 버리기를 기도했다(시 137:1-6). 이처럼 노예들의 삶은 처절했으며 그 마음 가운데는 오직 하나님을 마음껏 섬길 시온의 성전을 그리워하고 있었다.

후세에 들어 이처럼 슬픈 역사를 소재로 한 음악이 만들어졌다. 대표적인 합창곡으로 베르디(G. Verdi)의 오페라 〈나부코〉에 나오는 '히브리 노예들의 합창(Chorus of the Hebrew Slaves)'이 꼽힌다. (이 합창곡의 개요와 가사는 본서 2020년 핸드북에 실려 있음) 여기서는 20세기에 선풍을 일으켰던 노래 '바벨론 강가에서(Rivers of Babylon)'를 들어 보기로 하겠다.

"우리는 바벨론 강가에 앉아서
시온을 기억하며 울었어요
사악한 자들이 우리를 사로잡아가서

우리에게 노래를 부르라고 요구했어요
지금 우리가 낯선 땅에서 어떻게 주의 노래를 부를 수 있을까요

우리 입의 말과 마음의 묵상이
오늘 밤 여기 당신의 눈에 열납되게 하소서"

유대인이 바벨론 포로 시절에 겪은 슬픔을 오히려 경쾌한 멜로디로 승화시킨 노래이다. 1970년에 자메이카 출신 그룹 '더 멜로디언스(The Melodians)'가 발표했고 이어 1978년, 독일의 혼성 그룹 '보니 엠(Boney M)'의 리메이크로 세계적인 인기를 얻었다. 이 노래를 좋아하는 사람들의 마음에는 성경에서 얻은 성도의 애환, 베르디 오페라의 감동, 현대적 예술로 새 힘을 얻는 기쁨이 교차하며, 믿음을 든든히 하는 계기가 되었다.

그러나 당시의 이스라엘 백성은 점점 더 어두워지는 현실의 상황에 괴로움을 떨칠 수 없었다. 상한 갈대와 같고 꺼져가는 등불과도 같은 위태로운 세상을 바꿀 하나님의 사람이 종으로 오신다는 예언을 이해하기 어려웠다. 과연 하나님께서는 그들의 고통을 어떻게 해결해 주실 것인가?

전환(Conversion) : 언약과 빛의 존재인 그리스도

드디어 하나님이 주관하시는 역사가 나타난다. 창조주이시며 거룩한 영을 주시는 여호와의 말씀이 내려왔다. "나 여호와가 의로 너를 불렀은즉 내가 네 손을 잡아 너를 보호하며 너를 세워 백성의 언약과 이방의 빛이 되게 하리니 네가 눈먼 자들의 눈을 밝히며 갇힌 자를 감옥에서 이끌어내며 흑암에 앉은 자를 감방에서 나오게 하리라"(6-7절). 나의 종을 의로 부르셔서 약속을 세우고 빛이 되게 하실 것이라 말씀하셨다. 이스라엘이 하나님의 선택을 받고도 노예가 되어 버린 까닭은 그 말씀을 거절하고 배반의 길을 걸었기 때문이다. 하나님의 공의가 무너지고 정직과 성실함이 사라져 버린 땅에는 소망이 없다. 노예의 고난

만 무겁게 내리누르고 있을 뿐이다.

　종의 사역을 감당할 언약과 빛의 존재를 우리는 안다. 이 종은 우리를 구원과 진리로 이끌어주실 예수 그리스도, 하나님의 아들이시다. 그분이 종으로서 이 세상에 오실 것이 이사야 선지자의 예언으로 확실해졌다. 여기 종의 노래가 불린 약 칠백 년 후 그 종은 말씀대로 세상에 오셨다.

　바벨론 포로 후기에 살던 사람들은 하나님이 말씀하시는 종이 페르시아(바사)의 왕 사이러스(고레스)가 아닐까 생각하기도 했다. 본문의 바로 앞에 이런 구절이 보이기 때문이다. "내가 한 사람을 일으켜 북방에서 오게 하며 내 이름을 부르는 자를 해 돋는 곳에서 오게 하였나니 그가 이르러 고관들을 석회같이, 토기장이가 진흙을 밟음같이 하리니"(사 41:25). 북방과 해 돋는 동쪽 지역은 페르시아 왕국이 일어난 곳이므로 바벨론을 무찌르고 이스라엘에 해방을 안겨준 고레스 왕을 떠올릴 만했다.

　그러나 이 노래에 나오는 종은 고레스 왕이 아니다. 하나님의 영을 받고 한없이 겸손하며 세상에 조용히 오는 종 그리스도와 정복자 왕 고레스는 근본적으로 다르다. 고레스는 세계사에 키루스 2세로 기록되었으며 지금의 이란 사람들에게 건국의 아버지라 불린다. 페르시아를 대제국으로 성장하게 만든 인물이기 때문이다. 그의 인도주의적 통치는 이스라엘의 해방 정책에서 비롯되었다. 성경은 이것이 하나님께서 왕의 마음을 감동시킨 까닭이라 기록한다(대하 36:22, 스 1:1 참고).

　이사야의 말씀은 더 구체적으로 그를 언급하였다. "고레스에 대하여는 이르기를 내 목자라 그가 나의 모든 기쁨을 성취하리라 하며 예루살렘에 대하여는 이르기를 중건되리라 하며 성전에 대하여는 네 기초가 놓여지리라 하는 자니라"(사 44:28). 그는 여호와의 목자로서의 사명을 수행하여 해방의 기쁨과 성전 재건의 기초를 놓았다. 그래서 그를 '기름 부음을 받은 자'로 인정한다(사 45:1). 고레스는 구원하는 자가 아니라 이스라엘의 해방을 위해 하나님의 도구로 사용된 사람이었다.

확인(Confirmation) : 새 일을 알리는 종

오늘 말씀을 마치는 9절에서 특히 중요한 것은, 그리스도이신 종을 통해 새 일을 알려 주시겠다는 약속이다. 새 일은 이미 이루어진 지난 일들을 교훈삼아 더 높은 차원으로 펼쳐지게 된다. 이스라엘이 경험한 바벨론 포로 생활과 하나님의 은혜로 얻은 해방의 감격은 새로운 역사로 나아가는 기틀을 마련할 것이다. 이제부터 새 일이 시작된다고 말씀하신다. 종의 노래는 이처럼 새로운 계획을 미리 알려주는 구실을 하고 있다.

이사야 말씀은 또 다른 새 일을 계속 약속해 주신다. "너희는 이전 일을 기억하지 말며 옛날 일을 생각하지 말라 보라 내가 새 일을 행하리니 이제 나타낼 것이라 너희가 그것을 알지 못하겠느냐 반드시 내가 광야에 길을 사막에 강을 내리니"(사 43:18-19)라고 선포한다. 하나님께서는 이전에 행하신 일보다 훨씬 더한 미래적 사건을 보여주고 계심을 알 수 있다.

이 위대한 새 일은 예수 그리스도의 복음으로 변화될 인간들에게 내리실 구원과 영원한 나라에 관한 약속이다. 포로 생활을 하던 이스라엘 백성처럼 죄의 멍에를 메고 괴로워하던 사람들이 주님의 은총으로 사슬에서 풀리는 기회를 얻는다. 새 일을 이루실 주님을 따라 구원의 자녀를 위해 예비해 두신 그 길에 들어서면 광야와 사막 같은 내 삶 위에 대로가 펼쳐지고 비옥한 강물이 흐르는 역사가 일어나게 된다.

하나님께서 우리에게 새 일을 주시고 새로운 날을 허락하셨다. 새롭게 시작한 새해에는 우리가 어떤 새 일을 해야 할 것인지 기도하면서 주님의 뜻을 기다리도록 하자. 주님은 우리를 위해 종으로 오셨다. 우리의 자랑이나 욕심을 버리고 겸손히 주님의 뜻을 따라야 한다. 그리하면 새 역사를 이루시는 예수 그리스도의 진실과 정의가 언약의 빛으로 우리를 감싸 주실 것이다.

2026 1.18

주현절 후 두 번째 주일

성서정과 | 시 40:1-11; 사 49:1-7; 고전 1:1-9; 요 1:29-42

예배로 부름 Call to Worship
여호와여 신 중에 주와 같은 자가 누구니이까 주와 같이 거룩함으로 영광스러우며 찬송할 만한 위엄이 있으며 기이한 일을 행하는 자가 누구니이까 주의 인자하심으로 주께서 구속하신 백성을 인도하시되 주의 힘으로 그들을 주의 거룩한 처소에 들어가게 하시나이다(출 15:11, 13)

예배 기원 Invocation
영원부터 영원까지 세세무궁토록 찬송을 받으실 하나님! 목자 없는 양과 같이 방황하던 저희를 긍휼히 여기시고 이처럼 복되고 아름다운 예배의 자리로 초청하여 주신 은혜에 감사를 드립니다. 악한 짐승에게 쫓기듯 힘겹게 한 주간을 살았사오니 주님 품에 품으시고 위로하여 주소서. 주리고 지쳤으며 심히 목이 마르오니 은혜의 강가로 인도하여 주시고 푸른 꼴이 풍성한 초장에 눕게 하여 주옵소서. 공허했던 우리의 잔에 주님의 은총을 넘치도록 채워주소서. 길 잃은 한 마리의 양을 찾아오시는 예수님의 이름으로 기원하옵나이다. 아멘.

이 주일의 찬송 Hymns
다 찬양하여라(21장) / 내 맘이 낙심되며(300장) / 나 같은 죄인 살리신(305장) / 예수 나를 오라 하네(324장) / 주의 친절한 팔에 안기세(405장) / 먼동 튼다 일어나라(514장)

성시 교독 Responsive Readings 시편 40:1-11

인도자	¹ 내가 여호와를 기다리고 기다렸더니 귀를 기울이사 나의 부르짖음을 들으셨도다
회 중	² 나를 기가 막힐 웅덩이와 수렁에서 끌어올리시고 내 발을 반석 위에 두사 내 걸음을 견고하게 하셨도다
인도자	⁵ 여호와 나의 하나님이여 주께서 행하신 기적이 많고 우리를 향하신 주의 생각도 많아 누구도 주와 견줄 수가 없나이다
회 중	내가 널리 알려 말하고자 하나 너무 많아 그 수를 셀 수도 없나이다
인도자	⁶ 주께서 내 귀를 통하여 내게 들려주시기를 제사와 예물을 기뻐하지 아니하시며 번제와 속죄제를 요구하지 아니하신다 하신지라
회 중	⁷ 그 때에 내가 말하기를 내가 왔나이다 나를 가리켜 기록한 것이 두루마리 책에 있나이다
인도자	⁸ 나의 하나님이여 내가 주의 뜻 행하기를 즐기오니 주의 법이 나의 심중에 있나이다 하였나이다
회 중	⁹ 내가 많은 회중 가운데에서 의의 기쁜 소식을 전하였나이다 여호와여 내가 내 입술을 닫지 아니할 줄을 주께서 아시나이다
인도자	¹⁰ 내가 주의 공의를 내 심중에 숨기지 아니하고 주의 성실과 구원을 선포하였으며
회 중	내가 주의 인자와 진리를 많은 회중 가운데에서 감추지 아니하였나이다
다같이	¹¹ 여호와여 주의 긍휼을 내게서 거두지 마시고 주의 인자와 진리로 나를 항상 보호하소서

고백의 기도 Prayer of Confession

인생을 홀로 주관하시는 하나님! 지난 한 주간 저희는 하나님을 주인으로 섬기며 살지 않았습니다. 하나님 대신 재물과 정욕과 쾌락을 주인으로 삼고, 육신의 욕심을 이루며 살았습니다. 우상을 만들며 그 앞에 절하는 자는 수치를 당할 것이라고 가르쳐주셨건만 저희는 마음 한가운데 탐욕을 조각해 놓고 그것을 따랐습니다. 탐욕을 따라가면 형통한 길이 열릴 줄 착각했습니다. 전능하신 하나님! 유일신 하나님만을 섬기지 못한 죄와 육신의 탐심을 채우며 살고자 했던 지난 날의 모든 허물을 용서해 주옵소서. 예수님의 이름으로 이 고백의 기도를 드립니다. 아멘.

사함의 확신 Assurance of Forgiveness

너희가 전에는 백성이 아니더니 이제는 하나님의 백성이요 전에는 긍휼을 얻지 못하였더니 이제는 긍휼을 얻은 자니라(벧전 2:10)

> 오늘의 주제

하나님의 신실하심

석의적 접근

구약의 말씀 사 49:1-7

이사야 42:1-4의 첫 번째 '종의 노래'에 이어 본문은 두 번째 노래로 기록되었다. 먼저 종이 말한다. 여호와께서는 모태에서 나를 부르시고 내 이름을 기억하셨다고 한다(1절). 이는 종이 하나님의 아들로 태어날 것이며, 그 이전에 이미 이름을 지어주신다는 예언이다. 날카로운 칼과 화살은 진리의 무기로서 그것을 사용하게 될 때까지 조용히 숨기실 것이라 하였다(2절). 종이 하는 일은 마치 헛되고 무익한 수고처럼 보일 수 있으나 결과를 판단하고 정당하게 보상하는 분은 하나님이심을 밝혔다(4절).

다음으로 여호와께서 말씀하신다. 종이 출생하기 이전부터 이스라엘을 회복시킬 사명을 주어 그를 택하셨다고 하였다(5절). 이에 그치지 않고 세상의 모든 나라를 대상으로 종을 이방의 빛으로 삼아 땅끝까지 구원을 베풀겠다는 선포를 한다(6절). 하나님의 구원 계획은 유대인에게 국한된 것이 아니라 잃어버린 온 세상 만민 모두를 포함하고 있음을 확인할 수 있다. 종은 사람들에게 멸시를 당하고, 미움을 받고, 노예로 취급되기도 하지만, 하나님의 택하심에 따라 왕들과 고관들까지도 경배하지 않을 수 없게 된다(7절). 신실하신 하나님의 약속이시다.

서신서의 말씀 고전 1:1-9

사도 바울과 소스데네가 고린도에 있는 교인들에게 안부를 묻는 것으로 고린도전서가 시작된다. 바울은 에베소에 머물던 A.D. 55년 무렵, 이 편지를 써서 고린도 교회에 보냈다. 그가 4년 전에 세운 고린도 교회는 분쟁에 휩싸여 있었고 이러한 문제들을 풀기 위해서는 신앙적 지침이 필요했다. 따라서 사도 바울은 교회와 교인들을 향한 사랑을 바탕으로 때로는 친절하게, 때로는 엄격하게 그리스도인이 가져야 할 실천적 원리를 제시한다. 소스데네는 이 편지를 대필한 사람으로 보이며, 이전에 고린도 지역의 회당장이었다가(행 18:17) 바울의 동역자로 변화한 과정을 밟아온 것으로 추측된다.

5절에서 '언변'과 '지식'으로 번역된 헬라어 '로고(λόγω)', '그노세이(γνώσει)'는 각각 단어의 원형이 '로고스', '그노시스'이다. 학자들은 대체로 본문에서 사용한 이 말의 의미를 교리, 통찰력으로 연결하여 이해한다. 고린도 교회 교인들이 교리의 말씀과 그것을 이해하는 능력을 받았음을 알 수 있다. 이는 부족함이 없는 '은사'로 나타난다. 헬라어 원어는 역시 잘 알려진 '카리스마(χάρισμα)'이며 일반적으로 성령을 통하여 얻는 특별한 재능과 은혜를 가리킨다. 이 약속의 증거는 끝까지 견고하다. 진리를 믿는 성도들이 실패하지 않도록 확고하게 해 주시는 하나님은 참으로 신실하시다.

복음서의 말씀 요 1:29-42

세례요한은 예수님을 가리켜 '하나님의 어린 양'이라는 말을 두 차례 반복한다(29절, 36절). 이에 대한 해석으로 유월절 양, 매일 드리는 제사를 위한 양, 메시아의 고난이라는 관점에서의 양 등 다수의 견해가 있다. 이사야의 '종의 노래' 가운데 네 번째 부분에 속한 53장에는 모두의 죄악을 담당하고 도축장으로 끌려가는 양으로서의 메시아를 보여준다. 본문 29절에서 "보라 세상 죄를 지고 가는 하나님의 어린 양이로다"라고 기록한 것은 '종의 노래'에서 예언한 대로 고난받는 메시아를 확증하고 있음이 분명하다. 그리고 요한의 증언은 예수님께서 세례받으실 때 성령이 내려 그 위에 머물렀다는 사실로 이어진다. 세례를 베푼 요한은 그 자리에서 하늘의 음성을 들을 수 있었다.

다음날, 세례요한의 제자 두 사람이 예수님을 '랍비(선생)'라 부르며 그를 찾아가 말씀을 듣는다. 이때 그리스도의 신실함이 드러난다. 그들을 향하여 "와서 보라(Come and see)"고 하신다. 그리스도의 즉각적이며 완전한 초대의 말씀이다. 이때 제자 두 사람은 자신들의 삶이 바뀐 시간을 기억하였다. 열 시는 현재의 오후 네 시 경을 가리킨다. 그리고 그중 한 사람인 안드레는 즉시 자기의 형제 시몬을 그리스도 앞으로 인도하여 '게바(베드로)'라는 이름을 얻게 했다. 여기서 이름이 밝혀지지 않은 다른 한 제자는 요한복음의 저자인 사도 요한으로 추정된다. 그는 복음서 기록에서 자신의 이름을 직접 드러내지 않는 겸손함과 자제심을 보여주었다.

설교를 위한 조명

서신서의 말씀(고전 1:1-9)으로 설교 작성 / 대지 설교
"고린도 교회가 주는 교훈"

말씀에로 나아감

그리스에는 남북 통로를 연결하는 운하를 끼고 있는 도시가 있다. 동쪽을 바라보면 에게해, 서쪽은 이오니아해라는 다른 이름의 바다가 이어지는 그 도시의 이름은 '코린토스', 성경에서의 명칭은 '고린도'이다. 일찍이 찬란한 역사를 자랑했으나 로마 군대에 의해 파괴되었고, 카이사르의 재건 정책에 힘입어 옛 모습을 되찾았다. 그러자 상인, 군인, 선원 등 각종 사람이 모여들어 사치와 방탕으로 얼룩진 도시가 되었으며 또 여러 종교가 들어와 우상 숭배의 극치를 이루었다. 유대인들도 이미 고린도에 회당을 세워 영향력을 넓히고 있었다.

바로 그 땅에 예수 그리스도를 전하는 사람 하나가 홀로 조용히 들어와 머물게 된다. 아덴(아테네)을 거쳐 고린도에 발을 디딘 그의 이름은 바울, 때는 A.D. 51년의 일이었다. 그는 천막 만드는 일을 하면서 로마에서 추방당한 유대인 부부 아굴라와 브리스길라의 집에 머물렀다. 유대인의 회당에서 그리스도를 전하면서 디도 유스도의 집으로 옮기고 고린도 교회를 세우기에 이른다. 유대인에게 고소당해 위기에 몰렸으나 갈리오 총독의 판결로 이를 극복한 뒤, 1년 6개월에 걸친 선교 사역을 마치고 고린도를 떠났다.

성경을 사랑하는 한국의 성도들은 고린도 교회를 생각할 때마다 어딘지 모르게 깊은 친밀감을 느낀다. 고린도 교인들과 공유되는 의식이 많아서 이른바 동류의식이 발동하기 때문이다. 기본적으로 고린도와 우리 민족이 겪은 쓰라린 역사, 회복하는 과정에서 보인 단결된 힘, 복음을 받아 교회가 일어난 감격, 그러나 그 후에 찾아온 대립과 갈등으로 하나님 앞에 부끄러운 죄악의 목록들을 썼던 기억들이 차례로 펼쳐진다. 사랑이 넘치면서도 엄격하기 이를 데 없는 고린도서의 말씀은 지금 이 시대의 우리와 한국교회를 향하여 내리시는 주님의 음성임이 분명하다.

고린도전서를 여는 오늘의 본문은 성도에게 전하는 인사에 이어 교회가 반드시 지녀야 할 은혜의 요건을 열거한다. 이제부터 교회를 향하여 구체적인 훈계가 있을 것인데, 이를 잘 받아들이고 온전한 믿음을 얻기 위해서는 교회 구성원 모두가 이 은혜에 감사하는 마음을 가져야 한다. 그런 점에서 오늘의 말씀은 고린도 교회와 동류의식을 가진 한국교회의 성도가 지녀야 할 근본적 교회관이라 할 수 있다.

본문 이해와 주안점

1. 풍족히 내려주신 은혜에 감사하는 교회(5절)

바다 건너 에베소 땅에서 3차 전도여행 중이던 바울은 고린도 교회로부터 전해온 소식을 들었다. 그것은 글로에의 집에서 보내준 것이었다(11절). 글로에는 고린도 교회의 여성도로서 교회 내의 당파 문제를 걱정하며 바울에게 이 사실을 알려주었다. 그렇지 않아도 늘 고린도 교회를 위해 기도하고 염려를 아끼지 않던 바울인지라 이 소식을 들은 즉시 붓을 들어 편지를 써 보낼 계획을 세웠다.

고린도 교회는 하나님의 은혜를 충만히 받은 교회였다. 그리하여 풍족히 내려주신 은혜에 감사하는 교회가 되었다. 사도 바울은 고린도 교인들이 받은 대표적 은혜로서 그들이 말과 지식에 뛰어났음을 인정한다. 5절의 '언변'과 '지식'은 헬라어로서도 고도의 수준으로 이해해야 할 단어인 '로고스'와 '그노시스'이다. 곧 진리의 말씀과 그것을 해석하는 지적 능력을 뜻한다.

고린도 지역에서 예수 그리스도를 믿어 교인이 된 사람들은 유대인 개종자들과 다수의 그리스인이었다. 유대인들은 구약을 바탕으로 한 교육을 받았으나 그리스인들은 여러 가지 철학들과 다양한 상상력을 동원하면서 삶의 욕구를 충족시켜 왔다. 이들이 교회에 들어와 믿음의 공동체를 구성하자 진리를 깨닫는 수준이 더욱 높아지고 '은사' 곧 '카리스마'에 부족함 없는 모습을 보이게 되었다(7절). 말씀에 은혜가 넘치고 감사함으로 충만한 교회가 된 것이다.

그런데 지식에 풍족한 이 교회가 당파를 갈라서 분쟁의 상태로 들어가고 말았다. 최소한 네 개의 파당이 생겼고 각각 자기들이 내세운 인물의 이름을 따서 바울 편, 아볼로 편, 게바 편, 그리스도 편이라 부르게 되었다고 한다. 바울 편은 주로 이방인 신자들이었다. 모세의 율법에서 자유롭고 유대인의 관습을 따르지 않으며 복음에 대한 선교적 해석을 폭넓게 받아들이는 특성이 있었다. 아볼로 편은 교리적인 면에서 바울 편과 다르지 않았으나 웅변 능력과 표현에 중점을 두는 세력이었다. 게바 편은 유대주의자들이 중심을 이루어 바울의 사도 직분에 의문을 제기하고 베드로 사도를 앞에 내세운 당파이다. 그리스도 편은 자기들이 누구의 편도 아니며 우리만이 참 진리라고 주장하는 집단으로 여겨진다. 이들의 대립은 교회에 심각한 문제를 불러왔다. 같은 마음과 같은 뜻으로 온전히 합하는 것이 그리스도인의 올바른 길이다(10절).

우리는 이 말씀을 읽으며 한국교회의 파당과 분열의 모습을 떠올린다. 일제 강점기와 한국전쟁을 거치며 어려움을 겪던 한국교회는 1950년대에 13개의 교단으로 분열하는 현상을 보였다. 그러나 교육적 경제적 조건이 월등 나아지고 교회가 성장한 시대를 보낸 2013년에는 교단의 숫자가 무려 232개로 늘어났다. 지금은 더 많은 수의 교단이 생겼을 것이고 그 와중에 이단의 준동도 더 활발해졌으리라 본다. 교단의 분열과 신설에는 모두 그럴듯한 명분을 내세우지만, 이러한 현상은 당파의 분쟁이지 은혜의 풍족함과는 거리가 멀다. 그뿐 아니라 개별 교회 안에서 발생하는 크고 작은 대립들이 있다. 이것들을 없애고 주님 안에서 한마음이 되어 은사 충만한 교회를 이루어야 한다.

2. 끝까지 견고하게 믿음을 지키는 교회(6절, 8절)

그리스도의 증거란 복음을 가리킨다. 복음은 그리스도가 말씀하신 하나님과 하나님의 일에 관한 증언이다. 교회와 교인들은 이 복음이 견고해야 하며 주님께서 오시는 날까지 그 믿음을 견고하게 지켜야 한다. '견고하다'는 단어 'confirm'은 신앙적 확신을 나타낼 때 사용하기 적절한 말이다. 아무리 그리스도를 아는 지식이 뛰어나다 할지라도 그것이 믿음으로 견고해지지 않으면 곧 무너지고 만다. 믿음의 성도들은 분명한 확신 속에서 교회에 모여 그리스도의 날을 기다리고 있다.

견고한 확신은 은사에 부족함이 없게 한다. 사도 바울은 고린도전서 12장에서 집중적으로 성령의 은사에 관하여 선포하고 있다. 하나님께서는 성도 각자에게 특별하고도 다양한 능력을 주셨다. 은사라 하면 예언, 치유, 방언 등 이적을 먼저 떠올리지만, 사도와 교사 또는 전도자처럼 직분을 맡게 해 주시는 은사가 있음을 잊어서는 안 된다. 몸에 많은 지체가 있듯이 각각 다른 은사들도 다양한 사명을 맡게 하기 위한 하나님의 뜻이다.

한국교회는 부흥 운동의 과정에서 성령의 은사를 지나치게 강조해 왔다. 특히 믿음과 지혜의 말씀보다도 신비한 것을 추구하는 병 고침과 영 분별, 그리고 방언 말하는 것에 관심을 쏟았다. 그러다 보니 어디서 신유의 능력이 나타났다는 소리나 귀신을 쫓아내는 집회가 열린다는 소문을 따라 방황하는 사람들이 많아졌다. 방언 말하는 것을 신앙생활의 척도로 삼는 집단들도 생겨났다. 모든 은사는 그리스도의 몸 된 교회를 섬기는 데 목적을 두고 있음을 알아야 한다. 은사의 참된 의미를 알고 그리스도의 구원을 확신하며 믿음을 지키는 한국교회가 되어야 하겠다.

3. 주님과 더불어 교제하고 사랑하는 교회(9절)

교회의 모습이 아름답게 보이는 까닭은 성도들이 서로 사랑하고 존중하며 교제를 이루어가기 때문이다. 세상의 모임과는 달리 예수 그리스도와 더불어 교제하는 것이므로 자기의 이익을 구하는 것이 아니라 사랑과 섬김으로 주님과 한몸을 이루겠다는 목표를 가지고 있다. 이러한 '교제'(9절)를 가리켜 헬라어 원어는 '코이노니아(κοινωνία)'라고 썼다. 우리에게도 친근한 단어가 된 '코이노니아'는 친교, 협동, 공유, 교통이라는 뜻으로 사용되며, 구체적으로 예수 그리스도를 믿는 성도의 이상적 교제를 말한다.

코이노니아를 이루려면 하나님의 부르심이 있어야 한다. 교회의 구성원들은 하나님께서 우리를 미리 정하시고 부르셨다는 구원의 단계를 확신할 필요가 있다(롬 8:30 참고). 이로 인하여 우리는 의롭게 되어 그리스도와 함께하는 교제에 참여하는 것이다. 하나님께 부름을 받아 한 교회를 이루어 그리스도와 친교를 나누게 된 형제자매들을 보라. 교회의 교우들은 세상에서 만난 벗들과 달리 하나님의 예정과 은혜 아래 교제를 갖게 되었다. 사도 바울은 여기에 하나님의 신실하심이 있다고 하였다. 코이노니아를 감사하며 이러한 찬사의 말로 본문을 마감한다. "하나님은 미쁘시도다 (God is faithful)"(9절).

지금 이 순간에도 분쟁으로 괴로워하는 교회들이 많다. 부름을 받고 코이노니아를 이루어야 할 교회에서 분쟁이 발생하는 것은 성령을 거스르는 일이다.

분쟁의 원인으로 손꼽히는 것은 예배와 신앙 문제가 아니라 교회 운영, 즉 행정상의 갈등이다. 인사와 재정에서 서로 다른 주장을 펼친 교인들이 대립하게 되어 송사를 일으키는 사례가 증가하고 있다. 또 다른 원인으로 목회자의 윤리 문제가 등장한다. 하나님의 종은 모든 시험을 이겨야 하며 선포한 말씀을 온전히 실천해야 할 의무가 있다. 오직 주님과 함께하는 아름다운 코이노니아가 이루어지는 교회로 변화되어야 할 것이다.

말씀의 갈무리

지금 한국교회와 세계의 교회들은 큰 위기를 겪고 있다. 예수 그리스도의 복음은 들리지 않고 물질 만능이라는 풍조 속에 전쟁과 질병의 공포가 세상을 뒤덮었다. 이 세상에 교회는 많으나 참된 그리스도인의 수는 매우 적고, 하나님의 말씀이 선포되고 있으나 그 말씀을 전하고 받는 사람들의 판단에 따라 진리가 왜곡된다. 이토록 어지러운 현실 속에서 오늘 우리는 고린도 교회가 주는 교훈을 다시금 생각해 보았다.

사도 바울은 참 어려운 편지를 쓰기 시작한다. 그가 세우고 사랑한 교회가 당파로 인해 분열할 위기에 처하고, 부정한 짓과 우상 숭배에 빠지면서 세상 법정에 송사를 일삼는다는 소문을 들었을 때 실망과 분노가 치솟았을 것이다. 그러나 이 어두운 현실을 밝게 비출 방법은 오직 빛이신 예수 그리스도를 모시는 것뿐이었다. 이에 따라 사도는 먼저 주님의 평화를 전하고 교회의 아름답고 이상적인 모습을 선포한다. 풍족한 은혜의 교회, 은사로 견고한 교회, 주님과 함께 교제하는 교회가 바로 오늘 말씀의 중심을 이룬다.

이어서 고린도전서는 교인들의 잘못된 일들을 엄격히 지적하고, 세상에 다시없는 최고의 진리를 들려준다. 사랑의 위대함(13장)과 부활의 복음(15장)이 여기서 탄생하였다. 이 은혜의 말씀들을 받아들이면 위기에 처한 현실을 능히 극복할 수 있다. 신실하신 하나님께서 진리의 말씀으로 온 세상의 교회, 그리고 우리나라와 우리의 교회를 그리스도의 날까지 지켜 주실 것을 확신한다.

2026 1.25
주현절 후 세 번째 주일

성서정과 | 시 27:1, 4-9; 사 9:1-4; 고전 1:10-18; 마 4:12-23

예배로 부름 Call to Worship
내가 여호와를 항상 송축함이여 내 입술로 항상 주를 찬양하리이다 내 영혼이 여호와를 자랑하리니 곤고한 자들이 이를 듣고 기뻐하리로다 나와 함께 여호와를 광대하시다 하며 함께 그의 이름을 높이세(시 34:1-3)

예배 기원 Invocation
교만한 자는 물리치시나 겸손한 자는 가까이하시는 하나님 아버지! 하나님께서 구하시는 제사는 상한 심령이라 하셨나이다. 그 말씀을 기억하면서 죄와 허물이 가득한 저희가 지극히 겸손한 마음으로 성전에 올라와 예배합니다. 통회하며 자복하는 저희 마음을 멸시하지 마시고 주님의 품에 품어주옵소서. 이스라엘 백성들이 의로운 제사와 온전한 번제를 드릴 때 기뻐하셨던 하나님, 오늘 마음과 뜻과 정성을 다해 드리는 저희의 예배도 기쁘게 받아주옵소서. 예수 그리스도의 이름으로 기원하옵나이다. 아멘.

이 주일의 찬송 Hymns
온 세상이 캄캄하여서(84장) / 겸손히 주를 섬길 때(212장) / 날 대속하신 예수께(321장) / 주 사랑 안에 살면(397장) / 내가 예수 믿고서(421장) / 이 세상 끝날까지(447장)

성시 교독 Responsive Readings   시편 27:1, 4-9

인도자	¹ 여호와는 나의 빛이요 나의 구원이시니 내가 누구를 두려워하리요
회 중	여호와는 내 생명의 능력이시니 내가 누구를 무서워하리요
인도자	⁴ 내가 여호와께 바라는 한 가지 일 그것을 구하리니
회 중	곧 내가 내 평생에 여호와의 집에 살면서 여호와의 아름다움을 바라보며 그의 성전에서 사모하는 그것이라
인도자	⁵ 여호와께서 환난 날에 나를 그의 초막 속에 비밀히 지키시고
회 중	그의 장막 은밀한 곳에 나를 숨기시며 높은 바위 위에 두시리로다
인도자	⁶ 이제 내 머리가 나를 둘러싼 내 원수 위에 들리리니
회 중	내가 그의 장막에서 즐거운 제사를 드리겠고 노래하며 여호와를 찬송하리로다
인도자	⁷ 여호와여 내가 소리 내어 부르짖을 때에 들으시고 또한 나를 긍휼히 여기사 응답하소서
회 중	⁸ 너희는 내 얼굴을 찾으라 하실 때에 내가 마음으로 주께 말하되 여호와여 내가 주의 얼굴을 찾으리이다 하였나이다
인도자	⁹ 주의 얼굴을 내게서 숨기지 마시고 주의 종을 노하여 버리지 마소서 주는 나의 도움이 되셨나이다
회 중	나의 구원의 하나님이시여 나를 버리지 마시고 떠나지 마소서

고백의 기도 Prayer of Confession

말씀의 주인이 되시는 하나님 아버지! 모든 성경은 하나님의 감동으로 된 것으로 교훈과 책망과 바르게 함과 의로 교육하기에 유익하다 하셨습니다. 저희는 지난 주일에 예배를 드리면서 강단에서 들려오는 은혜로운 말씀을 들었습니다. 그러나 그 말씀을 실천에 옮기지 않았으므로 영적 교훈을 받지 못했고, 성령께서 들려주시는 책망의 음성을 듣지 못했고, 바르게 함과 의롭게 함을 체득하지 못했습니다. 예배당 문을 열고 세상으로 나오는 순간부터 우리 마음은 하나님의 말씀과 멀어졌고, 내 마음, 내 경험, 내 뜻만을 주장하며 행했습니다. 성경의 가르침을 떠난 저희의 삶에는 허무와 실패만 남았습니다. 오 사랑의 하나님! 성경의 가르침을 떠나 살았던 저희의 완악함을 용서해 주옵소서. 예수님의 이름으로 이 고백의 기도를 드립니다. 아멘.

사함의 확신 Assurance of Forgiveness

내 이름을 위하여 내가 노하기를 더디 할 것이며 내 영광을 위하여 내가 참고 너를 멸절하지 아니하리라(사 48:9)

> 오늘의 주제

새로운 시작을 위한 하나님의 위대한 빛

석의적 접근

구약의 말씀 사 9:1-4

　구약의 말씀은 깊은 어둠과 고통 속에 있는 백성에게 임할 위대한 빛과 해방의 소망을 선포하는 감동적인 예언이다. 이 말씀은 절망적인 상황 속에서 하나님께서 어떻게 구원의 역사를 이루시는지를 생생하게 보여 준다. 본문은 크게 두 부분으로 나누어 볼 수 있는데, 하나는 1-2절의 말씀이다. 이전에 고통받던 스불론과 납달리 땅에 큰 빛이 비칠 것을 예언한다. 흑암에 행하던 백성이 큰 빛을 보고, 사망의 그늘진 땅에 거주하던 자에게 빛이 비치는 극적인 전환을 묘사한다. 이는 단순한 물리적 빛이 아니라, 하나님의 구원과 임재를 상징한다. 두 번째는 3-4절의 말씀이다. 하나님의 구원으로 인해 백성들이 크게 기뻐할 것을 보여 준다. 그 기쁨은 추수의 기쁨과 전리품을 나눌 때의 기쁨에 비유된다. 이 기쁨의 원인은 하나님께서 그들을 억압하던 멍에와 채찍, 압제자의 막대기를 꺾으셨기 때문이다.

　본문은 가장 깊은 절망의 한가운데서 시작되는 하나님의 놀라운 구원의 약속을 묘사한다. 고통의 땅 갈릴리에서부터 시작된 이 '큰 빛'은 예수 그리스도를 통해 온 세상에 비쳐졌다. 이 말씀은 우리에게 어떠한 어둠과 절망 속에서도 소망을 잃지 말아야 할 이유를 분명히 보여준다. 왜냐하면 하나님께서는 친히 우리를 억압하는 모든 멍에를 꺾으시고, 우리에게 참된 기쁨과 해방을 주시는 분이시기 때문이다.

서신서의 말씀 고전 1:10-18

서신서의 말씀은 하나됨을 위한 간절한 권면으로 시작한다. 10절에서 '권하노니(παρακαλῶ)'라는 단어는 '간청하다', '촉구하다', '위로하다'라는 의미이다. 이는 사도의 권위와 목자의 심정을 담은 절박한 호소이다. 그 호소의 내용은 "같은 말을 하고(ἵνα τὸ αὐτὸ λέγητε)"이다. 이는 신앙의 핵심(케리그마)에 대한 하나된 고백을 촉구하는 말씀이다. 그 이유는 그들 가운데 '분쟁(σχίσματα)'이 있었기 때문이다. 이 단어는 '찢어진 틈'을 의미하며, 옷감이 찢어지는 이미지를 연상시킨다. 그러므로 "온전히 합하라"라고 촉구한다. 신학자 고든 피(Gordon D. Fee)는 이 구절을 "바울의 전체 편지의 주제 문장"으로 보면서 '같은 마음(νοΐ)'과 '같은 뜻(γνώμῃ)'을 공유하는 내면적이고 본질적인 일치를 하라는 의미로 해석한다.

11-13절은 분쟁의 과실과 그 원인에 대해서 지적한다. 그것은 바로 네 개의 분파였다. 바울은 이에 "그리스도께서 어찌 나뉘었느냐?", "바울이 너희를 위하여 십자가에 못 박혔으며?", "바울의 이름으로 너희가 세례를 받았느냐?"라고 수사법적 질문을 통해 이들의 어리석음을 폭로하고 있다. 그러면서 복음의 본질과 십자가의 도(14-18절)에 대해서 제시한다. 바울은 이제 세례 논쟁에서 복음의 핵심으로 전환시킨다. 바울은 "그리스도께서 나를 보내심은 … 오직 복음을 전하게 하려 하심이로되"(17절)라고 말하면서 18절에서 "십자가의 도가 멸망하는 자들에게는 미련한 것이요 구원을 받는 우리에게는 하나님의 능력이라"고 선언한다.

복음서의 말씀 마 4:12-23

복음서의 말씀은 예수님의 공생애가 본격적으로 시작되는 장엄한 서곡과 같은 본문이다. 이 단락은 세례 요한의 시대가 저물고 예수님의 시대가 도래했음을 알리며, 그의 사역의 장소, 핵심 메시지, 그리고 첫 제자들을 부르시는 권위 있는 모습을 통해 하나님 나라의 도래를 극적으로 보여 준다. 다시 말해서 오늘 말씀은 예수님이 누구시며, 그의 사역이 무엇인지를 명확하게 묘사하고 있다. 그는 구약의 예언을 성취하시는 분이며, 하나님 나라의 도래를 선포하고, 능력으로 증명하시는 분이다. 또한 그는 절대적인 권위로 우리를 부르시는 주님이시다. 그의 부르심은 우리의 삶 전체를 뒤로하고 즉각적으로 따를 것을 요구하는 급진적인 초대이다. 어부들의 부르심은 오늘날 우리에게도 동일하게 질문한다. 우리는 예수님의 부르심 앞에 무엇을 '버려 두고' 그를 따르고 있는가?

설교를 위한 조명

서신서의 말씀(고전 1:10-18)으로 설교 작성 / 대지설교
"찢어진 옷을 깁는 사람"

말씀에로 나아감

사회심리학자 조너선 하이트는 그의 책 『바른 마음』에서, 인간의 마음은 진리를 찾는 탐정이 아니라 이미 정해진 편을 변호하는 변호사와 같다고 말한다. 우리는 본능적으로 '우리 편'을 만들고, 우리가 속한 집단의 깃발 아래 모여 다른 편을 향해 날을 세운다. 이 분열의 본능은 인류의 오랜 슬픔이자 비극이다. 그런데 이 슬픔이 가장 나타나지 말아야 할 곳, 세상의 모든 경계선이 무너져야 할 바로 그곳에서 똑같이, 아니 더 날카롭게 나타날 때가 있다. 바로 하나님의 교회다. 오늘 우리가 마주한 고린도 교회의 모습이 바로 그 아픈 현실이다. 그들은 세상의 빛이라 불렸지만, 세상과 똑같은 어둠의 그림자인 분열에 잠식당하고 있었다. 오늘 우리는 바울의 절박한 외침 속으로 들어가, 어떻게 우리가 '찢어진 곳을 깁는 사람'으로 살아갈 수 있는지 하나님의 음성을 듣고자 한다.

본문 이해와 주안점

1. 우리의 옷이 찢어지고 있음을 알아야 한다 (10절)

오늘 본문 10절에서 바울은 "너희 가운데 분쟁이 없이"라고 말한다. 여기서 '분쟁'으로 번역된 헬라어는 '스키스마타($\sigma\chi\acute{\iota}\sigma\mu\alpha\tau\alpha$)'인데, 이 단어의 본래 뜻은 '찢어진 틈', '갈라진 조각'이다. 예수님께서 십자가에 달리셨을 때, 로마 병사들은 주님의 속옷이 위에서부터 통으로 짠 것이라 너무 귀해서 찢지 않고 제비를 뽑았다고 했다. 바로 그 찢어지지 않은 온전한 옷, 그것이 교회의 본래 모습이어야 한다. 그런데 지금 고린도 교회라는 그리스도의 옷에 '스키스마', 즉 찢어진 틈이 생겨나고 있었다. 그들은 "나는 바울에게", "나는 아볼로에게" 속했다고 말하며 서로를 갈라놓았다.

오늘 우리의 모습은 어떠한가? 우리는 입술로는 한 주님을 섬긴다고 고백하지만, 마음속으로는 여전히 '우리 편'을 나누고 있지는 않는가? "나는 A 목사님 파야.", "B 교회 방식이 진짜 성경적이야." 이처럼 우리가 선호하는 인물, 신학적 노선, 사역의 스타일이 어느새 그리스도보다 더 높은 깃발이 되어 형제를 판단하고 공동체를 가르는 칼날이 되고 있지는 않는가? 우리의 경건과 열심이 오히려 다른 형제를 향한 정죄의 담을 쌓고 있지는 않는지 돌아보아야 한다. 지금 이 순간에도 우리의 말과 생각과 태도로 인해 그리스도의 옷은 소리 없이 찢어지고 있을지 모른다.

2. 사람의 바늘로 꿰멜 수 없음을 알아야 한다 (17절)

바울은 이 찢어진 틈을 어떻게 깁고자 할까? 그는 더 뛰어난 리더십, 더 설득력 있는 논리를 제시하지 않는다. 오히려 17절에서 "말의 지혜로 하지 아니함은 그리스도의 십자가가 헛되지 않게 하려 함이라"고 선언한다. 여기서 '말의 지혜($\sigma o\phi\acute{\iota}\alpha\,\lambda\acute{o}\gamma o\upsilon$)'란 당시 그리스 사회를 지배하던 수사학, 철학, 인간의 논리와 설득력을 의미한다. 고린도 교인들은 바로 이 '지혜'에 매료되어 있었다. 그러나 바울은 단호하게 말한다. 그런 인간적인 방법은 찢어진 곳을 깁는 것이 아니라, 오히려 유일한 해결책인 '그리스도의 십자가'를 '헛되게(κενωθῇ)' 즉, 텅 비게 만들고 무력화시킬 뿐이라고 말이다. 독일의 실화를 바탕으로 한 영화 〈더 웨이브(Die Welle)〉는 카리스마 있는 한 교사가 학생들을 하나로 묶기 위해 시작한 교육 실험이 어떻게 끔찍한 파시즘적 집단으로 변질되는지를 보여 준다. 아무리 선한 의도라도, 인간 중심의 하나됨은 결국 또 다른 배타성과 폭력을 낳을 뿐이다.

오늘날 교회는 얼마나 자주 사람의 바늘로 찢어진 곳을 꿰매려 하는지 모른다. 교회에 갈등이 생기면 우리는 더 유능한 전문가를 찾고, 더 세련된 프로그램을 도입하고, 더 감동적인 이벤트를 기획한다. 그러나 문제의 본질이신 그리스도의 십자가를 놓친 채, 인간적인 방법론에만 매달린다면 우리는 고린도 교회와 똑같은 실수를 반복하게 된다. 우리의 그 모든 노력이 혹시 십자가가 있어야 할 자리를 대신 차지하고 있지는 않은지 ….

3. 찢어진 세상을 깁는 유일한 하나님의 실은 '십자가'(18절)

바울이 내놓은 유일한 처방, 찢어진 옷을 깁는 유일한 바늘은 바로 18절의 '십자가의 도(ὁ λόγος ὁ τοῦ σταυροῦ)'이다. 신학자 칼 바르트(Karl Barth)는 하나님의 말씀이 인간을 향한 거대한 '아니오(No)'와 동시에 위대한 '예(Yes)'라고 말했다. 십자가가 바로 그것이다. 십자가는 "나는 바울에게", "나는 아볼로에게" 속했다는 인간의 모든 자랑과 지혜를 향한 하나님의 단호한 '아니오'이다. 십자가 앞에서는 아볼로의 웅변도, 게바의 권위도, 바울의 업적도 아무런 의미가 없다. 그러나 바로 그 자리에서 십자가는 죄로 인해 하나님과 단절되고 서로에게 등을 돌린 우리 모두를 향한 하나님의 무조건적인 '예'가 된다. 십자가의 사랑 안에서 우리는 비로소 '바울 파'도, '아볼로 파'도 아닌, 오직 '용서받은 죄인'이라는 동일한 정체성을 갖게 된다. 월터 브루그만이 말한 것처럼, 이것은 낡은 것을 수선하는 차원을 넘어 '새로운 창조'임이 분명하다. 십자가는 우리를 완전히 녹여 그리스도 안에서 새로운 피조물, 하나의 몸으로 다시 빚으시는 '하나님의 능력(δύναμις Θεοῦ)'이 된다.

그렇다면 우리는 어떻게 십자가로 찢어진 곳을 기울 수 있을까? 내 주장이 아무리 논리적이라도, 주님의 핏값보다 소중할 수는 없다. 내 감정이 아무리 상했더라도, 나를 용서하신 하나님의 은혜보다 클 수는 없다. 십자가는 우리에게 이렇게 말한다. "네가 옳으냐? 그러나 너를 위해 내가 죽었다. 저 사람이 틀렸느냐? 그러나 저 사람을 위해서도 내가 죽었다. 그러니 너희는 내 안에서 하나가 되어라." 우리가 교회에서, 가정에서, 모든 관계 속에서 이 십자가의 도를 붙들 때, 비로소 용서가 시작되고 화해가 일어나며 찢어진 곳이 기워지기 시작한다. 우리가 바로 그 '십자가의 도'를 살아내 '찢어진 곳을 깁는 사람'이 되어야 한다.

말씀의 갈무리

오늘 우리는 분열의 아픔으로 신음하던 고린도 교회의 모습을 통해 우리의 자화상을 보았다. 우리는 모두 본능적으로 편을 가르고, 우리의 의와 지혜를 내세우며 그리스도의 몸 된 교회를 찢어왔던 연약한 죄인들이다. 우리는 그 찢어진 틈을 우리의 힘과 지혜라는 사람의 바늘로 꿰매 보려 했지만, 그럴수록 십자가의 영광만을 가릴 뿐이었다.

그러나 오늘 하나님께서는 우리에게 유일한 길을 보여 주신다. 바로 '십자가의 도'이다. 십자가는 우리가 누구에게 속했는지를 묻지 않고, 우리가 그리스도 안에서 누구인지를 보여 준다.

이제 주님은 우리가 굳게 붙들고 있던 인간적인 자랑의 깃발들을 내려놓으라고 말씀한다. '나는 옳다'는 자기 의의 옷을 벗어버리라고 말씀한다. 그리고 십자가 앞으로 나아오라고 말씀한다. 십자가 앞에서 나를 위해, 그리고 내가 미워했던 바로 그 형제를 위해 모든 것을 내어주신 주님의 사랑 앞에 함께 무릎 꿇으라고 말씀한다. 더 이상 그리스도의 몸을 찢는 자가 아니라, 세상의 미련함이라 불리는 '십자가의 복음'을 들고 기꺼이 찢어진 곳으로 나아가 평화를 만드는 사람이 되기를 결단하라. 화해를 이루고, 사랑으로 '찢어진 곳을 깁는 사람'으로 살아가기로 결단하라고 말씀한다.

주현절 후 네 번째 주일

2026 2.1

성서정과 | 시 15; 미 6:1-8; 고전 1:18-31; 마 5:1-12

예배로 부름 Call to Worship

주의 빛과 주의 진리를 보내시어 나를 인도하시고 주의 거룩한 산과 주께서 계시는 곳에 이르게 하소서 그런즉 내가 하나님의 제단에 나아가 나의 큰 기쁨의 하나님께 이르리이다 하나님이여 나의 하나님이여 내가 수금으로 주를 찬양하리이다(시 43:3-4)

예배 기원 Invocation

구원받은 성도를 도우시며 택하신 자녀를 영원토록 붙들어주시는 하나님 아버지! 그 사랑과 은혜에 힘입어 한 주간을 지냈습니다. 오늘은 하나님께서 택하신 백성에게 더 큰 은혜와 사랑을 베풀어주시기 위하여 구별하신 주일입니다. 부르심에 응답하여 성전으로 올라와 예배하는 백성들을 영접하여 주옵소서. 기쁨으로 찬송을 올릴 때 영광을 받으시고, 간절히 기도할 때, 그 자비로운 얼굴을 비춰주옵소서. 정성껏 준비하여 드리는 예물도 기쁘게 받아주옵소서. 예수 그리스도의 이름으로 기원하옵나이다. 아멘.

이 주일의 찬송 Hymns

만유의 주재(32장) / 다 감사드리세(66장) / 나 주의 도움 받고자(214장) /
맘 가난한 사람(427장) / 신자 되기 원합니다(463장) / 예수가 우리를 부르는 소리(528장)

성시 교독 Responsive Readings · 시편 15

인도자	¹ 여호와여 주의 장막에 머무를 자 누구오며
회 중	주의 성산에 사는 자 누구오니이까
인도자	² 정직하게 행하며 공의를 실천하며
회 중	그의 마음에 진실을 말하며 ³ 그의 혀로 남을 허물하지 아니하고
인도자	그의 이웃에게 악을 행하지 아니하며 그의 이웃을 비방하지 아니하며
회 중	⁴ 그의 눈은 망령된 자를 멸시하며 여호와를 두려워하는 자들을 존대하며
인도자	그의 마음에 서원한 것은 해로울지라도 변하지 아니하며
회 중	⁵ 이자를 받으려고 돈을 꾸어 주지 아니하며 뇌물을 받고 무죄한 자를 해하지 아니하는 자이니
다같이	이런 일을 행하는 자는 영원히 흔들리지 아니하리이다

고백의 기도 Prayer of Confession

하나님은 선하고 의로우사 죄악을 싫어하시며, 죄인을 기뻐하지 않으시나이다. 저희는 이러한 사실을 잘 알고 있으면서도 죄악 중에 거하며 하나님의 마음을 아프게 하였습니다. 은근히 이웃을 헐뜯는 말을 하였습니다. 내 유익을 챙기기 위하여 하나님께서 명하시는 선한 사업을 외면했습니다. 나보다 배우지 못한 교우를 무시했고, 가난한 성도 앞에서 재물을 자랑하며 교만하였습니다. 언제부터인가 저희의 일상에서 기도와 금식과 구제와 찬송과 헌신과 같은 경건한 모습이 자취를 감추었습니다. 죄악 중에 살고 있는 저희의 몸과 마음은 풀 같이 시들어가고 있습니다. 오 자비의 하나님! 회개하는 저희를 긍휼히 여기사 모든 죄악의 수렁에서 건져주시고, 육신의 질병을 고치시며, 우리의 생명을 파멸에서 속량하여 주옵소서. 예수님의 이름으로 이 고백의 기도를 드립니다. 아멘.

사함의 확신 Assurance of Forgiveness

만일 우리가 우리 죄를 자백하면 그는 미쁘시고 의로우사 우리 죄를 사하시며 우리를 모든 불의에서 깨끗하게 하실 것이요(요일 1:9)

> 오늘의 주제

세상의 가치를 전복시키는 하나님의 역설

석의적 접근

구약의 말씀 미 6:1-8

본문은 하나님께서 원고가 되시고, 이스라엘 백성이 피고가 되는 거대한 법정 드라마의 형태를 띤다. 이러한 문학 양식을 '리브(רִיב)', 즉 '언약 소송(Covenant Lawsuit)'이라고 부른다. 이 극적인 형식을 통해 하나님께서 자기 백성에게 진정으로 원하시는 것이 무엇인지를 밝히고 있다.

1-2절은 하나님께서 미가 선지자를 통해 소송의 시작을 알리신다. '변론(רִיב)'은 하나님께서 언약의 파트너인 이스라엘을 상대로 법적인 논증을 통해 그들의 죄가 창조 질서 전체에 영향을 미치는 언약 파기 행위임을 분명히 하신다. 3-5절은 하나님의 무서운 질책이 아니라 상처받은 연인의 목소리와 같은 슬픈 질문을 담아 '죄인아'라고 부르지 않으시고, 애정과 사랑이 담긴 어투로 '내 백성아'라고 부르신다. 그뿐 아니라 "내가 무엇을 네게 행하였느냐"라고 물으시면서 불순종에 대한 이유를 묻는 것과 동시에 깊은 상심의 어조를 담고 있다. 하나님은 죄를 조목조목 따지지 않고 자신이 베풀었던 구원의 역사, 즉 출애굽의 해방, 위대한 지도자, 발람의 저주를 막으셨던 사건을 증거로 제시하신다. 이 모든 역사를 기억하라고 하신 이유는 "여호와의 공의로운 일(צִדְקוֹת יְהוָה)", 즉 언약에 신실하신 하나님의 구원 행위를 깨닫게 하기 위함이었다. 6-7절은 백성들의 왜곡된 응답을 기록하고 있다. 그들은 번제물과 일 년 된 송아지에서 시작하여, 수천의 숫양과 만만의 강물 같은 기름으로, 급기야 가장 끔찍한 이방 종교의 제

사인 '맏아들을 바치는 것'까지 언급한다. 이러한 이야기는 하나님께서 우리에게 원하시는 것이 화려한 종교의식이 아니라, 하나님을 닮은 삶, 즉 정의롭고 자비로우며 겸손한 삶이라는 사실을 보여 주고 있다.

서신서의 말씀 고전 1:18-31

본문은 교회 분열 문제에 대한 바울의 신학적 처방전이다. 왜냐하면 바울은 고린도 교인들이 세상의 가치관으로 파벌을 나누고 있음을 간파하고, 그 모든 인간적인 기준을 무너뜨리는 하나님의 유일한 기준, 바로 '십자가의 도(ὁ λόγος ὁ τοῦ σταυροῦ)'를 선포하기 때문이다. 이는 단순한 이야기가 아니라 세상을 이해하고 구원에 이르는 유일한 길을 제시하는 원리이다. 세상의 관점에서 볼 때, 저주받은 형틀에서 무력하게 죽은 메시아는 지적인 모순이며 완벽한 어리석음처럼 보인다. 그러나 믿는 자들에게는 구원하시는 폭발적인 '하나님의 능력(δύναμις Θεοῦ)'이 된다. 22-25절은 유대인과 헬라인이 왜 십자가를 거부했는지를 설명한다. 그러면서 바울은 이 십자가가 바로 유대인이 찾던 궁극적인 하나님의 능력이요, 헬라인이 찾던 궁극적인 하나님의 지혜라고 선포한다. 특별히 25절 "하나님의 어리석음이 사람보다 지혜롭고 하나님의 약하심이 사람보다 강하니라"라는 역설은 이 논쟁의 정점이다. 바울은 26-29절에서 이 위대한 신학적 원리를 증명하기 위해 멀리 갈 필요도 없이 바로 고린도 교회 성도들 자신을 증거로 제시한다. 하나님께서 '어리석은 자들'을 선택하신 것은 세상의 강하고 지혜롭다는 것들을 부끄럽게 하고, 궁극적으로 "아무 육체도 자랑하지 못하게" 하시기 위함이다. 고린도 교회의 분열은 바로 이 '자랑' 때문이었다. 30-31절은 논증의 최종 결론이다. 우리의 유일한 자랑은 오직 '주 안에서'만 가능하다는 사실이다.

복음서의 말씀 마 5:1-12

본문은 산상수훈의 시작, 바로 팔복(The Beatitudes)과 제자의 정체성에 대한 말씀이다. 이 말씀은 예수님께서 선포하신 하나님 나라가 어떤 나라이며, 그 나라의 백성은 어떤 사람들인지를 보여 주는 위대한 선언이다. 마태는 예수님의 가르침을 시작하며 의도적으로 구약의 중요한 이미지, 즉 "산에 올라가"라는 표현을 통해 모세가 시내산에 올라가 하나님으로부터 받은 율법을 받았던 장면(출 19장)을 선명하게 떠올리게 한다. 톰 라이트(N.T. Wright)는 산상수훈을 "하나님 나라의 대헌장(Manifesto of the Kingdom)"이라고 부른다. 3-12절에 나오는 팔복은 '이러한 사람이 되어라'라는 윤리적 명령이기 이전에, 하나님 나라가 임했을 때 세상의 기준으로는 불행하게 보이지만, 하나님 보시기에는 가장 복된 자들이 누구인지를 선포하는 하나님의 역설적인 축복 선언이다. 팔복의 구조를 보면, 3-6절은 내면의 상태를 설명하고, 7-12절은 관계적 실천에 관한 내용을 기록하고 있다. 존 스토트(John Stott)는 팔복을 "그리스도인의 성품에 대한 8가지 묘사"라기보다, "그리스도인이라는 한 인격의 8가지 측면을 보여주는 완벽한 초상화"라고 설명했다. 13절은 제자의 정체성과 소명을 언급하는 말씀이다. '소금'은 녹아질 때 그 본래의 맛을 내게 된다. 이는 맛이 필요한 곳에 '녹아짐의 방식'(헌신과 섬김)으로 살아갈 때, 살맛 나도록 돕는 참 제자의 삶을 의미한다. 이 가르침은 세상의 가치관에 대한 급진적인 도전이며, 우리를 참된 복의 길로 초대하시는 주님의 은혜로운 선포의 말씀이다.

설교를 위한 조명

> 서신서의 말씀(고전 1:18-31)으로 설교 작성 / 대지설교
> # "지혜로운 바보"

말씀에로 나아감

셰익스피어의 비극 『리어왕』에는 흥미로운 인물이 등장한다. 바로 '광대'이다. 모두가 미쳐버린 왕의 눈치를 보며 아첨할 때, 이 광대만이 어리석은 농담과 엉뚱한 노래 속에 날카로운 진실을 담아 외친다. 모두가 지혜로운 척 침묵할 때, 가장 바보 같은 광대가 유일하게 지혜의 목소리를 낸다. 세상은 종종 이런 역설을 보여 준다. 가장 똑똑해 보이는 길이 파멸의 길이 되고, 가장 어리석어 보이는 선택이 생명의 길이 되는 이야기 말이다.

오늘 우리가 마주한 고린도전서의 말씀은 바로 이 역설의 정점을 보여 준다. 사도 바울은 분열과 다툼으로 찢어진 고린도 교회를 향해, 세상의 모든 지혜를 뒤엎는 하나님의 지혜, 세상의 모든 강함을 무너뜨리는 하나님의 능력을 선포한다. 그것은 바로 '십자가의 복음'이다. 그리고 이 복음을 따르는 사람들은 세상의 눈에는 영락없는 바보처럼 보인다. 그러나 하나님은 바로 그 '지혜로운 바보'들을 통해 세상을 구원하고, 하나님의 나라를 세워 가신다. 하나님은 오늘 말씀을 통해 우리가 세상의 지혜를 따르는 '똑똑한 멸망의 길'이 아닌, 십자가를 따르는 '지혜로운 바보'의 길을 선택하기를 원하신다. 그렇다면 어떻게 하면 '지혜로운 바보'의 길을 선택할 수 있을까?

1. 세상의 지혜로 보기엔 어리석은 십자가를 붙들어야 한다(18절)

세상의 무대는 두 종류의 주인공을 환영한다. 하나는 압도적인 힘으로 기적을 행하는 영웅이고, 다른 하나는 명쾌한 논리로 세상을 설명하는 철학자이다.

바울은 22절에서 정확히 이 점을 지적한다. "유대인은 표적을 구하고 헬라인은 지혜를 찾으나." 유대인들은 로마의 압제에서 자신들을 구원해 줄 다윗과 같은 강력한 메시아, 하늘에서 불을 내리는 엘리야 같은 기적의 선지자를 기다렸다. 그들에게 십자가는 실패와 저주의 상징일 뿐, 도저히 받아들일 수 없는 '걸림돌(σκάνδαλον)', 즉 그들을 넘어지게 만드는 신앙적 모욕이었다. 헬라인들은 세상의 이치를 설명하는 '지혜(σοφία)'를 숭배했다. 플라톤과 아리스토텔레스의 후예들에게 신이 인간이 되어 무력하게 십자가에서 죽는다는 이야기는 신화보다 못한 '어리석음(μωρία)' 그 자체였다. 힘도 없고, 논리도 없는 이 이야기에 귀를 기울일 이유가 없었다.

오늘날 세상의 지혜도 마찬가지이다. 서점의 베스트셀러들은 우리에게 "너는 할 수 있다"라고 말하는 자기 계발서이거나, 복잡한 세상을 명쾌하게 분석해 주는 지식 서적들이다. 세상은 우리에게 더 강해지고, 더 똑똑해지라고 속삭인다. 바로 이런 세상의 지혜 한복판에 십자가는 서 있다. 십자가는 "너는 할 수 없다"라고 말한다. 십자가는 "너의 지혜로는 하나님을 알 수 없다"라고 선언한다. 우리가 존경하는 세상의 지혜가 혹시 십자가의 복음을 희석시키고 있지는 않았는가? 우리의 신앙이 세상의 힘과 성공을 얻기 위한 도구로 전락하지는 않았는가? 그럼에도 십자가는 세상의 모든 '똑똑한' 해결책들 앞에서, 가장 '어리석은' 하나님의 유일한 길이라고 지금도 외치고 있다. 그리고 그 '어리석은 십자가'를 붙들라고 말씀하신다.

2. 하나님은 어리석은 자들을 통해서 일하신다 (25절)

하나님은 십자가라는 역설적인 방법만 사용하신 것이 아니라, 그 십자가를 믿는 사람들 역시 역설적인 이들로 채우셨다. 바울은 고린도 교인들을 향해 거울을 보라고 말한다. 26절이다. "형제들아 너희를 부르심을 보라 육체를 따라 지혜로운 자가 많지 아니하며 능한 자가 많지 아니하며 문벌 좋은 자가 많지 아니하도다." 그들 대부분은 로마 사회의 엘리트가 아니었다. 그들은 노예였고, 가난한 자유인이었고, 무시당하던 사람들이었다. 하나님께서 마치 세상의 쓰레기통을 뒤져 당신의 보석들을 찾아내신 것만 같다. 왜 그렇게 하셨을까? 29절이 그 이유를 밝힌다. "이는 아무 육체도 하나님 앞에서 자랑하지 못하게 하려 하심이라." 신학자 마르틴 루터는 신앙의 길을 두 가지로 나누었다. 하나는 세상처럼 힘과 성공 속에서 하나님을 찾으려는 '영광의 신학'이고, 다른 하나는 고난과 실패, 약함과 십자가 속에서 하나님을 만나는 '십자가의 신학'이다. 고린도 교인들은 구원은 십자가로 받았지만, 교회 생활은 '영광의 신학'을 따라 하고 있었다. 하나님은 바로 그들의 출신 성분을 거울처럼 비추시며 말씀하신다. "너희 자신을 보아라. 너희에게 자랑할 것이 무엇이 있느냐?", "너희 자신을 보아라. 너희에게 자랑할 것이 무엇이 있느냐?"

혹시 자신의 연약함 때문에 낙심하고 있는가? '나는 가진 것이 없어서', '나는 배운 것이 부족해서', '나는 성격이 약해서' 주님을 제대로 섬길 수 없다고 생각하는가? 오늘 말씀은 바로 그런 우리에게 주시는 위로이자 도전이다. 하나님은 우리의 화려한 이력서가 아니라, 우리의 빈손을 통해 일하기를 기뻐하신다. 우리의 약함은 하나님의 강함이 머무는 자리이다. 우리의 부족함은 하나님의 은혜가 채워지는 공간이다. 반대로 우리가 가진 지위나 재능, 경험을 은근히 자랑하고 있다면, 우리는 하나님의 일하심을 가로막고 있는 것일 수 있다. 하나님은 우리가 똑똑해서가 아니라, 우리가 그분 없이는 아무것도 아님을 고백할 때 우리를 통해 가장 위대한 일을 시작하신다. 우리의 빈 공간을 십자가로 채우라고 말씀하신다.

3. 우리의 자랑은 오직 십자가의 은혜

세상의 지혜가 보기에 우리는 가진 것도 없고, 내세울 것도 없는 어리석은 사람들이다. 그러나 바울은 30절에서 놀라운 반전을 선포한다. "너희는 하나님으로부터 나서 그리스도 예수 안에 있고 예수는 하나님으로부터 나와서 우리에게 지혜와 의로움과 거룩함과 구원함이 되셨으니." 우리의 정체성은 우리의 조건에 있지 않다. 우리의 정체성은 그리스도 안에 있는 것이 분명하다. 세상이 우리를 향해 '바보'라고 조롱할 때, 우리는 그리스도 안에서 하나님의 지혜를 가진 자들이다. 세상이 우리의 죄를 정죄할 때, 우리는 그리스도 안에서 의롭다 하심을 받은 자들이다. 결국 '지혜로운 바보'란, 자신의 무력함과 어리석음을 철저히 인정하고, 오직 십자가에 달리신 그리스도만이 나의 모든 것이 되심을 고백하는 사람이다. 덴마크의 철학자 쇠렌 키르케고르는 이성만으로는 도저히 이해할 수 없는 신앙의 역설 앞에서, 이성의 한계를 뛰어넘는 '믿음의 도약'을 말했다. '지혜로운 바보'는 바로 이 믿음의 도약을 감행한 사람이다.

'지혜로운 바보'로 산다는 것은 구체적으로 무엇을 의미할까? 그것은 인생의 중요한 갈림길에서 세상의 똑똑한 계산기가 아니라 십자가라는 어리석은 나침반을 따르는 것이다. 그것은 손해 보더라도 정직을 택하고, 모욕을 당하더라도 용서를 선택하는 것이다. 그것은 나의 힘으로 문제를 해결하려 애쓰기보다, 나의 약함을 인정하고 무릎 꿇어 하나님의 능력을 구하는 것이다. 사도 바울이 갈라디아서 6장 14절에서 외쳤던 것처럼, 우리의 유일한 자랑은 이것이다. "내게는 우리 주 예수 그리스도의 십자가 외에 결코 자랑할 것이 없으니."

여러분의 삶에서 십자가는 어떤 의미인가? 그저 교회에 걸린 장식품인가, 아니면 매일의 삶을 이끌어가는 능력의 나침반인가? 우리의 자랑할 것은 오직 십자가뿐임을, 그리고 십자가 안에서 누리는 은혜뿐임을 기억하라고 말씀하신다.

말씀의 갈무리

오늘 우리는 하나님 나라의 놀라운 역설을 보았다. 세상이 지혜롭다고 말하는 것은 하나님 보시기에 어리석고, 세상이 어리석다고 비웃는 십자가는 우리를 구원하는 하나님의 유일한 지혜와 능력이었다. 또한 하나님은 세상의 지혜로운 자가 아닌, 약하고 어리석은 우리를 부르셔서 당신의 자녀로 삼으셨다. 그리고 이제 우리에게 오직 십자가에 달리신 그리스도 안에서만 발견되는 참된 지혜와 능력을 선물로 주셨다.

이제 우리는 두 갈래 길 앞에 서 있다. 하나는 '세상의 지혜'를 따라 똑똑하게 살아가는 길이다. 그러나 그 길의 끝에는 자기 자랑과 분열, 그리고 공허함이 있을 뿐이다. 다른 하나는 '지혜로운 바보'의 길이다. 세상이 보기에는 어리석고 미련한 길이지만, 이 길은 나의 모든 자랑을 내려놓고 오직 십자가만을 붙드는 길이다. 나의 약함을 통해 하나님의 강하심이 드러나는 길이다.

이 둘 가운데 어느 길을 선택하기 원하는가? 우리 주님은 세상의 지혜라는 무거운 짐을 내려놓고, 십자가라는 가장 가볍고 자유로운 멍에를 함께 지기를 원하신다. 그리하여 오직 주님만을 자랑하는 세상에서 가장 지혜로운 바보들로 살아가기로 결단하기를 원하신다. 간절히 바라기는 십자가를 붙들고 십자가 안에서 풍성한 은혜를 누리고, 오직 십자가 안에서 우리 주님의 영광을 자랑하는 복된 성도의 삶이 되기를 소망한다.

2026 2.8
주현절 후 다섯 번째 주일

성서정과 | 시 112:1-9(10); 사 58:1-9a, (9b-12); 고전 2:1-12, (13-16); 마 5:13-20

예배로 부름 Call to Worship
그러므로 형제들아 우리가 예수의 피를 힘입어 성소에 들어갈 담력을 얻었나니 우리가 마음에 뿌림을 받아 악한 양심으로부터 벗어나고 몸은 맑은 물로 씻음을 받았으니 참마음과 온전한 믿음으로 하나님께 나아가자(히 10:19, 22)

예배 기원 Invocation
영원토록 찬송 받으실 하나님! 예수님의 보혈로 속량함을 받은 저희가 마음을 확정하고 확정하여 하나님께만 예배하오니 받아주옵소서. 시와 찬미와 노래로 하나님을 기뻐하며, 비파와 수금을 깨워 하나님을 찬송하며, 만민 중에서 주님께 감사하며, 뭇 나라 중에서 주를 높여드립니다. 예배하는 저희에게 주님의 인자하심을 풍성하게 보여주옵소서. 하나님의 영광은 온 하늘에 미치며, 그 진리는 궁창에 이르게 하시며, 우리의 기도와 찬송과 예물은 거룩하신 보좌 앞에 상달하게 하옵소서. 예수님의 이름으로 기원하옵나이다. 아멘.

이 주일의 찬송 Hymns
구주를 생각만 해도(85장) / 예수 십자가에 흘린 피로써(259장) /
내 구주 예수를 더욱 사랑(314장) / 주 날 불러 이르소서(329장) /
주님의 마음을 본받는 자(455장) / 가난한 자 돌봐주며(517장)

성시 교독 Responsive Readings   시편 112:1-10

인도자	¹ 할렐루야, 여호와를 경외하며 그의 계명을 크게 즐거워하는 자는 복이 있도다
회 중	² 그의 후손이 땅에서 강성함이여 정직한 자들의 후손에게 복이 있으리로다
인도자	³ 부와 재물이 그의 집에 있음이여 그의 공의가 영구히 서 있으리로다
회 중	⁴ 정직한 자들에게는 흑암 중에 빛이 일어나나니 그는 자비롭고 긍휼이 많으며 의로운 이로다
인도자	⁵ 은혜를 베풀며 꾸어 주는 자는 잘 되나니 그 일을 정의로 행하리로다
회 중	⁶ 그는 영원히 흔들리지 아니함이여 의인은 영원히 기억되리로다
인도자	⁷ 그는 흉한 소문을 두려워하지 아니함이여 여호와를 의뢰하고 그의 마음을 굳게 정하였도다
회 중	⁸ 그의 마음이 견고하여 두려워하지 아니할 것이라 그의 대적들이 받는 보응을 마침내 보리로다
인도자	⁹ 그가 재물을 흩어 빈궁한 자들에게 주었으니 그의 의가 영구히 있고 그의 뿔이 영광 중에 들리리로다
회 중	¹⁰ 악인은 이를 보고 한탄하여 이를 갈면서 소멸되리니 악인들의 욕망은 사라지리로다

고백의 기도 Prayer of Confession

너희의 몸을 하나님께서 기뻐하시는 거룩한 산 제물로 드리라 명령하신 하나님! 이 땅에 살면서 마땅히 실천해야 할 영적 예배를 드리지 못하고 있는 저희 죄를 용서해 주옵소서. 지난 한 주간 동안 저희는 입으로 악한 말을 하여 죄를 지었습니다. 하나님께 드릴 찬송과 감사를 잊어버리고, 이웃을 향해 원망과 저주와 불평을 쏟아내기도 하였습니다. 눈으로 지은 죄도 많아서, 주목하고 보살펴야 할 불우한 이웃은 외면한 채 보지 말아야 할 추하고 더러운 것을 보면서 욕망에 사로잡혔습니다. 성령의 소욕을 따라 사는 대신 몸과 지체를 불의의 병기로 드려 죄악 중에 먹고 마시며 지냈습니다. 이 모든 죄와 허물을 용서하여 주시고 이제부터는 마음을 새롭게 함으로 변화를 받아 하나님의 기뻐하시고 온전하신 뜻을 분별하며 살아가게 하옵소서. 예수님의 이름으로 이 고백의 기도를 드립니다. 아멘.

사함의 확신 Assurance of Forgiveness

그가 네 모든 죄악을 사하시며 네 모든 병을 고치시며 네 생명을 파멸에서 속량하시고 인자와 긍휼로 관을 씌우시며(시 103:3-4)

오늘의 주제

참된 신앙의 내적 본질과 외적 드러남

석의적 접근

구약의 말씀 사 58:1-9a, (9b-12)

본문은 '제3 이사야'(56-66장)의 일부로, 바벨론 포로 생활을 마치고 예루살렘으로 돌아와 성전을 재건하고 금식과 같은 종교의식을 회복했다. 그러나 공동체 내부에는 가난한 자에 대한 압제와 사회적 불의가 만연했다. 백성들은 자신들이 열심히 종교 생활을 하는데도 왜 하나님의 복을 받지 못하는지 불평했는데, 이 지점에서 선지자는 하나님의 음성을 대언한다.

1-3a에서 하나님은 선지자에게 "나팔 같이 네 목소리를 높여" 백성의 죄를 지적하라고 명령하신다. 그들은 겉으로는 완벽한 신앙인처럼 보였고, 매일 하나님을 찾고 그분의 길 알기를 즐거워하는 것처럼 보였다. 그런데 선지자는 "나라 같도다"(2절)라고 비꼬며, 그들의 경건은 실체없는 연기와 같음을 지적한다. 하나님은 그들이 금식(צוֹם, tsom)하는 거룩한 행위를 하는 그날에 그들은 쾌락을 추구하고 노동자를 착취했다고 진단한다. 그러면서 하나님은 6-7절에서 하나님께서 기뻐하시는 금식에 대해서 말씀한다. 참된 경건은 부당한 채무관계나 법적 속박 등 사회의 구조적인 악의 사슬을 끊어내는 사회 정의의 실천을 포함한다. 그리고 굶주린 자, 헐벗은 자 등 가장 연약한 이웃의 기본적인 필요를 채워주는 구체적인 자비의 실천을 요구한다.

하나님께서 기뻐하시는 금식을 행할 때, 비로소 공동체에 하나님의 영광이 드러나고 관계가 회복된다(8절). 이렇게 하나님의 영광이 그들의 삶을 감싸고 보호할 것이고, 기도에 응답하시는 하나님을 경험하게 될 것이고, "무너진 곳을 보수하는 자", "길을 수축하여 거할 곳이 되게 하는 자"라 불리게 되고, 파괴된 공동체를 회복시키는 축복의 통로가 될 것이라고 약속한다.

서신서의 말씀 고전 2:1-12, (13-16)

본문은 1장에서 시작된 '세상의 지혜 vs 하나님의 지혜' 논의를 이어가며 어떻게 십자가의 지혜를 모델로 삼았는지 설명하고 있다. 바울은 1-5절에서 자신의 사역을 회고하며 고린도라는, 지혜와 수사학의 도시에 처음 복음을 전할 때 의도적으로 세상의 방식을 피했음을 강조한다. "내가 너희에게 나아가 하나님의 증거를 전할 때에 말과 지혜의 아름다운 것으로 아니하였나니"(1절)에서 "말과 지혜의 아름다운 것(ὑπεροχὴν λόγου ἢ σοφίας)"은 당시 청중을 사로잡기 위해 사용되었던 화려한 언변과 논리적 기교를 말한다. 바울은 이것을 의도적으로 거부했다. 그의 메시지는 오직 하나에만 집중이 되었는데 "예수 그리스도와 그가 십자가에 못 박히신 것"(2절)이었다. 그러면서 바울은 자신이 전한 것이 지혜롭고 설득력 있는 말이 아니라 '성령의 능력'이라고 고백한다(4절). 그리고 바울이 전한 '지혜'는 이 세상의 지혜가 아니며, 이 세상에서 멸망해 버릴 통치자들의 지혜도 아니라고 말하면서 "하나님의 비밀 가운데 있는 지혜"라고 선언한다. 바울은 이사야 64장 4절을 인용하며, 이 지혜는 인간의 감각이나 이성으로는 결코 발견하거나 상상할 수 없는 것임을 강조한다. 그렇다면 인간의 힘으로 알 수 없는 이 비밀한 지혜를 우리는 어떻게 알 수 있는가? 바울은 그 유일한 통로로 성령님을 제시한다. 십자가의 비밀은 오직 성령의 조명을 통해서만 우리에게 계시되고, 하나님께로부터 나온 영을 받은 우리는 하나님이 은혜로 주신 것들을 이해할 수 있게 된다.

복음서의 말씀 마 5:13-20

본문은 산상수훈의 서론 격인 팔복(1-12절)에 이어, 하나님 나라 백성의 세상 속 정체성과 사명이 무엇인지를 깨닫는 중요한 말씀이다. 팔복이 제자의 내면적 '성품(Character)'을 다룬다면, 이 부분은 그 성품이 세상 속에서 어떻게 '기능(Function)'해야 하는지를 선언하는 말씀이다. '소금과 빛'의 비유에서 소금은 소금이 필요한 곳에서 녹아짐의 방식으로 그 독특성을 드러내듯이 성도의 삶도 그러해야 함을 깨닫게 되었다. 그리고 빛은 녹아짐의 방식(하나님의 속성)으로 우리가 살아갈 때 자연스럽게 빛을 발하게 된다. 빛의 속성을 통해 드러난 그 본래의 모습을 보게 되는 것이다. 가끔 왜 소금이 먼저 오고 뒤에 빛이 왔을까 의문을 가진 적이 있다. 그 이유는 바로 소금의 방식(하나님의 속성)으로 살 때, 빛이 자연스럽게 비춰지는 원리 때문이다.

디트리히 본회퍼(Dietrich Bonhoeffer)는 그의 저서 『나를 따르라』에서 제자 공동체의 이러한 '가시성(visibility)'을 강조했다. 교회는 보이지 않는 영적 실체가 아니라, 세상이 볼 수 있는 구체적인 공동체이며, 그들의 구별된 삶 자체가 세상에 대한 증언이 된다. 교회는 교회라는 속성을 통해서 하나님의 본질을 드러내게 된다. 그러면서 예수님은 자신의 가르침이 구약의 율법을 폐기하는 것이라는 오해를 바로 잡으신다. 17절에서 "내가 율법이나 선지자를 폐하러 온 줄로 생각하지 말라 폐하러 온 것이 아니요 완전하게 하려 함이라"고 말씀하신다. 더 나아가 20절에서는 "너희 의가 서기관과 바리새인보다 더 낫지 못하면 결코 천국에 들어가지 못하리라"고 다소 충격적으로 말씀하신다.

설교를 위한 조명

서신서의 말씀(고전 2:1-12, 13-16)으로 설교 작성 / 네 페이지 설교

"나의 약함, 하나님의 능력"

Page 1. 지혜에 취한 도시, 약함을 택한 사도 (성경 속의 문제)

우리의 인생은 마치 한 편의 영화와 같다. 어떤 영화의 주인공이 되고 싶은가? 아마 대부분은 모든 것을 해결하는 강인한 영웅, 모두의 박수를 받는 성공한 인물의 역할을 꿈꿀 것이다. 약하고, 두려워 떨며, 실패하는 주인공의 이야기는 왠지 피하고 싶다. 세상은 우리에게 끊임없이 속삭인다. "더 강해져라, 더 유능해져라, 너의 능력을 증명해 보여라." 이 목소리는 너무나 강력해서, 교회 안에서조차 우리는 종종 자신의 연약함을 감추고 강한 신앙인의 가면을 쓰려고 애쓴다.

영화 〈포레스트 검프〉를 보면, 주인공 포레스트는 세상의 기준으로 볼 때 결코 강하거나 지혜로운 사람이 아니다. 그는 남들보다 지능이 조금 낮고, 다리가 불편하며, 어수룩하기 짝이 없다. 그러나 그의 삶은 이상하게도 주변 사람들에게 깊은 울림을 주고, 역사의 중요한 순간들을 관통한다. 그의 약함과 순수함이 오히려 세상의 강함과 교만함을 부끄럽게 만드는 것이다.

오늘 우리가 마주한 사도 바울의 고백이 바로 이와 같다. 당대 최고의 지성과 수사학이 넘실대던 도시 고린도에서, 그는 자신의 약함을 무기 삼아 가장 위대한 진리를 선포했다. 오늘 이 시간, 강함이라는 세상의 무거운 갑옷을 내려놓고, 우리의 약함 속에서 터져 나오는 하나님의 진짜 능력을 만나는 여정으로 여러분을 초대한다.

고린도는 화려한 항구 도시였다. 로마로 가는 길목에서 부와 문화가 뒤섞였고, 사람들은 저마다의 철학과 지혜를 뽐냈다. 소피스트들의 화려한 웅변술이

사람들의 마음을 사로잡았고, '누가 더 지혜로운가'가 이 도시의 자부심이었다. 교회도 예외는 아니었다. 성도들은 "나는 아볼로에게", "나는 바울에게" 속했다며, 더 유창하고 지혜로운 지도자를 따르는 것을 자랑으로 여겼다.

바로 그 지혜의 심장부로, 바울은 초라한 모습으로 들어선다. 그는 1-2절에서 이렇게 선언한다. "내가 너희에게 나아가 하나님의 증거를 전할 때에 말과 지혜의 아름다운 것으로 아니하였나니 내가 너희 중에서 예수 그리스도와 그가 십자가에 못 박히신 것 외에는 아무것도 알지 아니하기로 작정하였음이라." 그는 일부러 세상이 박수치는 무기를 내려놓았다. 대신 그가 선택한 유일한 무기는 세상이 가장 어리석고 무력하다고 여기는 '십자가'였다.

그의 태도는 어떠했는가? 3절이다. "내가 너희 가운데 거할 때에 약하고 두려워하고 심히 떨었노라." 이것은 전략적인 겸손이 아니었다. 낯선 도시에서 복음을 전해야 하는 한 인간의 솔직한 두려움이자, 동시에 자신의 능력으로는 아무것도 할 수 없음을 인정하는 철저한 자기 부인이었다. 그는 자신의 약함이라는 텅 빈 그릇을 하나님 앞에 그대로 내어놓았던 것이다.

Page 2. 강함을 숭배하는 시대, 약함을 감추는 우리(세상에서의 문제)

바울의 시대뿐 아니라, 오늘날 우리가 사는 세상 역시 '강함'을 숭배한다. SNS는 성공과 성취의 기록들로 가득 차 있고, 자기계발서들은 끊임없이 우리의 잠재력을 일깨우라고 외친다. 실패는 숨겨야 할 부끄러움이 되었고, 약함은 극복해야 할 결점이 되었다. 이러한 세상의 목소리는 우리의 신앙생활에도 깊숙이 스며든다.

교회 안에서 우리는 '믿음 좋은 사람'으로 보이고 싶어 한다. 기도 응답을 많이 받은 간증, 봉사를 통해 이룬 성과, 성경 지식의 깊이를 은연중에 내세운다. 반면, 나의 깊은 영적 침체, 끊어내지 못하는 죄의 문제, 기도해도 해결되지 않는 삶의 고난과 같은 '약함'은 좀처럼 나누기 어렵다. 마치 약함을 고백하면 믿음이 없는 사람, 하나님께 사랑받지 못하는 사람으로 낙인찍힐 것 같은 두려움이 우리를 지배한다.

　프랑스의 철학자 블레즈 파스칼은 『팡세』에서 "인간의 모든 불행은 단 한 가지, 고요히 자신의 방에 머물러 있지 못하는 데서 비롯된다"고 말했다. 우리는 끊임없이 무언가를 증명하고 성취해야 한다는 세상의 소음 속에서, 자신의 약함과 한계를 고요히 마주할 용기를 잃어버렸다. 우리의 신앙마저 또 하나의 '성공 프로젝트'가 되어, 하나님의 능력이 머물 자리를 잃어가고 있다.

Page 3. 약함, 하나님의 능력이 머무는 공간(성경 속의 은혜)

　바울이 자신의 약함을 끌어안았을 때, 어떤 일이 일어났는가? 5절은 그 이유를 이렇게 설명한다. "너희 믿음이 사람의 지혜에 있지 아니하고 다만 하나님의 능력에 있게 하려 하였노라." 바울의 약함은 하나님의 능력이 마음껏 일하시는 통로가 되었다. 만약 바울이 화려한 언변으로 고린도 교인들을 설득했다면, 그들은 바울의 '지혜'를 믿었을 것이다. 그러나 바울이 약함과 떨림으로 오직 십자가만을 전했을 때, 그들의 삶을 변화시킨 것은 바울이 아닌 '하나님의 능력'임이 명백해졌다.

　이것이 바로 신학자 마르틴 루터가 말한 '십자가의 신학'이다. 세상은 성공과 영광 속에서 하나님을 찾으려 하지만, 하나님은 가장 낮고 약한 십자가 위에서 자신의 사랑과 능력을 가장 찬란하게 드러내셨다. 바울은 이 원리를 자신의 삶으로 살아냈다. 그는 훗날 고린도후서 12장 9절에서 이 신비의 절정을 이렇게 고백한다. "나에게 이르시기를 내 은혜가 네게 족하도다 이는 내 능력이 약한 데서 온전하여짐이라 하신지라 그러므로 도리어 크게 기뻐함으로 나의 여러 약한 것들에 대하여 자랑하리니 이는 그리스도의 능력이 내게 머물게 하려 함이라."

　우리의 약함은 더 이상 저주나 결점이 아니다. 그것은 하나님의 전능하신 능력이 머무는 가장 거룩한 공간, '지성소'가 된다. 우리가 '나는 할 수 없습니다'라고 고백하는 바로 그 지점에서, 하나님은 '이제 내가 하겠다'라고 말씀하신다.

Page 4. 약함을 나눌 때 시작되는 진짜 공동체 (세상에서의 은혜)

우리가 강함의 가면을 벗고 서로의 약함을 나누기 시작할 때, 교회는 비로소 진정한 공동체가 된다. 작가 C.S. 루이스는 친구란 서로를 바라보는 사람이 아니라, '같은 곳을 함께 바라보는 사람'이라고 말했다. 우리가 서로의 성공과 강함만을 바라볼 때는 경쟁과 시기심이 싹트지만, 우리의 연약함을 모두 내려놓고 함께 '십자가'라는 같은 곳을 바라볼 때, 우리는 비로소 진정한 형제자매가 될 수 있다.

상담가 브레네 브라운은 그의 연구를 통해, 우리가 가장 깊이 연결되는 순간은 완벽함을 과시할 때가 아니라, 자신의 취약함(vulnerability)을 용기 있게 드러낼 때라고 말한다. 마찬가지로, 교회가 세상에 보여 줄 수 있는 가장 강력한 능력은 거대한 건물이나 세련된 프로그램이 아니다. 깨어지고 연약한 죄인들이 서로의 약함을 감싸 안고, 그럼에도 우리를 사랑하시는 십자가의 은혜로 함께 울고 함께 웃는 모습, 바로 그것이 세상을 변화시키는 하나님의 능력이다.

우리의 아픔과 실패를 나누자. 기도가 막히는 답답함을 고백하자. 그때 우리는 서로를 판단하는 대신, 함께 무릎 꿇게 될 것이다. 그리고 그 '연약한 무릎'들의 기도 위에, 세상이 감당할 수 없는 '하나님의 나라'가 임하게 될 것이다.

오늘 말씀 속에서 바울은 우리를 두 갈래 길로 초대한다. 하나는 자신의 지혜와 힘을 의지하여 스스로의 강함을 증명하려는 '세상의 길'이다. 그 길은 화려해 보이지만 결국 자기 자신에게 갇히게 된다. 다른 하나는 자신의 약함을 인정하고 오직 십자가의 능력만을 의지하는 '바보의 길'이다. 그 길은 두렵고 떨리는 길처럼 보이지만, 그 끝에는 하나님의 무한한 능력이 우리를 기다린다.

이제 우리 모두 강해져야 한다는 강박과 세상의 무거운 짐들을 내려놓자. 실패를 감추기 위해 썼던 가면을 벗어 던져 버리자. 그리고 우리의 약함과 상처를 있는 그대로 가지고 주님 앞에 나아가자. 그 약함이 바로 하나님의 능력이 머무는 통로가 될 것이다. 우리의 깨어진 마음이 하나님의 사랑이 담기는 그릇이 될 것이다. "주님, 저는 약합니다. 그러나 주님이 강하십니다."라고 고백할 때, 나의 약함이 하나님의 능력으로 변화되는 놀라운 은혜를 체험하게 될 것이다. 그리하여 더 이상 연약한 자 되지 않고, 힘 있고 능력 있는 자 되어 사명을 감당하는 복된 성도의 삶이 될 것이다.

2026 2.15

주현절 후 여섯 번째 주일 / 산상 변모 주일

성서정과 | 시 2; 출 24:12-18; 벧후 1:16-21; 마 17:1-9

예배로 부름 Call to Worship
오라 우리가 굽혀 경배하며 우리를 지으신 여호와 앞에 무릎을 꿇자 그는 우리 하나님이시요 우리는 그가 기르시는 백성이며 그의 손이 돌보시는 양이기 때문이라(시 95:6-7a)

예배 기원 Invocation
반석과 요새와 산성이 되셔서 우리를 흔들리지 않게 붙들어주시는 하나님 아버지! 오늘은 하나님께서 하나님의 자녀들과 교제하시며, 만세 전부터 예비하셨던 복을 내려 주시려고 구별하신 주일입니다. 이 날을 성별하신 하나님의 뜻을 받들어 예배하러 왔사오니, 맞이하여 주옵소서. 예배하는 우리 영혼이 잠잠히 하나님만 바라보게 하시고, 어린양의 보좌에서 흘러나오는 위로와 사랑과 소망과 구원의 능력에 흠뻑 젖게 하옵소서. 강한 팔로 성도의 발걸음을 인도하여 주시는 예수님의 이름으로 기원하옵나이다. 아멘.

이 주일의 찬송 Hymns
왕 되신 주(24장) / 빛나고 높은 보좌와(27장) / 주 예수 이름 높이어(37장) /
어두운 내 눈 밝히사(366장) / 나 이제 주님의 새 생명 얻은 몸(436장) /
아침 햇살 비칠 때(443장)

성시 교독 Responsive Readings 시편 2

인도자	¹ 어찌하여 이방 나라들이 분노하며
회 중	민족들이 헛된 일을 꾸미는가
인도자	² 세상의 군왕들이 나서며 관원들이 서로 꾀하여 여호와와 그의 기름 부음 받은 자를 대적하며
회 중	³ 우리가 그들의 맨 것을 끊고 그의 결박을 벗어 버리자 하는도다
인도자	⁴ 하늘에 계신 이가 웃으심이여 주께서 그들을 비웃으시리로다
회 중	⁵ 그 때에 분을 발하며 진노하사 그들을 놀라게 하여 이르시기를 ⁶ 내가 나의 왕을 내 거룩한 산 시온에 세웠다 하시리로다
인도자	⁷ 내가 여호와의 명령을 전하노라 여호와께서 내게 이르시되
회 중	너는 내 아들이라 오늘 내가 너를 낳았도다
인도자	⁸ 내게 구하라 내가 이방 나라를 네 유업으로 주리니 네 소유가 땅 끝까지 이르리로다
회 중	⁹ 네가 철장으로 그들을 깨뜨림이여 질그릇 같이 부수리라 하시도다
인도자	¹⁰ 그런즉 군왕들아 너희는 지혜를 얻으며 세상의 재판관들아 너희는 교훈을 받을지어다
회 중	¹¹ 여호와를 경외함으로 섬기고 떨며 즐거워할지어다
인도자	¹² 그의 아들에게 입맞추라 그렇지 아니하면 진노하심으로 너희가 길에서 망하리니
회 중	그의 진노가 급하심이라 여호와께 피하는 모든 사람은 다 복이 있도다

고백의 기도 Prayer of Confession

전능하신 하나님! 광야 같은 세상을 지나는 동안 베푸신 은혜를 생각합니다. 밤에는 불기둥을 세워 길을 밝혀주셨고, 낮에는 구름으로 덮개를 만들어 시원하게 하셨습니다. 배고픈 자들에게 하늘의 양식으로 먹여주셨으며 반석을 열어 생수를 강물 같이 마시게 하셨습니다. 젖과 꿀이 흐르는 땅을 소유로 주셨으며, 내가 짓지 않은 집에서 살게 하시고 내가 심지 않은 열매를 먹게 하셨습니다. 하나님께서 베푸신 은혜가 이렇게도 크고 많건만 저희는 이 모든 은혜를 잊은 채, 내가 누리는 모든 것이 나의 능력으로 된 것인 양 교만했습니다. 값없이 받은 속죄와 구원과 영생을 망각한 채 살고 있는 저희의 교만함을 용서해 주옵소서. 예수님의 이름으로 이 고백의 기도를 드립니다.

사함의 확신 Assurance of Forgiveness

여호와는 은혜로우시며 긍휼이 많으시며 노하기를 더디하시며 인자하심이 크시도다 여호와께서는 모든 것을 선대하시며 그 지으신 모든 것에 긍휼을 베푸시는도다(시 145:8-9)

오늘의 주제

거룩하고 압도적인 하나님의 임재

석의적 접근

구약의 말씀 출 24:12-18

본문은 구약에서 가장 장엄한 신현현(Theophany), 즉 하나님의 나타나심 중 하나로, 산상 변모 사건의 중요한 예표(type)이자 배경이 된다. 12-14절의 장면은 이스라엘 백성과 피로 언약을 맺으신 직후(24:1-11)에 이어지는 말씀이다. 하나님은 모세에게 "산에 올라 내게로 와서 거기 있으라(עֲלֵה אֵלַי הָהָרָה וֶהְיֵה־שָׁם)"라고 명령하신다. 이 부르심의 목적은 언약의 내용을 담은 '돌판(לֻחֹת הָאֶבֶן)', 즉 율법과 계명을 주시기 위함이다. 15-17절을 보면, "모세가 산에 오르자 구름이 산을 덮었다"(쉬운 성경)라고 기록한다. 여기서 '구름'은 하나님의 임재의 상징이다. 구름은 하나님의 영광을 드러내는(revealing) 동시에, 죄인인 인간이 그 거룩하심에 완전히 노출되어 소멸되지 않도록 가리는(concealing) 이중적 역할을 한다. 그리고 '여호와의 영광(כְּבוֹד־יְהוָה)'이 머물렀고 "불타오르는 불과 같은 여호와의 영광"을 보게 되었다. 흥미로운 점은 여기서 시내산 위에 '머무르고(וַיִּשְׁכֹּן)'라는 단어는 '장막을 치다'라는 뜻의 '샤칸'에서 유래했고, '성막(미쉬칸)' 신학의 뿌리가 되었다.

모세는 마치 심판의 불처럼 보이는 그 영광의 구름 속으로 들어갔다. 이는 모세가 하나님과 얼마나 친밀한 관계이며, 이스라엘을 위한 중보자로서 어떤 특별한 위치에 있는지를 극적으로 보여 준다. 성경에서 '40'은 종종 시험, 준비, 그리고 새로운 시작을 위한 온전한 기간을 상징한다. 노아의 홍수, 예수님의 광야 시험과 같이 모세는 이 기간, 하나님의 완전한 계시를 받기 위해 세상과 분리되었다.

서신서의 말씀 벧후 1:16-21

이 본문은 거짓 교사들의 가르침에 맞서, 기독교 복음이 인간의 지혜가 아닌, 실제 목격한 영광과 영감된 말씀이라는 기둥 위에 서 있음을 변증한다. 16절 상반절에 "너희에게 알게 한 것이 교묘히 만든 이야기를 따른 것이 아니요"라고 기록하면서 "우리는 그의 크신 위엄을 친히 본 자라"고 변증한다. 또한 베드로는 자신의 개인적인 체험이 전부가 아니라고 말한다. 오히려 그 놀라운 체험은 이미 존재하던 '예언의 말씀'을 '더 확실하게' 해 주었다고 논증을 심화시킨다. 산상변모라는 영광스러운 사건은 구약의 예언들이 얼마나 확실하고 진실한지를 사도들에게 체험적으로 확증시켜 주었다. 즉, 사건(Event)이 말씀(Word)을 확증한다.

예언의 말씀(구약)은 아직 어두운 이 세상에서 우리 길을 비추는 '등불($\lambda\acute{u}\chi\nu o\varsigma$)'과 같다. 이 등불은 "날이 새어 샛별($\phi\omega\sigma\phi\acute{o}\rho o\varsigma$)이 너희 마음에 떠오르기까지" 우리를 인도한다. 여기서 '샛별'은 예수 그리스도 자신, 혹은 그의 재림(파루시아)을 통해 임할 완전한 계시의 빛을 상징한다. 구약이라는 등불을 따라가다 보면, 마침내 샛별이신 그리스도의 완전한 빛을 만나게 된다는 말씀이다. 이 예언의 말씀이 왜 확실한가? 20-21절은 그 이유를 밝히는데, 예언을 '사사로이 풀지' 말아야 하는 이유는 인간의 자의적인 해석의 산물이 아니기 때문이다. 예언은 "사람의 뜻으로 낸 것이 아니요 오직 성령의 감동하심을 받은 사람들이 하나님께 받아 말한 것"이다. '감동하심을 받았다($\phi\epsilon\rho\acute{o}\mu\epsilon\nu o\iota$)'라는 표현은 마치 배가 바람에 의해 움직여지듯, 예언자들이 '성령에 의해 이끌려갔다'라는 수동적인 이미지를 담고 있다.

복음서의 말씀 마 17:1-9

　본문은 예수님의 공생애에 있어 하나의 분수령과 같은 사건이다. 베드로의 신앙고백(마 16:16)과 예수님의 첫 번째 수난 예고(마 16:21) 직후에 위치하며, 장차 십자가를 지셔야 할 메시아가 진정 누구신지를 하늘의 영광을 통해 미리 보여 주는 심오한 신현현(Theophany)이다.

　예수님은 그의 핵심 제자 그룹인 베드로, 야고보, 요한을 데리고 '높은 산(ὄρος ὑψηλὸν)'에 오르신다. 이는 모세가 율법을 받았던 시내산을 연상시키며, 이곳이 하나님의 특별한 계시가 일어나는 장소임을 암시한다. 이 세 제자는 겟세마네의 고뇌에도 동행하게 되는데, 이는 영광과 고난을 모두 증언할 증인으로 선택되었음을 보여 준다. 그들은 그곳에서 예수님의 내면에 감추어져 있던 신적 본질과 영광이 밖으로 터져 나온 본질적인 변화를 보게 된다. 이 압도적인 광경 앞에서 베드로는 "주여 우리가 여기 있는 것이 좋사오니 … 초막 셋을 짓되…"라고 말한다. 베드로의 말이 채 끝나기도 전에 구름 속에서 들려온 하나님의 음성은 산상 변모 사건의 핵심이다. 하나님의 임재 앞에 두려워하는 제자들에게 예수님은 "두려워하지 말라"고 위로하신다. 영광의 비전이 끝났을 때, 그들은 "오직 예수 외에는 아무도 보이지 아니하더라"라고 기록한다. 이제 그들의 시선은 오직 예수님께만 고정되어야 한다. 그리고 예수님은 부활 전까지 함구령을 내리셨다. 십자가의 죽음을 통과하지 않고는 산 위의 영광을 이해할 수 없기 때문이다.

설교를 위한 조명

> 서신서의 말씀(벧후 1:16-21)으로 설교 작성 / 이야기 설교
> ## "거룩한 산에서 온 편지"

Stage 1. 황혼의 어부가 쓰는 편지

시간은 밤의 장막처럼 깊어지고, 깜빡이는 등불 아래 한 노인이 앉아 있다. 그의 얼굴에는 깊은 계곡 같은 주름이 패였고, 그물을 잡던 손은 투박하고 거칠지만, 양피지를 향해 움직이는 펜 끝은 놀랍도록 단호하다. 그는 어부 시몬, 이제는 사도들의 반석이라 불리는 베드로다. 그의 눈은 황혼에 접어들었지만, 그의 기억 속에는 결코 지지 않는 한낮의 태양보다 더 밝은 빛이 타오르고 있다. 그는 지금 마지막 힘을 다해, 잉크 방울에 자신의 영혼과 목격한 영광을 녹여내 편지를 쓰고 있다. 왜일까?

세상에 교묘한 이야기들이 안개처럼 퍼져나가고 있었기 때문이다. "예수의 재림? 그거 그냥 사람들이 만들어낸 신화 아니야?", "그의 능력? 꾸며낸 이야기일 뿐이야." 이런 속삭임들이 사랑하는 성도들의 믿음을 흔들고 있었다. 베드로는 이 영적인 안개를 걷어내고, 반석처럼 단단한 진실 위에 교회를 세우기 위해 펜을 들었다. 이 편지는 단순한 종교 문서가 아니다. 이것은 한평생을 뒤바꾼 어느 눈부신 날, '거룩한 산' 위에서 시작된 이야기이며, 오늘 우리에게 도착한 한 통의 편지다.

Stage 2. 우리는 신화가 아닌, 위엄을 본 자라

베드로는 단호하게 선포한다. "우리 주 예수 그리스도의 능력과 강림하심을 너희에게 알게 한 것이 교묘히 만든 이야기를 따른 것이 아니요 우리는 그의 크

신 위엄을 친히 본 자라."

여기서 '교묘히 만든 이야기'라는 말의 원어는 '세소피스메노이스 뮈토이스(σεσοφισμένοις μύθοις)'이다. 세상의 지혜로 정교하게 꾸며낸 '신화'라는 뜻이다. 세상은 언제나 그럴듯한 신화를 만들어낸다. 철학자 유발 하라리가 그의 책 『사피엔스』에서 말했듯, 인류의 역사는 거대한 이야기를 믿는 능력으로 움직여왔다. 그러나 베드로는 기독교 신앙은 그런 인간적인 상상력의 산물이 아니라고 선언한다.

그 근거가 무엇인가? "우리는 그의 크신 위엄을 친히 본 자라." 여기서 '친히 본 자'라는 단어는 '에폽테스(ἐπόπτης)'이다. 이는 고대 신비 종교에서 신의 비밀을 직접 보고 최고의 경지에 오른 입문자를 뜻하는 특별한 단어이다. 베드로는 말한다. "우리는 구경꾼이 아니었다. 우리는 예수라는 신비의 가장 깊은 곳, 그 영광의 중심부로 들어가 직접 본 증인이다!"

이제 노 사도의 기억은 시간을 거슬러, 땀 흘리며 올랐던 어느 높은 산의 중턱으로 우리를 데려간다. 그곳에는 베드로와 야고보, 요한, 그리고 그들의 스승이신 예수님이 있었다. 그때였다. 갑자기 예수님의 모습이 변하기 시작했다. 그것은 외부에서 비추는 조명이 아니었다. 마치 숯불이 재를 털어내고 그 속의 시뻘건 심장을 드러내듯, 그의 내면의 영광이 살갗을 뚫고 터져 나온 것이다. 마태복음 17장은 그 얼굴이 "해 같이 빛났다"고 기록한다. 태양을 인간의 형상 안에 가두어 놓은 듯한, 눈을 멀게 할 만큼 찬란한 빛이었다.

그때, 시간의 장막을 찢고 두 사람이 나타난다. 한 명은 시내산에서 율법을 받았던 모세였고, 다른 한 명은 불 병거를 타고 하늘로 올랐던 선지자 엘리야였다. 율법과 예언, 구약의 모든 역사가 그 자리에 서서, 자신들이 그토록 가리켜 왔던 역사의 주인이신 예수님과 대화하고 있었다. 그 영광의 지진 앞에서 베드로는 여기가 너무 좋으니 초막 셋을 짓자고 외친다.

그 순간, 더 큰 영광이 그들을 덮었다. 빛나는 구름이 그들을 감쌌고, 그 구름 속에서 온 우주를 울리는 듯한 음성이 들려온다. "이는 내 사랑하는 아들이요 내 기뻐하는 자라." 시편 2편의 메시아 예언이 성취되는 순간이다. 이것은 신화가 아니다. 이것은 꾸며낸 이야기가 아니다. 이것은 베드로의 뼛속에, 영혼 속에 각인된 살아있는 현실이다.

Stage 3. 우리는 체험을 넘어, 말씀을 붙들어야 하네

놀랍게도, 베드로는 이 경이로운 개인적 체험에서 멈추지 않는다. 그는 한 걸음 더 나아간다. 19절이다. "또 우리에게는 더 확실한 예언이 있어…." 여기서 '더 확실한'이라는 말은 산상 변모의 체험이 구약에 기록된 예언의 말씀을 더욱 확실하게 확증해 주었다는 의미이다. 신학자 리처드 보컴(Richard Bauckham)이 강조하듯, 초대 교회의 신앙은 사적인 신비 체험이 아니라, 공적인 '사도적 목격 증언'과 그것이 확증하는 '구약의 예언'이라는 두 기둥 위에 서 있다. 베드로는 이 예언의 말씀을 아름다운 이미지로 묘사한다. "어두운 데를 비추는 등불과 같으니." 우리는 여전히 어두운 세상을 살아가고 있다. 어디로 가야 할지, 무엇이 진리인지 분간하기 어려운 칠흑 같은 밤길을 걷는 것과 같다. 이때 우리에게 필요한 것은 무엇인가? 바로 발밑을 비추어 넘어지지 않게 하는 작은 등불이다. 성경 말씀이 바로 그 등불이다.

작가 C.S. 루이스는 믿음을 태양에 비유했다. 우리는 태양을 보기만 하는 것이 아니라, 태양 빛을 통해 다른 모든 것을 본다. 마찬가지로, 우리는 성경을 읽기만 하는 것이 아니라, 성경이라는 등불을 통해 어두운 세상을 해석하고, 하나님의 뜻을 분별하며 걸어간다. 이 등불은 언제까지 필요할까? "날이 새어 샛별이 너희 마음에 떠오르기까지." 샛별은 새벽에 가장 밝게 빛나며 아침이 오고 있음을 알리는 별이다. 여기서 '샛별($\phi\omega\sigma\phi\acute{o}\rho o\varsigma$)'은 바로 예수 그리스도 자신, 혹은 그의 재림을 통해 임할 완전한 빛을 상징한다. 즉, 우리는 주님이 다시 오셔서 모든 어둠을 몰아내실 그날까지, 이 예언의 말씀이라는 등불을 굳게 붙들고 한 걸음 한 걸음 나아가야 한다.

Stage 4. 이 편지는 사람이 아닌, 성령께서 쓰셨다네

마지막으로 베드로는 이 등불이 왜 절대적으로 신뢰할 만한지를 변증한다. 이 편지와 모든 예언의 말씀은 인간의 작품이 아니기 때문이다. 21절이다. "예언은 언제든지 사람의 뜻으로 낸 것이 아니요 오직 성령의 감동하심을 받은 사람들이 하나님께 받아 말한 것임이라."

여기서 '성령의 감동하심을 받았다'는 표현의 원어는 '페로메노이(φερόμενοι)'이다. 이 단어는 바람에 돛이 밀려 배가 앞으로 나아가는 모습을 그리는 단어이다. 성경의 저자들은 자신의 지혜와 의지로 펜을 움직인 것이 아니었다. 그들은 성령이라는 거대한 바람에 자신의 삶과 인격을 온전히 내어 맡겼고, 성령께서 이끄시는 대로 하나님의 뜻을 기록했던 것이다. 그래서 성경은 오류가 없는 하나님의 말씀이며, 어두운 세상을 비추는 유일하고 확실한 등불이 될 수 있다.

신학자 칼 바르트(Karl Barth)는 하나님의 말씀은 인간의 말이 아니라, 인간의 말을 뚫고 우리에게 찾아오시는 하나님 자신이라고 말했다. 우리가 성경을 펼칠 때, 우리는 단순히 고대의 문서를 읽는 것이 아니다. 우리는 성령의 바람을 타고 지금 나에게 말씀하시는 살아계신 하나님을 만나는 것이다.

Stage 5. 한 통의 편지

오늘 우리는 황혼의 어부, 사도 베드로가 거룩한 산에서 보내온 한 통의 편지를 받았다. 이 편지는 우리에게 무엇을 말하는가?

첫째, 우리의 믿음은 인간이 꾸며낸 신화가 아니라, 예수 그리스도의 압도적인 위엄을 목격한 증인들의 생생한 증언 위에 서 있다는 것이다.

둘째, 우리는 여전히 어둡고 혼란스러운 세상을 살아가지만, 우리 손에는 성령께서 쓰신 '예언의 말씀'이라는 확실한 등불이 들려 있다는 것이다.

이 편지는 이제 우리의 손에 들려 있다. 세상은 여전히 우리에게 더 교묘하고 그럴듯한 이야기들로 속삭일 것이다. 그러나 우리는 이 편지를 붙들어야 한다.

목격자의 증언을 신뢰하고, 성경이라는 등불을 굳게 붙잡아야 한다. 이 등불을 따라 걷다 보면, 마침내 우리의 어두운 마음속에도 샛별이신 예수 그리스도께서 환하게 떠오르는 영광의 아침을 맞이하게 될 것이다. 이 약속의 말씀을 붙들고, 어둠 속에서 빛을 향해 담대히 걸어가자.

2026 2.18 참회의 수요일

성서정과 | 시 51:1-17; 욜 2:1-2, 12-17; 고후 5:20b-6:10; 마 6:1-6, 16-21

예배로 부름 Call to Worship

오호라 너희 모든 목마른 자들아 물로 나아오라 돈 없는 자도 오라 너희는 와서 사 먹되 돈 없이 값없이 와서 포도주와 젖을 사라 너희가 어찌하여 양식이 아닌 것을 위하여 은을 달아주며 배부르게 하지 못할 것을 위하여 수고하느냐 내게 듣고 들을지어다 그리하면 너희가 좋은 것을 먹을 것이며 너희 자신들이 기름진 것으로 즐거움을 얻으리라(사 55:1-2)

예배 기원 Invocation

사랑과 자비가 많으신 하나님 아버지! 죄악 중에 죽을 수밖에 없는 인류를 구원하기 위하여 십자가를 지신 예수 그리스도를 묵상하며 '참회의 수요일 예배'를 드립니다. 오늘부터 가장 경건한 시간으로 채워나가야 할 사순절이 시작되었사오니, 저희로 주님의 고난을 깨달아 알게 하시고 내 자신의 연약함과 죄악된 모습을 성찰할 수 있게 하옵소서. 재를 뿌리는 마음으로 회개할 때 사죄의 감격을 누리게 하시고, 구원받은 성도의 합당한 모습을 갖추어 부활절을 맞이하게 하옵소서. 예수님의 이름으로 기원하옵나이다. 아멘.

이 주일의 찬송 Hymns

귀하신 예수(152장) / 이 세상의 모든 죄를(261장) / 주의 말씀 받은 그 날(285장) /
십자가를 내가 지고(341장) / 내 맘의 주여 소망되소서(484장) / 주 예수 대문 밖에(535장)

성시 교독 Responsive Readings　　　　　　　　시편 51: 1-4, 7-11, 16-17

인도자	¹ 하나님이여 주의 인자를 따라 내게 은혜를 베푸시며
회 중	주의 많은 긍휼을 따라 내 죄악을 지워 주소서
인도자	² 나의 죄악을 말갛게 씻으시며 나의 죄를 깨끗이 제하소서
회 중	³ 무릇 나는 내 죄과를 아오니 내 죄가 항상 내 앞에 있나이다
인도자	⁴ 내가 주께만 범죄하여 주의 목전에 악을 행하였사오니
회 중	주께서 말씀하실 때에 의로우시다 하고 주께서 심판하실 때에 순전하시다 하리이다
인도자	⁷ 우슬초로 나를 정결하게 하소서 내가 정하리이다
회 중	나의 죄를 씻어 주소서 내가 눈보다 희리이다
인도자	⁸ 내게 즐겁고 기쁜 소리를 들려 주시사 주께서 꺾으신 뼈들도 즐거워하게 하소서
회 중	⁹ 주의 얼굴을 내 죄에서 돌이키시고 내 모든 죄악을 지워 주소서
인도자	¹⁰ 하나님이여 내 속에 정한 마음을 창조하시고 내 안에 정직한 영을 새롭게 하소서
회 중	¹¹ 나를 주 앞에서 쫓아내지 마시며 주의 성령을 내게서 거두지 마소서
인도자	¹⁶ 주께서는 제사를 기뻐하지 아니하시나니 그렇지 아니하면 내가 드렸을 것이라 주는 번제를 기뻐하지 아니하시나이다
회 중	¹⁷ 하나님께서 구하시는 제사는 상한 심령이라 하나님이여 상하고 통회하는 마음을 주께서 멸시하지 아니하시리이다

고백의 기도 Prayer of Confession

거룩하신 하나님! 참회의 수요일을 맞이하여 머리에 재를 뿌리는 심정으로 회개합니다. 저희는 하나님을 사랑하노라 하면서도 악을 미워하지는 않았습니다. 오히려 악한 방법으로 재물을 얻는 사람들을 부러워했고, 하나님께서 기뻐하시지 않는 언행을 취하면서 권력과 명예와 지위를 얻고자 했습니다. 저희는 하나님으로 인해 기뻐하기보다는 세상의 쾌락으로 인해 기뻐하였습니다. 하나님의 거룩하신 이름에 감사하기보다는 세상의 부귀영화를 더 좋아하였습니다. 가슴을 두드리며 회개하오니 모든 죄를 용서해 주옵소서. 예수님의 이름으로 이 고백의 기도를 드립니다.

사함의 확신 Assurance of Forgiveness

너희는 옷을 찢지 말고 마음을 찢고 너희 하나님 여호와께로 돌아올지어다 그는 은혜로우시며 자비로우시며 노하기를 더디 하시며 인애가 크시사 뜻을 돌이켜 재앙을 내리지 아니하시나니 (욜 2:13)

> 오늘의 주제

내면의 진정한 회개, 화목으로의 부르심

석의적 접근

구약의 말씀 욜 2:1-2, 12-17

참회의 수요일, 교회는 성도들의 이마에 재를 바르며 "사람아, 너는 흙이니 흙으로 돌아갈 것을 기억하라"라고 선포한다. 요엘은 임박한 국가적 재앙 앞에서, 절망이 아닌 간절한 회개로 하나님께 돌아올 것을 촉구하며, 참된 회개의 본질이 무엇인지를 우리에게 가르쳐 준다. 1-2절에서 여호와의 날이 가까웠음을 선포한다. 그들은 '나팔을 불며' 영적 잠에 빠진 백성을 깨우고, 임박한 위기를 알린다. '여호와의 날(יוֹם־יְהוָה)'은 하나님의 백성에게는 구원과 회복의 날이 될 수 있지만, 대적들과 회개하지 않는 자들에게는 "어둡고 캄캄한 날이요 짙은 구름이 덮인 날", 즉 피할 수 없는 심판의 날이 될 것이다. 요엘은 메뚜기 떼의 재앙(1장)을 '여호와의 날'의 전조로 해석하며, 백성들에게 위기의 심각성을 일깨워 준다.

12-17절은 하나님의 본심은 심판이 아니라 백성들의 회복에 있음을 보여 준다. 13절은 구체적인 회개의 방법, 즉 "너희는 옷을 찢지 말고 마음을 찢고" 회개하라고 말씀한다. 우리가 마음을 찢고 돌아갈 수 있는 이유는 우리 안에 어떤 자격이 있어서가 아니라, 돌아갈 대상이신 하나님의 성품, 즉 "은혜로우시며(חַנּוּן) 자비로우시며(רַחוּם) 노하기를 더디하시며 인애가(חֶסֶד) 크심" 때문이다. 요엘의 회개 촉구는 개인적인 차원에 머물지 않고, 모든 백성에게로 나아간다. 이는 죄의 문제가 공동체 전체의 문제이며, 회복 또한 공동체 전체가 함께 간구해

야 할 일임을 보여 준다.

서신서의 말씀 고후 5:20b-6:10

요엘서나 시편이 '회개로의 부르심'이라면, 본문은 그 부르심에 응답할 수 있는 유일한 근거와 동력이 무엇인지를 보여 준다. 바울은 자신을 '그리스도의 대사(ambassador)'로 소개하며, 그의 직무는 단 하나, 바로 화목의 메시지를 전하는 것이라고 말한다. 특별히 마르틴 루터(Martin Luther)는 21절을 '복된 교환(fröhlicher Wechsel)'이라고 불렀다. 하나님의 법정에서 일어난 가장 위대한 교환, 즉 나의 죄와 그리스도의 의가 맞바뀌는 사건이다. 이는 우리가 하나님께 나아갈 수 있는 유일한 근거가 된다. 화목의 복음이 선포된 후, 바울은 즉시 그 복음에 대한 응답의 시급성을 강조한다. 바울은 이사야 49:8을 인용하며, 구약에서 예언된 구원의 결정적인 때가 바로 '지금(νῦν)' 예수 그리스도 안에서 도래했음을 선포한다. 참회의 수요일에 이 말씀을 읽는 것은 바로 이 시급성 때문이다. 사순절의 시작인 오늘이 바로 하나님의 은혜로운 초대에 응답해야 할 '구원의 날'이며, 하나님과 화목하기 위한 결단을 내려야 할 '바로 그때'인 것이다.

계속해서 바울은 하나님과 화목하게 된 자, 특별히 그 화목의 직분을 맡은 자의 삶이 어떤 모습인지를 자신의 삶을 통해 생생하게 그려낸다. 이는 마치 '사도의 고난 이력서'와 같다. 5장 21절에서 받은 구원의 은혜는 값없이 주어졌지만, 그 은혜를 따라 '화목하게 하는 직분'을 감당하며 사는 삶은 값을 치르는, 즉 고난을 통과하는 삶이다. 그러나 바로 그 고난 속에서 세상이 줄 수 없는 하늘의 기쁨과 부요를 누리는 역설이 일어난다.

복음서의 말씀 마 6:1-6, 16-21

참회의 수요일은 사순절의 문을 여는 수요일이다. 이 여정 동안 경건의 세 기둥이라고 불리는 구제, 기도, 금식을 통해 하나님께 더 깊이 나아가는 기간이다. 예수님은 산상수훈의 중심부인 마태복음 6장에서, 바로 이 세 가지 경건 행위의 본질이 무엇인지를 가르치신다. 예수님은 세 가지 구체적인 예를 들기 전에, 1절에서 모든 경건 행위를 관통하는 대원칙을 먼저 선포하신다. 이 말씀은 우리의 신앙 행위의 동기가 어디를 향하고 있는지를 묻는다.

예수님은 구제, 기도, 금식에 대한 가르침을 마무리하며, 이 모든 행위의 동기를 결정하는 근본적인 원리를 제시하신다. 바로 우리의 '보물'이 어디에 있느냐의 문제이다. 만약 우리의 보물이 '사람들의 인정과 칭찬'이라면, 우리의 마음은 자연히 사람들을 향하게 되고, 우리의 모든 경건은 연극이 될 것이다. 만약 우리의 보물이 '하나님과 그 나라'라면, 우리의 마음은 하나님을 향하게 되고, 우리의 경건은 은밀한 중에 계신 아버지와의 사랑의 교제가 될 것이다. 교부 어거스틴(Augustine of Hippo)은 인간의 마음을 '사랑의 질서(ordo amoris)'라는 개념으로 설명했다. 올바른 신앙이란 하나님을 가장 최우선으로 사랑하고, 그 사랑의 질서 안에서 다른 것들을 사랑하는 것이다. 외식하는 경건은 바로 이 사랑의 질서가 무너진 상태, 즉 하나님의 인정보다 사람의 인정을 더 사랑하는 마음에서 비롯된다.

설교를 위한 조명

서신서의 말씀(고후 5:20b-6:10)으로 설교 작성 / 이야기 설교

"하늘의 대사, 잿더미에 서다"

Stage 1. 대사의 위임장

어느 먼 나라, 적대감과 불신으로 가득한 왕의 궁정에 한 사람이 서 있다. 그는 초라하지도, 주눅들지도 않았다. 그의 눈빛과 어깨에는 그를 보낸 위대한 왕의 권위가 서려 있다. 그는 '대사(Ambassador)'이다. 그의 손에는 왕의 인장으로 봉해진 한 통의 문서가 들려 있다. 그 나라와의 모든 적대 관계를 끝내고, 완전한 화해를 제안하는 왕의 친서, 바로 대사의 위임장이다.

오늘 사도 바울은 자신을 바로 그 '그리스도의 대사'라고 선포한다. 그리고 우리를 향해, 그가 가져온 위임장의 내용을 펼쳐 보인다. "너희는 하나님과 화목하라(καταλλάγητε τῷ Θεῷ)." 이 얼마나 놀라운 제안인가? 반역하고 등 돌렸던 우리에게, 피해자이신 하나님께서 먼저 찾아오셔서 화해의 손을 내미신다.

어떻게 이런 일이 가능할까? 바울은 위임장의 가장 핵심적인 조항, 21절을 낭독한다. "하나님이 죄를 알지도 못하신 이를 우리를 대신하여 죄로 삼으신 것은 우리로 하여금 그 안에서 하나님의 의가 되게 하려 하심이라." 신학자 마르틴 루터가 '복된 교환(fröhlicher Wechsel)'이라 불렀던, 하늘 법정에서 벌어진 가장 위대한 거래이다. 십자가 위에서 하나님은 우리의 모든 죄와 수치, 반역의 기록을 아들의 어깨에 지우셨다. 그리고 아들의 완전한 의와 거룩함, 사랑의 기록을 우리의 텅 빈 손에 쥐어 주셨다. 이것이 우리가 받은 위임장의 내용이다. 이것이 우리의 유일한 자격이다. 우리가 잘나서가 아니다. 그럼에도 우리는 이 놀라운 화해의 소식을 전하도록 파송받은 하늘의 대사들이다.

Stage 2. 시급한 전문(電文)

대사의 메시지는 언제나 시급성을 띤다. 전쟁을 멈출 평화 조약이거나, 재앙을 피할 마지막 경고일 수 있기 때문이다. 바울은 이제 어조를 바꾸어, 이 화해의 메시지가 얼마나 긴급한 전문(電文)인지를 타전한다. 6장 2절이다. "보라 지금은 은혜 받을 만한 때요 보라 지금은 구원의 날이로다."

바울은 '지금(νῦν)'이라는 단어를 두 번이나 반복하며, 마치 전보에 찍힌 'URGENT' 도장처럼 강조한다. 하나님과의 화해는 먼 미래의 계획이나, 언젠가 시간이 나면 처리할 수 있는 일이 아니라는 것이다. 헬라인들은 시간을 두 가지로 이해했다. 하나는 시계처럼 흘러가는 물리적인 시간, '크로노스(chronos)'이다. 다른 하나는 결정적인 의미를 지닌 운명의 시간, '카이로스(kairos)'이다. 바울이 말하는 '지금'은 바로 '카이로스'이다. 그리스도의 십자가로 인해, 하늘의 문이 활짝 열리고 하나님의 은혜가 폭포수처럼 쏟아지는 결정적인 구원의 순간이 바로 오늘, 지금 우리 앞에 도래했다는 선포이다.

오늘 우리는 참회의 수요일을 맞이했다. 우리의 이마에 재를 받으며 사순절의 여정을 시작하는 오늘이 바로 바울이 외쳤던 '지금'이다. 이것은 1년마다 돌아오는 종교적 행사가 아니다. "하나님의 은혜를 헛되이 받지 말라"는 바울의 경고처럼, 오늘 우리에게 도착한 이 시급한 전문에 응답하지 않는다면, 은혜의 카이로스는 무의미한 크로노스로 흘러가 버릴 것이다.

Stage 3. 잿더미에 선 대사

다시 대사의 이야기로 돌아가 보자. 왕의 위임장을 들고, 시급한 메시지를 품은 그는 지금 어디에 있는가? 화려한 궁정이 아니라, 폐허가 된 도시의 잿더미 위에 앉아 있다. 그는 왜 그곳에 있는가? 그가 실패했기 때문인가? 아니다. 그가 진짜 대사이기 때문이다. 그는 왕의 마음을 품고, 고통받는 백성들의 삶 속으로 친히 들어간 것이다.

바울은 이제 자신이 어떻게 '하늘의 대사'로 살아왔는지를 한 폭의 그림처럼 그려준다. 6장 4절-10절까지는 세상의 관점에서는 완벽한 '실패의 이력서'이다. 환난, 궁핍, 고난, 매 맞음, 갇힘, 굶주림…. 그러나 이 실패의 목록들 사이에 다이아몬드처럼 빛나는 또 다른 목록이 들어 있다. 깨끗함, 지식, 오래 참음, 자비함, 성령의 감화, 거짓 없는 사랑….

소설 『레 미제라블』의 미리엘 주교를 떠올려 보자. 그는 존경받는 성직자, 즉 하나님의 대사였다. 그는 자신의 안락한 저택에 머무를 수 있었지만, 굶주리고 상처 입은 죄수 장발장의 잿더미 같은 삶 속으로 기꺼이 걸어 들어갔다. 그의 은촛대는 도둑맞았지만, 그의 사랑은 한 영혼을 구원했다. 신학자 디트리히 본회퍼가 말한 '값비싼 은혜'가 바로 이것이다. 우리가 받은 화해의 은혜는 값없이 주어졌지만, 그 은혜의 대사로 사는 삶은 값을 치른다. 나의 안락함을 포기하고, 상처 입은 세상의 잿더미 속으로 들어가 함께 울어주는 것이다. 이마에 재를 바르는 것은 바로 그 잿더미 속으로 걸어들어가겠다는 우리의 결단이다.

Stage 4. 역설의 보물

잿더미 위에 앉은 대사, 그는 모든 것을 잃은 사람처럼 보인다. 그러나 바울은 마지막 장면에서 우리를 놀라게 할, 그가 잿더미 속에서 발견한 역설의 보물을 공개한다. 8절-10절까지의 고백이다.

> "속이는 자 같으나 참되고 무명한 자 같으나 유명한 자요
> 죽은 자 같으나 보라 우리가 살아 있고 … 근심하는 자 같으나 항상 기뻐하고
> 가난한 자 같으나 많은 사람을 부요하게 하고
> 아무것도 없는 자 같으나 모든 것을 가진 자로다"

이것이 바로 하늘의 경제학이다. 세상의 눈으로 볼 때 그는 모든 것을 잃었지만, 하나님의 눈으로 볼 때 그는 모든 것을 가졌다. 그의 명예는 땅에 떨어졌지만, 그의 이름은 하늘에서 유명해졌다. 그의 육신은 죽어가지만, 그의 영은 날마다 살아났다. 그의 지갑은 비었지만, 그의 손을 통해 수많은 영혼이 하늘의 부자가 되었다.

이것이 바로 '하늘의 대사, 잿더미에 서다'라는 제목의 비밀이다. 우리가 기꺼이 잿더미로 내려갈 때, 즉 나의 자랑과 권리를 포기하고 그리스도의 고난에 동참할 때, 비로소 세상이 줄 수도, 알 수도 없는 하늘의 보물이 우리 안에서 빛나기 시작한다. 우리의 깨어진 질그릇 속에서 그리스도라는 보배의 빛이 새어 나오는 것이다.

2026 2.22
사순절 첫 번째 주일

성서정과 | 시 32; 창 2:15-17; 3:1-7; 롬 5:12-19; 마 4:1-11

예배로 부름 Call to Worship
이에 예수께서 제자들에게 이르시되 누구든지 나를 따라오려거든 자기를 부인하고 자기 십자가를 지고 나를 따를 것이니라 누구든지 제 목숨을 구원하고자 하면 잃을 것이요 누구든지 나를 위하여 제 목숨을 잃으면 찾으리라 (마 16:24-25)

예배 기원 Invocation
성도의 실족함을 허락하지 않으시는 하나님! 사순절이 시작되는 주일을 맞이하여 이전보다 더 간절한 마음으로 은혜를 구합니다. 불과 물을 통과하듯이 힘겹게 한 주간을 보낸 후에 성전을 찾았으니 위로하여 주옵소서. 수렁과 같은 인생의 고통에서 끌어올리시고, 주님의 풍부한 은혜의 땅에 들어가게 하옵소서. 저희는 주님밖에 없사오니, 우리가 드리는 기도를 물리치지 마시고 주의 인자하심을 거두지 마옵소서. 모든 영광을 삼위일체 하나님께 돌리오며 예수 그리스도의 이름으로 기원하옵나이다. 아멘.

이 주일의 찬송 Hymns
영원한 하늘나라(13장) / 나의 죄를 씻기는(252장) / 샘물과 같은 보혈은(258장) / 비바람이 칠 때와(388장) / 너 시험을 당해(342장) / 흑암에 사는 백성들을 보라(499장)

성시 교독 Responsive Readings 시편 32:1-11

인도자 ¹ 허물의 사함을 받고 자신의 죄가 가려진 자는 복이 있도다

회 중 ² 마음에 간사함이 없고 여호와께 정죄를 당하지 아니하는 자는 복이 있도다

인도자 ³ 내가 입을 열지 아니할 때에 종일 신음하므로 내 뼈가 쇠하였도다

회 중 ⁴ 주의 손이 주야로 나를 누르시오니 내 진액이 빠져서 여름 가뭄에 마름 같이 되었나이다 (셀라)

인도자 ⁵ 내가 이르기를 내 허물을 여호와께 자복하리라 하고 주께 내 죄를 아뢰고 내 죄악을 숨기지 아니하였더니 곧 주께서 내 죄악을 사하셨나이다 (셀라)

회 중 ⁶ 이로 말미암아 모든 경건한 자는 주를 만날 기회를 얻어서 주께 기도할지라 진실로 홍수가 범람할지라도 그에게 미치지 못하리이다

인도자 ⁷ 주는 나의 은신처이오니 환난에서 나를 보호하시고 구원의 노래로 나를 두르시리이다 (셀라)

회 중 ⁸ 내가 네 갈 길을 가르쳐 보이고 너를 주목하여 훈계하리로다

인도자 ⁹ 너희는 무지한 말이나 노새같이 되지 말지어다

회 중   그것들은 재갈과 굴레로 단속하지 아니하면 너희에게 가까이 가지 아니하리로다

인도자 ¹⁰ 악인에게는 많은 슬픔이 있으나 여호와를 신뢰하는 자에게는 인자하심이 두르리로다

회 중 ¹¹ 너희 의인들아 여호와를 기뻐하며 즐거워할지어다 마음이 정직한 너희들아 다 즐거이 외칠지어다

고백의 기도 Prayer of Confession

한량없는 은총을 베푸시는 하나님! 하나님의 자녀로 거듭났으나 저희는 옛사람의 행실을 버리지 못했습니다. 사악한 생각에 사로잡힐 때가 많으며, 게으름에 몸을 맡긴 채, 직분에 합당한 충성을 뒤로 미루었습니다. 마음은 원이로되 육신이 약하다는 핑계를 대고 기도와 봉사에서 손을 놓은 지 오래입니다. 자비하신 하나님, 더 늦기 전에 속히 이 게으르고 악한 모습에서 벗어나게 하옵소서. 성령의 감동을 받아 악한 일은 생각하지도 않으며 거짓이 내 안에 자리잡지 못하게 하옵소서. 아침과 저녁으로 주님을 묵상하며 거룩한 길로 나아가게 하옵소서. 예수님의 이름으로 이 고백의 기도를 드립니다. 아멘.

사함의 확신 Assurance of Forgiveness

여호와께서 그의 앞으로 지나시며 선포하시되 여호와라 여호와라 자비롭고 은혜롭고 노하기를 더디하고 인자와 진실이 많은 하나님이라 인자를 천 대까지 베풀며 악과 과실과 죄를 용서하리라 (출 34:6-7a)

오늘의
주제

첫째 아담의 불순종, 둘째 아담의 순종 그리고 그 결과

석의적 접근

구약의 말씀 창 2:15-17; 3:1-7

본문은 인류의 첫 실패와 불순종이 일어난 비극의 현장이자, 우리에게 왜 구원자가 필요한지 깨닫게 되는 신앙의 출발점이다. 하나님은 "동산 각종 나무의 열매는 네가 임의로 먹되"라고 하시며 무한에 가까운 자유와 풍요를 허락하신다. 그러나 단 하나의 경계선, '선악을 알게 하는 나무의 열매는 먹지 말라'는 명령을 주셨다. 월터 브루그만은 이 명령을 억압이 아니라, 하나님과 피조물 사이의 건강한 관계를 유지시켜 주는 '생명의 경계선'이라고 했다.

"네가 먹는 날에는 반드시 죽으리라(מוֹת תָּמוּת)"라는 명령은 '죽고 또 죽으리라'라는 최상급 표현으로 단순한 육체적 죽음이 아니라 생명의 근원이신 하나님과의 완전한 관계 단절을 의미한다. 이어지는 3장에서는 이 샬롬이 어떻게 깨지는지를 보여 준다(1-5절). 뱀(נָחָשׁ)은 '간교하다(עָרוּם)'라고 묘사되었는데 그의 유혹은 폭력적이지 않고 교묘하며 진실에 거짓을 섞는 방식으로 진행한다. 이 유혹의 핵심은 '하나님처럼 되려는 욕망'이다. 어거스틴(Augustine of Hippo)은 죄의 본질을 '자기 자신 안으로 구부러진 마음'(incurvatus in se)이라고 정의한다. 하와와 '함께 있던' 아담 또한 침묵의 동조 속에서 함께 불순종에 참여한다. 그 결과 눈이 밝아지는 지혜를 얻었지만, 하나님과 같은 지혜가 아니었다. 벌거벗음, 즉 수치심과 관계의 파괴이다. 그들은 무화과나무 잎을 엮어 치마로 삼았지만, 일시적인 해결책에 불과하다. 우리의 벌거벗음을 가려주실 유일한 의의 옷은 예수 그리스도밖에 없다.

서신서의 말씀 롬 5:12-19

본문은 아담의 불순종과 예수님의 순종 사이를 잇는 신학적 다리 역할을 한다. 즉, 아담의 실패가 왜 우리 모두의 실패가 되었으며, 그리스도의 승리가 어떻게 우리 모두의 승리가 될 수 있는지를 설명하는 위대한 '두 아담 이야기'이다.

바울은 12-14절에서 인류의 비극이 시작된 영적 원리를 설명한다. 아담 한 사람의 행동이 개인의 실수로 끝나지 않았고, 그를 통해 '죄(ἁμαρτία)와 '사망(θάνατος)'이 인류 역사 속으로 들어와 왕 노릇하기 시작했다. "모든 사람이 죄를 지었으므로(ἐφ' ᾧ πάντες ἥμαρτον)"라는 구절은 모든 인간이 아담 안에서 죄의 운명 공동체가 되었음을 의미한다. 어거스틴(Augustine of Hippo)은 이 구절을 근거로 '원죄' 교리를 확립한다.

바울은 아담을 오실 자, 즉 그리스도의 '모형(τύπος)'이라고 말한다. 이는 아담과 그리스도가 인류 전체를 대표하는 두 대표자라는 의미이다.

15-17절에서 바울은 은혜의 능력이 죄의 능력을 압도적으로 능가함을 '더욱(how much more)'이라는 표현을 통해 강조한다. 칼 바르트(Karl Barth)는 이 '더욱'이라는 개념이 원상 복구의 수준이 아니라, 이전과는 비교할 수 없는 '새로운 창조'임을 강조한다. 18-19절은 위대한 역전, 즉 불순종과 순종을 대칭적으로 설명한다. 에덴동산에서의 불순종이 인류를 죄와 사망의 길로 이끌었다면, 십자가 위에서의 완전한 순종은 인류를 의와 생명의 길로 이끈다. 이 '순종'이라는 키워드가 바로 창세기 3장의 아담과 마태복음 4장의 예수님을 연결하는 핵심 고리이다.

복음서의 말씀 마 4:1-11

본문의 사건은 예수님께서 겪으신 유혹 이야기가 아니라 그가 '둘째 아담'이

자 참된 이스라엘로서 어떻게 인류의 첫 실패를 극복하고 승리의 길을 여셨는지를 보여 주는 구속사적 드라마이다. 이 말씀은 '성령께 이끌리어'라고 표현함으로써 예수님의 시험이 하나님의 주권적인 계획 안에 있는 필연적인 과정이었음을 보여 준다. 예수님이 이끌린 '광야(ἔρημος)'는 과거 이스라엘이 실패했던 바로 그 시험의 역사 속으로 들어가, 그 역사를 새롭게 다시 쓰려는 의도를 보여 주는 곳이다.

3-10절에 나타나는 사탄의 세 가지 시험은 첫 아담(아담과 하와)과 옛 이스라엘이 넘어졌던 바로 그 지점들을 공격한다. 첫 번째 시험은 하나님의 아들이라는 능력을 자신의 생존을 위해 사용하라는 유혹이었고, 두 번째는 시편 91편의 말씀을 왜곡하여 인용하며 유혹한 내용이다. 그리고 세 번째 유혹은 예배의 대상을 바꾸라는 것이다. 십자가라는 고난의 길을 피하고, 자신에게 경배하는 쉬운 길을 통해 세상의 영광과 왕권을 차지하라는 내용이다. 이는 광야에서 이스라엘이 금송아지를 숭배했던 우상숭배의 죄를 반복하게 하려는 시도이다. 예수님은 신명기 6장 13절을 인용하여 선포하신다. 이는 오직 하나님만이 유일한 경배의 대상임을 확인하는 절대적인 충성의 선언이다. 모든 시험이 끝나고, 마귀는 떠나고 천사들이 나아와 수종을 든다. 이는 시험에서의 완전한 승리와 그 순종을 기뻐하시는 하나님의 인정을 보여 주는 장면이다.

설교를 위한 조명

서신서의 말씀(롬 5:12-19)으로 설교 작성/네 페이지 설교
"실패한 자리에서 시작된 승리"

Page 1. 첫 사람, 그 실패의 그림자 (성경 속의 문제)

우리는 가끔 우리의 삶에서 누구나 돌아보고 싶지 않은 '실패의 자리'에 설 때가 있다. 사업이 무너지고, 관계가 깨어지고, 약속한 것을 지키지 못하고, 어제의 나보다 더 나아지지 못하고 매번 반복되는 연약함의 자리에 설 때도 있다. 우리는 본능적으로 그 자리를 피하고, 잊고, 덮어두려 한다. 실패는 끝이고, 수치라고 세상이 말하기 때문이다. 실패자로 낙인찍힐 수 있기 때문이다.

오늘 시작되는 사순절은 바로 그 실패의 자리를 정직하게 돌아보는 것으로부터 시작하는 여정이다. 그러나 이 여정은 절망의 길이 아니다. 오늘 사도 바울은 우리를 인류 역사의 가장 깊은 실패의 자리로 데려가, 바로 그곳에서 어떻게 비교할 수 없이 위대한 승리가 시작되었는지를 보여 주는 놀라운 복음으로 우리를 초대한다. 이것은 한 사람의 실패로 시작된 모든 인류의 비극이 다른 한 사람의 승리로 어떻게 역전되었는지에 대한 가장 위대한 이야기를 보여 준다.

바울은 타임머신을 타고 우리를 인류 역사의 첫 페이지, 에덴의 문턱으로 데려간다. 그곳에서 그는 인류의 비극이 어떻게 시작되었는지를 진단한다. "한 사람으로 말미암아 죄가 세상에 들어오고 죄로 말미암아 사망이 들어왔나니…"(12절).

바울은 마치 한 방울의 독약이 거대한 강 전체를 오염시키는 장면을 보여 주듯, 아담 한 사람의 불순종이 어떻게 온 인류를 '죄(ἁμαρτία)'와 '사망(θάνατος)'이라는 거대한 폭군의 지배 아래 놓이게 했는지를 설명한다. 아담은 단순히 최초의 죄인이 아니라, 옛 인류 전체를 대표하는 '대표자(Federal Head)'였다. 교부 어거스틴(Augustine)은 이 본문을 통해, 우리가 모두 '아담 안에서' 태어났기에 그의 실패에 운명적으로 연루되어 있다고 통찰했다. 우리는 태어날 때부터 이미 실패로 기울어진 운동장에서 경기를 시작하는 것과 같다.

이것이 교리가 말하는 원죄의 비극이다. 우리는 죄를 지어서 죄인이 되는 것이 아니라, 죄인이기에 죄를 지을 수밖에 없는 실존에 놓여있다는 것이다. 14절에서 바울은 충격적인 선언을 한다. "사망이 왕 노릇 하였나니." 아담의 실패 이후, 죽음은 단순히 생명의 끝이 아니라, 우리의 삶을 지배하고 불안과 두려움으로 우리를 몰아가는 그림자 왕이 되었다. 이것이 성경이 진단하는 인류의 근본적인 문제이다.

Page 2. 아담의 메아리, 끝나지 않는 비극(세상에서의 문제)

이것이 단지 고대의 신화 이야기일 뿐일까? 아니다. 우리는 오늘날 세상 곳곳에서, 그리고 우리 자신의 삶 속에서 이 '죽음의 왕 노릇'을 목격한다.

러시아의 대문호 도스토옙스키는 그의 소설 『카라마조프가의 형제들』에서 인간 내면의 부서진 모습을 적나라하게 파헤친다. 등장인물들은 저마다의 욕망과 죄책감, 대를 이어 내려오는 상처와 증오의 사슬에 묶여 스스로를 파괴해 간다. 그들은 선을 갈망하면서도 악을 행할 수밖에 없는 자신의 모순 앞에서 절규한다. 이것이 바로 아담의 실패가 우리 안에서 울리는 메아리이다.

우리의 삶을 돌아보면, 끊어내고 싶지만 반복되는 중독의 사슬, 대물림되는 가난과 폭력의 상처, 아무리 노력해도 극복되지 않는 열등감과 비교의식, 그리고 사회 전체를 병들게 하는 구조적인 불의와 차별, 이 모든 것이 바로 사망이 왕 노릇하는 증거들이다. 우리는 더 나은 세상을 꿈꾸며 법을 만들고, 교육 시스템을 개선하고, 기술을 발전시키지만, 문제의 뿌리는 더 깊은 곳, 바로 아담으로부터 물려받은 이기심과 불순종의 마음에 닿아 있다. 우리는 우리 자신의 힘으로는 이 실패의 자리를 벗어날 수 없다는 깊은 무력감 앞에 서게 된다. 이것이 바로 오늘 우리의 문제이다.

Page 3. 마지막 사람, 그 승리의 서막 (성경 속의 은혜)

다시 성경 속으로 들어가 보자. 바울은 바로 이 절망의 자리에서 인류 역사의 가장 위대한 반전을 선포한다. "그러나 이 은사는 그 범죄와 같지 아니하니…"(15절). 바울은 '그러나'라는 접속사로 죽음의 이야기를 끊고, 생명의 이야기를 시작한다. 그는 첫 아담과 마지막 아담이신 그리스도를 비교하며, 은혜의 능력이 죄의 권세를 얼마나 압도적으로 능가하는지를 보여준다.

한 사람의 범죄는 '정죄(κατάκριμα)'를 가져왔지만, 그리스도의 은사는 수많은 범죄에도 '의롭다 하심(δικαίωμα)'을 가져온다.
한 사람의 '불순종(παρακοή)'으로 우리가 죄인이 되었다면, 한 사람의 '순종(ὑπακοή)'으로 우리는 의인이 된다.

여기서 가장 중요한 단어는 '넘쳤느니라(ἐπερίσσευσεν)'이다. 하나님의 은혜는 아담의 죄를 겨우 덮는 수준이 아니다. 그것은 죄가 만든 모든 웅덩이를 채우고도 남아서, 온 세상을 덮는 홍수처럼 넘쳐흐르는 은혜이다. 신학자 칼 바르트(Karl Barth)는 우리가 그리스도의 이 넘치는 은혜를 볼 때 비로소 아담의 실패가 얼마나 깊었는지를 깨닫게 된다고 말했다.

아담이 실패했던 바로 그 자리, 즉 순종의 자리에서 예수님은 승리하셨다. 광야에서 굶주리셨지만, 말씀으로 사탄을 이기셨고, 겟세마네에서 피땀 흘리셨지만, 아버지의 뜻에 순종하셨으며, 마침내 십자가 위에서 죽기까지 복종하심으로 사망의 권세를 깨뜨리셨다. 이것이 바로 오늘 말씀에서 나타나는 하나님의 은혜이다.

Page 4. 실패를 딛고 부르는 노래(세상에서의 은혜)

이러한 은혜는 성경 속에서만 일어나는 걸까? 아니다. 오늘 우리에게도 일어나는 은혜다. 그렇다면 이 위대한 승리가 오늘 잿빛 현실을 살아가는 우리에게 어떤 의미가 있는가? 그것은 우리의 바뀐 정체성을 말해준다. 우리는 더 이상 실패한 아담에게 속한 자가 아니라, 승리하신 그리스도에게 속한 새로운 피조물이라는 사실이다.

소설 『레 미제라블』에서 주인공 장발장은 '죄수 19년'이라는 실패의 낙인 속에 살아간다. 그러나 미리엘 주교의 용서와 사랑을 통해 그는 새로운 신분을 얻는다. 그는 과거의 실패를 딛고 일어나, 마들렌 시장이라는 새로운 이름으로 다른 사람들에게 은혜와 생명을 나누어주는 삶을 살아간다. 이것이 바로 '생명 안에서 왕 노릇하는' 그리스도인의 삶의 모습이다. 이것이 사순절을 살아가는 성도의 미션이다. 첫째, 우리는 더 이상 실패의 자리에 주저앉아 자신을 정죄하지 않는다. 대신 그리스도의 완전한 순종을 나의 것으로 믿고 담대히 일어선다. 둘째, 우리는 세상 속에서 작은 그리스도로 살아간다. 아담이 남긴 미움과 다툼의 자리에 용서의 씨앗을 심고, 죽음의 문화 속에 생명의 문화를 만들어 간다. 셋째, 우리는 연약함 속에서 오히려 하나님의 능력을 자랑한다. 나의 실패를 통해 오히려 그리스도의 십자가가 얼마나 위대한지를 증언하는, 살아 있는 은혜의 증인이 된다.

사순절의 여정은 우리의 실패를 확인하며 끝나는 길이 아니다. 그것은 인류의 가장 깊은 실패의 자리에서, 이미 시작된 하나님의 위대한 승리를 확인하는 여정이다. 첫 아담이 무너졌던 바로 그 자리에서, 둘째 아담이신 그리스도께서 승리의 깃발을 꽂으셨다.

이제 우리는 선택해야 한다. 계속해서 아담의 실패한 이야기 속에서 살아갈 것인가, 아니면 그리스도께서 시작하신 승리의 이야기 속으로 들어갈 것인가? 이 사순절 기간 동안, 우리의 옛사람, 아담의 그림자를 십자가에 못을 박고, 그리스도께서 주시는 새 생명과 순종의 능력으로 옷 입는 은혜가 있어야 한다. 그리하여 우리의 삶이 '실패한 자리에서 시작된 승리'라는 이 놀라운 복음을 온 세상에 증거하는 아름다운 노래가 되어야 한다.

… 2026
3.1
사순절 두 번째 주일

성서정과 | 시 121; 창 12:1-4a; 롬 4:1-5, 13-17; 요 3:1-17

예배로 부름 Call to Worship
여호와의 산에 오를 자가 누구며 그의 거룩한 곳에 설 자가 누구인가 곧 손이 깨끗하며 마음이 청결하며 뜻을 허탄한 데에 두지 아니하며 거짓 맹세하지 아니하는 자로다 그는 여호와께 복을 받고 구원의 하나님께 의를 얻으리니 이는 여호와를 찾는 족속이요 야곱의 하나님의 얼굴을 구하는 자로다(시 24:3-6)

예배 기원 Invocation
날마다 우리의 짐을 대신 지시는 구원의 하나님! 감사와 찬송과 영광을 올려드립니다. 오늘도 주의 백성을 한자리에 모이게 하시고, 거룩하신 이름에 감사하며, 주의 영예를 찬양하게 하시니 감사합니다. 살아계신 하나님, 마음과 뜻과 정성을 다하여 드리는 예배에 임재하시어 사모하는 영혼에게 참된 만족을 주옵소서. 진리에 굶주린 영혼을 성령의 충만함과 신령한 말씀으로 풍성하게 먹여주시오며, 우리의 입술로 독생자를 이 땅에 보내주신 하나님의 사랑을 영원토록 찬양하게 하옵소서. 예수 그리스도의 이름으로 기원하옵나이다. 아멘.

이 주일의 찬송 Hymns
내 눈을 들어 두루 살피니(73장) / 하나님은 외아들을(294장) / 그 크신 하나님의 사랑(304장) / 눈을 들어 산을 보니(383장) / 못박혀 죽으신(385장) / 갈 길을 밝히 보이시니(524장)

성시 교독 Responsive Readings　　　　　　　　　　시편 121:1-8

인도자　¹ 내가 산을 향하여 눈을 들리라 나의 도움이 어디서 올까
회 중　² 나의 도움은 천지를 지으신 여호와에게서로다
인도자　³ 여호와께서 너를 실족하지 아니하게 하시며 너를 지키시는 이가 졸지 아니하시리로다
회 중　⁴ 이스라엘을 지키시는 이는 졸지도 아니하시고 주무시지도 아니하시리로다
인도자　⁵ 여호와는 너를 지키시는 이시라 여호와께서 네 오른쪽에서 네 그늘이 되시나니
회 중　⁶ 낮의 해가 너를 상하게 하지 아니하며 밤의 달도 너를 해치지 아니하리로다
인도자　⁷ 여호와께서 너를 지켜 모든 환난을 면하게 하시며 또 네 영혼을 지키시리로다
회 중　⁸ 여호와께서 너의 출입을 지금부터 영원까지 지키시리로다

고백의 기도 Prayer of Confession

우리를 죄에서 구원하시고, 생명의 길로 인도하시는 하나님! 한 주간의 삶을 돌아보며 겸손히 우리의 죄와 허물을 고백합니다. 소는 그 임자를 알고 나귀는 그 주인의 구유를 알건마는 하나님께 택함을 받은 저희는 구원자가 되시는 하나님을 알지 못하였고, 베풀어주신 은혜를 깨닫지도 못했습니다. 마음이 미련하고 눈이 어두워져, 하나님의 뜻과 정반대의 길을 걸으면서도 스스로 의롭다 자부하였습니다. 때로는 고난을 당하면서 어렴풋이 하나님의 징계를 느꼈지만 마음을 바꾸어 하나님께로 돌이키지는 않았습니다. 사랑의 하나님! 아직까지도 세상의 헛된 욕심에 붙들려 살아가고 있는 저희를 불쌍히 여겨주옵소서. 속히 돌아와 하나님의 뜻에 순종하며 사는 성도가 되게 하옵소서. 예수님의 이름으로 이 고백의 기도를 드립니다. 아멘.

사함의 확신 Assurance of Forgiveness

구하옵나니 주의 인자의 광대하심을 따라 이 백성의 죄악을 사하시되 애굽에서부터 지금까지 이 백성을 사하신 것같이 사하시옵소서 여호와께서 이르시되 내가 네 말대로 사하노라 (민 14:19-20)

오늘의 주제

하나님의 약속을 믿는 믿음으로 떠나는 구원의 여정

석의적 접근

구약의 말씀 창 12:1-4a

구원의 역사는 인간의 계획이 아닌, 하나님의 일방적이고 주권적인 부르심으로 시작된다. 1절에 '가라(לֶךְ־לְךָ)'라는 단어는 문자적으로 '너를 위하여 가라' 또는 '너 자신을 위해 떠나라'는 의미이다. 이는 단순한 이동 명령이 아니라, 과거의 너로부터 떠나 새로운 정체성으로 나아가라는, 전인격적인 결단을 촉구하는 강력한 부르심이다. 하나님은 아브람에게 그의 정체성과 안정감을 구성하는 세 가지 기둥, 즉 고향(땅), 친척(부족 공동체), 아버지의 집(가족)을 떠나라고 명령하신다. 하나님은 목적지를 명확히 알려주지 않으시고, 단지 "내가 네게 보여 줄 땅"이라고만 말씀하시면서 불확실성 속에서 떠나라고 말씀하신다. 월터 브루그만은 이것을 두고 새로운 세계로 들어가는 '대안적 현실로의 부르심'이라고 설명했다.

하나님은 모든 것을 포기하라는 가혹한 명령과 함께 비교할 수 없는 위대한 약속을 주신다. 이 약속은 7가지로 구성된 완전한 축복이다. '큰 민족', '복을 주어', '이름을 창대하게', '복이 될지라', '너를 축복하는 자에게는 내가 복을 내리고', '너를 저주하는 자에게는 내가 저주하리니', '땅의 모든 족속이 너로 말미암아 복을 얻을 것이라.' 이 약속의 최종 목적지는 '땅의 모든 족속 (כֹּל מִשְׁפְּחֹת הָאֲדָמָה)'을 다시 하나로 모으려는 우주적인 계획의 시작점이었다. 4절 상반절의 짧은 문장은 가장 위대한 믿음의 행위를 묘사하는 말씀이다. 아브람은 질문하거나, 협상하거나, 지도를 요구하지 않았고, 오직 '말씀하셨다'라는 사실 하나만을 붙들고 순종의 첫걸음을 뗀다. 로마서 4장과 히브리서 11장은 이 내용을 의롭다 칭함 받는 믿음의 본질로 해석한다.

서신서의 말씀 롬 4:1-5, 13-17

본문은 '어떻게 의롭게 될 수 있는가?'라는 기독교 신앙의 가장 근본적인 질문에 답하는 바울 신학의 핵심이다. 바울은 믿음의 조상 아브라함을 증인으로 세워 구원의 길이 인간의 행위가 아닌 오직 하나님의 약속을 믿는 믿음에 있음을 논증한다.

바울은 "우리의 위대한 조상 아브라함은 어떻게 하나님께 인정받았습니까?"라고 질문하면서 만일 아브라함이 자신의 행위로 의롭게 되었다면 자랑할 것이 있겠지만, 그것은 사람들 앞에서나 가능한 자랑이지 '하나님 앞에서는' 아니라고 단언한다. 바울은 자신의 주장을 뒷받침하기 위해 유대인들이 반박할 수 없는 최고 권위, 즉 성경(창 15:6)을 인용한다. 바울은 4-5절에서 이 원리를 누구나 이해할 수 있는 비유로 설명하는데, "일하는 자에게 품삯(보상)"은 당연한 권리이지 선물이 아니라는 사실이다. 아무 공로 없이 오직 베푸는 이를 '믿는' 자에게 주어지는 것은 전적인 선물, 즉 '은혜(χάριν)'이다. 마르틴 루터(Martin Luther)는 바로 이 구절에서 '이신칭의(Justification by Faith)' 교리의 핵심을 발견했고, 구원은 하나님을 믿음으로 받아 누리는 '선물'이라는 것이다. 바울은 논증을 심화시켜 하나님의 약속이 율법(행위)이 아닌 믿음을 통해 주어졌음을 설명한다(13-17절). 이렇게 바울의 논점에서 하나님의 백성이 되는 자격은 혈통이나 율법 준수가 아니라 오직 아브라함과 같은 믿음을 소유하는 것에 있다.

복음서의 말씀 요 3:1-17

본문은 당대 최고의 종교 지도자 니고데모와 예수님의 깊은 대화를 통해 구원의 본질이 무엇인지를 밝히 드러내는 말씀이다. 이 말씀은 사순절 여정은 자기 수양이나 도덕적 개선이 아니라, 위로부터 주어지는 완전한 '새로운 탄생'을 향하는 시간이라는 점을 보여 준다.

바리새인이요 산헤드린 공회원인 니고데모는 유대 사회의 최상위 엘리트였다. 그는 율법, 전통, 경건, 지식을 모두 갖춘 인물이었다. 그런 그가 '밤'에 예수님을 찾아왔다는 것은 사람의 눈을 피하려 했다고도 할 수 있지만, 영적으로는 아직 어두운 상태에 있었음을 암시하고 있다. 그와의 대화에서 예수님은 이 새로운 탄생이 '물과 성령으로' 나는 것이라고 설명하신다. C.S. 루이스는 그의 책 『순전한 기독교』에서 이 변화를 양철 병정이 진짜 소년이 되는 것에 비유했다. 이는 양철을 닦고 광내는(도덕적 개선) 차원이 아니라, 완전히 새로운 생명으로 변화되는 것이며, 이는 오직 창조주만이 하실 수 있는 일이다.

예수님은 니고데모의 새로운 탄생에 관한 질문에 민수기 21장의 불뱀 사건을 설명한다. 이는 믿음으로 하나님의 방법을 수용하는 원리를 가르치는 내용이다. 그리고 이 모든 구원 계획은 하나님의 진노나 심판이 아니라, '세상을 향한 하나님의 측량할 수 없는 사랑(ἠγάπησεν ὁ Θεὸς τὸν κόσμον)'에서 비롯됨을 알려 주고 있다. 17절은 하나님의 의도, 즉 아들을 보내신 목적은 세상을 '심판(κρίνῃ)'하려는 것이 아니라 그를 통해 세상을 '구원(σωθῇ)'하려는 것이었다. 따라서 구원은 우리를 '위로부터' 다시 태어나게 하시는 은혜의 사건이다.

설교를 위한 조명

> 서신서의 말씀(롬 4:1-5, 13-17)으로 설교 작성/4TS
>
> # "하늘의 경제 논리"

서론

우리가 살아가는 세상은 아주 명확한 경제 논리에 따라 움직인다. '세상에 공짜 점심은 없다(No Free Lunch)'라는 격언처럼, 모든 것에는 대가가 따른다. 노력한 만큼 얻고, 일한 만큼 번다. 우리는 더 많은 것을 얻기 위해 더 많은 시간을, 더 많은 노력을, 더 많은 돈을 투자한다. 이 '투입-산출'의 원리는 너무나 당연해서, 우리는 이 경제 논리를 하나님과의 관계에까지 그대로 가져오곤 한다. 내가 더 많이 기도하면, 더 많이 헌신하면, 더 거룩하게 살면, 하나님께서 더 큰 복을 주실 것이라는 기대, 이것이 우리가 익숙한 세상의 경제 논리이다.

그러나 사순절 두 번째 주일, 오늘 말씀은 우리에게 전혀 다른 경제 시스템을 소개한다. 아브라함의 부르심과 바울의 증언, 니고데모를 향한 예수님의 선포, 그리고 순례자의 노래를 통해, 성경은 세상의 논리를 뒤엎는 '하늘의 경제 논리'가 있음을 보여준다. 그것은 투입과 산출의 논리가 아닌, 선물과 믿음의 논리이다. 오늘 말씀은 우리를 옭아매는 세상의 경제 논리에서 벗어나, 우리를 자유하게 하는 하늘의 경제의 논리 속으로 들어가는 은혜를 보여 주고 있다. 그렇다면 어떤 이야기가 기록되고 있는지 말씀 속으로 들어가 보자.

1. 오늘 말씀은 어떤 이야기를 기록하고 있는가? 삯이 아닌 은혜

오늘 말씀인 로마서 4장에서 사도 바울은 이 하늘의 경제 원리를 가장 선명하게 보여 준다. 그는 우리 믿음의 조상 아브라함을 증거로 내세운다. 유대인들이 최고의 '업적'을 쌓은 인물로 존경했던 사람이 바로 아브라함이다. 그러나 바울은 묻는다. "그가 과연 자신의 행위로 하나님께 인정을 받았는가?" 성경은 아니라고 답한다. "아브라함이 하나님을 믿으매 그것이 그에게 의로 여겨진 바 되었느니라".

바울은 이 진리를 설명하기 위해 아주 명료한 경제적 비유를 든다. "일하는 자에게는 그 삯이 은혜로 여겨지지 아니하고 보수로 여겨지거니와"(4절). 여기서 '삯' 혹은 '보수'는 헬라어로 '오페일레마(ὀφείλημα)', 즉 '마땅히 갚아야 할 빚'이라는 뜻이다. 일한 사람이 품삯을 받는 것은 선물이 아니라 당연한 권리이다.

그러나 5절은 완전히 다른 논리를 제시한다. "일을 아니할지라도 … 그의 믿음을 의로 여기시나니." 하나님 앞에서 우리의 의로움은 우리의 행위에 대한 정당한 '삯'이 아니라, 아무 공로 없는 자에게 거저 주어지는 선물, 즉 '은혜(χάρις)'라는 것이다. 하나님은 우리의 행위 장부를 보고 대가를 지불하시는 고용주가 아니라, 파산한 우리에게 자신의 모든 것을 선물로 주시는 아버지이시다. 아브라함의 위대함은 그의 업적이 아니라, 이 말도 안 되는 하나님의 선물 약속을 어린아이와 같이 '믿었다'는 데 있다. 니고데모가 자신의 모든 지식과 경건에도 불구하고 이해할 수 없었던 '거듭남'의 신비 역시, 바로 이 하늘의 경제 논리, 즉 믿는 자에게 거저 주시는 하나님의 선물 안에 있다.

2. 오늘 말씀을 기록한 목적은 무엇인가?

오늘 성경을 기록한 목적은 구원은 행위가 아니라 믿음이라는 점을 확고하게 하기 위함이다. 다시 말해서 삯이 아니라 은혜라는 점을 강조하기 위함이다. 이 사실은 우리를 게으르게 만들기 위함이 아니라 우리의 정체성을 뿌리부터 바꾸기 위함이다.

세상의 경제 논리 속에서 우리의 정체성은 '내가 무엇을 했는가(performance)'에 의해 결정된다. 우리는 끊임없이 자신의 가치를 증명해야 하는 불안한 '품꾼' 혹은 '채무자'로 살아간다. 그러나 하늘의 경제 논리는 우리의 정체성이 '내가 누구에게 속했는가'에 의해 결정된다고 선언한다. 신학자 마르틴 루터는 이 진리 앞에서 종교개혁의 깃발을 들었다. 그는 『갈라디아서 주석』에서, 율법은 우리를 끊임없이 "너는 이것을 해야만 한다!"라고 외치는 폭군과 같지만, 복음은 "너를 위해 모든 것이 이미 이루어졌다!"라고 속삭이는 위로자라고 말했다.

하나님께서 우리에게 원하시는 것은, 평생 빚 갚을 걱정을 하며 전전긍긍하는 채무자의 삶이 아니다. 모든 빚을 탕감받고 아버지의 모든 것을 상속받은 '자녀'로서, 그 풍성함을 누리고 나누며 살아가는 것이다. 이 말씀을 기록한 목적은 우리를 행위의 굴레에서 해방시켜 은혜 안에서 자유를 누리는 자녀의 정체성을 회복시켜 주시기 위함이다.

3. 오늘 말씀을 통해서 우리가 실천할 수 있는 윤리적 규범은 무엇인가?

오늘 말씀을 통해서 우리가 실천할 수 있는 윤리적 규범은 '신뢰하며 겁고, 아낌없이 나누는 삶'이다. 창세기 12장에서 아브라함은 목적지도 모른 채 하나님의 약속 하나만 믿고 길을 떠났다. 시편 121편의 순례자는 불확실한 산을 바라보며, "나의 도움은 천지를 지으신 여호와에게서로다"라고 노래한다. 하늘의 경제 논리를 믿는 사람은 자신의 미래를 자신의 능력으로 책임지려 애쓰지 않는다. 대신 모든 것을 공급하시는 하나님을 신뢰하며, 오늘 순종의 한 걸음을 내딛는다. 사순절의 금식과 절제는 고행이 아니라, 세상의 것들로 나의 안전을 삼으려는 시도를 멈추고 오직 하나님 한 분만으로 만족하는 것을 훈련하는 시간임을 기억해야 한다.

세상의 경제는 희소성에 기반하기에 우리는 쌓아두려 하지만, 하늘의 경제는 은혜의 풍성함에 기반하기에 우리는 나눌 수 있으며, 베풀고 구제하는 삶을 살 수 있다. 예수님은 마태복음 10장 8절에서 말씀하셨다. "너희가 거저 받았으니 거저 주라." 우리가 받은 구원, 사랑, 용서는 모두 우리가 지불한 것이 없는 선물이다. 그러므로 우리도 다른 사람에게 우리의 시간과 재능, 재물을 나눌 때, 대가를 계산하는 세상의 방식이 아닌, 거저 주는 하늘의 방식으로 나눌 수 있게 된다. 이것이 바로 구원받은 성도의 삶의 방정식이다.

4. 오늘 말씀에서 보여준 윤리적 규범을 모범적으로 실천한 사례

소설 『레 미제라블』의 미리엘 주교는 이 하늘의 경제 논리를 온몸으로 살아 낸 사람이다. 굶주림에 지쳐 은식기를 훔쳐 달아난 죄수 장발장. 그는 세상의 경제 논리대로라면 즉시 감옥으로 돌아가야 할 사람이었다. 그러나 주교는 그를 붙잡아 온 경찰에게 이렇게 말한다. "내가 준 선물인데 왜 이 사람을 잡아왔소? 여보게, 내가 은촛대까지 준다는 것을 깜빡했구려."

이것은 미친 짓처럼 보인다. 세상의 논리로는 완벽한 손해이다. 그러나 미리엘 주교는 다른 계산을 하고 있었다. 그는 은촛대라는 작은 비용으로, 한 영혼의 구원이라는 영원한 가치에 투자한 것이다. 주교의 이 '비경제적인' 사랑은 장발장의 얼어붙었던 영혼을 녹였고, 평생 다른 이들을 위해 자신을 내어주는 거룩한 삶으로 그를 변화시켰다. 그는 '아무것도 없는 자 같으나 모든 것을 가진 자'가 되었다. 이것이 바로 실패한 자리에서 승리를 시작하게 하는 하늘의 경제 논리의 능력이다.

결론

오늘 우리는 두 개의 경제 시스템 앞에 서 있다. 하나는 끊임없이 나의 가치를 증명해야 하는 지치고 불안한 '세상의 경제'이다. 다른 하나는 나의 어떠함과 상관없이, 하나님의 아낌없는 사랑과 은혜로 모든 것이 채워지는 '하늘의 경제'이다. 찬송가 254장(새 304장)의 가사는 이 은혜를 이렇게 노래한다.

> "그 크신 하나님의 사랑 말로 다 형용 못하네 … 죄 범한 영혼 구하려 그 아들 보내사 화목제물 삼으시고 죄 용서하셨네"

사순절은 우리의 계산기를 내려놓고 이 위대한 사랑 앞에 엎드리는 시간이다. 더 이상 나의 행위 장부를 들여다보며 불안해하지 말고, 그리스도께서 이미 완납하신 은혜의 영수증을 믿음으로 붙잡자. 그리하여 남은 사순절의 여정이,

그리고 우리의 평생이, 빚진 자의 두려움이 아닌 자녀의 기쁨으로, 쌓아두는 인색함이 아닌 아낌없이 나누는 풍성함으로 가득하게 되기를 바란다.

2026 3.8
사순절 세 번째 주일

성서정과 | 시 95; 출 17:1-7; 롬 5:1-11; 요 4:5-42

예배로 부름 Call to Worship
내가 무엇을 가지고 여호와 앞에 나아가며 높으신 하나님께 경배할까 사람아 주께서 선한 것이 무엇임을 네게 보이셨나니 여호와께서 네게 구하시는 것은 오직 정의를 행하며 인자를 사랑하며 겸손하게 네 하나님과 함께 행하는 것이 아니냐(미 6:6a, 8)

예배 기원 Invocation
고난받는 성도를 기억하시고 은혜를 베푸시는 하나님! 거칠고 험한 세상 길에서 방황하던 저희가 거룩한 주일을 잊지 않고 예배하러 성전으로 달려왔습니다. 은혜를 구하는 백성에게 주님의 얼굴을 숨기지 마시며, 환란 중에 있는 주의 자녀들을 속히 구원하여 주옵소서. 가난하고 슬픈 영혼을 어루만져 주시고, 낮고 천한 자를 주님 안에서 높여 주옵소서. 부족하고 연약한 저희가 시와 찬미와 새 노래로 하나님의 이름을 높일 때, 기쁘게 받아 주옵소서. 예수님의 이름으로 기원하옵나이다. 아멘.

이 주일의 찬송 Hymns
다 나와 찬송 부르세(131장) / 날 위하여 십자가의(303장) / 전능하신 주 하나님(377장) / 너희 마음에 슬픔이 가득할 때(458장) / 이 몸의 소망 무언가(488장) / 만세 반석 열리니(494장)

성시 교독 Responsive Readings 시편 95:1-11

인도자	¹ 오라 우리가 여호와께 노래하며 우리의 구원의 반석을 향하여 즐거이 외치자
회 중	² 우리가 감사함으로 그 앞에 나아가며 시를 지어 즐거이 그를 노래하자
인도자	³ 여호와는 크신 하나님이시요 모든 신들보다 크신 왕이시기 때문이로다
회 중	⁴ 땅의 깊은 곳이 그의 손 안에 있으며 산들의 높은 곳도 그의 것이로다
인도자	⁵ 바다도 그의 것이라 그가 만드셨고 육지도 그의 손이 지으셨도다
회 중	⁶ 오라 우리가 굽혀 경배하며 우리를 지으신 여호와 앞에 무릎을 꿇자
인도자	⁷ 그는 우리의 하나님이시요 우리는 그가 기르시는 백성이며 그의 손이 돌보시는 양이기 때문이라
회 중	너희가 오늘 그의 음성을 듣거든 ⁸ 너희는 므리바에서와 같이 또 광야의 맛사에서 지냈던 날과 같이 너희 마음을 완악하게 하지 말지어다
인도자	⁹ 그 때에 너희 조상들이 내가 행한 일을 보고서도 나를 시험하고 조사하였도다
회 중	¹⁰ 내가 사십 년 동안 그 세대로 말미암아 근심하여 이르기를 그들은 마음이 미혹된 백성이라 내 길을 알지 못한다 하였도다
다같이	¹¹ 그러므로 내가 노하여 맹세하기를 그들은 내 안식에 들어오지 못하리라 하였도다

고백의 기도 Prayer of Confession

상한 갈대를 꺾지 않으시며, 꺼져가는 등불도 끄지 않으시는 하나님! 사순절 기간을 지내는 동안에 드리는 회개를 받아주옵소서. 전능하신 하나님을 전적으로 의지하지 못하고, 마음에 스스로 세워놓은 우상을 섬기며 살았음을 고백합니다. 진정 우리의 신앙을 이끄는 것은 하나님이 아니라 탐욕이었습니다. 하나님께서는 한마음으로 우리를 사랑해 주셨으나, 저희는 갈라진 마음으로 세상과 하나님 사이를 방황했습니다. 참 목자이신 주님께서 십자가에 달리시므로 우리에게 참 생명을 주셨으나, 저희는 목자의 음성에 귀를 막은 채, 거짓과 불의를 따라서 멸망의 길을 걸었습니다. 주님을 멀리 떠나 의와 진리와 거룩함을 버리고 살았던 저희의 죄를 용서해 주옵소서. 예수님의 이름으로 이 고백의 기도를 드립니다. 아멘.

사함의 확신 Assurance of Forgiveness

동이 서에서 먼 것 같이 우리의 죄과를 우리에게서 멀리 옮기셨으며 아버지가 자식을 긍휼히 여김 같이 여호와께서는 자기를 경외하는 자를 긍휼히 여기시나니 이는 그가 우리의 체질을 아시며 우리가 단지 먼지뿐임을 기억하심이로다 (시 103:12-14).

> 오늘의 주제

시험하는 불신과 구원하는 믿음

석의적 접근

구약의 말씀 출 17:1-7

본문은 하나의 잘 짜인 드라마처럼 전개된다. 1-3절은 위기와 불평, 즉 르비딤에 도착한 이스라엘 백성은 마실 물이 없자, 모세에게 원망을 쏟아낸다. 홍해를 건너고 만나와 메추라기를 경험했음에도 불구하고, 그들은 또다시 생존의 위기인 '물 없음'에 직면한다. 그러자 그들은 불평의 소리를 쏟아 낸다. 급기야 하나님을 시험하기에 이른다. 여기서 '시험하여(מנסים)'라는 말은 '시험하다', '증명을 요구하다'라는 의미로 그들의 질문은 "여호와께서 우리 중에 계신가 안 계신가"였다. 이는 하나님의 임재에 대한 근본적인 불신이며, 자신들이 원하는 방식으로 하나님의 존재를 증명해 보이라고 요구하는 교만한 행위였다. 그들의 불평은 단순한 목마름의 호소가 아니라, 하나님의 구원 자체를 부정하는 심각한 불신앙의 표현이었다. 4-6절은 생명의 위협을 느낀 모세가 하나님께 부르짖자, 하나님께서는 이전의 심판의 도구였던 지팡이를 들고 호렙산 반석을 치라는 역설적인 명령을 내리신다. 중요한 부분은 "내가 … 반석 위 거기서 네 앞에 서리니"라는 약속이다. 하나님께서 친히 그 반석 위에 임재하시겠다는 말씀이다. 따라서 모세가 지팡이로 반석을 치는 것은, 단순히 돌을 치는 행위가 아니라, 그 위에 서 계신 하나님을 치는 것과 같은 의미를 갖는다. 그러자 7절에서 모세가 순종하였을 때 반석에서 물이 나와 백성의 갈증을 해결하는 장면을 그리고 있다. 그렇지만 그곳은 이스라엘의 불신을 기억하는 '맛사와 '므리바'라는 이름을 남기게 된다.

서신서의 말씀 롬 5:1-11

본문은 바울 신학의 심장부로 우리를 안내하는데, 전반부(1-4장)에서 '이신칭의'라는 위대한 복음을 논증한 바울은 이제 그 믿음으로 의롭게 된 자들이 이 땅에서 무엇을 누리며, 어떤 소망을 가지고 살아가는지를 장엄하게 펼쳐 보여준다. 이 말씀은 사순절의 여정 가운데 우리가 겪는 고난의 의미를 재해석해 주고, 흔들리지 않는 소망의 근거를 제시해 준다. 1-2절은 칭의의 즉각적인 결과로 하나님과의 화평, 은혜에 들어감, 그리고 하나님의 영광을 바라는 소망에 대해서 기록하고 있다. 3-5절은 환난 속에서도 즐거워할 수 있는 이유와 환난이 인내를 연단과 소망을 이루는 과정 그리고 그 소망이 부끄럽지 않은 근거로서의 성령의 사역에 대해서 언급한다. 여기서 성도가 소망을 가질 근거를 분명하게 제시하고 있는데, 5절에서 "우리에게 주신 성령으로 말미암아 하나님의 사랑이 우리 마음에 부은 바 됨이니"라고 근거를 밝히고 있다. '부음 바 됨이니'라는 말씀은 마치 폭포수처럼 풍성하게 쏟아부어졌음을 의미한다. 이는 우리의 소망은 우리의 인내력이 아니라, 성령을 통해 우리 안에 부어진 하나님의 사랑이라는 객관적인 실재에 뿌리내리고 있다는 사실을 깨닫게 한다. 6-8절은 우리가 아직 연약하고 죄인되었을 때, 원수되었을 때 보여주신 하나님의 확증된 사랑, 즉 그리스도의 십자가에 대해서 언급한다. 신학자 존 스토트(John Stott)는 『그리스도의 십자가』에서, 십자가는 하나님의 사랑과 공의가 동시에 가장 완전하게 드러난 사건이라고 역설했다. 9-11절은 그리스도의 피로 말미암은 현재의 칭의와 그의 살아나심으로 말미암은 미래의 완전한 구원에 대한 확신, 그리고 하나님 안에서 즐거워하는 삶에 대해서 묘사하고 있다.

복음서의 말씀 요 4:5-42

본문에 나오는 사마리아 여인 이야기는 인간의 가장 깊은 갈증과 그것을 채우시는 예수 그리스도의 만남을 극적으로 그려내는 위대한 이야기이다. 이 이야기는 사순절의 여정이 단지 죄를 참회하는 것을 넘어 우리의 공허함을 채우시는 생명의 근원을 만나는 여정을 보여준다. 한낮의 우물가에서 시작된 만남은 한 개인을 넘어 한 마을 전체의 구원으로 확장되는 과정을 점진적으로 묘사한다. 1-5절은 예수님께서 물리적인 갈증을 통해 여인의 영적인 갈증을 깨닫게 하신다. 그 후 16-26절은 예수님께서 여인의 숨겨진 삶을 드러내시자 대화는 예배의 장소를 넘어 예배의 본질에 대한 것으로 심화한다. 마침내 예수님께서 자신이 메시아임을 계시하신다. 27-38절은 예수님을 만난 여인은 자신의 부끄러운 과거의 상징이었었던 물동이를 버려두고 마을로 달려가 증인이 되고, 예수님은 제자들에게 영적 추수의 때가 왔음을 가르치신다. 39-42절은 여인의 증언으로 시작된 믿음은 마을 사람들이 직접 예수님을 만나고 말씀을 들음으로써 "세상의 구주"이심을 고백하는 공동체 신앙으로 완성해 가신다.

레슬리 뉴비긴(Lesslie Newbigin)은 이 이야기가 어떻게 복음이 유대라는 경계를 넘어 온 세상으로 확장되는지를 보여주는 선교적 모델이라고 해석했다. 예수님은 사회의 가장 변두리에 있던 한 이방 여인을 통해, 한 마을 전체를 구원으로 이끄셨다. 이러한 맥락에서 볼 때, 이 이야기는 모든 경계를 넘어 우리 각자의 삶의 우물가로 찾아오시는 예수님을 만나는 경험으로 우리를 초대하고 영원히 목마르지 않는 생명의 물을 주기를 원하신다는 사실을 깨닫게 된다.

설교를 위한 조명

서신서의 말씀(롬 5:1-11)으로 설교 작성 / 네 페이지 설교
"소망을 연단하는 연금술"

Page 1. 끝나지 않는 전쟁(성경 속의 문제)

중세 시대, '연금술'이라는 신비로운 기술에 매료된 사람들이 있었다. 그들의 꿈은 단 하나, 차갑고 쓸모없는 납덩이를 눈부시게 빛나는 순수한 황금으로 바꾸는 것이었다. 그들은 비밀스러운 공식과 뜨거운 불을 이용해 물질의 본질을 바꾸려 했다. 세상은 이를 헛된 꿈이라 비웃었지만, 이 '본질의 변화'를 향한 인류의 오랜 갈망은 우리 마음에 깊은 울림을 준다. 왜냐하면 우리 모두의 인생에는 원치 않는 '납덩이'가 있기 때문이다. 실패의 기억, 깨어진 관계의 아픔, 질병의 고통, 미래에 대한 불안감. 우리는 이 잿빛 현실이라는 납덩이를 어떻게든 피하거나 숨기려 애쓰며 살아간다.

사순절의 여정은, 바로 그 납덩이를 피하는 것이 아니라 정직하게 마주하는 것으로 우리를 초대한다. 그리고 오늘 사도 바울은, 이 쓸모없어 보이는 고난의 납덩이를 영광스러운 소망의 금으로 바꾸어내는 놀라운 '영적 연금술'의 비밀 공식을 우리에게 공개한다. 영화 〈쇼생크 탈출〉에서 주인공 앤디 듀프레인은 '희망은 좋은 것'이라고 말하며 절망의 감옥 속에서도 결코 포기하지 않았다. 그러나 오늘 바울은 한 걸음 더 나아가, 그 희망이 어디에서 오며, 어떻게 가장 어두운 절망 속에서 단련되는지를 보여준다.

영적 연금술을 이야기하기 전에, 우리는 먼저 우리가 바꾸려는 '납덩이'의 실체가 무엇인지 정직하게 마주해야 한다. 로마서 5장은 "그러므로 우리가 믿음으로 의롭다 하심을 받았으니… 하나님과 화평을 누리자"라는 위대한 선언으로 시작한다. 이 말은 뒤집어보면, 그 이전의 상태는 '화평'이 아니었다는 것을 의미한다. 그렇다. 성경이 진단하는 인류의 근본적인 문제는 하나님과 끝나지 않는 전쟁 상태, 즉 '적대 관계(Enmity)'에 놓여 있다는 것이다.

로마서 1장부터 3장까지, 바울은 마치 유능한 검사처럼 온 인류를 하나님의 법정에 세운다. 그리고 이방인이든 유대인이든, 도덕군자든 방탕한 자든, 예외 없이 모두가 죄 아래 있으며 하나님의 영광에 이르지 못한다고 논고한다. 오늘 본문 10절은 이 상태를 한 단어로 요약하는데, 그것은 바로 "우리가 원수 되었을 때에(ἐχθρῶν)"이다. 여기서 사용된 '에크드로스'라는 단어는 단순히 사이가 좋지 않은 정도가 아니라, 적극적으로 미워하고 대적하는 '적(enemy)'을 의미한다. 아담의 불순종 이후, 인류는 하나님을 향해 등을 돌린 반역군이 되었음을 나타내는 단어이다.

이것이 바로 우리의 영적 실존이다. 하나님은 우리를 사랑으로 창조하셨지만, 우리는 스스로 왕이 되려는 교만으로 그분께 전쟁을 선포했다. 그 결과는 무엇이었는가? 하나님과의 단절, 이웃과의 불화, 그리고 자기 자신과의 분열이다. 이것이 바로 영적 연금술이 필요한 이유이다. 우리의 존재 자체가 깨어지고 뒤틀린 '납덩이'와 같기 때문이다. 러시아의 대문호 도스토옙스키는 그의 마지막 걸작 『카라마조프가의 형제들』에서 인간 내면의 이 깊은 전쟁을 적나라하게 파헤친다. 등장인물들은 저마다의 욕망과 죄책감, 대를 이어 내려오는 상처와 증오의 사슬에 묶여 스스로를 파괴해 간다. 그들은 선을 갈망하면서도 악을 행할 수밖에 없는 자신의 모순 앞에서 절규한다. 이것이 바로 하나님과 원수 된 인간의 비참한 초상이다. 이 근본적인 문제가 해결되지 않는 한, 우리는 결코 참된 평안이나 소망을 가질 수 없는 것이 바로 성경에서 말하고 있는 문제이다.

Page 2. 적대감의 시대, 불안의 메아리(세상에서의 문제)

이 성경 속의 문제가 단지 고대의 신학 이야기일 뿐일까? 아니다. 우리는 지금 인류 역사상 그 어느 때보다 이 '적대감'이 팽배한 시대를 살아가고 있다. 이것이 오늘날 우리가 마주한 세상의 문제이다.

다양한 매체를 통해 흘러나오는 정치 이야기는 '내 편 아니면 적'이라는 이분법적 논리로 사회를 갈라치기를 하고 있다. 인터넷 댓글 창은 익명성에 숨어 서로를 향한 저주와 혐오를 쏟아내는 전쟁터가 된 지 오래되었다. 심지어 우리는 AI가 쓴 글과 진짜를 구분하기 힘든 시대를 살면서 무엇이 진실인지조차 알 수 없는 깊은 불신의 안갯속을 헤매고 있다. 이런 시사적인 문제들은 모두 '너는 나와 다르니 나의 적'이라는 바벨탑의 언어에서 기인된 문제들이다. 다시 말하자면 '적대감'의 뿌리에서 자라난 독버섯들이라는 말이다.

이런 문제는 사회적인 차원에만 머물지 않는다. 프랑스의 실존주의 철학자 장 폴 사르트르는 희곡 『닫힌 방』(Huis Clos)에서 "타인은 지옥이다"라는 유명한 말을 남겼다. 이는 깨어진 관계 속에서 서로가 서로에게 얼마나 큰 고통이 될 수 있는지를 보여주는 통찰이다. 가장 가까워야 할 가족 안에서의 불화, 직장에서의 경쟁과 시기, 친구 관계에서의 오해와 배신, 이러한 감정들은 우리가 모두 '관계의 지옥'을 조금씩은 경험하며 살아가게 만든다.

더 깊이 들어가면, 이 전쟁은 우리 내면에서도 벌어진다. 끊임없이 자신을 다른 사람과 비교하며 느끼는 열등감, 완벽해야 한다는 압박감, 실수한 자신을 용서하지 못하는 자기 정죄. 이 모든 것이 하나님과 원수 된 우리가, 자기 자신과도 화평을 누리지 못하고 있음을 보여 주는 비참한 증거이다. 영화 〈쇼생크 탈출〉에서 오랜 수감 생활 끝에 가석방된 노인 브룩스는 감옥 밖의 자유로운 세상에 적응하지 못하고 결국 스스로 목숨을 끊는다. 그의 몸은 감옥을 탈출했지만, 그의 마음은 여전히 절망이라는 감옥에 갇혀 있었던 것이다. 세상은 이 문제를 해결하기 위해 명상, 심리치료, 성공 등 다양한 해결책을 제시하지만, 그것은 마치 납덩이의 표면을 반짝이게 닦는 것과 같다. 근본적인 재질은 변하지 않은 채, 살아가고 있다. 이것이 바로 오늘 우리가 살아가면서 극복하지 못하고 있는 문제들이다.

Page 3. 위대한 연금술의 시작 (성경 속의 은혜)

바로 이 절망의 한복판에서 사도 바울은 인류 역사를 뒤바꾼 위대한 연금술의 비밀을 선포한다. 그것은 우리의 노력이 아니라, 하나님의 일방적인 행동에서 시작된다. 하나님께서 연금술을 시작하는 재료는 바로 '사랑'이다. 이 사실에 대해서 5절 하반절은 "우리에게 주신 성령으로 말미암아 하나님의 사랑이 우리 마음에 부은 바 됨이니"라고 증언하고 있다. 여기서 '부은 바 되었다'라는 헬라어 '엑케퀴타이(ἐκκέχυται)'는 마치 댐이 터져 폭포수처럼 쏟아지는 이미지를 담고 있다. 이 말씀은 가장 먼저 하나님께서 우리의 마음에 깊고도 넓은 사랑을 아낌없이 쏟아부어 주셨고, 충만하게 채워주셨다는 말씀이다. 이 놀라운 사랑은 '십자가'로 증명된다. 8절은 그 사랑의 증거가 언제, 어떻게 나타났는지를 보여준다. "우리가 아직 죄인 되었을 때에 그리스도께서 우리를 위하여 죽으심으로 하나님께서 우리에 대한 자기의 사랑을 확증하셨느니라." 신학자 존 스토트는 그의 명저 『그리스도의 십자가』에서 십자가는 하나님의 사랑과 공의가 충돌하는 지점이 아니라, 오히려 그 두 가지가 가장 완벽하게 조화를 이루며 드러난 사건이라고 역설했다. 하나님은 우리가 가장 사랑스럽지 않았을 때, 우리가 그분을 향해 창을 겨누고 있던 '원수였을 때' 우리를 위해 목숨을 내어주심으로, 그 사랑이 진짜임을 온 우주 앞에 증명하셨다. 참으로 아이러니한 것은 이 사랑은 '환난'이라는 불을 통해 우리 안에 '소망'을 빚어낸다는 사실이다. 3-4절에서는 하나님께서 우리를 연금하시는 공식을 잘 보여 주고 있다. "환난은 인내를, 인내는 연단을, 연단은 소망을 이룬다"라는 것이 바로 영적 연금술의 과정이다. 여기서 '연단(δοκιμή)'은 불로 시험하여 불순물이 제거된 '검증된 순금'과 같은 인격을 의미한다. 마치 대장장이가 쇠를 불에 달구고 망치로 두드려 명검을 만들어내듯, 하나님은 환난이라는 불과 인내라는 망치질을 통해, 우리 안에 세상이 흔들 수 없는 영광스러운 소망을 빚어내시는 사실이다. 이것이 바로 성경 속에서 우리에게 보여주는 하나님의 역설적인 은혜이다.

Page 4. 소망의 연금술사로 살아가기(세상에서의 은혜)

이러한 은혜는 성경에만 있는 은혜가 아니라 오늘 우리에게도 동일하게 주어지는 은혜라는 사실이다. 우리를 사랑하시는 하나님은 환난을 통해서 불같이 연단하시고 정금같은 믿음으로 새롭게 만들어 가시는 분이시다.

우리는 모두 그 은혜를 체험하고 기억하고 있는 사람들이다. 얼마전 어떤 분과 상담을 한 적이 있다. 어떤 일로 인하여 상처를 주고받았는데, 억울한 감정이 해소되지 않아 분이 가득하게 되었다. 상담을 통해 그동안 일에만 관심이 있었지, 사람에게는 관심이 없었다는 것을 알게 되었다. 그러다 보니 애써 수고했지만, 수고했다는 말을 하지 못하고, '왜 그렇게 많이 준비했어?'라고 핀잔 아닌 핀잔을 주게 되었고 이에 마음이 상한 성도는 마음이 상한 탓에 절제하지 못한 언사를 통해서 또 상처를 주고받게 되었다는 사실을 알게 되었다. 그래서 바벨의 언어에서 성령의 언어로, 업무적인 언어에서 목회적인 언어로 바꾸어야 한다고 조언을 했다. 다시 말해서 '물건이나 일에 더 깊은 관심을 두지 말고 사람에게 관심을 두는 언어를 사용해야 한다'라고 조언을 했다. 그런데 그분이 이 말을 듣고 기도하면서 먼저 용서의 손을 내밀게 되었고, 그 과정에서 마음의 평안을 느끼면서 하나님께서 주시는 기쁨의 눈물을 흘리게 되었다고 고백하였다. 비록 억울한 일을 당한 것 같았지만, 하나님의 사랑은 그분을 더 깊은 영적인 차원으로 이끄시는 연금 과정으로 초대하여 정금같은 영혼으로 빚어가셨음을 알게 되었다. 이제 그는 더 이상 그의 마음을 무겁게 짓누르는 납덩이를 두려워하는 사람이 아니라, 그 납덩이를 통해 일하실 하나님을 기대하는 '소망의 연금술사'로 살아가는 첫발을 내딛게 되었다.

이렇게 온몸으로 자신의 온 생애를 살아낸 사람이 있다. 네덜란드의 신부이자 영성가였던 헨리 나우웬이다. 그는 하버드와 예일 대학의 존경받는 교수였다. 세상의 기준으로 보면 그는 모든 것을 가진 성공한 사람이었다. 그러나 그의 내면은 깊은 외로움과 인정받고 싶은 욕구라는 '납덩이'로 가득 차 있었다. 그는 자신의 성공이 결코 내면의 공허함을 채워주지 못한다는 것을 깨닫고, 어느

날 모든 것을 내려놓고 지적 장애인들과 함께 사는 라르쉬 공동체로 들어갔다. 그곳에서 그는 더이상 가르치는 사람이 아니라, 도움이 필요한 사람들을 씻기고 먹이는 섬기는 자가 되었다. 이것은 그에게 큰 '환난'이었다.

그러나 그는 자신의 연약함과 상처를 정직하게 마주하는 그 자리에서, 비로소 하나님의 무조건적인 사랑을 깊이 경험하게 되었다. 그리고 그는 그의 유명한 책 『상처 입은 치유자』(The Wounded Healer)에서 이렇게 고백한다. 우리의 상처가 치유의 원천이 될 수 있다고. 나의 깨어짐을 통해 다른 사람의 깨어짐을 이해하고 감싸 안을 수 있게 된다는 것이다. 헨리 나우웬은 자신의 명예와 지성이라는 납덩이를 내려놓고, 연약함과 섬김이라는 불 속으로 들어감으로써, 수많은 영혼에게 위로와 소망을 전하는 황금 같은 인생을 살아낸 우리 시대의 진정한 '소망의 연금술사'였다. 그리고 계속해서 우리에게 그러한 연금술사로 살아가도록 초대하고 있다. 이것이 바로 하나님께서 우리에게 주신 그 놀라운 은혜이다.

결론

오늘 우리는 고난의 납덩이를 소망의 금으로 바꾸시는 하나님의 놀라운 연금술에 대해 들었다. 이 모든 이야기의 시작은 우리가 믿음으로 하나님과 화평을 누리게 되었다는 사실이다. 그리고 그 평화 위에서 우리는 환난을 두려워하지 않고, 오히려 그것을 통해 우리를 빚어 가시는 하나님의 손길을 신뢰하며 즐거워할 수 있다는 사실이다. 그 모든 과정을 가능하게 하는 힘은 우리 안에 폭포수처럼 부어 주신 성령을 통한 하나님의 사랑이며, 그 사랑의 가장 확실한 증거는 우리가 아직 원수였을 때 우리를 위해 십자가에서 죽으신 예수 그리스도이다.

사순절의 여정을 걷는 우리 앞에 어떤 납덩이가 놓여있는가? 해결되지 않는 문제, 아물지 않는 상처, 벗어날 수 없을 것 같은 연약함이 있는가? 오늘 우리 주님은 그 모든 것을 위대한 연금술사이신 하나님 앞에 그대로 가져오기를 원하신다. 그리고 이렇게 고백하기를 원하신다.

"주님, 이 실패와 아픔 속에서도 주님은 일하고 계심을 믿습니다. 이 환난을 통해 나를 연단하시고, 마침내 영광스러운 소망에 이르게 하실 것을 믿습니다."

이 고백 위에 우리 삶의 모든 잿빛 납덩이들이 하나님의 영광을 드러내는 순금으로 변화되는 놀라운 은혜가 있기를 바란다.

2026 3.15

사순절 네 번째 주일

성서정과 | 시 23; 삼상 16:1-13; 엡 5:8-14; 요 9:1-41

예배로 부름 Call to Worship

우리에게 있는 대제사장은 우리의 연약함을 동정하지 못하실 이가 아니요 모든 일에 우리와 똑같이 시험을 받으신 이로되 죄는 없으시니라 그러므로 우리는 긍휼하심을 받고 때를 따라 돕는 은혜를 얻기 위하여 은혜의 보좌 앞에 담대히 나아갈 것이니라(히 4:15-16)

예배 기원 Invocation

사순절 기간에 십자가를 지신 예수님을 묵상하며 예배합니다. 나 같이 부족하고 허물 많은 죄인을 구원하시기 위하여 고난의 길을 마다하지 않으셨으니 그 크신 은혜를 어찌 다 갚으오리이까? 오직 찬양과 경배와 감사로 나아가오니 우리가 드리는 이 예배를 기쁘게 받아 주옵소서. 고통 중에 부르짖는 성도의 기도를 들어주시며, 진리의 말씀을 보내사 상한 영혼을 고쳐 주옵소서. 우리 인생에 일어나는 광풍을 명하사 잔잔하게 해 주시고, 하나님을 기뻐하는 중에 소원의 항구에 이르게 하옵소서. 예수님의 이름으로 기원하옵나이다. 아멘.

이 주일의 찬송 Hymns

나의 기쁨 나의 소망되시며(95장) / 너 하나님께 이끌리어(312장) / 나의 믿음 약할 때(374장) / 주 사랑 안에 살면(397장) / 선한 목자 되신 우리 주(569장) / 주는 나를 기르시는 목자(570장)

성시 교독 Responsive Readings시편 23

인도자 ¹ 여호와는 나의 목자시니 내게 부족함이 없으리로다
회 중 ² 그가 나를 푸른 풀밭에 누이시며 쉴만한 물 가로 인도하시는도다
인도자 ³ 내 영혼을 소생시키시고
회 중 자기 이름을 위하여 의의 길로 인도하시는도다
인도자 ⁴ 내가 사망의 음침한 골짜기로 다닐지라도 해를 두려워하지 않을 것은
회 중 주께서 나와 함께 하심이라 주의 지팡이와 막대기가 나를 안위하시나이다
인도자 ⁵ 주께서 내 원수의 목전에서 내게 상을 차려 주시고 기름을 내 머리에 부으셨으니 내 잔이 넘치나이다
회 중 ⁶ 내 평생에 선하심과 인자하심이 반드시 나를 따르리니 내가 여호와의 집에 영원히 살리로다

고백의 기도 Prayer of Confession

네 이웃을 네 몸과 같이 사랑하라고 가르쳐주신 하나님! 저희는 심히 교만하여, 가난하고 배움이 부족한 이웃을 멸시할 때가 많았습니다. 고난 중에 있는 교우를 볼 때 모른 척 외면도 했습니다. 위기를 만나 당황하고 있는 이웃을 도와주기는커녕 내 이익을 챙기는 기회로 삼기도 하였습니다. 네 원수를 사랑하며 너를 박해하는 자를 위하여 기도하라고 하신 주님의 말씀과는 달리 원수를 미워하며 내 마음에 들지 않은 이웃을 향해 저주하기를 서슴지 않았습니다. "누구든지 하나님을 사랑하노라 하고 그 형제를 미워하는 자는 거짓말하는 자라"하셨는데 우리가 바로 그 거짓말하는 자요, 외식하는 신앙인임을 고백합니다. 이웃 사랑을 실천하지 않는 저희의 죄를 용서해 주옵소서. 예수님의 이름으로 이 고백의 기도를 드립니다. 아멘.

사함의 확신 Assurance of Forgiveness

이에 여자에게 이르시되 네 죄 사함을 받았느니라(눅 7:48)

오늘의
주제

어둠에서 빛으로, 하나님의 새로운 시선

석의적 접근

구약의 말씀 삼상 16:1-13

본문은 이스라엘 역사의 중요한 전환점으로, 인간적인 기준을 뒤엎는 하나님의 주권적인 선택을 보여 주는 말씀으로 사울 왕의 실패라는 어두운 배경에서 시작된다. 사무엘은 자신이 기름 부어 세운 첫 왕 사울이 하나님께 버림받은 사실에 깊은 슬픔에 잠겨 있다. 그러나 하나님은 과거에 대한 슬픔을 끊고, 새로운 시작을 위해 "뿔에 기름을 채워 가지고 가라"고 명령하신다. 4-7절을 보면, 사무엘은 베들레헴 이새의 집에 도착하여 그의 아들들을 살핀다. 사무엘의 시선은 맏아들 엘리압에게 고정되고 그를 왕으로 세우셨을 것으로 확신한다. 그 이유는 그의 준수한 용모와 큰 키 때문이었다. 그러나 하나님은 사무엘의 시선을 교정하신다. 하나님은 외모가 아니라 그 사람의 본질과 가능성, 하나님을 향한 마음의 방향을 보신다. 월터 브루그만은 이 장면을 기존의 '왕의 이데올로기'에 대한 '예언자적 비판'으로 해석한다.

'막내' 다윗은 거룩한 제사 자리에도 부름받지 못하고 들판에서 양을 치고 있었다. 그러나 하나님께서는 바로 그를 택하신다. 사무엘이 다윗에게 기름을 붓자, 결정적인 변화가 일어난다. 13절은 "여호와의 영에게 크게 감동되니라"라고 증언한다. 이전까지 평범한 목동이었던 그가 이제 하나님의 영에 사로잡힌, 새로운 소명을 받은 존재로 변화되었다. 사울에게서 여호와의 영이 떠났다는 기록과 대조되며, 이스라엘의 리더십이 공식적으로 이양되었음을 알린다.

서신서의 말씀 엡 5:8-14

본문은 그리스도인의 근본적인 정체성 변화와 그에 따른 윤리적 삶을 '어둠'과 '빛'이라는 관점에서 교훈하는 말씀이다. 바울은 단순히 '어둠 속에 있었다'라고 말하지 않고, "너희가 전에는 어둠 그 자체였다"고 선언한다. 이는 죄가 단순히 우리의 행동에 머무는 것이 아니라, 우리의 존재 자체를 규정하는 본질이었음을 의미한다. 그러나 이제 '주 안에서(ἐν Κυρίῳ)' 우리의 정체성은 완전히 역전된다. 우리는 '빛 가운데 있는 자'를 넘어 '빛 그 자체(φῶς)'가 되었다. 이는 그리스도와의 연합을 통해 그의 빛의 본성에 참여하게 된, 놀라운 신분의 변화를 말한다.

바울은 빛의 자녀로서 살아가는 삶이 맺는 구체적인 결과를 '빛의 열매'라고 부른다. 10절의 말씀은, 우리의 윤리적 실천이 율법 조항을 맹목적으로 따르는 것이 아니라, 모든 상황 속에서 "어떻게 하는 것이 우리를 빛으로 부르신 주님을 기쁘시게 하는 것일까?"를 분별하며 살아가는 삶을 보여 준다. 빛의 자녀들은 단순히 어둠을 피하는 소극적인 삶을 넘어, 어둠을 향한 적극적인 사명을 가진다(11-14절). '책망하라'는 말씀은 '드러내다', '폭로하다', '잘못을 깨닫게 하다'는 뜻이다. 이는 우리의 빛 된 삶을 통해 어둠의 일이 얼마나 무익하고 부끄러운 것인지를 드러내라는 의미이다. 14절의 '잠자는 자', '죽은 자들'은 영적인 어둠과 죽음 가운데 있는 불신자들인데 이들을 향해 "깨어서 일어나라"라고 외치는 것은 교회의 선포적 사명을 보여 준다. 우리가 이 복음의 빛을 비출 때, "그리스도께서 친히 그들에게 빛을 비추셔서(ἐπιφαύσει σοι ὁ Χριστός)" 그들을 어둠에서 생명으로 옮기실 것이라는 약속의 말씀이다.

복음서의 말씀 요 9:1-41

본문은 예수님께서 날 때부터 맹인이었던 사람을 고치신 사건을 통해, '빛'과 '어둠', '봄'과 '보지 못함'의 주제를 심도 있게 다루는 극적인 이야기이다.

제자들은 맹인을 보자마자 그의 고통을 '죄의 결과'라는 인과응보적 틀 안에서 해석하려 한다. 예수님은 '누구의 죄 때문인가'라는 과거 지향적인 질문을 단호하게 거부하신다. 대신 이 고통의 현장을 하나님의 영광이 드러날 미래 지향적인 기회의 장으로 재해석하신다. 이어서 예수님은 "내가 세상에 있는 동안에는 세상의 빛(φῶς εἰμι τοῦ κόσμου)이로라"고 선언하시며, 자신이 바로 이 어둠의 문제를 해결할 존재임을 밝히신다. 6-12절에 나오는 예수님의 치유 방식은 독특하며 깊은 상징적 의미를 담고 있다. 진흙을 바르신 모습은 창세기 2장에서 하나님께서 흙으로 사람을 지으신 창조 행위를 연상시킨다. 예수님의 치유는 단순한 회복을 넘어, 새로운 피조물로 다시 빚으시는 '재창조'의 사역임을 암시한다. 맹인은 "실로암 못에 가서 씻으라"라는 예수님의 말씀을 듣고 순종하여 '보냄을 받은 못'으로 간다. 그의 눈뜸은 예수님의 창조적 능력과 맹인 자신의 믿음의 순종이 만나는 지점에서 일어난다. "우리도 맹인인가"라고 묻는 바리새인들에게 예수님은 "너희가 맹인이 되었더라면 죄가 없으려니와 본다고 하니 너희 죄가 그대로 있느니라"고 선언하신다. 이는 자신들의 영적 상태를 전혀 깨닫지 못하는 교만이 가장 깊은 형태의 영적 맹인 상태임을 보여 준다.

설교를 위한 조명

서신서의 말씀(엡 5:8-14)으로 설교 작성 / 4TS
"빛의 흔적을 남기며 걷는 삶"

서론

'근묵자흑'(近墨者黑)이라는 사자성어가 있다. 먹을 가까이하는 사람은 검어진다는 뜻으로, 우리가 주변 환경에 얼마나 큰 영향을 받으며 살아가는지를 보여준다. 어둠과 함께하면 우리도 모르게 어둠에 물들고, 빛과 함께하면 빛에 물드는 것은 당연하다. 작가 C.S. 루이스는 그의 책 『순전한 기독교』에서 "한 사람이 어두운 방에 있는 것과 그 사람이 어두운 방 그 자체가 되는 것은 전혀 다른 문제"라고 말했다. 사도 바울은 오늘 본문에서 그리스도인이 된다는 것이 바로 이 근본적인 변화라고 선포한다. 우리는 단순히 어둠 속에 잠시 머물렀던 존재가 아니라, 우리의 본질 자체가 '어둠'이었고, 이제는 그리스도 안에서 '빛' 그 자체가 되었다는 것이다. 사순절 세 번째 주일, 우리는 이 놀라운 정체성의 변화를 기억하며, 어떻게 어두운 세상 속에서 '빛의 흔적'을 남기는 삶을 살아갈 수 있을지 함께 말씀을 나누고자 한다.

1. 본문에 기록된 사건은 무엇인가?

오늘 본문은 어떤 극적인 사건을 묘사하기보다, 그리스도 안에서 이미 일어난 가장 극적인 사건, 즉 존재의 대전환을 선포한다. "너희가 전에는 어둠이더니 이제는 주 안에서 빛이라"(8절). 바울은 우리가 '어둠에 속해 있었다'라고 말하지 않고, 우리의 본질 자체가 '어둠 그 자체(ἦτε...σκότος)'였다고 말한다. 이는 죄와 하나님으로부터의 분리가 우리의 정체성이었던 시절을 상기시킨다. 그러나 이제 '주 안에서(ἐν Κυρίῳ)' 우리는 '빛 그 자체(φῶς)'가 되었다. 이것은 우리의 노력으로 이룬 변화가 아니라, 빛이신 그리스도와의 연합을 통해 일어난 신분의 혁명이다. 마치 깜깜한 밤하늘에 떠 있던 차가운 돌덩이 같던 달이, 태양 빛을 반사하여 스스로 빛나는 존재가 된 것과 같다. 이 정체성의 대전환이 바로 오늘 본문이 증언하는 중심 사건이다.

2. 오늘 말씀을 기록한 목적은 무엇인가?

바울이 이 말씀을 기록한 목적은 우리의 새로운 정체성을 깨닫게 하기 위함이다. 우리는 종종 우리가 누구인지를 잊고 살아간다. 여전히 과거의 어둠 속 습관에 발목 잡히고, 죄책감에 시달리며 살아간다. 바울은 그런 우리를 향해, "당신은 더 이상 어둠이 아닙니다. 당신의 시민권은 이제 빛의 나라에 있습니다!" 선포하며 우리의 영적 자존감을 일깨운다. 그리고 새로운 정체성에 합당한 삶을 살도록 촉구하기 위해 기록했다. "빛의 자녀들처럼 행하라"(8절b)는 명령이 바로 그것이다. 신학자 칼 바르트(Karl Barth)는 그리스도인의 윤리를 '은혜에 대한 감사'로 설명했다. 우리가 빛의 열매를 맺는 것은 구원의 조건이 아니라, 이미 우리를 빛으로 만들어주신 그 놀라운 은혜에 대한 자연스러운 응답이며 감사라는 것이다. 이 말씀을 기록한 목적은 우리를 정죄하려는 것이 아니라, 우리가 받은 은혜가 얼마나 큰지를 깨닫고 기쁨으로 빛의 삶을 살아가도록 격려하기 위함이다.

3. 오늘 말씀을 통해서 실천할 수 있는 윤리적 규범은 무엇인가?

오늘 말씀을 통해서 우리에게 실천할 수 있도록 제시하는 윤리적 규범은 '빛의 자녀로 살아가야 하는 삶'이다. 우리의 삶은 구체적인 열매로 증명되어야 한다. 바울은 그 열매를 "모든 착함(ἀγαθωσύνη)과 의로움(δικαιοσύνη)과 진실함(ἀληθεία)"이라고 말한다. 이는 이웃을 향한 적극적인 선행, 하나님의 기준에 맞는 올바른 관계, 그리고 거짓 없는 진실한 삶의 태도를 의미한다. 그리스도인의 윤리는 단순히 '하라, 하지 말라'는 규칙 목록이 아니다. 그것은 모든 상황 속에서 "지금 이 순간, 어떻게 하는 것이 나를 빛으로 부르신 주님을 가장 기쁘시게 할까?"를 묻고 분별하며 살아가는, 살아있는 관계이다. 우리는 어둠을 피하는 소극적인 삶을 넘어, 어둠을 향한 적극적인 사명을 가진다. '책망하라(ἐλέγχετε)'라는 말은 단순히 비난하라는 뜻이 아니라, '드러내다', '폭로하다'라는 뜻이다. 어두운 방에 빛을 비추면 숨겨진 먼지와 거미줄이 드러나듯, 우리의 거룩하고 진실한 삶 자체가 세상의 불의와 거짓을 드러내는 빛이 되어야 한다.

4. 윤리적 규범을 모범적으로 실천한 사례는 어디에 있는가?

2차 세계대전 당시, 나치의 광기라는 짙은 어둠 속에서 빛의 흔적을 남긴 사람들이 있다. 독일의 신학자이자 목사였던 디트리히 본회퍼(Dietrich Bonhoeffer)는 안락한 교수의 자리를 버리고 히틀러 암살 계획에 가담하며 불의에 저항했다. 그는 어둠의 일에 침묵하는 것은 중립이 아니라 동조라고 믿었다. 그의 삶은 '빛의 자녀는 어둠을 책망해야 한다'는 규범을 목숨으로 살아낸 증거였다.

네덜란드의 코리 텐 붐(Corrie ten Boom) 여사와 그 가족은 유대인들을 자신들의 집에 숨겨주며 하나님의 사랑을 실천했다. 그들은 발각되어 강제 수용소로 끌려가는 끔찍한 고통을 겪었지만, 그 어둠 속에서도 용서와 사랑이라는 빛의 열매를 맺었다. 그녀의 자서전 『주는 나의 피난처』(The Hiding Place)는 개인의 경건이 어떻게 시대의 아픔에 응답하는 '착함과 의로움'으로 나타나야 하는지를 보여주는 감동적인 사례이다. 그들은 자신들의 삶을 등불 삼아, 절망의 시대를 비추는 빛의 흔적을 남겼다.

결론

오늘 말씀은 우리에게 묻는다. 당신은 당신이 누구라고 생각하며 살아가는가? 여전히 과거의 어둠에 발목 잡혀 살아가는가, 아니면 주 안에서 빛이 되었다는 새로운 정체성으로 살아가는가? 우리가 함께 부르는 찬송가 288장(새 502장)의 가사가 우리의 결단을 촉구한다.

"빛의 사자들이여 어서 가서 어둠을 물리치고 주의 진리 모르는 백성에게 복음의 빛 비춰라"

사순절은 우리의 정체성을 다시 확인하는 시간이다. 우리는 더 이상 어둠이 아니다. 우리는 빛이다. 이제 세상 속으로 나아가 빛의 흔적을 남기는 삶을 살아가야 한다. 우리의 착한 행실로, 우리의 의로운 선택으로, 우리의 진실한 언어로 우리가 딛는 모든 땅 위에 거룩한 빛의 발자국을 남기는 삶이 되어야 한다.

2026 3.22
사순절 다섯 번째 주일

성서정과 | 시 130; 겔 37:1-14; 롬 8:6-11; 요 11:1-45

예배로 부름 Call to Worship

그가 찔림은 우리의 허물 때문이요, 그가 상함은 우리의 죄악 때문이라 그가 징계를 받으므로 우리는 평화를 누리고 그가 채찍에 맞으므로 우리는 나음을 받았도다 우리는 다 양 같아서 그릇 행하여 각기 제 길로 갔거늘 여호와께서는 우리 모두의 죄악을 그에게 담당시키셨도다(사 53:5-6)

예배 기원 Invocation

만민의 구원자가 되시는 하나님! 성부 하나님께서 죄인들을 구원하시려고 독생자를 아끼지 않고 세상에 내주셨으니 그 큰 사랑에 감사를 드립니다. 죄악 중에 죽어가는 우리를 살리시려고 성자 예수님께서 십자가에 달려 귀한 몸을 찢기시고 물과 피를 쏟으시며 고난당하셨으니 그 큰 은혜에 감사를 드립니다. 사순절이 깊어가는 주일 아침에, 이 모든 사실을 깨닫게 하시고 믿게 하시는 성령님의 감동 감화하심에 감사를 드립니다. 구원의 감격이 샘물처럼 넘쳐나는 예배가 되게 하여 주옵소서. 예수님의 이름으로 기원하옵나이다. 아멘.

이 주일의 찬송 Hymns

다 함께 주를 경배하세(12장) / 은혜가 풍성한 하나님은(197장) /
주의 확실한 약속의 말씀 듣고(267장) / 주 예수 내 맘에 들어와(289장) /
주여 복을 주시기를(362장) / 내가 깊은 곳에서(363장)

성시 교독 Responsive Readings   시편 130

인도자	¹ 여호와여 내가 깊은 곳에서 주께 부르짖었나이다
회 중	² 주여 내 소리를 들으시며 나의 부르짖는 소리에 귀를 기울이소서
인도자	³ 여호와여 주께서 죄악을 지켜보실진대 주여 누가 서리이까
회 중	⁴ 그러나 사유하심이 주께 있음은 주를 경외하게 하심이니이다
인도자	⁵ 나 곧 내 영혼은 여호와를 기다리며 나는 주의 말씀을 바라는도다
회 중	⁶ 파수꾼이 아침을 기다림보다 내 영혼이 주를 더 기다리나니 참으로 파수꾼이 아침을 기다림보다 더하도다
인도자	⁷ 이스라엘아 여호와를 바랄지어다 여호와께서는 인자하심과 풍성한 속량이 있음이라
회 중	⁸ 그가 이스라엘을 그의 모든 죄악에서 속량하시리로다

고백의 기도 Prayer of Confession

사순절이 깊어가는 주일 아침, 외식하는 바리새인과 서기관들을 책망하시던 주님의 말씀을 떠올리면서 우리의 신앙을 점검해 봅니다. 우리도 회칠한 무덤과 같이 겉으로는 아름답게 보이나 안에는 죽은 사람의 뼈와 모든 더러운 것들로 가득한 것은 아닌지요. 박하와 회향과 근채의 십일조는 정확하게 드려 스스로도 만족하고 교우에게도 칭찬을 들었으되, 신앙생활의 더욱 중한 바 정의와 긍휼과 믿음을 버리고 살지는 않았는지요. 무엇이든지 말만하며 행하지는 않았고, 무거운 짐을 묶어 사람의 어깨에 지우되 자신은 한 손가락으로도 움직이지 않으려 하지는 않았는지요. 잔과 대접의 겉은 깨끗이 하되 그 안에는 탐욕과 방탕으로 가득했던 바리새인의 모습이 바로 나의 모습이었음을 고백합니다. 외식하는 신앙으로 살았던 저희의 죄를 용서하여 주옵소서. 예수님의 이름으로 이 고백의 기도를 드립니다. 아멘.

사함의 확신 Assurance of Forgiveness

이 날에 너희를 위하여 속죄하여 너희를 정결하게 하리니 너희의 모든 죄에서 너희가 여호와 앞에 정결하리라(레 16:30)

> 오늘의 주제

절망을 넘어 생명을 주시는 하나님의 능력

석의적 접근

구약의 말씀 겔 37:1-14

에스겔은 바벨론 포로로 잡혀간 상황을 배경으로 한다. 하나님은 그를 영으로 이끌어 '골짜기(בִּקְעָה)'로 데려가시는데, 그곳은 이미 이전에 하나님의 영광이 떠난 비극의 장소였다(겔 3:22). 그곳에는 '심히 마른' 뼈들이 가득했다. 이 절망의 한복판에서 하나님은 "인자야, 이 뼈들이 능히 살 수 있겠느냐?"고 물으신다.

하나님은 에스겔에게 마른 뼈들을 향해 '대언하라(הִנָּבֵא)'고 명령하신다. 말씀이 선포되자, 뼈들이 서로 연결되고 힘줄이 생기고 살이 오르며 가죽이 덮이는, 놀라운 외형적 회복이 일어난다. 그러나 여전히 그들 속에 '생기(רוּחַ)'는 없었다. 다시 하나님은 에스겔에게 "생기를 향하여 대언하라"라고 명령하신다. 여기서 '생기(רוּחַ)', 즉 성령이 그들 속에 들어가자, 비로소 그들이 살아나 스스로 일어서서 '극히 큰 군대(חַיִל גָּדוֹל מְאֹד)'를 이루었다.

이 뼈들은 바벨론 포로 생활 속에서 민족적, 영적으로 완전히 죽어버린 이스라엘의 절망을 상징하고, 그들은 스스로 "우리의 소망이 없어졌으니 우리는 다 멸절되었다"고 말할 정도로 모든 희망을 포기한 상태였다. 하나님은 그들을 다시 고국 땅으로 돌아오게 하실 것을 약속하신다. 궁극적인 회복은 하나님께서 그의 '영(רוּחַ)', 즉 성령을 그들 속에 두실 때 완성된다(14절). 이는 새 언약의 핵심적인 약속이며(렘 31:33), 내적인 변화와 새로운 관계의 시작을 알린다.

서신서의 말씀 롬 8:6-11

바울은 인간 실존을 규정하는 두 가지 근본 원리, 즉 두 개의 '운영체제'를 선명하게 대조한다. 하나는 육신의 생각이다. 여기서 '육신(σάρξ)'은 하나님을 떠나 자기 자신을 중심으로 살아가는 타락한 인간의 본성 전체를 가리킨다. '생각(φρόνημα)'은 삶의 방향을 결정하는 근본적인 '마음가짐', '정신 체계'를 의미한다. 즉, '육신의 생각'이란 자기중심적인 옛 본성이 이끄는 삶의 방식이다. 또 하나는 '영의 생각'이다.

이는 성령께서 다스리시고 인도하시는 새로운 삶의 방식이다. 이 두 가지 생각의 결과는 극명하게 갈린다. 육신의 생각의 결과는 사망(θάνατος)이고 영의 생각은 생명과 평안(ζωὴ καὶ εἰρήνη)이다.

바울은 9-10절에서 복음 안에서 일어난 놀라운 반전을 선포한다. 그리스도인의 정체성의 전환인데, 그리스도인들은 더 이상 육신의 지배 아래 있지 않다는 것이다. 그 근거는 바로 "하나님의 영이 거하시면"이다. 이 말씀은 성령께서 우리 안에 완전히 내주하시며 주인이 되셨음을 의미한다. 성령의 내주하심은 그리스도께 속한 사람임을 증명하는 결정적인 표지이다. 11절은 8장의 백미이자, 사순절 여정이 궁극적으로 향하는 부활의 소망을 가장 강력하게 선포하는 말씀이다.

부활의 논리는 명확하다. 만약 예수님을 죽음에서 살리신 바로 그 성령께서 지금 우리 안에 거하신다면, 그 동일한 하나님께서 동일한 성령의 능력으로 장차 우리의 죽을 몸도 반드시 살리실 것이라는 내용이다. 이 약속은 기독교의 소망이 육체를 벗어난 영혼 구원에만 있는 것이 아니라, 우리의 몸까지도 온전히 회복되는 전인격적인 부활에 있음을 보여 준다.

복음서의 말씀 요 11:1-45

나사로 부활 사건은 예수님께서 당신 자신을 "부활이요 생명"으로 선포하시고 그 선포를 실제 행동으로 증명하신 결정적인 사건이다.

1-16절을 보면, 예수님은 마르다와 마리아, 나사로를 '사랑하셨음에도' 불구하고, 나사로가 병들었다는 소식을 듣고 이틀을 더 머무신다. 이 지체는 무관심이 아니라, 하나님의 영광을 드러내기 위한 의도적인 기다림이었다. 예수님은 나사로의 죽음을 '잠들었다'라고 표현하시면서 죽음이 끝이 아니라 깨어날 수 있는 상태임을 암시하며, 죽음을 정복하실 예수님의 권세를 미리 보여 주신다.

17-27을 보면, 마르다는 "마지막 날 부활 때에는 다시 살아날 줄을 내가 아나이다"라고 말하며, 당시 바리새인들이 가졌던 일반적인 미래 시제의 부활 신앙을 고백한다.

예수님은 "나는 부활이요 생명이니(Ἐγώ εἰμι ἡ ἀνάστασις καὶ ἡ ζωή)"라고 선포하시면서 이 위대한 선포를 "이것을 네가 믿느냐?"라는 개인적인 질문으로 연결시키며, 신학적 지식을 넘어선 인격적인 믿음을 촉구하신다. 마르다는 "주님, 그러하나이다 주는 그리스도시요 세상에 오시는 하나님의 아들이신 줄 내가 믿나이다"라고 고백하며 이 초대에 응답한다. 예수님은 마치 하나님께서 말씀으로 세상을 창조하셨듯이, 죽음을 향해 "나사로야 나오너라!(Λάζαρε, δεῦρο ἔξω)"라고 명령하셨을 때 죽음의 권세가 그 앞에 복종하였다. 나사로의 무덤은 우리가 직면한 죽음의 현실과 절망의 깊이를 상징한다.

설교를 위한 조명

> 서신서의 말씀(롬 8:6-11)으로 설교 작성 / 대지 설교
> # "두 개의 운영체제, 그리고 그 결과"

말씀에로 나아감

컴퓨터나 스마트폰을 처음 켜면, 우리 눈에는 보이지 않지만 그 기기의 모든 것을 관장하는 핵심 프로그램이 작동을 시작한다. 우리는 그것을 '운영 체제(Operating System)', 즉 OS라고 부른다. 어떤 OS가 설치되어 있느냐에 따라 기기의 성능과 기능, 운명까지 결정된다. 사자성어에 근주자적(近朱者赤), 즉 "붉은 것을 가까이하면 붉어진다"라는 뜻이다. 근묵자흑과 쌍을 이루는 표현으로, 좋은 환경과 좋은 사람을 가까이하면 덕을 입는다는 의미이다. 이처럼 무엇이 우리를 지배하고 이끌어가느냐가 곧 우리의 정체성이 된다는 사실이다.

사순절의 여정이 깊어가는 오늘, 사도 바울은 우리 인간의 삶에도 두 개의 근본적으로 다른 영적 운영 체제가 있다고 선포한다. 하나는 '육신'이라는 OS이고, 다른 하나는 '성령'이라는 OS이다.

오늘 말씀을 통해, 지금 나의 삶을 움직이는 운영 체제는 무엇이며, 그 끝은 어디를 향하고 있는지 함께 점검하고, 우리에게 새로운 생명의 운영 체제를 설치해주신 하나님의 은혜를 깊이 체험하는 시간이 되기를 바란다.

본문 이해와 주안점

1. 육신의 생각은 사망의 체제

바울은 6절에서 단호하게 선언한다. "육신의 생각은 사망이요" 여기서 '육신(σάρξ)'은 우리의 몸이 아니라, 하나님을 떠나 자기 자신을 왕으로 삼고 살아가

는 타락한 본성 전체를 가리킨다. 그리고 '생각(φρόνημα)'은 단순한 상념이 아니라, 삶의 방향을 결정하는 근본적인 '마음가짐', 즉 운영 체제의 핵심 코드와 같다. 따라서 '육신의 생각'이란 '자기 중심성'이라는 바이러스에 감염된 운영 체제이다. 이 OS의 특징은 무엇인가? 7절은 그것이 "하나님과 원수(ἔχθρα)가 되나니"라고 말씀한다. 스스로 왕이 되려 하니, 진짜 왕이신 하나님께 복종할 수도, 그분을 기쁘시게 할 수도 없다는 말이다.

교부 어거스틴은 그의 『고백록』에서, 선을 행하고 싶지만 악을 행할 수밖에 없는 자신의 비참함을 고백하며, 바로 이 육신의 운영 체제 아래 신음하는 인간의 실존을 생생하게 증언했다.

우리는 '나는 그리스도인인데'라고 생각하며 이 말씀이 나와는 상관없다고 여길지 모른다. 그러나 우리의 삶을 정직하게 들여다 보아야 한다. 혹시 염려와 불안이 내 마음을 지배하고 있는가? 다른 사람과의 비교와 시기심 때문에 잠 못 이루고 있는가? 용서하지 못하는 미움이 내 안에 가득 차 있는가? 이 모든 것이 바로 '육신'이라는 옛 운영 체제가 여전히 우리 안에서 백그라운드 앱처럼 실행되고 있다는 증거이다.

영화 〈반지의 제왕〉에서 프로도가 절대반지를 끼면, 사우론의 어두운 시선이 그를 찾아내는 것처럼, 우리가 육신의 생각이라는 반지를 낄 때, 사망의 권세는 어김없이 우리의 삶을 찾아와 생명과 평안을 앗아간다.

'자기중심성'이라는 육신의 OS는 필연적으로 하나님과의 단절을 낳고, 그 끝은 영적인 죽음과 불안일 뿐이다.

이제 바울은 이 어두운 진단에서 멈추지 않고, 우리를 향해 놀라운 반전의 소식을 선포하며 두 번째 대지로 우리를 이끌어간다.

2. 생명을 선물하는 운영 체제가 바로 성령

9절은 위대한 전환점이다. "만일 너희 속에 하나님의 영이 거하시면 너희가 육신에 있지 아니하고 영에 있나니." 여기서 '거하다(οἰκέω)'는 '집을 짓고 영구히 살다'라는 뜻이다.

성령님은 우리 삶에 잠시 머무는 손님이 아니라, 완전히 이사 오셔서 주인이 되셨다는 것이다. 이 '성령의 내주'가 바로 그리스도인의 정체성을 규정하는 유일한 기준이다. 우리의 소속 주소가 바뀐 것이다. 우리는 더 이상 '사망시 육신동'에 사는 자가 아니라, '평안시 생명동'에 사는 새로운 시민이 되었다. 신학자 존 칼뱅(John Calvin)은 성령의 가장 중요한 사역이 우리를 그리스도와 연합시키는 것이라고 말했다. 성령의 내주를 통해 우리는 그리스도께 접붙여지고, 그의 생명을 공급받는 새로운 존재가 된다는 말씀이다.

우리의 정체성은 우리의 감정이나 행위의 기복에 따라 결정되지 않는다. 내가 오늘 넘어지고 실패해서 '나는 역시 육신의 사람이구나'라고 절망할 때에도, 성경은 선포한다. "아니다. 네 안에 성령이 계시다면, 너의 진짜 신분은 영에 속한 사람이다." 이것이 복음이다. 사순절은 나의 실패를 묵상하며 죄책감에 빠지는 기간이 아니다. 오히려 나의 연약함에도 불구하고, 내 안에 '집을 짓고' 사시며 나를 포기하지 않으시는 성령님을 더욱 깊이 신뢰하고 의지하는 시간이다. 마치 집주인이 바뀌면 집의 용도와 목적이 완전히 바뀌는 것처럼, 성령께서 주인이 되신 우리의 삶은 이제 하나님의 기쁨을 위해 사용되는 새로운 목적을 갖게 된다.

성령의 내주하심은 우리의 법적 신분을 바꾸었고, 이제 우리의 삶은 새로운 주인이신 성령의 인도를 받는 새로운 목적지로 향하게 되었다.

그렇다면 성령이라는 새로운 운영 체제가 우리에게 주는 궁극적인 약속은 무엇일까? 바울은 이제 우리의 시선을 현재의 싸움을 넘어, 영광스러운 미래로 향하게 한다.

3. 부활을 약속하는 운영 체제는 보증

11절은 로마서 8장의 클라이맥스이자, 기독교 소망의 정수이다. "예수를 죽은 자 가운데서 살리신 이의 영이 너희 안에 거하시면… 너희 죽을 몸도 살리시리라" 바울의 논리는 단순하고 강력하다. 만약 역사 속에서 예수 그리스도의 무덤을 폭발시켰던 바로 그 부활의 영이 지금 당신 안에 '거주하고' 있다면, 그 동일한 영이 미래에 당신의 죽을 몸(θνητὰ σώματα)을 살리지 못할 이유가 없다는 말이다. 우리 안에 계신 성령은 단순한 위로자가 아니라, 미래 부활의 '보증(down payment)'이요, '첫 열매'이다.

신학자 N.T. 라이트(N.T. Wright)는 기독교의 소망이 죽어서 육체를 떠나는 것이 아니라, 하나님의 새 창조 안에서 우리의 육체가 부활하여 온전히 회복되는 것이라고 강조한다. 이 구절이 바로 그 소망의 가장 강력한 근거가 된다.

우리 중에 혹시 질병으로 고통받고 있는가? 노화로 인해 몸이 쇠약해지는 것을 느끼는가? 사랑하는 사람을 떠나보낸 슬픔 속에 있는가? 세상은 이것이 끝이라고, 죽음이 최종적인 승자라고 말한다. 그러나 오늘 말씀은 선포한다. 그렇지 않다! 우리 안에 계신 성령은, 지금 이 순간에도 우리의 죽을 몸속에서 부활의 생명을 잉태하고 계신다.

이 약속은 마치 어둡고 차가운 땅속에 묻힌 씨앗과 같다. 겉보기에는 죽은 것 같지만, 그 안에는 봄이 오면 싹을 틔울 생명이 담겨 있다. 사순절은 십자가라는 죽음의 땅에 묻히신 예수님을 묵상하는 시간이지만, 동시에 그 죽음을 뚫고 터져 나올 부활의 생명을 대망하는 시간이다.

성령은 우리 안에 심겨진 부활의 씨앗이며, 현재의 모든 고난과 죽음을 넘어 영광스러운 몸의 부활을 소망하게 하는 능력의 보증이다.

말씀의 갈무리

오늘 우리는 두 개의 운영 체제 앞에 서 있다. 하나는 '육신'이라는 낡은 OS이다. 이 OS는 자기중심성이라는 바이러스에 감염되어 우리를 끊임없이 불안과 다툼, 그리고 사망으로 이끌어간다. 다른 하나는 하나님께서 은혜로 설치해주신 '성령'이라는 새로운 OS이다.

이 OS는 우리를 그리스도와 연합시켜 새로운 신분을 주고, 생명과 평안으로 인도하며, 마침내 영광스러운 부활을 약속한다. 찬송가 191장(새 438장) 1절은 우리의 고백이다.

"내 영혼이 은총 입어 중한 죄 짐 벗고 보니 슬픔 많은 이 세상도 천국으로 화하도다"

사순절은 우리의 낡은 운영체제를 과감히 삭제하고, 성령이라는 새로운 운영체제를 완전히 신뢰하며 살아보기로 결단하는 시간임에 틀림이 없다. 육신의 생각에 '아니오'라고 말하고, 성령의 세미한 음성에 '예'라고 응답하는 거룩한 훈련의 시간이다. 이 40일의 여정을 통해, 우리의 삶이 죽음의 시스템이 아닌 생명의 시스템에 온전히 연결되어, 부활의 소망을 향해 힘차게 나아가는 삶이 되어야 한다.

2026 3.29

종려 주일 / 수난 주일

성서정과 | 시 31:9-16; 사 50:4-9a; 빌 2:5-11; 마 21:1-11

예배로 부름 Call to Worship
시온의 딸아 크게 기뻐할지어다 예루살렘의 딸아 즐거이 부를지어다 보라 네 왕이 네게 임하시나니 그는 공의로우시며 구원을 베푸시며 겸손하여서 나귀를 타시나니 나귀의 작은 것 곧 나귀 새끼니라 (슥 9:9)

예배 기원 Invocation
호산나! 다윗의 자손으로 오시는 이여! 만왕의 왕이 되사 예루살렘에 입성하시는 주님을 찬양합니다. 이스라엘 백성들이 종려나무 가지를 흔들며 예수님께 영광을 돌렸던 것과 같이 저희도 온몸과 마음을 다하여 큰소리로 찬양하며 기쁘게 예수님을 영접합니다. 백성들이 겉옷을 벗어 예수님께서 가시는 길에 깔아드렸던 것과 같이, 저희도 내게 있는 모든 것을 봉헌하고 헌신하여 주님의 가시는 길을 열어드립니다. 고난을 당할 것을 분명히 아셨으면서도 십자가를 향해 용감하게 나아가시던 예수님을 따라 저희도 진리와 순종과 헌신의 길을 걸어가게 하옵소서. 예수님의 이름으로 기원하옵나이다. 아멘.

이 주일의 찬송 Hymns
주 우리 하나님(14장) / 천지에 있는 이름 중(80장) / 호산나 호산나(141장) /
겟세마네 동산에서 최후 기도(157장) / 십자가를 내가 지고(341장) / 내 모든 소원 기도의 제목(452장)

성시 교독 Responsive Readings   시편 31: 9-16

인도자 9 여호와여 내가 고통 중에 있사오니 내게 은혜를 베푸소서
회 중 내가 근심 때문에 눈과 영혼과 몸이 쇠하였나이다
인도자 10 내 일생을 슬픔으로 보내며 나의 연수를 탄식으로 보냄이여
회 중 내 기력이 나의 죄악 때문에 약하여지며 나의 뼈가 쇠하도소이다
인도자 11 내가 모든 대적들 때문에 욕을 당하고 내 이웃에게서는 심히 당하니
회 중 내 친구가 놀라고 길에서 보는 자가 나를 피하였나이다
인도자 12 내가 잊어버린 바 됨이 죽은 자를 마음에 두지 아니함 같고 깨진 그릇과 같으니이다
회 중 13 내가 무리의 비방을 들었으므로 사방이 두려움으로 감싸였나이다
인도자 그들이 나를 치려고 함께 의논할 때에 내 생명을 빼앗기로 꾀하였나이다
회 중 14 여호와여 그러하여도 나는 주께 의지하고 말하기를 주는 내 하나님이시라 하였나이다
인도자 15 나의 앞날이 주의 손에 있사오니 내 원수들과 나를 핍박하는 자들의 손에서 나를 건져 주소서
회 중 16 주의 얼굴을 주의 종에게 비추시고 주의 사랑하심으로 나를 구원하소서

고백의 기도 Prayer of Confession

거룩하신 하나님! 고난주일에 드리는 회개를 받아주옵소서. 저희는 대접을 받고 영광을 누리는 자리는 원했으나, 십자가를 져야 할 고난의 자리에는 등을 돌렸습니다. 요한과 야고보처럼 주님 보좌의 좌편과 우편을 요구했지만, 주님께서 건네시는 고난의 잔에는 눈길을 주지 않았습니다. 겟세마네 제자들처럼 주님 곁에 머물러 기도해야 할 때는 잠을 잤으며, 주께서 잡히실 때는 홀로 남겨둔 채 어둠 속으로 몸을 숨겼습니다. 저희도 박해가 두려울 때면 베드로처럼 예수가 누구인지 도무지 모른다며 부인할 때도 있었습니다. 십자가의 고난을 외면했던 저희는 부활의 영광에 참여하지 못할까 두렵습니다. 자비로우신 주님! 우리의 연약함을 불쌍히 여기시고. 십자가 고난에도 동참할 수 있는 담대한 믿음을 주옵소서. 예수님의 이름으로 이 고백의 기도를 드립니다. 아멘.

사함의 확신 Assurance of Forgiveness

친히 나무에 달려 그 몸으로 우리 죄를 담당하셨으니 이는 우리로 죄에 대하여 죽고 의에 대하여 살게 하려 하심이라 그가 채찍에 맞음으로 너희는 나음을 얻었나니 너희가 전에는 양과 같이 길을 잃었더니 이제는 너희 영혼의 목자와 감독 되신 이에게 돌아왔느니라 (벧전 2:24-25)

오늘의
주제

낮아지신 메시아의 길

석의적 접근

구약의 말씀 사 50:4-9a

이사야 50장 4-9절은 소위 '야웨의 종의 노래' 중 세 번째 부분으로, 종의 사명과 고난, 그리고 하나님으로부터 오는 그의 확실한 확신과 구원을 다루고 있다. 이 단락은 주님의 수난을 기념하는 고난주일과 종려주일 설교의 중요한 참고 자료가 될 수 있는데, 이는 야웨의 종의 모습이 그리스도의 수난과 깊이 연결되기 때문이다.

먼저, 4절은 야웨의 종의 정체성과 사명을 명확히 한다. 여기서 학자(למודים)로 번역된 히브리어는 '가르침을 받은 사람'을 의미하며, '제자' 또는 '학생'이 더 적합한 단어로 제시된다. 이는 야웨의 종이 하나님께로부터 직접 가르침을 받고 말씀을 이해하는 자임을 강조한다. 특별히 혀보다는 귀를 더 강조하는데, 이는 하나님의 말씀을 듣는 것이 우선됨을 시사한다.

종은 아침마다 하나님께서 자신의 귀를 깨우쳐주시는 은혜를 통해 사명을 수행할 힘을 얻는다고 언급한다. 이 '듣는 자'로서의 정체성은 교회 지도자들에게 말하기보다 듣기에 집중하고 매일 하나님의 은혜를 체험해야 한다는 메시지를 제공한다. 초대 교부들은 이러한 혀(לשון)와 귀(אזן)에 대한 묘사를 그리스도에게 적용했는데, 순교자 저스틴(Justin Martyr)은 그리스도께서 빌라도 앞에서 침묵하셨을 때 이사야의 예언이 성취되었다고 보며, 시리아의 에프렘(Ephrem the Syrian)은 이를 그리스도의 새로운 가르침과 연결한다. 암브로스(Ambrose)

는 침묵을 통해 말하는 지혜를 배우는 것의 중요성을 강조하기도 했다.

5-6절은 야웨의 종의 순종과 고난 감내를 보여준다. 종은 하나님께서 보여주신 전략에 반항하거나 물러서지 않고, 심한 육체적 고난과 모욕을 기꺼이 받아들인다. 이러한 고난은 등에 채찍질 당하고, 뺨을 맞으며, 수염이 뽑히고 침 뱉음을 당하는 등의 사실적인 묘사로 나타난다. 이는 고대 근동에서 흔한 모욕적이고 가혹한 형벌이었다. 교부들은 이 구절을 예수 그리스도의 수난에 대한 예언으로 해석했다. 아타나시우스(Athanasius)는 본질적으로 고통을 겪지 않으시는 말씀이 육신 안에 거하시면서 고통을 자신에게 돌리셨다고 설명하며, 바실리우스 대제(Basil the Great)와 예루살렘의 키릴(Cyril of Jerusalem)은 그리스도께서 폭력에 굴하지 않고 모욕에 직면하여 인내하고 자제하는 모범을 보이셨다고 강조한다.

7-9절은 하나님의 도우심에 대한 종의 확고한 신뢰를 드러낸다. 그가 부싯돌(flint)같이 얼굴을 굳게 했다는 표현은 어떤 고난과 모욕에도 굴하지 않고 굳건히 자신의 사명을 수행하겠다는 결연한 의지를 보여준다. 종은 자신을 의롭다 하시는 이(my Vindicator)가 가까이 계시므로 자신을 정죄할 자가 없다고 확신한다.

'의롭다 하시는 이'는 문맥상 하나님을 지칭하기도 하고, 더 나아가 당시 페르시아의 황제였던 다리우스(Darius)와 같은 인간 조력자를 통해 역사하시는 하나님의 손길을 암시하기도 한다. 요한 크리소스톰(Chrysostom)은 이러한 적대자들의 조롱과 모욕이 낡은 옷처럼 사라질 것이며, 하나님의 도움이 모든 것을 능가한다고 설명한다.

알렉산드리아의 키릴(Cyril of Alexandria)은 아버지 하나님께서 그리스도를 도우셔서 그가 완전히 수치를 당하거나 압도되지 않도록 하셨으며, 이는 그리스도를 통해 죽음의 권세가 깨뜨려졌다는 부활의 신학적 의미와도 연결될 수 있음을 시사한다.

이사야 50장 1-3절의 서두는 이스라엘 백성의 죄로 인해 그들이 벌을 받았음을 강조하며, 하나님이 그들을 버린 것이 아님을 '이혼증서'를 주지 않음으로

써 상기시킨다. 이는 하나님께서 이스라엘에게 다시 돌아올 수 있는 길을 열어 두셨다는 의미를 내포한다. 이러한 배경은 야웨의 종의 온전한 순종과 대조를 이루며, 백성의 불순종으로 인한 고난 속에서 순종하는 종의 역할이 더욱 부각된다.

고난주일과 종려주일 설교의 관점에서 볼 때, 이사야 50장 4-9절은 예수 그리스도의 자발적인 고난 감내와 궁극적인 승리를 예언적으로 보여주는 핵심 구절이다. 그리스도는 '학자의 혀'로 곤핍한 자를 위로하고, 매일 하나님의 뜻을 '듣는 귀'로 깨달아 순종하며, 채찍질과 모욕, 침 뱉음이라는 극심한 수난을 겪으시면서도 부싯돌 같은 굳건한 의지로 인내하셨다. 이는 우리에게 겸손과 인내, 그리고 고난 속에서도 하나님을 신뢰하는 모범을 제시한다. 이사야 50장 9절에서 적대자들이 좀(moth)이 먹은 옷처럼 해어지고 멸망할 것이라고 예언된 것은, 고난과 죄가 결국 파괴될 것이며, 그리스도의 고난과 순종을 통해 하나님의 정의가 최종적으로 승리할 것임을 시사한다. 테오도레트(Theodoret)와 알렉산드리아의 클레멘트(Clement of Alexandria)는 죄가 마치 옷을 좀먹는 나방처럼 죄를 낳는 자들을 파멸시킨다고 설명하며, 이러한 비유를 통해 죄의 파괴적인 속성을 경고한다.

결론적으로 이사야 50장 4-9절은 야웨의 종의 순종과 고난, 그리고 하나님의 견고한 도우심에 대한 신학적 깊이를 제공한다. 특히 그리스도의 수난에 대한 명확한 예표로서, 종려주일의 승리적 입성과 그 이후의 고난을 연결하는 중요한 연결고리가 되며, 신자들이 그리스도의 겸손과 인내, 순종을 따르도록 도전하는 메시지를 담고 있다.

서신서의 말씀 빌 2:5-11

빌립보서 2장 5-11절은 초기 기독교의 대표적 그리스도 찬가로 널리 알려져 있다. 다수의 학자는 이 본문이 바울 이전에 이미 존재하던 예배용 찬가였으며, 바울이 자신의 신학적 목적에 맞게 일부 수정하여 빌립보 교회에 인용했다고 본다. 이 찬가는 크게 두 부분, 즉 자발적인 낮아짐(humiliation)과 그에 따른 하나님의 높이심(exaltation)으로 이루어진 구조를 가진다. 바울은 이 찬가를 통해 신자들이 지녀야 할 내적 지향, 곧 그리스도의 마음을 제시한다.

6절은 그리스도의 본질적인 신성을 강조한다. '하나님의 본체(μορφῇ θεοῦ)'라는 표현은 단순한 외적 형상이 아니라 하나님의 본질적이고 고유한 성품을 의미한다. 교부들은 이 구절을 통해 그리스도의 완전한 신성을 주장했다. 크리소스토무스는 "종의 형체가 참으로 종이듯 하나님의 본체 또한 참으로 하나님"이라고 해석했고, 닛사의 그레고리우스는 "하나님의 본체는 본질과 전적으로 동일하다"고 설명했다. 그리스도는 본질상 하나님과 동등하였으나, 그 동등됨을 자기 이익을 위해 움켜쥐지 않았다. 이는 인간이 지녀야 할 마음의 방향, 곧 권리나 지위를 붙잡아 두는 것이 아니라 내려놓고 타자를 향하는 방향을 시사한다.

7절의 '자기를 비워(ἑαυτὸν ἐκένωσεν)'는 이 찬가의 핵심으로, 이른바 케노시스(kenosis) 신학의 기초가 된다. 이는 신성을 포기했다는 의미가 아니라 신적 권리와 영광을 일시적으로 사용하지 않고 인간 본성에 맞게 자신을 제한했다는 뜻으로 이해되어 왔다.

아우구스티누스는 "자기를 비우셨다는 것은 하나님의 본체를 잃은 것이 아니라 종의 형체를 취했다는 의미"라고 주석했다. 6절과 동일한 단어 μορφή가 '종의 형체(μορφὴν δούλου)'에도 쓰인 것은 그리스도가 단순히 종의 모습을 흉내 낸 것이 아니라 참된 종의 본질을 받아들였다는 의미를 전달한다. 이 구절은 신자가 지녀야 할 마음의 방향, 즉 자발적 낮아짐과 섬김을 통한 타자를 향한 지향을 강조한다.

몰트만은 그의 저서 『십자가에 달리신 하나님』(The Crucified God), 『창조 안에 계신 하나님』(God in Creation: A New Theology of Creation and the Spirit of God) 등에서 창조 자체를 하나님의 자기 제한, 즉 타자를 위한 공간 창조로 해석한다. 그는 이를 위해 유대교 카발라 전통의 '침춤(Tzimtzum)' 개념, 곧 무한한 하나님이 자신을 수축하여 피조물이 존재할 공간을 만들었다는 사상을 차용하였고, 같은 맥락에서 빌립보서 본문의 자기 비움(κένωσις)을 설명한다.

그리스도의 성육신과 자기 비움은 하나님이 피조물과 함께하기 위해 자신을 제약한 사랑의 행위로 이해한다. 하나님은 자신 안에 여백을 두심으로 인간이 존재할 수 있는 길을 여셨고, 그리스도는 종의 형체를 취하심으로 인간과 공존하는 하나님으로 오셨다. 이것이 타자를 위한 마음의 방향이라는 점을 드러낸다.

8절 이후는 그리스도의 낮아짐이 절정에 이른 장면을 보여준다. "죽기까지 복종하셨으니 곧 십자가에 죽으심이라." 십자가는 로마 제국이 노예와 반역자를 처벌하기 위해 사용한 가장 수치스러운 형벌이었다. 그러나 바로 그 자리에서 그리스도는 자발적으로 자신을 내어주었다. 그 결과 하나님은 그를 '지극히 높이시고'(9절) '모든 무릎이 꿇게'하셨다(10절). 예수의 낮아짐과 높아짐이라는 구속 드라마는 신자들에게 동일한 마음의 방향을 촉구한다.

결론적으로 빌립보서 2장 5-11절은 그리스도의 겸손과 순종을 통해 신자가 지향해야 할 내적 방향을 보여준다. 하나님과 동등하신 분이 스스로를 비우고 타자를 위한 길을 택했듯이, 신자 역시 그리스도의 마음을 품어야 한다. 고난 속에서도 자신을 주장하는 방향이 아니라, 타자를 섬기고 하나님께 순종하는 방향으로 마음을 돌릴 때, 그리스도 안에서 구원과 소망을 경험할 수 있다. 이는 고난주일과 종려주일 본문이 제시하는 윤리적·신학적 교훈이다.

복음서의 말씀 마 21:1-11

본문은 예수님이 예루살렘에 입성하는 사건을 전하며, 그분 사역의 전환점을 이루는 장면으로 고난주간과 종려주일 설교에서 매우 중요한 배경이 된다. 이 사건은 갈릴리에서의 사역을 마치고 예루살렘에서 본격적으로 시작되는 논쟁과 수난을 예고하는 신호탄이다. 예수님은 자신의 죽음을 앞두고 예루살렘에 들어가시면서 구약의 예언을 의도적으로 성취하셨다. 즉 스가랴 9장 9절과 이사야 62장 11절의 말씀을 성취하시며, 예수님은 단순히 사건에 휩쓸리는 인물이 아니라 하나님의 주권 아래에서 구속사를 이루어가시는 주체로 나타난다. 제자들에게 나귀와 나귀 새끼를 가져오게 하시며 "주가 쓰시겠다"라고 하신 말씀은 모든 피조물과 역사가 하나님의 뜻 아래에 있음을 드러낸다.

예수님은 전쟁을 위한 말이 아니라 평화를 전하는 사신들이 타던 것으로 알려진 나귀를 타고 입성하셨다. 당시 사람들은 로마의 압제를 무너뜨리고 이스라엘의 왕국을 세울 정치적 메시아를 기대하고 있었지만, 예수님은 그 기대를 정면으로 거스르는 방식으로 등장했다. 나귀를 타고 입성하는 모습은 겸손과 평화의 상징이며, 예수님 자신의 왕권이 세상의 권력과는 전혀 다른 방식으로 나타남을 보여준다. 마태가 나귀와 나귀 새끼 두 마리를 모두 언급한 것은 스가랴의 예언을 문자적으로 성취하기 위한 것이거나, 당시 새끼 나귀를 데려올 때 어미와 함께 끌고 오는 관습을 반영한 것일 수 있다. 이 장면은 단순한 이동이 아니라 몸의 언어로 예수님의 겸손과 평화의 왕권을 선포한 상징적인 행위이다.

무리들은 이러한 예수님의 입성을 왕을 맞이하는 행위로 환영했다. 그들은 겉옷을 길에 펴고 나뭇가지를 베어 깔며 예수님을 맞았다. 이러한 행동은 구약에서 왕을 맞이할 때 행하던 의식과 연결되며, 예수님을 평화의 왕으로 받아들이고 복종을 약속하는 몸짓이었다.

그들은 "호산나 다윗의 자손이여"라고 외쳤는데, 이 외침은 시편 118편 25-26절에서 유래한 것으로, 절기 때 예루살렘 성전을 향해 올라가는 순례자들이 부르던 찬송이었으며, 예수님을 약속된 메시아로 찬양하고 구원을 요청하는 외침이었다. 그러나 그들의 이해는 부분적이었다. 많은 이들은 여전히 정치적이고 세속적인 메시아상을 가지고 있었고, 로마를 무너뜨리고 이스라엘을 회복시켜 줄 왕을 기대했다.

예루살렘 안에서는 이 소식이 퍼지자 성 전체가 소동하며 "이는 누구냐?"라고 묻는다. 사람들은 예수님을 "갈릴리 나사렛에서 나온 선지자"라고 소개했지만, 이는 예수님을 종말론적 선지자로 보는 제한된 이해에 머무는 것이다. 그들은 예수님의 메시아적 정체성과 십자가의 길을 온전히 알지 못했다.

이 입성 사건은 겉으로는 승리의 행진처럼 보이지만, 그 속에는 이미 다가올 수난의 그림자가 드리워져 있다. 환호하던 군중은 며칠 뒤 "그를 십자가에 못

박으라"고 외치는 군중으로 변하게 된다. 예수님은 이러한 미래를 아시면서도 스스로 그 길을 선택하셨다. 이는 단순히 왕의 영광을 취하는 행위가 아니라, 백성을 위해 자신을 내어주는 고난의 길로 나아가는 결정이었다. 교부들은 무리가 길에 깔았던 겉옷을 하나님의 가르침과 은혜의 상징으로 해석하며, 그것이 육체의 악을 덮는 은혜를 의미한다고 보았다. 이렇게 보면, 예수님의 예루살렘 입성은 그의 가르침과 친절이 백성 위에 덮이는 순간이자, 그들을 위해 자신을 내어놓는 구원의 사건으로 읽힌다.

따라서 마태복음 21장 1-11절은 예수님이 평화롭고 겸손한 왕으로 입성하는 사건이자, 군중의 열광 속에 감춰진 이해 부족과 다가올 십자가를 함께 보여주는 본문이다. 이 본문은 단순한 기쁨의 행진이 아니라, 예수님이 왕으로서의 정체성을 드러내면서 동시에 수난을 향해 나아가는 길을 여는 장면으로 읽혀야 한다. 종려주일 설교에서 이 본문을 묵상할 때, 겉으로는 영광스럽지만 실제로는 고난을 향한 걸음이라는 이 이중적 의미가 강조될 때, 예수님을 따르는 공동체는 자신들 또한 같은 길을 걷도록 부름 받았다는 사실을 새기게 된다.

설교를 위한 조명

서신서의 말씀(빌 2:5-11)으로 설교 작성 / 네 페이지 설교

"마음의 방향"

Page 1. 우리 마음은 어디를 향하는가? (성경 속의 문제)

오늘은 사순절의 마지막을 향해 가는 고난주간의 시작이다. 고난주간은 예수님께서 예루살렘 성에 입성하신 사건으로 시작되며, 사람들은 종려나무 가지를 흔들며 '호산나'를 외쳤다. 그래서 우리는 이 날을 종려주일이라고 부른다.

하지만 이 환호의 장면 뒤에는 깊은 아이러니가 숨겨져 있다. 그들은 예수님이 자신들의 정치적, 사회적 소망을 이루어 줄 존재라고 생각했다. 예루살렘 입성은 마치 승리의 행진처럼 보였지만, 예수님은 나귀를 타고 조용히 들어오셨다. 그것은 힘과 권위가 아니라, 겸손과 순종의 방향이었다.

빌립보서 2장 5-11절에서는 예수 그리스도께서 "자기를 비워 종의 형체를 가지사 사람들과 같이 되셨고 자기를 낮추시고 죽기까지 복종하셨으니 곧 십자가에 죽으심이라"고 말씀한다. 이 구절은 그리스도의 '마음의 방향'을 가장 명확하게 보여주는 선언이다.

오늘 우리의 삶을 돌아보면, 우리도 군중처럼 '보이는 영광'에 이끌려 마음이 흔들릴 때가 많다. 마태복음 27장 11절 이하에서 예수님은 빌라도 앞에서 침묵하시고, 군중은 "그를 십자가에 못 박으라"고 외친다. 며칠 전까지만 해도 '호산나'를 외치던 사람들이, 이제는 죽음을 요구한다. 왜 그렇게 되었을까? 그것은 예수님의 방향과 그들의 마음의 방향이 달랐기 때문이다.

온 세상이 주목하던 예루살렘 입구에서, 군중이 환호하며 종려나무 가지를 흔드는 그 순간, 한 분이 조용히 나귀를 타고 들어오신다. 세상의 기준으로는 영광과 권세를 드러낼 수 있는 순간이었지만, 그분은 낮은 모습으로 그 길을 택하셨다. 그 길가에 우리가 서 있었다면, 종려나무 가지를 들고 예수님이 지나가기를 기다리고 있었다면 우리는 달랐을까? 내 앞을 지나가는 예수님은 눈빛으로 내게 이렇게 말씀하시는 것 같다. "네 마음은 지금 어디를 향하고 있느냐?"

Page 2. 방향을 잃은 마음의 현실(세상에서의 문제)

오늘을 살아가는 우리 마음은 과연 어디로 향하고 있을까? 십여 년 전부터 많은 독자들에게 큰 울림을 준 한 책이 있다. 베셀 반 데어 콜크(Bessel van der Kolk)의 『몸은 기억한다』라는 책이다. 저자는 상처와 고통이 단순한 마음의 문제가 아니라 몸과 삶 전반에 새겨진다고 이야기한다. 그리고 그 상처를 치유하는 출발점은 마음의 방향을 새롭게 잡는 데 있다고 설명한다. 우리는 그 말을 들으면 고개를 끄덕이게 된다. 하지만 현실 속에서는 나도 모르게 마음이 엉뚱한 곳을 향하는 경우가 많다. 직장에서 실수를 감추기 위해 동료를 탓했던 기억, 가정에서 사랑받기 위해 끊임없이 나를 증명하려 했던 순간들…. 그때 우리의 마음은 과연 어디를 향하고 있었을까?

최근 한국 사회를 차분히 살펴보면, 여전히 치열한 경쟁과 경제적 불안 속에 놓여 있음을 발견한다. 청년들은 좁아지는 일자리 시장에서 서로를 앞지르기 위해 밤낮으로 공부하고 스펙을 쌓는다. 부동산 가격과 생활 물가는 계속 오르고, 전세 사기와 같은 사건들로 삶의 기반을 잃는 사람들도 늘어간다. 많은 사람들이 생존을 위해 서로에게 마음을 열지 못한 채 자기중심적으로 살아간다. 스스로를 지키는 데 급급하여 타인을 향한 마음을 굳게 닫아 버리곤 한다.

2025년에 개봉해 큰 화제를 모은 한 영화에서도 이런 현실이 적나라하게 그려진다. 영화의 제목은 우리나라 사람들이 가장 선호한다는 소위 국민 평수 아파트의 면적인 〈84제곱미터〉이다.

한 남자가 어렵게 국민 평수의 아파트를 마련한 뒤 행복한 미래를 꿈꾸지만, 몇 년 만에 집값 폭락으로 빚더미에 올랐다. 낮에는 회사 일을, 밤에는 배달 일을 하여 대출금을 갚으며 하루하루를 버텨 나간다. 영화에서는 84제곱미터 남짓한 공간에서 이웃들과의 갈등이 시작되고, 층간 소음을 둘러싼 의심과 불신이 점점 커져 서로를 경계하고 밀어내는 모습으로 이어진다. 겉으로는 평범한 일상을 사는 듯 보이지만, 속으로는 불안과 계산이 가득한 현실을 보여준다.

우리의 현실도 크게 다르지 않다. 교회 안에서도 상처와 불신이 쌓여 서로를 경계하며 거리를 두는 모습을 본다. 첫 종려주일의 예루살렘 군중을 떠올려 보라. 그들은 처음에는 예수님을 환호하며 맞이했지만, 그 기대는 세속적이었고 며칠 뒤에는 "그를 십자가에 못 박으라!"는 외침으로 바뀌었다. 우리 마음도 자주 그렇게 변한다. 입술로는 예수님을 찬양하지만 속으로는 세상의 인정과 권력, 안전만을 추구한다. 우리의 마음은 닫혀 있고 마음을 쏟아야 할 방향을 잃었다. 스스로 바른 방향을 찾아 가기란 결코 쉬운 일이 아니다.

Page 3. 자기를 비우신 은혜, 우리를 향한 마음 (성경 속의 은혜)

사도 바울은 가야 할 마음의 방향을 우리에게 제시한다. 빌립보서 2장 5절에서 그는 "너희 안에 이 마음을 품으라"고 우리에게 말씀한다. 이 마음은 "그리스도 예수의 마음"이다. 여기서 '마음을 품으라'로 번역된 헬라어 단어는 '프로네이테(φρονεῖτε)'라는 명령형 동사이다. 그 명사형은 실천적인 지혜나 통찰을 뜻하는 '프로네시스(φρόνησις)'인데, 이는 단순히 생각이나 감정이 아니라 삶의 방향과 태도 전체를 가리킨다. 그러므로 바울은 예수님의 마음을 흉내 내라는 것이 아니라, 그분의 삶의 태도와 방향 자체를 우리 안에 두라는 것이다.

사도 바울은 6절 이하의 말씀에서 예수님이 지니신 마음의 방향을 소개한다. 그는 예수님이 하나님과 동일한 신분과 본성을 지니셨지만, 우리를 위해 십자가에 죽으시기까지 낮아지셨다고 전한다. 예수님 마음의 방향이 높은 곳이 아니라 낮은 곳을 향했다는 말씀이다.

7절에서 전하는, 자기를 비우는 마음, '케노시스(κένωσις)'의 마음이 예수님의 마음이다. 비운다는 뜻의 헬라어 케노시스(κένωσις)는 자기의 권리와 특권을 붙들지 않고 다른 이를 위해 자신을 내어주는 태도를 의미한다. 예수님의 마음은 이렇게 낮은 곳에 있는 다른 이를 위해 마음을 쏟고, 자신을 내어주는 실천적인 태도라 할 수 있다.

신학자 위르겐 몰트만은 예수님의 자기 비움, 낮아지심의 사건을 "하나님의 자기 제한"이라고 설명했다. 마치 부모가 아이를 위해 자신의 시간을 제한하고, 아이의 눈높이에 맞추어 앉아주는 것처럼, 하나님께서도 우리를 위해 스스로를 제한하셨다는 것이다. 전능하신 하나님께서 우리와 같은 인간이 되시고, 결국 십자가에서 고난을 겪으신 사건은 다른 이를 향한 자기 제한의 극치를 보여주신 것이다.

우리가 하나님을 향해 마음을 닫고 있을 때에도, 주님은 우리를 향해 마음을 열어준다. 예수님의 마음이 그 증거다. 예수님의 마음, 그 마음이 우리에게 주신 하나님의 은혜이다. 우리가 닫힌 마음으로 살아갈 때에도, 예수님께서는 먼저 우리에게 다가오신다. 우리가 자기 자신을 지키기 위해 굳게 닫았던 문 앞에, 그분은 조용히 서서 우리를 기다리신다. 예수님은 우리를 향해 마음의 공간을 내어 주셨고, 우리의 고통과 한계를 자신의 존재 속에 품으셨다. 하나님은 우리를 멀리서 구원하지 않으시고, 우리와 같은 모습이 되어 고난을 함께 겪으셨다. 바로 이 십자가의 복음이 예수님의 마음이 가장 극명하게 드러난 사건이다.

이제 사도 바울의 명령을 다시 함께 들어 보자. "너희 안에 이 마음을 품으라. 너희 안에 그리스도 예수의 마음을 품으라!" 저와 여러분을 향해 열린 예수님의 마음이 느껴지는가? 우리 마음이 어느 방향을 향하고 있든, 그리스도의 마음은 여전히 우리를 향하고 있다. 그분의 겸손과 자기 비움이 우리를 구원하신 길이다. 이제 우리는 이 은혜를 삶 속에서 어떻게 살아내야 할지 고민해야 한다.

Page 4. 그리스도의 마음을 품는 삶(세상에서의 은혜)

"이 마음을 품으라"는 사도 바울의 명령은 그리스도 예수의 마음을 깨달을 때에만 가질 수 있다. 우리 마음의 태도, 우리 삶의 방향이 예수님의 마음의 방향과 행동을 따라야 하는 것이다. 단지 예수님의 사랑, 하나님의 은혜가 얼마나 큰가 하고 눈물 흘리고 탄복하고 감탄하는 것에서 그치지 말아야 한다는 말이다. 그렇다면 우리는 어떻게 이 마음을 품을 수 있을까? 이 시대를 향한 그리스도 예수의 마음의 방향을 먼저 확인하고, 그 마음이 향하는 사람과 문제를 실제로 품고 실천해야 한다.

우리의 일상으로 돌아가 보자. 가정에서, 직장에서, 교회에서 우리는 여전히 치열한 현실과 마주한다. 그러나 그 현실 속에서 작은 선택들을 통해 그리스도의 마음을 드러낼 수 있다. 직장에서 동료가 실수를 했을 때 비난 대신 격려의 말을 건네는 것, 가정에서 가족의 부담을 함께 나누는 것, 교회 안에서 서로를 세워주기 위해 자신의 시간을 내어주는 것. 이런 작은 행동들이 모여 우리의 마음을 그리스도의 마음으로 방향 짓게 한다.

우리가 그렇게 마음을 열고 타인의 고난에 공감할 때, 세상은 그리스도를 보기 시작한다. 그리고 우리 자신도 그 안에서 진정한 자유를 경험한다. 예수님께서 나귀를 타고 예루살렘에 입성하신 그 날, 세상은 겸손과 평화의 왕을 보았다. 오늘 우리의 삶에서도 사람들이 그리스도의 겸손과 자기 비움을 볼 수 있도록, 성령의 도우심을 구하며 그 길을 걸어가자.

   이제 우리의 마음의 방향을 주님께로 돌리자. 그리스도께서 우리를 위해 자신을 비우셨듯이, 우리도 우리의 마음을 비우고 주님과 이웃을 향해 열어 드리자. 그 길에서 하나님께서 우리에게 새로운 소망과 삶을 허락하실 것이다.

2026 4.2 성 목요일

성서정과 | 시 116:1-2, 12-19; 출 12:1-4, (5-10), 11-14; 고전 11:23-26; 요 13:1-17, 31b-35

예배로 부름 Call to Worship

평안을 너희에게 끼치노니 곧 나의 평안을 너희에게 주노라 내가 너희에게 주는 것은 세상이 주는 것과 같지 아니하니라 너희는 마음에 근심하지도 말고 두려워하지도 말라(요 14:27)

예배 기원 Invocation

죄인을 구원하시는 하나님 아버지! 성목요일에 하늘 아버지의 뜻에 순종하시던 예수님을 묵상하면서 예배합니다. 그 두려운 십자가의 무게를 감당하시려고 겟세마네 동산에 올라 기도하셨던 주님을 묵상합니다. 저희도 삶이 힘들고 괴로울 때마다 하나님께로 나아가 기도하며 문제를 해결하게 하옵소서. 칼과 몽치를 잡은 자들을 용서하시며, 제자에게는 네 칼을 도로 칼집에 꽂으라 명령하신 주님. 억울하고 원통한 날에도 주님의 말씀을 기억하며 평화의 길을 포기하지 않게 하옵소서. 존귀와 영광을 하나님께 돌리오며 예수님의 이름으로 기원하옵나이다. 아멘.

이 주일의 찬송 Hymns

우리 다 같이 무릎 꿇고서(231장) / 내 죄 속해 주신 주께(215장) / 주 십자가를 지심으로(265장) / 변찮는 주님의 사랑과(270장) / 하늘 보좌 떠나서(437장) / 생명 진리 은혜 되신(462장)

성시 교독 Responsive Readings   시편 116:1-2, 12-19

인도자	¹ 여호와께서 내 음성과 내 간구를 들으시므로 내가 그를 사랑하는도다
회 중	² 그의 귀를 내게 기울이셨으므로 내가 평생에 기도하리로다
인도자	¹² 내게 주신 모든 은혜를 내가 여호와께 무엇으로 보답할까
회 중	¹³ 내가 구원의 잔을 들고 여호와의 이름을 부르며 ¹⁴ 여호와의 모든 백성 앞에서 나는 나의 서원을 여호와께 갚으리로다
인도자	¹⁵ 그의 경건한 자들의 죽음은 여호와께서 보시기에 귀중한 것이로다
회 중	¹⁶ 여호와여 나는 진실로 주의 종이요 주의 여종의 아들 곧 주의 종이라 주께서 나의 결박을 푸셨나이다
인도자	¹⁷ 내가 주께 감사제를 드리고 여호와의 이름을 부르리이다
회 중	¹⁸ 내가 여호와께 서원한 것을 그의 모든 백성이 보는 앞에서 내가 지키리로다
다같이	¹⁹ 예루살렘아, 네 한가운데에서 곧 여호와의 성전 뜰에서 지키리로다 할렐루야

고백의 기도 Prayer of Confession

제자들과 함께 유월절 식사를 하시며 자기 사람을 사랑하시되 끝까지 사랑하셨던 주님! 성목요일에 주님께서 보여주신 신앙의 본을 기억하면서 회개하나이다. 주님께서 이날에 말씀하시기를 내가 너희를 사랑한 것같이 너희도 서로 사랑하라 하셨으나, 저희는 이웃을 사랑하기는커녕 형제를 미워하며 시기했습니다. 겟세마네 동산에서는 말씀하시기를 너희는 시험에 들지 않게 깨어있어 기도하라 하셨으나 저희는 육신이 피곤하다는 이유를 들며 오랫동안 기도의 잠을 잤습니다. 주님께서는 검으로 일어난 자는 검으로 망한다 하시며 끝까지 선한 방법으로 살아야 할 것을 가르쳐 주셨으나, 저희는 폭력과 위협과 권력에 기대어 살았습니다. 오 주여! 이토록 어리석은 저희를 불쌍히 여기시고 모든 시험과 죄악에서 건져 주옵소서. 예수님의 이름으로 이 고백의 기도를 드립니다. 아멘.

사함의 확신 Assurance of Forgiveness

나 곧 나는 나를 위하여 네 허물을 도말하는 자니 네 죄를 기억하지 아니하리라(사 43:25)

> 오늘의 주제

구원과 사랑의 식탁

석의적 접근

구약의 말씀 출 12:1-4, 11-14

출애굽기 12장은 이스라엘이 애굽에서 탈출하기 전 마지막 밤, 유월절 식사와 관련된 구체적인 지침을 다룬다. 본문 1-4절은 유월절 규례의 시작을 알리고, 11-14절에서는 그 식사의 방식과 신학적 의미, 그리고 이 절기를 기념해야 할 이유를 명시한다. 히브리력 첫 달(아빕 혹은 니산)의 정초에 하나님께서 백성에게 새 출발을 알리는 방식으로 이 절기를 제정하셨다는 점에서 유월절은 단순한 과거의 기념이 아닌 창조적 미래를 여는 구속사의 리듬으로 이해된다(출 12:2).

본문에서 강조되는 중요한 히브리어 어휘는 '페사흐(פֶּסַח)'이다. 이는 '넘어가다(pass over)'는 뜻의 동사 '파사흐(פָסַח)'에서 유래하며, 단순한 회피가 아니라 구원의 행위이자 은총의 표징으로 사용된다. 학자 알터(R. Alter)는 '페사흐'가 단순히 죽음의 천사가 피해간 행위를 지칭하는 것을 넘어서, 하나님의 보호와 구속의 적극적 개입을 암시한다고 본다.

5절부터 10절까지는 교회력의 본문에서 제외되었지만, 이 구절들 속에 담긴 '어린 양'의 제사적 의미는 유월절 전체 해석에 결정적인 영향을 미친다. 이 어린 양은 흠 없는 수컷으로서 상징적으로 백성의 죄를 전가받는 대속의 대상이다.

11절에서 "허리에 띠를 띠고 발에 신을 신고 손에 지팡이를 잡고 급히 먹으라"는 명령은 예배가 고요한 상태가 아니라 긴박하고 역동적인 출발과 해방의 서사임을 드러낸다. 12절은 하나님이 우상들에 대한 심판을 실행하심으로 이스라엘의 하나님 되심을 드러낸다. 13절은 훗날 신약에서 예수님의 피와 연결되는 중요한 신학적 연결 고리가 된다. 14절은 유월절이 대대로 지킬 여호와의 절기이며, 이 날을 기념해야 할 의무임을 분명히 한다.

이 본문은 오늘날 신앙 공동체가 하나님께서 주신 구원의 기억을 어떻게 살아내야 할지를 묻는 데 큰 도움이 된다. 성목요일에 유월절을 상기하는 것은 우리 삶에서 하나님이 행하신 구원을 현재의 삶 속에서 새롭게 맞이하고, 구속의 이야기를 몸으로 살아내야 할 책임을 인식하게 한다.

서신서의 말씀 고전 11:23-26

바울이 고린도교회에 전한 이 성만찬 전승은 교회 공동체가 성찬 성례전을 어떻게 이해하고 실천해야 하는지를 결정짓는 근거 본문이다. 본문은 바울이 "주께 받은 것"이라는 표현을 사용하여(고전 11:23), 성찬 성례전이 사도적 전승 그 이상으로 예수 그리스도의 직접적인 명령이라는 점을 강조한다.

본문의 중심 동사 중 하나는 '기억하라'는 명령이다. 이는 헬라어로 '아남네시스(ἀνάμνησις)'로, 단순한 회상이 아니라 '역사 속의 사건을 현재화'하는 의례적 기억을 의미한다.

또한 24절에서 "이것은 너희를 위하는 내 몸이다"라는 말씀은 헬라어 '휘페르 휘몬(ὑπὲρ ὑμῶν)'—'너희를 위하여'라는 전치사적 구문이 강조되고 있다. 이는 희생제사적 의미를 암시하며, 예수님의 죽음이 대속적 성격을 지닌 사건이라는 신학적 선언을 내포한다. 잔과 관련된 25절의 언급은 '새 언약'이라는 표현으로 절정에 이른다. 이는 예레미야 31장 31절 이하에서 말한 새 언약의 성취로 이해될 수 있으며, 성찬은 단순한 식사가 아닌 구속사의 전환점으로서 이해된다.

성목요일의 본문으로서 이 구절은 특히 '성찬'이 단순히 과거 예수님의 희생을 기억하는 데 그치지 않고, 현재적 참여, 공동체적 일치, 미래적 소망을 모두 품고 있는 신비임을 강조한다.

이 본문은 그리스도의 희생이 오늘 우리에게 어떻게 다가오는지를 묻는 통로가 된다. 성찬은 반복되는 종교 의식이 아니라, 하나님의 은혜가 우리를 향해 몸소 다가오시는 사건이다.

복음서의 말씀 요 13:1-17, 31b-35

요한복음 13장은 예수님의 세족 사건과 새 계명에 대한 말씀을 중심으로 구성되어 있다. 이는 공관복음이 성찬 성례전 설정을 기록한 것과 달리, 요한복음만이 담고 있는 중요한 고유 본문이다. 1절에서 "세상에 있는 자기 사람들을 사랑하시되 끝까지 사랑하시니라"는 표현은 예수님의 죽음이 단지 필연적 고난이 아니라 '사랑의 완성'이라는 관점에서 해석되어야 함을 보여준다. 이 '끝까지'라는 헬라어는 '에이스 텔로스(εἰς τέλος)'로, 종말까지라는 시간의 한계를 넘어 '완전하게'라는 의미까지 포함한다.

예수님은 제자들의 발을 씻기셨다(요 13:4-5). 이는 종이나 하던 일이었고, 당시 사회적으로 볼 때 극도로 낮은 지위의 행위였다. 예수님께서 겉옷을 벗고 수건을 두르신 행위는 종의 복장을 취한 것으로, 헬라어 '타 이마티아(τὰ ἱμάτια)'는 상징적으로 지위를 내려놓는 행동을 의미한다. 철저한 자기비움과 겸손의 행위는 요한복음이 전하는 구속 사건의 핵심이다.

31절 이후의 말씀에서 예수님은 제자들에게 "서로 사랑하라"고 명령하신다. 이는 단지 윤리적 가르침이 아니라, 예수님께서 보여주신 발씻김의 사랑을 따라 '같이 하라'는 실천의 명령이다. '카토스 에가페사 휘마스(καθὼς ἠγάπησα ὑμᾶς)'라는 표현은 그리스도의 사랑을 조건 없는, 희생적 사랑으로 전제하고 있다.

요한복음의 이 본문은 고난의 주간에 예수님의 십자가가 세족이라는 구체적 행위 안에 담긴 복음임을 알려준다. 교부 요한 크리소스토무스는 "예수님은 발을 씻기시고 마음을 씻기셨다"고 말했다. 즉, 육체적 행위 안에 영적 회복의 메시지가 담겨 있다는 것이다.

이 본문은 신자들이 '겸손한 사랑'과 '서로 섬김'이라는 삶의 방식으로 초대

되었음을 선포할 수 있는 귀한 본문이다. 성목요일에 우리는 예수님께서 보여 주신 낮아짐의 사랑을 통해 세상에 하나님 나라의 질서를 보여주는 사명을 다시 확인할 수 있다. 예수님의 사랑은 무릎 꿇은 자리에서 시작되며, 가장 낮은 곳에서 하나님의 영광을 드러낸다. 이것이 바로 성도의 정체성이다.

설교를 위한 조명

복음서의 말씀(요 13:1-17, 31b-35)으로 설교 작성 / 전개식 설교
"끝까지 사랑하시니라"

Move 1. 멀어진 대화, 식어가는 마음

한 가족이 오랜만에 식탁에 둘러앉았다. 짧은 인사 후 각자의 눈길은 자기 휴대폰으로 향한다. 아내는 아이들에게 생선 가시를 발라주면서 뭔가 말할 기회를 엿보지만, 입밖으로 쉽게 나오지 않는다. 남편은 끝내지 못한 회사일로 머리속이 복잡하다. 말할 기력도 들을 여유도 없다. 온종일 재잘대던 아이는 어느새 불쑥 자라 사춘기가 되었다. 자기 세계에 빠지거나 또래 친구가 제일이다. 서로 주고 받는 말들이 깊은 대화로 이어지지 못한 채 허공을 맴돌다 사라져 버린다.

직장에서는 더 노골적이다. 카톡방에 메시지가 올라온다. 중요한 회의 공지, 함께 나눠야 할 일정, 때로는 위로와 격려의 말까지 담겨 있지만, 돌아오는 건 짧은 태그뿐이다. '확인했음', '좋아요' 웃는 이모티콘 하나. 메시지를 확인한 사람들의 숫자는 늘어가는데, 진짜 대화는 늘어나지 않는다. 마음과 마음이 오가는 대신, 최소한의 확인만 남는다.

이런 장면 속에서 우리는 문득 질문하게 된다. "나는 지금 누구와 진짜 이야기를 하고 있는가?" 예전에는 마을 어귀에서 어른들이 걸음을 멈추고 안부를 나누었다. 길모퉁이에 기대어 서성이며 그날의 수고를 풀어내던 시간이 있었다. 어린아이들은 그 곁에 앉아 이야기를 들으며 자연스럽게 삶의 지혜를 배워 갔다. 그런데 이제는 같은 아파트 복도에서 이웃을 만나도 눈길을 마주치지 않으려 애쓰면서 지나가기 일쑤이다. 소통의 목소리가 사라진 곳에는 자기 혼자만의 세계가 들어서기 마련이다. 더 서글픈 사실은 교회 안에서도 비슷한 현상이 일어난다는 점이다. 주일예배를 드리고 나와도 "은혜 받았다"라는 인사와 미소 뒤에 진짜 고민, 진짜 마음은 잘 드러나지 않는다. 소그룹 모임의 자리에서도 속 깊은 이야기를 나누기보다 피상적인 안부나 당면한 어려움만 주고받다가 흩어진다. 마음은 닿지 않은 채, 겉으로만 웃는 얼굴이 오갈 때, 우리는 사실 서로의 외로움을 더 깊이 확인하게 된다.

이 시대, 우리의 관계가 이처럼 메마르고, 서로에게 다가가는 용기가 사라져 갈 때, 예수님께서 보여주신 한 장면이 새롭게 다가온다. 그 장면은 단순한 옛 이야기가 아니라, 지금 우리의 고립된 현실 한복판에 놓여 있는 거울과도 같다. 우리는 오늘 요한복음이라는 거울에 비추어 우리 삶의 장면들을 보아야 할 이유를 발견하게 된다.

Move 2. 세족, 새로운 관계의 시작

그날 저녁, 예수님은 제자들과 마지막 만찬을 나누기 위해 다락방에 들어가셨다. 방 안에는 묘한 긴장이 흘렀다. 누가 더 큰 자인지, 누가 예수님 곁에서 권세를 누릴 것인지, 제자들의 마음은 여전히 세상의 서열을 따라 흔들리고 있었다. 서로의 발은 먼지투성이였지만, 그 누구도 먼저 일어나 씻겨 줄 생각은 하지 않았다.

그때 예수님이 자리에서 일어나셨다. 겉옷을 벗으시고, 수건을 가져 허리에 두르셨다. 물을 대야에 붓는 소리가 방 안에 울렸다. 졸졸 흐르는 물줄기가 고요한 방의 공기를 가르며 떨어졌다. 그리고 주님은 제자들 앞에 무릎을 꿇으셨다. 거친 발을 손에 들어 올리고, 조심스레 물을 끼얹으셨다. 그 손길은 단단한

굳은살을 따라가며 먼지를 씻어내고, 수건으로 조용히 닦아내셨다.

이 모습은 단순한 친절의 행동이 아니었다. 당시 발을 씻기는 일은 집안의 가장 낮은 종이 맡는 일이었다. 권위와 명예를 지닌 스승이 제자들 앞에서 무릎을 꿇는다는 것은 상상할 수도 없는 일이었다. 하지만 주님은 바로 그 자리, 가장 낮은 곳을 선택하셨다. 권위와 위계가 사람들을 가르는 이 세상에서, 예수님은 무릎을 꿇음으로써 새로운 관계의 길을 여셨다.

교부 요한 크리소스토무스는 이 장면을 두고 이렇게 말했다. "그리스도께서 발을 씻기신 것은 단지 발의 먼지를 닦으신 것이 아니라, 제자들의 마음의 교만을 씻어내신 것이다."(Ioannem Homilia 70). 물과 수건은 단순한 도구가 아니라, 마음을 정화하고 공동체를 새롭게 빚어내는 은혜의 표징이었던 것이다.

우리는 지금 어떤 시대를 살고 있을까? 권위가 해체되고, 연장자에 대한 존중이 사라졌다고 말하는 시대이다. 그렇다고 해서 진정한 평등이 자리 잡은 것도 아니다. 오히려 온라인과 오프라인에서 서로를 평가하고 줄 세우는 문화가 더 교묘하게 자리한다. 예수님 당시 제자들 사이의 다툼이 오늘 우리 사이에서도 여전히 반복되고 있는 것이다.

그런데 주님은 그 모든 논쟁을 잠재우고, 말없이 무릎을 꿇으셨다. 우리가 서로를 꺾으려 할 때, 주님은 자신을 낮추셨다. 우리가 체면과 위신을 세우려 할 때, 주님은 수건을 허리에 동이셨다. 그 낮아짐 속에서 새로운 공동체의 빛이 비추기 시작했다.

Move 3. 낮아짐이 무너진 세상에 던지는 빛

오늘 우리 사회를 돌아보면, '낮아짐'이라는 단어는 거의 사라진 언어처럼 들린다. 회사는 경쟁이 치열하며, 성과와 실적으로 개인이 평가된다. 가정 안에서 세대 간의 대화는 단절되었다. 기성세대의 권위가 무너진 곳에 새로운 존중의 방식이 세워지지도 않았다. 교회조차도 섬김보다는 자리와 영향력을 두고 보이지 않는 다툼이 벌어지기도 한다.

바로 이런 현실을 잘 드러내는 장면을, 알베르 카뮈의 소설 『페스트』에서 만날 수 있다. 전염병으로 도시가 고립되고 모두가 자기 생존만을 생각하며 절망에 빠졌을 때, 의사 리외는 조용히, 그러나 단호하게 자신의 자리를 지켰다. 그는 화려한 영웅이 아니었다. 그저 묵묵히 환자들을 진료하고, 주사기를 들고 고름을 짜냈으며, 고통에 몸부림치는 아이 곁을 떠나지 않았다.

그는 신의 뜻이나 큰 깨달음을 좇기보다는, 눈앞의 고통을 덜어주기 위해 하루하루를 견뎌냈다. 밤늦도록 환자의 열을 재고, 가족을 잃은 이들과 슬픔을 함께했다. 도시 사람들이 그의 '낮아짐 속에서 피어나는 인간다움'을 보았다고 느낀 것은 바로 이러한 순간들이 쌓여 만들어진 결과였다.

리외의 헌신은 도시를 덮친 절망 속에서 한 줄기 빛이 되었다. 그는 특별한 힘을 가진 존재가 아니라, 고통의 현실 속에서 자신에게 주어진 소명을 담담하게 감당하는 평범한 인간이었다. 그의 이러한 모습은 봉사와 헌신이 거창한 구호나 겉으로 드러나는 행동이 아니라, 이웃의 고통을 외면하지 않고 묵묵히 그 곁에 서는 것임을 깨닫게 한다. 진정한 사랑은 말보다 행동으로, 높은 곳이 아닌 가장 낮은 곳에서 피어나는 법이다.

예수님의 세족 사건은 이 소설의 한 장면보다 더 급진적인 선언이었다. 당시 제자들은 누가 더 높은 자리를 차지할지를 논하고 있었지만, 주님은 그 논쟁을 끊고 무릎을 꿇으셨다. 종의 옷을 입으시고, 손으로 발을 씻기시며, 눈길로 제자들의 수치와 교만을 품으셨다.

우리 시대에도 이런 낮아짐이 절실하다. 인터넷 공간에서 서로의 말을 쉽게 조롱하고, 다른 세대의 감수성을 무시하는 문화 속에서, 우리는 점점 더 서로에게 무관심해지고 있다. 그러나 예수님은 행동으로 우리에게 말씀한다. "너희가 서로 발을 씻기는 것처럼 살아라. 그래야 세상이 너희 안에서 하나님 나라를 본다."

낮아짐은 패배가 아니라 새로운 관계를 여는 시작이다. 권위주의가 무너진 이 시대에, 오히려 예수님의 겸손이 우리를 다시 세우는 길이 된다.

Move 4. 끝까지 사랑하신 그 은혜

밤이 깊어가던 예루살렘 다락방, 제자들은 여전히 알지 못했다. 곧 스승이 붙잡히실 것이고, 자신들은 뿔뿔이 흩어질 운명이라는 사실을. 그럼에도 예수님은 떡을 떼시며 "이것은 너희를 위하는 내 몸"이라고 말씀하시고, 잔을 나누시며 "이 잔은 내 피로 세운 새 언약"이라고 선포하셨다. 그 손에는 아직도 제자들의 발을 씻긴 물기와 수건의 흔적이 남아 있었을 것이다. 발을 씻기신 손, 떡을 떼신 손, 십자가에 못 박히실 손이 하나로 이어져 있음을 우리는 본다.

우리는 흔히 사랑을 감정으로만 생각한다. 그러나 예수님께서 보여주신 사랑은 끝까지 비워내는 사랑, 몸으로 낮아지고 피 흘리며 내어주는 사랑이었다. 요한복음은 그것을 "끝까지 사랑하시니라"(요 13:1)라고 증언한다. 헬라어 원문으로는 '에이스 텔로스(εἰς τέλος)', 곧 완전하게, 한계까지, 더 이상 물러설 수 없는 자리까지의 사랑이다. 이 사랑 앞에서 변명할 수 있는 사람은 아무도 없다.

초대 교부 요한 크리소스토무스는 이 세족 사건을 두고 이렇게 말했다. "주님은 발을 씻기시며 동시에 마음을 씻기셨다"는 것이다(Hom. on John 70.3). 눈에 보이는 물은 발의 먼지를 닦았지만, 눈에 보이지 않는 은혜는 제자들 내면의 양심을 정결케 하였다. 우리도 마찬가지이다. 주님은 비단 우리의 발을 씻기셨을 뿐만 아니라, 우리가 서로의 발을 씻을 수 있도록 마음을 씻어 준다.

이제 우리 삶을 돌아보자. 가정에서 서로의 짐을 조금이라도 덜어주려는 손길, 교회 안에서 보이지 않는 섬김을 감당하는 작은 마음, 직장에서 남의 실수를 덮어주려는 너그러움. 이것이 '발을 씻기는 행위'이다. 예수님은 "내가 너희에게 행한 것 같이 너희도 행하게 하려 하여 본을 보였노라"(요 13:15)고 말씀하셨다. 발을 씻는 작은 행동 속에서 우리는 성찬 성례전의 은혜, 십자가의 사랑을 현재화하게 된다.

오늘 우리가 세족 목요일을 지키는 이유는 바로 여기에 있다. 단지 옛 전통을 재현하기 위해서가 아니라, 예수님이 보여주신 낮아짐과 끝까지의 사랑이 오늘 우리 안에 살아 있음을 고백하기 위해서이다. 서로를 향한 존중이 무너지고 세대 간의 벽이 높아진 시대에, 그리스도의 교회는 발을 씻기는 자리에서 새로운 정체성을 회복한다. 낮아짐 속에서 하나님 나라의 권능이 드러나고, 섬김 속에서 공동체가 다시 세워진다.

결국 주님은 우리를 이렇게 부르신다. "… 서로 사랑하라 내가 너희를 사랑한 것 같이 너희도 서로 사랑하라"(요 13:34). 이 명령은 도덕적 당부가 아니라, 이미 발을 씻기시고 십자가에서 피 흘리신 주님의 몸과 피로 보증된 새 언약이다.

오늘 이 말씀을 통해 우리가 새롭게 깨닫는 은혜는 이것이다. 우리가 서로 발을 씻을 때, 세상은 그 안에서 예수 그리스도의 얼굴을 보게 된다는 사실이다. 이 은혜가 우리를 자유롭게 하고, 다시 세상 속으로 파송하는 힘이 될 것이다.

Move 5. 세상 속에서 드러나는 발 씻김의 증거

발을 씻으신 주님은 다락방에서만 머무르지 않으셨다. 곧 그 발로 겟세마네로 가셨고, 십자가의 길을 걸으셨다. 제자들의 발을 씻으셨던 그 무릎 꿇은 자리는, 결국 십자가에 매달린 몸으로 이어졌다. 발 씻김은 단순한 친절이나 겸손의 행위가 아니라, 하나님 나라가 어떻게 세상 속에 드러나는지를 보여주는 강력한 표징이었다.

우리는 지금 권위가 해체된 시대를 살고 있다. 어른의 말이 무게를 잃고, 서로의 말은 인터넷 댓글처럼 쉽게 부서진다. 한 세대가 다른 세대를 존중하기보다는 '꼰대'라는 말로 단절을 선언하고, 젊은 세대는 스스로의 영역을 지키려다 고립되기도 한다. 바로 이 시대에 주님의 발 씻김은 다시 우리 앞에 놓여 있다. 예수님께서 하신 그 낮아짐이, 서로 다른 세대를 연결하는 다리가 되기 때문이다.

도스토옙스키의 소설 『카라마조프가의 형제들』에 이런 장면이 있다. 장남 드미트리는 방탕한 삶으로 사람들의 손가락질을 받지만, 동생 알료샤는 끝까지 그를 포기하지 않고 곁에 서 있다. 비난 대신 손을 잡아주는 그 태도 안에서 우리는 발 씻김의 사랑을 본다. 세상이 단절과 혐오로 무너질 때, 진짜 사랑은 무릎을 꿇고 더럽혀진 발을 닦아내는 자리에서 시작된다.

주님이 먼저 무릎을 꿇으셨기에, 우리도 무릎 꿇을 수 있다. 그리스도의 교회가 세상 속에서 가장 빛나는 순간은 권위를 주장할 때가 아니라, 무릎을 꿇고 발을 씻겨줄 때이다.

이제 우리는 세족 목요일을 교회력을 따라 반복하는 한 번의 의식으로 끝낼 수 없다. 주님의 발 씻김은 예배당 안에서의 행사가 아니라, 삶의 자리에서 반복되어야 할 은혜이기 때문이다. 가정에서, 교회에서, 직장에서, 심지어 우리가 잘 모르는 이웃의 삶 속에서까지 발 씻김의 이야기는 계속 이어져야 한다.

Move 6. 은혜로부터 파송되는 길

예수님께서 제자들의 발을 씻기셨던 그 밤, 물그릇과 수건이 놓여 있던 그곳은 권력의 자리나 명예의 자리가 아니었다. 그곳은 낮아짐의 은혜가 몸으로 드러난 자리였다. 높은 자리에 계셨던 주님이 가장 낮은 자리에 앉으셨을 때, 제자들은 비로소 하나님의 사랑이 어떤 모습인지 눈으로 보게 되었다.

그 은혜는 오늘 우리의 정체성을 다시 세운다. 교회의 권위는 힘에서 나오지 않고, 서로를 씻기는 섬김에서 시작된다. 주님이 발 아래서 영광을 드러내셨듯, 우리 역시 가장 낮은 자리에서 그리스도의 제자임을 증언해야 한다.

이제 우리 앞에 놓인 부름은 분명하다. 가정에서, 직장에서, 교회에서, 그리스도의 손과 마음을 대신하여 섬기는 자리로 나아가는 것이다. 말만이 아니라 몸짓으로, 작은 희생과 헌신으로, 세상에 주님의 사랑을 새겨 넣는 것이다.

기억하라. "발 아래서 드러난 영광이 세상을 바꾼다." 이것이 세족 목요일의 복음이다. 그러므로 이제 우리는 다시 일어나야 한다. 발을 씻기신 주님의 은혜를 품고, 서로의 짐을 지고, 세상의 먼지를 닦아내며, 하나님의 사랑을 증언하는 제자로 살아가자.

주 예수 그리스도의 겸손과 사랑이 우리 모두의 삶을 이끄시고, 성부 하나님의 은혜가 우리의 가정과 일터를 지키시며, 성령의 능력이 우리 모두의 발걸음을 세상으로 보내어 끝까지 동행하실 것이다.

2026 4.3 성 금요일

성서정과 | 시 22; 사 52:13-53:12; 히 10:16-25; 요 18:1-19:42

예배로 부름 Call to Worship
때가 제 육시쯤 되어 해가 빛을 잃고 온 땅에 어둠이 임하여 제 구시까지 계속하며 성소의 휘장이 한가운데가 찢어지더라 예수께서 큰 소리로 불러 이르시되 아버지 내 영혼을 아버지 손에 부탁하나이다 하고 이 말씀을 하신 후 숨지시니라(눅 23:44-46)

예배 기원 Invocation
자비의 하나님! 예수님의 고난의 발자취를 따라가면서 성금요일 예배를 드립니다. 죄 없이 채찍에 맞으시며 우리의 모든 질고를 감당해 주셨으니 감사를 드립니다. '엘리 엘리 라마사박다니' 외치시며 십자가에서 물과 피를 흘려 나의 모든 죄를 대속하여 주셨으니 감사 또 감사를 드립니다. 자신을 조롱하는 자들까지도 용서하시며 인류 구원을 완성하신 예수님께 찬양과 영광을 올리옵니다. 구주 예수님의 한량없는 사랑과 희생과 구원의 능력을 깊이 깨닫는 예배가 되게 하여 주옵소서. 예수 그리스도의 이름으로 기원하옵나이다. 아멘.

이 주일의 찬송 Hymns
웬말인가 날 위하여(143장) / 갈보리산 위에(150장) / 십자가 지고(155장) /
겟세마네 동산에서 최후 기도(157장) / 못 박혀 죽으신(385장) / 아버지여 나의 맘을(424장)

성시 교독 Responsive Readings   시편 22:1-11, 16-20   2

인도자	¹ 내 하나님이여 내 하나님이여 어찌 나를 버리셨나이까
회 중	어찌 나를 멀리하여 돕지 아니하시오며 내 신음 소리를 듣지 아니하시나이까
인도자	² 내 하나님이여 내가 낮에도 부르짖고 밤에도 잠잠하지 아니하오나 응답하지 아니하시나이다
회 중	³ 이스라엘의 찬송 중에 거하시는 주여 주는 거룩하시니이다
인도자	⁴ 우리 조상들이 주께 의뢰하고 의뢰하였으므로 그들을 건지셨나이다
회 중	⁵ 그들이 주께 부르짖어 구원을 얻고 주께 의뢰하여 수치를 당하지 아니하였나이다
인도자	⁶ 나는 벌레요 사람이 아니라 사람의 비방거리요 백성의 조롱거리니이다
회 중	⁷ 나를 보는 자는 다 나를 비웃으며 입술을 비쭉거리고 머리를 흔들며 말하되 ⁸ 그가 여호와께 의탁하니 구원하실 걸, 그를 기뻐하시니 건지실 걸 하나이다
인도자	¹¹ 나를 멀리 하지 마옵소서 환난이 가까우나 도울 자 없나이다
회 중	¹⁶ 개들이 나를 에워쌌으며 악한 무리가 나를 둘러 내 수족을 찔렀나이다
인도자	¹⁷ 내가 내 모든 뼈를 셀 수 있나이다
회 중	그들이 나를 주목하여 보고 ¹⁸ 내 겉옷을 나누며 속옷을 제비뽑나이다
인도자	¹⁹ 여호와여 멀리하지 마옵소서 나의 힘이시여 속히 나를 도우소서
회 중	²⁰ 내 생명을 칼에서 건지시며 내 유일한 것을 개의 세력에서 구하소서

고백의 기도 Prayer of Confession

털을 깎는 자 앞에서 잠잠한 어린 양과 같이 고난을 받으신 주님! 성금요일에 우리의 죄를 고백하오니 들으시고 십자가의 능력으로 용서해 주옵소서. 예수님을 십자가에 못 박으라 외쳤던 무리처럼 저희도 하나님의 구원의 길을 깨닫지 못하여 귀하신 예수님을 욕보인 적이 많았습니다. 예수님의 겉옷을 놓고 제비를 뽑던 병정들처럼 저희도 참된 신앙의 길은 외면한 채 더러운 이익을 탐하면서 주님 곁을 맴돌았습니다. 예수님께서 못 박히실 때에 멀찌감치 떨어져 있던 제자들과 같이 저희도 고난받기를 싫어하며 십자가를 멀리 떠나 살았습니다. 죽어가면서까지 예수님을 비방하며 욕하던 강도와 같이 저희도 완악한 마음을 바꿀 줄 모르고 끝까지 주님의 반대편에 서기도 했습니다. 오, 자비하신 주님! 눈물로 회개하오니 불쌍히 여기시고 이 모든 죄악에서 구원하여 주소서. 예수님의 이름으로 이 고백의 기도를 드립니다. 아멘.

사함의 확신 Assurance of Forgiveness

이 예수를 하나님이 그의 피로써 믿음으로 말미암는 화목제물로 세우셨으니 이는 하나님께서 길이 참으시는 중에 전에 지은 죄를 간과하심으로 자기의 의로우심을 나타내려 하심이니(롬 3:25)

> 오늘의
> 주제

고난 속의 구속

석의적 접근

구약의 말씀 사 52:13-53:12

이 본문은 소위 '야훼의 종의 네 번째 노래'라 불리며, 구약의 메시아 예언 중 가장 깊은 고난의 메시지를 담고 있는 시가이다. 이사야서 후반부의 전체 흐름 속에서 바벨론 포로기를 지나 새 희망을 전하는 가운데, 이 종은 단지 민족적 구원자가 아니라 전 인류의 죄와 고난을 담당하는 대속자적 존재로 나타난다.

본문은 세 부분으로 구성된다. 52장 13-15절은 '종의 높아짐'과 '이상한 고난'을 대조적으로 보여주며, 53장 1-9절은 종의 경멸받는 생애와 죽음, 53장 10-12절은 그의 죽음이 어떻게 하나님의 뜻과 구원계획 안에 있는지를 설명한다. 52장 13절에서 "형통하리라(יַשְׂכִּיל)"라는 표현은 단지 성공이 아니라 지혜로 행하여 하나님의 뜻을 성취한다는 의미이다. 53장 5절의 "그가 찔림은 우리의 허물 때문이요"라는 구절에서 '찔렸다(חלל)"는 표현은 물리적인 관통을 의미하며, 신약에서 십자가의 못 박힘과 직접 연결된다. 종은 단순히 고난을 당한 것이 아니라, 대속적 기능을 수행하는 존재로 등장한다. 이사야 53장은 철저히 하나님의 계획 안에서 이루어진 사건임을 보여준다.

우리는 이 말씀으로 개인적 고난을 신앙의 틀에서 재해석할 수 있다. 고난은 하나님의 부재가 아니라, 오히려 하나님의 임재이며, 그분의 섭리는 때로 침묵 속에서도 완성된다. 설교자는 이 말씀을 통해 성도들이 고난을 회피의 대상으로만 여기지 말고, 그리스도와 연합된 고난의 영광을 발견하도록 인도해야 한다.

서신서의 말씀 히 10:16-25

히브리서 10장은 예수 그리스도의 유일하고 완전한 제사로 인해 구약의 제사 제도가 완성되었음을 선언하는 대목이다. 히브리서 기자는 예레미야서 31장 33절의 새 언약을 인용하며, 하나님께서 사람의 마음에 율법을 새기시고 그 죄를 기억하지 않으신다고 강조한다(히 10:16-17). 여기서 '마음'을 뜻하는 '카르디아(καρδία)'은 단지 감정이 아닌, 존재 전체의 중심으로 이해된다.

이 본문의 핵심은 "담대함을 가지고 성소에 들어가자"(히 10:19)는 초청이다. 이는 구약 시대 대제사장이 1년에 한 번만 지성소에 들어갈 수 있었던 것과 달리, 이제는 모든 성도가 예수 그리스도의 피를 의지해 항상 하나님 앞에 나아갈 수 있음을 의미한다. 여기서 '담력'은 헬라어로 '파르레시아(παρρησία)'인데, 이는 '자유롭고 주저함 없는 접근'이라는 뜻으로, 종교적 율법주의로부터의 자유를 상징한다.

20절의 새로운 살 '길(호도스, ὁδός)'이라는 표현은 요한복음 14장 6절의 예수님의 "내가 곧 길이요"와 연결되어, 예배의 본질이 제의가 아닌 인격적 관계임을 드러낸다.

현대 교회에서 이 말씀은 '참된 예배'의 회복과 관련된다. 예수님의 피로 인해 열려진 성소로 담대히 나아가는 자는, 삶 전체가 예배가 되도록 초대받는다. 이는 일상에서의 신실함, 공동체 안에서의 격려와 사랑의 실천(히 10:24-25)으로 구체화된다. 고난주간을 보내며 성도는 하나님 앞에서의 자유와 진실된 예배의 삶을 되돌아보게 된다.

복음서의 말씀 요 18:1-19:42

요한복음의 수난 서사는 다른 공관복음들과 달리 예수님의 주권과 영광이 강조된 구조를 지닌다. 요한복음 18장 1절부터 19장 42절까지는 유다가 예수님을 배반하고, 대제사장 가야바와 빌라도 앞에서의 심문, 십자가형과 죽음, 장례에 이르기까지의 긴 서사이다. 그러나 이 모든 과정 속에서 요한복음은 '그가 왕이심'을 드러낸다.

예수님은 스스로를 "내가 그니라"(ἐγώ εἰμι)라고 말하며 체포자들 앞에서도 당당히 서신다(요 18:5). 이 표현은 구약의 하나님의 자기 계시(출 3:14)와 연결되며, 수난의 순간조차 주권자이신 하나님의 아들이라는 정체성이 드러난다. 아우구스티누스는 이 장면을 두고 "예수님은 붙잡히신 것이 아니라 자신을 내어주셨다"고 해석했다.

빌라도와의 대화에서 "내 나라는 이 세상에 속한 것이 아니다"라는 말씀은 예수님의 왕국이 세속적 권력과는 다른 성격임을 분명히 한다(요 18:36). 예수님은 진리의 증인이며, 세상의 죄를 지고 가는 하나님의 어린양이다. 십자가 위에서도 예수님은 "다 이루었다(τετέλεσται)"고 선언하며, 구속사의 완성을 선포한다(요 19:30).

요한복음의 수난 서사는 '패배자 예수님'이 아닌 '영광의 왕 예수님'을 그린다. 이는 고난주간을 지나며 성도들이 기억해야 할 핵심이다. 예수님은 굴욕을 통해 승리를 이루셨고, 죽음을 통해 생명을 가져오셨다. 오늘의 교회는 이 승리의 십자가를 다시 높이며, 자신을 비우고 낮추는 복음의 길을 따라야 한다.

설교를 위한 조명

복음서의 말씀(요 18:1-19:42)으로 설교 작성 / 네 페이지 설교
"십자가, 끝이 아니라 시작이다"

Page 1. 진리를 보지 못하는 눈(성경 속의 문제)

성금요일 예배는 늘 특별한 무게를 지니고 있다. 세계 곳곳의 교회들은 이 날을 기념하며 어둡게 불을 낮추고, 강단의 십자가를 검은 천으로 가린다. 찬양도, 기쁨도, 모든 밝은 소리도 잠시 멈추는 날. 성도들은 그리스도의 십자가 앞에 서서, 그 고난의 깊이를 조용히 묵상한다. 우리가 예배당 안에서 느끼는 이 무거운 정적은, 2000년 전 예루살렘의 그날 밤을 비추는 거울과도 같다.

예루살렘 거리에 저녁이 내려앉았을 때, 사람들은 유월절을 준비하느라 분주했다. 그러나 그 밤 한켠에서는 어둠의 그림자가 더 짙게 드리우고 있었다. 겟세마네 동산에서 예수님이 체포당하시고, 제자들은 뿔뿔이 흩어진다. 대제사장의 뜰에서는 베드로가 "나는 그를 알지 못한다"고 세 번 부인한다. 빌라도의 관정 안에서는 진리가 묻히고, 군중은 "그를 십자가에 못 박으라" 외친다.

요한복음은 그 장면을 이렇게 전한다. 예수님께서 빌라도 앞에 서셨을 때, 세상은 심문하는 자와 심문받는 자가 뒤바뀐 장면을 목격했다. 빌라도는 권세자의 자리에 앉아 질문한다. "네가 유대인의 왕이냐?"(요 18:33). 그러나 실상은 반대였다. 빌라도는 질문하는 자였지만, 진리를 심판하려는 그의 자리는 이미 흔들리고 있었다. 진리의 주인이신 예수님이 눈앞에 서 계셨기 때문이다.

"나는 진리를 증언하기 위하여 세상에 왔다." 주님의 말씀은 권세자의 귓가를 울렸지만, 빌라도는 건성으로 "진리가 무엇이냐?"(요 18:37-38)고 물을 뿐, 예수님의 대답을 기다리지 않는다. 진리에 관한 빌라도의 질문은 그의 무지와 무관심을 나타내는 것일까? 아니면 진리를 외면하고 싶은 인간의 본능을 드러내는 것일까?

예수님의 판결 장면은 우리에게 냉정한 사실을 보여준다. 사람들은 눈앞에 선 진리를 알아보지 못했다. 고난 받는 예수님을 하나님의 아들이라 고백하지 않고, 오히려 버림받은 자로 판단했다. 그분을 십자가에 못 박으라고 외쳤다.

오늘 말씀이 우리에게 밝혀주는 인간의 문제는 바로 여기에 있다. 인간은 진리를 보면서도 알아보지 못한다는 사실이다. 고난 받는 예수님을 하나님의 임재가 아니라 부재로 오해한다. 권세자처럼 보이는 이들이 사실은 심문 당하는 자였고, 결박 당하신 예수님이 오히려 주권자이셨는데, 그 사실을 깨닫지 못했다.

성금요일은 우리에게 인간이 당면하고 있는 어두운 진실을 먼저 보여준다. 우리 눈은 고난 속에서 하나님의 영광을 보지 못하고, 여전히 외면하려는 빌라도의 눈과 닮아 있다. 진리가 눈앞에 서 계셨는데도 "진리가 무엇이냐?"고 묻고 돌아서는 것이 바로 우리의 모습이라는 사실이다.

Page 2. 자유보다 안락을 택하는 인간(세상에서의 문제)

예수님이 빌라도 앞에 서 계셨을 때, 군중은 "그를 십자가에 못 박으라!"고 외쳤다.

어쩌면 우리는 그 장면을 보며 마음속으로 이렇게 말하고 싶을지 모른다. '내가 그 자리에 있었다면 결코 그렇게 외치지 않았을 거야.' 그러나 현실은 그리 단순하지 않다.

도스토예프스키의 『카라마조프가의 형제들』에는 "대심문관의 이야기"가 나온다. 세비야에서 다시 나타난 예수님을 교회가 붙잡아 감옥에 가둔다. 그 이유가 무엇일까? 사람들은 자유보다 빵을 원하고, 책임보다 안전을 원하기 때문이다. 대심문관은 예수님께 이렇게 말한다. "당신은 인간에게 자유를 주었지만, 인간은 그 자유를 감당할 수 없습니다. 차라리 우리가 대신 책임져 주고, 사람들은 우리에게 복종하며 안락하게 살기를 원합니다."

이 장면은 빌라도의 재판정과 닮아 있다. 빌라도는 예수님 안에서 아무 죄를 찾지 못했지만, 군중의 두려움과 지도자들의 압박 앞에서 책임을 피했다. 그는 자유보다 안락을 택했고, 정의보다 편의를 선택했다.

오늘 우리의 현실도 다르지 않다. 한국 사회는 여전히 불안정하다. 경제적 압박 속에서 사람들은 서로에게 마음을 닫고, 경쟁 속에서 관계는 파편처럼 흩어진다. 교회도 때로는 책임을 지기보다 외면하는 길을 택한다. 신앙이 자유와 헌신으로 불러낼 때, 우리는 빌라도처럼 손을 씻어 버리며 말한다. "나는 상관이 없다."

도스토예프스키가 지적한 대로, 인간은 자유와 고난을 감당하지 못하고 안전과 위안을 택하려는 경향이 있다. 그러나 그 선택이 결국 누군가를 희생의 길로 내모는 것을 우리는 쉽게 잊는다. 빌라도의 손 씻음은 무죄한 이의 피를 흘리게 했고, 군중의 외침은 하나님의 아들을 십자가에 세웠다.

그리고 오늘, 성금요일에 우리는 이 질문 앞에 서 있다.

"나는 빌라도인가, 군중인가, 아니면 십자가를 지신 주님을 따르는 제자인가?"

Page 3. 십자가에 드러난 하나님의 은혜(성경 속의 은혜)

하지만 성금요일은 어둠만을 전하지 않는다. 십자가는 인간의 죄와 무책임을 드러내는 자리이지만, 동시에 하나님의 은혜와 구원이 가장 선명하게 드러난 자리이기도 하다. 십자가의 어둠 한가운데서 우리는 오히려 빛을 본다. 예수님이 붙잡히시던 순간을 보라. 무리들이 몰려와 예수님을 찾을 때, 주님은 당당히 말씀하셨다. "내가 그니라." 헬라어 원문은 "에고 에이미(ἐγώ εἰμι)"인데, 직역하면 "나는 있다"라는 뜻이다. 출애굽기 3장에서 하나님께서 모세에게 "나는 스스로 있는 자"라고 자신을 밝히실 때 사용된 그 이름이 그대로 울려 퍼진 것이다. 병사들이 그 말씀을 듣고 땅에 엎드러진 것은 우연이 아니다.

아우구스티누스는 이 장면을 두고 이렇게 해석했다. "예수님은 잡히신 것이 아니라, 스스로를 내어주신 것이다"(Tractatus in Ioannem 112.3). 그렇다. 빌라도와 군중이 권력을 쥔 것처럼 보였지만, 실상은 예수님께서 스스로 자신을 내어주신 것이었다. 십자가는 예수님이 당한 비극이 아니라, 자발적으로, 사랑 때문에, 우리의 죄를 짊어지시기 위해 스스로를 내어주신 구원의 길이었다.

빌라도 앞에서조차 예수님은 흔들리지 않으셨다. 빌라도가 묻는다. "네가 유대인의 왕이냐?" 주님은 분명히 말씀하셨다. "내 나라는 이 세상에 속한 것이 아니다"(요 18:36). 여기서 '세상'은 단순히 땅덩어리가 아니다. 힘과 권력이 지배하는 질서를 말한다. 예수님의 나라는 칼과 권력으로 세워지는 나라가 아니라, 진리와 사랑으로 세워지는 나라이다.

그리고 마침내 예수님은 십자가 위에서 마지막으로 외치셨다. "다 이루었다." 이 외침은 죽음 앞의 체념이 아니다. 오히려 구속의 완성을 선포하는 승리의 함성이다. 이사야가 예언한 그 말씀이 성취된 순간이다. "그가 찔림은 우리의 허물 때문이요 그가 상함은 우리의 죄악 때문이라"(사 53:5). 우리를 대신해 고난 당하신 하나님의 종, 예수 그리스도의 십자가에서 구원의 계획은 완전히 이루어졌다.

히브리서 기자는 이 십자가의 은혜를 이렇게 설명한다. "그러므로 형제들아, 우리가 예수님의 피를 힘입어 성소에 들어갈 담력을 얻었나니"(히 10:19). 여기서 담력이라는 단어는 헬라어로 '파르레시아($\pi\alpha\rho\rho\eta\sigma\iota$)'이다. 숨김없고 주저함 없는 자유로운 접근을 뜻한다. 이제는 더 이상 성전의 휘장이 우리를 막지 않는다. 예수님의 피가 그 길을 열어 주셨다.

이 은혜가 놀랍지 않은가? 십자가는 패배가 아니다. 십자가는 승리이다. 십자가는 굴욕이 아니다. 십자가는 영광이다. 성금요일의 어둠은 궁극적인 비극이 아니다. 그 어둠 속에서 하나님은 구원의 빛을 완성하셨다.

오늘 우리가 이 말씀 앞에 서 있을 때, 우리도 담대히 선포할 수 있다. "주님께서 다 이루셨다!" 그 은혜가 오늘 우리 신앙의 기초이며, 교회의 소망이다.

Page 4. 십자가는 시작이다(세상에서의 은혜)

십자가의 은혜는 오늘 우리의 삶을 새롭게 만든다. 예수님께서 "다 이루었다"고 하셨을 때, 그것은 단지 죄 사함만이 아니라 새로운 삶으로의 초대였다. 그분의 마지막 외침은 죄와 죽음의 사슬이 끊어졌다는 선포이며, 하나님 나라의 새로운 시작을 알리는 나팔소리이다. 성금요일 예배를 마치고 나면 우리는 다시 일상의 자리로 돌아간다. 집으로, 직장으로, 거리로, 여전히 무겁고 혼란스러운 현실 속으로 걸어가야 한다. 그러나 이제 우리의 시선은 달라져야 한다. 십자가를 본 사람은 더 이상 이전의 눈으로 세상을 바라볼 수 없다.

루터는 이렇게 말했다. "고난과 십자가를 바라봄으로써 하나님의 보이는 것, 하나님의 '등'(출 33:23)을 인식하는 사람은 도리어 신학자로 불릴 자격이 있다."(마르틴 루터, 하이델베르크 논제 20, 1518). 왜냐하면 하나님은 권세와 영광의 정점이 아니라, 가장 낮아진 십자가 위에서 우리에게 자신을 드러내셨기 때문이다. 그렇다. 우리가 믿는 하나님은 고난 속에 자신을 감추신 하나님이며, 동시에 그 고난을 통해 영광을 드러내신 하나님이다.

그렇다면 성도는 어떤 삶을 살아야 할까? 이제는 힘으로 군림하는 세상의 방식이 아니라, 사랑으로 섬기는 십자가의 길을 살아야 한다. 가정에서는 말 한마디라도 더 따뜻하게 건네고, 직장에서는 동료의 짐을 덜어주며, 교회 공동체 안에서는 서로의 허물을 덮어주는 것이 바로 십자가의 복음이요, 은혜를 드러내는 길이다.

십자가의 은혜가 우리를 세상으로 파송한다. 이제 우리는 성금요일의 예배를 마치고 나가는 순간, 무거운 짐을 짊어지고 나가는 것이 아니다. 십자가에서 흘러나온 은혜의 빛을 품고 세상 속으로 나아가는 것이다. 가정에서는 사랑으로, 일터에서는 정직과 섬김으로, 교회 공동체 안에서는 서로를 품는 은혜로 살아가라는 부르심이 우리에게 주어졌다. 십자가는 끝이 아니라, 우리를 세상으로 보내는 파송의 자리이다.

그러나 오늘은 곧장 부활의 기쁨으로 달려가지 않는다. 교회 전통 속에서 성토요일은 깊은 침묵의 날이었다. 무덤 속에 계신 주님을 기억하며, 아직 빛이 떠오르지 않은 어둠 속에서 잠시 머무는 시간이다. 우리의 삶에도 여전히 남아 있는 어둠과 기다림의 자리를 인정하면서, 내일 새벽 동이 틀 때 주어질 부활의 생명을 소망하며 조용히 준비하는 날이다.

이제 십자가의 은혜를 품고 세상 속으로 파송받은 사람으로 살아가라. 그리고 오늘 밤과 내일의 침묵 속에서, 장차 터져 나올 부활의 새 아침을 기대하며 기다리라. 십자가의 은혜가 우리를 세상으로 보내고, 그 은혜가 부활의 빛으로 이어질 것이다.

"십자가는 끝이 아니다. 십자가는 시작이다. 은혜의 시작이며, 새로운 삶의 출발이다."

2026 4.5
부활 주일

성서정과 | 시 118:1-2, 14-24; 행 10:34-43; 골 3:1-4; 요 20:1-18

예배로 부름 Call to Worship
형제들아 내가 이것을 말하노니 혈과 육은 하나님 나라를 이어받을 수 없고 또한 썩는 것은 썩지 아니하는 것을 유업으로 받지 못하느니라 보라 내가 너희에게 비밀을 말하노니 우리가 다 잠잘 것이 아니요 마지막 나팔에 순식간에 홀연히 다 변화되리니 나팔소리가 나매 죽은 자들이 썩지 아니할 것으로 다시 살아나고 우리도 변화되리라 (고전 15:50-52)

예배 기원 Invocation
사망의 권세를 깨뜨리시고 죽은 지 사흘 만에 부활하신 예수님께 찬송과 영광과 권능을 돌리옵나이다. 부활의 첫 열매가 되신 예수님을 따라 우리도 장차 부활하게 될 것을 굳게 믿으며 예배를 드립니다. 예수님의 부활하신 소식이 온누리에 전파되게 하시고, 천하 만민이 다 함께 승리하신 예수님께로 나아오게 하옵소서. 견고하고 흔들리지 않는 부활의 신앙을 허락하시어, 우리로 썩어 없어질 땅의 것에 소망을 두지 않게 하시고, 주님의 일에 더욱 힘쓰는 성도가 되게 하여 주옵소서. 부활하신 예수 그리스도의 이름으로 기원하옵나이다. 아멘.

이 주일의 찬송 Hymns
이 날은 주님 정하신(46장) / 할렐루야 할렐루야(163장) / 싸움은 모두 끝나고(166장) / 즐겁도다 이 날(167장) / 사망을 이긴 주(172장) / 저 장미꽃 위에 이슬(442장)

성시 교독 Responsive Readings 시편 118:1-2, 14-24

인도자 ¹ 여호와께 감사하라 그는 선하시며 그의 인자하심이 영원함이로다
회 중 ² 이제 이스라엘은 말하기를 그의 인자하심이 영원하다 할지로다
인도자 ¹⁴ 여호와는 나의 능력과 찬송이시요 또 나의 구원이 되셨도다
회 중 ¹⁵ 의인들의 장막에는 기쁜 소리, 구원의 소리가 있음이여 여호와의 오른손이 권능을 베푸시며 ¹⁶ 여호와의 오른손이 높이 들렸으며 여호와의 오른손이 권능을 베푸시는도다
인도자 ¹⁷ 내가 죽지 않고 살아서 여호와께서 하시는 일을 선포하리로다
회 중 ¹⁸ 여호와께서 나를 심히 경책하셨어도 죽음에는 넘기지 아니하셨도다
인도자 ¹⁹ 내게 의의 문들을 열지어다 내가 그리로 들어가서 여호와께 감사하리로다
회 중 ²⁰ 이는 여호와의 문이라 의인들이 그리로 들어가리로다
인도자 ²¹ 주께서 내게 응답하시고 나의 구원이 되셨으니 내가 주께 감사하리이다
회 중 ²² 건축자의 버린 돌이 집 모퉁이의 머릿돌이 되었나니 ²³ 이는 여호와께서 행하신 것이요 우리 눈에 기이한 바로다
다같이 ²⁴ 이 날은 여호와께서 정하신 것이라 이 날에 우리가 즐거워하고 기뻐하리로다

고백의 기도 Prayer of Confession

우리 죄를 위하여 십자가에서 죽으시고 장사지낸 바 되셨다가 성경대로 사흘 만에 살아나신 구주 예수님께 영광을 돌립니다. 그리스도께서 죽은 자 가운데서 다시 살아나셨다는 복음을 전해 들었지만 저희는 죽은 자가 어떻게 부활할 수 있느냐며 믿지 못했습니다. 부활의 능력을 믿지 못하였으므로, 내일 죽을 것이니 오늘 먹고 마시며 쾌락을 즐기자는 가치관으로 살았습니다. 선한 행실을 더럽히는 악한 친구들의 속임에 넘어가 방탕한 삶을 살았습니다. 부활 신앙 위에 확고하게 서지 못함으로 사망의 쏘는 것을 두려워하며, 쉽게 흔들리고 주님의 일에 더욱 힘쓰지 못했습니다. 그리스도께서 다시 살아나신 일이 없으면 우리의 믿음도 헛되며 우리가 여전히 죄 가운데 있을 수밖에 없다는 사실을 확실히 깨닫고, 이제부터는 부활 신앙을 굳게 붙들고 살아가게 하옵소서. 예수님의 이름으로 이 고백의 기도를 드립니다.

사함의 확신 Assurance of Forgiveness

우리는 그리스도 안에서 그의 은혜의 풍성함을 따라 그의 피로 말미암아 속량 곧 죄 사함을 받았느니라(엡 1:7)

오늘의 주제

생명의 새벽이 밝았다

석의적 접근

사도행전의 말씀 행 10:34-43

본문은 베드로가 고넬료의 집에서 복음을 전하는 장면으로 구성되는데, 이방인에게도 하나님께서 차별 없이 구원의 문을 열어 주셨다는 선언을 중심으로 한다. 이 사건은 유대인 중심의 복음이 이방 세계로 확장되는 중대한 전환점으로 기능한다. 본문의 핵심 구절 중 하나인 34절에서 우리는 종종 하나님은 사람의 외모를 보지 않으신다는 말씀을 단지 인격의 중심을 보시는 차원의 말로 가볍게 받아들이지만, 이 구절이 선포된 역사적 맥락에서 보면 이 말은 혁명적이다. 이 말은 단지 외적 형상이나 피부색, 계층의 차이를 무시하신다는 의미만이 아니라, 당시 유대교가 갖고 있었던 '택함의 우월성'—즉 하나님의 선택은 유대인에게 국한된다는 신념—을 근본적으로 뒤흔드는 말이다.

계속해서 38절은 "하나님이 나사렛 예수에게 성령과 능력을 기름 붓듯 하셨으매"라는 말씀으로, 예수 그리스도의 사역이 단지 인간적인 활동이 아니라 하나님의 의도와 능력이 개입된 사건이라는 점을 분명히 한다. 여기서 기름부음에 해당하는 단어는 '엑크리센(ἔχρισεν)'으로, 이는 메시아의 정체성과 연결되는 표현이다. 구약의 선지자, 제사장이나 왕이 기름부음을 받았던 전통을 신약의 예수님께 적용하고 있는 것이다.

이 본문은 베드로의 설교가 단순한 교리 강의가 아니라, 실제로 복음이 확장되는 현장 속에서 선포되고 있다는 점에서 역사적·신학적 함의를 갖는다. 베드로는 예수님의 삶과 죽음, 부활, 심판자 되심을 연속적으로 서술하면서, 이 복음이 모든 사람에게 주어졌다고 선언한다. 특히 43절의 "그를 믿는 사람들이 다 그의 이름을 힘입어 죄 사함을 받는다"는 말은 예수님의 구속 사역이 특정 민족에 국한되지 않는 보편성을 드러낸다.

이 본문은 부활주일에 읽기에 매우 적절하다. 예수님의 부활은 유대인만이 아니라, 모든 이방인에게도 구원의 복음이 되기 때문이다. 설교자는 이 본문을 통해 교회가 여전히 어떤 배타성과 구별의 장벽을 가지고 있는지를 되돌아보고, 예수님의 부활이 그러한 장벽을 무너뜨렸다는 복음의 본질을 강조할 수 있다. 특히 오늘날 타문화, 타민족, 다양한 사회적 배경을 가진 이들에게도 복음이 열려 있다는 점을 상기시킬 수 있다.

서신서의 말씀 골 3:1-4

본문은 사도 바울이 독자들에게 "위의 것을 찾으라"는 권면으로 시작된다. 이는 부활하신 그리스도와의 연합을 강조하며, 신자의 정체성과 삶의 방향 전환을 요구하는 바울 신학의 핵심이 담겨 있는 구절이다. 1절의 "너희가 그리스도와 함께 다시 살리심을 받았으면"이라는 절은 헬라어로 가정을 나타내는 "에이(Εἰ)"로 시작하는 조건문 형태로 쓰였으나, 바울은 실제로 독자들이 그리스도와 연합해 함께 부활했다는 사실을 전제하고 있다. "함께 다시 살리심"은 헬라어로 '시네게르테테(συνηγέρθητε)'인데, '함께 일으켜 세워지다'라는 뜻의 동사다. 이는 세례를 통한 부활 연합을 의미한다.

3절은 "너희 생명이 그리스도와 함께 하나님 안에 감추어졌음이라"는 신비를 말하고 있다. 이는 그리스도인의 생명이 이 세상 현실에 국한되지 않고 하나님과 그리스도 안에 감추어져 있다는 초월적 정체성을 말한다. 여기서 '케크립타이(κεκρύπται)'는 '숨겨져 있다'는 의미의 동사로, 이중적 정체성―현재는 감춰졌으나 장차 드러날 영광을 예고한다.

교부 요한 크리소스톰(Ἰωάννης ὁ Χρυσόστομος)은 이 구절을 해석하며, 그리스도인의 영광은 세상의 권세나 쾌락을 추구하는 방식으로는 드러나지 않으며, 하나님 나라가 드러날 때에야 비로소 밝히 드러난다고 말한다. 그는 '숨겨진 삶'이라는 표현이 결코 소극적이지 않고, 오히려 종말론적 영광을 기다리는 신자의 능동적 태도임을 강조한다.

이 본문은 부활주일의 영적 전환과 깊이 연결되어 있다. 예수의 부활은 단순한 과거의 사건이 아니라, 신자의 존재론적 변화와 방향 전환을 의미한다. 설교자는 오늘날 성도들에게 이 부활의 영광이 당장 눈에 보이지 않지만, 여전히 하나님 안에서 감추어진 실제이며, 그것이 우리의 정체성과 삶의 방향을 근본적으로 바꾸어 놓았다는 점을 강조할 수 있다. 부활의 의미를 단지 '죽음 이후의 생명'으로 국한하지 않고, 지금 여기서 새로운 삶을 사는 영적 동력으로 확장할 필요가 있다.

복음서의 말씀 요 20:1-18

요한복음 20장은 막달라 마리아의 무덤 방문에서 시작하여 부활하신 예수님과의 첫 만남으로 이어지는, 복음서 내에서 가장 섬세하고 서정적인 부활 서술이다. 1절에서는 "아직 어두울 때에" 무덤에 도착한 마리아의 모습이 강조되며, 이는 단순한 시간의 묘사라기보다는 영적 상태, 즉 아직 부활의 빛을 깨닫지 못한 어두움의 상징이다.

마리아가 빈 무덤을 보고 처음엔 예수님의 시신을 도난당했다고 오해하는 장면은 인간의 제한된 이해를 잘 보여준다. 그러나 16절에서 예수님이 "마리아야"라고 부르실 때, 그녀는 단번에 그분이 누구인지 알아본다. 여기서 그녀의 이름이 불리는 것은 인격적이고 관계적인 차원에서 살펴보아야 한다. 이에 대한 응답으로 마리아는 "랍오니"라 말한다. 이는 히브리어 '랍비'에 아람어 소유격이 붙은 단어로 "나의 선생님"이라는 뜻이며, 관계와 헌신을 드러내는 언어이다.

18절은 마리아가 제자들에게 복음의 첫 증인으로 보냄을 받은 장면이다. 예수님의 부활을 처음으로 증거하는 자가 여성이며, 사회적으로 신뢰받지 못했던 여성의 증언이 복음의 출발점이 된다는 점은 요한복음의 급진적 신학을 보여주는 단초가 된다.

신약학자 게일 오데이(Gail R. O'Day)는 요한복음 20장의 부활 내러티브에서 '인식'과 '인격적 만남'의 요소가 중심임을 강조한다. 예수님은 빈 무덤이 아니라 살아 계신 주님의 직접적인 소명과 인격적 관계를 통해서만 인식될 수 있다는 점에서, 신앙은 오직 인격적이고 관계적 방식으로 가능하다는 것이다.

부활주일 설교에서 이 본문은 '눈물 속의 인식'과 '이름을 부르심'이라는 주제로 풀 수 있다. 성도들이 인생의 상실과 고통 속에서 예수님의 부활을 신비로만이 아니라, 나를 부르시는 인격적 사랑으로 경험하는 것이 중요하다는 점을 강조할 수 있다. 또한 '복음의 첫 증인'이 마리아였다는 점은 여성의 역할, 주변인의 사명, 그리고 소외된 자들을 향한 부활의 초대라는 설교적 포인트로 발전시킬 수 있다.

설교를 위한 조명

복음서의 말씀(요 20:1-18)으로 설교 작성 / 전개식 설교

"내가 주를 보았다"

Move 1. 어둠 속에서 시작되는 빛

아직 새벽이 되기 전, 하늘은 여전히 검푸른 어둠에 잠겨 있다. 사람들의 집 창가에서는 희미한 등잔불이 깜빡이고, 골목마다 서늘한 바람이 돌고 있다. 그 시간, 한 여인이 무거운 발걸음을 끌며 무덤을 향해 간다. 이름은 막달라 마리아. 그녀의 마음은 깊은 상실감에 젖어 있다. 예수님이 십자가에 달려 돌아가신지 사흘째 되는 날, 그녀는 사랑했던 주님의 시신이라도 붙들고 싶어 무덤을 찾은 것이다.

"아직 어두울 때." 요한은 부활의 아침을 이렇게 시작한다. 단순히 하늘이 어둡다는 의미가 아니라, 마리아의 마음을 감싼 영적 어둠을 함께 묘사하는 표현이다. 그녀의 눈앞은 이미 돌이 굴려진 무덤이었지만, 그녀의 마음에는 여전히 죽음과 상실만이 가득했다.

우리의 삶 속에도 이런 순간이 있지 않는가? 노력했는데 결과가 보이지 않고, 기도했는데 응답이 들리지 않고, 사랑했는데 배신으로 돌아올 때. 그럴 때 우리는 스스로에게 묻는다. "정말 하나님은 살아 계신가? 정말 하나님은 나와 함께 하시는가?"

막달라 마리아도 그랬다. 십자가의 주님을 보았던 눈이 여전히 닫혀 있었고, 빈 무덤 앞에서 부활의 현실을 아직 자각하지 못했다. 그러나 바로 그 어둠 속에서 하나님은 새로운 날을 준비하고 계셨다. 그러므로 오늘 우리에게 필요한 것은 이 고백이다. "나는 지금 어둠 속에 있지만, 하나님은 이미 빛을 밝히고 계신다."

오늘 이 예배는 바로 그 고백으로 우리를 초대한다. 아직 어두울 때 무덤으로 향했던 마리아처럼, 우리도 어둠 속에서 주님을 찾으러 나왔다. 그러나 기억하라. 그 어둠은 끝이 아니다. 오히려 빛이 시작되는 자리이다.

Move 2. 혼란스러운 시선

막달라 마리아는 빈 무덤을 보고 달려가 제자들에게 알린다. 그러자 베드로와 요한 무덤으로 달려온다. 두 제자의 발걸음은 점점 빨라지고, 마침내 요한이 먼저 도착한다. 그는 무덤 입구에 멈춰 서서 안을 힐끗 본다. 성경은 이때 '블레페이(βλέπει)'라는 단어를 쓴다. 그냥 '본다'가 아니라, '잠깐, 스쳐 본다'는 뜻이다. 그 다음 베드로가 도착해 무덤 안으로 들어간다. 그는 보다 자세히 살펴본다. 성경은 여기서 '테오레이(θεωρεῖ)'라는 단어를 사용한다. '주의 깊게 관찰하다'라는 의미이다. 그는 세마포와 수건이 질서 있게 놓여 있는 것을 보았다. 도난당한 흔적이 아니라, 마치 누군가가 의도적으로 정돈한 듯한 흔적이었다. 마지막으로 요한이 무덤 안으로 들어간다. 그리고 성경은 그가 '에이덴 카이 에피스튜센(εἶδεν καὶ ἐπίστευσεν)'—'보고 믿었다'라고 기록한다. 같은 '보다'이지만, 이제는 믿음의 눈으로 보는 것이다. 힐끗 본 눈, 주의 깊게 관찰한 눈, 그리고 마침내 믿음으로 본 눈. 이러한 시선의 변화를 통해 믿음의 탄생을 보여주는 것이다.

그러나 10절은 이렇게 덧붙인다. "이에 두 제자가 자기들의 집으로 돌아가니라." 두 제자가 무언가를 보았지만, 아직 온전히 파악하지 못한 채 제자리로 돌아갔다는 뜻이다.

우리도 때로는 신앙의 자리에 와서 '스쳐만 보고' 돌아갈 때가 있다. 믿음의 그 깊은 곳을 바라보지 못한 채, 다시 현실로 돌아가 버리는 것이다. 혹시 우리의 시선도 마리아처럼, 두 제자처럼 혼란스럽지는 않을까? 눈앞에 있는 무덤의 빈자리를 보지만, 거기서 시작되는 하나님의 새로운 일을 바라보지 못하는 것, 그것이 우리의 한계이다.

Move 3. 이름을 부르시는 주님

두 제자가 떠난 후, 무덤 앞에는 마리아만 남았다. 무덤가에서 눈물 흘리던 마리아는 여전히 혼란에 잠겨 있었다. 그러다 그녀가 무덤 안을 들여다본다. 두 천사가 나타나 묻는다. "여자여, 어찌하여 우느냐?" 그러나 마리아는 여전히 주님을 찾지 못한 슬픔만 말할 뿐이다. 그때 뒤에서 한 음성이 들려온다. "여자여, 어찌하여 울며 누구를 찾느냐?" 그녀는 그 음성을 정원지기의 목소리로만 여긴다. 그러나 이어지는 한 마디가 모든 것을 바꾼다. "마리아야!" 단 한 번의 호명, 이름을 불러 주시는 그 순간, 주님은 그녀의 눈을 열어 주셨다. "랍오니!", "나의 스승님!" 그녀의 입술에서 터져 나오는 이 부름의 고백은 인식과 관계의 회복을 나타낸다.

교부 대 그레고리우스(St. Gregory the Great, 주후 540-604)는 이 장면을 이렇게 설명한다. 예수님이 먼저 마리아를 '여자여'라고 부르신 것은 인류 전체를 대표하는 보편적 호칭이었지만, 다시 이름으로 불러 주신 것은 개인적 친밀함의 회복이라고 했다. 그는 이렇게 말한다. "예수님이 말씀하신 것은 마치 이와 같습니다. '내가 너를 네 모습 그대로 알고 있으니, 너도 나를 그렇게 알아보아라'[It is as if Jesus said, 'Recognize Me as I recognize you; for I know you as yourself.'(Hom. 25: PL 76, 1189-1193)]"

칼 바르트(Karl Barth)는 이 장면을 두고, 하나님의 계시는 추상적 진리가 아니라 인격적 부르심이라고 강조했다. 하나님은 이름 없는 무리에 말씀하지 않으시고, 나를 내 이름으로 부르신다. 위르겐 몰트만(Jürgen Moltmann)도 부활을 관계의 회복이자 새로운 창조라고 설명했다. 마리아가 자기 이름을 들었을 때, 그것은 단지 개인적 위로가 아니라, 하나님 나라의 새로운 시작이 열린 순간이었다는 것이다.

오늘 이 자리에서 주님은 우리의 이름을 부르고 계신다. 수많은 사람 속에 묻혀 있던 나, 잊힌 줄 알았던 나, 실패와 상처로 무너졌던 나를 향해 주님은 말씀하신다. "내 사랑하는 딸아, 내 사랑하는 아들아." 그 순간 우리는 눈물 속에서도 주님을 알아보고, 절망 속에서도 새로운 희망을 붙들게 된다.

Move 4. 보냄을 받는 사람들

그러나 이야기는 여기서 끝나지 않는다. 마리아가 예수님을 붙잡으려 하자, 주님은 말씀하신다. "나를 붙들지 말라 … 내가 내 아버지 곧 너희 아버지, 내 하나님 곧 너희 하나님께로 올라간다."

이 말씀은 형식적인 위로의 말이 아니다. 새로운 현실의 선언이다. 예수님의 아버지가 이제 우리의 아버지가 되셨다. 예수님의 하나님이 이제 우리의 하나님이 되셨다. 이것은 하나님과 인간 사이의 새로운 가족 관계의 시작이다. 부활하신 주님 안에서 우리는 더 이상 외로운 나그네가 아니라, 하나님의 가족이 된 것이다.

독일 종교개혁자 마르틴 루터는 하이델베르크 논제에서 "고난과 십자가를 바라봄으로써 하나님의 보이는 것, 하나님의 '등'(출 33:23)을 인식하는 사람은 도리어 신학자로 불릴 자격이 있다"고 말했다. 우리는 부활의 빛에서 이 논제를 다시 이렇게 표현할 수도 있을 것이다. "십자가와 부활을 통해 하나님을 인식하는 사람은 새로운 존재로 불릴 자격이 있다"고 말이다.

주님은 마리아를 새로운 존재로 세상에 파송하신다. "가서 내 형제들에게 이르라." 마리아는 달려가 제자들에게 외친다. "내가 주를 보았다!" 그녀는 오랜 교회의 전통에서 부활 소식의 첫 사도, 곧 사도들에게 파송된 사도(apostolorum apostola)로 간주되었다.

예수 그리스도의 부활은 우리를 기쁨으로 사로잡아 위로하는 데서 멈추지 않는다. 부활은 우리를 세상으로 내보내는 새로운 힘이다. 오늘 우리는 새로운 존재로 부름을 받아 다시 우리의 가정으로, 직장으로, 세상으로 흩어질 것이다. 그러나 빈손으로 나가는 것이 아니다. 우리는 부활의 증인으로 나아간다.

이 시간 여러분을 축복하며 파송한다. 부활의 주님께서 여러분의 삶에 찾아오셔서, 새로운 존재로 이름을 불러 주시고, 눈물을 닦아주시고, 새로운 사명을 주시기를 바란다. 어둠 속에 시작된 부활의 아침이 여러분의 가정과 일터에 빛으로 임하기를 기도한다.

오늘 예배를 마치고 나가는 여러분의 발걸음과 함께 이렇게 외치기를 바란다. "내가 주를 보았다!" 그 고백이 여러분의 삶 전체를 통해 울려 퍼져, 세상 속에 부활의 증인이 되기를 바란다.

2026 4.12
부활절 두 번째 주일

성서정과 | 시 16; 행 2:14a, 22-32; 벧전 1:3-9; 요 20:19-31

예배로 부름 Call to Worship
우리 주 예수 그리스도의 아버지 하나님을 찬송하리로다 그의 많으신 긍휼대로 예수 그리스도를 죽은 자 가운데서 부활하게 하심으로 말미암아 우리를 거듭나게 하사 산 소망이 있게 하시며 썩지 않고 더럽지 않고 쇠하지 아니하는 유업을 잇게 하시나니 곧 너희를 위하여 하늘에 간직하신 것이라(벧전 1:3-4)

예배 기원 Invocation
흑암 중에 있는 성도에게 빛이 되시는 하나님 아버지! 주님의 말씀은 고난 중에 위로와 힘이 되시며, 저희 심령에 소망을 갖게 하십니다. 진리를 사모하며 예배하는 이 시간, 주의 말씀이 우리 심령에 즐거움이 되게 하시고, 주님께서 주시는 위로가 우리 삶에 능력이 되게 하옵소서. 상전의 손을 바라보는 종들의 눈과 같이, 여주인의 손을 바라보는 여종의 눈과 같이 우리의 몸과 마음이 오직 삼위일체 하나님께만 집중되기 원하오니 도와주시고, 사모하는 모든 이에게 은혜 위에 은혜를 더하여주옵소서. 예수님의 이름으로 기원하옵나이다. 아멘.

이 주일의 찬송 Hymns
내가 늘 의지하는 예수(86장) / 기뻐 찬송하세(159장) / 구원 받은 천국의 성도들(244장) / 거친 세상에서 실패하거든(456장) / 내 맘의 주여 소망되소서(484장) / 그 큰 일을 행하신(615장)

성시 교독 Responsive Readings　　　　시편 16

인도자　1 하나님이여 나를 지켜 주소서 내가 주께 피하나이다
회　중　2 내가 여호와께 아뢰되 주는 나의 주님이시오니 주밖에는 나의 복이 없다 하였나이다
인도자　3 땅에 있는 성도들은 존귀한 자들이니 나의 모든 즐거움이 그들에게 있도다
회　중　4 다른 신에게 예물을 드리는 자는 괴로움이 더할 것이라 나는 그들이 드리는 피의 전제를 드리지 아니하며 내 입술로 그 이름도 부르지 아니하리로다
인도자　5 여호와는 나의 산업과 나의 잔의 소득이시니 나의 분깃을 지키시나이다
회　중　6 내게 줄로 재어 준 구역은 아름다운 곳에 있음이여 나의 기업이 실로 아름답도다
인도자　7 나를 훈계하신 여호와를 송축할지라 밤마다 내 양심이 나를 교훈하도다
회　중　8 내가 여호와를 항상 내 앞에 모심이여 그가 나의 오른쪽에 계시므로 내가 흔들리지 아니하리로다
인도자　9 이러므로 나의 마음이 기쁘고 나의 영도 즐거워하며 내 육체도 안전히 살리니
회　중　10 이는 주께서 내 영혼을 스올에 버리지 아니하시며 주의 거룩한 자를 멸망시키지 않으실 것임이니이다
다같이　11 주께서 생명의 길을 내게 보이시리니 주의 앞에는 충만한 기쁨이 있고 주의 오른쪽에는 영원한 즐거움이 있나이다

고백의 기도 Prayer of Confession

구원받은 성도에게 풍성한 복을 내려 주시는 하나님! 저희의 허물을 용서하여 주옵소서. 저희는 하나님께 받은 은혜가 너무나도 많다는 사실을 잊은 채 살고 있습니다. 건강을 주셨으나 당연한 것으로 여기고 감사할 줄 몰랐습니다. 내 평생에 일용할 양식을 채워주셨으나 주리지 않게 하셨던 하나님의 은혜를 깨닫지 못했습니다. 좋은 부모 밑에서 태어나고, 사랑하는 배우자를 만나고, 사랑하는 자녀를 허락해 주셨지만 복된 가정을 이루어주신 하나님께 영광을 돌릴 줄도 몰랐습니다. 감사와 만족을 몰랐던 저희의 죄를 용서해 주옵소서 이제는 '내 은혜가 네게 족하도다' 하시는 하나님의 자비로운 음성에 귀기울여 감사가 넘치는 삶을 살게 해 주옵소서. 예수님의 이름으로 이 고백의 기도를 드립니다. 아멘.

사함의 확신 Assurance of Forgiveness

(주께서) 다시 우리를 불쌍히 여기셔서 우리의 죄악을 발로 밟으시고 우리의 모든 죄를 깊은 바다에 던지시리이다(미 7:19)

> 오늘의 주제

부활 신앙의 시작

석의적 접근

사도행전의 말씀 행 2:14a, 22-32

사도 베드로는 오순절 설교를 통해 부활하신 예수 그리스도를 구약 성경의 성취로서 증언한다. 그는 다윗의 시편을 인용하며 예수님의 부활을 신적 예언의 완성으로 제시하고, 이 부활이 이스라엘에게 주어진 구원의 핵심 사건임을 선포한다. 베드로는 예수님의 죽음이 인간의 악한 계획에 의한 것이지만, 동시에 하나님의 예정된 섭리였다고 강조하며, 예수님의 부활을 통해 하나님께서 예수님을 주와 그리스도로 높이셨다고 선언한다(행 2:22-24).

22절의 '하나님께서 증언하신 예수'는 신적 권위와 능력의 표지로 나타나는 기적(테라스, θέρας)과 표적(세메이온, σημεῖον)을 통해 그분의 사역이 하나님의 뜻과 일치했음을 말한다. 이사야서의 종의 노래와 연결지어 해석하는 학자들도 있으며, 특히 예수의 죽음이 단순한 비극이 아닌 예정된 구속사적 사건임을 강조한다(행 2:23).

다윗의 시편(시편 16편)을 인용한 25절 이하에서 "내가 항상 내 앞에 계신 주를 뵈었음이여"라는 구절은 하나님에 대한 예수님의 신뢰를 표현하는 동시에 성도의 삶의 본보기를 제시한다. 27절의 "주의 거룩한 자로 썩음을 당하지 않게 하실 것임이로다"라는 표현은 부활의 예언으로, 초기 기독교 공동체는 이를 메시아 예언으로 받아들였고, 다윗이 아니라 궁극적으로 예수님께 적용된다고 본다.

본문은 기독론적 중심성과 구속사적 틀에서 예수님의 부활을 해석하고 있으며, 사도적 설교의 모델로서 복음 전파의 핵심 내용을 요약하고 있다. 베드로는 오순절 성령 강림의 배경에서 이 설교를 통해 구약과 예수님의 사역, 죽음, 부활을 유기적으로 연결한다. 누가는 예수님의 부활을 단순한 기적적 사건으로 보지 않고, 다윗의 시편과 선지자의 예언에 근거한 '예정된' 하나님의 계획으로 강조한다. 이는 신정론적인 해석이 아니라, 하나님의 주권 아래 있는 역사 해석으로서 신자들에게 구속사의 인식 틀을 제공한다.

오늘날 한국 교회에서 부활절 이후, 그리스도의 부활이 실제로 내 삶에 어떤 의미를 가지는지에 대한 물음은 종종 사변적이 되기 쉽다. 그러나 본문은 "하나님께서 그를 사망의 고통에서 풀어 살리셨으니"(행 2:24)라는 선언을 통해 부활이 단지 교리적 사실이 아니라, 억압과 고통, 심지어 죽음의 현실을 깨뜨리는 하나님의 권능임을 증언한다. 설교자는 오늘의 신자들이 체념과 냉소 속에 머무르지 않고, 부활의 현실을 믿음으로 받아들이고 증언하도록 도전할 수 있다. 특히 "이는 그가 사망에 매여 있을 수 없었음이라"(행 2:24)는 말씀은 죽음의 권세가 지배하는 사회와 문화 속에서 예수 그리스도의 생명이 새로운 통치임을 선포하게 한다.

서신서의 말씀 벧전 1:3-9

사도 베드로는 흩어진 디아스포라 신자들에게 편지를 보내며, 그리스도의 부활을 통해 주어진 산 소망에 대해 찬양하며 시작한다. 본문은 하나님께서 예수 그리스도의 부활로 우리를 다시 살리셨고, 썩지 않고 더럽지 않고 쇠하지 아니하는 유업을 우리에게 주셨다고 선언한다(벧전 1:3-4). 또한 신자들이 현재 겪고 있는 여러 시험 속에서 믿음을 지키는 것은 예수님이 다시 나타나실 때 칭찬과 영광과 존귀를 얻게 하려는 목적을 가지고 있다고 강조한다(벧전 1:7).

3절의 '산 소망'은 헬라어로 '엘피다 조산(ἐλπίδα ζῶσαν)'으로, 죽음에 매이지 않는 소망이며 부활을 통한 새 생명을 지시한다. 이는 그리스도인의 희망이 단지 미래의 위안이 아니라 현재를 살아가는 존재 방식이라는 점을 드러낸다. 4절의

'유업'은 구약에서 이스라엘 백성에게 약속된 땅을 가리키는 데서 발전하여, 이제는 하늘에 있는 구원의 상태를 의미한다.

6절의 성도들을 잠깐 근심하게 하는 여러 가지 시험은 공동체가 당시 겪던 박해나 경제적 고난, 사회적 소외를 가리킨다. 여기서 '시험(πειρασμοί)'은 단순한 고난이 아니라 믿음을 정련하는 수단으로 묘사된다(7절). 8절에서 "보지 못하였으나 사랑하는도다"는 공동체가 직접 예수님을 본 적이 없지만, 살아 계신 주와의 교제가 가능하다는 믿음의 신비를 가리킨다.

본 본문은 부활을 통해 신자의 정체성과 목적을 규명하며, 신자는 고난 가운데에서도 산 소망을 지닌 존재임을 선포한다. 구속사의 관점에서 예수님의 부활은 단지 과거의 사건이 아니라, 현재의 삶을 견디고 승리하게 하는 '동력'으로 작용한다. 본문은 종말론적 희망과 현재의 고난이 어떻게 통합되는지를 보여준다. 특히 "믿음의 결국 곧 영혼의 구원"(벧전 1:9)은 고난이 끝나야만 구원이 시작되는 것이 아니라, 믿음 안에서 이미 구원의 실재가 나타나고 있다는 것을 말해준다.

우리는 코로나 이후의 사회와 불확실한 경제 상황 속에서 계속해서 삶의 기반이 흔들리는 시대를 살아간다. 본문은 이러한 현실 속에서도 '산 소망'이라는 개념을 통해 신자의 영적 정체성을 회복시키고자 한다. 설교자는 현재의 고난이 끝나야 하나님이 일하시는 것이 아니라, 바로 그 한복판에서 믿음이 정련되고 있다고 말할 수 있어야 한다. 또한 "너희가 보지 못하였으나 사랑"하고, "믿음의 결국"은 "영혼의 구원"이라는 선언은(벧전 1:8-9), 신앙생활의 핵심이 감정이 아니라, 말씀에 대한 신실한 신뢰임을 강조하게 한다.

복음서의 말씀 요 20:19-31

예수님이 부활하신 그날 저녁, 제자들이 두려움에 문을 닫고 있을 때 예수님이 그들 가운데 나타나신다. 예수님은 평강을 선포하며 제자들에게 성령을 불어넣고, 죄 사함의 권세를 주신다(요 20:19-23). 이후 도마는 예수님의 부활을 믿지 못하며, 직접 그의 손과 옆구리를 보아야 믿겠다고 말한다. 8일 후 예수님이 도마에게 나타나셔서 그의 의심을 해결하시고, 믿음 없는 자가 아닌 믿는 자가 되라 권면하신다(요 20:24-29). 마지막으로 저자는 요한복음이 기록한 예수님의 여러 표적을 통해 그가 하나님의 아들 그리스도임을 믿고 그 이름으로 생명을 얻게 하려 한다는 목적을 밝힌다(요 20:30-31).

21절의 "평강이 있을지어다"는 헬라어로 에이레네(εἰρήνη)인데, 이는 히브리어로는 "샬롬"이라는 인사말을 번역한 것이다. 그러나 이는 단지 인사말에 그치지 않고, 죄와 죽음을 이긴 부활자의 주권을 반영하는 선언이다. 22절의 "숨을 내쉬며(ἐνεφύσησεν)"는 창세기 2장 7절에서 하나님께서 아담에게 생기를 불어넣으신 장면을 상기시키며, 새로운 창조의 시작을 의미한다. 이 장면은 요한복음에서의 성령 강림 사건으로, 오순절 사건과 신학적으로 구별되면서도 조화로운 이해를 가능케 한다.

도마가 고백한 "나의 주님이시요 나의 하나님이시니이다"는 요한복음 전체에서 가장 완전한 그리스도론적 고백으로 평가된다. 이는 초기 교회가 예수님을 단지 메시아로만 아니라, '하나님'으로 고백했음을 나타낸다.

본문은 부활한 예수님과 제자 공동체의 만남을 통해 우리에게 교회 공동체의 정체성과 사명을 환기한다. 부활 사건은 개인적 확신이나 신비적 체험에 국한된 것이 아니라, 공동체적 사명, 곧 죄 사함과 복음 전파의 사명을 함께 부여하는 사건임을 드러낸다. 성령의 내쉬는 행위는 예수님의 권위와 능력을 제자들에게 위임하는 것이며, '부활 공동체'의 시작을 알리는 것이다.

오늘날 신앙은 종종 도마처럼 '증거 중심'의 신앙으로 기울어지기 쉽다. 그러나 예수님은 "보지 못하고 믿는 자들은 복되도다"(요 20:29)라고 선언하시며, 믿음의 본질을 경험보다 말씀 위에 두신다. 설교자는 이 본문을 통해 성도들이 불안과 의심, 닫힌 문과 같은 현실 속에서도 부활하신 주께서 함께하신다는 믿음을 회복할 수 있도록 인도해야 한다. 또한 공동체로 모인 자들에게 성령의 사명이 함께 주어진다는 점을 강조하며, 개인적 구원에 머무르지 않고 세상으로 나아가는 교회의 사명을 회복하게 해야 한다.

설교를 위한 조명

서신서의 말씀(벧전 1:3-9)으로 설교 작성 / 분석 설교
"끝이 아니라 시작입니다"

서론

부활절이 한 주 지난 오늘, 여전히 우리의 마음은 부활의 기쁨 속에 머물러 있다. 그러나 동시에 우리는 주일 예배당 문을 나서는 순간 다시 현실의 무게를 짊어지게 된다. 아침마다 펼쳐지는 뉴스는 경제 불안, 사회 갈등, 국제적 긴장 등의 부정적인 소식으로 가득 차 있다. 많은 분들이 이렇게 이야기한다. "목사님, 예배 시간에는 은혜를 받지만, 월요일만 되면 다시 무거운 현실이 덮쳐 옵니다."

과연 이와 같은 상황에서 소망을 말할 수 있을까? 사실 초대 교회의 성도들도 크게 다르지 않았다. 베드로가 편지를 쓸 당시, 신자들은 로마 제국 곳곳에 흩어져 나그네로 살고 있었다. 신앙 때문에 따돌림을 당하고, 재산을 잃고, 때로는 직장을 잃기도 했다. 그들에게 믿음을 지킨다는 것은 언제나 손해와 고난을 동반했다.

이런 상황에서 그들에게 가장 필요했던 것은 문제 해결의 기술이나 세상의 안전이 아니었다. 그들이 붙잡아야 했던 것은 하나님 안에서 흔들리지 않는 희망이었다. 오늘 우리 역시 마찬가지다. 눈앞의 어려움이 사라지지 않아도, 흔들리는 현실을 버티고 살아낼 힘은 어디서 오는가?

본문 접근

베드로전서는 로마 제국 곳곳에 흩어져 나그네로 살고 있는 초대 교회의 성도들에게 보낸 목회적 편지이다. 이러한 상황에서 베드로가 편지의 서두에서 택한 첫 메시지는 원망이나 탄식이 아니라 하나님을 향한 찬송이었다. "우리 주 예수 그리스도의 아버지 하나님을 찬송하리로다"(벧전 1:3a). 고난과 박해의 상황 속에서 찬송을 선포한다는 것은 소망의 근거가 인간의 상황에 있지 않고 하나님께 있다는 사실을 드러낸다.

베드로가 성도들에게 소망을 강조하는 이유는 예수 그리스도의 부활 때문이다. "그의 많으신 긍휼대로 … 우리를 거듭나게 하사 산 소망이 있게" 하셨다 (벧전 1:3b). 부활 사건은 과거에 머무는 사건이 아니라, 현재를 살아가는 성도들의 정체성과 존재 방식을 규정하는 기초가 된다. 부활이 있었기에 성도의 소망은 막연한 기대가 아니라 살아 있는 현실이 된다.

신학자 위어스비(Warren W. Wiersbe)는 이 본문을 주석하며 "산 소망은 과거의 부활, 현재의 믿음, 미래의 기업을 하나로 묶어 주는 끈"이라고 표현했다(Be Hopeful, 1982, p. 27). 즉, 산 소망은 시간 속에서 흩어진 조각난 현실을 하나님의 구속사 안에서 재구성해 주는 능력이다. 과거에 예수 그리스도의 부활로 시작되었고, 현재의 믿음을 지탱하며, 미래의 기업으로 완성되는 소망이라는 것이다. 베드로는 이를 통해 고난 속의 성도들이 흔들리지 않고 신앙의 길을 걸을 수 있도록 위로와 도전을 동시에 전하고 있다.

따라서 본문은 소망을 고난의 상황과 깊이 연결한다. 믿음은 고난이 끝난 뒤에야 의미가 드러나는 것이 아니라, 고난의 한가운데서도 소망을 붙들며 살아가도록 이끈다. 그래서 베드로는 시험과 눈물 속에 있는 성도들에게 "산 소망"을 선포하며, 이 소망이 장차 완성될 구원과 영광으로 이어진다고 확신 있게 말한다.

주제 정의

베드로전서가 선포하는 핵심 주제는 "산 소망"이다. 사람들이 소망을 말할 때 흔히 떠올리는 것은 불확실한 미래에 대한 막연한 희망으로 이해되기 쉽다. 그러나 실제 삶에서 우리가 경험하는 소망은 쉽게 무너진다. 삶의 현실이 주는 무게는 소망을 허공에 흩날리는 연기처럼 만들어 버리기 때문이다. 경제 전망이 나아질 것이라는 말에 한숨 돌리지만, 이내 또 다른 위기가 닥치면 그 기대는 무너진다. 마치 주식 그래프가 오르내릴 때마다 마음이 들쑥날쑥 흔들리듯, 사람의 소망은 그와 같이 불안정하다. 이런 기대는 오늘 있다가 내일은 사라지는, 썩어 없어질 소망일 뿐이다.

또한 많은 이들은 소망을 자기 의지나 노력에서 찾으려 한다. 목표를 세우고 이를 이루면 삶이 달라질 것이라는 믿음은 우리 사회를 움직이는 원동력 중 하나다. 그러나 아무리 의지가 강해도 인간의 한계를 뛰어넘을 수는 없다. 건강 하나만 무너져도, 관계 하나만 틀어져도, 그토록 공들여 쌓아 온 성취와 계획이 하루아침에 무너져 내린다. 자기 힘으로 붙잡으려는 소망은 모래 위에 세운 집과 같다.

게다가 소망이 왜곡될 때가 많다. 어떤 이는 물질적 풍요와 성공을 소망의 본질로 삼는다. 하지만 풍요로움이 넘쳐나도 마음의 공허는 채워지지 않는다. 오히려 더 큰 불안을 낳기도 한다. 이 세상의 조건 위에 세운 소망은 결국 사람을 더 불안하게 하고, 새로운 소망을 갈망하게 만든다. 만족은 늘 짧고, 불안은 늘 길다. 이런 소망은 생명을 살리는 것이 아니라 사람을 더 깊은 피로 속으로 몰아넣는다.

베드로는 '산'이라는 형용사를 붙임으로써 이 소망이 살아 움직이고, 현재에도 효력을 발휘하며, 장차 완성될 하나님의 약속과 연결된다는 점을 강조한다. 살아 있다는 것은 움직임과 성장, 그리고 생명력을 의미한다. 따라서 산 소망은 죽음을 이기신 그리스도의 부활에서 비롯된 능동적이고 지속적인 힘이다.

이 표현이 쓰인 당시의 상황을 떠올려 보면 더욱 선명해진다. 베드로는 로마 제국 곳곳에 흩어진 신자들에게 이 편지를 보냈다. 그들은 낯선 땅에서 신앙 때문에 따돌림을 당했고, 때로는 생계와 안전을 위협받았다. 세상적 조건으로는 미래를 기대하기 어려운 처지였다. 그러나 베드로는 그들의 눈을 현실의 고난에만 머물게 하지 않았다. 그는 과거에 일어난 예수의 부활 사건을 상기시키며, 그것이 바로 지금 살아 있는 소망의 근거라고 선포했다. 또한 본문 구조를 보면, 3

절에서 소망의 근원을 밝히고, 4절에서 하늘에 간직된 유업을 설명하며, 이어지는 6-7절에서 고난과 시험조차 이 소망을 정금처럼 단련하는 과정임을 증언한다. 이는 단지 장래의 보상 약속이 아니라, 현재의 신앙을 지탱하는 신학적 기초였다.

오늘 우리가 이 말씀을 들을 때, 산 소망은 추상적인 개념이 아니라 현실을 살아가는 힘으로 다가온다. 경제적 불안 속에서 하루하루를 버티는 사람들, 병상에서 회복을 기다리는 환자들, 관계의 깨어짐으로 마음에 깊은 상처를 가진 이들에게 이 소망은 공허한 위로가 아니라 실제적인 생명력이다. 그리스도의 부활이 우리의 믿음을 다시 일으켜 세우듯, 산 소망은 절망을 이겨내는 믿음의 에너지다. 따라서 산 소망은 과거의 사건에서 뿌리를 내리고, 미래의 약속을 향해 자라며, 오늘의 삶 속에서 우리를 살아가게 하는 하나님의 선물이라고 정의할 수 있다.

주제의 필요성

한 장면을 떠올려 보자. 어느 아버지가 저녁 식탁에 앉아 있다. 회사에서 구조조정 이야기가 흘러나온 지 오래다. 그는 아무 말없이 밥만 뜨고, 가족들이 묻는 질문에도 짧게 대답한다. 표정은 굳어 있고, 말투에는 생기가 없다. 아이들은 그런 아버지를 보고 더 이상 미래 이야기를 꺼내지 않는다. 집 안에 흐르는 공기는 무겁고, 말할 수 없는 불안이 침묵으로 쌓여 간다. 이것이 소망이 빠진 삶의 모습이다.

또 다른 장면은 교회 안에서 발견된다. 예배는 드리지만, 예배당을 나서는 순간 다시 한숨이 쏟아진다. 직장과 학업, 경제와 건강의 무게가 예배의 은혜를 눌러 버린다. 교제 모임에서 성도들이 나누는 대화 속에도 "어떻게든 버텨야지"라는 체념이 먼저 들린다. 신앙 공동체 안에서조차 소망의 힘을 잃어버리면, 말은 신앙을 이야기하지만 얼굴빛과 선택에는 믿음의 기쁨이 드러나지 않는다.

바로 이때 베드로의 선언은 우리에게 깊이 다가온다. "산 소망"이 없다면 우리의 일상은 이처럼 무거운 표정과 닫힌 말투로 가득할 것이다. 그러나 부활하신 주님이 주시는 산 소망이 우리 안에 살아 있을 때, 그 무거운 표정이 풀리고, 절망의 말이 믿음의 고백으로 바뀐다. 산 소망은 단지 내일의 막연한 기대가 아니라 오늘 우리의 얼굴빛을 바꾸고, 삶의 선택을 새롭게 하는 힘이다. 그렇기에 지금 우리에게 가장 절실한 것은 바로 산 소망이다.

주제의 실천 방안

베드로전서 1장은 산 소망이 추상적인 관념이 아니라 성부·성자·성령의 사역 속에서 실제로 역사하는 사건임을 보여 준다. 소망은 인간이 스스로 짜내는 결심이 아니라 삼위 하나님의 주도적인 역사에서 시작된다. 그러므로 이 말씀을 따라 우리는 산 소망을 어떻게 붙들고 살아야 할지 살펴보아야 한다.

1. 산 소망을 붙들고 거듭나야 한다(벧전 1:3)

무엇보다 먼저, 성부 하나님께서는 우리를 긍휼로 거듭나게 하셨다. 베드로는 "그의 많으신 긍휼대로 … 우리를 거듭나게 하사 산 소망이 있게 하셨다"(벧전 1:3)고 증언한다. 거듭남은 자기 수양이나 결심의 업그레이드가 아니다. 하나님이 불러 일으키시고 새로 시작하신 사건이다. 그래서 소망은 흔들리는 감정이 아니라 하나님이 시작하신 관계의 신실함에 기초한다. 우리 삶에 내일이 보이지 않는 절벽 끝에 서 있을 때, "내 삶을 시작하신 분"을 붙드는 것이 신자의 고백이다. 하루의 출근길, 가사노동의 시작, 등교 전 순간에 짧은 기도를 올리며 "주님, 오늘도 하나님이 제 삶을 시작하셨습니다. 계속 이어갈 힘을 주소서"라고 고백하자. 여순사건으로 두 아들을 잃었음에도 가해 청년을 양자로 삼았던 손양원 목사의 삶이 그 증거다. 사람의 마음으로는 불가능하지만, 긍휼로 시작하신 하나님이 그의 심장을 사로잡으셨기에 그 선택이 가능했다. 산 소망은 긍휼에서 시작한다.

2. 산 소망으로 유업을 이어가야 한다(벧전 1:4)

그리고 성자 예수 그리스도께서는 부활로 우리의 유업을 보장하신다. 베드로는 "썩지 않고 더럽지 않고 쇠하지 아니하는 유업을 잇게 하셨다"(벧전 1:4)고 말한다. 유업은 로또처럼 우연한 횡재가 아니라, 부활하신 주님 자신이 보증하시는 확실한 관계적 상속이다. 유업의 핵심은 '무엇을 가지는가'가 아니라 '누구의 것인가'에 있다. 우리 삶은 월급이나 평판, 성과에 따라 오르락내리락하지만, 부활의 주님께 속했다는 인치심이 우리의 흔들림 없는 신분을 보증한다. 성만찬과 세례를 떠올려 보라. 그것은 "너는 내 것"이라고 선언하시는 하나님의 표이다. 독일 나치 시대의 순교자이자 신학자인 디트리히 본회퍼(Dietrich Bonhoeffer)가 교수대로 나아가며 마지막 말을 남겼다. "이것은 끝입니다. 그러나 나에게는 삶의 시작입니다(Das ist das Ende – für mich der Beginn des Lebens)." 그가 이렇게 말할 수 있었던 이유가 바로 여기에 있다. 그의 유업은 세상의 작위나 재산이 아니라, 부활하신 주님의 소유라는 정체성이었다. 그러므로 소망은 미래의 불확실성에 매이지 않고, 부활하신 주님이 이미 보증하신 상속에서 현재를 살아가는 힘이 된다.

3. 산 소망으로 믿음을 연단하여야 한다(벧전 1:6-7)

마지막으로, 성령 하나님께서는 시련 속에서 우리의 믿음을 정금처럼 연단하신다. "…여러 가지 시험으로 … 잠깐 근심하게 되지 않을 수 없으나 … 너희 믿음의 확실함은 불로 연단하여도 없어질 금보다 더 귀하여"(벧전 1:6-7)라는 말씀이 바로 그것이다. 연단은 불순물을 태워 우리의 믿음을 순전하게 하는 과정이다. 고난이 찾아올 때 우리는 본능적으로 "왜 내게 이런 고난이 오는가"를 묻는다. 그러나 성령은 우리에게 "고난으로 무엇을 태우시는가"를 묻게 하신다. 두려움, 인정중독, 쓴 뿌리…. 그 불순물에 이름을 붙이고 성령께 내어드릴 때, 우리의 믿음은 정금처럼 순수해진다. 도마의 이야기가 그 좋은 예이다. 그는 의심으로 인해 부활의 증인이 되지 않았지만, 부활공동체는 다시 도마가 주님을 만날 때까지 기다려주었다. 그의 의심은 죄로 간주되지 않았기 때문이다. 주님이 여드레 후 다시 부활공동체 안에서 도마를 만나 주셨을 때, 그는 "나의 주님이시요 나의 하나님"이시라는 요한복음 최고의 신앙고백을 할 수 있었다. 성령은 의심마저도 정금으로 빚으시며, 연단의 불길을 통해 우리의 믿음을 더욱 귀하게 만드신다.

이처럼 성부 하나님은 긍휼로 소망을 시작하시고, 성자 예수 그리스도는 부활로 유업을 보증하시며, 성령 하나님은 시련을 통해 믿음을 정금으로 연단하신다. 산 소망은 삼위 하나님의 사역 속에서 우리의 삶에 실제로 자리잡고, 오늘도 새로운 선택을 가능하게 하는 능력이 된다.

주제 실천의 결과

산 소망을 붙든 사람들의 삶에는 확실한 열매가 나타난다. 여순사건 때 두 아들을 잃었으나 원수를 양자로 삼았던 손양원 목사의 선택은 긍휼로 시작하신 하나님께서 산 소망의 출발이심을 보여 준다. 절망과 원한이 자리할 수밖에 없는 상황에서, 그는 인간적인 계산을 넘어서는 용서와 사랑의 길을 걸었다. 산 소망은 그렇게 증오를 녹여내고 새로운 가족을 세우는 능력으로 나타났다.

부활의 유업을 붙든 본회퍼의 마지막 모습 또한 마찬가지다. 그는 사형을 앞두고도 "이것이 끝이 아니라 시작"이라 고백하며 평안히 형장의 길을 걸어갔다. 세상은 그의 생명을 빼앗았으나, 부활하신 주님께 속했다는 확신이 그를 무너지지 않게 했다. 산 소망은 죽음의 벽 앞에서도 무너질 수 없는 영원한 기초가 된다.

의심 속에 서 있던 도마 역시 결국 산 소망의 증인이 되었다. 주님은 그의 의심을 외면하지 않으시고 다시 찾아와 손과 옆구리를 보여 주셨다. 도마의 고백, "나의 주님, 나의 하나님"은 연단의 과정을 지나 소망이 더욱 순전해진 결과였다. 성령의 불은 그의 의심을 태워 믿음의 금으로 빚어 내셨다. 이처럼 산 소망을 붙든 사람은 고난 속에서도 무너지지 않고, 죽음 앞에서도 흔들리지 않으며, 의심조차도 더 깊은 믿음으로 변화된다.

결론

베드로는 흩어진 성도들에게 "산 소망"을 붙들라고 권면하며 편지를 시작했다. 이 말씀은 오늘 우리에게도 동일하게 주어진다. 성부 하나님께서 긍휼로 우리를 거듭나게 하셨고, 성자 예수 그리스도께서 부활로 우리의 유업을 보증하셨으며, 성령께서 우리의 믿음을 정금처럼 단련해 가신다. 이 삼위 하나님의 일하심이 바로 산 소망의 토대이다.

그러므로 우리의 소망은 세상의 형편에 매여 있지 않다. 경제적 불안, 국제 정세의 긴장, 개인의 고난과 교회의 연약함이 여전히 우리 앞에 있지만, 그 한복판에서 산 소망은 꺼지지 않는다. 오히려 그 소망은 우리의 눈물을 닦아주고, 우리의 발걸음을 다시 세우며, 우리가 서로를 붙들어 주게 만든다.

이제 부활의 산 소망을 품은 사람답게 걸어가자. 오늘 가정에서, 일터에서, 교회 공동체 안에서 우리의 말과 행동 속에 이 소망을 드러내자. 그렇게 살아갈 때, 우리는 세상 속에서 부활의 증인이 되고, 다른 이들에게도 꺼지지 않는 소망의 불빛을 전할 수 있다.

부활의 주님이 우리와 함께 계신다. 이 소망이 우리의 가슴에 살아 숨 쉬게 하며, 내일을 향해 힘 있게 나아가자.

2026 4.19

부활절 세 번째 주일

성서정과 | 시 116:1-4, 12-19; 행 2:14a, 36-41; 벧전 1:17-23; 눅 24:13-35

예배로 부름 Call to Worship
예수께서 이르시되 나는 부활이요 생명이니 나를 믿는 자는 죽어도 살겠고 무릇 살아서 나를 믿는 자는 영원히 죽지 아니하리니 이것을 네가 믿느냐 하나님은 영이시니 예배하는 자가 영과 진리로 예배할지니라 (요 11:25-26, 4:24)

예배 기원 Invocation
택하신 백성을 긍휼히 여기시며 돌보시는 하나님! 고난과 역경이 많았던 한 주간을 지낼 때, 크신 사랑과 능력으로 우리의 발걸음을 인도해 주신 은혜를 생각하며 감사드립니다. 힘겨운 현실 속에서도 소망을 잃지 않도록 우리를 격려하시며, 눈물을 흘리며 씨를 뿌리는 자는 기쁨으로 거두리라는 약속을 주시니 감사합니다. 만물이 약동하는 봄날, 거룩한 주일 예배를 드리면서 저희도 믿음과 소망과 사랑의 씨앗을 심게 하여 주옵소서. 기쁨으로 단을 거두는 주님의 날을 소망하며 예배하게 하옵소서. 예수님의 이름으로 기원하옵나이다. 아멘.

이 주일의 찬송 Hymns
어저께나 오늘이나(135장) / 부활하신 구세주(162장) / 마음에 가득한 의심을 깨치고(257장) / 주의 피로 이룬 샘물(266장) / 어두운 내 눈 밝히사(366장) / 신자 되기 원합니다(463장)

성시 교독 Responsive Readings 시편 116:1-4, 12-19

인도자 ¹ 여호와께서 내 음성과 내 간구를 들으시므로 내가 그를 사랑하는도다
회 중 ² 그의 귀를 내게 기울이셨으므로 내가 평생에 기도하리로다
인도자 ³ 사망의 줄이 나를 두르고 스올의 고통이 내게 이르므로 내가 환난과 슬픔을 만났을 때에
회 중 ⁴ 내가 여호와의 이름으로 기도하기를 여호와여 주께 구하오니 내 영혼을 건지소서 하였도다
인도자 ¹² 내게 주신 모든 은혜를 내가 여호와께 무엇으로 보답할까
회 중 ¹³ 내가 구원의 잔을 들고 여호와의 이름을 부르며 ¹⁴ 여호와의 모든 백성 앞에서 나의 서원을 여호와께 갚으리로다
인도자 ¹⁵ 그의 경건한 자들의 죽음은 여호와께서 보시기에 귀중한 것이로다
회 중 ¹⁶ 여호와여 나는 진실로 주의 종이요 주의 여종의 아들 곧 주의 종이라 주께서 나의 결박을 푸셨나이다
인도자 ¹⁷ 내가 주께 감사제를 드리고 여호와의 이름을 부르리이다
회 중 ¹⁸ 내가 여호와께 서원한 것을 그의 모든 백성이 보는 앞에서 내가 지키리로다
다같이 ¹⁹ 예루살렘아, 네 한가운데에서 곧 여호와의 성전 뜰에서 지키리로다 할렐루야

고백의 기도 Prayer of Confession

행함이 없는 믿음은 그 자체가 죽은 것이라 가르쳐 주신 주님! 저희는 그동안 진리의 말씀을 듣기만 하고 행하지 아니하므로 자신을 속이는 자가 되었습니다. 스스로 경건하다고 생각하면서도 혀에는 재갈을 물리지 못하므로 더럽고 방탕한 말을 하여 하나님의 영광을 가렸습니다. '하나님 앞에서 정결하고 더러움이 없는 경건은 환난 중에 있는 이웃을 돌아보며, 자신을 지켜 세속에 물들지 않는 것'이라는 가르침을 받았건만 저희 생활에서는 그러한 경건함이 보이지 않았습니다. 금가락지를 끼고 아름다운 옷을 입고 예배당에 들어오는 사람은 눈여겨보며 좋은 자리를 내어주었지만, 남루한 옷을 입고 입장하는 가난한 자에게는 인사조차 건네지 않았습니다. 이처럼 믿음의 공동체 안에서까지 차별하여 악한 생각으로 판단하는 자가 되었던 저희 죄를 용서해 주옵소서. 예수님의 이름으로 이 고백의 기도를 드립니다. 아멘.

사함의 확신 Assurance of Forgiveness

내가 그들을 내게 범한 그 모든 죄악에서 정하게 하며 그들이 내게 범하며 행한 모든 죄악을 사할 것이라(렘 33:8)

> 오늘의 주제

말씀과 떡 속에서 만난 주님

석의적 접근

사도행전의 말씀 행 2:14a, 36-41

베드로는 오순절 설교에서 예수 그리스도의 죽음과 부활, 그리고 그분의 주 되심을 선포하며 청중의 회개를 촉구한다. 본문의 서두인 14절a에서 "베드로가 열한 사도와 함께 서서 소리를 높여 이르되"라는 표현은 공적 선언으로서 예언자적 권위를 드러내는 언어이다. 이처럼 본문은 예수님의 십자가 사건을 단지 유대 당국의 범죄로 축소시키지 않고, 하나님의 예정된 계획과 그분의 섭리에 의한 사건으로 해석한다(행 2:23).

36절에서 베드로는 "그런즉 이스라엘 온 집은 확실히 알지니"라는 말로 시작하여, 하나님께서 예수님을 '주(κύριος)'와 '그리스도(Χριστός)'로 삼으셨다고 선언한다. 이는 구약적 메시아 개념과 헬라적 신적 통치 개념을 함께 포괄하는 신학적 선언이다. 이어지는 37절에서 청중의 마음을 찔렀다는 표현은 헬라어 '카테뉘게산(κατενύγησαν)'으로 '깊이 찔리다' 또는 '상하게 하다'는 내면적 상흔을 표현하며, 이는 진정한 회개의 출발점으로 기능한다.

이 구절의 구조는 예수님의 사역 → 십자가 → 부활 → 주 되심 → 청중의 반응 → 회개의 권유 → 세례 → 교회의 탄생으로 이어지는 누가-행전적 구원 서사의 전형을 따르고 있다. 38절의 회개와 세례에 대한 명령은 초기 기독교의 복음 응답 구조를 분명하게 보여주는 대목이며, 여기서 '회개하다'는 말은 헬라어 '메타노에오(μετανοέω)'로 단순한 감정적 후회가 아니라 삶의 방향 전환을 뜻한다.

설교자는 이 본문에서 예수 그리스도의 주 되심과 성령의 역사, 그리고 회개와 공동체로의 초대라는 주제를 강조할 수 있다. 현대 청중에게 있어 회개는 단지 죄에 대한 반성이 아닌, 삶의 방향성 전체를 하나님께로 전환하는 결단이며, 세례는 이 회개의 가시적 표현이자 공동체와의 연합을 상징한다. 부활절 이후를 살아가는 신자에게 이 본문은 그리스도 중심의 삶, 공동체적 구원, 그리고 성령의 지속적 사역을 기억하게 하는 성찬의 기초가 된다.

서신서의 말씀 벧전 1:17-23

본문은 그리스도인의 삶이 그리스도의 보혈로 말미암아 구속받은 자의 정체성과 직결된다고 말한다. 17절 상반절은 신자에게 이미 주어진 하나님을 아버지로 부르는 관계와 그에 따른 도덕적 책임(심판)을 동시에 부각시킨다. 여기서 '외모로 보시지 않고'라는 말은 헬라어로는 '아프로소폴렙테오(ἀπροσωπολημπτέω)'로, 사람을 차별하여 대하지 않으시는 하나님의 속성을 강조한다. 이는 히브리 사상에 깊이 뿌리내린 하나님의 공의로운 성품을 반영하는 것이기도 하다.

18절과 19절에서는 그리스도인의 삶의 근거가 '조상이 물려준 헛된 행실'이 아니라 '흠 없고 점 없는 어린양 같은 그리스도의 보배로운 피'임을 선언한다. 이때 '헛된 행실'이라는 표현은 헬라어 '마타이아스(ματαίας)'로, 우상숭배나 율법주의에 매인 이전의 생애를 지칭한다. 반면 그리스도의 피는 구약의 유월절 양의 희생과 직접적으로 연결되며, 신약적 구속 개념의 핵심이다.

이 본문에서 베드로는 구원의 목적이 단순한 용서가 아니라 '거룩한 삶'임을 드러낸다. 22절의 말씀은 성령 안에서의 성화와 공동체적 사랑의 필연적 연계를 보여준다. 이때 '거짓이 없이 형제를 사랑'하라는 권면은 위선 없는 가족적 헌신을 요구한다.

설교자는 이 본문으로 그리스도인의 윤리적 삶이 단지 규율이 아닌, 구속된 자의 정체성에서 흘러나오는 자연스러운 열매임을 강조할 수 있다. 이는 현대 신자들에게도 자신이 어떤 핏값으로 구속받았는지를 기억하게 하고, 거룩함과 사랑을 함께 추구하는 균형잡힌 신앙생활로 이끈다. 부활절기 신앙인들에게 그리스도의 죽음은 단순한 감상이 아니라 살아있는 삶의 방향성이 되어야 한다.

복음서의 말씀 눅 24:13-35

엠마오로 가는 두 제자의 이야기는 부활하신 예수님이 의심과 절망 속에 있는 자들을 찾아오시며, 말씀과 떡을 떼심을 통해 자신을 계시하시는 부활의 신비를 담고 있다. 13절과 14절에서 두 제자가 엠마오로 가면서 이야기를 나누는 것을 헬라어로 '호밀룬(ὡμίλουν)'으로 표현하는데, 이는 단순한 대화가 아니라 깊은 신학적 논의와 슬픔으로 인한 토론을 나타낸다. 이는 유대적 묵상 방식과 유사한 대화적 탐구 형태이다.

15-16절에서 예수님이 그들과 함께 걸으시나 그들의 눈이 가리워져 예수님을 알아보지 못한다는 것은 단순한 시각의 문제가 아닌, 신학적 인식의 닫힘을 의미한다. 그들의 눈이 '가리어져서'에 해당하는 헬라어 '에크라툰토(ἐκρατοῦντο)'는 수동형으로, 인식이 특정한 목적에 따라 '억제되었다'는 뜻을 갖는다. 이는 하나님의 의도적 계시 지연을 암시하며, 그리스도는 말씀을 통해 자신을 계시하시기 원하신다.

25-27절까지 예수님이 모세와 선지자들의 글을 풀어 설명하시는 장면은 초대교회의 성경 해석 방식, 곧 그리스도 중심적 해석(Christocentric Hermeneutics)의 전형이다. 이는 사도행전 17장에서도 반복되는 방식이며, 예수님이 구약을 통해 자신의 죽음과 부활을 반드시 예언된 사건으로 이해하도록 돕는 장면이다.

31절은 부활하신 예수님의 실재와 인식 방식에 대한 신비를 드러낸다. '밝아져'로 번역된 헬라어 '디에노익데산(διηνοίχθησαν)'은 단순한 지적 이해가 아닌 영적 인식의 개방을 뜻한다.

이 본문은 고난과 상실, 신앙의 회의 속에서도 그리스도는 여전히 우리와 함께 동행하신다는 메시지를 중심으로 전개될 수 있다. 성경 말씀을 통해 그리스도께서 자신을 계시하시며, 공동체 안에서 성찬과 말씀을 통해 지금도 살아 계심을 체험하게 하신다는 점이 부활절기 신앙의 핵심이다. 현대의 엠마오 길은 우울, 혼란, 좌절의 길일 수 있으나, 예수님은 언제나 그 길의 동반자로 계신다는 사실이 소망의 메시지가 된다.

설교를 위한 조명

복음서의 말씀(눅 24:13-35)으로 설교 작성 / 4C 설화체 설교(이야기식 설교)

"내 인생의 엠마오"

모순: 엠마오라는 도피처

원하지 않는 길을 걸어본 적이 있는가? 산책이 아니라, 상처와 실망을 피하려고 억지로 내디딘 발걸음 말이다. 나 역시 사역에서 뼈아픈 좌절을 겪은 날, 회의실을 나와 길을 걸은 적이 있다. 발은 움직였지만 마음은 주저앉아 있었고, 한 걸음 한 걸음이 앞으로 향하는 것이 아니라 아픔을 피하는 도망의 발걸음이었다.

오늘 본문의 두 제자가 바로 그런 길을 걷고 있다. "그 날에 그들 중 둘이 예루살렘에서 이십오 리 되는 엠마오라 하는 마을로 가면서." 예루살렘에서 약 11킬로미터, 두 시간 남짓의 거리이다. 그러나 그 길은 단순한 거리가 아니다. 실망과 좌절의 깊이로 측정되는 길이었다. 누가는 제자들이 예루살렘을 떠났다고 기록한다. 예루살렘은 십자가와 부활이 일어난 자리, 하나님의 구원의 중심이었다. 그러나 제자들은 그곳을 떠나고 있다. 희망의 중심에서 등을 돌리고 있는 것이다.

엠마오는 반대로 보잘것없는 마을이었다. 고대 문헌에 따라 거리 기록조차 엇갈릴 정도로, 기억될 만한 사건이 없는 평범한 곳이었다. 그곳은 소망의 목적지가 아니라, 도피와 무력감의 상징이었다. 아이러니는 여기에 있다. 제자들은 생명의 자리인 예루살렘을 떠나, 의미 없는 엠마오로 걸어가고 있다. 희망을 향해 달려가는 것이 아니라 절망을 향해 걸어가고 있는 것이다.

이것은 우리의 이야기이기도 하다. 기도가 응답되지 않을 때, 우리는 바쁜 일상 속으로 숨어든다. 하나님이 멀게 느껴질 때, 우리는 침묵과 무관심으로 도피한다. 실망이 너무 클 때, 우리는 분주한 일과 세상의 소음으로 자신을 감춘다. 엠마오는 곧 우리가 신앙의 이야기가 무너졌다고 느낄 때 찾아가는 자리이다. "나는 소망을 가졌었지만 이제는 아니다"라는 마음으로 숨어드는 도피처이다.

갈등: 꺼져버린 희망

누가는 두 제자가 길을 걸으며 "일어난 모든 일을 서로 이야기하고 있었다"고 전한다. 헬라어 뉘앙스를 보면 단순한 담소가 아니라, 서로 따지고 토론하는 듯한 격한 대화였다. 혼란과 슬픔이 뒤섞여 있는 대화였다. 그때 예수님이 다가오셔서 물으셨다. "너희가 길 가면서 서로 주고받는 이 말이 무엇이냐?" 제자들은 걸음을 멈추었다. 누가는 그들의 얼굴이 어두웠다고 기록한다. 어깨는 처지고, 얼굴은 땅만 바라보며 발걸음을 멈춘 그들의 온몸에서 패배의 그림자가 느껴졌다.

그들은 솔직하게 말했다. "우리는 이 사람이 이스라엘을 속량할 자라고 바랐노라." "바랐노라"는 과거 시제다. 살아 있는 희망이 아니라 이미 꺼져버린 희망이다. 가장 슬픈 고백은 단순한 실패가 아니라, "한때는 소망했지만 이제는 아니다"라는 말이다. 사실 그들에게 부활의 소식이 전해지지 않았던 것은 아니다. 여인들이 무덤이 비었다고 했고, 천사들이 살아나셨다고 전했다. 하지만 제자들은 믿지 못했다. 십자가의 비극과 부활의 소식은 그들의 머리와 마음속에서 연결되지 않았다.

우리도 그렇지 않은가. 성경의 약속을 알고, 하나님이 신실하시다는 간증을 들었지만, 내 삶의 고통 앞에서는 그 모든 것이 허공처럼 느껴질 때가 있다. 한번은 어린 자녀를 갑자기 잃은 젊은 아버지와 함께 앉아 있었던 적이 있다. 그는 어릴 때부터 교회를 다녔고, 시편도 줄줄 외웠다. 그런데 내 눈을 똑바로 보며 이렇게 말했다. "목사님, 저는 지금 하나님을 볼 수가 없습니다. 도무지 보이지 않습니다." 그 말은 엠마오 제자들의 고백과 같았다. "우리는 바랐지만, 이제는 아니다." 엠마오의 길은 단순히 사랑하는 이를 잃은 슬픔만이 아니다. 그들의 신학이 현실에 맞지 않는다는 절망이다. 주일의 할렐루야가 월요일의 장례 앞에서 무너져 내리는 경험이다. 그러나 이 모든 긴장 속에 놀라운 아이러니가 숨어 있다. 제자들이 걷고 있는 바로 그 옆에, 이스라엘의 참된 소망이신 예수님이 함께 걸으셨다. 그들은 알아보지 못했지만, 주님은 이미 그들과 동행하고 계셨다. 엠마오의 이야기는 우리에게 말해준다. 때로는 우리가 주님을 가장 느끼지 못할 때, 주님은 오히려 가장 가까이에 계신다. 그러나 그 순간 그저 부재로 느껴지고, 침묵으로 다가오며, 감당하기 힘든 실망으로만 남아 있는 것이다.

전환: 희망은 곁에 있었다

전환점은 바로 여기서 일어난다. 두 제자가 실망을 쏟아낼 때, 예수님은 곧바로 위로하지 않으시고 도리어 도전하신다. "미련하고 선지자들이 말한 모든 것을 마음에 더디 믿는 자들이여"(눅 24:25).

제자들은 십자가 사건을 실패로 보았다. "우리는 이 사람이 이스라엘을 속량할 자라고 바랐노라"(눅 24:21). 그러나 예수님은 이야기를 새롭게 해석하신다. "그리스도가 이런 고난을 받고 자기의 영광에 들어가야 할 것이 아니냐"(눅 24:26).

엠마오의 길에서 예수님은 모세와 모든 선지자로부터 시작하여 성경 전체에 기록된 자신에 관한 것을 풀어 설명해 주셨다. 예수님은 그 제자들에게 닫힌 것처럼 느껴지는 성경 이야기를 열어 주신 것이다.

여기서 우리는 깨닫는다. 십자가는 절망의 끝이 아니라 구원의 성취이다. 부활은 고난을 지워버린 것이 아니라, 그 고난을 통해 이루신 하나님의 목적을 드러낸 것이다. 제자들의 희망이 무너졌다고 생각한 바로 그 사건 속에서 하나님은 구원을 완성하신 것이다.

우리의 삶도 그렇다. 고통이 아무 의미 없어 보일 때가 있다. 실패가 온전히 낭비처럼 느껴질 때가 있다. 그러나 주님이 동행하실 때, 우리의 상처마저 더 큰 이야기 안에 엮이게 된다.

한 자매가 수년간 불임으로 고통을 겪었다. 그녀는 눈물로 고백했다. "하나님이 나를 잊으신 줄 알았어요. 그런데 이제 같은 아픔을 겪는 후배들을 멘토링하면서 깨닫습니다. 하나님이 나를 위로자가 되게 하셨구나." 그의 아픔은 끝이 아니라 다른 이들에게 은혜가 되는 길이 되었다.

제자들은 아직 예수님을 알아보지 못했지만, 무언가 마음이 움직이기 시작했다. 이것이 바로 깨달음이 시작되는 순간이다.

확인: 눈이 열리는 순간

제자들은 마침내 엠마오 마을에 이른다. 긴 하루가 저물어가고 있었다. 슬픔으로 무거웠던 발걸음은 길 위에서 주고받은 질문과 대화로 이상하게도 뜨거워져 있었다. 낯선 이가 더 가려는 듯 보인다. 제자들은 간절히 붙잡으며 말한다. "… 우리와 함께 유하사이다 때가 저물어가고 날이 이미 기울었나이다…"(눅 24:29). 절망의 마음은 그나마 빛이 되는 이를 놓치고 싶지 않은 법이다. 그리하여 함께 식탁에 앉는다. 그런데 놀라운 반전이 일어난다. 손님으로 보였던 이가 주인이 되신다. 그 초대에 응하신 주님은 그들과 함께 앉아 빵을 가지신다. 축사하시고 떼어 나누어 주시는 순간, 제자들의 눈이 밝아진다. "그들의 눈이 밝아져 그인 줄 알아보더니 예수는 그들에게 보이지 아니하시는지라"(눅 24:31). 그들이 알아보지 못했던 낯선 동행자가 부활하신 주님으로 드러나는 순간이다. 죽은 줄로만 알았던 주님이 지금 그들과 함께 떡을 떼고 계신다.

그런데 주님은 왜 그 즉시 사라지셨을까? 이제부터는 육신의 모습에 의존할 필요가 없기 때문이다. 부활하신 주님은 말씀과 성찬 가운데 언제 어디서든 만날 수 있기 때문이다. 길 위에서 성경을 풀어주시고, 식탁에서 빵을 떼어주신 그 주님은 오늘도 교회의 예배 속에 임재하신다. 교부들은 이 장면에서 예배와 성례전의 패턴을 보았다. 길 위에서 성경을 풀어주신 말씀의 시간, 그리고 식탁에서 빵을 떼어주시는 성찬 성례전의 시간이다. 지금도 주님은 말씀과 성찬 성례전 가운데 우리와 함께하신다. 제자들은 주님의 사라지심을 슬퍼하지 않았다. 오히려 감격하며 고백한다. "길에서 우리에게 말씀하시고 우리에게 성경을 풀어주실 때에 우리 속에서 마음이 뜨겁지 아니하더냐"(눅 24:32).

한 성도의 임종 자리에서 경험한 일이 떠오른다. 거의 음식을 삼키지 못하던 분이었지만, 작은 빵 한 조각을 나누며 기도할 때 눈물이 흘러내렸다. 그리고 조용히 속삭였다. "예수님이 여기 계세요." 약함 속에서도 주님이 임재하시는 순간이었다.

엠마오의 제자들에게도 그랬다. 긴 설명 속에서는 알아보지 못했지만, 떡을 떼는 자리에서 눈이 열렸다. 주님의 임재는 때로 논증이 아니라 만남으로 다가온다. 진리는 머리로 증명되는 것이 아니라, 식탁에서 함께하시는 주님으로 경험되는 것이다. 그래서 제자들의 무거운 발걸음은 기쁨의 달음박질로 바뀐다. 슬픔의 길은 부활의 증거를 안고 되돌아가는 기쁨의 길로 변한다. 부활의 주님은 오늘도 우리 곁에서 말씀을 여시고, 떡을 떼시며, 눈을 열어 기쁨으로 살게 하신다.

결과 기대: 내 인생의 엠마오에서 열리는 새로운 미래

엠마오 집에서 빵을 떼던 순간, 눈이 열려 주님을 알아본 제자들은 아직 숨을 돌릴 겨를조차 없었다. 빵 부스러기가 손에 남아 있고, 방 안에는 여전히 따뜻한 빵 냄새가 가득했지만, 그들은 자리에서 벌떡 일어나 달려 나왔다. 문득 고요해진 방 안은 텅 빈 듯했지만, 그들의 가슴은 불길처럼 타올랐다.

저녁노을이 이미 저문 어두운 언덕길을 그들이 다시 걷는다. 단 몇 시간 전만 해도 절망의 무게에 짓눌려 끌리듯 걷던 발걸음이었다. 그때는 길 위의 돌 하나에도 걸려 넘어질 듯 무거웠다. 그러나 지금은 달랐다. 같은 길이지만 다른 길이었다. 어둠이 짙게 내리는 시간인데도, 그들의 걸음은 어둡지 않았다. 달빛이 길을 비추듯 가볍고 분명했다.

그들이 되돌아 향한 곳은 예루살렘이다. 예루살렘은 불과 사흘 전만 해도 십자가의 그림자가 드리워진 곳, 모든 희망이 꺾이고 흩어져 버린 곳이었다. 그곳을 떠나던 길은 도망치는 길이었고, 체념의 길이었다. 그러나 지금 그들이 향하는 예루살렘은 도망의 종착지가 아니라, 증언의 출발지이다. 같은 도시, 같은 거리이지만 전혀 다른 의미로 다가온다.

이것이 부활의 능력이다. 부활은 도망하던 길을 되돌려 증언의 길로 바꾼다. 침묵하던 입술에 새로운 고백을 주고, 절망의 그림자 속에 소망의 불빛을 밝힌다. 엠마오에서 돌아오던 제자들이 마침내 예루살렘에 도착했을 때, 이미 다른 제자들이 흥분된 목소리로 외치고 있었다. "주께서 과연 살아나시고 시몬에게 보이셨다"(눅 24:34). 각기 다른 길에서 경험한 부활 이야기가 장엄한 하나의 서사시로 엮인다. 엠마오 이야기와 예루살렘 이야기가 함께 얽혀 하나의 증언이 되고, 교회는 그렇게 부활 공동체로 세워진다.

우리에게도 엠마오로 가는 길이 있다. 기도가 식어버려 마음이 텅 빈 길, 실패에 눌려 앞이 보이지 않는 길, 오해와 상처 때문에 공동체를 떠나고 싶은 길. 그러나 그 길 위에도 주님이 찾아오신다. 말씀을 열어 주시고, 눈을 열어 주시고, 함께 식탁에 앉아 빵을 떼어 주신다. 그리고 우리도 다시 일어나게 하신다.

엠마오에서 돌아가야 할 우리의 예루살렘은 어디일까? 가족과의 단절이 쌓여 대화가 끊긴 집일 수 있다. 성과만 남고 사람이 사라진 직장일 수 있다. 무관심과 냉소가 가득한 이웃일 수 있다. 아니면 상처와 분열이 깊어진 한국 사회, 한국 교회일 수 있다. 주님은 오늘도 우리를 그곳으로 다시 보내신다.

부활은 개인의 체험에 머물지 않는다. 반드시 공동체와 세상으로 흘러간다. 그래서 주님은 제자들에게 이렇게 말씀하셨다. "너희는 이 모든 일의 증인이라"(눅 24:48). 엠마오에서 시작된 불꽃이 공동체 안에서 횃불이 되고, 다시 세상으로 향하는 증언이 된다.

내 인생의 엠마오가 끝이 아니다. 그곳은 부활하신 주님을 만나는 자리이며,

나의 발걸음을 예루살렘으로 되돌리게 하는 전환점이다. 낙심이 깊어 고개를 떨구었던 길도 주님이 함께 걸으실 때에는 증언의 길로 바뀐다.

    오늘 우리는 어디로 돌아가야 하겠는가? 누구에게 부활하신 주님을 만난 소식을 전해야 하겠는가? 우리 각자의 삶 속에서 그 대답을 완성해야 한다. 부활의 주님은 지금도 우리를 일으켜 세우신다. 그리고 각자의 자리에서 이렇게 속삭이신다. "너희는 이 모든 일의 증인이라."

2026 4.26

부활절 네 번째 주일

성서정과 | 시 23; 행 2:42-47; 벧전 2:19-25; 요 10:1-10

예배로 부름 Call to Worship

온 땅이여 여호와께 노래하며 그의 구원을 날마다 선포할지어다 여호와는 위대하시니 극진히 찬양할 것이요 모든 신보다 경외할 것임이여 만국의 모든 신은 헛것이나 여호와께서는 하늘을 지으셨도다(대상 16:23, 25-26)

예배 기원 Invocation

할렐루야! 찬송 받으실 하나님 아버지! 온 땅에 주의 이름이 어찌 그리 아름다우신지요! 그 높고 위대하신 이름을 찬양하며 성전으로 왔습니다. 주님 안에는 인자하심과 풍성한 속량이 있사오니, 그 은혜를 마음껏 누리게 하여 주옵소서. 경건한 마음으로 삼위일체 하나님만 경배할 때, 우리의 영혼은 젖을 뗀 아이가 그의 어머니 품에 있음과 같이 고요하고 평온하게 하옵소서. 모든 죄악에서 우리를 속량하여 주시는 예수 그리스도의 이름으로 기원하옵나이다. 아멘.

이 주일의 찬송 Hymns

찬양하라 복되신 구세주 예수(31장) / 양떼를 떠나서(277장) / 내 선한 목자(378장) / 예수가 거느리시니(390장) / 영원하신 주님의(403장) / 주와 같이 되기를(454장)

성시 교독 Responsive Readings 시편 23

인도자 1 여호와는 나의 목자시니 내게 부족함이 없으리로다
회 중 2 그가 나를 푸른 풀밭에 누이시며 쉴 만한 물가로 인도하시는도다
인도자 3 내 영혼을 소생시키시고
회 중   자기 이름을 위하여 의의 길로 인도하시는도다
인도자 4 내가 사망의 음침한 골짜기로 다닐지라도 해를 두려워하지 않을 것은
회 중   주께서 나와 함께하심이라 주의 지팡이와 막대기가 나를 안위하시나이다
인도자 5 주께서 내 원수의 목전에서 내게 상을 차려 주시고 기름을 내 머리에 부으셨으니 내 잔이 넘치나이다
회 중 6 내 평생에 선하심과 인자하심이 반드시 나를 따르리니 내가 여호와의 집에 영원히 살리로다

고백의 기도 Prayer of Confession

택하신 자녀를 구원하시고 날마다 자비의 손길로 인도하여 주시는 하나님 아버지. 저희는 하나님께서 한순간도 떠나지 않고 내 안에 계신 것을 깨닫지 못했습니다. 그러기에 우리의 신앙은 외식함으로 흘러갈 수밖에 없었습니다. 거리나 시장과 같이 사람이 많은 곳에서는 경건한 척 외모를 꾸몄으나, 아무도 보지 않는 곳에 홀로 남았을 때에는 육신의 정욕을 채우기 위하여 부끄러운 행동을 하였습니다. 은밀한 중에 보시는 하나님의 시선을 깨닫지 못하였기에, 골방에서 기도할 줄 몰랐고, 금식할 때 사람의 눈을 의식하여 슬픈 기색을 띠었으며 구제할 때에는 나팔을 불었습니다. 회개하오니 이 모든 어리석음과 죄악을 용서하여 주시고, 이제부터는 '코람데오'의 신앙을 가지고 정직한 삶을 살게 하여 주옵소서. 예수님의 이름으로 이 고백의 기도를 드립니다. 아멘.

사함의 확신 Assurance of Forgiveness

내가 잠시 너를 버렸으나 큰 긍휼로 너를 모을 것이요 내가 넘치는 진노로 내 얼굴을 네게서 잠시 가리웠으나 영원한 자비로 너를 긍휼히 여기리라 네 구속자 여호와께서 말씀하셨느니라(사 54:7-8)

> 오늘의 주제

목자의 음성을 듣는 공동체

석의적 접근

사도행전의 말씀 행 2:42-47

본문은 오순절 성령 강림 후 이루어진 초대교회의 공동체적 삶을 요약하여 보여주는 핵심적인 본문이다. 사도들의 가르침, 교제, 떡을 떼는 일, 기도 등 네 가지 요소가 공동체의 정체성을 규정짓는 요소로 언급된다.

42절에서 '사도의 가르침(디다케 톤 아포스톨론 $\delta\iota\delta\alpha\chi\tilde{\eta}\ \tau\tilde{\omega}\nu\ \dot{\alpha}\pi o\sigma\tau\acute{o}\lambda\omega\nu$)'은 단순한 정보 전달이 아니라 삶을 형성하는 권위 있는 복음적 훈련을 의미한다. 44-45절이 전하는 초대교회 공동체의 성격은 급진적인 경제공동체 모델로 해석될 수 있다. 초대교회는 단순한 자선이 아니라, 공동체 안에서의 재산 공유를 통한 하나님 나라의 가치를 실현하려고 했다. 46절에서 '마음을 같이 하여'라는 표현은 헬라어로 '$\dot{o}\mu o\theta\upsilon\mu\alpha\delta\acute{o}\nu$(호모뒤마돈)'이며, 이는 '동일한 열정으로'라는 뜻을 가진다. 이는 초대교회의 모임이 단지 물리적인 모임에 그치지 않고 깊은 영적 일치와 열정으로 이루어졌다는 사실을 나타낸다. 46-47절에서 초대교회는 단지 경제공동체만 아니라 날마다 성전에 모이고 집에서 떡을 떼며 기쁨과 순전한 마음으로 음식을 나누는 신앙공동체의 구체적인 삶을 보여준다.

이 본문은 부활 공동체의 정체성이 단순히 믿음의 고백에 머무는 것이 아니라, 공동체적 실천을 통해 하나님 나라의 현실을 살아내는 삶에 있음을 보여준다. 오늘날 설교자는 이 본문에 근거하여 교회의 존재 목적이 '공동체적 성령 충만의 삶'의 회복이라고 강조할 수 있다.

서신서의 말씀 벧전 2:19-25

이 본문은 고난과 인내, 그리고 예수 그리스도의 고난의 본을 따르는 삶에 대한 교훈을 담고 있다. 특히 당시 노예 계층에게 주는 윤리적 가르침이지만, 궁극적으로는 모든 신자가 그리스도의 고난에 동참하도록 부름받았음을 선언한다.

19절에서 "부당하게 고난을 받아도 하나님을 생각함으로 슬픔을 참으면"이라는 표현에서 '부당하게'는 헬라어 '아디코스 (ἀδίκως)'로, 명백한 불의 앞에서의 반응을 의미한다. '하나님을 생각함으로'는 '디아 쉬네이데신 테우(διὰ συνείδησιν θεοῦ)'로 되어 있으며, 이는 단순한 인내가 아닌 하나님 앞에서의 신적 의식, 곧 양심의 자유로움에 근거한 고난 수용을 뜻한다.

21절의 "이를 위하여 너희가 부르심을 받았으니"는 기독론적 윤리의 핵심이다. 헬라어 '칼레스덴테스(καλεσθέντες)'는 '소명받다'는 수동태 동사로, 그리스도의 고난이 단순한 모범이 아니라 성도의 존재적 소명이 되었다는 선언이다. 이어지는 "그가 너희를 위하여 고난을 받으사 너희에게 본을 끼쳐 그 자취를 따라오게 하려 하셨느니라"에서 '본'은 '휘포그라모스(ὑπογραμμός)'로, 글씨를 따라 쓰도록 만든 본보기와 같은 개념이며, 고난의 길을 실재로 걷도록 하는 그리스도의 삶의 패턴을 의미한다.

24절에서는 "그가 친히 나무에 달려 그 몸으로 우리 죄를 담당하셨다"는 구절을 통해 십자가 형벌의 신학적 의미가 강조되며, 이는 이사야 53장의 종의 노래와 직접 연결된다.

이 본문은 부활의 영광에 참여하기 위해 반드시 고난을 통과해야 하는 십자가의 도를 강조하는데 효과적이다. 특히 성도들이 억울한 상황이나 불의한 고난 속에서도 단순한 체념이나 수동적 순종이 아니라, 하나님 앞에서의 의식 있는 인내로 반응해야 한다는 점을 설교자는 분명히 해야 한다.

복음서의 말씀 요 10:1-10

요한복음 10장의 첫 부분은 선한 목자에 대한 비유로 시작되며, 이는 예수 그리스도가 참된 목자이며 양들을 위하여 생명을 내어주는 존재라는 신학적 정체성을 드러낸다.

본문의 시작에서 "문을 통하여 양의 우리에 들어가지 아니하고 다른 데로 넘어가는 자는"이라는 표현에서 양의 '우리'는 헬라어 '아울레(αὐλή)'로, 공동체 혹은 경계로 둘러싸인 보호의 공간을 의미한다. '도둑'은 '클렙테스(κλέπτης)', '강도'는 '레스테스(λῃστής)'로 각각 정의되며, 이는 단순한 침입자가 아닌 공동체를 해치고 혼란에 빠뜨리는 거짓 교사들을 지칭한다.

3절에서 '문지기'는 성령이나 하나님을 상징하는 존재로 보는 해석도 있으며, "그가 자기 양의 이름을 각각 불러 인도하여 내느니라"는 표현은 그리스도의 인격적 목양 방식, 곧 '이름을 부른다'는 인격적 소명을 강조한다. 이는 공동체가 익명성이나 집단성으로 구성되는 것이 아니라, 하나님 앞에서 고유성과 관계 속에서 세워지는 정체성임을 나타낸다.

7절에서 예수님은 자신을 '양의 문'이라고 선언한다. 이는 헬라어 '에고 에이미 헤 튀라(ἐγώ εἰμι ἡ θύρα)'로, 요한복음의 일곱 가지 자기 계시 중 하나이다. '문'이라는 비유는 예수님이 구원의 유일한 길이라는 요한복음의 중심 메시지를 함축한다. 10절에서 "도둑이 오는 것은 도둑질하고 죽이고 멸망시키려는 것뿐이요"라는 구절은 사탄의 일차적 기능과 거짓된 종교 권위자의 파괴성을 강조하며, 반대로 예수님은 "생명을 얻게 하고 더 풍성히 얻게 하려는" 목적으로 오신 존재임을 밝힌다. 이는 그리스도의 구속 사역의 총체성을 드러낸다.

이 본문을 통해 설교자는 교회가 거짓 권위와 거짓 메시지를 분별하고 오직 그리스도의 음성과 말씀을 따라 살아가는 삶의 중요성을 강조할 수 있다. 또한 "생명을 얻게 하고 더 풍성히 얻게" 하려는 복음의 본질을 오늘날의 공동체가 회복해야 한다는 점을 강하게 설파할 수 있다.

설교를 위한 조명

복음서의 말씀(요 10:1-10)으로 설교 작성 / 이야기 설교
"나는 양의 문이라"

Stage 1. 귀 기울일 만한 초대

밤중에 낯선 번호로 전화가 온다면 받기에 망설여지지만, 익숙한 이름이 뜨면 주저 없이 받게 된다. 요한복음 10장에서 예수님은 '나는 양의 문'이라 말씀하신다. 주님은 이 비유로 우리가 누구의 음성을 듣고 어떤 문으로 들어가야 생명을 얻을 수 있는지에 대하여 가르치신다. 당시 양의 우리와 문은 생존의 경계였고, 목자는 자신의 몸으로 문이 되어 양을 지켰다. 문은 닫힌 벽이 아니라 들어오고 나가는 길이었다. 안에서는 보호를 얻고, 밖에서는 꼴을 찾는다. 예수님은 참 목자가 양의 이름을 불러 인도한다고 하셨다(요 10:3). 그래서 그 음성은 낯설지 않고, 참 목자가 지키는 우리의 문으로 향하게 만든다.

부활 이후의 계절은 누구의 음성에 귀 기울이고 어떤 문을 드나들 것인지 다시 묻는 시간이다. 오늘 우리는 질문 앞에 선다. 나는 어떤 소리에 문을 열고 있는가? 달콤하지만 길을 잃게 하는 소리인가, 불편하지만 생명을 살리는 목자의 음성인가? 지금도 주님은 우리의 이름을 부르신다. 그 음성에 응답하는 것이 예배이고, 그 길이 생명으로 이어진다.

Stage 2. 도둑과 강도의 소리

예수님이 말씀하셨다. "문을 통하여 양의 우리에 들어가지 아니하고 다른 데로 넘어가는 자는 절도며 강도요." 이 표현은 당시 팔레스타인 사람들에게는 너무나 선명한 그림이었다. 양은 밤이 되면 우리 안에서 보호받았고, 목자는 문이 되어 지켜 섰다. 그런데 문으로 들어오지 않고 담을 넘어 들어오는 자들은 양을 해치는 자들이었다. 주님은 오늘 우리의 삶에도 이런 도둑과 강도가 있음을 분명히 하신다. 이는 단순히 재산을 빼앗는 이들만이 아니라, 공동체와 영혼을 해치는 거짓된 지도자들을 가리키는 말씀이다.

오늘 우리 사회에도 이 절도와 강도의 소리가 여전히 울려 퍼진다. 언론에 오르내리는 가짜 목회자들과 사이비 집단은 사람들의 불안과 갈망을 이용한다. 때로는 기적과 치유를 과장하며 헌금을 요구하고, 때로는 신비한 비전을 내세우며 사람들을 심리적으로 얽어매고, 때로는 지도자의 권위를 절대시하여 비판조차 허용하지 않는다. 이름은 밝히지 않아도, 뉴스를 통해 우리는 이런 사건이 반복되는 것을 보아 왔다. 교회의 이름을 걸고도 실상은 양 떼를 살리는 것이 아니라 재산을 빼앗고 신앙을 왜곡하는 경우가 얼마나 많은가?

주님은 이런 소리의 본질을 드러내신다. 도둑은 훔치고 죽이고 멸망시키려는 목적밖에 없다고 하신다(요 10:10). 겉으로는 종교적 언어를 사용해도, 그 끝은 양 떼의 피폐와 공동체의 파괴다.

부활 공동체는 이런 소리 앞에서 흔들리지 않는다. 양은 목자의 음성을 알아듣고 따르며, 낯선 이의 음성은 따르지 않는다고 요한복음은 증언한다. 오늘도 우리 교회가 세상의 거짓된 소리와 권력의 속삭임을 분별하고, 오직 목자의 음성에 귀 기울이는 공동체로 서야 한다. 그것이 부활의 계절에 우리에게 주어진 첫 번째 부르심이다.

Stage 3. 내 이름을 부르는 목자의 음성

예수님은 절도와 강도의 소리를 경계하신 뒤, 참 목자의 특징을 말씀하신다. 문으로 들어오는 목자는 양을 속이지 않고, 양은 그 음성을 알아듣는다. 요한복음 10장 3절에 따르면 목자는 "자기 양의 이름을 각각 불러 인도"한다. 이름을 부른다는 것은 단순한 확인이 아니다. 존재를 존중하고, 관계를 맺고, 마음을 살리는 행위이다.

우리는 세상에서 흔히 번호와 점수로 불린다. 주민번호, 사번, 성적표, 성과표가 우리를 규정한다. 하지만 그 속에서 우리의 고유한 이름과 이야기는 종종 사라진다. 그러나 예수님의 부름은 다르다. 우리의 이름을 기억하시고, 그 이름을 불러 주신다. "나는 너를 안다, 너는 내 것이다"라는 선언을 우리에게 들려주신다. 그래서 그분의 음성은 낯설지 않다. 오히려 깊숙이 스며드는 익숙한 울림이다.

시편 23편의 고백, "여호와는 나의 목자시니 내게 부족함이 없으리로다"는 바로 이 음성을 들은 이의 고백이다. 목자가 이름을 불러 주니 마음이 어긋나지 않고, 삶이 흔들려도 중심을 잃지 않는다. 주님 안에서 평안히 선다는 의미이다. 초대교회 성도들이 서로를 이름으로 불러 교제하고, 함께 기도하고, 떡을 떼며 살아갔던 것도 같은 맥락이다. 그들의 정체성은 군중 속 익명성이 아니라, 부활하신 주님의 음성을 따라 부름받은 개인이자 공동체였다.

오늘도 교회는 이 음성에 귀 기울여야 한다. 주님의 음성을 알아듣는 양처럼, 다른 소리에 휘둘리지 않고, 우리의 이름을 불러 주시는 분의 부르심에 응답해야 한다.

Stage 4. 보호와 자유의 문

예수님은 다시 한번 강조하신다. "나는 양의 문이다." 요한복음 10장 9절에 따르면, 누구든지 그분을 통해 들어가면 구원을 받고, 들어가며 나오며 꼴을 얻는다.

양의 우리 안으로 들어오는 순간, 양은 위험에서 벗어나 안식을 얻는다. 하지만 그곳에만 머무르는 것이 목적은 아니다. 아침이 되면 문을 지나 밖으로 나아가 푸른 풀밭에서 꼴을 먹는다. 주님은 우리에게 이 두 가지를 다 허락하신다. 안에서의 안전과 밖에서의 자유다. 문이 없는 공동체는 쉽게 무너지고, 문이 닫힌 공동체는 갇혀 버린다. 그러나 주님이 문 되실 때, 안은 안전하고 밖은 열려 있다.

사도행전 2장은 초대교회의 모습을 보여 준다. 그들은 날마다 마음을 같이하여 성전에 모이고, 집에서 떡을 떼며 기쁨으로 음식을 나누었다. 문 안에서 보호를 받고 문 밖으로 나아가 삶을 이어 간 증언이다. 비록 당시에는 박해와 어려움이 있었지만, 문 되신 주님이 지켜 주셨기에 그들의 모임은 무너지지 않았다.

오늘 우리 교회도 이 자리를 회복해야 한다. 주님 안에서 쉼을 누리는 자리, 동시에 세상 속으로 담대히 나아가는 자리 말이다. 교회가 닫힌 성벽이 되어 자기만의 안전만 추구할 때, 그 문은 생명을 살리는 문이 아니라 막힌 담이 된다. 그러나 예수님이 문이 되신다는 사실을 믿고 붙들 때, 우리는 보호와 자유를 동시에 누리는 공동체가 된다.

문 되신 예수님이 우리를 지키신다. 그리고 그 문을 통하여 우리는 나아간다. 안에서 힘을 얻고 밖에서 생명을 나누는 길, 그것이 문 되신 주님이 우리에게 허락하신 삶이다.

Stage 5. 살림의 생명을 주시는 목자

예수님은 절도와 강도가 온 목적과는 정반대의 길을 걷기 위해 이 땅에 오셨음을 밝히신다. 요한복음 10장 10절에 따르면 도둑은 훔치고 죽이고 멸망시키려는 것뿐이지만, 주님은 오히려 양으로 생명을 얻게 하고 더 풍성히 얻게 하려 오셨다. 여기서 풍성한 생명이란 단순히 오래 사는 것도, 겨우 숨 붙어 있는 것도 아니다. 흘러넘쳐 다른 이를 살리는 힘이 되는 생명이다.

생명이 풍성하다는 것은 기쁨과 감사가 끊이지 않는다는 뜻이다. 그러나 그 기쁨은 세상에서 말하는 쾌락과 다르다. 순간의 즐거움이 아니라 관계 안에서 드러나는 충만함이다. 가정에서 서로 돌보며 함께 식탁을 나눌 때 생기는 따뜻함, 교회 안에서 형제자매가 서로 이름을 불러 주며 격려할 때 일어나는 힘, 이것이 풍성한 생명이다.

여기서 우리는 순우리말 하나를 떠올려 볼 수 있다. 바로 '살림'이다. 살림은 단지 살림살이를 꾸려 나가는 것이 아니다. 꺼져 가는 불씨를 살리고, 무너져 가는 관계를 다시 세우며, 공동체를 일으키는 힘을 가리킨다. 주님이 주시는 풍성한 생명은 곧 살림의 생명이다. 그래서 교회는 '우리'만을 위한 공간이 아니라, 세상을 향한 살림의 공동체가 된다.

오늘도 주님은 우리에게 이 길을 부르신다. "너희가 나를 통해 들어오고 나가며 꼴을 얻을 것이다. 너희가 내 안에서 생명을 얻게 될 것이다." 이 말씀은 단지 위로가 아니라, 실제 삶을 새롭게 하시려는 초대다. 우리 각자의 자리에서 풍성한 생명을 누리고 나누라는 주님의 부르심이 지금도 이어지고 있다.

Stage 6. 목자의 음성 따라 걷는 길

이제 이야기를 맺으며 다시 양우리의 문 앞에 선 우리 모습을 떠올려 보자. 요한복음 10장에서 예수님은 스스로를 양의 문이라 말씀하셨다. 세상에는 여전히 절도와 강도의 소리가 가득하다. 거짓된 종교와 권력의 속삭임은 달콤하게 들리지만 결국 생명을 빼앗는 길이다. 그러나 목자의 음성은 다르다. 주님은 우리를 이름으로 부르시고, 문이 되어 보호하시며, 풍성한 생명으로 인도하신다.

오늘 우리는 선택의 기로에 서 있다. 어떤 문을 열고 어떤 음성에 귀를 기울일 것인가? 거짓된 소리를 따라 살며 점점 메말라 갈 것인가, 아니면 목자의 음성에 응답하여 생명의 길을 걸을 것인가? 사도행전의 초대교회는 목자의 음성에 응답하여 함께 떡을 떼고 기도하며 서로를 돌보는 공동체가 되었다. 베드로전서는 전에는 길 잃은 양 같던 우리가 이제는 영혼의 목자께 돌아왔다고 증언한다.

우리의 삶에서도 문 앞에서 서성이는 순간이 있다. 두려움 때문에 나가지 못하거나, 익숙한 자리 때문에 들어오지 못할 때가 있다. 하지만 주님은 오늘도 말씀하신다. "나는 문이다. 나를 통해 들어오고 나가며 꼴을 얻을 것이다." 이 약속은 닫힌 울타리가 아니라 열린 길이다.

이제 질문은 우리 앞에 남는다. 나는 어떤 소리에 귀를 기울이고 있는가? 주님이 내 이름을 부르실 때 그 음성을 따라 세상으로 한 걸음을 내디딜 수 있는가? 도둑의 속삭임이 아니라 목자의 음성에 귀 기울이고, 닫힌 문이 아니라 생명의 문을 여는 것. 오늘의 선택이 우리의 내일을 만들고, 교회의 길을 열어 갈 것이다. 목자 되신 예수님께서 지금도 우리 이름을 부르신다.

2026 5.3

부활절 다섯 번째 주일 / 어린이 주일

성서정과 | 시편 31: 1-5, 15-16; 행 7:55-60; 벧전 2:2-10; 요 14:1-14

예배로 부름 Call to Worship
이르시되 진실로 너희에게 이르노니 너희가 돌이켜 어린아이들과 같이 되지 아니하면 결단코 천국에 들어가지 못하리라 그러므로 누구든지 이 어린아이와 같이 자기를 낮추는 사람이 천국에서 큰 자니라 (마 18:3-4)

예배 기원 Invocation
어린이를 품에 안으시고 축복하시던 주님을 기억하며 예배합니다. 오늘 예배의 자리에 손을 잡고 함께한 우리의 어린 자녀들을 기억하여 주옵소서. 순전하고 아름다운 마음으로 예배하는 자녀들에게 복을 내리사, 우리의 아들들은 어리다가 장성한 나무들과 같게 하시며, 우리의 딸들은 궁전의 양식대로 아름답게 다듬은 모퉁잇돌들과 같게 하옵소서. 진리의 말씀과 하나님의 사랑 안에서 바르고 신실하게 성장하는 자녀들이 되게 하여 주옵소서. 부족한 저희에게 이토록 귀하고 사랑스러운 자녀를 맡겨주신 하나님께 감사하며 예수 그리스도의 이름으로 기원하옵나이다. 아멘.

이 주일의 찬송 Hymns
내 진정 사모하는(88장) / 찬란한 주의 영광은(130장) / 주의 말씀 듣고서(204장) /
나의 기쁨은 사랑의 주님께(409장) / 내 주는 강한 성이요(585장) / 교회의 참된 터는(600장)

성시 교독 Responsive Readings   시편 31: 1-5, 15-16

인도자 　1 여호와여 내가 주께 피하오니 나로 영원히 부끄럽게 마시고 주의 공의로 나를 건지소서

회　중 　2 내게 귀를 기울여 속히 건지시고 내게 견고한 바위와 구원하는 산성이 되소서

인도자 　3 주는 나의 반석과 산성이시니

회　중 　　그러므로 주의 이름을 생각하셔서 나를 인도하시고 지도하소서

인도자 　4 그들이 나를 위하여 비밀히 친 그물에서 빼내소서

회　중 　　주는 나의 산성이시니이다

인도자 　5 내가 나의 영을 주의 손에 부탁하나이다

회　중 　　진리의 하나님 여호와여 나를 속량하셨나이다

인도자 　15 나의 앞날이 주의 손에 있사오니 내 원수들과 나를 핍박하는 자들의 손에서 나를 건져 주소서

회　중 　16 주의 얼굴을 주의 종에게 비추시고 주의 사랑하심으로 나를 구원하소서

고백의 기도 Prayer of Confession

가정의 달을 맞이하여 회개합니다. 하나님께서 맡겨주신 자녀를 대리만족의 수단으로 여겼습니다. 경건한 신앙을 지도하기에 힘쓰지 못하고, 수단과 방법을 가리지 않고 세속의 성공을 이루라고 가르쳤습니다. 자녀를 노엽게 하지 말라는 말씀을 자주 잊어버려서, 작은 실수도 용납해주지 않고 화를 내며 꾸중하는 부모가 되었습니다. 자녀가 어릴지라도 하나님 앞에서 독립된 인격체요, 신앙의 주체자인 것을 깊이 생각하지 않고, 내 마음과 내 생각대로 억압했던 경우도 여러 번 있었습니다. 자녀들이 방문을 닫고, 대화가 멈춘 것이 부모의 본분을 다하지 못한 나의 허물인 것을 고백합니다. 사랑의 주님, 용서하여 주시고, 이제부터는 자녀에게 거룩하고 경건한 신앙의 본을 보이는 부모가 되게 하여 주옵소서. 예수님의 이름으로 이 고백의 기도를 드립니다. 아멘.

사함의 확신 Assurance of Forgiveness

내가 그들에게 한 마음을 주고 그 속에 새 영을 주며 그 몸에서 돌 같은 마음을 제거하고 살처럼 부드러운 마음을 주어 내 율례를 따르며 내 규례를 지켜 행하게 하리니 그들은 내 백성이 되고 나는 그들의 하나님이 되리라(겔 11:19-20)

오늘의 주제

고난 속의 소명

석의적 접근

사도행전의 말씀 행 7:55-60

이 본문은 초대 교회의 일곱 집사 중 한 사람인 스데반이 산헤드린 공회 앞에서 증언하고, 이어 돌에 맞아 순교하는 장면을 기록하고 있다. 본문은 스데반이 성령 충만하여 하늘을 우러러 보며 하나님의 영광과 예수님께서 하나님의 오른편에 서 계신 것을 보는 환상을 말한 후, 유대인들에게 돌에 맞아 죽는 장면으로 이어진다. 그 중간에 스데반은 예수님처럼 자신을 죽이는 자들을 용서해 달라는 기도를 올린다(7:55-60).

"성령 충만하여"라는 구절은 스데반의 정체성과 그의 증언의 권위를 말해준다. '충만하다'로 번역된 단어는 그리스어로 '플레레스(πλήρης)'이며, 이는 단순한 감정 상태가 아닌, 하나님의 인도와 통제 아래 있음을 나타내는 표현이다. 스데반은 성령에 사로잡혀 있으며, 따라서 그의 비전은 단순한 심리적 환상이 아니라, 신적 계시로 이해된다. 이어지는 "예수님께서 하나님 우편에 서신 것을 보고"라는 구절에서 '서 계시다(헨테스, ἑστηκώς)는 매우 독특한 표현이다. 대부분의 신약에서 예수님은 부활 후 승천하여 하나님 우편에 앉아 계신 것으로 묘사되는데(시편 110편 참조), 여기서 '서 계신다'는 표현은 스데반을 증언하시고 맞이하시는 예수님의 중보적 사역을 강조하는 것이다.

스데반이 죽음을 맞이하면서 "주 예수여 내 영혼을 받으시옵소서"(7:59)라고 고백하는 장면은 예수님의 마지막 말, "아버지 내 영혼을 아버지 손에 부탁하나이다"(눅 23:46)와 평행을 이루며, 스데반의 순교가 그리스도를 따르는 제자의 전형적 모델임을 드러낸다. 또한 "주여 이 죄를 그들에게 돌리지 마옵소서"(60절)라는 마지막 기도는 예수님의 십자가 위에서의 기도(눅 23:34)와 유사하다. 이는 박해자에 대한 용서와 중보기도가 제자의 삶에 필수적임을 보여준다.

이 본문은 부활하신 주님의 공동체가 직면한 현실적 박해와 순교의 가능성 속에서 어떻게 부활 신앙이 증언되고 이어지는지를 보여주는 전형적인 사례이다. 초대 교회의 신학자들은 스데반의 기도를 교회가 세상을 위한 중보자로 살아야 한다는 성찰의 모델로 보았다. 예를 들어 어거스틴은 스데반의 기도가 바울의 회심을 불렀다고 설명하며, 용서는 공동체 안에서 구속의 새 지평을 연다고 보았다.

오늘날 이 본문은 그리스도인의 박해, 정의를 위한 증언, 그리고 복음에 대한 담대한 선포와 관련하여 적용될 수 있다. 교회는 종종 불의한 체제와 대면하게 되며, 그 속에서 성령의 충만함으로 담대히 복음을 전할 책임이 있다. 스데반의 순교는 단순히 죽음의 미학을 보여주는 것이 아니라, 죽음의 현장에서도 부활의 영광을 바라보며 살아내는 신앙의 구체적 양상을 드러낸다. 또한 스데반의 용서의 기도는 오늘날 그리스도인에게도 여전히 도전적인 삶의 태도를 요청하고 있다.

서신서의 말씀 벧전 2:2-10

이 본문은 새로 태어난 신자들이 영적인 젖을 사모함으로 구원의 완성을 향해 나아가야 함을 강조하며, 동시에 공동체 정체성을 구약의 이스라엘 언어를 통해 신약의 교회로 확장시켜 재해석하고 있다. 특히 이 본문은 구약의 언어를 바탕으로 예수 그리스도를 중심으로 형성된 새로운 백성의 정체성과 사명을 정립한다.

2절에서 사용된 '갓난 아기들같이'라는 표현은 헬라어로 '아르티게네타 브레페(ἀρτιγέννητα βρέφη)'로, '방금 태어난 유아들'을 뜻한다. 이 표현은 신자들이 영적으로 새롭게 거듭났다는 전제를 내포하고 있으며, '순전하고 신령한 젖'을 의미하는 '로기콘 아돌(λογικὸν ἄδολον)'은 단순한 육적 양육이 아니라 말씀(로고스)을 통해 영적으로 성장해야 함을 뜻한다. '로기콘'은 '말씀에 근거한, 이성적인'을 뜻하며 로마서 12장 1절에서도 같은 개념으로 사용되었다. 이 젖은 혼합물이 없는 순전한 영적 진리이며, 신자의 양육은 오직 말씀을 통한 은혜의 수단에 달려 있음을 암시한다.

3절에서는 "주의 인자하심을 맛보았으면"이라는 표현이 나오는데, 이는 시편 34편 8절을 인용한 것으로 보이며, 히브리어 '타암(טעם)'은 문자적으로 '맛보다'를 뜻하지만 은유적으로는 경험적 지식을 의미한다.

4절 이하에서는 예수 그리스도를 '산 돌(λίθον ζῶντα)'로 소개하며, 그에게 나아가는 자들도 산 돌로서 영적 집으로 지어져 간다고 한다. 여기서 '산 돌'이라는 표현은 역설적이면서도 신학적으로 깊은 의미를 갖는다. 죽음을 이긴 부활의 능력으로 살아 있는 돌이자, 공동체의 기초가 되는 존재로서의 그리스도를 지칭한다. 동시에 신자들 역시 '산 돌들'로 묘사되어, 각각의 개인이 성전의 구성 요소가 되는 공동체적 정체성을 부여받는다.

6절부터 8절까지는 이사야 28장 16절, 시편 118편 22절, 이사야 8장 14절 등을 인용하여, 예수 그리스도가 하나님의 택하신 기초석이자 모퉁잇돌이며, 믿는 자들에게는 귀중하지만 믿지 않는 자들에게는 걸림돌이 됨을 밝힌다. 여기서 '모퉁잇돌'은 히브리어 '에벤 핀나(אֶבֶן פִּנָּה)'로, 건축의 기준이 되는 돌을 의미하며, 그리스도의 절대적인 중심성을 강조하는 기초 개념이다.

9절과 10절은 구약의 이스라엘 백성에게 주어진 칭호들(출 19:6, 사 43:20-21, 호 1:9-10 등)을 인용하며 신약의 교회 공동체에 동일하게 적용한다. '왕 같은 제사장들', '거룩한 나라', '그의 소유된 백성'이라는 표현은 교회의 정체성과 사명을 강조하며, 이러한 신분이 단지 수동적인 은혜의 결과가 아니라 하나님의 큰 일을 선포하기 위한 능동적인 목적을 지닌다는 점이 강조된다.

본문의 핵심 신학은 그리스도 중심의 새로운 공동체 형성, 즉 교회의 기초가 예수 그리스도 위에 놓여 있으며, 그 위에 세워진 신자들이 살아 있는 돌로서 세상의 제사장으로 살아가야 한다는 데 있다. 이는 선택, 구별, 사명이라는 세 가지 핵심 개념을 통해 정리된다. 또한 이 공동체적 정체성은 단지 신학적 선언이 아니라 실천을 요청하는 윤리적, 선교적 요청이기도 하다.

복음서의 말씀 요 14:1-14

요한복음 14장 1절부터 14절까지의 본문은 예수님이 제자들에게 마지막 유언과 같은 말씀을 전하는 긴 담화 중 하나이며, 특히 "내가 곧 길이요 진리요 생명이니"(14:6)라는 말씀은 기독론적으로 가장 중심적인 진술로 평가된다. 이 본문은 예수님의 부재에 대한 제자들의 불안에 응답하는 위로와 약속으로 가득 차 있으며, 종말론적인 희망뿐 아니라 현재적인 인격적 관계의 확신을 강조하고 있다.

본문의 첫 절에서 예수님은 "너희는 마음에 근심하지 말라 하나님을 믿으니 또 나를 믿으라"(14:1)라고 명령하며 시작한다. 여기서 '근심하다'는 동사 '타라소(ταράσσω)'는 '마음이 흔들리고 동요하는 상태'를 의미한다. 요한복음 전체에서 이 단어는 예수님 자신이 겟세마네에서 십자가를 앞두고 느꼈던 고뇌(요 12:27, 13:21)와 동일한 단어로 사용되며, 제자들의 근심도 실존적인 죽음과 상실에 대한 두려움임을 암시한다. 이때 예수님은 자신을 믿는 믿음과 하나님을 향한 신뢰를 동일 선상에서 요구하고 있다. 이는 요한복음의 기독론적 특징을 잘 보여주는 구절이다.

이어지는 2절에서 예수님은 "내 아버지 집에 거할 곳이 많도다"라고 말씀하며 제자들에게 처소를 마련하러 가신다고 말씀한다. 여기서 '거할 곳'으로 번역된 '모나이(μοναι)'는 영속적 거주를 의미하는 단어이며, 히브리적 전통 속에서는 성전 또는 하나님의 임재 장소를 의미할 수 있다.

5절에서 도마는 예수님께 "주께서 어디로 가시는지 우리가 알지 못하거늘"이라고 말하며, 예수님은 그 유명한 6절의 선언으로 응답하신다. "내가 곧 길(ὁ ὁδός)이요, 진리(ἡ ἀλήθεια)요, 생명(ἡ ζωή)이니." 여기서 '길'이라는 표현은 구약의 탈출 여정과 연결되며, 예수님 자신이 아버지께 나아가는 유일한 통로임을 선언하는 기독론적 단언이다. '진리'는 요한복음 전반에 걸쳐 하나님의 계시와 동일시되며, '생명'은 요한복음 1:4, 3:16 등에서 반복적으로 강조되는 하나님의 생명에의 참여를 뜻한다.

7절에서 "너희가 나를 알았더라면 내 아버지도 알았으리로다"라고 말씀하시며, 예수님은 자신이 인격을 통해 하나님을 계시하신 분이라는 점을 강조한다. 이는 요한복음이 전개하는 '보이는 예수님 안에서 보이지 않는 하나님을 본다'는 신학적 패턴과 일치한다. 빌립은 여전히 '아버지를 보여달라'고 요청하지만, 예수님은 "나를 본 자는 아버지를 보았거늘 어찌하여 아버지를 보이라 하느냐"(14:9)라고 반문하신다. 이는 요한복음의 고백적 주제이자, 성육신의 신학을 가장 명확히 드러낸 구절이다. '보다'라는 헬라어 동사 '호라오(ὁράω)'는 단지 육안의 시각을 넘어 영적 통찰과 계시를 포함하는 개념이다.

10-11절에 예수님은 자신과 아버지 사이의 내적 일치를 설명하면서, 자신이 행하는 일들이 하나님 아버지의 역사임을 밝힌다. 이 논리는 요한복음의 고유한 '행위 기독론'으로, 예수님의 사역과 말씀이 하나님의 능력과 동일하다는 신적 자기 계시의 논리이다.

마지막으로 12-14절까지는 예수님을 믿는 자들이 그보다 더 큰 일을 행하게 될 것이며, 무엇이든지 예수님의 이름으로 구하면 이루어 주겠다는 약속이 담겨 있다. 여기서 '더 큰 일'이라는 표현은 수적, 지리적, 성령에 의한 세계적 확산이라는 측면에서 이해되어야 하며, 사도행전에 나타나는 초대교회의 확장이 그 실제적인 예로 볼 수 있다. 루터(Martin Luther)는 예수님의 사역은 그 자체로 완전하지만, 성령 안에서의 교회의 사역은 더 광범위하게 하나님의 통치를 드러내는 증거라고 해석하였다.

설교를 위한 조명

서신서의 말씀(벧전 2:2-10)으로 설교 작성 / 강해 설교
"거룩한 부르심"

서론

아기가 젖을 빠는 모습을 본 적이 있는가? 작은 입술을 오므리고, 온 힘을 다해 젖을 빠는 그 모습은 생명을 향한 가장 본능적인 몸짓이다. 젖을 먹지 않으면 아기는 살 수 없다는 사실을 본능적으로 알고 있는 것이다. 베드로전서 2장은 우리 신앙의 모습을 바로 그 갓난아이의 그림으로 보여 준다. 신령한 젖, 곧 하나님의 말씀을 사모하는 갈망이 없이는 그리스도인의 생명은 자라날 수 없다는 것이다.

오늘은 부활절 다섯 번째 주일이다. 부활의 기쁨이 어느덧 일상의 평범함 속에 묻히기 쉬운 때이다. 그렇기에 오늘 하나님은 본문 말씀을 통해 다시금 우리에게 질문하신다. 너희는 무엇을 사모하며 살고 있는가? 너희는 무엇으로 자라고 있는가? 신앙의 젖을 사모하지 않는다면, 너희가 어떻게 성숙할 수 있겠는가?

이 말씀은 단지 개인의 성장을 넘어 교회 공동체의 정체성으로 이어진다. 산 돌이신 예수님께 나아가 산 돌로 세워지는 공동체, 택하신 족속과 왕 같은 제사장으로 부르심을 받은 거룩한 백성으로 사는 삶이다. 부활의 계절에 주어진 이 부르심은 단순한 이름이 아니라, 우리 존재 전체를 새롭게 하는 정체성이다.

오늘 우리는 세 가지 길을 따라 이 말씀을 묵상하려 한다. 첫째, 신령한 젖을 사모하는 부르심이다. 둘째, 산 돌 위에 세워지는 공동체의 부르심이다. 셋째, 거룩한 백성으로 살아가는 부르심이다. 이 세 부르심 속에서 우리는 부활의 은혜를 따라 어떤 길을 걸어야 할지 확인할 수 있다.

본론

1. 말씀으로 성장하는 부르심(2:2-3)

베드로는 성도들에게 이렇게 권면한다. "갓난아이들 같이…신령한 젖을 사모하라." 아기의 가장 본질적인 욕구는 젖을 빠는 일이다. 갓 태어난 아기는 다른 어떤 것보다 젖을 먼저 찾는다. 울음소리로 자신의 필요를 표현하고, 젖을 먹음으로 생명을 유지한다. 베드로는 그 그림을 빌려 우리 신앙을 설명한다. 그리스도인 역시 말씀 없이는 자랄 수 없는 존재이다.

여기서 '신령한'이라는 표현은 헬라어 '로기코스(λογικός)'에서 나왔는데, 말씀을 뜻하는 '로고스(λόγος)'와 깊이 관련된 말이다. 그러므로 신령한 젖은 단순히 추상적인 영적 경험이 아니라, 하나님의 말씀 자체를 가리킨다. 이 젖을 사모하지 않는다면, 신앙은 자라지 못한다. 자라지 못하는 신앙은 결국 성숙에 이르지 못하고, 흔들리는 삶을 살 수밖에 없다.

우리의 신앙은 지금 얼마나 자라고 있는가? 혹시 신앙이 갓 태어난 자리에서 멈추어 서 있지는 않은가? 말씀을 가까이하지 않으면서 성숙을 기대하는 것은 불가능하다. 구약 시편 34편 8절은 이렇게 말한다. "너희는 여호와의 선하심을 맛보아 알지어다." 베드로는 바로 이 구절을 염두에 두며, "너희가 주의 인자하심을 맛보았으면 그리하라"고 말한다. 은혜를 경험한 자는 다시 그 은혜를 사모하게 된다. 주님의 인자하심을 경험한 자라면, 말씀을 통해 더 깊이 뿌리내리는 삶을 살아야 한다.

한 가지 예를 들어 보자. 요즘 한국 사회에서는 아동 발달 문제에 대한 관심이 커지고 있다. 아이가 또래보다 발달이 늦으면 부모는 큰 걱정을 한다. 적절한 영양과 돌봄을 받지 못하면 성장이 지체되기 때문이다. 영적 삶도 마찬가지다. 우리가 말씀을 사모하지 않으면 성장의 속도가 늦어지고, 결국 신앙이 왜소해질 수밖에 없다.

우리는 신령한 젖을 사모하자. 말씀을 통해 날마다 성장하고 성숙해 가자. 그것이 거룩한 부르심에 합당한 삶이다.

2. 산 돌 위에 세워지는 공동체의 부르심(2:4-8)

베드로는 이어서 "사람에게는 버린 바 되었으나 하나님께는 택하심을 입은 보배로운 산 돌이신 예수께 나아가"라고 말한다. 예수 그리스도는 세상 권력자들에 의해 버림받았지만, 하나님이 모퉁잇돌로 삼으신 분이다. 그리고 우리도 그분께 나아가 산 돌로 세워져 영적 집이 된다고 한다.

여기서 사용된 "산 돌"의 이미지는 구약에서 가져온 것이다. 이사야 28장 16절은 "내가 한 돌을 시온에 두어 기초를 삼았노니"라고 했고, 시편 118편 22절은 "건축자가 버린 돌이 집 모퉁이의 머릿돌이 되었나니"라고 노래했다. 베드로는 이 말씀들을 인용하여, 예수 그리스도의 십자가와 부활이 곧 새로운 성전의 기초임을 선포한다.

초대교회 당시 성도들은 로마 제국 곳곳에 우뚝 선 신전들을 보았다. 화려하고 웅장한 신전들과 달리, 초라한 가정집에 모여 예배하던 그들에게 베드로는 선언한다. 너희는 세상의 눈에는 하찮아 보일지라도, 하나님의 눈에는 살아 있는 성전이다. 그리스도가 모퉁잇돌이시니, 함께 모여 거룩한 제사장이 되어 하나님을 기쁘시게 하는 영적 제사를 드리라.

이것이 교회의 정체성이다. 교회는 개개인의 신앙 생활만으로 유지되지 않는다. 그리스도라는 기초 위에서 함께 연결되고 세워질 때, 교회는 하나님의 집으로 존재한다. 한국 교회의 현실을 보면, 여전히 분열과 다툼의 소식이 끊이지 않는다. 마치 건축 현장에서 서로 다른 돌들이 맞물리지 못하고 어긋나 있는 모습과 같다. 그러나 교회는 서로 맞물려야 한다. 서로의 모양이 다르기에 갈등이 있지만, 그 모양 그대로 모퉁잇돌 되신 주님께 붙들릴 때, 비로소 하나의 집이 된다.

어떤 건축가는 이런 격언을 남겼다. "많은 돌을 무작정 쌓는 것보다, 몇몇 돌을 단단히 맞물려 붙이는 것이 더 강하다." 교회의 모습도 이와 같다. 교회는 그저 많은 사람이 모여 있다고 해서 강한 공동체가 되지 않는다. 돌들이 단단히 결속되어 서로 맞물릴 때 건물이 안전해지듯, 성도들이 그리스도 안에서 말씀과 사랑으로 연결될 때 교회가 굳건히 선다. 겉으로는 화려하고 숫자가 많아 보여도, 서로가 분열되어 있다면 무너질 수밖에 없다. 그러나 주님이라는 모퉁잇돌 위에 성도들이 서로 붙들고 기대며 살아갈 때, 교회는 하나님의 영광을 드러내는 집으로 세워진다.

그러므로 성도 여러분, 공동체를 세우는 일에 힘쓰자. 나 혼자의 신앙에 머물지 말고, 함께 말씀을 나누고, 함께 기도하며, 함께 예배하자. 서로 다른 모양 때문에 부딪힐 때가 있더라도, 주님이 모퉁잇돌이심을 기억하자. 그럴 때 우리는 산 돌로서 하나님의 집에 굳게 세워지는 것이다.

3. 거룩한 백성으로 사는 부르심(2:9-10)

베드로는 마지막으로 성도들의 정체성을 선포한다. "너희는 택하신 족속이요, 왕 같은 제사장들이요, 거룩한 나라요, 그의 소유된 백성이니." 이는 출애굽기 19장 5~6절에서 하나님이 이스라엘에게 주셨던 언약의 말씀을 그대로 이어받은 것이다. 광야에서 하나님은 이스라엘을 불러 "너희는 내 소유가 될 것이며 제사장 나라, 거룩한 백성이 될 것이다"라고 하셨다. 이제 베드로는 예수 그리스도의 피로 구속받은 교회가 바로 그 약속의 성취임을 선언한다.

이어지는 10절은 호세아 2장 23절의 말씀을 반영한다. 전에는 내 백성이 아니었으나 이제는 내 백성이다. 전에는 긍휼을 얻지 못하였으나 이제는 긍휼을 얻었다. 원래는 하나님과 상관없는 이방인이었으나, 예수 그리스도의 십자가와 부활로 인해 우리는 하나님의 백성이 되었다. 신분의 변화는 곧 사명의 변화이다.

이 말씀은 당시 흩어진 나그네로 살던 초대교회 성도들에게 큰 위로이자 도전이었다. 로마 사회에서 그들은 주변부의 존재였다. 그러나 베드로는 선언한다. 세상은 너희를 무시해도, 하나님은 너희를 택하신 백성으로 부르셨다. 너희의 정체성은 세상 권력에 의해 정의되지 않고, 오직 하나님에 의해 규정된다.

오늘 우리의 상황도 다르지 않다. 한국 사회에서 수많은 이들이 정체성의 혼란을 겪는다. "나는 누구인가? 나는 어디에 속해 있는가?"라는 질문이 청년 세대뿐 아니라 중장년 세대까지 번져 있다. 경제적 성취나 사회적 지위로 자신을 증명하려 하지만, 그 길은 결국 공허함으로 끝나는 경우가 많다. 그러나 성경은 분명히 말한다. "너희는 하나님의 소유된 백성이다." 이 선포가 우리의 참된 정체성이다.

이 정체성은 단순한 이름이 아니라 사명을 동반한다. 베드로는 "이는 너희를 어두운 데서 불러내어 그의 기이한 빛에 들어가게 하신 이의 아름다운 덕을 선포하게 하려 하심이라"고 말한다. 거룩한 백성의 존재 목적은 세상 속에서 하나님의 아름다운 덕을 선포하는 것이다. 말만이 아니라, 삶으로, 행동으로, 공동체의 증언으로 보여 주는 것이다.

그러므로 우리는 거룩한 부르심에 응답하자. 교회 안에서만 신앙인이 되지 말고, 세상 속에서 하나님의 빛을 드러내자. 일터에서, 가정에서, 사회 속에서 하나님의 덕을 드러내는 증인으로 서자. 세상의 가치관이 우리를 흔들지라도, 우리의 정체성은 흔들리지 않는다. 왜냐하면 우리는 주님이 택하신 족속이며, 거룩한 부르심을 입은 하나님의 백성이기 때문이다.

결론

베드로는 우리를 향해 세 가지 부르심을 선포한다. 신령한 젖을 사모하는 부르심, 산 돌 위에 세워지는 부르심, 거룩한 백성으로 살아가는 부르심이다. 이 세 부르심은 결국 하나로 모인다. 그것은 "부활의 은혜를 입은 우리는 하나님의 거룩한 부르심을 받은 백성이다"라는 고백이다.

부활절 다섯 번째 주일, 우리는 단순히 옛 이야기를 듣고 있는 것이 아니다. 이 말씀은 지금 우리에게 던져진 질문이다. 너는 무엇을 사모하며 살고 있는가? 너는 어떤 공동체 위에 서 있는가? 너는 누구의 백성으로 살고 있는가?

길을 잃은 세상 속에서 우리는 흔들릴 수 있다. 그러나 우리의 길은 분명하다. 말씀을 사모하며 자라고, 산 돌 위에 함께 세워지고, 거룩한 백성으로 세상 속에 파송되는 일이다.

거룩한 부르심은 어제의 은혜가 아니라, 오늘 우리가 걸어야 할 길이다.

2026 5.10

부활절 여섯 번째 주일 / 어버이 주일

성서정과 | 시 66:8-20; 행 17:22-31; 벧전 3:13-22; 요 14:15-21

예배로 부름 Call to Worship
너희는 거룩하라 이는 나 여호와 너희 하나님이 거룩함이니라. 너희 각 사람은 부모를 경외하고 나의 안식일을 지키라 나는 너희의 하나님 여호와이니라(레 19:2b-3)

예배 기원 Invocation
권능의 팔로 사랑하는 자녀들을 붙잡아주시는 참 좋으신 하나님 아버지. 어버이주일에 드리는 우리의 예배를 받아주옵소서. 하나님께서는 우리의 영적인 아버지가 되시어 보좌 위에 높이 계셔도 낮은 자를 굽어살피셨으며, 멀리서도 택하신 자녀에게 은혜를 베풀어주셨습니다. 환난 중에 다녔으나 살아나게 하시고, 권능의 손을 펴사 원수들의 분노를 막으시며 발걸음을 인도하여 주셨나이다. 하늘 아버지의 인자하심은 하늘에 미치오니 주님의 자녀가 된 저희를 버리지 마시오며 사랑으로 품어주옵소서. 예수님의 이름으로 기원하옵나이다. 아멘.

이 주일의 찬송 Hymns
전능왕 오셔서(10장) / 주의 영광 빛나니(132장) / 이 세상 험하고(263장) /
주 없이 살 수 없네(292장) / 내 구주 예수를 더욱 사랑(314장) / 주 음성 외에는(446장)

성시 교독 Responsive Readings   시편 66:8-20

인도자	8 만민들아 우리 하나님을 송축하며 그의 찬양소리를 들리게 할지어다
회 중	9 그는 우리 영혼을 살려 두시고 우리의 실족함을 허락하지 아니하시는 주시로다
인도자	10 하나님이여 주께서 우리를 시험하시되 우리를 단련하시기를 은을 단련함 같이 하셨으며
회 중	11 우리를 끌어 그물에 걸리게 하시며 어려운 짐을 우리 허리에 매어 두셨으며 12 사람들이 우리 머리를 타고 가게 하셨나이다
인도자	우리가 불과 물을 통과하였더니 주께서 우리를 끌어 내사 풍부한 곳에 들이셨나이다
회 중	13 내가 번제물을 가지고 주의 집에 들어가서 나의 서원을 주께 갚으리니
인도자	14 이는 내 입술이 낸 것이요 내 환난 때에 내 입이 말한 것이니이다
회 중	15 내가 숫양의 향기와 함께 살진 것으로 주께 번제를 드리며 수소와 염소를 드리리이다(셀라)
인도자	16 하나님을 두려워하는 너희들아 다 와서 들으라 하나님이 나의 영혼을 위하여 행하신 일을 내가 선포하리로다
회 중	17 내가 나의 입으로 그에게 부르짖으며 나의 혀로 높이 찬송하였도다
인도자	18 내가 나의 마음에 죄악을 품었더라면 주께서 듣지 아니하시리라
회 중	19 그러나 하나님이 실로 들으셨음이여 내 기도 소리에 귀를 기울이셨도다
인도자	20 하나님을 찬송하리로다
회 중	그가 내 기도를 물리치지 아니하시고 그의 인자하심을 내게서 거두지도 아니하셨도다

고백의 기도 Prayer of Confession

이 땅에서 사는 동안 우리로 주님의 참사랑을 깨닫게 하시려고 육신의 부모를 허락해 주신 하나님! 어버이주일에 드리는 회개의 기도를 들어주소서. 나를 낳으시고 길러주시며 일생을 바쳐 헌신하신 부모님께 저희는 감사하지 않았습니다. 오히려 집안이 가난하다고 부모님을 원망했고, 상급 학교로 진학시켜 주지 않았다고 미워했습니다. 다른 부모들처럼 많이 배우지 못하셨음을 창피하게 여기며 함부로 말하기도 하였습니다. 철없이 내뱉는 자녀의 말을 들으면서 가슴 아파하셨을 부모님을 생각하니 가슴이 저미어 옵니다. 오! 사랑의 하나님. 때 늦은 후회를 하며 회개하오니 용서해 주옵소서. 흐르는 세월을 따라 날로 쇠약해가시는 부모님을 기억하고 훗 날에 더 큰 후회가 남지 않도록 오늘부터 부모 공경의 도를 다하는 저희가 되게 하여 주옵소서. 예수님의 이름으로 이 고백의 기도를 드립니다. 아멘.

사함의 확신 Assurance of Forgiveness

여인이 어찌 그 젖 먹는 자식을 잊겠으며 자기 태에서 난 아들을 긍휼히 여기지 않겠느냐 그들은 혹시 잊을지라도 나는 너를 잊지 아니할 것이라 (사 49:15)

> 오늘의 주제

성령을 받은 사람들

석의적 접근

사도행전의 말씀 행 17:22-31

바울이 아레오바고에서 행한 설교는 헬레니즘 문화에 내재된 종교성과 철학적 사유를 정면으로 마주하며 기독교 복음을 변증적으로 선포하는 사례이다. 바울은 먼저 아테네 사람들의 종교성을 인정하며 "알지 못하는 신에게"라는 제단을 언급하는데, 이는 종교심(religio) 자체에 내재된 인간의 보편적 갈망을 언급하기 위한 수사적 장치이다(23절). 여기서 '알지 못하는'이라는 표현은 헬라어로 '아그노스투(ἄγνωστου)'로, '무지한' 혹은 '감지할 수 없는' 신성을 의미하며, 이는 스토아 철학자들이 말하던 '로고스' 개념과도 연관된다.

바울은 창조주 하나님을 소개하면서, 그분은 인간의 손으로 만든 신전이나 우상에 거하지 않는다고 선언한다(24-25절). 이는 이사야서 66장 1-2절에 기반한 구약적 창조 신앙을 반영하며, 하나님은 시간과 공간의 제약을 받지 않는 분임을 강조한다. 그분은 온 인류에게 생명과 호흡과 만물을 주시는 분이다. 여기서 '호흡'은 헬라어로 '프뉴마(πνοή)'이며, 이는 창세기 2장 7절의 '생기(נִשְׁמַת חַיִּים)'와도 연결되는 표현이다.

특히 26절에서 "인류를 한 혈통에서 나게 하셨다"는 진술은 모든 인종과 민족이 하나님의 창조 질서 안에서 평등하다는 사상이며, 바울은 그분께서 각 나라의 시대와 경계를 정하셨다는 말로 하나님의 섭리를 강조한다. 이어서 28절에서 바울은 "우리가 그를 힘입어 살며, 움직이며, 존재하느니라"는 시구를 인용하는데, 이는 에피메니데스(Epimenides)와 아라투스(Aratus) 같은 그리스 시인들의 작품에서 차용한 문장이다. 이 인용은 철학적 인식을 통해서도 하나님을 어렴풋이 인식할 수 있다는 '자연 계시'의 증거로 활용된다.

이후 바울은 우상 숭배를 무지의 시대라 부르며, 이제는 회개할 것을 명하시는 하나님의 선포로 전환한다. 결정적인 전환점은 부활이다(31절). 하나님은 정하신 사람을 통해 세상을 심판하실 것을 작정하셨고, 그를 죽은 자 가운데서 살리심으로 그 증거를 주셨다는 것이다. 여기서 '정하신 사람'은 명확히 예수 그리스도를 의미하며, 바울은 이방 세계에 부활을 선포함으로써 그리스도의 주권과 종말론적 심판을 복음의 중심으로 제시한다.

이 본문은 오늘날 다원주의 시대에 살아가는 교회와 그리스도인들이 어떻게 세상 속에서 복음을 증언할 것인가에 대한 통찰을 제공한다. 바울은 상대 문화에 대한 예의와 인정을 전제로 삼되, 복음의 본질을 명확히 드러낸다. 이는 오늘날에도 대중문화, 철학, 윤리 담론에 참여하면서도 예수 그리스도의 죽음과 부활을 중심에 두는 변증적 선교 방식의 모범이 된다.

서신서의 말씀 벧전 3:13-22

이 본문은 그리스도인들이 선을 행하다가 받는 고난을 어떻게 이해하고 견뎌야 하는지를 다룬다. 베드로는 먼저 일반적으로 선한 일을 하는 자는 해를 받지 않을 것이라는 일반적 윤리 인식을 언급한 뒤(13절), 현실적으로 고난을 받을 경우에도 두려워하지 말고 성결한 삶을 지키라고 권면한다. 여기서 '성결하게 하다'는 표현은 헬라어로 '하기아조(ἁγιάζω)'이며, 이는 출애굽기의 성물 구별 개념에서 유래한 종말론적 윤리 명령이다.

15절에서는 "너희 속에 있는 소망에 관한 이유를 묻는 자에게 항상 대답할 것을 준비하라"고 명한다. 여기서 '대답'은 '아포로기아(ἀπολογία)'로, 법정에서의 변호를 뜻하는 단어이며, 초대교회 신자들이 법정이나 공적 자리에서 신앙의 이유를 설명할 수 있는 논리적 준비 태도를 의미한다. 동시에 이 대답은 온유함과 두려움으로 해야 한다고 덧붙인다. '두려움'은 인간에 대한 것이 아니라 하나님에 대한 경외심을 말하며, 이는 시편의 신앙과 연결된다.

이어지는 18-22절은 예수 그리스도의 고난과 승리에 대한 교리적 설명으로 전개되며, 신학적으로는 '자기 비움(κένωσις)'과 '하강(παρακατάβασις)'의 구조로 해석할 수 있다. 케노시스와 파라카타바시스는 단절된 개념이 아니라 서로 연결된 하나의 구속사적 흐름으로 이해되어야 한다. 케노시스는 성자 하나님의 '자발적인 낮아지심'의 시작이다. 그는 사람과 같이 되었고, 종이 되셨다. 파라카타바시스는 그 낮아지심의 절정, 즉 죽음과 지하세계로 내려가심을 통해 가장 깊은 곳까지 임하신 구속적 사랑을 보여준다.

18절은 그리스도께서 한 번 죄를 위하여 죽으사 의인으로서 불의한 자를 대신하셨다고 말한다. 이는 헬라어로 '하팍스(ἅπαξ)', 곧 단회적인 희생을 강조하는데, 히브리서의 제사론과도 상응한다. 또한 "육체로는 죽임을 당하시고, 영으로는 살리심을 받았다"는 진술은 고대 교부들 사이에서 논쟁의 대상이었다. 어거스틴(Augustinus)은 이를 부활의 전환점으로 보았고, 아타나시우스(Athanasius)는 그리스도 신성과 인성의 연합 안에서 이해했다.

특히 19절 이하의 "영들에게 선포"하신 것은 교부들 사이에서 다양한 해석을 낳았는데, 이는 지하세계로의 하강(하데스 하강, descensus ad inferos) 교리에 해당한다. 이를 통해 죽은 자에게도 복음이 전파되었음을 선언하는 구절로 해석되며, 이는 하나님의 심판과 자비가 역사 전체에 미친다는 종말론적 위안을 제공한다.

21절은 세례 성례전에 대한 해석으로 이어진다. 이는 육체의 더러움을 씻는 것이 아니라 선한 양심이 하나님께 향하는 것이라고 정의되며, 세례 성례전을 통해 믿음이 그리스도의 부활과 연결됨을 강조한다. 따라서 이 본문은 고난 속에 있는 신자들에게 세례로 인한 신분과 그리스도 안의 승리를 확신케 한다.

복음서의 말씀 요 14:15-21

예수님은 제자들에게 자신을 사랑하면 계명을 지키게 될 것이라고 선언하시면서, 그 결과로 "또 다른 보혜사"를 보내시겠다고 약속한다(15-16절). 여기서 보혜사라는 단어는 헬라어로 '파라클레토스(παράκλητος)'로, '곁에 부름받은 자'라는 의미를 갖는다. 이는 중보자, 위로자, 변호자의 역할을 모두 함축하며, 예수님 자신이 첫 보혜사로서의 역할을 감당했음을 전제로 한다.

이 보혜사는 '진리의 영'이라고 불리며(17절), 세상은 그를 받지도, 알지도 못한다고 한다. 여기서 '알다'라는 단어는 '기노스코(γινώσκω)'로 단순한 인지가 아니라 인격적 교제를 의미하는 헬라적 지식관에 근거한 개념이다. 예수님은 제자들에게 성령이 '너희와 함께 거하심이요 또 너희 속에 계시겠음이라'고 말씀한다. 이는 에스겔 36장 26-27절에 예언된 성령 내주에 대한 신약적 성취이다.

예수님은 "내가 너희를 고아와 같이 버려두지 아니하고 너희에게로 오리라"고 말씀하시는데(18절), 이는 재림 또는 성령 강림의 복합적 예언으로 해석될 수 있다. 요한복음에서는 종종 시간성 위에서 부활과 성령 강림, 재림의 사건이 종말론적 시제로 함께 언급된다. 예수님은 19절에서 "조금 있으면 세상은 나를 다시 보지 못할 것이로되 너희는 나를 보리니"라고 하시는데, 이는 부활 이후 제자들의 체험을 암시한다.

20절에서 "내가 아버지 안에 너희가 내 안에, 내가 너희 안에"라는 삼중적 임재 구조는 요한신학의 핵심이다. 이는 삼위일체적 교제를 표현하는 말이며, 성도와 성령, 그리스도, 아버지 사이의 연합을 나타낸다. 종교개혁자 칼뱅은 이 본문에 대해 신자의 확신은 성령을 통해 실현되는 그리스도와의 연합에서 비롯된다고 주석하였다.

21절에서는 계명을 지키는 자가 곧 예수님을 사랑하는 자이며, 그 사랑을 받은 자에게 하나님도 사랑을 베푸시고, 예수님 자신도 그에게 자신을 나타내시겠다고 말한다. '나타내다'는 헬라어로 '엠파니조(ἐμφανίζω)'로, 이는 단순한 계시가 아니라 실재적 임재를 나타내는 표현이다.

이 본문은 성령강림과 부활 사이에 살아가는 교회의 현실을 비추며, 믿음과 계명 순종, 삼위 하나님의 사랑 안에서의 내적 연합이라는 신앙의 본질을 상기시킨다. 오늘날 교회는 외형적 행위보다 내적 임재의 실재에 더욱 민감해야 하며, 그 성령의 현실이야말로 위기의 시대 속에서 성도가 의지해야 할 가장 확실한 위로이자 능력이다.

설교를 위한 조명

서신서의 말씀(벧전 3:13-22)으로 설교 작성 / 대지 설교

"근거 있는 소망"

말씀에로 나아감

세상 사람들에게 자주 들려오는 물음이 있다. "과연 소망이 있는가?" 경제적 불안, 사회적 갈등, 전쟁과 재난의 소식 속에서 사람들은 희망을 말하면서도 정작 마음 깊은 곳에서는 공허와 두려움에 사로잡혀 있다.

성경은 이런 상황 속에서 단순히 막연한 낙관이나 자기 암시에 기대라고 말하지 않는다. 베드로 사도는 고난받던 성도들에게 이렇게 명령한다. "너희 속에 있는 소망에 관한 이유를 묻는 자에게 대답할 것을 항상 준비하라"(벧전 3:15). 이 말씀은 단순히 말솜씨를 준비하라는 의미가 아니다. 신앙의 중심에서부터 역사 속에서 증명된 근거 있는 소망을 붙들고 살아가라는 것이다.

오늘 본문은 그 소망을 세 가지 차원에서 보여 준다. 첫째는 소망의 태도다. 둘째는 소망의 근거다. 셋째는 소망의 표징이다. 이 말씀을 따라가며 우리가 어떤 태도로 소망을 말해야 하는지, 그 소망의 기초는 어디에 있는지, 그리고 그 소망을 삶으로 드러내는 표징은 무엇인지 함께 살펴보자.

본문의 이해와 주안점

1. 소망의 태도: 온유와 경외로 답하라 (13-17절)

베드로 사도는 고난 속에서도 두려워하지 말고, 소망에 관한 이유를 묻는 사람에게 답할 준비를 하라고 초대교회 성도들에게 권면한다(14-15절). 여기서 '대답'은 헬라어로 '아폴로기아(ἀπολογία)'인데, 법정에서 변호인이 피고를 위해 조리 있게 변론하는 것을 뜻한다. 즉, 우리의 믿음은 막연한 감정이 아니라 설명할 수 있는 근거를 가져야 한다는 뜻이다. 베드로 사도는 곧이어 성도들에게 "온유와 두려움"이란 태도로 대답을 준비하라고 덧붙였다(15절). 여기서 두려움은 헬라어로 '포보스(φόβος)'인데, 사람 앞의 두려움이 아니라 하나님을 향한 경외심을 의미한다.

이 말은 오늘 우리에게 중요한 도전이 된다. 요즘 세상에서 기독교 신앙은 곱지 않은 시선으로 비춰지기도 한다. 그리스도인이 지닌 소망을 믿지 못하는 이들에게 온유와 경외의 태도로 대답을 준비한다는 것은 쉽지 않은 일이다. 우리는 종종 신앙을 변호할 때 공격적으로 말하거나, 반대로 아예 침묵해 버리곤 하기 때문이다. 그러나 베드로 사도는 그 어느 쪽도 옳지 않다고 가르친다. 소망의 이유를 담대히 말하되, 말하는 태도는 겸손해야 한다는 것이다. 우리의 태도가 곧 변증이다.

한 기독교 간증 프로그램에 출연했던 어떤 성도의 이야기가 이를 잘 보여 준다. 그는 암 진단을 받고 고통스러운 시간을 보내고 있었다. 그러나 그는 자신이 겪은 고통과 아픔에 대해 이야기하면서도 절망을 잃지 않았던 이유에 대해서 이렇게 말했다. "비록 암이 제 육체의 건강을 흔들 수는 있었어도 제 안에 있는 소망은 흔들 수 없었어요." 그는 자신의 고통을 숨기지 않았다. 그러나 그 고백은 부드럽고 담담하면서도 분명했다. 듣는 이들은 오히려 그 고백 속에서 하나님의 살아 계심을 느꼈다고 한다.

우리의 삶이 곧 전도요 간증이다. 소망의 이유를 말하는 것은 교리적인 논쟁에서 이기는 것이 아니다. 우리의 태도, 우리의 삶의 방식이 곧 변증이다. 우리가 고난 속에서도 겸손히, 그러나 분명히 주님을 고백한다면 세상은 우리의 소망이 어디에서 오는지를 알게 된다. 이것이 바로 우리가 지녀야 할 소망의 태도이다.

2. 소망의 근거: 십자가와 부활(18-20절)

그러나 태도만으로는 부족하다. 우리의 소망은 반드시 흔들리지 않는 근거가 있어야 한다. 베드로 사도는 그 근거를 이렇게 밝힌다. "그리스도께서도 단번에 (ἅπαξ) 죄를 위하여 죽으사, 의인으로서 불의한 자를 대신하셨으니 …"(18a절). 여기서 '단번에'라는 말은 다시 반복될 필요가 없는 완전한 희생을 뜻한다. 예수님의 십자가는 단 한 번의 사건이지만, 그 효력은 모든 시대와 모든 인류를 향해 영원히 유효하다. 이어서 베드로 사도가 말한다. "육체로는 죽임을 당하시고 영으로는 살리심을 받으셨으니"(18b절). 세상은 희망을 말하지만 죽음을 넘어서는 희망을 제시하지 못한다. 그러나 예수 그리스도의 부활은 죽음을 정복하신 하나님의 확증이다. 다시 말해, 예수 그리스도의 십자가의 죽음과 부활이 바로 우리가 지닌 소망의 근거이다.

문학 작품에서도 이 소망의 갈망이 드러난다. 러시아의 대문호 톨스토이는 『이반 일리치의 죽음』이라는 작품에서 인간이 죽음을 직면할 때 느끼는 공포와 허무를 적나라하게 그려냈다. 주인공 이반은 유쾌하게 사는 것을 인생의 모토로 삼아 남들이 보기에 그럭저럭 괜찮은 삶을 살고 있다고 자부했다. 그러나 40대 중반의 젊은 나이에 죽음을 앞둔 병상에서 자기 삶 전체가 삶과 죽음을 직시하지 못하게 만든 기만이라고 느꼈을 때, 그는 죽음을 받아들이지 못하며 자신과 자기 가족을 정신적으로 괴롭게 했다. 그러나 마지막 순간, 자기 아들이 손에 입 맞추는 것을 느꼈을 때, 죽음으로 향하는 어두운 구멍에서 한 줄기 빛을 보았다. 그리고 마침내 가족에게 미안하다고 말하며 용서를 구했다. 그는 마침내 죽음을 받아들일 수 있게 된 것이다. 그는 습관처럼 죽음의 공포를 찾아보았지만 더 이상 찾을 수 없었다. 육체적인 고통은 여전히 남아있었지만, 그는 죽음이 있던 자리에 빛이 있다는 사실을 발견했다. 그리고 마음속으로 "그래, 바로 그거야! 이렇게 기쁠 수가!"라고 환호하였다. 그가 육체적인 임종을 맞이했을 때, 누군가 그를 내려다보며 "다 끝났습니다!"라고 말하는 것이 이반에게 들렸다. 그러나 이반은 '끝난 건 죽음이야. 이제 죽음은 존재하지 않아'라고 중얼거린 후에 숨을 거둔다. 이렇게 『이반 일리치의 죽음』이라는 소설은 마무리된다.

물론 이 소설은 삶과 죽음의 의미를 문학적 상징으로 다룬 작품이다. 비록 톨스토이가 기독교의 부활 교리를 직접 전하려고 쓴 작품은 아니지만, 인간이 죽음을 직면할 때 두려움 대신 빛을 보는 전환을 묘사한 이 장면은, 부활 신앙과 대화할 수 있는 여지를 우리에게 남겨 준다. 인간의 내면 깊은 곳에는 죽음 너머에 빛이 있어야 한다는 갈망이 자리하고 있다는 것을 보여 준 것이다.

세상은 "희망을 가져라"라고 말한다. 그러나 근거 없는 희망은 허상일 뿐이다. 우리가 가진 소망은 십자가에서 단번에 이루어진 속죄와 부활로 드러난 하나님의 능력 위에 서 있다. 이것이 소망의 핵심이며, 우리가 세상 앞에 내세울 수 있는 변증의 기초가 된다.

3. 소망의 표징: 세례와 부활의 삶(21-22절)

마지막으로 베드로 사도는 21절에서 세례 성례전의 본질을 부활의 관점에서 설명한다. 세례는 예수 그리스도께서 부활을 통해 성도를 구원하는 실제적인 상징이라는 것이다. 또 베드로 사도는 세례 성례전이 단순히 겉만 깨끗하게 하는 의식이 아니라 하나님께 선한 양심을 주시라는 간구라고 말한다. 따라서 세례는 단순히 개인이 신앙을 고백하는 의식으로 끝나지 않는다. 세례를 받은 이는 그 순간부터 하나님의 자녀로 불리며, 동시에 교회의 한 지체로 받아들여진다. 교회는 세례자를 품에 안고 그를 새로운 가족으로 맞아들인다. 세례 성례전은 "나는 주님의 것"이라는 개인의 고백일 뿐 아니라, "너는 이제 우리와 함께 부활의 소망을 살아가는 동역자다"라는 공동체의 응답이기도 하다. 그래서 세례 성례전은 물로 씻는 행위가 아니라, 부활의 약속에 참여한다는 공적인 표징인 것이다.

세례 받은 성도는 죽음 앞에서도 홀로 서지 않는다. 이미 공동체와 함께, 그리고 무엇보다 부활하신 주님과 함께 걷는 사람이 된다. 세례는 우리에게 죽음을 넘어서는 삶, 곧 부활의 소망이 단순한 미래의 희망이 아니라 현재 속에서 함께 살아가는 현실임을 보여 준다.

여기서 우리는 독일 신학자 위르겐 몰트만의 고백을 떠올릴 수 있다. 그는 『나는 영생을 믿는다』(Resurrected to Eternal Life)라는 저서의 3장에 "우리는 죽는 순간에 부활할 것이다"라는 제목을 붙였다. 그는 루터의 "죽음 안에서의 부활"이라는 신학을 지지하며 살아 있는 이들에게 주님의 다시 오심은 미래의 사건이지만, 한 개인이 죽음을 맞이하면 곧바로 부활이 기다린다는 견해를 밝힌 것이다. 마치 잠에서 깬 사람이 잠자는 동안 흐른 시간을 인식하지 못하는 것처럼 부활을 맞이한 사람에게 죽음의 시간이 그렇게 작용한다는 말이다. 그래서 그는 죽음의 날을 사망일이 아니라 부활의 날이라고 불렀다. 실제로 그가 지난 2024년 6월 3일에 세상을 떠났을 때, 묘비에는 그의 유언을 따라 사망일 대신 부활일이라는 단어가 새겨졌다. 그는 죽음을 끝이 아니라 부활의 시작으로 고백하며 생을 마감했다.

세례 성례전은 바로 그 고백을 우리에게 새기게 한다. 세례 성례전은 죄 씻음만이 아니라, 죽음을 넘어 부활의 날을 미리 살게 하는 선언이다. 그러므로 세례 받은 우리는 이미 부활의 백성으로 살아가는 자이다.

복음적 연결

이 모든 소망은 결국 예수 그리스도의 십자가와 부활에서 시작한다. 그러나 거기서 끝나지 않는다. 주님은 약속하셨다. "내가 너희를 고아와 같이 버려두지 아니하고 너희에게로 오리라"(요 14:18). 이 약속은 성령의 내주와 부활하신 주님의 임재를 의미한다. 그러므로 우리의 소망은 단순히 죽음 이후의 이야기가 아니다. 우리의 소망은 오늘 우리 삶 속에서 역사하는 능력이다.

사도 바울은 아레오바고 설교에서 이렇게 선포했다. 하나님은 "…그를 죽은 자 가운데서 다시 살리신 것으로 모든 사람에게 믿을 만한 증거를 주셨음이라…"(행 17:31). 부활이 바로 세상을 향한 하나님의 확증이다.

그러므로 우리의 소망은 과거의 사건에만 근거한 것도 아니고, 먼 미래의 환상에 머무는 것도 아니다. 우리의 소망은 지금 우리 가운데 살아 역사하시는 성령 안에서 경험하는 부활의 능력이다.

말씀의 갈무리

오늘 베드로의 말씀은 우리에게 세 가지 진리를 선포한다. 소망의 태도는 온유와 경외이다. 소망의 근거는 십자가와 부활이다. 소망의 표징은 세례와 부활의 삶이다.

간증 프로그램에 출연했던 어떤 성도의 고백을 기억하라. "암은 내 몸을 흔들 수 있어도, 내 소망은 흔들 수 없습니다." 이것이 바로 근거 있는 소망의 고백이다.

이제 우리도 같은 고백으로 세상 앞에 서자. 직장에서, 가정에서, 이웃과의 관계 속에서, 혹은 고난의 한복판에서 누군가 우리에게 묻는다. "너희 속에 있는 소망의 이유가 무엇이냐?" 그때 우리는 "나의 소망은 십자가와 부활의 주님이다"라고 담대히 대답하자.

근거 있는 소망은 먼 미래의 환상이 아니다. 근거 있는 소망은 오늘 우리의 심장 속에서 뛰고 계시는 부활하신 주님 자신이다.

우리는 이 소망을 붙들고 담대히 살아가자. 우리를 위하여 십자가에서 단번에 희생하시고, 사망 권세를 이기신 주님 안에서 세상에 답할 수 있는 사람으로 살아가자. 고난이 찾아와도 주눅 들지 말자. 세상이 희망이 없다고 말해도 주눅 들지 말자. 우리는 근거 있는 소망을 가진 사람들이다.

2026 5.17

부활절 일곱 번째 주일

성서정과 | 시편 68:1-10, 32-35; 행 1:6-14; 벧전 4:12-14, 5:6-11; 요 17:1-11

예배로 부름 Call to Worship
그러므로 우리는 예수로 말미암아 항상 찬미의 제사를 하나님께 드리자 이는 그 이름을 증언하는 입술의 열매니라 오직 선을 행함과 서로 나누어주기를 잊지 말라 하나님은 이 같은 제사를 기뻐하시느니라(히 13:15-16)

예배 기원 Invocation
성도의 심령에 임재하셔서 평안과 기쁨을 주시는 하나님 아버지! 그 선하심과 인자하심을 힘입어 예배합니다. 신들 중에 뛰어나시며, 홀로 큰일을 행하신 하나님만 경배하오니 영광을 거두어 주옵소서. 택하신 자녀들을 흑암의 권세에서 건져내시고, 예수 그리스도를 마음에 영접하여 천국의 백성이 되게 하심에 감사합니다. 믿음의 자녀가 되어 살아가는 동안, 성령으로 인도하시고 신앙의 땅을 기업으로 주시어 영생을 누리게 하신 것에 감사를 드리오며, 예수 그리스도의 이름으로 기원하옵나이다. 아멘.

이 주일의 찬송 Hymns
구세주를 아는 이들(26장) / 환난과 핍박 중에도(336장) / 내 기도하는 그 시간(364장) / 내 평생 소원 이것뿐(450장) / 땅 끝까지 복음을(506장) / 어려운 일 당할 때(543장)

성시 교독 Responsive Readings 시편 68:1-10, 32-35

인도자 ¹ 하나님이 일어나시니 원수들은 흩어지며 주를 미워하는 자들은 주 앞에서 도망하리이다

회 중 ² 연기가 불려 가듯이 그들을 몰아내소서 불 앞에서 밀이 녹음 같이 악인이 하나님 앞에서 망하게 하소서

인도자 ³ 의인은 기뻐하여 하나님 앞에서 뛰놀며 기뻐하고 즐거워할지어다

회 중 ⁴ 하나님께 노래하며 그의 이름을 찬양하라 하늘을 타고 광야에 행하시던 이를 위하여 대로를 수축하라 그의 이름은 여호와이시니 그의 앞에서 뛰놀지어다

인도자 ⁵ 그의 거룩한 처소에 계신 하나님은 고아의 아버지시며 과부의 재판장이시라

회 중 ⁶ 하나님이 고독한 자들은 가족과 함께 살게 하시며 갇힌 자들은 이끌어 내사 형통하게 하시나 오직 거역하는 자들의 거처는 메마른 땅이로다

인도자 ⁷ 하나님이여 주의 백성 앞에서 앞서 나가사 광야에서 행진하셨을 때에(셀라)

회 중 ⁸ 땅이 진동하며 하늘이 하나님 앞에서 떨어지며 저 시내 산도 하나님 곧 이스라엘의 하나님 앞에서 진동하였나이다

인도자 ⁹ 하나님이여 주께서 흡족한 비를 보내사 주의 기업이 곤핍할 때에 주께서 그것을 견고하게 하셨고

회 중 ¹⁰ 주의 회중을 그 가운데에 살게 하셨나이다 하나님이여 주께서 가난한 자를 위하여 주의 은택을 준비하셨나이다

인도자 ³² 땅의 왕국들아 하나님께 노래하고 주께 찬송할지어다(셀라)

회 중 ³³ 옛적 하늘들의 하늘을 타신 자에게 찬송하라 주께서 그 소리를 내시니 웅장한 소리로다

고백의 기도 Prayer of Confession

가정의 달을 지내는 동안에 배우자를 생각하면서 회개합니다. 많고 많은 사람 중에서 하나님께서 친히 남편으로(아내로) 짝지어 주신 사람이건만 그 소중함을 몰랐습니다. 자상하고 친절한 말로 대화하는 대신에 무관심하고 날카로운 혀로 배우자의 마음을 아프게 하였습니다. 사랑스러운 암사슴 같고 아름다운 암노루 같은 품에서 만족하지 않고 색다른 쾌락을 찾아 방황하다가 큰 아픔을 겪기도 하였습니다. 오 사랑의 하나님, 정욕과 어리석음에 이끌려 다녔던 지난날의 죄를 회개하오니 용서하여 주옵소서. 이제부터는 주님께서 가르쳐주신 말씀을 지켜, 주께 하듯이 남편에게 복종하며, 그리스도께서 교회를 사랑하심 같이 아내를 사랑하는 부부로 살게 하여 주옵소서. 예수님의 이름으로 이 고백의 기도를 드립니다. 아멘.

사함의 확신 Assurance of Forgiveness

예수께서 이르시되 나도 너를 정죄하지 아니하노니 가서 다시는 죄를 범하지 말라 하시니라(요 8:11)

> 오늘의 주제

세상을 위한 기도

석의적 접근

사도행전의 말씀 행 1:6-14

본문은 부활하신 예수님께서 승천하시기 직전 제자들과 나누신 마지막 대화와 그 후 승천 사건을 기록하고 있다. 제자들이 "주께서 이스라엘 나라를 회복하심이 이 때니이까"(6절)라고 묻는 장면은, 여전히 정치적 메시아를 기대하는 그들의 인식이 온전히 바뀌지 않았음을 보여준다. 여기서 사용된 '회복하심'이라는 말은 헬라어로 '아포카티스타네이스(ἀποκαθιστάνεις)'로, '이전의 상태로 되돌리다' 혹은 '온전하게 회복시키다'라는 뜻이다. 이는 구약 선지자들 특히 아모스(암 9:11)와 이사야(사 1:26; 11:11-16)에서의 '회복' 개념을 반영한다. 그러나 예수님은 "때와 시기는 아버지께서 자기 권한에 두셨다"고 응답하시며, 정치적 회복보다 성령의 권능과 복음 증언 사명을 강조하신다(7-8절).

8절은 사도행전 전체의 구조적 주제 진술로 간주되며, "예루살렘과 온 유대와 사마리아와 땅끝까지"라는 구절은 복음의 확장 방향을 나타낸다. 여기서 '능력'은 헬라어로 '뒤나미스(δύναμις)'이며 이는 단순한 물리적 힘이 아닌, 성령으로 말미암은 사도적 사명의 실행력을 의미한다. 루터는 이 본문을 통해 교회는 정치적 회복보다 "하나님의 나라"를 선포하는 공동체로 존재해야 함을 강조했다.

예수님께서 승천하시자 두 흰옷 입은 자들이 나타나 "어찌하여 하늘을 쳐다보느냐"고 말하는 장면은, 예수님의 부재에 대한 교회의 정체성 혼란을 해소하며, 동일한 방식으로 다시 오실 재림을 약속하는 신학적 선언이다(11절). 종말론적으로 이 본문은 재림을 단지 신비적 종말론으로 보는 것을 넘어서, 현재의 교회 사명을 강조하는 실천적 종말론으로 이끈다.

14절에서 제자들이 한마음으로 기도에 전념하는 장면은 교회의 사명이 성령을 기다리는 공동체로서의 기도와 연합에 기초를 두어야 한다는 사실을 보여준다.

서신서의 말씀 벧전 4:12-14, 5:6-11

본문은 박해 가운데 있는 초대교회를 향한 권면으로 구성된다. 부활하신 주님을 따르는 삶이 고난과 함께 오는 이유, 그리고 그 고난 가운데 하나님께서 어떻게 우리를 지키시고 높이시는지를 보여준다. 전반부는 고난과 겸손을, 그리고 후반부는 하나님의 강권적 은혜에 대한 내용이다.

4장 12절에서 저자는 고난을 "이상한 일 당하는 것 같이 이상히 여기지 말고"라고 말한다. 여기서 "이상히 여기다"는 헬라어 '크세니조마이(ξενίζομαι)'로서 '낯설게 느끼다'는 의미이다. 이는 공동체 내부에서조차 고난에 대한 신학적 혼란이 있었음을 시사한다. 그러나 베드로는 그 고난이 "너희를 연단하려고 오는 불시험"이라고 설명한다. 이는 정련 과정에서 불순물을 제거하는 것처럼, 고난이 신자의 믿음을 정결케 하는 수단임을 강조한다. "불시험"이라는 표현은 헬라어 '퓌로세오스(πυρώσεως)'로서 금속을 정련하는 과정에서 사용하는 단어이다. 이는 믿음의 정화를 의미하며, 신앙인은 고난을 통해 단련됨을 강조한다. 13절에서 "그리스도의 고난에 참여하는 것"은 단순히 수동적 고난의 수용이 아니라, 그리스도의 사역에 동참하는 능동적 제자도의 표현이다. 이는 바울이 로마서 8장 17절에서 말한 "그와 함께 영광을 받기 위하여 고난도 함께 받아야 할 것"이라는 명제와 맥락을 같이 한다. 또한 14절에서 성령을 "영광의 영"이라 명명하면서, 고난 중에도 임재하시는 성령의 위로와 능력이 신자에게 함께하심을 확신시킨다.

5:6-11의 권면은 더욱 공동체적이고 실천적이다. 6절의 "하나님의 능하신 손

아래서 겸손하라"는 권면은, 당시 사회에서 권력 없는 자들이 받을 수 있는 유일한 은혜는 오직 하나님께 있다는 믿음을 전제한다. 겸손은 자기 비하가 아니라, 하나님의 주권에 대한 절대 신뢰다. 여기에서 "겸손하라"는 헬라어 '타페이노오(ταπεινόω)'로 자발적으로 자신을 낮추는 행동이다. 이어지는 7절의 "너희 염려를 다 주께 맡기라"는 말씀은 시편 55:22의 "네 짐을 여호와께 맡기라"는 말씀과 연결된다. 베드로 전서에서 '맡기다(ἐπιρίπτω)'는 모든 짐을 내려놓는 신뢰의 행위를 말한다. 저자는 구약과 신약의 신뢰의 맥락을 일치시킨다.

8절부터 11절까지는 영적 전쟁에 대한 경고와 하나님의 보호하심에 대한 약속이다. 대적 마귀가 우는 사자처럼 삼킬 자를 찾는다는 표현은 당시 로마의 박해 현실 속에서 신자들에게 실제적 경고로 작용했으며, 동시에 성도의 경건 생활에 긴장을 유지시킨다. 마지막 10절과 11절은 고난의 유한성과 하나님의 회복 약속을 강조한다. 이는 궁극적으로 십자가를 통한 승리와 부활의 영광을 지향하는 삶이다.

복음서의 말씀 요 17:1-11

요한복음 17장은 예수님의 대제사장적 기도로 알려진 구절이며, 1절부터 11절까지는 주로 예수님의 자기 헌신과 제자들을 위한 중보 기도가 중심이다. 예수님께서는 "아버지여 때가 이르렀사오니"라고 기도하시며, 십자가 죽음이 임박했음을 선언한다(17:1). 여기서 '영광(δόξα)'은 고난을 통한 승리를 의미하며, 단순한 승전이 아니라 자기희생을 통한 하나님과의 일치로 드러난다. '때(ὥρα)'는 요한복음 전반에서 예수님의 죽음과 영광을 동시에 의미하는 상징적 단어다(요 2:4, 7:30). 예수님은 자신의 죽음을 단순한 비극이 아닌, 하나님 아버지의 뜻을 이루는 시간으로 받아들이며, 이를 통해 아버지의 영광을 나타내기를 기도하신다.

2절에서는 예수님께 주신 '권세(ἐξουσία)'로 영생을 주시는 사명을 언급하신다. 여기서 "영생"은 단지 죽음 이후의 생명 상태가 아니라, "유일하신 참 하나님과 그가 보내신 예수 그리스도를 아는 것"(3절)으로 정의된다. 여기서 '안다

(γινώσκω)'는 히브리어적 의미의 '야다(יָדַע)'로서, 관계적이고 체험적인 지식을 뜻한다. 즉, 영생은 단순한 시간적 무한함이 아니라 하나님과의 깊은 교제 속에서 드러나는 삶의 질이라는 점에서 존재론적 개념이다. 따라서 영생은 관계적인 개념이며, 존재론적 친밀함이다. 이는 요한복음 전체를 아우르는 신학의 요약이라 할 수 있다.

6절부터 예수님은 제자들을 위해 간구하시며, 세상에서 그들이 받을 박해와 혼란 속에서도 하나님께서 그들을 지켜 주길 구한다. 예수님은 제자들을 아버지께서 "세상 중에서 내게 주신 자들"로 표현하면서, 그들이 아버지의 말씀을 지켰다고 평가한다. 이는 신자의 정체성을 인간의 결정이 아니라 하나님의 선물로 규정하는 요한복음의 특유의 선포다. 11절에서 "우리와 같이 그들도 하나가 되게 하옵소서"라는 기도는 삼위일체적 일치와 교회의 연합을 동시에 내포한다. 이는 후에 바울이 에베소서 4장 3절에서 말한 "성령이 하나 되게 하신 것을 힘써 지키라"는 교회의 본질적 연합 개념과 조응한다.

따라서 본문의 기도는 단지 예수님의 제자들에게 국한된 것이 아니라, 그들의 증언을 통해 믿게 될 후세 신자들까지 포함한 보편 교회의 교회론적 선언이라 할 수 있다.

설교를 위한 조명

서신서의 말씀(벧전 5:6-11)으로 설교 작성 / 대지 설교
"상처가 아름다움이 되는 삶"

말씀에로 나아감

지금은 봄날이지만, 지난 가을에 걸었던 산책길을 떠올리며 오늘의 말씀을 시작하기로 하겠다. 이맘때 인근 길을 산책삼아 걷다 보면 감나무에 맺힌 푸른 감들이 눈에 띈다. 아직 익지 않은 감들을 보면, '언제쯤 주황빛으로 익어갈까?' 하는 기대감이 생긴다. 이렇게 감나무를 볼 때면 전우익이라는 작가가 『호박이 어디 공짜로 굴러옵디까』라는 수필집에서 감나무에 대해 쓴 내용이 떠오른다. 감나무는 가지가 연해서 바람만 세게 불어도 쉽게 상처가 나는데, 그 상처로 빗물이나 이물질이 스며들면 마치 검은 먹물이 번진 것과 같은 무늬가 생긴다고 한다. 이런 나무를 "먹감나무"라고 부른다고 한다. 그런데 놀라운 건 이 상처의 무늬 때문에 먹감나무가 고급 목공예 재료로 사용된다는 사실이다. 상처가 아름다움이 되는 나무…. 작가는 먹감나무를 통해 독자들이 인생의 상처를 어떻게 대해야 할 것인지 이야기하였던 것 같다.

인생을 살다 보면 예기치 않게 불가피한 상처를 받는 경우가 종종 생긴다. 문제는 그 상처가 우리를 무너뜨릴 것이냐, 아니면 하나님의 손에 붙들려 오히려 아름다운 흔적이 될 것이냐 하는 것이다. 하나님께서 감나무에게 상처를 멋진 무늬로 변화시킬 수 있는 능력을 주셨듯이 우리에게도 상처를 변화시켜 더 멋진 하나님의 사람이 될 수 있는 능력을 주지 않으셨을까? 오늘 본문 베드로전서 5장은 바로 그 진리를 우리에게 들려주고 있다. 이제 오늘 주신 말씀을 통해서 상처가 아름다움이 되는 삶을 살 수 있는 세 가지 방법을 배워보고자 한다.

본문 이해와 주안점

1. 하나님의 능하신 손 아래에서 겸손하라 (5-6절)

베드로 사도는 "하나님의 능하신 손 아래에서 겸손하라 때가 되면 너희를 높이시리라"고 말한다. 여기서 "능하신 손"은 출애굽의 하나님, 구원하시고 심판하시는 하나님의 손을 가리킨다. 이 손 아래 겸손하라는 것은 하나님의 주권과 구원의 때를 인정하라는 뜻이다. '겸손'은 자신을 낮추는 것이 아니라 하나님의 주권을 신뢰하는 태도이기 때문이다. 우리가 인생의 고난 앞에서 "왜 나에게 이런 일이?"라고 묻는 대신, "이 고난을 통해 하나님이 나를 어떻게 빚어 가시는가?"를 묻는 태도가 바로 겸손인 것이다. 하나님은 교만한 자를 대적하시지만, 겸손한 자에게는 은혜를 주신다. 하나님은 그 '때' 우리를 높이신다. 그 '때'는 우리의 계획이 아니라 하나님의 주권적인 시간이다. 하나님의 시기, 하나님의 때를 신뢰하고, 기다릴 줄 아는 겸손한 믿음이 있어야 한다. 감나무의 연약한 가지가 상처를 입을 때 먹무늬가 생기듯, 성도의 삶도 겸손히 주님의 손에 맡겨질 때 그 상처가 은혜의 무늬가 된다.

2. 모든 염려를 주님께 맡기고 마귀를 대적하라(7-8절)

베드로 사도는 "너희 염려를 다 주께 맡기라 이는 그가 너희를 돌보심이라"고 말씀한다. 여기서 "맡기라"는 말은 무거운 짐을 내려놓으라는 뜻이다. 시편 55편의 말씀처럼, 짐을 주님께 맡기는 순간, 우리는 보호받는다. 또 '돌보신다'는 말은 헬라어로 '멜레이(μελεῖ)'인데, 이는 무관심의 반대 개념이다. 베드로 사도는 하나님이 이처럼 자기 백성의 무거운 짐과 고난에 대해 깊은 관심을 갖고 돌보신다고 말한다. 그런데 성도들은 하나님의 돌보심에도 불구하고 "근신하고 깨어서 마귀를 대적하라"는 명령을 동시에 받는다. 이 명령은 추상적인 명령이 아니라, 우리가 삶에서 실제적으로 실천해야 하는 명령이다. 앞선 5절에서 하나님은 교만한 자를 대적한다고 하셨다. 우리의 대적 마귀 역시 성경에서 교만으로 인해 타락한 천사로 보는 전통이 있다. 마귀를 대적하기 위해서는 교만의 문제를 해결해야 한다는 말이다. 미국 식민지 개척시대의 유명한 청교도 목사인 조나단 에드워즈(1703-1758)는 "겸손만큼 사람을 마귀의 손아귀에서 멀리 벗어나게 하는 것은 없다"고 했다. 교만을 멀리하고 겸손을 선택하는 것, 염려를 내려놓고 주님께 맡기는 것은 우리가 믿음으로 깨어서 실천해야 할 영적인 훈련일 뿐 아니라 구체적으로 마귀의 유혹을 물리치는 길이라는 사실을 기억하라.

주님께 모든 염려를 맡기는 믿음이야말로 참된 겸손의 실천이다. 우리 힘으로 마귀의 유혹을 이길 수 없다. 그러나 하나님께서 우리 모두를 돌보신다는 겸손한 믿음을 무기로 삼자. 믿음의 형제들이 동일한 고난을 당했으나 모든 염려를 주님께 맡기는 믿음으로 마귀를 대적하여 승리했다는 사실을 기억하자. 그렇게 할 때 겸손한 믿음으로 승리할 수 있다는 확신 안에 거할 수 있을 것이다. 요즘 마음이 무거운가? 경제적인 어려움 때문에, 혹은 가족의 아픔 때문에 마음이 짓눌려 있는가? 그 짐을 홀로 지려 하지 말라. 주님께 맡기라. 주님께 올려드릴 때, 상처는 우리를 무너뜨리는 흉터가 아니라 하나님이 지켜 주시는 은혜의 흔적이 된다.

3. 하나님의 권능을 찬양할 때, 상처는 영광이 된다(10-11절)

베드로 사도는 마지막으로 이렇게 선포한다. 하나님은 "잠깐 고난을 당한 너희를 친히 온전하게 하시며 굳건하게 하시며 강하게 하시며 터를 견고하게 하시리라."

베드로 사도는 어떤 이에게는 한평생처럼 길게 느껴질 수 있는 고난을 5장 10절에서 "잠깐"이라고 말하고 있다. 어떻게 평생을 따라다니는 고난을 "잠깐"이라 부를 수 있을까? 그 이유는 우리를 불러 주셔서 들어가게 하실 하나님의 영광이 '영원하다'고 믿었기 때문이다. 그러니 우리가 이 땅에서 겪는 고난은 영원한 하나님의 시간에 비추어 보면 정말로 "잠깐"일 수밖에 없다. 우리가 겪는 인생의 고난은 우리가 누릴 영원한 영광에 비추어 볼 때 잠깐의 고난이라는 것이다. 10절 하반절에 보면, 여기에서 네 가지 동사가 병렬적으로 사용된다. '온전하게 하시며(καταρτίσει)', '굳건하게 하시며(στηρίξει)', '강하게 하시며(σθενώσει)', '터를 견고하게 하시리라(θεμελιώσει)'. 이렇게 네 가지 동사로 된 약속은 하나님이 우리 인생의 상처를 어떻게 다루시는지 잘 보여준다. 하나님은 상처난 부분을 기워 주시고, 흔들리는 마음을 세워주시고, 힘을 잃은 자에게 새 힘을 주시고, 다시는 쉽게 무너지지 않도록 기초를 단단히 세워주신다.

이는 마치 먹감나무가 상처를 통해 아름다운 나무로 변하듯, 우리 인생의 상처와 고난이 하나님의 손안에서 하나의 "예술작품"이 될 수 있다는 진리를 증거하는 것이다. 하나님의 권능이라고 했을 때, 그 권능은 인간이 처한 어떠한 상황에도 아랑곳하지 않고 하나님의 은혜를 베풀 수 있는 능력을 말한다. 그러므로 우리는 "하나님께 권능이 세세무궁하도록 그에게 있을지어다!"하고 찬양을 올려드려야 한다.

말씀의 갈무리

누구나 인생에서 고난을 당할 수 있다. 상처 없는 인생은 없다. 하지만 차이는 있다. 상처를 원망하며 흉터로 남길 수도 있고, 하나님께 맡겨 아름다운 무늬로 남길 수도 있다. 그러나 하나님은 겸손히 하나님의 계획을 기다리는 사람들을 친히 "온전하게 하시며 굳건하게 하시며 강하게 하시며 터를 견고하게" 인도하실 것이다. 설교 앞부분에서 소개한 전우익 작가는 "소나무는 상처를 관솔로 만들고, 감나무는 상처를 먹무늬로 만든다"고 말했다. 감나무의 상처가 먹무늬가 되고, 먹무늬가 예술이 되는 것처럼 우리의 삶에 남은 상처들도 하나님의 손 아래에서 반드시 의미와 아름다움을 얻게 될 것이다.

고난 속에 있는 우리는 지금 상처 가운데 있을 수 있다. 그러나 그 상처를 통과한 삶이 장차 다른 누군가에게 소망이 될 수 있다. 하나님을 원망하거나 다른 사람을 원망하지 말고, 오랜 세월을 살아가며 상처를 극복하여 멋진 무늬를 만들어내는 나무처럼 영원한 하나님의 영광을 생각하며 겸손하게 상처를 이겨내자. 서로 부딪쳐 생긴 상처든, 나보다 잘난사람 때문에 부러져 생긴 상처든, 마음을 못 다스려서 골병이 들어 생긴 상처든지 간에, 이 모든 상처를 예수 그리스도의 이름으로 낫게 하셔서 멋진 삶의 이야기로 만들어 주실 하나님만 의지하자. 먹감나무의 아름다운 먹무늬처럼, 우리의 상처 입은 삶도 하나님 안에서 아름답게 변화될 줄 믿는다.

2026 5.24
성령 강림 주일

성서정과 | 시 104:24-34, 35b; 행 2:1-21; 고전 12:3b-13; 요 20:19-23

예배로 부름 Call to Worship
그러나 진리의 성령이 오시면 그가 너희를 모든 진리 가운데로 인도하시리니 그가 스스로 말하지 않고 오직 들은 것을 말하며 장래 일을 너희에게 알리리라 그가 내 영광을 나타내리니 내 것을 가지고 너희에게 알리시겠음이라(요 16:13-14)

예배 기원 Invocation
예루살렘을 떠나지 말고 아버지께서 약속하신 것을 기다리라 분부하신 예수님의 말씀을 기억하면서 성령강림주일예배를 드립니다. 성령의 감화 안에서 드리는 우리의 기도가 주님 앞에서 분향함과 같이 되며, 성령에 충만하여 들어올리는 우리의 손이 저녁 제사와 같이 향기롭게 하옵소서. 우리 입에 파수꾼을 세우시어 단정한 말을 하게 하시며, 아름다운 찬양으로 영광을 돌리게 하옵소서. 성령님의 인도하심을 따라 하나님께서 기뻐 받으시는 예배가 되기를 원하오며 예수 그리스도의 이름으로 기원하옵나이다. 아멘.

이 주일의 찬송 Hymns
즐겁게 안식할 날(43장) / 임하소서 임하소서(192장) / 저 하늘 거룩하신 주여(194장) / 시온성과 같은 교회(210장) / 죄짐에 눌린 사람은(536장) / 아름다운 하늘과(593장)

성시 교독 Responsive Readings 시편 104:24-34, 35b

인도자 24 여호와여 주께서 하신 일이 어찌 그리 많은지요 주께서 지혜로 그들을 다 지으셨으니 주께서 지으신 것들이 땅에 가득하니이다

회 중 25 거기에는 크고 넓은 바다가 있고 그 속에는 생물 곧 크고 작은 동물들이 무수하니이다

인도자 26 그 곳에는 배들이 다니며 주께서 지으신 리워야단이 그 속에서 노나이다

회 중 27 이것들은 다 주께서 때를 따라 먹을 것을 주시기를 바라나이다

인도자 28 주께서 주신즉 그들이 받으며 주께서 손을 펴신즉 그들이 좋은 것으로 만족하다가

회 중 29 주께서 낯을 숨기신즉 그들이 떨고 주께서 그들의 호흡을 거두신즉 그들은 죽어 먼지로 돌아가나이다

인도자 30 주의 영을 보내어 그들을 창조하사 지면을 새롭게 하시나이다

회 중 31 여호와의 영광이 영원히 계속할지며 여호와는 자신께서 행하시는 일들로 말미암아 즐거워하시리로다

인도자 32 그가 땅을 보신즉 땅이 진동하며 산들을 만지신즉 연기가 나는도다

회 중 33 내가 평생토록 여호와께 노래하며 내가 살아 있는 동안 내 하나님을 찬양하리로다

인도자 34 나의 기도를 기쁘게 여기시기를 바라나니 나는 여호와로 말미암아 즐거워하리로다

회 중 35b 내 영혼아 여호와를 송축하라 할렐루야

고백의 기도 Prayer of Confession

참 자유를 주시려고 우리를 구원해 주신 하나님의 은혜에 감사를 드립니다. '너희는 그리스도 안에서 얻은 자유를 육체의 기회로 삼지 말고, 오직 사랑으로 서로 종노릇하라'고 하신 말씀을 기억합니다. 하지만 저희는 진리의 말씀과 성령인 음성을 따라 행하지 않고, 육체의 정욕을 이루기 위해 살았습니다. 음행과 더러운 것과 호색과 우상숭배와 주술과 원수 맺는 것과 분쟁과 시기와 분냄과 당을 짓는 것과 분리함과 이단과 투기와 술 취함과 방탕함 등, 우리의 삶에 분명하게 나타났던 육체의 일을 용서해 주옵소서. 이제부터는 저희로 성령 안에서 행하게 하시어 헛된 영광을 구하여 서로 노엽게 하거나 투기하지 않게 하여 주옵소서. 예수님의 이름으로 이 고백의 기도를 드립니다. 아멘.

사함의 확신 Assurance of Forgiveness

그러므로 이제 그리스도 예수 안에 있는 자에게는 결코 정죄함이 없나니 이는 그리스도 예수 안에 있는 생명의 성령의 법이 죄와 사망의 법에서 너를 해방하였음이라(롬 8:1-2)

오늘의 주제

성령을 통한 하나님의 새로운 창조

석의적 접근

사도행전의 말씀 행 2:1-21

본문은 교회의 탄생을 알리는 구속사에서 가장 역동적이고 중요한 사건 중 하나이다. 이 말씀은 예수님의 승천 이후, 약속대로 보내주신 성령께서 제자 공동체에 강림하심으로 어떻게 새로운 시대가 시작되었는지를 극적으로 보여 준다. 그리고 크게 세 가지 부분으로 구성되었다.

첫째는 성령 강림 사건(1-4절)이다. '오순절(Πεντηκοστή)'은 '오십 번째'라는 뜻의 오순절은 유대인의 중요한 절기로, 첫 수확을 감사하는 맥추절이자, 시내산에서 율법을 받은 것을 기념하는 날로 여겨졌다. 바로 이 날, 하나님께서는 옛 언약(돌판에 새긴 율법)이 아닌, 새 언약의 성취로서 성령을 제자들의 마음에 새겨주신다. 이는 교회가 바로 하나님께서 추수하신 '첫 열매'임을 상징한다. 성령의 임재는 구약의 신현현(Theophany)을 연상시키는 상징들, 즉 바람과 불과 함께 나타난다. 성령 충만의 첫 번째 가시적 결과는 '다른 언어들로 말하는 것'이었다.

두 번째는 군중의 반응이다(5-13절). 누가는 당시 알려진 세계 각지에서 온 유대인들의 목록을 길게 나열함으로써 이 사건의 청중이 온 세상을 대표하고 있음을 강조한다. 놀라운 점은 제자들이 말하는 것을 각 사람이 '자기네 지방의 말(τῇ ἰδίᾳ διαλέκτῳ)'로 들었다는 점이다. 이는 단순한 무아지경의 소리가 아니라, 의미가 전달되는 기적적인 소통이었다. 신학자들은 이 사건을 창세기 11장의 바벨탑 사건의 역전이자 치유로 해석한다. 월터 브루그만(Walter Brueggemann)

은 바벨탑이 획일성을 강요하는 제국의 언어였다면, 오순절은 다양성 속에서 소통하는 새로운 공동체의 언어가 탄생한 순간이라 보았다.

세 번째는 베드로의 설교, 즉 예언의 성취이다(14-21절). 베드로는 이 놀라운 사건을 요엘 2:28-32의 예언을 통해 해석하며, 이것이 바로 하나님께서 약속하신 '마지막 날(ἐν ταῖς ἐσχάταις ἡμέραις)'의 시작임을 선포한다. 요엘의 예언의 핵심은, 구약 시대에 왕, 제사장, 예언자 등 특별한 사람에게만 임했던 성령이 이제는 '모든 사람(ἐπὶ πᾶσαν σάρκα)'에게, 즉 아들과 딸, 젊은이와 늙은이, 심지어 남종과 여종에게까지 차별 없이 부어진다는 것이다. 이 모든 기적과 예언 성취의 궁극적인 목적은 21절에 요약된다. "주님의 이름을 부르는 사람은 누구든지 구원(σώζω, sōzō)을 받을 것이다." 성령 강림은 모든 인류에게 구원의 문을 활짝 여는 사건이다. 존 스토트(John Stott)는 성령 강림의 본질이 선교적이라고 강조했다. 성령은 교회가 안주하게 하기 위함이 아니라, 땅끝까지 나아가 '주님의 이름'을 전파하게 하기 위해 오셨다는 사실이다.

시편의 말씀 시 104:24-34, 35b

본문은 창세기 1장의 창조 기사를 노래하는 위대한 자연 찬송시이다. 시인은 땅에 가득한 하나님의 창조물들을 보며 "여호와께서 하시는 일이 어찌 그리 많은지요 주께서 지혜로 그들을 다 지으셨으니"라고 감탄한다(24절). 시인의 시선은 광활하고 신비로운 바다로 향한다. 그 안의 셀 수 없는 생물들과 심지어 당시 고대인들에게 혼돈의 상징으로 여겨졌던 거대한 바다 동물 '리워야단'(לִוְיָתָן, Leviathan)조차 하나님께서 지으시고 그 안에서 뛰놀게 하시는 피조물에 불과하다고 노래한다. 27-29절은 모든 피조물은 오직 하나님께서 때를 따라 먹을 것을 주셔야만 살아갈 수 있는 의존적인 존재로 그린다. 하나님께서 손을 펴시면 좋은 것으로 만족하고, 얼굴을 숨기시면 두려워하며, 그들의 호흡(רוּחַ)을 거두시면 죽어 흙으로 돌아가게 된다. 가장 중요한 구절은 30절인데, 시인은 "주의 영(רוּחַ)을 보내어 그들을 창조하사 지면을 새롭게 하시나이다"라고 노래한다.

여기서 '영'은 생명을 창조하고 유지시키는 능력의 근원이다.

31-32절에 시인은 하나님의 영광이 영원하며, 하나님께서 자신이 행하신 일들로 인해 기뻐하시기를 소망한다. 하나님의 시선(보심)과 만지심(접촉) 앞에 땅과 산이 떨고 연기를 낼 정도로, 그의 능력은 압도적이다. 이 위대한 창조주 앞에서 시인은 "내가 평생토록 여호와께 노래하며 내가 살아 있는 동안 내 하나님을 찬양하리로다"라고 결단한다(33-34절). 시인은 35절에서 "내 영혼아 여호와를 송축하라 할렐루야"라는 장엄한 찬양으로 끝을 맺는다.

복음서의 말씀 요 20:19-23

본문은 부활하신 예수님이 제자들에게 처음 나타나신 장면으로, 교회의 본질과 사명이 어떻게 시작되는지를 보여 주는 매우 중요한 말씀이다.

19절을 보면, 안식 후 첫날 저녁, 제자들은 유대인들을 두려워하여 문을 모두 걸어 잠근 채 숨어 있었다. 바로 그 절망과 불신의 공간 한가운데, 부활하신 예수님이 시간과 공간을 초월하여 나타나신다. 예수님의 첫마디는 "너희에게 평강이 있을지어다(Εἰρήνη ὑμῖν)"였다. 이는 단순한 인사가 아니라, 죽음을 이기신 왕이 주시는 새로운 시대의 샬롬, 즉 하나님과의 관계 회복과 모든 두려움을 이기는 평안의 선포이다. 예수님은 이 평강의 근거가 바로 자신의 고난임을 보여 주시려 손과 옆구리를 보여 주신다. 제자들은 주님을 보고 기뻐한다(19b-20절). 예수님은 21절에서 다시 한번 "너희에게 평강이 있을지어다"라고 말씀하시며, "아버지께서 나를 보내신 것 같이 나도 너희를 보내노라"라고 선언하신다. 이는 교회가 예수님의 사명을 그대로 이어받아 세상으로 파송된 공동체임을 보여 주는 말씀이다. 이 사명을 감당할 능력을 주시기 위해, 예수님은 제자들을 향해 숨을 내쉬며(ἐνεφύσησεν) 이르시되 "성령을 받으라(Λάβετε Πνεῦμα Ἅγιον)"라고 하신다(22절). 성령을 받은 제자들에게 죄를 사하는 권세, 즉 복음을 통해 용서를 선포하는 권세가 주어진다.

설교를 위한 조명

사도행전의 말씀(행 2:1-21)으로 설교 작성 / 4C 설화체 설교(이야기식 설교)

"바벨탑 언어의 역전"

모순: 소통의 탑, 고립의 섬

우리는 지금, 인류 역사상 가장 연결된 시대를 살고 있다. 손안의 스마트폰 하나로 지구 반대편의 소식을 실시간으로 접하고, 수십 개의 SNS 채널을 통해 수백, 수천 명의 사람과 관계를 맺는다. 한때 페이스북 창시자 저커버그는 "세계를 더 가깝게 연결한다"라는 것을 초창기 사명으로 삼았다. 그리고 2017년에는 페이스북의 미션을 "세계를 더 강한 공동체로 만든다(Give people the power to build community and bring the world closer together)"로 바꿨다. 더 나아가 21년 페이스북을 '메타(Meta)'로 변경하며 4세대 비전을 '메타버스'에 두었다. 메타버스는 단순히 글과 사진을 공유하는 수준을 넘어 가상 공간에서 함께 일하고, 놀고, 소통하는 플랫폼이다. 이렇게 우리는 그 어느 때보다 더 높고 화려한 소통의 탑을 쌓아 올렸다. 그런데 이상하지 않은가? 이 소통의 홍수 속에서, 우리는 왜 더 깊은 고립감과 외로움을 느끼는 것일까? 한집에 살면서도 마음은 다른 곳을 향하는 동상이몽(同床異夢)의 순간들, 수많은 단어가 오가지만 정작 마음은 닿지 않는 공허한 대화들. 우리의 언어는 연결을 위해 존재하는데, 어째서 우리의 말은 종종 서로를 할퀴는 무기가 되고, 서로를 가두는 차가운 벽이 되는 것일까? 우리는 가장 시끄러운 시대에, 가장 외로운 섬이 되어버린 것 같은 느낌을 받는다. 이 깊은 불일치는 어디에서 시작된 것일까?

이 질문은 새로운 것이 아니다. 그것은 인류의 기억 속에 깊이 새겨진 아주 오래된 상처이며, 성경은 그 상처의 기원을 시날 평지의 한 이야기로 우리를 데려간다.

갈등: 바벨의 언어, 제국의 문법

창세기 11장, 온 인류가 하나의 언어를 사용하던 시절이 있었다. 그들은 함께 벽돌을 구워 거대한 탑을 쌓기 시작한다. 그들의 목표는 명확했다. "자, 성읍과 탑을 건설하여 그 탑 꼭대기를 하늘에 닿게 하여 우리 이름을 내고 온 지면에 흩어짐을 면하자".

이것이 바로 '바벨의 언어'이다. 그 문법의 주어는 언제나 '우리'이고, 동사는 '스스로 높아지는 것'이며, 목적어는 '우리의 이름'이다. 신학자 월터 브루그만(Walter Brueggemann)은 이를 '제국의 언어'라고 불렀다. 그것은 획일성을 강요하고, 하나님의 자리에 인간의 영광을 세우려는 교만의 언어이다. 하나님은 이 교만의 탑을 무너뜨리셨다. 그들의 언어를 혼잡하게 하여 서로 알아듣지 못하게 하셨고, 사람들은 온 지면으로 흩어졌다. 바벨의 비극은 단순히 언어가 갈라진 사건이 아니다. 그것은 '자기 자랑'이라는 바이러스에 감염된 언어가 어떻게 소통을 파괴하고 공동체를 분열시키는지를 보여주는 원형적인 이야기이다.

이 바벨의 언어는 지금도 세상 곳곳에서 울려 퍼진다. 정치, 경제, 문화, 심지어 교회 안에서까지, '우리'라는 이름으로 '너희'를 배척하고, 우리의 의로움을 내세워 다른 이들을 정죄하며, 보이지 않는 바벨탑을 쌓아 올리고 있다. 우리는 모두 이 분열의 언어에 중독된 바벨의 후예들이다.

수천 년간 인류는 이 바벨의 그림자 아래 신음했다. 흩어지고, 오해하고, 미워하며 살아왔다. 그런데 이 모든 것을 뒤엎는 하나의 사건이 예루살렘의 한 작은 다락방에서 시작된다. 바벨의 벽돌 쌓는 소리가 아닌, 하늘로부터 온 새로운 소리가 들려온다.

전환: 하늘의 소리, 성령의 언어

오순절 날, 제자들이 모인 곳에 갑자기 하늘로부터 '세찬 바람($πνοῆς βιαίας$)' 같은 소리가 들려왔다. 그리고 '불의 혀($γλῶσσαι ὡσεὶ πυρός$)' 같은 것이 각 사람 위에 임했다. 이것은 파괴의 소리가 아니라, 새 창조의 숨결이었다. 그들은 모두 성령으로 충만해졌다.

여기서 기적이 일어난다. 그들은 각기 '다른 방언(ἑτέραις γλώσσαις)'으로 말하기 시작했다. 만약 이야기가 여기서 끝났다면, 이것은 바벨의 혼돈과 다를 바 없었을 것이다. 그러나 진짜 반전은 그 다음이다. 전 세계에서 모여든 사람들이 그들의 말을 들었을 때, 각자 "자기네 지방의 말(τῇ ἰδίᾳ διαλέκτῳ)"로 들었다는 사실이다.

이것이 반전의 단서다! 하나님께서 바벨의 저주를 치유하시는 방식은, 모든 언어를 없애고 하나의 통일된 언어(제국의 언어)를 주시는 것이 아니었다. 오히려 각 사람의 고유한 언어와 문화를 그대로 끌어안으시면서도, 그 모든 언어를 통해 하나의 복음, 즉 '하나님의 큰 일'을 듣고 이해하게 하시는 것이었다. 이것이 바로 '성령의 언어'이다. 성령의 언어는 획일성이 아닌, '다양성 속의 통일'을 창조한다.

그렇다면 성령의 언어는 구체적으로 어떤 내용이었을까? 그 문법은 어떻게 다를까?

확인: 새로운 문법을 배우다

베드로는 일어나 이 놀라운 사건을 요엘서의 예언을 통해 해석한다. 이것은 '마지막 날'에 하나님께서 "내 영을 모든 사람에게 부어 주겠다"라는 약속의 성취이다. 여기서 우리는 성령의 언어, 즉 하늘의 경제 논리가 바벨의 그것과 어떻게 다른지를 발견한다.

바벨의 문법은 '우리가(주어) 우리의 이름을(목적어) 높이자(동사)'였다. 그러나 성령의 문법은 다르다. 베드로 설교의 마지막 외침이 그 핵심을 보여 준다. "누구든지 주의 이름을 부르는 자는 구원을 받으리라." 이 새로운 문장에서 주어는 '누구든지'이다. 인종, 성별, 나이, 신분을 가리지 않는다. 동사는 '부르는 것'이다. 스스로의 힘으로 탑을 쌓는 것이 아니라, 겸손히 도움을 구하며 이름을 부르는 것이다. 그리고 목적어는 '우리의 이름'이 아니라 '주의 이름'이다.

영화 〈컨택트(Arrival)〉에서 주인공 언어학자는 외계인의 언어를 배우면서 시간을 초월하여 과거와 미래를 동시에 인식하는 새로운 존재로 변화한다. 마찬가지로 우리가 성령의 언어, 즉 복음의 문법을 배울 때, 우리는 세상을 전혀 다른 방식으로 보게 된다. 경쟁과 분열의 언어가 아닌, 사랑과 환대의 언어를 배우게 된다. 생명의 언어, 살리는 언어를 구하게 된다. 나의 영광이 아닌 하나님의 영광을 구하게 된다.

이 거룩한 산에서 온 편지를 받은 우리는, 이제 어떻게 살아야 할까? 성령께서는 우리를 이 새로운 언어의 원어민으로 부르셨고, 이제는 세상 속으로 파송하신다.

결과 기대: 은혜의 번역자로 살아가기

성령강림주일은 단순히 교회의 생일을 축하하는 날이 아니다. 그것은 바벨의 언어가 지배하는 세상 속에서, 성령의 언어를 말하는 '은혜의 번역자'로 살아가도록 우리가 파송받는 날이다.

가정에서, 직장에서, 그리고 이 사회 안에서 우리는 수많은 바벨의 언어를 듣는다. 분열의 언어, 차별의 언어, 정죄의 언어, 절망의 언어…. 우리의 사명은 그 한복판에 서서, 그것을 하늘의 언어로 번역하는 것이다.

> 우리는 미움의 언어를 용서의 언어로 번역합니다.
> 우리는 경쟁의 언어를 섬김의 언어로 번역합니다.
> 우리는 절망의 언어를 소망의 언어로 번역합니다.

우리는 '나의 이름'을 높이려는 세상의 외침 속에서, '주의 이름'을 높이는 찬송을 부른다. 새찬송가 182장, "강물같이 흐르는 기쁨"의 가사처럼, 우리 안에 성령이 임하실 때, 우리는 세상이 이해할 수 없는 하늘의 기쁨과 평화의 언어를 말하게 된다. 그러므로 우리는 다시 한번 우리 각 사람 위에 성령의 불이 임하기를 기도해야 한다. 그리하여 우리의 입술이, 우리의 삶이, 흩어진 세상을 하나로 모으고 치유하는 '하나님의 큰 일'을 말하는 통로가 되기를 우리 주님은 바라신다. 생명의 언어로 사람을 살리고, 성령의 언어로 치유하고 회복하는 사명을 살기를 원하신다.

2026 5.31 삼위일체 주일

성서정과 | 시 8; 창 1:1-2:4a; 고후 13:11-13; 마 28:16-20

예배로 부름 Call to Worship
여호와께 감사하고 그의 이름을 불러 아뢰며 그가 하는 일을 만민 중에 알게 할지어다. 그에게 노래하며 그를 찬양하며 그의 모든 기이한 일들을 말할지어다. 그의 거룩한 이름을 자랑하라 여호와를 구하는 자들은 마음이 즐거울지로다(시 105:1-3)

예배 기원 Invocation
성부, 성자, 성령 삼위일체 하나님께 영과 진리로 예배하나이다. 천지를 창조하시고 다스리시는 성부 하나님, 홀로 영광을 받으시고 오늘도 우리 발걸음을 선하고 의로운 길로 인도하여 주옵소서. 성부의 뜻에 순종하여 십자가를 지심으로 죄악 가운데 죽어가는 인류를 구원하신 성자 예수님, 그 크신 은혜에 감사를 드립니다. 오늘도 예배하는 성도의 마음에 임재하시어 택한 백성들을 구원의 길로 인도하시는 보혜사 성령님께 감사를 드립니다. 성삼위일체 하나님께만 영광을 돌리는 예배가 되기를 원하오며 예수님의 이름으로 기원합니다. 아멘.

이 주일의 찬송 Hymns
하늘에 가득 찬 영광의 하나님(9장) / 온 천하 만물 우러러(69장) / 창조의 주 아버지께(76장) / 하나님이 창조하신(477장) / 참 아름다워라(478장) / 우리가 지금은 나그네 되어도(508장)

성시 교독 Responsive Readings   시편 8

인도자	¹ 여호와 우리 주여 주의 이름이 온 땅에 어찌 그리 아름다운지요
회 중	주의 영광이 하늘을 덮었나이다
인도자	² 주의 대적으로 말미암아 어린아이들과 젖먹이들의 입으로 권능을 세우심이여
회 중	이는 원수들과 보복자들을 잠잠하게 하려 하심이니이다
인도자	³ 주의 손가락으로 만드신 주의 하늘과 주께서 베풀어 두신 달과 별들을 내가 보오니
회 중	⁴ 사람이 무엇이기에 주께서 그를 생각하시며 인자가 무엇이기에 주께서 그를 돌보시나이까
인도자	⁵ 그를 하나님보다 조금 못하게 하시고 영화와 존귀로 관을 씌우셨나이다
회 중	⁶ 주의 손으로 만드신 것을 다스리게 하시고 만물을 그의 발 아래 두셨으니
인도자	⁷ 곧 모든 소와 양과 들짐승이며 ⁸ 공중의 새와 바다의 물고기와 바닷길에 다니는 것이니이다
회 중	⁹ 여호와 우리 주여 주의 이름이 온 땅에 어찌 그리 아름다운지요

고백의 기도 Prayer of Confession

거룩하신 하나님. 바르지 못했던 신앙을 점검하며 회개합니다. 저희는 불의의 재물에 마음을 빼앗기고 진리의 말씀을 멀리했습니다. 손을 게으르게 놀리는 자가 되어 봉사와 헌신의 좋은 기회를 많이 놓쳤습니다. 말이 많으면 허물을 면하기가 어렵다고 가르쳐주셨는데, 저희의 입에는 쓸데없고 무익했던 말이 너무 많았습니다. 하나님을 원망하며 이웃을 비방하는 부정적인 언사가 넘쳤습니다. 두루 다니며 한담했고, 남의 비밀을 누설하여 이웃에게 상처를 주었습니다. 버젓한 외모를 갖추었지만 삼가지 아니한 저희의 대화는 돼지코에 금고리 같이 어울리지 않았습니다. 거짓 입술은 여호와께 미움을 받으며 모든 무익한 말은 심판을 받으리라는 말씀을 기억합니다. 오 사랑의 주님, 함부로 말하며 입술로 범죄한 저희의 죄를 용서해 주옵소서. 예수님의 이름으로 이 고백의 기도를 드립니다. 아멘.

사함의 확신 Assurance of Forgiveness

이르시되 작은 자야 안심하라 네 죄 사함을 받았느니라(마 9:2b)

> 오늘의 주제

창조와 구속(새 창조)을 이루시는 삼위일체 하나님의 영광

석의적 접근

시편의 말씀 시 8

본문은 하나님의 창조 세계에 나타난 광대하신 영광과 그 속에서 인간이 차지하는 존귀하고 역설적인 위치를 노래하는 아름다운 찬송시이다. 1절은 도입부로 "여호와 우리 주여"라는 부름으로 시작하여 하나님의 이름이 온 땅에 얼마나 아름다운지를 선포하며, 시 전체의 주제를 제시한다. 1-2절은 하나님의 영광, 즉 하늘에 펼쳐진 주의 영광과 어린아이들의 찬양을 통해 대적을 잠잠하게 하시는 하나님의 능력을 노래한다. 3-4절은 인간의 존재에 대한 질문, 즉 광대한 우주(달, 별) 앞에서 먼지처럼 작은 인간의 존재가 무엇이기에 하나님께서 기억하시고 돌보시는지 경이로운 질문을 던진다. 5-8절은 인간의 존귀한 지위, 즉 하나님께서 그러한 인간을 "하나님보다 조금 못하게" 창조하시고, 영화와 존귀로 관을 씌우시며, 만물을 다스리는 청지기의 역할을 맡기셨음을 찬양한다. 9절은 맺음 부분으로 1절의 찬양을 반복하며, 경이로움과 감사 속에서 시를 마무리한다.

이 시편은 창조주 성부 하나님의 위대하심과 그분의 작품인 세상을 찬양한다. 동시에 히브리서의 해석을 통해 우리는 이 시편이 예표하는 성자 예수 그리스도의 낮아지심과 높아지심을 본다. 이 모든 창조와 구속의 신비를 깨닫고 찬양하게 하시는 것은 성령의 사역이다. 따라서 시편 8편은 창조 세계 속에 나타난 삼위일체 하나님의 영광을 묵상하고, 그 안에서 우리에게 주어진 존귀한 자리를 발견하며 찬양으로 응답하도록 우리를 초대한다.

서신서의 말씀 고후 13:11-13

본문은 바울이 고린도 교회를 향한 길고 험난했던 편지를 마무리하며 남기는 마지막 권면과 축복의 기도이다. 이 짧은 구절 속에 바울의 목회적 심정과 삼위일체 신앙의 정수가 아름답게 녹아 있다. 바울은 고린도 교회 성도들에게 기뻐하고, 온전하게 되며, 위로를 받고, 마음을 같이하며, 평안할 것을 명령한다(11절). 또한 "거룩하게 입맞춤으로 서로 문안하라"(12절)라는 권면을 통해 공동체 안에서의 실질적인 화해와 사랑의 표현을 촉구한다. 마지막으로 서신서 전체를 통틀어 가장 아름답고 완전한 형태의 삼위일체 축복 기도로 편지를 마무리 한다. 이 축도는 교회의 모든 삶이 삼위일체 하나님의 은혜 안에 있음을 선포한다.

칼 라너(Karl Rahner)는 "우리가 구원 역사 속에서 경험하는 경륜적 삼위일체는 하나님 자신의 존재 방식인 내재적 삼위일체와 동일하다"라고 말했다. 이 축도는 그 진리를 완벽하게 보여준다. 우리는 이 축도를 통해 삼위일체 하나님이 단순히 교리적 개념이 아니라, 은혜와 사랑과 교제를 통해 우리 삶 속에 실제로 역사하시는 살아계신 하나님이심을 경험하게 된다. 여기서 하나님은 본질적으로 사랑과 교제의 관계 안에 계시는 공동체적인 분이심을 알게 하고, 우리의 구원이 성부의 사랑의 계획, 성자의 은혜의 성취, 성령의 교제의 적용이라는 삼위일체 하나님의 공동 사역임을 고백하게 한다. 더 나아가 교회의 모든 삶, 즉 우리의 예배와 교제, 사역은 바로 이 삼위일체 하나님의 은혜와 사랑, 그리고 교통하심 안에서만 가능하게 된다는 사실을 알게 된다.

복음서의 말씀 마 28:16-20

본문은 마태복음 전체의 대단원이자, 교회의 존재 이유와 사명의 근거를 제시하는 가장 중요한 말씀이다. 부활하신 주님께서 제자들에게 남기신 마지막 명령이기에 '지상 대위임령(The Great Commission)'이라 불리며, 특히 삼위일체 하나님의 이름이 가장 명확하게 선포되기에 삼위일체 주일의 핵심 본문이다. 16-17절을 보면, 갈릴리의 한 산에서 부활하신 주님과 제자들의 마지막 만남이 이루어진다. 여기서 산은 산상수훈(5-7장), 산상변모(17장) 등 중요한 신적 계시가 일어나는 장소이다. 제자들은 부활하신 주님을 보고 '경배($προσεκύνησαν$)'했지만, "의심하는 사람도 있었다"라고 기록한다. 프레드릭 데일 브루너(Frederick Dale Bruner)는 이 구절을 통해, 지상 대위임명령이 완벽한 믿음을 가진 자들이 아닌, '경배하면서도 의심하는' 현실적인 제자들에게 주어졌음을 강조한다. 18절의 "나는 하늘과 땅의 모든 권세를 받았다"라는 모습은 다니엘 7장에서 '인자 같은 이'가 옛적부터 항상 계신 이에게 나아가 권세와 영광과 나라를 받는 장면의 성취이다. 이 선포는 이어질 명령의 근거가 된다. 10-20a는 사명의 핵심을 세 개의 분사로 설명하고 있다. 중심 명령은 제자를 삼는 것인데, 첫 번째 방법은 가는 것이다. 제자 공동체는 안에 머무르는 공동체가 아니라 세상 밖으로 나아가는 선교적 공동체이다. 두 번째 방법은 세례를 주는 것이다. 세례 성례전은 제자가 되는 입문예식이다. 여기서 삼위일체 신학의 가장 중요한 요소, 즉 "아버지와 아들과 성령의 이름으로"가 나온다. 세 번째 방법은 가르쳐 지키게 하는 것이다. 제자도는 일회적 결단이 아니라, 예수님의 모든 가르침을 배우고 삶으로 순종하는 지속적인 과정이다. 그리고 "세상 끝날까지 항상 너희와 함께 있을 것"이라고 약속하신다. 이 약속은 마태복음 1장 23절에서 "임마누엘"이라고 표현하면서 시작했고, 부활하신 주님은 자신의 영원한 임재를 약속하시면서 이 '임마누엘'의 약속을 완성하고 확증하셨다. 이러한 내용은 우리가 구원 역사 속에서 경험하는 '경륜적 삼위일체(Economic Trinity)'는 하나님 자신의 영원한 존재 방식인 '내재적 삼위일체(Immanent Trinity)'와 동일한 개념이다.

설교를 위한 조명

> 복음서의 말씀(마 20:16-20)으로 설교 작성 / 대지 설교
> ## "삼위일체 하나님의 초대장"

말씀에로 나아감

영화 〈반지의 제왕〉을 보면, 호빗이라는 작고 평범한 존재인 프로도에게 온 세상을 구할 거대한 임무가 주어지는 장면이 나온다. 그는 두려워하고 주저한다. "왜 저인가요? 저는 강하지도, 지혜롭지도 않은데요." 그러나 간달프와 엘론드는 그를 믿고, 온 세상의 운명이 걸린 여정으로 그를 초대한다. 평범한 정원사였던 그의 삶이, 세상을 구원하는 위대한 서사시의 한가운데로 들어가는 순간이다.

오늘 우리 역시, 부활하신 예수님께서 주시는 한 통의 초대장 앞에 서 있다. 이 초대장은 온 우주에서 가장 위대하고, 가장 영광스러우며, 가장 가슴 벅찬 이야기 속으로 우리를 부르시는 '지상 대위임령'이다. 어쩌면 우리도 예수님의 제자들처럼, 부활의 주님을 경배하면서도 마음 한구석에는 '과연 내가 할 수 있을까?'라는 의심을 품고 이 자리에 앉아있는지 모른다. 오늘 말씀을 통해, 이 초대장을 보내신 분이 누구시며, 그 초대장의 내용은 무엇이고, 그 여정의 끝에 어떤 약속이 기다리고 있는지 함께 발견하며, 두려움을 넘어 사명으로 나아가는 은혜가 있어야 한다. 어떻게 하면 우리는 삼위일체 하나님의 초대장에 응할 수 있을까?

본문 이해와 주안점

1. 이 초대장은 온 우주의 왕께서 보내셨다

제자들이 갈릴리의 한 산에서 마주한 부활의 주님은, 더 이상 갈릴리의 가난

한 목수가 아니셨다. 그분은 18절에서 이렇게 선포하신다. "나는 하늘과 땅의 모든 권세를 받았다." 헬라어 원문은 '파사 엑수시아(Πᾶσα ἐξουσία)', 즉 '모든(All)' 권세라고 말한다. 부분적인 권세, 제한적인 능력이 아니다. 하늘의 천사들로부터 땅의 모든 나라와 권력, 자연과 죽음의 권세까지, 그 모든 것을 다스리시는 절대 주권을 받으셨다는 왕의 즉위 선언이다. 신학자 N.T. 라이트는 이 장면이 구약 다니엘 7장에서 '인자 같은 이'가 온 우주의 통치권을 받는 예언이 성취되는 순간이라고 설명했다.

그러나 마태는 이 장엄한 선포 바로 앞에, 제자들의 솔직한 모습을 기록하는 것을 잊지 않았다. 그들은 주님을 '경배했지만(προσεκύνησαν)', 동시에 "의심하는 사람들도 있었다(οἱ δὲ ἐδίστασαν)." 이 얼마나 놀라운 위로인가? 주님은 완벽하고 확신에 찬 엘리트 정예부대에게 사명을 주신 것이 아니었다. 경배와 의심 사이에서 흔들리는, 지극히 현실적인 우리와 같은 사람들을 부르셔서, 하나님의 위대한 권세 위에서 시작되는 사명으로 초대하고 계신다.

우리는 종종 우리의 사명 앞에서 작아짐을 느낀다. '나 같은 사람이 어떻게 자녀를 믿음으로 키울 수 있을까?', '내가 무슨 능력으로 직장에서 그리스도인답게 살아갈 수 있을까?', '나는 말주변도 없는데 어떻게 복음을 전할까?' 우리는 자꾸만 우리 자신의 능력 없음과 부족함을 바라본다. 그러나 오늘 주님은 말씀하신다. "너의 능력을 보지 말고, 너를 보낸 나의 권세를 보아라." 우리는 우리 개인의 자격으로 말하는 사람이 아니라, 온 우주를 다스리시는 왕의 대사로 살아가는 사람들이다. 우리의 가정에서, 직장에서, 세상 속에서 진리의 말씀을 따라 살아갈 때, 우리의 등 뒤에는 하늘과 땅의 모든 권세를 가지신 주님이 서 계심을 믿자.

우리의 사명은 흔들리지 않는 반석 위에 서 있다. 그것은 바로 부활하사 온 우주의 왕이 되신 예수 그리스도의 절대적인 권세이다.

2. 우리는 삼위일체 하나님의 생명과 교제 속으로 초대받았다

왕이신 주님께서 주신 사명의 핵심은 무엇일까? 19절의 중심 동사는 '가라'가 아니라 "제자로 삼으라(μαθητεύσατε)"이다. 그리고 그 방법으로 '가서', '세례를 주고', '가르쳐 지키게 하라'고 말씀하신다. 여기서 가장 중요한 부분이 바로 세례를 주는 방식이다. "아버지와 아들과 성령의 이름으로" 세례를 주라.

헬라어 원문을 보면 놀라운 신비가 숨어 있다. 아버지는 한 분, 아들도 한 분, 성령도 한 분이시니 '이름들(복수)'이라고 해야 할 것 같은데, 성경은 단수인 '그 이름(εἰς τὸ ὄνομα)'으로 세례를 주라고 말한다. 이는 성부, 성자, 성령께서 구별된 세 위격이시지만, 본질적으로 한 분 하나님이심을 보여주는 삼위일체의 신비를 담고 있다. 신학자 프레데릭 브루너는 이를 두고, 세례란 마치 우리가 물속에 잠기듯, 삼위일체 하나님의 그 풍성한 생명과 사랑의 관계 속으로 '풍덩 빠져 들어가는 것'이라고 설명했다. 이것은 마법적인 주문이 아니라, 관계적인 초대이다.

우리가 누군가를 전도하고 제자로 삼는다는 것은, 그에게 교회 출석이라는 의무를 지우는 것이 아니다. 그것은 세상에서 가장 안전하고, 가장 따뜻하며, 가장 영광스러운 가족, 즉 성부 하나님의 사랑과 성자 예수님의 은혜와 성령 하나님의 교제 안으로 그를 초대하는 것이다. 마치 사랑하는 가족의 식사 자리에 빈 의자 하나를 두고, 길 잃은 누군가를 기다리며 "이리 와서 우리와 함께 앉자. 여기 네 자리가 있어."라고 말하는 것과 같다. 우리의 삶은 누군가에게 이 삼위일체 하나님이라는 따뜻한 가정으로 들어오는 초대장이 되고 있는가? 우리의 가정, 우리의 목장, 우리의 교회는 낯선 이들이 기꺼이 들어와 함께하고 싶은 환대의 공간이 되고 있는가?

우리의 사명은 모든 사람을 성부, 성자, 성령의 영원한 사랑의 교제 안으로 초대하여, 하나님의 가족이 되게 하는 것이다.

3. 삼위일체 하나님은 우리와 영원히 함께하신다

이 위대한 사명 앞에서 제자들은, 그리고 우리는 압도당할 수밖에 없다. "모든 민족을? 땅 끝까지? 어떻게 가능할까?" 바로 그 두려움을 아시는 주님께서, 마지막으로 가장 위대한 약속을 주신다. "보아라, 내가 세상 끝 날까지 항상 너희와 함께 있을 것이다"(20b절).

마태복음은 예수님의 탄생 이야기에서 "그의 이름은 임마누엘이라 하리라"(마 1:23), 즉 '하나님이 우리와 함께 계시다'는 약속으로 시작했다. 이제 복음서의 마지막에서, 부활하신 주님은 자신의 영원한 임재를 약속하심으로써 이 임마누엘의 약속을 완성하고 확증하신다. 헬라어 원문은 더욱 감동적이다. "에고 메드 휘몬 에이미(ἐγὼ μεθ' ὑμῶν εἰμι)", 문자적으로 "나, 너희와 함께 있다(I with you AM)"이다. 여기서 '에이미(εἰμι)'는 출애굽기에서 하나님께서 자신의 이름을 '스스로 있는 자(I AM)'라고 밝히신 그 선언과 연결된다. 즉, 언약의 하나님, 창조주 하나님께서 친히 우리와 함께하시겠다는 약속이다.

우리의 사명은 결코 고독한 여정이 아니다. 우리가 복음 때문에 오해받는 그 자리에 주님이 함께 계신다. 우리가 지쳐 쓰러지고 싶은 그 순간에 주님이 우리를 붙들고 계신다. 우리가 무엇을 말해야 할지 모를 때, 성령께서 우리에게 지혜를 주신다. 새찬송가 384장의 가사처럼, "나의 갈 길 다가도록 예수 인도하시니" 우리는 그 신실하신 동행을 믿고 나아가는 것이다. 이 약속은 우리가 강할 때만 유효한 것이 아니다. 오히려 우리가 가장 약하고 의심하며 흔들릴 때, 바로 그 순간에 더욱 선명하게 다가오는 약속이다.

말씀의 갈무리

오늘 우리는 삼위일체 하나님의 이름으로 봉인된 한 통의 초대장을 받았다. 이 초대장은 하늘과 땅의 모든 권세를 가지신 왕께서, 경배하면서도 의심하는 연약한 우리에게 보내신 것이다. 그 내용은, 우리를 아버지와 아들과 성령의 영원한 사랑의 가족으로 부르시고, 나아가 온 세상을 그 가족으로 초대하는 영광스러운 사명을 주신다는 것이다. 그리고 이 모든 여정 가운데, 그분께서 친히 세상 끝날까지 우리와 함께하시겠다고 약속하신다.

　이 초대장은 지금 우리의 손에 들려 있다. 우리는 이것을 그저 아름다운 이야기로만 남겨두고, 다시 일상의 염려와 두려움 속으로 돌아갈 수도 있다. 그러나 오늘, 이 자리에서 우리의 삶으로 '예'라고 응답하기로 결단하자. 나의 의심과 연약함을 넘어, 나를 부르신 주님의 권세를 신뢰하기로 결단하자. 나의 삶을 통해 누군가를 하나님의 따뜻한 가족으로 초대하는 '살아있는 초대장'이 되기로 결단하자. 하나님은 우리가 어떤 순간에도 나와 함께하시는 임마누엘의 주님을 의지하며, 담대히 세상 속으로 나아가는 삶이 되기를 바란다.

2026 6.7

오순절 후 두 번째 주일

성서정과 | 시 33:1-12; 창 12:1-9; 롬 4:13-25; 마 9:9-13, 18-26

예배로 부름 Call to Worship
왕이신 나의 하나님이여 내가 주를 높이고 영원히 주의 이름을 송축하리이다 내가 날마다 주를 송축하며 영원히 주의 이름을 송축하리이다 여호와는 위대하시니 크게 찬양할 것이라 그의 위대하심을 측량하지 못하리로다(시 145:1-3)

예배 기원 Invocation
우리의 힘과 능력과 방패가 되시는 하나님! 숨결보다 더 가까이 계셔서 우리 삶을 지키시고 이끌어주신 은혜에 감사를 드립니다. 하나님께서 베풀어주신 그 크신 사랑을 잊을 수 없어, 이렇게 즐거이 손뼉을 치며 기쁜 노래로 찬양합니다. 소고와 수금과 비파를 아우르며 올려드리는 우리 입술의 찬미를 받아주옵소서. 거룩하신 하나님을 향하여 우리의 마음을 정하고 또 정하여 예배할 때, 주는 하늘 위에 높이 들리시며 주의 영광은 온 땅에 높임 받으시기를 원하나이다. 예수 그리스도의 이름으로 기원하옵나이다. 아멘.

이 주일의 찬송 Hymns
주 은혜를 받으려(39장) / 주 사랑하는 자 다 찬송할 때에(249장) /
부름 받아 나선 이 몸(323장) / 너희 마음에 슬픔이 가득할 때(458장) /
주님 약속하신 말씀 위에 서(546장) / 삼천리 반도 금수강산(580장)

성시 교독 Responsive Readings   시편 33:1-12

인도자	¹ 너희 의인들아 여호와를 즐거워하라 찬송은 정직한 자들이 마땅히 할 바로다
회 중	² 수금으로 여호와께 감사하고 열 줄 비파로 찬송할지어다
인도자	³ 새 노래로 그를 노래하며 즐거운 소리로 아름답게 연주할지어다
회 중	⁴ 여호와의 말씀은 정직하며 그가 행하시는 일은 다 진실하시도다
인도자	⁵ 그는 공의와 정의를 사랑하심이여 세상에는 여호와의 인자하심이 충만하도다
회 중	⁶ 여호와의 말씀으로 하늘이 지음이 되었으며 그 만상을 그의 입 기운으로 이루었도다
인도자	⁷ 그가 바닷물을 모아 무더기 같이 쌓으시며 깊은 물을 곳간에 두시도다
회 중	⁸ 온 땅은 여호와를 두려워하며 세상의 모든 거민들은 그를 경외할지어다
인도자	⁹ 그가 말씀하시매 이루어졌으며 명령하시매 견고히 섰도다
회 중	¹⁰ 여호와께서 나라들의 계획을 폐하시며 민족들의 사상을 무효하게 하시도다
인도자	¹¹ 여호와의 계획은 영원히 서고 그의 생각은 대대에 이르리로다
회 중	¹² 여호와를 자기 하나님으로 삼은 나라 곧 하나님의 기업으로 선택된 백성은 복이 있도다

고백의 기도 Prayer of Confession

택하신 자녀들을 사랑하시는 하나님! 주님께서는 죄악 중에 있던 저희를 구원하시고 기쁨으로 받아주셨습니다. 하지만 저희는 하나님께서 무엇을 기뻐하시는지 깊이 생각하지 않고 살았습니다. 하나님은 말의 힘이 세다 하여 기뻐하지 않으시고, 사람의 다리가 억세다 하여 기뻐하지 않으시며, 오직 여호와 하나님을 경외하는 자들과 그의 인자하심을 바라보는 자들을 기뻐하신다 하셨습니다. 그런데 저희는 세상을 의지하고, 사람의 도움을 받아서 살고자 했습니다. 그렇게 하나님께서 기뻐하지 않는 길을 걷다가 실망하는 일도 많았고, 견디기 힘든 상처를 받기도 했습니다. 오 주님, 온전한 믿음으로 하나님만 의뢰하며 살지 못하는 우리의 믿음 없음을 용서해 주옵소서. 이제부터는 전능하신 하나님만 의지하는 삶을 살게 하여 주옵소서. 예수님의 이름으로 이 고백의 기도를 드립니다. 아멘.

사함의 확신 Assurance of Forgiveness

이러므로 내가 네게 말하노니 그의 많은 죄가 사하여졌도다 이는 그의 사랑함이 많음이라 (눅 7:47a)

오늘의
주제

예수님을 따라

본문의 접근

본문의 재경청 마 9:9-13, 18-26

⁹ 예수께서 거기에서 떠나서 길을 가시다가, 마태라는 사람이 세관에 앉아 있는 것을 보시고 말씀하셨다. "나를 따라오너라(아콜루데오, ἀκολουθέω, to follow)." 그는 일어나서, 예수를 따라갔다. ¹⁰ 예수께서 집에서 음식을 드시는데, 많은 세리와 죄인이 와서, 예수와 그 제자들과 자리를 같이 하였다. ¹¹ 바리새파 사람들이 이것을 보고, 예수의 제자들에게 말하였다. "어찌하여(디아, διά, why) 당신네 선생은 세리와 죄인과 어울려서 음식을 드시오?" ¹² 예수께서 그 말을 들으시고서 말씀하셨다. "건강한 사람에게는 의사가 필요하지 않으나, 병든 사람에게는 필요하다. ¹³ 너희는 가서 '내가 바라는 것은 자비요, 희생제물이(뒤시아, θυσία, sacrifice) 아니다' 하신 말씀이 무슨 뜻인지 배워라. 나는 의인을 부르러 온 것이 아니라, 죄인을 부르러 왔다." … ¹⁸ 예수께서 이 말씀을 하실 때에, 지도자 한 사람이 와서, 예수께 무릎을 꿇고 말하였다. "내 딸이 방금 죽었습니다. 그러나 오셔서, 그 아이에게 손을 얹어 주십시오. 그러면 살아날 것입니다." ¹⁹ 예수께서 일어나서 그를 따라가셨고, 제자들도 뒤따라갔다. ²⁰ 그런데 열두 해 동안 혈루증(하이몰흐레오, αἱμορροέω, flow of blood)으로 앓는 여자가 뒤에서 예수께로 다가와서, 예수의 옷술에 손을 대었다. ²¹ 그 여자는 속으로 말하기를 "내가 그의 옷에 손을 대기만 하여도 나을 텐데!" 했던 것이다. ²² 예수께서 돌아서서, 그 여자를 보시고 말씀하셨다. "기운을 내어라, 딸아. 네 믿음이 너를 구원하였다."

바로 그 때에 그 여자가 나왔다. ²³ 예수께서 그 지도자의 집에 이르러서, 피리를 부는 사람들(아울레테스, αὐλητής, flute player)과 떠드는 무리를 보시고, ²⁴ 이렇게 말씀하셨다. "모두 물러가거라. 그 소녀는 죽은 것이 아니라, 자고 있다." 그들은 예수를 비웃었다. ²⁵ 무리를 내보낸 다음에, 예수께서 들어가셔서, 그 소녀의 손을 잡으시니, 그 소녀가 벌떡 일어났다. ²⁶ 이 소문이 그 온 땅에 퍼졌다. 〈새번역〉

본문 개관

예수님은 신앙이 삶의 핵심인 것을 강조하셨지만 인간의 곤경에 대해서 무관심하지 않으셨다. 마태는 세관원이었기 때문에 다른 사람의 질타의 대상이 될 때가 많았다. 사회의 구성원으로서 일상을 살아야 하는 한 사람에게 주위 사람들의 수근거림은 마냥 무시할 수 있는 것이 아니었을 것이다. 마태에게 필요한 것이 무엇인지 예수님은 그를 본 즉시 간파하셨다. 혈루증으로 앓던 여인의 치유와 한 관리의 딸을 살리신 이적도 한명을 소중히 여기시는 예수님의 마음이 드러난 사건이다. 예수님은 대중에 가려진 한 사람을 부르러 오신 분이시다.

본문 분석

1. 마태라 하는 사람(9절)

마태복음은 이 세관원의 이름이 마태라고 기록한다. 다른 복음서는 레위라고 한다. 이름이 다른 이유에 대해 다양하게 추측할 수 있는데 마태를 헬라식 이름으로, 레위를 히브리식 이름으로 볼 수도 있다.

2. 나를 따르라(9절)

예수님이 명령하셨다. 자신의 직업을 따르고, 세관 업무를 따르던 마태에게 이제부터는 예수님을 따를 것을 명령하셨다. 이것은 권유가 아니라 명령이었는데 명령하셔야 할만큼 중요하면서 긴박한 상황이었다.

3. 일어나 따르니라(9절)

누가복음(5장)에서는 모든 것을 버리고 일어나 따랐다고 하는데, 마태복음에서는 버렸다는 구절이 생략되었다. 자신의 신변을 정리할 그 짧은 시간마저 마태는 필요하지 않았다는 것을 보여준다. 직업이나 자신이 이루어놓은 업적 등은 예수님의 부름 앞에서 모두 의미 없는 것이 되었을 것이다.

4. 어찌하여(11절)

바리새인들이 세리와 죄인들을 부르신 예수님의 모습을 보고 도저히 이해할 수 없다는 듯이 말한다. 예수님이 이땅에 오신 목적 그대로 행동하시는 것을 바리새인들은 이해할 수도 없고, 안다고 해도 바로 받아들일 수도 없었다.

5. 긍휼을 원하고(13절)

예수님은 호세아서 6장의 말씀을 인용하신다. 호세아서의 헤세드가 긍휼이다. 구약시대에도 인간은 하나님께 귀한 것을 바쳤다. 일차적으로 그것은 제물이었는데, 정작 하나님은 그런 제물 이전에 긍휼을 원하셨다.

본문의 신학

1. 죄인인 이유

예수님이 세리를 부르시고 다른 죄인들과 함께 하시는 모습을 보고 바리새인들이 왜 그들과 함께 하는지를 따졌다. 세리들은 유대교가 아닌 다른 종교를 따르는 문화를 접하는 사람들이었다. 그들이 수시로 만지던 동전도 유대인의 것이 아닌 이방인의 것이었다. 세금을 거두는 행위도 유대교 율법을 지키는 것과는 관계가 없는 용도로 사용되었다. 게다가 도덕적으로도 그리 좋은 평판을 받지 못했던 것은 사실이다. 이렇게 바리새인들은 자기 나름의 이유로 타인을 죄인으로 규정했다.

2. 의인을 거부함

바리새인들은 스스로를 의인이라고 생각했다. 그런데 예수님은 그들을 비판하셨다. 그들이 구원의 대상이 아니기 때문이 아니었다. 바리새인들이 스스로를 의인이라고 생각했기 때문이다. 물론 스스로의 평가와 달리 그들은 하나님의 의와는 거리가 멀었다. 예수님은 스스로를 의롭게 여기는 사람을 위해 오신 것이 아니다. 그들은 죄에 무감각했기 때문에 회개할 수조차 없었다.

3. 의의 기준

예수님은 마태에게 자신을 좇으라고 말씀하셨다. 바리새인이 세리들을 평가하며 부정하다고 한 기준은 이방인의 돈을 취급하는 것도 한몫을 했다. 예수님은 그것이 사람의 의로움과 정결함을 좌우한다고 하지 않으셨다. 어떤 가치관을 좇는가, 누구를 따르는가가 그 사람의 인생항로를 결정한다.

4. 행동 아닌 마음

인간과 하나님 사이에서 우선시해야 할 것은 마음이다. 구약의 유대인들은 제사를 중요시했다. 그 제사에서도 동기와 마음이 중요했다. 그런데 어느덧 제물을 드리는 행위 자체로 충분하다고 생각하게 되었다. 바리새인들도 율법 준수를 강조하며 마음이 행동을 이끌어야 한다는 지극히 기본적인 신앙의 자세를 잊어버리고 말았다. 예수님은 호세아의 말씀을 인용하시며 하나님 앞에서 인간은 그 내면의 순종과 하나님을 향한 마음이 중요함을 강조하신다.

5. 함께 주님을 따름

마태는 예수님의 부름을 받은 이후 동료들을 불렀다. 같은 일을 하던 세리들이 그렇게 해서 예수님을 만날 수 있었다. 부름을 받는다는 것은 나 혼자만이 구원받음을 의미하지 않는다. 마태는 예수님을 따르는 것이 자기 인생에 어떤 의미를 갖는 것인지 먼저 알았다. 그리고 그것을 독점하려 하지 않았다. 자신이 뒤쫓는 예수님은 죄인 모두를 위해 이 땅에 오셨음을 그 발자취를 따르며 알았기 때문이다.

평행 본문

시 33:1-12

시편 33편은 찬양시이다. 1절부터 찬송, 즉 찬양이 나오며 5절까지는 감사할 것과 찬송할 것, 연주할 것이라는 권면이 이어진다. 내용은 새 노래이고 천지를 지으신 하나님이시다. 그 하나님은 특별히 나라들의 계획을 폐하기도 하시고 민족들의 헛된 사상을 무효하게 하시기도 하신다. 이런 하나님을 어찌 찬양하지 않을 수 있겠는가. 형식적으로 33편은 히브리어 자음 22자와 연결해 22줄로 구성되어 있다.

롬 4:13-25

하나님은 아브라함을 의롭게 여기셨다. 그가 하나님의 약속을 믿었기 때문이다. 그런데 정작 유대인들이 강조하던 외적인 할례와 같은 것들은 의를 이루는 것과 무관하다. 율법도 마찬가지이다. 하나님이 상속자가 되리라고 약속하신 것은 믿음의 의로 된 것이다. 아브라함의 삶을 통틀어 아들을 얻는 일과 같이 믿음에 의한 은혜가 지속된다.

설교를 위한 적용

오늘에 적용

- **9절 "나를 따르라"** : 예수님의 부르심에 응답해야 한다. 예수님은 우리의 사정과 형편을 잘 아신다. 세리의 삶도, 그 인생의 문제도 예수님은 아신다. 마태를 구원하는 가장 확실한 방법으로 예수님이 택하신 것이 부르심이었다. 우리도 예수님이 부르시면 그 부르심에 이유가 있음을 깨달아야 한다.
- **11절 "세리와 죄인들과 함께"** : 하나님을 기준으로 삼아야 한다. 바리새인들은 주장하기를 자신들이 율법을 잘 지킨다고 했다. 그런데 그들이 준수한다는 율법은 정작 하나님이 기준인 율법이 아니었다. 자신들이 지키던 방식과 자신들이 강조하던 명분에 따른 율법이었다. 그런 관점에서 보니 삼위일체이신 예수님조차 자신들의 율법에 맞지 않는 행동을 하신 것으로 치부해 버렸다.
- **12절 "병든 자에게라야"** : 예수님이 우리를 위해 오신 것을 알아야 한다. 우리는 죄인인 것을 잊고 살 정도로 죄에 익숙하다. 본문의 바리새인들처럼 자신들에게 아무런 문제가 없다고 생각하기도 한다. 예수님은 우리 우리가 바로 죄인인 것을 깨닫기 원하신다. 이런 우리를 위해서 예수님이 이땅에 오셨다.
- **13절 "내가 긍휼을 원하고"** : 예수님의 긍휼을 배워야 한다. 예수님은 스스로 긍휼을 원하신다는 호세아서의 말씀을 다시 들려주신다. 하나님이 참으로 원하시는 것이 무엇인지 알아야 한다는 뜻이었다. 종교를 위한 종교는 긍휼을 잃어버리기 쉽다. 그러나 참으로 하나님을 사랑하는 사람은 긍휼을 베푸는 것이 하나님의 뜻을 실천하는 것임을 안다.
- **20절 "혈루증으로 앓는 여자가"** : 예수님은 죄인을 위해 오셨음을 기억해야 한다. 13절에서 예수님은 의인이 아니라 죄인을 부르러 오셨다고 하셨다. 혈루증을 앓던 여인은 자신의 잘못이 아닌 이유로 부당하게 죄인 취급을 당했다. 이런 여인을 예수님은 버려두지 않으시고 구해주셨다.

설교 개요

- 믿음은 예수님을 따르게 한다. 구원과 거리가 멀었던 마태는 예수님의 부름을 받았다. 예수님은 세리와 죄인들과 함께 식사하셨다. 그 자리에서 긍휼을 원하시며 제사는 원하지 않으심을 밝히셨다. 마태는 더 이상 죄인의 삶을 살지 않는다. 이 사실을 확신하면 예수님을 따를 수 있다. 그렇게 구원의 여정이 시작된다.
- 믿음은 예수님을 따라가게 한다. 혈루증을 앓던 여인은 예수님 곁으로 왔다. 다른 사람들은 부정하다고 하며 멀리했다. 여인도 선뜻 그런 사람들에게 다가가기 어려웠을 것이다. 그러나 예수님이 자신을 구하실 것이라는 믿음이 이 여인으로 하여금 예수님께 오게 했다. 그렇게 구원의 여정이 시작되었다.
- 부르심에 응답하면 예수님과 교제가 시작된다. 예수님이 베푸신 식탁은 하나님이 말씀하신 긍휼이 확인되는 자리였다. 의에 굶주린 우리는, 사랑에 목마른 우리는 식탁에서 공급받는다.
- 예수님을 따르는 사람은 제자이다. 마태는 제자가 된 이후 첫 번째 사역으로 자신과 같은 세리들을 예수님께로 인도했다.
- 예수님께로 나아간 사람은 구원을 받는다. 예수님 주위에 많은 사람들이 있었지만 혈루증 앓던 여인만이 예수님의 관심을 받을 수 있었다. 그녀에게 예수님은 자신의 구원을 이루어주실 유일한 분이었다. 마태의 동료 세리들도 이 여인처럼 자신들의 죄를 사해주실 유일한 분이 예수님이심을 믿을 때 구원이 임할 것이다.

설교를 위한 예화

제2차 세계대전에서 독일 나치는 상상하기 힘든 잔혹한 일을 자행했다. 그중 부헨발트(Buchenwald) 수용소 소장의 아내였던 일제 코흐(Ilse Koch, 1906년생)라는 여인은 그 잔혹함의 정도가 지나쳤다. 성장과정은 평범하기 이를 데 없었지만 나치에 속하게 되면서 수감자들을 대하는 방식이 점차 거칠어졌다. 수감자를 대하는 태도는 말할 것도 없고 고문, 횡령을 저지르는 등 그 일탈이 어찌나 심각했던지 1943년 독일의 게슈타포에 의해 체포되기에 이른다. 1945년에 사형을 선고받아 처형된 남편과 달리 독일의 패망 이후 석방된 일제는 미군에 의해 다시 체포되었다. 체포와 석방을 반복하던 중 죄상이 증거와 함께 드러나 독일 법정에 의해 다시 종신형을 선고받았다. 기이한 일은 드러난 증거에도 불구하고 자기 자신이 무죄임을 주장했다는 것이다.

그녀가 수용소에서 수감자들에게 가혹한 짓을 했을 때 스스로가 옳다고 정당화했을 것이다. 그러니 종전 이후에도 자신이 무죄임을 주장할 수 있었을 것이다. 그러나 죄의 기준은 자기 자신이 아니다.

2026 6.14

오순절 후 세 번째 주일

성서정과 | 시 116:1-2, 12-19; 창 18:1-15, (21:1-7); 롬 5:1-8; 마 9:35-10:8, (9-23)

예배로 부름 Call to Worship
오라 우리가 여호와께로 돌아가자 여호와께서 우리를 찢으셨으나 도로 낫게 하실 것이요, 우리를 치셨으나 싸매어주실 것임이라 여호와께서 이틀 후에 우리를 살리시며, 셋째 날에 우리를 일으키시리니 우리가 그의 앞에서 살리라(호 6:1-2)

예배 기원 Invocation
만백성의 극진한 찬양을 홀로 받기에 합당하신 하나님! 거룩한 주일을 맞이하여 터가 높고 아름다운 하나님의 산, 거룩한 성전으로 올라와 주의 인자하심을 생각하나이다. 영원 전부터 저희를 택정하셨다가, 때가 이르매 독생자를 세상에 보내어 믿는 자마다 거듭나게 하시고, 거룩한 백성이 되게 하셨나이다. 이렇게 구원받은 성도를 하나님의 자녀로 양자 삼으시고 사랑으로 돌보시며 죽을 때까지 견인하여 주시나이다. 이토록 자비롭고 위대하신 하나님의 사랑과 구원의 능력을 소리 높여 찬양하며 예배하오니 받아 주옵소서. 예수님의 이름으로 기원하옵나이다. 아멘.

이 주일의 찬송 Hymns
내 영혼아 주 찬양하여라(41장) / 언약의 주 하나님(248장) / 죽을 죄인 살려주신(306장) / 주 날 불러 이르소서(329장) / 익은 곡식 거둘 자가(495장) / 넓은 들에 익은 곡식(589장)

성시 교독 Responsive Readings   시편 116:1-2, 12-19

인도자	¹ 여호와께서 내 음성과 내 간구를 들으시므로 내가 그를 사랑하는도다
회 중	² 그의 귀를 내게 기울이셨으므로 내가 평생에 기도하리
인도자	¹² 내게 주신 모든 은혜를 내가 여호와께 무엇으로 보답할까
회 중	¹³ 내가 구원의 잔을 들고 여호와의 이름을 부르며 ¹⁴ 여호와의 모든 백성 앞에서 나의 서원을 여호와께 갚으리로다
인도자	¹⁵ 그의 경건한 자들의 죽음은 여호와께서 보시기에 귀중한 것이로다
회 중	¹⁶ 여호와여 나는 진실로 주의 종이요 주의 여종의 아들 곧 주의 종이라 주께서 나의 결박을 푸셨나이다
인도자	¹⁷ 내가 주께 감사제를 드리고 여호와의 이름을 부르리이다
회 중	¹⁸ 내가 여호와께 서원한 것을 그의 모든 백성이 보는 앞에서 내가 지키리로다
다같이	¹⁹ 예루살렘아, 네 한가운데에서 곧 여호와의 성전 뜰에서 지키리로다 할렐루야

고백의 기도 Prayer of Confession

거룩하신 하나님! 저희는 구원받은 성도임에도 어리석게 살았습니다. 지혜가 길거리에서 부르며 진리가 광장에서 소리를 높이며 우리 마음에 감동을 주었으나 저희는 욕심에 이끌려 살았습니다. 온전한 마음으로 하나님을 신뢰하지 않으므로 한 발은 하나님께, 다른 발은 세상에 두고 살았습니다. 범사에 하나님을 인정하기 보다는 스스로 지혜롭게 여기며 살았습니다. 허락해 주신 재물의 처음 익은 것으로 하나님을 공경할 줄도 몰랐습니다. 선을 베풀 힘이 있었으나 마땅히 받을 자에게 베풀기를 인색하게 했습니다. 때로는 하나님을 모르는 패역자의 성공을 부러워하며 그들의 행위를 따르기도 하였습니다. 거룩한 말씀과 신령한 지혜를 귀하게 여기지 않고, 무지한 선택을 하면서 살았던 저희의 어리석음을 용서해 주옵소서. 예수님의 이름으로 이 고백의 기도를 드립니다. 아멘.

사함의 확신 Assurance of Forgiveness

그가 빛 가운데 계신 것 같이 우리도 빛 가운데 행하면 우리가 서로 사귐이 있고 그 아들 예수의 피가 우리를 모든 죄에서 깨끗하게 하실 것이요(요일 1:7)

오늘의 주제

일꾼입니까?

본문의 접근

본문의 재경청 마 9:35-10:8, (9-23)

35 예수께서는 모든 도시와 마을을 두루 다니시면서, 유대 사람의 여러 회당에서 가르치며, 하늘 나라의 복음을 선포하며, 온갖 질병과 온갖 아픔을 고쳐 주셨다. 36 예수께서 무리를 보시고, 그들을 불쌍히 여기셨다. 그들은 마치 목자 없는 양과 같이, 고생에 지쳐서 기운이 빠져 있었기 때문이다. 37 그래서 제자들에게 말씀하셨다. "추수할 것은 많은데, 일꾼(엘가테스, ἐργάτης, toiler)이 적다. 38 그러므로 너희는 추수하는 주인에게 일꾼들을 그의 추수밭으로 보내시라고 청하여라." … 1 예수께서 열두 제자를 부르셔서, 더러운 귀신을 제어하는 권능을 주시고, 그들이 더러운 귀신을 쫓아내고 온갖 질병과 온갖 허약함(말라키아, μαλακία, softness)을 고치게 하셨다. 2 열두 사도의 이름은 이러하다. 첫째로 베드로라고 부르는 시몬과, 그의 동생 안드레와 세베대의 아들 야고보와 그의 동생 요한과 3 빌립과 바돌로매와 도마와 세리 마태와 알패오의 아들 야고보와 다대오와 4 열혈당원 시몬과 예수를 넘겨준 가룟 사람 유다이다. 5 예수께서 이들 열둘을 내보내실 때에, 그들에게 이렇게 명하셨다. "이방 사람의 길로도 가지 말고, 또 사마리아 사람의 고을에도 들어가지 말아라. 6 오히려 길 잃은 양 떼인 이스라엘 백성에게로 가거라. 7 다니면서 '하늘 나라가 가까이 왔다'고 선포하여라. 8 앓는 사람을 고쳐 주며, 죽은 사람을 살리며, 나병 환자(레프로스, λεπρός, leper)를 깨끗하게 하며, 귀신을 쫓아내어라. 거저 받았으니, 거저 주어라. 9 전대

에 금화도 은화도 동전도 넣어 가지고 다니지 말아라. ¹⁰ 여행용 자루도, 속옷 두 벌도, 신도, 지팡이도, 지니지 말아라. 일꾼이 자기 먹을 것을 얻는 것은 마땅하다. ¹¹ 아무 고을이나 아무 마을에 들어가든지, 거기서 마땅한 사람을 찾아내서, 그 곳을 떠날 때까지 거기에 머물러 있어라. ¹² 너희가 그 집에 들어갈 때에, 평화를 빈다고 인사하여라. ¹³ 그래서 그 집이 평화를 누리기에 알맞으면, 너희가 비는 평화가 그 집에 있게 하고, 알맞지 않으면 그 평화가 너희에게 되돌아오게 하여라. ¹⁴ 누구든지 너희를 영접하지 않거나 너희의 말을 듣지 않거든, 그 집이나 그 고을을 떠날 때에, 너희 발에 묻은 먼지(코니올토스, κονιορτός, dust)를 떨어 버려라. ¹⁵ 내가 진정으로 너희에게 말한다. 심판 날에는 소돔과 고모라 땅이 그 고을보다는 견디기가 쉬울 것이다." ¹⁶ "보아라, 내가 너희를 내보내는 것이, 마치 양을 이리(뤼코스, λύκος, wolf) 떼 가운데로 보내는 것과 같다. 그러므로 너희는 뱀과 같이 슬기롭고, 비둘기와 같이 순진해져라. ¹⁷ 사람들을 조심하여라. 그들이 너희를 법정에 넘겨주고, 그들의 회당에서 매질을 할 것이다. ¹⁸ 또 너희는 나 때문에, 총독들과 임금들 앞에 끌려나가서, 그들과 이방 사람 앞에서 증언할 것이다. ¹⁹ 사람들이 너희를 관가에 넘겨줄 때에, 어떻게 말할까, 또는 무엇을 말할까, 하고 걱정하지 말아라. 너희가 무슨 말을 해야 할지, 그 때에 지시를 받을 것이다. ²⁰ 말하는 이는 너희가 아니라, 너희 안에서 말씀하시는 아버지의 영이시다. ²¹ 형제가 형제를 죽음에 넘겨주고, 아버지가 자식을 또한 그렇게 하고, 자식이 부모를 거슬러 일어나서 부모를 죽일 것이다. ²² 너희는 내 이름 때문에 모든 사람에게서 미움을 받을 것이다. 그러나 끝까지 견디는 사람은 구원을 얻을 것이다. ²³ 이 고을에서 너희를 박해하거든, 저 고을로 피하여라. 내가 진정으로 너희에게 말한다. 너희가 이스라엘의 고을들을 다 돌기 전에 인자가 올 것이다. 〈새번역〉

본문 개관

예수님이 지상에 오셔서 많은 일을 하셨는데 마태는 크게 가르치는 일과 고치신 일에 집중한다. 모든 도시와 마을에 다니시면서 가르치셨고, 병과 약한 것을 고치셨다. 바리새인과 같은 유대인들은 이런 예수님의 사역이 무엇을 의미하는지 알지 못했다. 본문 바로 앞에서 마태는 그들의 무지를 지적한다. 유대인들이 자신들의 종교적인 옳음을 주장하기 위해 병들고 약한 사람들의 형편은 아랑곳하지 않았던 것에 비해 예수님은 그들을 돌보고 고치는 일이 사역의 핵심이라는 것을 행동으로 보여주셨다.

본문 분석

1. 모든 도시와 마을에(35절)

갈릴리에서 사역하시면서 그 일대 도시와 마을을 일일이 찾아다니셨다. 여기에서 '모든'이라는 표현이 당연히 전체 도시 전부를 의미하지만 문학적으로 과장된 표현이라고 보는 것이 옳다. 그러나 그 정도로 예수님이 많은 장소를 다니신 것이 분명하다.

2. 불쌍히 여기시니(36절)

예수님이 무리를 보신 순간 마음이 움직이셨다. 그들을 돌보고 고치는 일까지 행하실 정도로 무리들의 고통을 자신의 고통으로 받아들이셨다. 인간을 지으신 삼위일체 하나님께서 피조된 우리를 보시고 다시 한번 우리가 온전케 되기를 원하신 순간이다.

3. 모든 병과(1절)

모든 병과 모든 약한 것은 인간이 처한 곤궁을 상징한다. 부름을 받은 제자들이 할 수 있는 역할에 제약이 있었던 것이 아니다. 모든 병을 고칠 수 있었고, 모든 약한 것을 치유할 수 있었다. 제자들의 능력으로 행하는 것이 아니었기 때문이다.

4. 도마와 세리 마태(3절)

도마는 디두모(쌍둥이)라는 아람어 이름을 가지고 있었고, 마태는 맛다냐라는 유대식 이름을 가지고 있었다. 마태는 세리였으며 마태복음을 기록한 것으로 알려져 있다.

5. 발의 먼지를 떨어 버리라(14절)

여행이나 외출 후 원치 않게 불경건한 대상과 접촉한 일이 있으면 그 영향을 완전히 끊으라는 뜻이다. 특히 이방인 거주 지역을 지났을 때 그 지역의 먼지나 흙마저도 완전히 차단해야 할 정도로 철저히 배격하는 문화를 반영한다.

본문의 신학

1. 깨달음과 치유

예수님의 갈릴리 사역은 가르치시는 것과 복음을 전하시는 것, 그리고 치유로 요약할 수 있다. 이는 구원의 전인적인 모습을 알게 하신다. 우리가 구원을 받는다는 것은 머리로 깨닫는 것만을 의미하지 않는다. 삼위일체 하나님에 대해서 올바로 알고, 복음을 받아들이는 것이며, 세상에서 살 때 온전함을 체험하는 것까지를 포괄한다.

2. 목자 없는 양

예수님이 무리를 보고 불쌍히 여기신 것은 그들이 목자 없는 양과 같았기 때문이다. 목자가 없는 양은 단순하게 방황하는 데서 그치지 않는다. 목자가 없는 양은 제자리에서 머무는 데서 그치지 않는다. 목자 없는 양은 목숨을 잃을 위기에 처하게 된다. 예수님을 목자로 삼지 않는 인생은 죽음의 위기에 처한다.

3. 파송된 제자들

주님을 따른다는 것은 세상에 나가서 복음을 전하는 것을 의미한다. 제자들끼리 모여 있지 않았다. 예수님은 제자들을 밖으로 내보내셨다(5절). 예수님과 함께 있으면서 제자의 품성과 역량을 배우고 갖췄다면 보내시는 곳으로 나가는 것이 마땅하다.

4. 이스라엘 전도

이방인들에게 먼저 가서 복음을 전하지 말고 이스라엘 유대인들에게 먼저 달려가라고 예수님이 말씀하신 것은 이방인에 대한 전도가 중요하지 않아서가 아니다. 온 세상 사람들이 주님의 제자들을 통해 구원을 받는 것은 매우 소중한 일이기에 가장 효과적으로 이루어내는 것이 마땅했다. 따라서 하나님에 대해서 잘 알고 있던 유대인들에게 먼저 복음을 전하고 그들로 하여금 다시 이방인들에게 전하게 하는 방법을 택하신 것이다.

5. 대가 없는 전도

제자들은 구원과 복음 전파에 필요한 모든 것을 거저 받았다. 그들이 구원받기 위해서 노력한 것은 아무 것도 없다. 예수님의 희생과 하나님의 사랑이 먼저 그들을 부르셨다. 전도하기 위해 나서기까지의 모든 과정과 준비물도 마찬가지이다. 예수님이 그들을 제자로 먼저 부르셨고 사명을 부여하셨다. 그들에게 필요한 용기와 지혜도 삼위일체되신 하나님이 공급하신다.

평행 본문

시 116:1-2, 12-19

사람이 절박한 상황에 처했을 때 누구를 의지하는가를 보면 그 사람의 삶을 알게 된다. 시인은 하나님께 간구함으로 영혼의 건짐을 받았다. 그리고 그 사실을 온 세상에 알리고 있다. 뿐만 아니라 어떻게 하면 하나님께 받은 은혜를 보답할까를 고민하는 모습을 보여준다. 이는 구원받은 사람이 취할 수 있는 성숙한 결단을 삶을 통해 드러내려는 의지로 연결된다.

롬 5:1-8

하나님으로부터 의롭다함을 얻은 결과는 화평이다. 먼저 그리스도이신 예수님으로 말미암아 하나님과 화평을 얻게 된다. 그리고 이어서 하나님의 영광을 바라고 즐거워하게 된다. 그러나 인간의 유익은 그것으로 그치지 않는다. 소망이 우리 안에 이어지고 궁극적으로 하나님의 사랑을 확인하며 하나님과 동행하기에 이른다.

설교를 위한 적용

오늘에 적용

- **35절 "모든 병과 모든 약한 것"**: 사명에는 제약이 없음을 알아야 한다. 예수님은 인간의 병이라면 아무런 제약 없이 치유의 대상이 될 것을 알게 하셨다. 약한 것도 마찬가지이다. 곤궁에 처한 우리의 사정과 형편을 아시기에 모든 병과 약함이 우리 사역의 대상이 된다고 하셨다.
- **37절 "추수할 것은 많되"**: 다시 추수할 것이 많은 시대가 되었음을 기억해야 한다. 예수님 당시에는 거의 대부분의 사람들이 복음을 듣지 못했다. 우리나라에 선교가 시작된 이후 많은 사람들이 전도되었다. 그러나 이제 다시 교회가 사람들로부터 멀어지고 있다. 다시 추수할 대상이 많아졌음을 기억해야 한다.
- **10절 "가지지 말라"**: 주님이 공급해주신 것을 의지해야 한다. 전도자로 파송하시면서 여행을 위해 배낭도, 두 벌 옷도, 신이나 심지어 지팡이도 가지지 말

라 하신다. 나를 편안하게 해주는 것들이 많을수록 그것들을 의지하는 것이 당연하다. 예수님은 그것들 이전에 주님의 돌보심을 먼저 의지하라 하신다.

- 13절 "돌아올 것이니라" : 하나님의 복이 사라지지 않음을 확신해야 한다. 복음을 전하다 평안을 빌었을 때 그 집이 거기에 합당하지 않으면 그 빌었던 복이 사라지는 것이 아니다. 다시 전도자에게 돌아온다. 하나님이 주시는 복은 사라지지 않는다.
- 15절 "소돔과 고모라 땅이" : 약속을 받은 유대인도 복음을 거부하면 심판의 대상이 됨을 잊지 말아야 한다. 하나님의 백성이라고 해서 무조건 구원을 받는 것이 아니다. 이방인이라고 무조건 구원에서 제외되는 것이 아니다. 예수님은 이것을 명확히 알려주신다.

설교 개요

- 예수님을 따르는 사람은 많았다. 가시는 곳마다 군중이 뒤따랐다. 예수님과 이야기하기 원했고, 옷자락이라도 만지려고 했다. 그러나 그 모든 사람들이 주님의 일꾼은 아니었다.
- 일꾼은 일을 하는 사람인데, 오늘 본문에서 예수님은 일꾼이 없다고 하신다. 추수하는 일을 하시기 원하셨는데, 그 추수할 사람이 없다는 말씀이었다.
- 예수님의 이런 지적은 예수님을 따르던 그 많은 사람들이 다 자동으로 일꾼이 되는 것은 아니었다는 말씀이다. 이것을 보면 예수님이 말씀하신 일꾼의 특징은 보냄을 받은 사람이라는 것이다.
- 하나님 나라의 일꾼은 자기가 하고 싶다고 되는 것이 아니다. 자기 발로 스스로 나설 수 있는 것도 아니다. 추수할 대상을 먼저 보는 눈을 가져야 하기 때문이다. 예수님의 이름을 부르고, 예수님을 따라다닌다고 해도 모두 일꾼이 될 수 없는 이유다.
- 하나님 나라의 일꾼은 주인으로부터 보냄을 받은 사람이다. 무르익어서 고개를 숙인 대상을 추수할 자격이 있는 사람은 먼저 주인의 부름을 받아야

한다. 그리고 그 소명에 복종하는 사람이다.

설교를 위한 예화

1812년 미국이 파송한 선교사중 아도니람 저드슨(Adoniram Judson, 1788-1850) 부부는 미얀마로 향하게 된다. 중간에 인도 입국이 거절되는 어려움을 겪으며 양곤으로 가게 된 것이다. 전혀 알지 못하던 언어를 새로 배우며 시작한 선교는 그 열매를 쉽게 거둘 수 없었다. 초기 6년간 단 한 사람도 전도하지 못했다고 한다. 그러나 이들은 포기하지 않았다. 영국과 미얀마의 전쟁으로 스파이로 오인되어 투옥을 당하고, 영양실조와 질병으로 고초를 당했음에도 포기하지 않았다. 1826년 출옥한 다음 가족을 차례로 잃는 고통을 다시 당하게 된다. 그러나 좌절하지 않고 미얀마 사역을 위해 성경을 번역하고 교회를 개척해 사람들을 그리스도에게로 인도했다.

2026 6.21
오순절 후 네 번째 주일

성서정과 | 시 86:1-10, 16-17; 창 21:8-21; 롬 6:1-11; 마 10:24-39

예배로 부름 Call to Worship
믿음이 없이는 하나님을 기쁘시게 하지 못하나니 하나님께 나아가는 자는 반드시 그가 계신 것과 또한 그가 자기를 찾는 자들에게 상 주시는 이심을 믿어야 할지니라 (히 11:6)

예배 기원 Invocation
가련한 자의 눌림과 궁핍한 자의 탄식을 외면하지 않으시는 하나님! 지난 한 주간 가정과 직장과 삶의 현장에서 애쓰고 수고하던 저희가 오늘은 주님 안에서 평안과 안식을 누리기 위해 성소를 찾았습니다. 수고하고 무거운 짐을 그대로 가지고 왔사오니 긍휼히 여기시고 맞아 주옵소서. 상심한 자의 마음은 어루만져 주시고, 깊게 파인 상처는 싸매어 주옵소서. 하나님만 의지하며 예배하는 복된 시간에 평안과 기쁨을 누리게 하시며, 주님 안에서 새 힘을 얻게 하여 주옵소서. 예수님의 이름으로 기원하옵나이다. 아멘.

이 주일의 찬송 Hymns
내 영혼아 찬양하라(65장) / 나의 생명 드리니(213장) / 내 죄 속해 주신 주께(215장) / 구주와 함께 나 죽었으니(407장) / 하늘 보좌 떠나서(437장) / 여기에 모인 우리(620장)

성시 교독 Responsive Readings 시편 86:1-10, 16-17

인도자	¹ 여호와여 나는 가난하고 궁핍하오니 주의 귀를 기울여 내게 응답하소서
회 중	² 나는 경건하오니 내 영혼을 보존하소서 주 하나님이여 주를 의지하는 종을 구원하소서
인도자	³ 주여 내게 은혜를 베푸소서 내가 종일 주께 부르짖나이다
회 중	⁴ 주여 내 영혼이 주를 우러러보오니 주여 내 영혼을 기쁘게 하소서
인도자	⁵ 주는 선하사 사죄하기를 즐거워하시며
회 중	주께 부르짖는 자에게 인자함이 후하심이니이다
인도자	⁶ 여호와여 나의 기도에 귀를 기울이시고 내가 간구하는 소리를 들으소서
회 중	⁷ 나의 환난 날에 내가 주께 부르짖으리니 주께서 내게 응답하시리이다
인도자	⁸ 주여 신들 중에 주와 같은 자 없사오며 주의 행하심과 같은 일도 없나이다
회 중	⁹ 주여 주께서 지으신 모든 민족이 와서 주의 앞에 경배하며 주의 이름에 영광을 돌리리이다
인도자	¹⁰ 무릇 주는 위대하사 기이한 일들을 행하시오니 주 만이 하나님이시니이다
회 중	¹⁶ 내게로 돌이키사 내게 은혜를 베푸소서 주의 종에게 힘을 주시고 주의 여종의 아들을 구원하소서
인도자	¹⁷ 은총의 표적을 내게 보이소서 그러면 나를 미워하는 그들이 보고 부끄러워하오리니
회 중	여호와여 주는 나를 돕고 위로하시는 이시니이다

고백의 기도 Prayer of Confession

모든 지킬 만한 것 중에서 더욱 마음을 지키라 가르쳐주신 주님, 저희는 지난 한 주간도 우리에게 있는 재물을 지키기 위해 힘썼습니다. 명예를 잃지 않기 위해 최선을 다했습니다. 건강을 잃지 않기 위해 아침 저녁으로 운동하며 모든 노력을 기울였습니다. 그러는 사이에 하나님을 향한 우리의 믿음과 중심을 소홀히 하지는 않았는 지 돌아봅니다. 기도에 힘쓰지 못했고, 성경을 읽는 일에 무관심했으며, 헌신하는 자리를 피하였습니다. 모든 생명의 근원이 하나님을 향한 마음을 지키는 데서 나온다 가르쳐주셨는데, 저희는 지난 한 주간 하나님을 사랑하는 마음과 진리의 말씀에 순종하는 실천을 지켜내지 못했습니다. 용서해 주옵소서. 예수님의 이름으로 이 고백의 기도를 드립니다. 아멘.

사함의 확신 Assurance of Forgiveness

만일 악인이 그 행한 악을 떠나 정의와 공의를 행하면 그 영혼을 보전하리라 그가 스스로 헤아리고 그 행한 모든 죄악에서 돌이켜 떠났으니 반드시 살고 죽지 아니하리라 (겔 18:27-28)

오늘의
주제

열국의 어머니로 부르심

본문의 접근

본문의 재경청 창 21:8-21

⁸아기가 자라서, 젖을 떼게 되었다. 이삭이 젖을 떼는 날에, 아브라함이 큰 잔치(미쉬테, מִשְׁתֶּה, feast)를 벌였다. ⁹그런데 사라가 보니, 이집트 여인 하갈과 아브라함 사이에서 태어난 아들이 이삭을 놀리고 있었다. ¹⁰사라가 아브라함에게 말하였다. "저 여종과 그 아들을 내보내십시오. 저 여종의 아들은 나의 아들 이삭과 유산을 나누어 가질 수 없습니다." ¹¹그러나 아브라함은, 그 아들도 자기 아들이므로, 이 일로 마음이 몹시 괴로웠다. ¹²하나님이 그에게 말씀하셨다. "그 아들과 그 어머니인 여종의 일로 너무 걱정하지 말아라. 이삭에게서 태어나는 사람이 너의 씨(제라, זֶרַע, seed)가 될 것이니, 사라가 너에게 말한 대로 다 들어 주어라. ¹³그러나 여종에게서 난 아들도 너의 씨니, 그 아들은 그 아들대로, 내가 한 민족이 되게 하겠다." ¹⁴다음날 아침에 일찍, 아브라함은 먹거리 얼마와 물 한 가죽부대를 가져다가, 하갈에게 주었다. 그는 먹거리와 마실 물을 하갈의 어깨에 메워 주고서, 그를 아이와 함께 내보냈다. 하갈은 길을 나서서, 브엘세바 빈 들에서 정처없이 헤매고 다녔다. ¹⁵가죽부대에 담아 온 물이 다 떨어지니, 하갈은 아이를 덤불 아래에 뉘어 놓고서 ¹⁶ "아이가 죽어 가는 꼴을 차마 볼 수가 없구나!" 하면서, 화살 한 바탕 거리만큼 떨어져서, 주저앉았다. 그 여인은 아이 쪽을 바라보고 앉아서, 소리를 내어 울었다. ¹⁷하나님이 그 아이가 우는 소리를 들으셨다. 하늘에서 하나님의 천사가 하갈을 부르며 말하였다. "하

같아, 어찌 된 일이냐? 무서워하지 말아라. 아이가 저기에 누워서 우는 저 소리를 하나님이 들으셨다. ¹⁸ 아이를 안아 일으키고, 달래어라. 내가 저 아이에게서 큰 민족이 나오게 하겠다." ¹⁹ 하나님이 하갈의 눈을 밝히시니(파카흐, חקפ, open), 하갈이 샘(베에르, באר, well)을 발견하고, 가서, 가죽부대에 물을 담아다가 아이에게 먹였다. ²⁰ 그 아이가 자라는 동안에, 하나님이 그 아이와 늘 함께 계시면서 돌보셨다. 그는 광야에 살면서, 활을 쏘는 사람이 되었다. ²¹ 그가 바란 광야에서 살 때에, 그의 어머니가 그에게 이집트 땅에 사는 여인을 데려가서, 아내로 삼게 하였다. 〈새번역〉

본문 개관

열국의 아버지 아브라함은 결혼 이후에도 자녀를 갖지 못했다. 이름은 아버지이지만 자녀가 없이는 아버지가 될 수 없다. 아들은 물론이고 딸도 없는 처지였다. 부인 사라와의 관계에서 자녀 외에는 문제가 될 만한 것은 없이 가나안에서 풍요로운 삶을 영위하고 있었다. 이런 상황에서 사라의 몸종 하갈을 통해 이스마엘을 얻는다. 그러나 사라와 하갈의 갈등이 이어졌고 결국 하갈은 고향 애굽으로 나가게 된다. 이스마엘과 함께 광야에서 삶과 죽음의 기로에 서게 된 하갈에게 도움이 되신 분은 바로 하나님이셨다. 하나님은 하갈 한 개인을 구원하신 것이 아니라 그의 아들을, 그리고 그 후손의 후손까지 보호하심으로 아브라함에게 하셨던 약속을 하갈을 통해서도 이루셨다.

본문 분석

1. 젖을 떼는 날에(8절)

드디어 사라가 언약대로 아들 이삭을 얻었다. 그리고 무사히 젖을 떼는 날까지 돌봤다. 오랫동안 잉태하지 못한 사라에게 매우 조심스러웠을 시기인 것이 분명하다. 그런데 하나님의 도우심으로 임신과 출산, 그리고 영아기까지 무사히 지나게 되었다.

2. 내쫓으라(10절)

이스마엘이 이삭에게 한 행동(9절, 놀리는지라)을 보고 사라는 이 둘을 분리하기로 마음먹는다. 어쩌면 훨씬 나이가 많았던 이스마엘이 상속권을 독차지할 것을 염려했을 수도 있다.

3. 기업을 얻지 못하리라(10절)

내쫓으라는 말 다음에 바로 속마음을 드러낸다. 이스마엘은 아브라함의 유산을 상속하지 말아야 한다는 것이었다. 이는 하갈을 통해 아들을 얻으려고 했었던 당시 충분히 예견할 수 있는 상황이었다. 과거 자신이 취한 일의 결과를 예상하지 못할 정도로 사라가 조급했었던 것을 볼 수 있다.

4. 여종으로 말미암아(12절)

하갈이 아브라함의 아들을 낳았지만 그 신분까지 바로 바뀐 것은 아니다. 하갈은 여전히 사라의 여종이었다. 이것은 사라의 말에서도 드러나지만 하나님이 스스로 하갈을 여종으로 부르셨다.

5. 화살 한 바탕 거리(16절)

가지고 나온 가죽부대의 물도 다 떨어졌다. 죽음을 목전에 두고 있는 이 때, 이스마엘을 관목덤불 아래 두고 자기는 화살이 날아갈 만한 거리에 가서 이스마엘을 봤다. 그리고 소리 내어 울었다.

본문의 신학

1. 약속을 의지함

아브라함은 하나님의 약속에 대해 분명히 알고 있었다. 사라도 마찬가지였다.

심지어 하나님은 창세기 15장에서 엘리에셀과 같은 사람이 상속자가 아니라 아브라함의 몸을 통해 낳는 이가 약속하신 자녀임을 분명히 하셨다. 아브라함은 이 약속을 알고 있음에도 끝까지 의지하지 못했다.

2. 진정한 보호자

우리를 지키시고 보호하시는 분은 결국 하나님이시다. 아브라함은 이스마엘이 자신의 아들임에도 목숨이 위태로운 상황으로 내몰린 일에 적극적으로 나서지 않는다. 물론 아브라함과 사라에게 그럴만한 이유가 있었다. 그러나 인간의 모든 결정이 언제나 다 완벽할 수만은 없다. 우리의 모든 일들을 아시는 분은 하나님이시고, 결국 우리를 지키시는 분도 하나님이시다.

3. 하나님의 일하심

사라는 하나님이 약속하신 자손에 대한 예언을 무시하지는 않았다. 그러나 오랫동안 자녀를 갖지 못하게 되자 결국 하갈을 통해 그 약속을 이루려고 시도했다. 그러나 이스마엘은 하나님이 약속하신 언약의 후손은 아니었다. 다시 이삭을 주심으로 이 예언을 이루셨는데, 이렇게 확실한 하나님의 약속도 시간이 걸릴 수 있음을 알게 된다. 문제는 우리가 그 중간 과정을 참고 기다릴 수 있느냐이다.

4. 함께 약속을 이룸

하나님은 아브라함에게 하늘의 별과 같은 자녀를 약속하셨다. 그런데 17장에서 사라에게도 아들을 주실 것과 여러 민족의 어머니가 되고, 여러 왕이 사라에게서 날 것을 약속하셨다. 이렇게 하나님의 약속은 어느 한 사람이 독점적으로 이루게 되는 것이 아니다. 함께 주어진 역할을 수행하며 하나님 나라의 일꾼으로 약속을 이루게 된다.

5. 약속에 대한 의심

사라는 이미 17장에서 아브라함과 같은 약속을 받았고, 하나님이 사라에게 복을 주시기도 하셨다. 그리고 그 약속대로 오늘 본문에서 이삭을 얻었다. 그렇다면 그 이삭이 장차 언약의 핵심이 되어서 17장의 약속처럼 자신이 많은 왕들의 어머니가 될 것을 확신해야 마땅했다. 그러나 하갈과 이스마엘의 존재 앞에서 이런 믿음이 흔들리는 것을 보게 된다.

평행 본문

시 86:1-10, 16-17

개인의 어려움을 토로하는 애가로 분류되는 시이다. 전체적인 분위기는 기도의 형식과 분위기를 취하고 있다. 그러나 침울한 분위기만을 담고 있는 것은 아니다. 7절까지는 하나님을 향한 간청이 주를 이루지만 8-10절까지는 하나님을 향한 찬양이 빛을 발한다. 7절까지의 간구를 살펴보면 무조건 본인이 원하는 바를 주실 것을 강청하는 것이 아니라 나름대로 자신의 경건함을 확신하면서 주님이 은혜를 베푸시는 분이시라는 신뢰를 바탕으로 도움을 청한다.

롬 6:1-11

선을 이루기 위해서 악을 행한다거나 은혜를 더하기 위해서 죄에 거한다는 것은 바울의 입장에서 받아들일 수 없는 생각이었다. 오늘 본문을 통해서 바울은 그리스도이신 예수님과 연합하면 그것으로 죄에 대해서는 죽은 상태가 됨을 강조한다. 구원 받은 사람의 삶에 다시 죄의 영향이 미칠 여지가 없다는 것이다. 세례를 받은 사람은 죄에 대해서 죽는 것이 마땅하다.

설교를 위한 적용

오늘에 적용

- 10절 **"이 여종과 그 아들을"** : 맡겨진 직책의 관점에서 봐야 한다. 사라는 이미 하나님으로부터 단순한 가정주부가 아니라 온 민족의 어머니가 될 것과 많은 왕들의 어머니가 될 것을 들었다. 그 약속은 미래에 이루어질 것이므로 하갈이나 이스마엘이 지금 행동하는 것에 좌우될 일이 아님을 알고 의연하게 대처했어야 한다.
- 13절 **"여종의 아들도"** : 하나님의 약속을 속단해서는 안 된다. 이미 하나님은 이스마엘에게 복을 주신다고 17장에서 약속하셨다. 오늘 본문에서도 이스마엘이 아브라함의 아들인 것을 다시 확인하셨다. 그럼에도 아브라함은 하나님의 계획은 제외하고 결정을 한다.
- 17절 **"소리를 들으셨으므로"** : 하나님이 우리 소리를 들으심을 기억해야 한다. 하갈과 이스마엘은 위기에 처했다. 여전히 광야에 있는데 가지고 나온 물을 다 마셨기 때문이다. 이미 장성한 이스마엘은 자기 어머니를 바라보며 부르짖었을 것인데, 이런 간절한 기도를 하나님이 들으셨다.
- 17절 **"저기 있는"** : 하나님이 우리 형편을 다 아심을 기억해야 한다. 하나님은 이스마엘의 생존을 갈구하는 소리를 들으셨을 뿐만 아니라 절망에 빠져 있는 사정과 형편을 이미 다 보고 세세히 알고 계신다.
- 19절 **"눈을 밝히셨으므로"** : 하나님과 함께하시면 이미 주신 것에 감사할 수 있음을 알아야 한다. 어쩌면 물을 마실 샘물이 이미 근처에 있었을지도 모른다. 다만 절망에 빠져 그것을 못 보았을 수도 있다. 하나님은 함께해주신다는 약속과 함께 눈을 밝혀주셔서 살 길을 열어주셨다.

설교 개요

- 사라는 자녀가 없을 때도 어머니였다. 아브라함도 아들이 없을 때도 아버지였다. 하나님이 이들을 열국의 어머니, 아버지로 칭하셨기 때문이다. 하나님이 우리를 부르시는 것은 우리의 현실에 근거하지 않는다.
- 그런데 우리는 우리의 현실 때문에 하나님의 약속을 속단할 때가 있다. 사라는 어머니로 만들어주실 것을 끝까지 믿지 못하고 조급한 마음에 하갈을 통해 아브라함의 대를 이으려고 했다.
- 어머니여도 어머니의 행동을 해야 어머니가 된다. 사라는 단지 이삭의 어머니에 그치지 않는다. 왜냐하면 모든 나라의 어머니로 하나님이 불러주셨기 때문이다. 그러나 그런 칭호는 그에 걸맞는 행동을 할 때에야 비로소 자신의 칭호가 된다.
- 사라는 하갈과 이스마엘의 어머니여야 했다. 그들을 품어주고 그들을 지원했어야 했다. 왜냐하면 모든 사람의 어머니이기 때문이다. 사라가 이것을 망각하고 이들을 광야로 내몰았을 때 하나님이 대신 그들을 지켜주셨다. 여기에서 다시 한번 하나님의 책임감을 발견하게 된다. 그것은 아브라함의 자녀에게 복을 주시겠다고 하신 약속을 스스로 지키신 것이기 때문이다.
- 하갈과 이스마엘을 살리신 것은 동시에 사라에게 부여하신 여러 나라와 민족들의 어머니라는 칭호가 부끄럽지 않게 하신 것을 의미하기도 한다. 하나님은 우리의 실수도 이렇게 바로 잡아주신다.

설교를 위한 예화

존 보울비(John Bowlby, 1907-1990)는 애착 이론을 주장했는데, 그것은 아기가 주 양육자(엄마)와 맺는 특별한 정서적 관계가 평생의 삶에 엄청난 영향을 미친다는 것이었다. 아기에게 양육자는 안전한 기지(secure base)이다. 왜냐하면 아기가 처음 세상에 태어나면 모든 것이 낯설고 두려운데, 엄마와 같은 주 양육자가 이런 두려움으로부터 지켜주기 때문이다. 마치 새끼 오리가 어미 오리를 졸졸 따라다니는 것처럼 이것은 본능적인 것인데, 양육자가 안전한 기지가 되려면 아기가 요구할 때 일관성이 있고 민감하게 반응해주는 일이 우선되어야 한다는 것이다.

바로 이런 과정을 통해 안정적인 애착관계가 형성이 되기 때문이다. 잠시 양육자가 떠났을 때 불안해 할 수는 있지만 돌아오면 금방 안정을 찾게 된다. 이런 경험을 통해 자신감을 갖고 세상과 맞서며, 스트레스에도 잘 대처하는 긍정적인 자아를 형성하게 된다는 것이다.

만국의 어머니가 된 사라는 어쩌면 주위의 사람들에게 먼저 어머니의 역할을 하는 것이 중요했을 것이다. 하나님이 사라에게 먼저 주 양육자의 역할을 충실히 수행해주셨기 때문에 오늘의 사라가 있었기 때문이다.

게다가 하나님은 사라에게는 모든 민족의 어머니가 될 것이라는 예언을 하셨다. 이삭을 통해 약속을 이루시는 하나님을 다시 한번 신뢰하며 약속에 걸맞는 사명을 감당함이 옳다.

2026 6.28

오순절 후 다섯 번째 주일

성서정과 | 시 13; 창 22:1-14; 롬 6:12-23; 마 10:40-42

예배로 부름 Call to Worship
수고하고 무거운 짐 진 자들아 다 내게로 오라 내가 너희를 쉬게 하리라 나는 마음이 온유하고 겸손하니 나의 멍에를 메고 내게 배우라 그리하면 너희 마음이 쉼을 얻으리니 이는 내 멍에는 쉽고 내 짐은 가벼움이라 하시니라 (마 11:28-29)

예배 기원 Invocation
태초부터 영원까지 찬송 받으실 하나님 아버지! 베풀어주시는 풍성한 은혜에 힘입어 한 주간을 견디게 하시고, 오늘은 하나님 앞에 예배자로 서게 하시니 감사합니다. 주님께서 펼쳐주신 안전한 날개 아래로 모인 자녀들에게 참된 안식과 평강의 복을 내려 주옵소서. 값없이 베풀어주신 대속의 은혜에 감사하게 하시며, 하나님의 자녀로 살아가는 행복을 깨달아 기쁨이 충만하게 하옵소서. 주님께서 인생에게 허락하신 사랑과 자비하심으로 인하여 평생에 찬송하며 하나님만 경배하게 하옵소서. 예수님의 이름으로 기원하옵나이다. 아멘.

이 주일의 찬송 Hymns
사랑의 하나님(17장) / 하나님이 말씀하시기를(217장) / 너 시험을 당해(342장) /
너 근심 걱정 말아라(382장) / 곤한 내 영혼 편히 쉴 곳과(406장) /
나 이제 주님의 새 생명 얻은 몸(436장)

성시 교독 Responsive Readings　　　　　　　　　시편 13:1-6

인도자　¹ 여호와여 어느 때까지니이까 나를 영원히 잊으시나이까

회　중　　주의 얼굴을 나에게서 어느 때까지 숨기시겠나이까

인도자　² 나의 영혼이 번민하고 종일토록 마음에 근심하기를 어느 때까지 하오며

회　중　　내 원수가 나를 치며 자랑하기를 어느 때까지 하리이까

인도자　³ 여호와 내 하나님이여 나를 생각하사 응답하시고 나의 눈을 밝히소서 두렵건대 내가 사망의 잠을 잘까 하오며

회　중　⁴ 두렵건대 나의 원수가 이르기를 내가 그를 이겼다 할까 하오며 내가 흔들릴 때에 나의 대적들이 기뻐할까 하나이다

인도자　⁵ 나는 오직 주의 사랑을 의지하였사오니 나의 마음은 주의 구원을 기뻐하리이다

회　중　⁶ 내가 여호와를 찬송하리니 이는 주께서 내게 은덕을 베푸심이로다

고백의 기도 Prayer of Confession

인생의 생사화복을 주관하시는 하나님 아버지. 한 해의 절반을 보내면서 드리는 회개를 받아 주옵소서. 시간은 하나님께서 내게 주신 가장 소중한 선물이건만, 저희는 이것을 귀히 여길 줄 모르고 허송하였습니다. 미련하고 어리석은 다섯 처녀처럼 영적 잠에 취하여 주님 맞을 온전한 준비를 하지 못하였고, 악하고 게으른 종처럼 맡겨주신 달란트를 땅에 묻은 채로 하나님께서 명하신 복음의 사역에 손을 놓고 지냈습니다. 왼편에 있는 염소처럼 우리의 이웃이 주릴 때 먹을 것을 주지 않았고, 목마를 때 마시게 하지 않았으며, 나그네 되었을 때 영접하지 않았고, 헐벗었을 때 입히지 않았고, 병들었을 때 돌보지 않았고, 옥에 갇혔을 때 찾아보지 않으면서 반년을 보냈습니다. 주님, 남은 후반기에는 하나님께서 허락하신 시간과 사명을 소중하게 여기고 충성을 다하는 지혜로운 성도로 살게 하옵소서. 예수님의 이름으로 이 고백의 기도를 드립니다. 아멘.

사함의 확신 Assurance of Forgiveness

불법이 사함을 받고 죄가 가리어짐을 받는 사람들은 복이 있고 주께서 그 죄를 인정하지 아니하실 사람은 복이 있도다 함과 같으니라(롬 4:7-8)

오늘의
주제

주님의 손에

본문의 접근

본문의 재경청 롬 6:12-23

12 그러므로 여러분은 죄가 여러분의 죽을 몸을 지배하지(바실류오, βασιλεύω, rule) 못하게 해서, 여러분이 몸의 정욕에 굴복하는 일이 없도록 하십시오. **13** 그러므로 여러분은 여러분의 지체를 죄에 내맡겨서 불의의 연장이 되게 하지 마십시오. 오히려 여러분은 죽은 사람들 가운데서 살아난(자오, ζάω, live) 사람답게, 여러분을 하나님께 바치고, 여러분의 지체를 의의 연장으로 하나님께 바치십시오. **14** 여러분은 율법 아래 있지 않고, 은혜 아래 있으므로, 죄가 여러분을 다스릴 수 없을 것입니다. **15** 그러면 어떻게 해야 하겠습니까? 우리가 율법 아래 있지 않고, 은혜 아래에 있다고 해서, 마음 놓고 죄를 짓자는 말입니까? 그럴 수 없습니다. **16** 여러분이 아무에게나 자기를 종으로 내맡겨서 복종하게 하면, 여러분은, 여러분이 복종하는 그 사람의 종이 되는 것임을 알지 못합니까? 여러분은 죄의 종이 되어 죽음에 이르거나, 아니면 순종의 종이 되어 의에 이르거나, 하는 것입니다. **17** 그러나 하나님께 감사하는 것은, 여러분이 전에는 죄의 종이었으나, 이제 여러분은 전해 받은 교훈의 본에 마음으로부터 순종함으로써, **18** 죄에서 해방을 받아서 의의 종이 된 것입니다. **19** 여러분의 이해력이 미약하므로, 내가 사람의 방식으로 말하겠습니다. 여러분이 전에는 자기 지체를 더러움과 불법의 종으로 내맡겨서 불법에 빠져 있었지만, 이제는 여러분의 지체를 의의 종으로 바쳐서 거룩함(하기아스모스, ἁγιασμός, holiness)에 이르도록 하십시

오. ²⁰ 여러분이 죄의 종일 때에는 의에 얽매이지 않았습니다. ²¹ 여러분은 그 때에 무슨 열매(카르포스, καρπός, fruit)를 거두었습니까? 이제 와서 여러분이 그러한 생활을 부끄러워하지마는, 그러한 생활의 마지막(텔로스, τέλος, end)은 죽음입니다. ²² 이제 여러분은 죄에서 해방을 받고, 하나님의 종이 되어서, 거룩함에 이르는 삶의 열매를 맺고 있습니다. 그 마지막은 영원한 생명입니다. ²³ 죄의 삯은 죽음이요, 하나님의 선물은 우리 주 예수 그리스도 안에서 누리는 영원한 생명입니다. 〈새번역〉

본문 개관

구원의 원리가 그리스도와의 연합으로 6장에서 먼저 설명된다. 이제 성도는 믿음으로 말미암아 거룩한 삶을 살 수 있게 되었다.
하나님의 거룩하심을 닮아 성화의 여정이 시작되는 것이다. 성화는 그리스도와의 연합으로부터 시작되는데 보다 직접적으로는 세례를 통해서 그리스도의 죽음에 참여하게 된다.
이 삶은 세상을 바꾸는 것이 되어야 하는데 몸을 의의 병기로 드려야 하고, 죄의 종이 아닌 의의 종으로 살아야만 이룰 수 있다. 이런 실천을 행한 성도들은 영생에 이르게 된다.

본문 분석

1. 지배하지(12절)

왕이 되거나 왕노릇하는 것을 의미하는 단어이다. 죄가 우리 몸을 완전히 지배하는 상태를 말하는데, 우리는 죄의 노예가 되어서 내 몸조차도 내 마음대로 하지 못하는 것을 말한다.

2. 사욕에(12절)

우리의 몸을 욕망에 지배당하게 하지 않아야 하는데, 그러려면 사욕이 무엇인지를 알아야 한다. 사욕은 그 충족을 추구하다 보면 자연스럽게 죄를 용인하게 된다. 사욕에 순종하지 말라고 할 때 순종 자체는 별다른 문제가 없는 단어이지만 무엇을 순순히 받아들이는지가 문제가 된다.

3. 불의의 무기(13절)

불의의 무기는 불의한 행동 혹은 삶을 위한 도구들이다. 우리 지체를 불의를 위한 무기, 병기, 도구로 사용하지 말라는 바울의 가르침은 단순히 우리 팔과 다리와 같은 신체부위뿐만 아니라 우리의 지식과 능력, 의지 모두가 불의를 위한 도구가 될 수 있음을 경계하고 있다.

4. 거룩함(19절)

거룩함에 사용된 단어는 '하기아스몬'으로 신약성경에서 19절과 22절에만 등장한다. 거룩하게 하는 행동 자체를 강조한다.

육신이 연약하다고 불의한 일을 하도록 내버려 둘 것이 아니라, 의로운 영에 의탁해서 거룩한 행동을 하도록 하는 것이 마땅하다.

5. 죄의 삯(23절)

삯은 대가, 보수 등을 의미한다. 죄를 지으면 그 결과를 맞이하기 된다. 그 결과는 사망이다. 죄를 지으면 봉급처럼 반드시 받게 되는 것이 사망이다. 죄를 짓고 사망을 피할 수는 없다. 바울은 그 반대로 하나님의 은사를 든다.

본문의 신학

1. 우리의 몸은 병기이다

바울은 우리 지체가 죄에 의해 사용되는 점을 지적했다. 그러나 우리 몸은 단순히 개인의 욕망을 충족하고 자기 만족을 위해 소비만하는 주체가 아니다. 훨씬 더 강력하게 사용할 수 있다. 그런 점에서 무기라고 강조한다. 우리 몸은 단단한 사탄의 계략을 부술 수 있는 병기이다.

2. 강력한 만큼 잘 사용되어야 한다

인간의 지체, 의지, 생각은 연약하다. 자연에 있는 야생동무로다 연약할 때가 많다. 그러나 우리 영적인 지체는 강력한 무기이고, 그런 힘이 있는 만큼 선하게 사용되어야 한다. 가장 좋은 방법은 내가 아닌 선한 손에 쥐어지는 것이다. 내 몸의 지체이지만 내가 움직일 때 죄의 유혹에 넘어가기 쉽다.

3. 은혜 아래

은혜 아래 살고 있다고 해도 여전히 우리는 깨어 있어야 한다. 사탄도 우리를 포기하지 않았기 때문이다. 여전히 집요하게 틈을 노리고 있다.

사탄의 공격은 달콤하게 다가온다. 이기적인 욕심을 채우는 모습으로 다가온다. 그래서 더욱 경계하기가 어렵다.

4. 율법 아래

율법은 우리의 죄를 드러낸다. 우리를 억누른다. 율법을 완성하심으로 그리스도는 죄로부터 우리를 자유하게 하셨다.

그러나 율법이 아닌 은혜를 힘입어 산다는 것이 죄를 지으며 사는 것을 의미할 수는 없다. 죄로부터의 자유가 방종을 말하지 않는다. 그리스도가 우리를 죄로부터 자유하게 하셨기에 우리는 그리스도의 지배 아래 살아야 한다.

5. 영생의 비밀

죄로 인해 인간은 죽을 수밖에 없다. 아담과 하와 이래로 인간의 마지막은 죽음이다.

그러나 이런 운명을 받아들이지 못하고 여전히 더욱 더 생명을 길게 가져가기를 원한다. 그러나 인간의 그 어떤 노력도 영생에 이르게 할 수는 없다. 바로 이런 이기적인 생명 보존 욕구를 버리고 그리스도를 따르는 것이 영생의 비밀이다.

평행 본문

시 13

애가로 분류되는 시편들 중에서도 하나님의 눈길과 돌보심을 특별히 더욱 간청하는 시이다. 학자들 중에서는 공동체를 대표해서 적대적인 외적들의 공격으로부터 나라를 회복시켜주실 것을 기대하는 내용으로 보기도 한다.

1절과 2절에서 하나님이 버리신 것이 아닌가 하는 애통함이, 3절과 4절에서 구원을 청하는 기도가, 5절과 6절에서 구원해 주심에 대한 확신, 그리고 감사가 두드러진다.

창 22:1-14

하나님은 아브라함에게 주신 아들을 다시 바치라고 명령하신다. 인간적으로 받아들이기 어려운 이런 말씀에 아브라함은 긴 시간 고민하지 않는다. 아브라함이 순종한 이유는 그의 믿음 때문이었다.

하나님은 이미 아브라함과 사라에게 많은 후손을 약속하셨다. 그 약속을 취소하지 않으셨다. 아브라함은 그런 약속을 하신 하나님을 먼저 신뢰했고, 그 약속이 이루어질 것을 믿었다.

설교를 위한 적용

오늘에 적용

- **12절 "지배하지 못하게"** : 우리의 몸이 사욕에 순종하는 원인은 죄가 우리를 지배하고 있기 때문이다. 죄는 우리를 끊임없이 유혹하고 왕처럼 군림한다. 왕처럼 숭배하게 하고, 자발적으로 따르게 한다.
- **13절 "하나님께 드리며"** : 자발적으로 하나님께 드려야 한다. 나의 몸이 숭배하는 대상이 누구인지를 보면 내가 누구의 지배를 받고 있는지 알게 된다. 죄가 왕노릇하는 상태에서 하나님을 섬길 수는 없다. 하나님께 나 자신을 자발적으로 드려야 한다.
- **15절 "은혜 아래에 있으니"** : 은혜의 능력을 의지해야 한다. 우리는 정죄와 심판 아래 있지 않다. 그리스도이신 예수님의 은혜 아래에 있다. 그 은혜는 죄를 멀리하게 한다.
  아직 완전히 죄와 단절할 수는 없지만 죄를 미워하게 되고 죄가 얼마나 무서운지 알게 되면 새로운 삶을 살기 마련이다.
- **17절 "교훈의 본을"** : 복음을 받아들여야 한다. 거룩한 삶을 살기 위해서는 먼저 우리에게 전해진 복음을 받아들여야 한다.
  그리고 그 가르침에 순종해야 한다. 이 복음은 '본'이라는 모습으로 전해지는데 그리스도를 본받는 것처럼 성도의 삶에서 절대적인 가치를 지닌다.
- **21절 "부끄러워하나니"** : 죄를 부끄러워해야 한다. 그리스도의 영향 아래 있기 전 죄의 종 노릇했을 때도 열매를 맺기는 맺었다. 그러나 그 열매는 부끄러운 열매이다. 성도는 하나님의 종이 되어서 거룩함에 이르는 열매를 맺어야 한다.

설교 개요

- 세상을 사는 목적이 없다면 죄의 영향에 쉽게 휩쓸리게 된다. 현실만이 보이

는 인생에게 궁극적인 목적이 주어지고, 그것을 삶의 동력으로 삼는다면 비로소 오늘의 나 자신을 바꾸게 될 것이다.
- 그런데 이 단계에 이르기까지 성도들이 주의해야 할 점이 있다. 바로 하나님의 은혜를 즐기려는 자세이다.

  다시 말해서 하나님의 은혜를 감정적으로 받아들여서 내 특정한 조건이 내 생각대로 되면 하나님의 은혜라고 단정하는 것이다. 그래서 그 은혜를 매우 환영하며 즐거워한다. 바울이 1절에서 '은혜를 더하게 하려고' 한다는 지적이 바로 그것을 말한다.
- 우리의 몸은 은혜마저도 내 취향을 충족시키는 것으로 전락시키는 도구가 아니다. 의를 이루기 위한 병기이다. 바울이 경계하는 바와 같이 사탄의 손에 주어지면 안 된다. 왜냐하면 그 결과가 치명적이기 때문이다.
- 이렇게 누구 손에 쥐어지는지가 중요하다는 말은 우리 몸이 그만큼 중요한 역할을 할 수 있음을 의미한다.

  그저 내가 함부로 쾌락을 위해 사용해도 되는 것이 우리 몸이 아니다. 내 몸인데 내 맘대로 사용해도 된다는 자세도 곤란하다. 불의를 조장하는 무기가 되게 해서는 안 된다.
- 우리는 여전히 종이다. 그러나 더 이상 죄의 종이 아니다. 하나님의 종이고, 그렇기 때문에 거룩한 종이다.

  우리의 몸의 가치는 더욱 높아졌다. 따라서 사탄은 더욱 우리를 얻기 위해 공격할 것이다. 하나님의 종이 되어서 맺는 거룩함에 이르는 열매가 우리의 방패이다.

설교를 위한 예화

1956년 남미 에콰도르에서 순교한 짐 엘리엇 선교사의 이야기를 담은 영화〈창끝〉은 용서와 화해에 대한 이야기이다. 순교로 인해 부족들은 변화되었다. 그런데 그 순교는 엘리엇 선교사가 자신의 몸을 의의 무기로 사용한 데서 시작되었다. 와오다니족을 만났을 때 엘리엇 선교사는 총을 사용하지 않았다. 그리고 결국 창으로 무참히 살해당하고 만다. 총을 가지고 있었고 충분히 사용할 수도 있었지만 천국에 갈 준비가 되어 있지 않은 와오다니족을 위해 사용할 수가 없었기 때문이다. 복음을 전하기 위해 그들에게 간 이들은 영생을 얻어 천국에 갈 준비가 되어 있었다. 그래서 총을 사용하지 않았다. 참된 의의 병기는 총이 아니라 영생에 이르는 믿음이다.

2026
7.5

오순절 후 여섯 번째 주일

성서정과 | 시 45:10-17; 창 24:34-39, 42-49, 58-67; 롬 7:15-25a; 마 11:16-19, 25-30

예배로 부름 Call to Worship
안식일을 기억하여 거룩하게 지키라 이는 엿새 동안에 나 여호와가 하늘과 땅과 바다와 그 가운데 모든 것을 만들고 일곱째 날에 쉬었음이라 그러므로 나 여호와가 안식일을 복되게 하여 그날을 거룩하게 하였느니라(출 20:8, 11)

예배 기원 Invocation
우리의 산업과 잔의 소득과 분깃이 되시는 하나님! 벌써 한 해의 절반을 보내고 후반기가 시작되는 7월의 첫 주를 맞이해서 하나님께 예배를 드립니다. 세월을 아끼라고 당부하셨던 주님의 말씀이 더욱 가슴 깊이 새겨지고 있습니다. 이른 봄에 뿌렸던 곡식에서 싹이 나게 하시고, 보리와 채소와 여러 작물의 소출을 허락하여 주심에 감사를 드립니다. 2026년의 전반기를 안전하게 지켜주셨던 하나님께서 저희의 남은 후반기도 지켜주옵소서. 헛된 곳에 시간을 낭비하지 않게 해 주시며, 주님만 바라보는 진실하고 경건한 예배자로 살게 하여 주옵소서. 예수님의 이름으로 기원하옵나이다. 아멘.

이 주일의 찬송 Hymns
거룩 거룩 거룩 전능하신 주님(8장) / 우리를 죄에서 구하시려(260장) /
내 모든 시험 무거운 짐을(337장) / 이 세상에 근심된 일이 많고(486장) /
자비한 주께서 부르시네(531장) / 너 예수께 조용히 나가(539장)

성시 교독 Responsive Readings 시편 45:10-17

인도자 ¹⁰ 딸이여 듣고 보고 귀를 기울일지어다 네 백성과 네 아버지의 집을 잊어버릴지어다

회 중 ¹¹ 그리하면 왕이 네 아름다움을 사모하실지라 그는 네 주인이시니 너는 그를 경배할지어다

인도자 ¹² 두로의 딸은 예물을 드리고 백성 중 부한 자도 네 얼굴 보기를 원하리로다

회 중 ¹³ 왕의 딸은 궁중에서 모든 영화를 누리니 그의 옷은 금으로 수놓았도다

인도자 ¹⁴ 수놓은 옷을 입은 그는 왕께로 인도함을 받으며 시종하는 친구 처녀들도 왕께로 이끌려 갈 것이라

회 중 ¹⁵ 그들은 기쁨과 즐거움으로 인도함을 받고 왕궁에 들어가리로다

인도자 ¹⁶ 왕의 아들들은 왕의 조상들을 계승할 것이라

회 중 왕이 그들로 온 세계의 군왕을 삼으리로다

인도자 ¹⁷ 내가 왕의 이름을 만세에 기억하게 하리니

회 중 그러므로 만민이 왕을 영원히 찬송하리로다

고백의 기도 Prayer of Confession

변함없는 사랑으로 우리를 인도하여 주시는 하나님! 성도의 가장 큰 본분인 예배를 소홀히했던 죄를 고백합니다. 겉으로 볼 때는 주일을 성수하는 경건한 모습을 갖추었으나, 중심을 들여다보면 성전 마당만 밟다가 돌아가는 쭉정이였습니다. 중심을 드리지 않는 저희 예배를 하나님께서 싫어하시지는 않을까 두렵습니다. 우리가 손을 펼 때 보지 않으시며, 많이 기도할지라도 듣지 아니하실까 두렵습니다. 오 사랑의 하나님! 겉은 깨끗하게 하면서 속에는 온갖 더러운 것을 그대로 가지고 있는 저희의 잘못된 신앙을 바로잡아 주소서. 하나님의 뜻을 받들어 악한 행실을 버리며, 선행을 배우고, 정의를 구하며, 학대받는 자를 도와주며, 고아를 위하여 신원하며, 정의로운 삶이 뒷받침되는 예배를 드리게 하여 주옵소서. 예수님의 이름으로 이 고백의 기도를 드립니다. 아멘.

사함의 확신 Assurance of Forgiveness

내가 그들을 내버리지 아니하며 미워하지 아니하며 아주 멸하지 아니하고 그들과 맺은 내 언약을 폐하지 아니하리니 나는 여호와 그들의 하나님이 됨이니라(레 26:44)

내 안의 선과 악

본문의 접근

본문의 재경청 롬 7:15-25a

15 나는 내가 하는 일을 도무지 알 수가 없습니다. 내가 해야겠다고 생각하는 일은 하지 않고, 도리어 해서는 안 되겠다고 생각하는 일을 하고 있으니 말입니다. **16** 내가 그런 일을 하면서도 그것을 해서는 안 되겠다고 생각하는 것은, 곧 율법이 선하다(καλός, good)는 사실에 동의하는 것입니다. **17** 그렇다면, 그와 같은 일을 하는 것은 내가 아니라, 내 속에 자리를 잡고 있는 죄입니다. **18** 나는 내 속에 곧 내 육신 속에 선한 것이 깃들여 있지 않다는 것을 압니다. 나는 선을 행하려는 의지는 있으나, 그것을 실행하지(κατεργάζομαι, perform)는 않으니 말입니다. **19** 나는 내가 원하는 선한 일은 하지 않고, 도리어 원하지 않는 악한 일을 합니다. **20** 내가 해서는 안 되는 것을 하면, 그것을 하는 것은 내가 아니라, 내 속에 자리를 잡고 있는 죄입니다. **21** 여기에서 나는 법칙 하나를 발견하였습니다. 곧 나는 선을 행하려고 하는데, 그러한 나에게 악이 붙어 있다는 것입니다. **22** 나는 속(ἔσω, inside)사람으로는 하나님의 법을 즐거워하나, **23** 내 지체에는 다른 법이 있어서 내 마음의 법과 맞서서 싸우며, 내 지체에 있는 죄의 법에 나를 포로로 만드는(αἰχμαλωτίζω, lead captive)것을 봅니다. **24** 아, 나는 비참한 사람입니다. 누가 이 죽음의 몸에서 나를 건져(ῥύομαι, rescue) 주겠습니까? **25** 우리 주 예수 그리스도를 통하여 나를 건져 주신 하나님께 감사를 드립니다. 〈새번역〉

본문 개관

율법에 대해서 바울은 전문가였다. 태생적으로 유대인이기도 했지만 학문적으로 숙달되기도 했기 때문이다. 게다가 자기의 삶을 통해 율법을 철저하게 준수하기도 했다. 이런 사람이 변화했다. 그리스도의 은혜와 믿음의 새로운 경지를 발견했기 때문이다. 오늘 본문을 통해서 바울은 율법에 대해 집중적으로 탐구한다. 율법은 죄를 깨닫게는 하지만 구원에 이르게 하지는 못한다. 율법은 그 자체로 유용하지만 인간의 뿌리 깊은 죄는 이 율법마저도 자기의 죄된 욕심을 충족하는 데 사용한다. 이런 인간의 속성을 깨달은 바울은 크게 탄식한다.

본문 분석

1. 행하는 것(15절)

바울이 행동하는 것을 의미하는데, 특별히 앞 구절들과의 관계를 놓고 볼 때 율법과 관련된 것을 먼저 생각할 수 있다. 원뜻은 이뤄내다, 완수하다, 성취하다, 행하다의 뜻을 가지고 있다. 율법을 준수하기 위해서 하는 행동들을 포함한다.

2. 선한(16절)

선한으로 번역된 '칼로스'는 일반적으로 좋은, 아름다운 등을 의미한다. 그런데 본문에서는 선하다는 의미로 사용된다. 진리와 부합하는 올바른 것을 뜻하는데 바울은 이 단어를 복음을 따르는 모습, 혹은 마땅히 가야할 길을 가는 것을 묘사할 때 사용한다.

3. 시인하노니(16절)

악을 행하고 있다는 것을 알아차렸다는 것으로 인해서 고민하게 된다면 그것은 율법이 선하다는 것을 인정하는 것이 된다. 율법은 죄가 무엇인지 알려준다. 그 사실 자체를 받아들인다면 죄를 행할 때마다 율법이 꼭 필요하다는 사실에 동의하지 않을 수 없다.

4. 속사람으로는(22절)

속사람은 죄를 짓는 육신과는 다른 나이다. 겉사람은 죄와 욕망의 지배를 받는다. 그러나 하나님으로 말미암는 속사람은 하나님의 법을 즐거워하고, 죄를 미워하며 거룩한 삶을 동경한다.

5. 곤고한(24절)

괴롭고 비참하다는 뜻이다. 그리스도인으로 바르게 살려고 노력하지만 죄의 영향력에서 벗어날 수 없는 현실 앞에서 무기력함을 느끼게 된다. 이런 답답한 현실에 대해 바울은 스스로를 곤고한 사람이라고 한다.

본문의 신학

1. 인간의 죄

하나님은 질서의 하나님이시다. 에덴 동산을 지으셨을 때도 하나의 법칙을 두셨다. 인간은 그것만 지키면 동산의 풍요를 얼마든지 누릴 수 있었다. 그러나 아담과 하와는 그 법을 지키지 않았다. 이후 절망에 빠진 인간을 위해 믿음의 조상을 부르셨고 다시 언약을 맺으셨다. 그러나 이스라엘은 방종했고 타락을 막기 위해 주셨던 율법을 다시 온전히 지키지 않았다. 결국 하나님은 아들을 희생하면서까지 인간의 죄 문제를 해결하신다.

2. 죄인인 이유

나 자신이 원하는 바는 선이다. 그런데 그것을 알면서도 행하는 것은 죄이다. 만약 우리가 어떤 일의 결과를 놓고 알면서도 죄를 행한다는 것을 알게 된다면 그것에는 이유가 있다. 그 이유는 선을 행하고자 하는 내 마음을 이겨내고 그 선을 행하지 않게 하는 힘이 있다는 말이다. 결국 내 육신 속에 선한 것이 거하지 않는 것은 결과가 보여준다.

3. 나를 대신하는 죄
바울은 선을 원하고 악을 행하기 원치 않음에도 여전히 악을 행하는 모습에서 나 자신과 악을 분리해서 생각한다. 내 안에서 내 자아는 선을 행하기 원한다. 그러나 악을 행하게 하는 주체는 바로 죄이다. 그 죄가 나 자신을 압도한다.

4. 끝나지 않는 싸움
바울과 같은 사람도 자기 안의 하나님의 법을 따르려는 마음과 악을 행하는 현실 사이에서 고민하고 좌절한다. 그래서 비참하다고까지 심경을 표현한다. 많은 신앙의 선진들이 동일한 고민을 했다. 그런데 이런 고민은 그리스도인들에게는 극복이 가능한 고민이다. 믿음이 없는 사람들이 자기 자신의 기준과 법대로 무엇인가를 하려고 하다가 결국 하나님을 등지는 결과를 가져오는 것과는 근본적인 차이가 있기 때문이다.

5. 하나님의 법
악이 아무리 끈질겨도 이미 하나님은 아들을 통해 승리하셨다. 성령님을 보내주셔서 항상 죄를 깨닫고 돌아올 수 있는 길을 완전히 열어주셨다. 바울은 예수님을 만나기 전에는 율법만을 의지했고, 그럴수록 죄에서 벗어나지 못했다는 것을 이제야 깨닫는다. 인간의 방법이 아니라, 하나님의 방법으로 하나님의 법을 따르는 길만이 희망이다.

평행 본문

시 45:10-17

¹⁰왕후님! 듣고 생각하고 귀를 기울이십시오. 왕후님의 겨레와 아버지의 집을 잊으십시오.
¹¹그리하면 임금님께서 그대의 아름다움에 사로잡힐 것입니다. 임금님이 그대의 주인이시니, 그대는 임금님을 높이십시오.
¹²두로의 사신들이 선물을 가져오고, 가장 부유한 백성들이 그대의 총애를 구합니다.
¹³왕후님은 금실로 수놓은 옷을 입고, 구중 궁궐에서 온갖 영화를 누리니,
¹⁴오색찬란한 옷을 차려입고 임금님을 뵈러 갈 때에, 그 뒤엔 들러리로 따르는 처녀들이 줄을 지을 것이다.
¹⁵그들이 기뻐하고 즐거워하면서 안내를 받아, 왕궁으로 들어갈 것이다.
¹⁶임금님, 임금님의 아드님들은 조상의 뒤를 이을 것입니다. 임금님께서는, 그들을 온 세상의 통치자들이 되게 하실 것입니다.
¹⁷내가 사람들로 하여금 임금님의 이름을 대대로 기억하게 하겠사오니, 그들이 임금님을 길이길이 찬양할 것입니다. 〈새번역〉

시편 45편에는 왕과 왕후가 등장하기에 분류를 하자면 제왕시에 속한다. 이 왕과 왕후가 결혼을 하는 내용이 전체의 구조를 이루고 있다. 9절부터 결혼식이 본격적으로 시작된다. 10절에서 시인은 왕후에게 권면을 하는데 딸이라고 부른다. 외국에서 결혼을 위해 온 이 여인은 조상의 신을 버리고 이스라엘의 하나님을 따라야 한다. 16절과 17절에서 시인은 이 왕이 만세에 이르도록 다스리실 것과 그 통치가 온 세상에 이를 것을 기원한다. 결국 이 왕은 하나님을 대표하고 그가 다스리는 왕국은 하나님 나라를 의미한다.

마 11:16-19, 25-30

장터에 앉아 노는 아이들의 비유를 통해 유대교 종교 지도자들의 모순을 지적하신 후, 힘들고 무거운 짐을 진 사람들을 품으로 부르시는 초청을 하신다. 이런 초대가 가능한 이유는 하나님이 아들에게 모든 권세를 이미 주셨기 때문이다. 세상의 일들은 하나님의 뜻 안에서 질서 있게 이루어진다. 따라서 하나님만이 우리의 노고와 고난을 아시고 해결해주실 수 있다. 이런 주님 안에서 진정한 평안과 쉼을 누리게 된다.

설교를 위한 적용

오늘에 적용

- **15절 "행하는 것을"** : 우리는 내가 행동하는 일의 의미를 알아야 한다. 율법이 신령한 것인 줄을 알면서도 죄를 행한다. 분명히 잘못된 일인 줄 알면서 그런 행동을 지속하는 것이 인간이다. 이런 죄의 영향 아래 있는 상태에서 하나님의 인도하심을 따르는 상태로 바뀌는 첫 단계는 내가 하는 행동의 의미를 아는 것이다.
- **16절 "이로써 율법이"** : 율법 앞에서 실수도 유익함을 알아야 한다. 하나님의 법을 지키지 못하는 것은 안타까운 일이다. 그러나 그런 실패를 통해 하나님의 법을 지키는 일이 얼마나 복된 일이고 유익한 것인지 깨닫는다면 그것 나름대로 유익이 있다.
- **19절 "악을 행하는도다"** : 정직한 고백을 해야 한다. 바울은 스스로 연약함을 고백한다. 선을 원하고, 바른 일을 행하기 원하지만 정작 원하지 않는 악을 행하는 것이 바로 자신의 현실이라고 한다. 이런 고백은 약점을 노출하는 것이 아니라 더욱 성숙하게 되는 계기가 된다. 어두운 음지에서 악이 자라지 못

하게 하기 때문이다.
- 21절 "악이 함께" : 악과의 동거를 인정해야 한다. 악을 싫어하는 사람이라도 나 자신이 악과 얼마든지 동거할 수 있음을 인정해야 한다. 내가 선을 행하기 원하지만 항상 그렇지 못하다는 것이 그 증거이다.
- 24절 "누가 나를 건져내랴" : 그리스도와 함께해야 한다. 스스로 곤고한 사람임을 알았던 바울이 끝내 희망의 끈을 놓지 않는 이유는 바로 이미 구원을 받았기 때문이다. 여전히 옛 죄악의 영향이 뒤로 잡아끌기는 하지만 이미 승리가 확실하다. 그러나 그리스도와 멀어지면 언제든지 자기 자신의 힘으로 할 수 있다는 교만이 살아나게 된다.

설교 개요

- 하나님은 일방적으로 인간을 사랑하셨다. 에덴 동산에서 하나님의 규칙을 지키지 않은 인간을 생명으로 책망하지 않으시며 그래도 살 길을 주셨다. 이스라엘 백성이 타락할 때마다 이를 깨닫게 하는 사사들과 예언자들을 보내셔서 하나님의 사랑을 기억하게 하셨다. 결국 아들까지 보내셔서 우리를 향한 하나님의 마음을 보여주셨다.
- 반면 인간은 일방적으로 하나님을 사랑하지 않는다. 사랑에 감사하면서도 시간이 지나면 잊어버렸다. 결국 바울의 말처럼 여전히 내 안에서 하나님을 따르려는 마음과 죄를 따르려는 마음이 공존한 채로 살아간다.
- 이렇게 죄와 동거하는 문제는 어쩌면 인간의 선택의 문제라고 볼 수도 있다. 왜 내 안에 있는 두 가지 중 바른 것을 따르지 못하는가에 대해 인간의 책임을 크게 물을 수 있다.
- 그런데 어찌 보면 알면서도 행하지 못하는 것은 인간의 약함을 보여주는 것이기도 하다. 안 되는지 알면서도 행하는 것이 인간이다. 하나님을 따르는 것이 선한 일이고 올바른 일인 것을 알면서도 항상 그것을 택하지 못하는 것이 인간의 한계이다.

- 그래서 하나님은 아들을 보내주신 것으로 그치지 않으신다. 도우시는 영, 성령님을 함께 보내주셨다. 그 성령님을 의지할 때만 시시때때로 우리를 공격하는 내 안의 악을 이길 수 있다. 최후 승리에 참여하기까지 성령님을 의지해야 한다.

설교를 위한 예화

구세군을 창시한 윌리엄 부스는 15살 때 하나님이 자신의 모든 것을 취하실 것을 고백했다고 한다. 흥미로운 것은 20살의 젊은 나이에도 이 신앙을 유지했다는 것이다. 스스로 약속하기를 매일 아침 5분 이상 기도하고, 죄로 연결될 불필요한 말장난이나 헛된 말들을 삼가며, 자신을 겸손하고 온유하게 해서 그리스도의 제자에 적합하게 준비할 것이고, 이를 통해 진지한 대화와 권면으로 다른 이들을 인도하기로 했다. 매일 성경을 최소 4장(chapter) 읽으며, 마음으로 거룩함을 추구하고, 이 서약을 지키기 위해 매일, 아니면 최소한 일주일에 두 번 이상은 반드시 읽는다.

부스는 자기 자신 안에 죄와 피 흘리신 어린 양이 공존함을 젊은 나이에 알았던 것이 분명하다. 그래서 선함을 지키기 위해 평생을 노력했다.

2026 7.12
오순절 후 일곱 번째 주일

성서정과 | 시 119:105-112; 창 25:19-34; 롬 8:1-11; 마 13:1-9, 18-23

예배로 부름 Call to Worship
만민들아 우리 하나님을 송축하며 그의 찬양 소리를 들리게 할지어다 그는 우리 영혼을 살려두시고 우리의 실족함을 허락하지 아니하시는 주시로다 하나님을 찬송하리로다 그가 내 기도를 물리치지 아니하시고 그의 인자하심을 내게서 거두지도 아니하셨도다(시 66:8-9, 20)

예배 기원 Invocation
인생의 아픔과 시련을 굽어살피시는 하나님 아버지! 양식 아닌 것을 위하여 은을 달아주던 저희에게 물가로 나오라고 초청하여 주시니 감사합니다. 배부르게 하지 못할 것을 위하여 수고하던 저희에게 너희는 값없이 와서 물과 포도주를 사라고 말씀하여 주시니 감사합니다. 예배의 현장으로 부르시는 주님의 음성에 순종하여 왔사오니 맞아 주옵소서. 주님의 명령을 청종할 때 좋은 것으로 먹여주시며, 상한 심령을 소성시켜 주옵소서. 성령께서 온전히 이 예배를 인도하여 주시기 원하오며, 예수님의 이름으로 기원하옵나이다. 아멘.

이 주일의 찬송 Hymns
만 입이 내게 있으면(23장) / 성령이여 강림하사(190장) / 참사람 되신 말씀(201장) / 주님의 귀한 말씀은(206장) / 나의 믿음 약할 때(374장) / 내가 예수 믿고서(421장)

성시 교독 Responsive Readings   시편 119:105-112

인도자 105 주의 말씀은 내 발에 등이요 내 길에 빛이니이다
회 중 106 주의 의로운 규례들을 지키기로 맹세하고 굳게 정하였나이다
인도자 107 나의 고난이 매우 심하오니 여호와여 주의 말씀대로 나를 살아나게 하소서
회 중 108 여호와여 구하오니 내 입이 드리는 자원제물을 받으시고 주의 공의를 내게 가르치소서
인도자 109 나의 생명이 항상 위기에 있사오나 나는 주의 법을 잊지 아니하나이다
회 중 110 악인들이 나를 해하려고 올무를 놓았사오나 나는 주의 법도들에서 떠나지 아니하였나이다
인도자 111 주의 증거들로 내가 영원히 나의 기업을 삼았사오니 이는 내 마음의 즐거움이 됨이니이다
회 중 112 내가 주의 율례들을 영원히 행하려고 내 마음을 기울였나이다

고백의 기도 Prayer of Confession

욕심이 잉태한 즉 죄를 낳고 죄가 장성한즉 사망에 이른다고 말씀하신 하나님! 신령한 은혜를 구하지 아니하고 육신의 정욕만 추구하며 살았던 죄를 고백합니다. 세속에서 번영하는 것이 성공한 신앙인 줄 잘못 알았습니다. 가옥에 가옥을 이으며, 전토에 전토를 더해 빈틈이 없도록 하면서, 부귀영화를 누리는 것이 하나님께 받을 복인 줄 알았습니다. 하나님께서 원하시는 공의가 무엇인지 몰랐기에, 아침에 일찍이 일어나 독주를 마시며, 밤이 깊도록 포도주에 취하면서 내 주변에서 고통받고 있는 가난한 자들은 외면하고 멸시하였습니다. 흑암으로 광명을 삼으며, 쓴 것으로 단 것을 삼으면서도 스스로를 지혜롭고 명철한 신앙인이라 여겼습니다. 진리를 떠나 육정대로 살았던 모든 죄를 용서해 주옵소서. 예수님의 이름으로 이 고백의 기도를 드립니다. 아멘.

사함의 확신 Assurance of Forgiveness

내가 그들의 악행을 사하고 다시는 그 죄를 기억하지 아니하리라 여호와의 말씀이니라(렘 31: 34b)

> 오늘의 주제

복음이 열매맺는 밭

본문의 접근

본문의 재경청 마 13:1-9, 18-23

¹ 그 날 예수께서 집에서 나오셔서, 바닷가에 앉으셨다. ² 많은 무리가 모여드니, 예수께서는 배에 올라가서 앉으셨다. 무리는 모두 물가에 서 있었다. ³ 예수께서 그들에게 비유(파라볼레, παραβολή, parable)로 여러 가지 일을 말씀하셨다. 그는 이렇게 말씀하셨다. "보아라, 씨를 뿌리는 사람이 씨를 뿌리러 나갔다. ⁴ 그가 씨를 뿌리는데(스페이로, σπείρω, sow), 더러는 길가에 떨어지니, 새들이 와서, 그것을 쪼아먹었다. ⁵ 또 더러는 흙이 많지 않은 돌짝밭(페트로데스, πετρώδης, rocky)에 떨어지니, 흙이 깊지 않아서 싹은 곧 났지만, ⁶ 해가 뜨자 타버리고, 뿌리가 없어서 말라버렸다. ⁷ 또 더러는 가시덤불(아칸다, ἄκανθα, thorny plant)에 떨어지니, 가시덤불이 자라서 그 기운을 막았다. ⁸ 그러나 더러는 좋은 땅에 떨어져서 열매를 맺었는데, 어떤 것은 백 배가 되고, 어떤 것은 육십 배가 되고, 어떤 것은 삼십 배가 되었다. ⁹ 귀 있는 사람은 들어라." … ¹⁸ "너희는 이제 씨를 뿌리는 사람의 비유가 무슨 뜻을 지녔는지를 들어라. ¹⁹ 누구든지 하늘 나라를 두고 하는 말씀을 듣고도 깨닫지 못하면, 악한 자가 와서, 그 마음에 뿌려진 것을 빼앗아 간다. 길가에 뿌린 씨는 그런 사람을 두고 하는 말이다. ²⁰ 또 돌짝밭에 뿌린 씨는 이런 사람이다. 그는 말씀을 듣고, 곧 기쁘게 받아들이기는 하지만, ²¹ 그 속에 뿌리가 없어서 오래 가지 못하고, 말씀 때문에 환난이나 박해가 일어나면, 곧 걸려 넘어진다. ²² 또 가시덤불 속에 뿌린 씨는 이런 사람이다. 그는 말씀

을 듣기는 하지만, 세상의 염려(메림나, μέριμνα, anxiety)와 재물의 유혹이 말씀을 막아, 열매를 맺지 못한다. ²³ 그런데 좋은 땅에 뿌린 씨는 말씀을 듣고서 깨닫는(쉬니에미, συνίημι, understand) 사람을 두고 하는 말인데, 이 사람이야말로 열매를 맺되, 백 배 혹은 육십 배 혹은 삼십 배의 결실을 낸다." 〈새번역〉

본문 개관

마태복음 13장에는 7개의 비유가 기록되어 있다. 예수님은 군중을 가르치실 때 종종 비유를 사용하셨다. 그중에서도 대표적인 것이 바로 오늘 본문의 씨 뿌리는 비유, 혹은 씨 뿌리는 농부에 대한 비유이다. 이른 비는 가을에 내리는데 비로 인해 땅이 준비가 되면 파종을 했다. 한반도와 다른 기후와 농사법을 따르기에 본문을 이해하기 위해서는 유대 땅의 상황을 이해할 필요가 있다. 그러나 비유의 핵심은 어떤 사람이 하나님 나라 백성이 되는가를 비유를 통해 깨닫는 것이다.

본문 분석

1. 큰 무리(2절)

예수님을 따르는 사람들의 숫자가 많아졌다. 유대교 지도자들처럼 비판하고 흠집을 내려는 사람들도 있었지만 다수의 사람들은 예수님으로부터 배우기 위해서, 그리고 치유와 같은 특별한 사역을 기대하며 따랐다. 이들을 해변에 두고 배에 가셔서 가르치셔야 할 만큼 숫자가 많았다.

2. 비유로(3절)

군중들을 가르치시는 방법으로 비유를 사용하셨다. 비유는 어떠한 것을 놓은 다음 다른 것과 비교하는 것이다. 직관적으로 이해하기 쉬운 것이나 이미 경험을 통해 잘 알고 있는 사물, 사실, 이치 등을 사용해 설명하는 이 방법이 다수를 향해서도 효과적이었다.

3. 돌밭 (5절)

기본적으로 돌이 깔려 있고 그 위에 흙이 덮여있는 밭이다. 농부들은 밭에서 돌을 골라내는 수고를 마다하지 않는다. 흙이 제대로 깔려 있어야 작물이 뿌리를 깊이 내리기 때문이다. 그런데 이 돌밭은 겉으로 보기에는 흙이지만 그 밑은 돌로 되어 있다. 그래서 식물이 해를 견디지 못한다.

4. 가시떨기 (7절)

씨앗이 이미 자리를 잡고 있는 가시덤불 사이에 떨어진 것을 말한다. 나름 땅에 심기기는 했지만, 억세고 적응력도 좋아 농부가 뿌리지 않아도 스스로 자라는 가시떨기와 경쟁해야 한다.

5. 깨닫는 (23절)

이해한다는 뜻을 갖는데 누군가 기본적으로 가지고 있는 생각에 새로운 지식이 들어가서 그 지식과 조화를 이루게 되는 상태를 의미한다. 개인의 삶에 복음이라는 씨앗이 들어갔을 때 복음만도 아니고 개인의 생각만도 아니라 진리의 선한 영향을 삶을 통해 발현하는 상황의 시작이다.

본문의 신학

1. 하나님의 통치

하나님은 온 우주를 통치하신다. 하나님의 영향력이 미치는 곳이 하나님 나라다. 천국, 하늘나라 모두 하나님이 통치하시는 능력의 범위 아래 있는 용어임을 알아야 한다. 우리가 하나님 나라를 특정한 공간에 있는 어떤 장소라고 생각하면, 하나님의 영원하시고 한계가 없는 능력을 제한하는 것이 된다.

2. 사역의 실패

농부가 씨를 뿌리는데 모든 씨앗이 발아하고 결실을 맺는 것은 아니다. 길가에 떨어진 씨앗은 새가 와서 먹어버렸다. 돌밭에 떨어진 씨는 싹이 나와도 중도에 말라버리고 만다. 이렇게 선한 의도로 하나님을 위해 사역을 해도 모든 일이 항상 다 성공하는 것은 아니다. 따라서 실망하지 않는 꾸준함이 필요하다.

3. 진리의 공백

길가에 뿌린 씨앗을 해석하시면서 예수님은 악한 자가 그 뿌려진 것을 빼앗는다고 하셨다. 그 이유는 말씀을 들었지만 깨닫지 못하기 때문이다. 생명의 말씀을 들으면 그것을 마음에 담아야 한다. 그 진리를 의지하며 살아야 한다. 그렇게 하지 못하고 진리가 없는 상태가 되었을 때 아무런 일도 일어나지 않는 것이 아니라 악한 자, 사탄이 와서 나를 차지한다.

4. 성장하는 신앙

돌밭에 씨가 뿌려진 경우는 일단 복음을 받아들이기는 한 것이다. 흙 위에 떨어졌으니 씨앗이 자리를 잡은 것이다. 그러나 아직 안착하지는 못했다. 그 이유는 계속해서 흙을 통해 주어지는 양분을 받지 못하는 돌밭이기 때문이다. 진리를 처음에는 수용해도 그것을 성장시키는 것이 필요하다. 감정적으로 복음을 받아들이는 경우에도 의지적으로, 이성적으로 나의 삶의 지표로 만들 결단이 있어야 한다.

5. 진리와 경쟁하는 것

우리 마음이 가시떨기를 키우고 있다면 애써 떨어져 자라던 씨앗이 열매를 맺지 못한다. 가시떨기가 성장을 방해하다 결국 씨앗의 본 사명인 결실을 맺지 못하게 하기 때문이다. 씨앗도 가시떨기도 다 내 마음 안에 있는 것이다. 예수님 말씀처럼 세상의 염려와 재물의 유혹이 갑자기 다른 곳에서 와서 영향을 미치는 것이 아니다.

평행 본문

창 25:19-34

이삭이 마침내 쌍둥이를 얻었다. 그의 아버지처럼 오랫동안 자손을 보지 못한 이삭이었다. 그러나 아버지처럼 하나님의 은혜와 약속 가운데 자손을 이어가게 되었다. 하나님은 하나님의 백성을 이끌어갈 자녀로 야곱을 선택하셨다. 인간의 관습이나 부모의 사랑의 차이에도 불구하고 하나님의 주권은 강력하게 이 가족의 삶을 이끌어가셨다.

롬 8:1-11

[1] 그러므로 그리스도 예수 안에 있는 사람들은 정죄를 받지 않습니다. [2] 그것은, 그리스도 예수 안에서 생명을 누리게 하는 성령의 법이 당신을 죄와 죽음의 법에서 해방하여 주었기 때문입니다. [3] 육신으로 말미암아 율법이 미약해져서 해낼 수 없었던 그 일을 하나님께서 해결하셨습니다. 곧 하나님께서는 자기의 아들을 죄된 육신을 지닌 모습으로 보내셔서, 죄를 없애시려고 그 육신에다 죄의 선고를 내리셨습니다. [4] 그것은, 육신을 따라 살지 않고 성령을 따라 사는 우리가, 율법이 요구하는 바를 이루게 하시려는 것입니다. [5] 육신을 따라 사는 사람은 육신에 속한 것을 생각하나, 4)성령을 따라 사는 사람은 성령에 속한 것을 생각합니다. [6] 육신에 속한 생각은 죽음입니다. 그러나 성령에 속한 생각은 생명과 평화입니다. [7] 육신에 속한 생각은 하나님께 품는 적대감입니다. 그것은 하나님의 법을 따르지 않으며, 또 복종할 수도 없습니다. [8] 육신에 매인 사람은 하나님을 기쁘게 해 드릴 수 없습니다. [9] 그러나 하나님의 영이 여러분 안에 살아 계시면, 여러분은 육신 안에 있지 않고, 성령 안에 있습니다. 누구든지 그리스도의 영이 없으면, 그리스도의 사람이 아닙니다. [10] 또한 그리스도께서 여러분 안에 살아 계시면, 여러분의 몸은 죄 때문에 죽은 것이지만, 영은 의 때문에 생

명을 얻습니다. ¹¹ 예수를 죽은 사람들 가운데서 살리신 분의 영이 여러분 안에 살아 계시면, 그리스도를 죽은 사람들 가운데서 살리신 분께서, 여러분 안에 계신 자기의 영으로 여러분의 죽을 몸도 살리실 것입니다. 〈새번역〉

율법은 죄를 깨닫게 한다. 그리고 믿는 이들에게는 그리스도 예수 안에서 정죄함이 없다. 성령님을 좇아 사는 한, 죄와 사망의 법이 더 이상 짓누르지 않기 때문이다. 육신을 따르지 않고 영을 따라 행할 때, 거룩한 삶이라는 결과로 드러난다. 육신의 생각은 결정적으로 하나님을 기쁘시게 하지 못하는 삶으로 이어진다. 우리는 단지 성령님 안에 거하기만 하면 된다.

설교를 위한 적용

오늘에 적용

- **4절 "더러는"** : 하나님이 주시는 기회를 감사해야 한다. 농부는 씨앗을 좋아 보이는 곳에만 뿌리지 않는다. 하나님은 어떤 특정한 사람들에게만 은혜를 베푸시지 않으신다. 누구에게나 기회를 주신다.
- **5절 "흙이 깊지 아니하므로"** : 기본을 확인해야 한다. 유대 땅은 돌이 많기 때문에 흙이 있는 밭인 경우에도 식물이 뿌리를 깊이 내리지 못하는 경우가 있다. 복음을 일단 받아들이지만 깊이 뿌리가 내려갈 정도로 내면이 준비되지 않으면 그리스도인으로 장성하기가 어렵다.
- **19절 "빼앗나니"** : 마음을 열어야 한다. 내 밭이 이미 길가와 같이 딱딱해져서 밭으로의 기능을 상실했다면 그것을 스스로 인정하고 마음에 균열을 내야 한다. 내 속에 있는 부드러운 흙을 내보임이 마땅하다. 그래야 씨앗을 노출하지 않고 품게 되며, 결국 뿌리 내리게 할 수 있다.
- **22절 "염려와 재물"** : 하나님의 주권을 인정해야 한다. 하나님 나라는 하나님

의 주권이 살아서 역사해야 한다. 지금 우리가 사는 이 시점에 하나님의 능력이 드러나야 한다. 우리는 하나님의 주권이 아닌 염려와 재물의 주권에 매여 사는 경우가 많다. 현실의 능력들을 이겨서 하나님 나라의 비밀을 드러내고 실현해야 한다.

- 22절 "말씀이 막혀" : 강한 대적과 싸워야 한다. 가시떨기는 생존력이 강하다. 누가 따로 심지 않아도 스스로 옮겨다니며 뿌리를 내린다. 만일 복음을 받을 밭에 이런 가시떨기가 가득한 상태라면, 그 삶은 이미 진리와 대비되는 영향을 강하게 받고 있는 있는 상태이다. 대적을 얕보지 말고 대처해야 한다.

설교 개요

- 식물은 정직하다. 열매를 얻기 위해서는 많은 조건과 요소를 갖추어야 한다. 물을 주고 양분을 공급한 만큼 성장한다.
- 식물 자체에 대해서 잘 알기도 해야 한다. 무조건 물과 양분을 공급한다고 결실을 얻는 것이 아니다. 무조건 온실에 둔다고 다 꽃과 열매를 맺는 것은 아니다. 시기에 따라, 성격에 따라 가꿔야 한다. 그래서 때때로 한겨울에 일부러 화분을 밖에 두는 일도 필요하다.
- 당연히 씨를 뿌리는 땅마다 좋은 땅이면 그나마 좋겠지만 항상 좋은 조건에 씨를 뿌릴 수는 없다. 그래서 땅을 준비해야 하고, 얼마나 좋은 땅이 되었는지 검증하는 안목이 중요하다. 이렇듯 식물을 파종하고 기르는 것은 쉬운 일이 아니다.
- 작물을 기르는 일도 이러한데 진리를 이 세상에 전파하는 일이 쉬울 리가 없다. 하늘나라는 자동으로 임하는 것이 아니다. 좋은 땅인지 검증하는 일을 먼저 해야 한다. 이미 굳을 대로 굳어버린 땅인지, 겉으로는 멀쩡하지만 한 꺼풀 벗기면 생명을 기를 수 없는 돌밭인지 스스로 판단해야 한다.
- 그리고 하늘나라는 마지막 결실까지 기다려야 이를 수 있다. 씨앗이 뿌리를 내려도 여전히 세상의 염려와 재물에 대한 욕망과 경쟁해야 한다. 승리할 때

까지, 결실할 때까지 지켜봐야 한다.

설교를 위한 예화

고사리는 즐겨 먹는 식물이지만 가정에서 기르기는 어려운 것으로 알려져 있다. 그런데 고사리를 심는 방법은 다양하다고 한다. 일반적으로 알고 있듯이 포자로 번식하는 것이 기본이다. 잎 뒤의 포자낭군에 있는 미세한 포자가 터져서 바람에 날려서 번식한다. 그런데 그것만이 아니라 성장한 고사리 줄기를 심는 방법도 있다.

문제는 밭이다. 포자로 기를 때도 살균한 흙을 준비해야 한다. 그리고 촉촉하게 물을 뿌리고 뚜껑을 덮어야 한다. 자연과 같은 조건을 만들기 위해 직사광선도 피해야 한다. 이래야 자라게 된다. 줄기를 심을 때도 아무렇게나 심으면 기를 수가 없다. 역시 살균된 칼이나 가위로 뿌리줄기를 깨끗하게 잘라줘야 한다. 그리고 나눈 줄기들을 새 화분에 심고 물을 충분히 주어야 한다. 반그늘에서 자라게 해야 하는데, 뿌리가 상하지 않도록 조심해야 하고 습도를 유지해야 한다.

고사리가 잘 자라게 하는 데는 한 가지 방법만 있는 것은 아니지만, 결론은 흙의 환경을 만들어 주어야 한다는 것이다. 우리 안의 복음의 씨앗도 마찬가지이다.

2026 7.19

오순절 후 여덟 번째 주일

성서정과 | 시 139:1-12, 23-24; 창 28:10-19a; 롬 8:12-25; 마 13:24-30, 36-43

예배로 부름 Call to Worship

너희는 여호와께 감사하며 그의 이름을 불러 아뢰며 그가 행하신 일을 만민 중에 알릴지어다 그에게 노래하며 그를 찬양하고 그의 모든 기사를 전할지어다 그의 성호를 자랑하라 여호와를 구하는 자마다 마음이 즐거울지로다(대상 16:8-10)

예배 기원 Invocation

자비로운 자에게 자비로우심을 나타내시며, 마음이 깨끗한 자에게 깨끗하심을 보이시는 하나님 아버지! 주님이 구별하신 거룩한 주일 아침에, 깨끗하고 정결한 마음을 준비하여 예배의 자리로 나왔습니다. 겸손하게 구하는 성도에게 충만한 은혜를 내려 주시며, 정직한 마음으로 기다리는 성도에게 진리의 말씀으로 채워주옵소서. 그리하여 예배하는 저희 심령에 구원의 기쁨을 새롭게 하여 주시며, 숨이 멈추는 그 순간까지 오직 하나님만께 찬양과 경배를 드리게 하옵소서. 예수 그리스도의 이름으로 기원하옵나이다. 아멘.

이 주일의 찬송 Hymns

주 우리 하나님(14장) / 언약의 주 하나님(248장) / 주 없이 살 수 없네(292장) / 나그네와 같은 내가(376장) / 때 저물어서 날이 어두니(481장) / 주여 지난밤 내 꿈에(490장)

성시 교독 Responsive Readings　　　　　　　시편 139:1-12, 23-24

인도자　1 여호와여 주께서 나를 살펴보셨으므로 나를 아시나이다

회 중　2 주께서 내가 앉고 일어섬을 아시고 멀리서도 나의 생각을 밝히 아시오며

인도자　3 나의 모든 길과 내가 눕는 것을 살펴보셨으므로 나의 모든 행위를 익히 아시오니

회 중　4 여호와여 내 혀의 말을 알지 못하시는 것이 하나도 없으시니이다

인도자　5 주께서 나의 앞뒤를 둘러싸시고 내게 안수하셨나이다

회 중　6 이 지식이 내게 너무 기이하니 높아서 내가 능히 미치지 못하나이다

인도자　7 내가 주의 영을 떠나 어디로 가며 주의 앞에서 어디로 피하리이까

회 중　8 내가 하늘에 올라갈지라도 거기 계시며 스올에 내 자리를 펼지라도 거기 계시니이다

인도자　9 내가 새벽 날개를 치며 바다 끝에 가서 거주할지라도

회 중　10 거기서도 주의 손이 나를 인도하시며 주의 오른손이 나를 붙드시리이다

인도자　11 내가 혹시 말하기를 흑암이 반드시 나를 덮고 나를 두른 빛은 밤이 되리라 할지라도

회 중　12 주에게서는 흑암이 숨기지 못하며 밤이 낮과 같이 비추이나니 주에게는 흑암과 빛이 같음이니이다

인도자　23 하나님이여 나를 살피사 내 마음을 아시며 나를 시험하사 내 뜻을 아옵소서

회 중　24 내게 무슨 악한 행위가 있나 보시고 나를 영원한 길로 인도하소서

고백의 기도 Prayer of Confession

성도의 언행심사를 감찰하시는 하나님! 그동안 저희는 말씀을 듣기만 하고 행하지 않으므로 자신을 속이는 자가 되어 살았습니다. 스스로 경건하다고 생각하면서도 혀에는 재갈을 물리지 않고 더럽고 방탕한 말을 하여 하나님의 영광을 가렸습니다. "하나님 앞에서 정결하고 더러움이 없는 경건은 환난 중에 있는 이웃을 돌보며, 자신을 지켜 세속에 물들지 않는 것"이라 배웠건만, 저희에게는 그런 아름다운 행함이 없었습니다. 오히려 한 교회 안에서 신앙생활을 하는 형제와 더불어 다투고 싸웠습니다. 우리가 드리는 기도의 내용은 하나님의 뜻을 이루는 데 있지 않고, 내 욕심을 채우는 수단에 불과했습니다. 죽은 믿음을 소유하고 살았던 저희의 어리석음을 용서해 주옵소서. 예수님의 이름으로 이 고백의 기도를 드립니다. 아멘.

사함의 확신 Assurance of Forgiveness

내 이름으로 일컫는 내 백성이 그들의 악한 길에서 떠나 스스로 낮추고 기도하여 내 얼굴을 찾으면 내가 하늘에서 듣고 그들의 죄를 사하고 그들의 땅을 고칠지라(대하 7:14)

율법과 성령님

본문의 접근

본문의 재경청 롬 8:12-25

¹² 그러므로 형제자매 여러분, 우리는 빚을 지고 사는 사람들이지만, 육신(사르크스, σάρξ, flesh)에 빚을 진 것이 아닙니다. 우리는 육신을 따라 살아야 할 존재가 아닙니다. ¹³ 여러분이 육신을 따라 살면, 죽을 것입니다. 그러나 여러분이 성령으로 몸의 행실을 죽이면, 살 것입니다. ¹⁴ 하나님의 영으로 인도함을 받는 사람은, 누구나 다 하나님의 자녀입니다. ¹⁵ 여러분은 또다시 두려움에 빠뜨리는 종살이의 영을 받은 것이 아니라, 자녀로 삼으시(휘오데시아, υἱοθεσία, adoption)는 영을 받았습니다. 그래서 우리는 그 영으로 하나님을 "아빠, 아버지"라고 부릅니다. ¹⁶ 바로 그 때에 그 성령이 우리의 영과 함께, 우리가 하나님의 자녀임을 증언하십니다. ¹⁷ 자녀이면 상속자이기도 합니다. 우리가 그리스도와 함께 영광을 받으려고 그와 함께 고난을 받으면, 우리는 하나님이 정하신 상속자(클레로노모스, κληρονόμος, heir)요, 그리스도와 더불어 공동 상속자입니다. ¹⁸ 현재 우리가 겪는 고난은, 장차 우리에게 나타날 영광에 견주면, 아무것도 아니라고 나는 생각합니다. ¹⁹ 피조물(크티시스, κτίσις, creation)은 하나님의 자녀들이 나타나기를 간절히 기다리고 있습니다. ²⁰ 피조물이 허무에 굴복했지만, 그것은 자의로 그렇게 한 것이 아니라, 굴복하게 하신 그분이 그렇게 하신 것입니다. 그러나 소망은 남아 있습니다. ²¹ 그것은 곧 피조물도 썩어짐의 종살이에서 해방되어서, 하나님의 자녀가 누릴 영광된 자유를 얻으리라는 것입니다. ²² 모든 피조물이

이제까지 함께 신음하며, 함께 해산의 고통을 겪고 있다는 것을, 우리는 압니다. ²³ 그뿐만 아니라, 첫 열매로서 성령을 받은 우리도 자녀로 삼아 주실 것을, 곧 우리 몸을 속량하여 주실 것을 고대하면서, 속으로 신음하고 있습니다. ²⁴ 우리는 이 소망(엘피스, ἐλπίς, hope)으로 구원을 얻었습니다. 눈에 보이는 소망은 소망이 아닙니다. 보이는 것을 누가 바라겠습니까? ²⁵ 그러나 우리가 보이지 않는 것을 바라면, 참으면서 기다려야 합니다. 〈새번역〉

본문 개관

교회가 시작되었을 무렵 성도의 삶의 원리가 율법인지 아니면 성령님인지에 대해서 서로 주장하는 일이 있었다. 유대교의 영향을 받은 개종자들은 율법과 그것을 준수하는 전통을 중요하게 생각했다. 이방인에게도 그 적용을 시도했으나 바울은 그리스도를 믿음으로 구원받는다는 사실을 명백히 했다. 성령님을 따라 살면 된다. 그리스도를 주님으로 믿는 이들은 성령님의 인도하심 안에서 그 통치를 따라 산다.

본문 분석

1. 육신(12절)

바울이 말하는 육신은 영과 함께 인간을 구성하게 된다. 육은 세상을 상징하고, 영은 영적인 세상, 하나님의 세상을 말한다.

2. 인도함을(14절)

육신으로 사는 사람에 대해 바울은 인도함을 받는다고 하지 않고, 성령님을 따르는 사람에게 인도함을 받는다고 말한다. 하나님의 영을 따라 사는 사람은 평안과 안정을 누리며 산다.

3. 양자의 영(15절)

성령님은 종의 영이 아니시다. 종의 영은 과거에 우리를 얽어맸던 영이다. 죄의 노예로 살게 하는 영이다. 성령님은 우리를 하나님의 자녀가 되게 하는 영이시다.

4. 함께 한 상속자(17절)

우리는 하나님의 양자인 동시에 상속자이다. 그래서 영광과 고난을 받아들여야 한다. 그런데 바울은 특이하게 우리가 그리스도와 함께하는 상속자라고 한다. 이 말은 우리와 그리스도가 동등한 위치와 자격으로 하나님의 상속자가 되었다는 말이다.

5. 고대하는(19절)

간절하게 기다리고 기대한다는 뜻의 단어이다. 피조물이 한순간 기다리는 것이 아니고 이루어질 때까지 열망하며 뜨겁게 고대하는 모습을 묘사한다. 예수님으로 말미암는 구원을 인간뿐 아니라 온 피조물도 기다린다는 의미이다.

본문의 신학

1. 하나님의 양자

육의 지배를 받으면 하나님의 자녀로서의 자격을 갖출 수 없다. 성령님의 지배를 받으면 양자의 영을 받은 것이다. 그 영을 따라 하나님을 아버지라 부를 수 있다. 그리고 한번 아버지라 부르게 된 이 관계는 다시 성령님에 의해 유지된다.

2. 몸의 구원

하나님은 성령님을 우리에게 선물로 주셨다. 더 이상 종의 노예가 아니라 성령님의 인도와 보호하심 속에서 살아간다. 그러면 우리의 몸은 장차 어떻게 되는 것인가? 바울은 23절에서 우리는 성령님의 처음 익은 열매이고, 그것으로 끝이 아니라고 한다. 우리 몸의 속량, 즉 장차 이루어질 양자가 되는 영광스러운 그때까지 우리와 함께하신다.

3. 지속적인 영향

성령님은 순간적으로 임했다 떠나시지 않는다. 바울이 말한 바와 같이 말할 수 없는 탄식으로 우리를 위해 간구하신다. 믿음을 견지하는 한 성령님은 우리의 생각을 지키시고 구원 여정을 함께 이루신다. 결국 성도의 구원은 성령님 없이는 불가능하다.

4. 하나님의 의

하나님의 의는 성령님으로 말미암아 우리에게 다가온다. 성령님은 그리스도 사건을 그저 단순히 먼 유대 땅 낯선 남자의 생과 죽음으로 끝내지 않는다. 하나님이 이 세상을 구하시고 나의 생명까지 구원하시겠다는 의지가 바로 성자 예수님에게서 드러난다. 그것을 우리가 알고, 믿고, 깨닫는 것은 성령님의 도우심이다.

5. 장래의 구원

바울은 구원이 장래에 있을 것을 말한다. 처음 복음을 접했을 때 갖는 희열과 기쁨은 지금까지 처음 익은 열매로 우리에게 주어졌다. 그런데 그것으로 구원이 완성되지 않는다는 것이다. 그래서 양자가 된 것이 아니라 양자가 될 것을 기다리는 상태이다. 하나님의 자녀가 되는 것은 단순히 한때의 기분으로 되는 것이 아니다. 믿음과 의지적 결단이 필요하다. 그리고 우리가 구해야 할 것은 자녀인 상태로 장래에 구원을 받는 것이다. 이를 위해서 성령님의 지속적인 도움이 필요하다.

평행 본문

창 28:10-19a

장자권을 둘러싸고 에서와 아버지를 속인 야곱은 보복이 두려워 길을 떠났다. 브엘세바에서 하란까지의 길은 멀고 고단했다. 도와줄 종이나 친구도 없이 노숙할 수밖에 없는 처지였다. 그런데 바로 그런 인생의 바닥과 같은 순간 하나님이 다시 야곱을 찾아오셨다. 하나님은 할아버지와 아버지에게 하셨던 약속을 야곱에게도 하신다. 동행과 후손에 대한 언약을 먼저 제시하신다. 야곱은 일어나 바로 그 자리에 돌로 기둥을 세우고 벧엘이라 칭한다.

마 13:24-30, 36-43

13장에 있는 7개의 천국비유 중 하나인 가라지 비유이다. 천국에 합당한 사람은 곧바로 구분되지 않는다. 신실한 신자와 그렇지 않은 사람은 함께 자랄 수밖에 없다. 그렇기 때문에 섣부르게 판단을 하지 않아야 한다. 겉모습만 보고 거룩하다고 하거나 속되다고 비판하기에는 우리가 볼 수 없는 부분들이 분명히 존재한다. 그러나 한가지 분명한 것은 마지막 추수가 있게 될 것이라는 점이다. 그날 마침내 모든 것이 드러난다.

설교를 위한 적용

오늘에 적용

- **14절 "인도함을 받는"**: 성령님의 인도하심을 받아야 한다. 육신을 따라 사는 사람은 자신의 욕망을 충족하기에 급급하다. 악한 영의 유혹과 이끌림을 당

하기도 하지만 어느 순간 자신이 앞장서서 파멸의 길을 가기 마련이다. 성령님은 우리를 인도하신다. 그 인도하심을 따라야 한다.
- 17절 "고난도 함께" : 고난도 각오함이 마땅하다. 우리는 하나님의 자녀로서 예수님과 함께 동등한 권리를 누린다. 그래서 바울은 그와 함께 영광을 받을 수 있음을 말한다. 다만 그 영광을 받기 위해서는 고난도 함께 받아야 한다. 하나님의 자녀로 살기 위해서 필히 감수해야 한다.
- 18절 "장차 우리에게 나타날" : 미래를 기대해야 한다. 17절에 고난을 감내해야 한다고 했는데, 그 고난은 현재 있을 고난이다. 그런데 고난으로 끝이 아니다. 앞으로 우리에게 영광이 있을 것이다. 그 영광이 주어질 미래를 기대해야 한다.
- 21절 "바라는 것은" : 피조물의 해방을 도와야 한다. 인간뿐만 아니라 피조물도 종노릇하는 데서 벗어나기를 원한다. 주님의 다시 오심으로 새로운 질서가 속히 임하기를 고대한다. 여기에서 우리는 피조물들의 바람을 구경만 할 것이 아니라 그 날이 속히 오도록 합심해야 한다.
- 23절 "속으로 탄식하여" : 열매 맺는 탄식을 해야 한다. 우리는 성령님으로 말미암아 처음 익은 열매를 받은 사람들이다. 이미 성령님의 인도하심을 받고 있다. 그러나 그것으로 끝나지 않는다. 몸의 속량이 있다. 그때까지 선한 싸움을 싸우며 속으로 탄식함이 마땅하다.

설교 개요

- 율법은 귀중하다. 바울도 인정한 바다. 이 율법이 우리를 거룩하게 하는 기능을 하는 것처럼 보이기도 한다. 그래서 하나님의 법을 기뻐하는 사람에게는 소망이 있다. 왜냐하면 그리스도인이 아닌 상태에서는 율법을 즐거워할 수가 없기 때문이다.
- 율법은 그것을 지키는 사람으로 하여금 거룩한 모습을 취하게 해줄 수 있다. 하나님은 구약시대를 통해, 문자를 통해 우리가 행할 바를 알려주셨다. 하

나님의 의를 두려워하는 사람들은 율법을 찾았다. 법의 준수를 삶의 목적과 희망으로 삼았다.
- 그러면 그것으로 충분한가? 아니다. 율법으로 거룩해질 수 있다면 왜 유대인들을 향해 하나님이 복음을 전하셨는가? 율법은 구원을 이룰 수 없다. 죄는 율법을 넘어선다. 율법은 궁극적으로 인간을 구원할 수 없다. 율법이 있어도 여전히 죄의 지배 아래 산다.
- 그래서 우리에게는 성령님이 필요하다. 여전히 몸은 옛사람이어서 하나님의 법을 준수해야 한다. 그러나 이미 그리스도 안에서 새로운 사람이 되어 성령님 안에서 승리했기에 미래를 향해 나아가야 한다.
- 성령님을 의지하면 마침내 죄와 분리된 영원한 삶을 살게 될 것이다. 그때는 이미 거룩해졌기 때문에 죄가 더 이상 우리에게 영향을 미치지 못한다. 물론 먼 미래에만 가능한 것은 아니다. 우리가 성령님을 따라 산다면 오늘도 죄의 영향에서 그만큼 멀어지게 된다.

설교를 위한 예화

캐서린 러셀(Catherine Russell) 유니세프 사무총장은 2025년 7월 유엔 안전보장이사회 회의에서 가자 지구 어린이들의 인도주의적 상황에 대해 말했다. 가자 지구에서 분쟁이 시작된 이후 팔레스타인뿐만 아니라 이스라엘 어린이들도 고통을 받고 있다고 한다. 살해와 부상, 또 언제 그런 위험에 처할지 모르는 상태 자체가 고통인 것을 짐작할 수 있다. 가자 지구를 둘러싼 공격이 시작된 이후 21개월간 가자 지구에서 17,000명 이상의 어린이가 사망하고 33,000명이 부상을 입은 것으로 알려졌는데, 매일 평균 28명의 어린이가 사망한 수치이다. 아이들이 음식과 의약품을 기다리느라 줄을 서 있는 동안에도 목숨을 잃거나 신체의 상해를 입고 있다는 것이다. 얼마 전에도 어린이 9명과 여성 4명을 포함한 팔레스타인 15명이 데이르알 발라에서 유니세프의 영양 공급을 기다리던 중 공습으로 사망했고, 어린이 7명을 포함해 10명이 식수를 모으던 중 공격으로 사망했으며, 연설을 하는 당일에도 가자 지구 남부의 가자 지구 인도주의 재단 배급 현장에서 최소 20명이 사망한 것으로 알려졌다고 말한다. 6월에 영양실조 검사를 받은 113,000명 이상의 어린이 중 거의 6,000명이 급성 영양실조에 걸린 것으로 밝혀졌고, 물조차 구하기 어렵다. 물 생산 능력이 급감해서 가자 지구 가구의 95%가 적절한 물을 이용할 수 없다.

평안과 평화는 요원하고 가장 기본적인 생존을 위한 노력을 할 때에도 목숨을 걸어야 하는 것이 가자 지구의 현실이다. 인간도, 피조물도 그리스도로 말미암는 창조질서의 회복을 고대하고 있다.

2026 7.26

오순절 후 아홉 번째 주일

성서정과 | 시 105:1-11, 45b; 창 29:15-28; 롬 8:26-39; 마 13:31-33, 44-52

예배로 부름 Call to Worship
오라 우리가 여호와의 산에 올라가서 야곱의 하나님의 전에 이르자 그가 그의 도를 가지고 우리에게 가르치실 것이니라 우리가 그의 길로 행하리라 하리니 이는 율법이 시온에서부터 나올 것이요 여호와의 말씀이 예루살렘에서부터 나올 것임이라 (미 4:2)

예배 기원 Invocation
진리의 빛으로 흑암을 밝히시며 우리의 걸음을 넓게 하시어 실족하지 않게 도와주시는 하나님! 감사와 찬송과 영광을 삼위일체 하나님께 올려드립니다. 예배자로 모인 우리 모두, 마음을 합하고 입을 모아서 지극히 아름다운 일을 행하신 하나님께 영광을 돌리게 하옵소서. 예배하는 이 시간 감사의 찬송을 힘차게 불러 하나님의 구원하심을 만국에 선포하게 하시며, 시와 찬미로 지극히 아름다운 주의 이름을 높이게 하옵소서. 참되게 예배하는 성도마다 구원의 우물에서 기쁨으로 물을 긷는 신령한 은혜를 더하여 주옵소서. 예수님의 이름으로 기원하옵나이다. 아멘.

이 주일의 찬송 Hymns
하나님의 크신 사랑(15장) / 주 예수보다 더 귀한 것은 없네(94장) / 주의 사랑 비칠 때에(293장) / 죄인 구원하시려고(296장) / 주여 나의 생명(316장) / 꽃이 피는 봄날에만(541장)

성시 교독 Responsive Readings 시편 105:1-11, 45b

인도자 1 여호와께 감사하고 그의 이름을 불러 아뢰며 그가 하는 일을 만민 중에 알게 할지어다
회 중 2 그에게 노래하며 그를 찬양하며 그의 모든 기이한 일들을 말할지어다
인도자 3 그의 거룩한 이름을 자랑하라 여호와를 구하는 자들은 마음이 즐거울지로다
회 중 4 여호와와 그의 능력을 구할지어다 그의 얼굴을 항상 구할지어다
인도자 5-6 그의 종 아브라함의 후손 곧 택하신 야곱의 자손 너희는 그가 행하신 기적과 그의 이적과 그의 입의 판단을 기억할지어다
회 중 7 그는 여호와 우리 하나님이시라 그의 판단이 온 땅에 있도다
인도자 8 그는 그의 언약 곧 천 대에 걸쳐 명령하신 말씀을 영원히 기억하셨으니
회 중 9 이것은 아브라함과 맺은 언약이고 이삭에게 하신 맹세이며 10 야곱에게 세우신 율례 곧 이스라엘에게 하신 영원한 언약이라
인도자 11 이르시기를 내가 가나안 땅을 네게 주어 너희에게 할당된 소유가 되게 하리라 하셨도다
회 중 45b 이는 그의 율법을 따르게 하려 하심이로다 할렐루야

고백의 기도 Prayer of Confession

사랑의 하나님! 경건한 자가 줄어들고 있습니다. 참마음으로 하나님을 찾는 자를 찾아보기 어려운 시절을 살아가고 있습니다. 현대인들은 마음에 이르기를 내가 하늘에 올라가 하나님의 뭇별 위에 내 자리를 높이리라 말합니다. 과학과 이성을 신봉하는 사람들은 가장 높은 구름에 올라가 지극히 높은 이와 같아지리라고 장담하고 있습니다. 썩어져 가는 육신의 정욕을 따라 우상을 숭배하며 하나님께 등을 돌리고 있는 이 세대를 용서하여 주옵소서. 복음을 먼저 받은 저희도 세상 사람들과 다를 바가 없어서, 입으로는 하나님의 이름을 부르지만 행동으로는 세속의 가치관에 젖어서 살아갑니다. 교만함으로 인하여 떨어진 계명성처럼 저희도 스올 밑바닥에 이르게 되지는 않을까 두렵습니다. 속히 겸손한 신앙을 회복하여 하나님을 바르게 섬기며 살게 하옵소서. 예수님의 이름으로 이 고백의 기도를 드립니다. 아멘.

사함의 확신 Assurance of Forgiveness

여호와는 마음이 상한 자를 가까이 하시고 충심으로 통회하는 자를 구원하시는도다 그의 모든 뼈를 보호하심이여 그 중에서 하나도 꺾이지 아니하도다(시 34:18, 20)

> 오늘의 주제

작지만 귀한 것

본문의 접근

본문의 재경청 마 13:31-33, 44-52

³¹ 예수께서 또 다른 비유를 들어서, 그들에게 말씀하셨다. "하늘 나라는 겨자씨(시나피, σίναπι, mustard)와 같다. 어떤 사람이 그것을 가져다가, 자기 밭(아그로스, ἀγρός, field)에 심었다. ³² 겨자씨는 어떤 씨보다 더 작은 것이지만, 자라면 어떤 풀보다 더 커져서 나무(덴드론, δένδρον, tree)가 된다. 그리하여 공중의 새들이 와서, 그 가지에 깃들인다." ³³ 예수께서 또 다른 비유를 그들에게 말씀하셨다. "하늘 나라는 누룩(쥐메, ζύμη, ferment)과 같다. 어떤 여자가 그것을 가져다가, 가루 서 말 속에 살짝 섞어 넣으니, 마침내 온통 부풀어올랐다." … ⁴⁴ "하늘 나라는, 밭에 숨겨 놓은 보물(데사우로스, θησαυρός, treasure)과 같다. 어떤 사람이 그것을 발견하면, 제자리에 숨겨 두고, 기뻐하며 집에 돌아가서는, 가진 것을 다 팔아서 그 밭을 산다." ⁴⁵ "또 하늘 나라는, 좋은 진주(말가리테스, μαργαρίτης, pearl)를 구하는 상인과 같다. ⁴⁶ 그가 값진 진주 하나를 발견하면, 가서, 가진 것을 다 팔아서 그것을 산다." ⁴⁷ "또 하늘 나라는, 바다에 그물을 던져서 온갖 고기를 잡아 올리는 것과 같다. ⁴⁸ 그물이 가득 차면, 해변에 끌어올려 놓고 앉아서, 좋은 것들은 그릇에 담고, 나쁜 것들은 내버린다. ⁴⁹ 세상 끝 날에도 이렇게 할 것이다. 천사들이 와서, 의인들 사이에서 악한 자들을 가려내서, ⁵⁰ 그들을 불 아궁이(카미노스, κάμινος, furnace)에 쳐 넣을 것이니, 그들은 거기서 울며 이를 갈 것이다." ⁵¹ 예수께서 제자들에게 "너희가 이것들을 모두 깨달았느냐?" 하

고 물으시니, 그들이 "예"하고 대답하였다. ⁵² 예수께서 그들에게 말씀하셨다. "그러므로, 하늘 나라를 위하여 훈련을 받은 율법학자(그람마튜스, γραμματεύς, scribe)는 누구나, 자기 곳간에서 새 것과 낡은 것을 꺼내는 집주인과 같다."〈새번역〉

본문 개관

하나님 나라에 대한 일곱 개의 비유 중 오늘 본문은 겨자씨 비유와 누룩, 감추인 보화의 비유를 담고 있다. 겨자씨 비유는 하나님 나라의 확장 가능한 속성을, 누룩 비유는 외면과 다르게 보이지 않는 안에서도 끊임없이 팽창하는 성격을 말한다. 감추인 보화, 값진 진주에 대한 가르침은 천국이 그만큼 귀중하다는 것을 상기시키는 동시에 은폐되어 있는 속성을 전제로 말씀하셨다. 일곱 번째 비유인 그물 비유는 생명으로 인도하는 방법과 자격에 대한 교훈이다.

본문 분석

1. 겨자씨(31절)

당시 파종하던 씨앗 중 크기가 작은 씨앗이다. 다 자란 이후에는 사람 키를 훌쩍 뛰어넘는데 나무처럼 계속해서 자라지는 않았다. 그래서 새들이 찾아와 가지에 앉기는 하지만 계속해서 살기는 어려웠다.

2. 서 말(33절)

말의 원어는 사톤으로 유대인들이 쓰던 스아를 말한다. 10리터 이상으로 추정하기도 하지만 대체로 약 7리터 정도의 분량으로 본다. 서 말이면 20리터가 넘는다. 가루는 당시에 일반적으로 재배하던 밀가루이기에 무게로 따지면 서 말은 적게 계산했을 때 12킬로 전후 되었을 것이다.

3. 누룩(33절)

밀가루와 같은 곡물을 부풀게 하는 효모다. 구약에서 누룩은 부정한 것을 상징했는데 악이 어느 사이엔가 퍼지는 것을 설명할 때 사용했다. 출애굽 전통에 따라 유월절에도 누룩의 사용을 일부러 제한하는 것이 전통이었다. 예수님이 누룩을 거짓된 교훈이나 위선과 연결해 조심하라고 가르치시기도 했다.

4. 그물(47절)

천국은 바다에 그물을 치고 물고기를 잡는 것과 같다. 그런데 그물로 잡기 때문에 종류를 골라서 잡기가 어렵다. 알곡과 가라지가 섞여 있는 가라지 비유처럼 그물 비유도 물고기를 섞어서 잡게 됨을 암시한다. 그래서 물가로 가지고 가서 좋은 것만 선별하는 결론에 이른다.

5. 집주인(52절)

예수님의 비유를 깨달은 사람은 천국의 제자된 서기관과 같다. 서기관이 율법에 정통한 것처럼 참된 제자들은 천국에 대해 알고 있다. 이들은 마치 곳간, 그러니까 귀중한 것을 넣어놓은 창고에서 필요한 것을 꺼내오는 주인과 같아서 하나님 나라 확장을 위해 계속해서 노력하게 될 것이다.

본문의 신학

1. 겨자씨의 때

겨자씨 비유는 마지막 때를 준비하는 사람들에게 위로가 되는 말씀이었다. 그들은 복음을 들었다. 그러나 여전히 세상은 죄와 악이 가득하다. 이런 환경에서 주님을 따를 수 있는 이유는 이미 하나님 나라가 시작되었음을 확신하기 때문이다. 겨자씨 비유는 이런 믿음이 어떤 결과를 낳게 되는지를 보여준다.

2. 누룩을 넣는 사람

복음은 씨를 뿌리는 사람이 수고를 감당하는 것과 같은 노력으로 전파된다. 겨자씨도 이를 뿌리는 사람의 행동이 있어야 한다. 누룩도 마찬가지이다. 예수님의 오심과 복음 전파가 계기가 되어 억압받고 고통당하던 사람들이 비로소 놓임을 얻는 것처럼 누룩의 역할은 예상하지 못한 변화를 가져온다.

3. 천국의 속성

당시 유대인들의 민족적인 바람은 로마의 지배로부터 벗어나는 것이었다. 당시 강력한 군사력으로 세계를 통치하던 로마는 유대인의 관점에서 볼 때 도저히 벗어나기 힘든 제국이었다. 그런데 예수님이 천국을 말씀하시는데 로마를 제압할 만한 더 강력한 요소를 이야기하지 않으셨다. 오늘 비유처럼 보잘 것 없는 겨자씨나 누룩을 예로 드셨는데, 하나님 나라의 속성을 설명하신 것이기에 바로 이해하기 위해서는 비유로 말씀하신 의도를 먼저 알아야 했다.

4. 발견한 사람의 것

천국은 감추어진 보화이기에 필히 그 가치를 아는 사람이 발견해야 한다. 많은 사람이 눈으로 보아도 그 가치를 알지 못하면 그것을 차지할 생각을 하지 못한다. 마찬가지로 천국은 아무에게나 귀중한 것이 아니라 하나님을 공경하고 하나님의 뜻대로 살려고 다짐한 사람에게 귀중하다.

5. 천국의 가치

감추인 보화를 발견한 사람이 가지고 가서 숨긴다는 것은 그만큼 귀중한 가치를 가지고 있다는 뜻이다. 물론 하나님 나라를 땅에서 발견한 다음에 다시 숨겨놓는다는 비유가 천국을 나 혼자만 가질 수 있다는 것을 의미하지 않는다. 천국의 가치를 아는 사람은 다른 모든 소유를 팔아서라도 밭을 살 정도로 천국을 사모한다.

평행 본문

시 105:1-11, 45b

¹너희는 주님께 감사하면서, 그의 이름을 불러라. 그가 하신 일을 만민에게 알려라.

²그에게 노래하면서, 그를 찬양하면서, 그가 이루신 놀라운 일들을 전하여라.

³그의 거룩하신 이름을 찬양하여라. 주님을 찾는 이들은 기뻐하여라.

⁴주님을 찾고, 그의 능력을 힘써 사모하고, 언제나 그의 얼굴을 찾아 예배하여라.

⁵주님께서 이루신 놀라운 일을 기억하여라. 그 이적을 기억하고, 내리신 판단을 생각하여라.

⁶그의 종, 아브라함의 자손아, 그가 택하신 야곱의 자손아!

⁷그가 바로 주 우리의 하나님이시다. 그가 온 세상을 다스리신다.

⁸그는, 맺으신 언약을 영원히 기억하신다. 그가 허락하신 약속이 자손 수천 대에 이루어지도록 기억하신다.

⁹그것은 곧 아브라함과 맺으신 언약이요, 이삭에게 하신 맹세요,

¹⁰야곱에게 세워 주신 율례요, 이스라엘에게 지켜 주실 영원한 언약이다.

¹¹"내가 이 가나안 땅을 너희에게 줄 것이다. 이것은 너희가 대대로 물려줄 기업이다." 하고 말씀하셨다.

⁴⁵이것은 그들에게 그의 율례를 지키고 그의 법을 따르게 하기 위함이었다. 할렐루야. 〈새번역〉

이스라엘의 역사는 하나님 없으면 도저히 이해할 수 없는 일들로 이루어져 있다. 시인이 이를 인정하고 노래하는 것은 당연한 일이다. 하나님은 백성들이 자유롭게 예배하게 하기 위해서, 또 바로의 법이 아니라 하나님의 법을 지키며 살게 하기 위해서 광야로 인도하셨다. 그 과정에서 직접 보호하시고 먹이시며

돌보셨다. 이 모든 일은 일찍이 아브라함과 그 후손을 향해 하신 약속을 지키기 위함이셨고 백성을 사랑하는 마음 때문이었다.

롬 8:26-39

주님이 다시 오실 날을 정확히 알 수 없어서 기다리는 것이 쉽지 않은 것이 사실이다. 바울이 우리의 연약함이라고 표현했을 때 이런 현실도 포함했다. 다행히 우리에게는 도우시는 이가 있다. 바로 성령님이다. 성령님이 우리의 연약함을 지나치지 않으신다. 탄식으로, 기도와 간구로 우리를 도우신다.

설교를 위한 적용

오늘에 적용

- **31절 "한 알"** : 작은 것을 보게 하심에 감사해야한다. 천국은 겨자씨, 그것도 한 알과 같다고 하셨다. 신앙이 없이는 그것이 무엇인지도 모를 정도로 미미한 것이 천국이라는 의미이다. 이렇듯 겨자씨 한 알 같지만 그것을 발견하게 하신 것이 하나님이시니 감사함이 마땅하다.
- **32절 "자란 후에는"** : 천국은 기다려야 한다. 겨자씨 한 알이 자라려면 시간이 필요하다. 천국이 임하는 것도 시간이 필요하다. 겨자씨가 자라기 위해서는 여러 가지 조건이 맞아야 한다. 천국도 마찬가지다.
- **44절 "소유를 다 팔아"** : 희생을 각오해야 한다. 감추인 보화와 같은 천국의 가치를 인정했다면 그것을 취하려는 각오를 해야 한다. 그리고 자신이 가지고 있는 다른 모든 것을 희생해서라도 천국을 취하려는 각오도 필요하다.
- **48절 "내버리느니라"** : 선별의 때가 있음을 기억해야 한다. 가라지와 같이 그물도 물고기를 가려 가두지 않는다. 그러나 모든 물고기가 택함을 받는 것은

아니다. 마지막 때에 주님이 친히 선별하실 것이다.
- 51절 "**깨달았느냐**" : 주님의 가르침을 깨달아야 한다. 예수님은 우리가 이해할 수 있도록 비유로 말씀하셨다. 그러나 이런 가르침을 들을 때조차도 세상을 향한 관심이나 자신의 욕심 때문에 그 참 뜻을 깨닫지 못하는 수가 있다. 예수님은 이 모든 것을 깨달았느냐고 물으신다. 일부만이 아니라 모든 것을 깨달아야 한다.

설교 개요

- 구약의 하나님은 크고 놀라운 모습으로 유대백성들에게 나타나시고는 했다. 출애굽 현장에서도, 다윗의 지휘로 전쟁을 할 때도 하나님의 능력으로 왕국은 흥왕했다.
- 하나님의 아들이신 예수님은 온 세상의 주님이시다. 예수님의 오심과 사역으로 하나님 나라가 시작되었다. 그런데 갑자기 십자가 사건으로 예수님은 흔적도 없이 사라지시는 것처럼 보였다.
- 하나님 나라는 예수님의 오심으로 말미암아 이미 시작되었다. 그런데 예수님의 죽음 이후 그렇게 강조하시던 하나님 나라는 눈에 띄지 않는다. 도드라지지 않는다. 그래서 믿어야 할지 말아야 할지 우리를 헷갈리게 한다. 겉으로 보이는 모습 때문에 불신자들도 교회를 조롱하기까지 한다.
- 하나님 나라는 주님의 재림으로 마침내 온 세상에 실현이 될 것이다. 그때는 가라지를 솎아내듯 심판이 있을 것이다. 우리는 겨자씨처럼 자라난 하나님 나라의 백성으로 그 은혜를 마음껏 누리게 될 것이다.
- 겨자씨는, 그리고 누룩은 앞으로 우리가 누릴 크고 놀라운 하나님 나라를 꿈꾸게 한다. 이때가 이르기까지 우리는 겨자씨와 누룩을 품고 있어야 한다. 그 이유는 감추인 보화이기 때문이다.

설교를 위한 예화 2

"When it absolutely, positively has to be there overnight."
"진짜로 무조건 다음 날까지 도착해야 될 때."

미국을 중심으로 급속하게 성장한 물류회사 FedEx(Federal Express)가 단 7개의 단어를 반복해서 홍보했고, 그 결과 급속도로 시장의 반을 차지했다고 한다.

어떤 핵심 가치를 전달하기 위해서 항상 장황한 설명이 필요한 것은 아니다. 핵심적인 것을 뇌리에 남길 필요가 있다. 그러면 그 씨앗들이 각자의 마음에 뿌리를 내리고 놀라운 결과를 가지고 온다.

2026 8.2

오순절 후 열 번째 주일

성서정과 | 시 17:1-7, 15; 창 32:22-31; 롬 9:1-5; 마 14:13-21

예배로 부름 Call to Worship

여호와의 집 우리 여호와의 성전 곧 우리 하나님의 성전 뜰에 서 있는 너희여 여호와를 찬송하라 여호와는 선하시며 그의 이름이 아름다우니 그의 이름을 찬양하라 여호와께서 자기를 위하여 야곱 곧 이스라엘을 자기의 특별한 소유로 택하셨음이로다(시 135:2-4)

예배 기원 Invocation

우주만물을 창조하시고, 인생의 생사화복을 주관하시는 하나님! 지난 한 주간 세상에서 사는 동안 변함없는 사랑으로 인도해 주신 은혜에 감사를 드립니다. 분주하고 고단했던 일상에서 벗어나 하나님의 빛난 얼굴을 뵈옵는 이 시간, 저희 심령에는 신령한 기쁨이 넘쳐나게 하시고, 저희 입술에는 힘찬 찬양이 울려 나오게 하옵소서. 정성껏 드리는 예물은 하나님을 기쁘시게 하는 향기가 되게 하시며, 우리의 간절한 기도는 주의 보좌에 이르게 하옵소서. 예수님 그리스도의 이름으로 기원하옵나이다. 아멘.

이 주일의 찬송 Hymns

큰 영광 중에 계신 주(20장) / 주 예수 해변서(198장) / 주가 맡긴 모든 역사(240장) /
주 안에 있는 나에게(370장) / 나의 갈 길 다 가도록(384장) /
주 날개 밑 내가 편안히 쉬네(419장)

성시 교독 Responsive Readings 시편 17:1-7, 15

인도자	¹ 여호와여 의의 호소를 들으소서 나의 울부짖음에 주의하소서
회 중	거짓 되지 아니한 입술에서 나오는 나의 기도에 귀를 기울이소서
인도자	² 주께서 나를 판단하시며 주의 눈으로 공평함을 살피소서
회 중	³ 주께서 내 마음을 시험하시고 밤에 내게 오시어서 나를 감찰하셨으나 흠을 찾지 못하셨사오니 내가 결심하고 입으로 범죄하지 아니하리이다
인도자	⁴ 사람의 행사로 논하면 나는 주의 입술의 말씀을 따라 스스로 삼가서 포악한 자의 길을 가지 아니하였사오며
회 중	⁵ 나의 걸음이 주의 길을 굳게 지키고 실족하지 아니하였나이다
인도자	⁶ 하나님이여 내게 응답하시겠으므로 내가 불렀사오니 내게 귀를 기울여 내 말을 들으소서
회 중	⁷ 주께 피하는 자들을 그 일어나 치는 자들에게서 오른손으로 구원하시는 주여 주의 기이한 사랑을 나타내소서
다같이	¹⁵ 나는 의로운 중에 주의 얼굴을 뵈오리니 깰 때에 주의 형상으로 만족하리이다

고백의 기도 Prayer of Confession

전능하신 하나님 아버지! 우리의 삶에 심한 기근이 들었어도 저희는 깨닫지 못했습니다. 견고한 성읍이 수풀 속의 처소같이 되었으며, 추수하여 거둔 곡식이 손으로 이삭을 벤 것과 같이 초라해졌지만 이것이 하나님의 징계인 것을 깨닫지 못했습니다. 그동안 저희는 나를 구원하신 하나님의 은혜를 잊어버리며, 능력의 반석이 되시는 하나님을 마음에 두지 않은 채로 살았습니다. 심지가 견고하지 못하여, 반석이신 주님을 의지하지 않을 때가 많았습니다. 입으로는 하나님을 가까이하며 입술로는 하나님을 공경하였으나, 마음의 중심은 하나님에게서 멀리 떠나있었습니다. 진리의 말씀에 순종하는 참 신앙인이 아니라 사람의 계명을 따르는 어리석은 종교인으로 살았던 저희의 죄를 용서해 주옵소서. 예수님의 이름으로 이 고백의 기도를 드립니다. 아멘.

사함의 확신 Assurance of Forgiveness

악인은 그의 길을 불의한 자는 그의 생각을 버리고 여호와께로 돌아오라 그리하면 그가 긍휼히 여기시리라 우리 하나님께로 돌아오라 그가 너그럽게 용서하시리라(사 55:7)

오늘의 주제

엿보는 하나님 나라

본문의 접근

본문의 재경청 마 14:13-21

¹³ 예수께서 그 말을 들으시고, 거기에서 배를 타고, 따로 외딴(에레모스, ὄχλος, desert) 곳으로 물러가셨다. 이 소문이 퍼지니, 무리가 여러 동네에서 몰려 나와서, 걸어서 예수를 따라왔다. ¹⁴ 예수께서 배에서 내려서, 큰 무리를 보시고, 그들을 불쌍히 여기시고, 그들 가운데서 앓는(알흐로스토스, ἄρρωστος, sick) 사람들을 고쳐(데라퓨오, θεραπεύω, heal) 주셨다. ¹⁵ 저녁때가 되니, 제자들이 예수께 다가와서 말하였다. "여기는 빈 들이고, 날도 이미 저물었습니다. 그러니 무리를 헤쳐 보내어, 제각기 먹을 것을 사먹게, 마을로 보내시는 것이 좋겠습니다." ¹⁶ 예수께서 그들에게 말씀하셨다. "그들이 물러갈 필요 없다. 너희가 그들에게 먹을 것(에스디오, ἐσθίω, eat)을 주어라." ¹⁷ 제자들이 예수께 말하였다. "우리에게 있는 것이라고는, 빵 다섯 개와 물고기 두 마리밖에 없습니다." ¹⁸ 이 때에 예수께서 말씀하셨다. "그것들을 이리로 가져 오너라." ¹⁹ 그리고 예수께서는 무리를 풀밭에 앉게 하시고 나서, 빵 다섯 개와 물고기 두 마리를 들고, 하늘을 우러러 보시고 축복 기도를 드리신 다음에, 떼어서 제자들에게 주시니, 제자들이 이를 무리에게 나누어주었다. ²⁰ 그들은 모두 배불리(콜타조, χορτάζω, fill up) 먹었다. 남은 부스러기를 모으니, 열두 광주리에 가득 찼다. ²¹ 먹은 사람은 여자들과 어린아이들 외에, 어른 남자만도 오천 명쯤 되었다. 〈새번역〉

본문 개관

오병이어의 기적은 사복음서 모두에 기록이 되어있을 정도로 놀라운 사건이었다. 그 이유는 단순히 음식이 비상식적으로 공급된 데에 있지 않다. 하나님 나라의 도래와 그 모습이 어떠할 것인지에 대한 것이기 때문이다. 마태복음은 13장에서 예수님이 고향에서 배척당하심을 먼저 기록한다. 곧이어 세례자 요한의 옥살이와 처형 이후 분봉 왕 헤롯이 예수님을 요한으로 생각하는 장면이 나온다. 이제 백성들의 희망은 예수님 한 분뿐이다. 마침내 오늘 본문에서 하나님 나라의 실체를 드러내신다.

본문 분석

1. 들으시고(13절)

분봉 왕 헤롯에 의해서 세례자 요한이 죽임을 당했고, 헤롯은 예수님을 요한이라고 생각한다. 요한의 죽음 이후 요한의 제자들이 장사 지낸 후 예수님에게 이런 사실을 고했다. 예수님이 들으신 것은 헤롯이 말한 것일 수도 있고, 요한의 제자들이 말한 것일 수도 있으며 이 둘을 다 합한 것일 수도 있다.

2. 빈 들에 가시니(13절)

헤롯과 요한에 대한 이야기를 들으신 예수님이 자신의 제자들과 함께 한적한 곳으로 이동하셨다. 12절에서 세례자 요한의 제자들이 예수님에게 그간의 일을 알렸다는 것과 관련해서 13절에 요한의 제자들이 예수님의 제자들과 함께 이동했다는 언급은 없다.

3. 불쌍히 여기사(14절)

원어는 안타까운 마음에 장기가 끊어지는 듯한 심정을 의미한다. 예수님은 평소 가까이 지내던 사람뿐만 아니라 그날 만난 군중의 한 사람에게도 이런 감정을 느끼셨다.

4. 너희가(16절)

굶주린 군중에게 줄 만한 것이 없어서 마을에 갈 수밖에 없는 상황이었다. 제자들의 판단은 잘못된 것이 아니었다. 예수님은 이미 제자들에게 선교 현장에서 해야 일을 가르쳐주셨다. 게다가 귀신을 쫓아내고 병과 약한 것을 고치는 권능도 주셨다. 그런데 본문의 제자들은 아직 세상의 상식에 머물고 있다.

5. 축사하시고(19절)

예수님은 가지고 나온 물고기 두 마리와 떡 다섯 개를 가지고 축사하셨다. 축사의 원어는 좋게 말한다는 뜻과 축복한다, 찬사를 보낸다 등의 의미를 담고 있다.

본문의 신학

1. 세상의 식사

분봉 왕 헤롯은 자신의 잔치에 기어이 세례자 요한의 머리를 올렸다. 자신의 탄생을 축하하는 생일에, 헤로디아의 딸이 원한다고 해서 죽음을 가지고 왔다. 왕의 연회였기 때문에 온갖 진귀한 음식이 가득했을 것이다. 그러나 그 음식들은 사람을 살리는 데 아무런 역할을 하지 못했다.

2. 실현된 희망

큰 무리 중 병자들은 예수님의 능력으로 말미암아 고침을 받았다. 간절히 바라던 바가 살아있는 지금, 그것도 자신들의 눈앞에서 실현이 된 것이다. 본문의 많은 이들이 희망이 희망으로 남아 있지 않고 현실화되는 놀라운 체험을 했다.

3. 제자들의 한계

군중과 예수님 사이에 제자들이 있었다. 이들은 그동안 예수님과 함께 사역을 했다. 예수님으로부터 선교의 사명도 받았다. 나름 놀라운 체험도 했다. 그러나 오늘 본문에서 이들은 배고픈 군중 앞에서 아무런 일도 할 수 없었다. 그저 인간적인 해결책을 찾고 있을 따름이었다.

4. 함께 하는 하나님 나라

군중들 중 그 누구도 이 식사에서 배척되지 않았다. 함께 공동체를 이루어서 만찬을 즐겼다. 이렇게 하나님 나라는 기대하는 사람들이, 한데 모여서 희망을 이어나갈 때 비로소 그 가치를 발하게 된다.

5. 작은 것

물고기 두 마리와 떡 다섯 개가 결코 많고 훌륭한 식사는 아니었다. 그러나 이 작은 것이 크고 놀라운 결과를 가져왔다. 이제까지 겨자씨 비유에서 가르치신 바를 사람들이 직접 체험할 수 있도록 보여주셨다.

평행 본문

시 17:1-7, 15

시편 중에서도 표제에 기도, 특히 다윗의 기도가 들어간 시다. 사무엘상 23장을 참고해 볼 때 이 시편은 다윗이 마온에서 사울에게 쫓길 때의 일을 담고 있다. 5절까지는 자신이 무죄하다는 것을 항변하고 변호를 구하는 내용이다. 거짓되지 아니한 정직한 사람임을 호소한다. 6절과 7절은 하나님의 보호와 도움을 호소하는 내용이다. 마지막 15절은 자신의 곤경을 넘어 더 높은 하나님의 임재를 바라보는 모습이다.

창 32:22-31

에서를 달래기 위해 이런저런 방법을 모색했던 야곱은 끝내 안심하지 못했다. 자신을 뺀 가족 모두 얍복 나루를 건너게 했다. 두려움에 발이 묶인 것이다. 야곱은 하란으로 갈 때 자신에게 약속하신 하나님을 아직 완전히 신뢰하지 못하는 모습을 보인다. 이런 그에게 하나님이 직접 다가오신다. 그리고 이스라엘로 부르신다. 야곱이 온전히 하나님의 약속을 받고 이을 사람이 된 것이다.

설교를 위한 적용

오늘에 적용

- **13절 "무리가 듣고"**: 사역에는 중단이 없음을 알아야 한다. 제자들은 10장에서 파송을 받았고 선교 현장에서 다양한 일들을 경험했을 것이다. 처음 경험하는 일로 인해 지치고 피곤했을 것이고, 어쩌면 예수님은 이들에게 잠시 휴식을 부여하시기 원하셨을지도 모른다. 그러나 군중들은 예수님과 제자들 앞에 다시 나타났다. 우리 사역에는 예기치 못한 일들이 일어난다.
- **14절 "고쳐 주시니라"**: 예수님의 긍휼을 배워야 한다. 예수님의 처지와 형편이 그다지 좋다고 할 수 없었다. 분봉 왕 헤롯이 예수님을 부정적으로 보고 있었기 때문에 현실의 위협 가운데 놓여 계셨다. 잠시 빈들로 가셨을 때에도 군중이 나타나 휴식할 여유가 없으셨다. 그러나 예수님은 자신의 형편을 먼저 생각하지 않으셨다.
- **15절 "제자들이 나아와"**: 제자들의 마음을 배워야 한다. 무리가 굶주린 것을 보고 예수님에게 보고한 것은 제자들이었다. 이들이 예수님에게 배운 것은 단순한 지식이 아니었다. 다른 이들의 마음을 살피는 공감의 능력도 배웠다고 할 수 있다.

- 16절 "너희가" : 사명을 기억해야 한다. 예수님은 제자들이 직접 먹을 것을 줄 것을 명령하신다. 제자들은 이미 예수님으로부터 능력을 부여받았지만, 그것을 잊어버리고 있었다. 자신들의 능력과 사역을 제자들은 기억했어야 했다.
- 18절 "내게 가져오라" : 예수님을 기억해야 한다. 제자들은 자신들의 능력을 신뢰하지 못했다. 예수님은 물고기와 떡을 가져오라고 하신다. 그리고 모든 이들을 먹이셨다. 제자들은 예수님의 능력을 신뢰하고 믿었어야 했다. 그리고 예수님이 방법이신 것을 기억해야 했다.

설교 개요

- 비만이 사람들의 큰 관심사다. 다이어트를 어떻게 하면 성공적으로 할 수 있을까 저마다 비법을 공개한다. 새로 등장한 약의 힘을 빌기도 한다. 이렇게 다이어트를 하는 이유는 잘 살기 위해서다. 사는 동안 건강하고 조금이라도 더 행복하기 위해서다. 현대인의 건강 비결은 이렇게 자기 몸을 제한하는 것이다. 절제해야 생명이 있음을 사람들은 깨닫기 시작했다.
- 예수님과 제자들, 그리고 따르던 무리들은 현대인처럼 먹을 것이 풍족한 상태가 아니었다. 그들은 생계를 유지하기 위해 평소에 일하던 곳에 있지 않고 예수님과 제자들이 있는 곳으로 모였다. 그들이 지금 생업보다 더욱 원한 것은 치유였고, 평안이었다. 그것이 먹는 것보다 더욱 간절했다.
- 이들을 위해서 예수님은 치유를 베푸셨다. 그리고 그들의 육신의 곤궁도 채워주셨다. 그 방법은 먹을거리를 사 먹는 것이 아니었다. 제자들은 익숙한 이 방법밖에는 생각할 수가 없었다. 그러나 예수님은 가지고 있는 것을 나누는 것에서 시작하셨다. 군중은 이 방법에서 다시 한번 하나님 나라의 작동 원리를 배웠다.
- 헤롯은 나누지를 못했다. 요한의 생명을 빼앗고 백성들의 수고를 빼앗았다. 그런 식사에 기쁨이 없었다. 사람을 살리지 못하고 죽음을 가져왔다.

- 예수님은 나눔으로 사람들의 필요를 채우셨다. 임금의 연회처럼 화려하고 맛난 음식이 아니었지만, 그 누구의 생명 하나도 빼앗지 않고 오히려 살리며 모두에게 기쁨을 주셨다. 진정한 하나님 나라의 식사였다. 그리고 후에는 십자가에서 자신의 모든 것을 다 내어주셨다. 그렇게 하나님 나라가 임하게 하셨다.

설교를 위한 예화

[시선과 창] 기부, 공동체를 지키는 작은 나눔

기부금 모금 목표액의 1%를 달성하면 온도가 1도씩 올라가는 나눔 상징탑이 '사랑의 온도탑'이다. 연말 대구 온도탑은 100.8도를 가리켰다. 지역 기업의 참여가 결정적 역할을 했다. 1억원 이상 기부한 대구기업은 17곳이다. 외국인 유학생, 군위 군민, 사회복지사, 익명의 기부자 등 시민들도 적극 참여했다.

'사랑의 온도'를 계기로 기부 문화에 대해 다시 살펴보자. 기부는 사회적 연대를 강화하여 공동체의 통합에 이바지한다. 사회·경제적 불평등을 완화한다. 긍정적이고 안정적인 사회를 만든다. 사람을 살리기도 한다. 나눔 정신의 확산이 필요한 이유다.

배고픈 이웃이 없어지길 바라며 전 재산 4억 원을 기부한 80세 할머니가 계신다. 이 할머니는 맹물만 먹고 한 달을 버틴 적도 있을 만큼 어렵고 힘든 시절을 거쳤다. 살면서 늘 배고팠고 공부하지 못한 한이 컸음에도 이웃의 고통을 외면하지 않았다. 폐지를 팔아 모은 돈을 16년째 기부하는 쪽방촌 주민도 있다. 2008년부터 누적 기부액이 2천 500만 원이 넘는다. 넉넉하지 않은 사람들의 기부라 의미가 더 크다. 광주에서도 80대 할머니가 폐지를 팔아 모은 돈 32만 원을 기부했다. 모두 나보다 어려운 이웃을 위한다고 하면서.

경주 지역 634개 경로당 어르신 1만 2천 명이 '이웃 돕는 노인 되자'라고 쌈짓돈을 모아 9천 335만 원을 경주시에 쾌척했다. 가족과 함께 백혈병 환아를 위한 정기적 기부 활동을 해 오던 해양 경찰이 구조 영웅으로 선정되어 받은 상금

전액을 백혈병소아암협회에 냈다. 인천의 한 기업에서는 따뜻한 겨울나기 릴레이 기부로 쌀 3톤을 지역아동센터 등에 기부했다. 육군 한 경비여단은 혈액 5만 200리터를 대한적십자사에 기부했다.

〈박정곤 대구행복한미래재단 상임이사, 영남일보, 2024-02-21, https://www.yeongnam.com/web/view.php?key=20240220010002308〉

2026 8.9

오순절 후 열한 번째 주일/광복절 감사 주일

성서정과 | 시 105:1-6, 16-22, 45b; 창 37:1-4, 12-28; 롬 10:5-15; 마 14:22-33

예배로 부름 Call to Worship

너희 모든 나라들아 여호와를 찬양하며 너희 모든 백성들아 그를 찬송할지어다 우리에게 향하신 여호와의 인자하심이 크시고 여호와의 진실하심이 영원함이로다 할렐루야(시 117:1-2)

예배 기원 Invocation

여호와를 자기 하나님으로 삼은 나라, 곧 하나님의 기업으로 선택된 백성은 복이 있다고 하신 말씀을 기억하며 광복절 기념주일 예배를 드립니다. 일본강점기 시절에 주권을 잃고 신음하던 저희를 돌아보시고, 압제와 수치와 억압의 사슬에서 풀어주신 은혜에 감사를 드립니다. 그 고통스러운 시간을 살면서도 우상숭배와 신사참배를 단호히 거절하고 생명을 바쳐 믿음을 지켜낸 믿음의 선진이 있었음에 감사를 드립니다. 모든 백성이 하나님을 섬기며 공의가 차고 넘치는 대한민국이 되게 하여 주옵소서. 예수님의 이름으로 기원하옵나이다. 아멘.

이 주일의 찬송 Hymns

전능하고 놀라우신(30장) / 예수는 나의 힘이요(93장) / 어저께나 오늘이나(135장) / 시험 받을 때에(343장) / 주 예수 넓은 사랑(497장) / 어둔 밤 마음에 잠겨(582장)

성시 교독 Responsive Readings   시편 105:1-6, 16-22, 45b

인도자	¹ 여호와께 감사하고 그의 이름을 불러 아뢰며 그가 하는 일을 만민 중에 알게 할지어다
회 중	² 그에게 노래하며 그를 찬양하며 그의 모든 기이한 일들을 말할지어다
인도자	³ 그의 거룩한 이름을 자랑하라 여호와를 구하는 자들은 마음이 즐거울지로다
회 중	⁴ 여호와와 그의 능력을 구할지어다 그의 얼굴을 항상 구할지어다
인도자	5-6 그의 종 아브라함의 후손 곧 택하신 야곱의 자손 너희는 그가 행하신 기적과 그의 이적과 그의 입의 판단을 기억할지어다
회 중	¹⁶ 그가 또 그 땅에 기근이 들게 하사 그들이 의지하고 있는 양식을 다 끊으셨도다
인도자	¹⁷ 그가 한 사람을 앞서 보내셨음이여 요셉이 종으로 팔렸도다
회 중	¹⁸ 그의 발은 차꼬를 차고 그의 몸은 쇠사슬에 매였으니 ¹⁹ 곧 여호와의 말씀이 응할 때까지라 그의 말씀이 그를 단련하였도다
인도자	²⁰ 왕이 사람을 보내어 그를 석방함이여 뭇 백성의 통치자가 그를 자유롭게 하였도다
회 중	²¹ 그를 그의 집의 주관자로 삼아 그의 모든 소유를 관리하게 하고
인도자	²² 그의 뜻대로 모든 신하를 다스리며 그의 지혜로 장로들을 교훈하게 하였도다
회 중	⁴⁵ᵇ 이는 그의 율법을 따르게 하려 하심이로다 할렐루야

고백의 기도 Prayer of Confession

택한 자녀에게 날마다 풍성한 은혜를 더하시는 하나님. 믿음이 없어 걱정과 근심이 가득한 삶을 살았던 나약한 모습을 주님 앞에 내어놓습니다. 저희는 하나님 능력을 믿는다고 하면서도, 목숨을 위하여 무엇을 먹을까, 몸을 위하여 무엇을 입을까 염려하며 살았습니다. 까마귀를 먹이시고 들의 백합화를 입히시는 하나님께서 음식보다 중하고, 의복보다 중한 우리의 생명을 지켜주신다는 약속을 잊은 채 걱정 속에 살았습니다. 적은 무리가 모였어도 하나님께서 기쁘게 받으시는 것을 알지 못하여 두려움에 사로잡힐 때도 있었습니다. 보물이 있는 곳에 마음도 있다 하셨는데, 저희는 이 땅의 재물에만 관심을 두고 살았습니다. 사랑의 하나님, 우리 마음과 중심을 새롭게 하여 주옵소서. 온전히 하나님을 신뢰함으로 걱정과 근심과 염려가 없게 하옵소서. 예수님의 이름으로 이 고백의 기도를 드립니다. 아멘.

사함의 확신 Assurance of Forgiveness

주와 같은 신이 어디 있으리이까 주께서는 죄악과 그 기업에 남은 자의 허물을 사유하시며 인애를 기뻐하시므로 진노를 오래 품지 아니하시나이다 (미 7:18)

> 오늘의 주제

재촉하신 이유

본문의 접근

본문의 재경청 마 14:22-33

²² 예수께서는 곧 제자들을 재촉하여(아낭카조, ἀναγκάζω, compel) 배에 태워서, 자기보다 먼저 건너편으로 가게 하시고, 그 동안에 무리를 헤쳐 보내셨다. ²³ 무리를 헤쳐 보내신 뒤에, 예수께서는 따로 기도하시려고(프로슈코마이, προσεύχομαι, pray) 산에 올라가셨다. 날이 이미 저물었을 때에, 예수께서는 홀로 거기에 계셨다. ²⁴ 제자들이 탄 배는, 그 사이에 이미 육지에서 멀리 떨어져 있었는데, 풍랑(퀴마, κῦμα, wave)에 몹시 시달리고 있었다. 바람이 거슬러서 불어왔기 때문이다. ²⁵ 이른 새벽에 예수께서 바다 위로 걸어서 제자들에게로 가셨다. ²⁶ 제자들이, 예수께서 바다 위로 걸어오시는 것을 보고, 겁에 질려서 "유령이다(환타스마, φάντασμα, ghost)!" 하며 두려워서 소리를 질렀다. ²⁷ [예수께서] 곧 그들에게 말씀하셨다. "안심하여라. 나다. 두려워하지 말아라." ²⁸ 베드로가 예수께 말하였다. "주님, 주님이시면, 나더러 물 위로 걸어서, 주님께로 오라고 명령하십시오." ²⁹ 예수께서 "오너라!" 하고 말씀하셨다. 베드로는 배에서 내려, 물 위로 걸어서, 예수께로 갔다. ³⁰ 그러나 베드로는 [거센] 바람이 불어오는 것을 보고, 무서움에 사로잡혀서, 물에 빠져 들어가게 되었다. 그 때에 그는 "주님, 살려 주십시오"하고 외쳤다. ³¹ 예수께서 곧 손을 내밀어서, 그를 붙잡고 말씀하셨다. "믿음이 적은 사람아, 왜 의심하였느냐(디스타조, διστάζω, doubt)?" ³² 그리고 그들이 함께 배에 오르니, 바람이 그쳤다. ³³ 배 안에 있던 사람들은 그에게 무

릎을 꿇고 말하였다. "선생님은 참으로 하나님의 아들이십니다."〈새번역〉

본문 개관

천국에 관한 일곱 비유를 하신 13장에 이어 14장은 세례자 요한의 죽음과 예수님의 오병이어 기적, 그리고 오늘 본문인 물 위를 걸으신 기적이 등장한다. 제자들의 미래는 예수님과 달랐다. 그들은 자기들 나름대로의 세상을 꿈꿨다.

본문 분석

1. 기도하러(23절)

예수님은 제자들로부터 떨어져서 기도하러 산으로 향하셨다. 예수님은 도시나 마을에서만 사역하지 않으셨다. 산에서 무리를 가르치시고, 고치셨으며 오늘 본문처럼 기도하시기도 하셨다.

2. 사경(25절)

밤 사경은 오늘 시간으로 오전 3시에서 6시 사이다. 로마인들은 밤을 넷으로 나눴고 군인들은 그 시간대에 맞춰 보초 근무를 교대했다. 해가 아직 있을 때 배가 출발했으니 밤새도록 풍랑과 씨름한 것이다.

3. 유령(26절)

판타스라는 단어는 실제하지 않는 것, 그러니까 헛것, 혹은 영적인 존재 모두를 의미했다. 오늘 본문에서도 반드시 무서운 것만을 의미한다고 보기는 어렵다. 신비하고 정확히 실체를 알 수 없는 존재에 제자들이 두려워했다.

4. 안심하라(27절)

원어는 단순히 마음을 편히 하라는 것이라는 뜻보다는 확고하고 용감하라는 의미를 담고 있다. 특히 예수님은 명령형으로 말씀하셨다.

5. 나를 명하사(28절)

베드로가 주님인 것을 확인한 다음에 예수님께 자신을 불러달라고 한다. 물에 빠질 것이 분명한 상황에서도 베드로는 예수님께 자기를 불러달라고 청한다.

본문의 신학

1. 사역의 초점

예수님은 무리를 떠나보내셨다. 오병이어의 이적을 통해 놀라운 일을 경험한 군중은 더욱 열광적으로 예수님을 따르기 원했을 것이다. 그럼에도 예수님은 그들을 다른 곳으로 보내셨다. 그 이유는 군중이 자신을 뒤쫓는 것 자체가 사역의 목적이 아니고, 무리의 환호와 갈채가 사역의 목적이 아니었기 때문이다.

2. 작은 믿음

예수님은 제자들의 믿음이 작음을 지적하셨다. 풍랑이라는 자연 앞에서 두려워 떠는 것은 믿음이 작기 때문이었다. 그러나 이 작은 믿음은 두려움에 관한 것만이 아니었다. 축사하지 못하는 것도 믿음이 작기 때문이었고, 예수님의 가르침을 온전히 이해하지 못하는 것도 믿음이 작기 때문이었다.

3. 예수님만으로도

예수님이 존재하시는 것만으로도 우리는 안심할 수 있다. 마음이 갈라지는 것은 믿음이 작기 때문이다. 하나님과 재물 사이에서 고민하는 것도 믿음이 작기 때문이다. 우리의 작은 믿음은 함께하시는 예수님을 바라볼 때 해결된다.

4. 예수님의 능력

예수님의 능력은 단순히 치유나 축사에만 그치지 않았다. 풍랑과 파도마저

잔잔케 하시는 능력이었다. 어느 한 가지 권세에만 대항하신 것이 아니라 모든 문제와 역경을 이기실 능력의 주님이시다.

5. 하나님의 아들

배에 있던 사람들, 즉, 제자들이 예수님에게 절을 하면서 진실로 하나님의 아들이라고 고백한다. 그들 중에는 물에 나갔다가 예수님과 배에 함께 오른 베드로도 있었을 것이다. 제자들의 이 처음 고백이 후에 가이사랴 빌립보에서 베드로의 입을 통해서 다시 반복된다. 믿음으로 뿌리 내린 것이다.

평행 본문

창 37:1-4, 12-28

요셉이 아버지의 심부름을 간다. 집에서 떨어진 세겜에서 양을 치던 형들을 찾아 길을 떠났다. 부친의 명을 아무런 거부 없이 따르는 요셉의 모습에서 교만하거나 이기적인 모습은 찾을 수 없다. 그럼에도 형제들은 그를 죽이기를 꾀하고 애굽으로 가는 상인들에게 팔아버린다. 이런 인간의 그릇된 계획은 하나님의 섭리를 이길 수 없다.

롬 10:5-15

구원의 문제에 행위는 유대인들이 생각하는 것처럼 작용하지 않았다. 행위로 자신이 의로워질 방법은 없다. 교만의 문제를 해결할 수 없기 때문이다. 행위나 율법이 아닌 믿음으로 의를 얻는 것은 본문에서 바울이 강조한 것처럼 예수님을 구원의 주님으로 믿고 고백하며 받아들이는 것이다.

설교를 위한 적용

오늘에 적용

- 22절 "**재촉하사**" : 세상을 끊어야 한다. 예수님은 제자들이 군중과 멀어지도록 재촉하셨다. 단순히 대화나 교류를 금하신 정도가 아니라 배를 타고 물로 나가라고까지 하신 것이다. 이유는 기적을 체험한 군중이 엉뚱한 것을 요구할까 해서이고, 제자들도 마찬가지로 헛된 세상의 가치들을 추구할까 해서였다.
- 22절 "**무리를 보내는**" : 예수님의 계획을 신뢰해야 한다. 오병이어로 식사를 한 군중은 예수님과 더 오랜 시간을 보내기를 원했을 것이다. 그러나 예수님은 그들을 해산시키셨다. 우리는 예수님의 계획을 절대적으로 신뢰해야 한다.
- 24절 "**육지에서 수 리나 떠나**" : 복음 전파를 위해 안주하지 말아야 한다. 제자들이 생각하기에는 이미 모인 군중들을 상대로 복음을 계속 전해도 무방하리라 여겼을 것이다. 그러나 예수님은 현실에 안주하지 말라고 하신다.
- 26절 "**걸어오심을 보고**" : 주님이 해답이신 것을 믿어야 한다. 예수님이 제자들을 배에 태워 물로 보내셨는데 풍랑이 일었다. 고난과 역경은 제자들이라고 피해가지 않는다. 어려움이 있을 때에도 언제나 주님을 바라보면 된다.
- 28절 "**나를 명하사**" : 예수님의 이름을 부르는 것이 먼저다. 베드로는 물 위를 걷게 해달라고 먼저 청하지 않았다. 자신을 불러주시면 그 능력을 힘입을 것이라고 말했다. 예수님이 부르신다면 그 이후도 책임져 주실 것이다.

설교 개요

- 믿음의 크기를 어떻게 잴 수 있을까? 예수님은 믿음에 대해서 깊다거나 심오하다는 등으로 표현하시기 보다는 믿음이 작다, 혹은 믿음이 크다고 하셨다.
- 예수님은 풍랑 앞에 있는 이 제자들의 믿음이 작다고 하신다. 작다고 하신 것은 백부장의 믿음을 크다고 하신 것과 대조되는 것이다.

- 단지 물 위를 걷지 못해서 믿음이 적은 것인가? 아니다. 그들은 예수님과 동행하며 배웠음에도 여전히 세상의 관심과 박수를 그리워했다. 그들은 온전히 하나님 나라와 그 사역에 집중하지 못했다.
- 오병이어 기적이 있었을 때 그들은 그 자리에 머물기 원했을 것이다. 그래서 예수님이 그들이 떠날 것을 재촉하셨다. 그 자리에 함께한 군중도 예수님과 더 시간을 보내기 원했기 때문에 서로 관심사가 일치했다. 그것 자체가 크게 문제될 것은 없어보였다. 잔치를 더 즐길 수 있지 않은가?
- 오병이어 이후 제자들과 군중이 벌이기 원했던 여흥은 천국잔치가 아니다. 세상에 더 뿌리내리고 살기 원하는 몸부림이다.

설교를 위한 예화

"카르페 디엠(Carpe Diem)"이라는 라틴어가 영화 〈죽은 시인의 사회〉에 등장한 이후로 많은 사람들이 현실에 충실하라는 뜻으로 사용했다. 원래 이 말은 고대 로마의 시인 퀸투스 호라티우스 플라쿠스(Quintus Horatius Flaccus), 즉 호라티우스(Horace)가 지은 오데(Odes)라는 시에 등장한다. 그는 이 시에서 연인인 레우코노에(Leuconoe)에게 운명을 너무 믿지 말고, 지금 이 순간을 즐기라고 조언하며 신들이 무엇을 주실지 잘 알지 못하니 무엇이든 올 것을 더 잘 견디라고 말한다. 여기서 'carpe'는 뽑아 내다, 집다의 뜻이고, 'diem'은 하루를 말한다.

그 날을 잡으라고 하니 하루를 자기 마음대로 사용하라는 뜻이 아니다. 더욱 충실히 살라는 말이다. 오병이어 기적 이후 예수님이 제자들을 물로 보내셨을 때 그 이유를 정확히 알지 못해 제자들은 어리둥절했을 것이다. 그러나 예수님은 오병이어 기적이 있었던 그 날을 즐길 것이 아니라, 그 의미를 더욱 이해하고 앞으로의 사역으로 나아가기를 원하셨다.

… 2026
8.16

오순절 후 열두 번째 주일

성서정과 | 시 133; 창 45:1-15; 롬 11:13-16, 29-32; 마 15:(10-20), 21-28

예배로 부름 Call to Worship
너희는 여호와 우리 하나님을 높여 그의 발등상 앞에서 경배할지어다 그는 거룩하시도다 너희는 여호와 우리 하나님을 높이고 그 성산에서 예배할지어다 여호와 우리 하나님은 거룩하심이로다(시 99:5, 9)

예배 기원 Invocation
마음이 상한 자를 고치시며 포로 된 자에게 자유를 주시는 하나님 아버지! 죄와 사망의 포로가 되어 육신의 정욕대로 살던 저희가 주님께서 베푸시는 은혜를 받고자 성전으로 나왔습니다. 참 마음으로 회개하며 슬퍼하는 자에게 화관을 주시어 재를 대신하게 하시고, 성령의 기름 부으심으로 말미암아 근심을 대신하여 찬송하게 하옵소서. 오만한 자들은 주님의 목전에 서지 못한다고 하셨으니 저희로 더욱 겸손한 마음으로 예배하게 하옵소서. 성령께서 이 예배를 온전히 주관하여 주시기를 원하오며 예수님의 이름으로 기원하옵나이다. 아멘.

이 주일의 찬송 Hymns
오 하나님 우리의 창조주시니(68장) / 햇빛을 받는 곳마다(138장) / 주 믿는 형제들(221장) / 고통의 멍에 벗으려고(272장) / 큰 죄에 빠진 나를(295장) / 울어도 못하네(544장)

성시 교독 Responsive Readings 시편 133:1-3

인도자	¹ 보라 형제가 연합하여 동거함이
회 중	어찌 그리 선하고 아름다운고
회 중	² 머리에 있는 보배로운 기름이 수염 곧 아론의 수염에 흘러서 그의 옷깃까지 내림 같고
회 중	³ 헐몬의 이슬이 시온의 산들에 내림 같도다
다같이	거기서 여호와께서 복을 명령하셨나니 곧 영생이로다

고백의 기도 Prayer of Confession

저희는 그리스도와 함께 다시 살리심을 받은 성도가 되었건만, 신령하고 아름다운 위의 것을 찾으며 살지 못했음을 회개합니다. 땅에 있는 지체를 죽이라 하셨건만 음란과 부정과 사욕과 악한 정욕과 탐심이 가득한 삶을 살았습니다. 성도의 입에 합당하지 않은 말을 하였으며, 우리의 마음은 분함과 노여움에 사로잡혀 있었습니다. 한 교회에서 함께 신앙생활을 하는 성도들은 평강을 위하여 한몸으로 부르심을 받은 존재이건만, 서로의 존재에 대하여 감사하는 마음이 없었습니다. 사랑의 하나님. 진리의 말씀을 깨닫게 하시고, 이제부터는 무엇을 하든지 말에나 일에나, 다 주 예수의 이름으로 하고 그를 힘입어 하나님께 감사하는 삶을 살게 하여 주옵소서. 예수님의 이름으로 이 고백의 기도를 드립니다. 아멘.

사함의 확신 Assurance of Forgiveness

모든 사람이 죄를 범하였으매 하나님의 영광에 이르지 못하더니 그리스도 예수 안에 있는 속량으로 말미암아 하나님의 은혜로 값없이 의롭다 하심을 얻은 자 되었느니라(롬 3:23-24)

오늘의 주제

하나님의 계획

본문의 접근

본문의 재경청 창 45:1-15

¹ 요셉은 북받치는 감정을 억누르지(아파크, אפק, refrain) 못하고, 자기의 모든 시종들 앞에서 그만 모두들 물러가라고 소리쳤다. 주위 사람들을 물러나게 하고, 요셉은 드디어 자기가 누구인지를 형제들에게 밝히고 나서, ² 한참 동안 울었다. 그 울음 소리가 어찌나 크던지 밖으로 물러난 이집트 사람들에게도 들리고, 바로의 궁에도 들렸다. ³ "내가 요셉입니다! 아버지께서 아직 살아 계시다고요?" 요셉이 형제들에게 이렇게 말하였으나, 놀란 형제들은 어리둥절하여, 요셉 앞에서 입이 얼어붙고 말았다. ⁴ "이리 가까이 오십시오" 하고 요셉이 형제들에게 말하니, 그제야 그들이 요셉 앞으로 다가왔다. "내가, 형님들이 이집트로 팔아넘긴(마카르, מכר, sell) 그 아우입니다. ⁵ 그러나 이제는 걱정하지 마십시오. 자책하지도(하라, חרה, angry) 마십시오. 형님들이 나를 이 곳에 팔아 넘기긴 하였습니다만, 그것은 하나님이, 형님들보다 앞서서 나를 여기에 보내셔서, 우리의 목숨을 살려 주시려고 그렇게 하신 것입니다. ⁶ 이 땅에 흉년이 든 지 이태가 됩니다. 앞으로도 다섯 해 동안은 밭을 갈지도 못하고 거두지도 못합니다. ⁷ 하나님이 나를 형님들보다 앞서서 보내신 것은, 하나님이 크나큰 구원을 베푸셔서 형님들의 목숨을 지켜 주시려는 것이고, 또 형님들의 자손을 이 세상에 살아 남게 하시려는 것입니다. ⁸ 그러므로 실제로 나를 이리로 보낸 것은 형님들이 아니라 하나님이십니다. 하나님이 나를 이리로 보내셔서, 바로의 아버지가 되게 하

시고, 바로의 온 집안의 최고의 어른이 되게 하시고, 이집트 온 땅의 통치자로 세우신 것입니다. ⁹이제 곧 아버지께로 가서서, 아버지의 아들 요셉이 하는 말이라고 하시고, 이렇게 말씀을 드려 주십시오. '하나님이 저를 이집트 온 나라의 주권자로 삼으셨습니다. 아버지께서는 지체하지 마시고, 저에게로 내려오시기 바랍니다. ¹⁰아버지께서는 고센 지역에 사시면서, 저와 가까이 계실 수 있습니다. 아버지께서는 아버지의 여러 아들과 손자를 거느리시고, 양과 소와 모든 재산을 가지고 오시기 바랍니다. ¹¹흉년(라아브, רָעָב, famine)이 아직 다섯 해나 더 계속됩니다. 제가 여기에서 아버지를 모시겠습니다. 아버지와 아버지의 집안과 아버지께 딸린 모든 식구가 아쉬운 것이 없도록 해 드리겠습니다' 하고 여쭈십시오. ¹²지금 형님들에게 말을 하고 있는 것이 이 요셉임을 형님들이 직접 보고 계시고, 나의 아우 베냐민도 자기의 눈으로 보고 있습니다. ¹³형님들은, 내가 이집트에서 누리고 있는 이 영화와 형님들이 보신 모든 것을, 아버지께 다 말씀드리고, 빨리 모시고 내려오십시오." ¹⁴요셉이 자기 아우 베냐민의 목을 얼싸안고 우니(바카, בָּכָה, weep), 베냐민도 울면서 요셉의 목에 매달렸다. ¹⁵요셉이 형들과도 하나하나 다 입을 맞추고(나솨크, נָשַׁק, kiss), 부둥켜 안고 울었다. 그제야 요셉의 형들이 요셉과 말을 주고받았다. 〈새번역〉

본문 개관

야곱의 열두 아들 중 유독 요셉은 사연이 많은 삶을 살았다. 종으로 다른 나라에 팔려가는 것도, 거기에서 모함을 받아 감옥에 투옥되는 것도 평범하다고 하기 어려운 일들이다. 이쯤 되면 인생이 잘 풀리지 않는 것에 대해서 하나님을 원망할 만도 하다. 물론 그 이후 역경을 이겨내고 애굽의 총리까지 역임했으니 불평보다는 감사하는 마음이 있었을지도 모른다. 오늘 본문의 감격적인 형제들과의 만남은 하나님에 대한 감사가 선행했기에 가능했다. 그는 자신의 삶을 하나님의 섭리로 이해했고, 그 하나님의 간섭이 자신뿐만 아니라 형제들에게도 개입하셨음을 깨달았다.

본문 분석

1. 우니(2절)

요셉이 울었다는 기록은 창세기에 몇 차례 등장하는데 2절은 세 번째 울음이다. 요셉이 형제들과 동생 베냐민을 초대했다. 그 자리에서 자신이 누구인지를 밝히고 큰 소리로 울었다. 이런 감정의 동요가 있기까지 44장에서 요셉의 시험과 형제들의 변화된 모습이 먼저 나온다.

2. 이 년 동안(6절)

유대 땅의 기근으로 말미암아 야곱의 자손들이 애굽에 식량을 구하러 왔는데 이 년간 두 번을 왔다. 이 년의 기근으로도 이렇게 어려웠는데 앞으로 오 년은 밭을 갈 수도 없는 상황이 전개될 것이다.

3. 아버지(8절)

요셉이 자신이 바로의 아버지라고 한다. 당시 상황을 보면 바로가 절대권력자로 요셉보다 더 우월한 것이 분명하다. 그럼에도 요셉이 자신을 바로의 아버지라고 한 것은 실제로 바로를 양자 삼거나 했다는 말이 아니고, 그 정도로 바로에게 귀중한 사람이라고 이해할 수 있다. 바로는 요셉에게 많은 권한을 이미 부여했다.

4. 다섯 해(11절)

요셉은 이미 예전에 바로의 꿈을 해석하면서 이 기근이 심상치 않음을 알고 있었다. 지난 이 년 동안의 흉년으로도 가족이 큰 고난을 당했다. 앞으로 오 년이나 더 견뎌야 하는 상황이다.

5. 내 입이라(12절)

자신이 한 약속이 결코 헛된 것이거나 거짓이 아니라는 것을 확신시키기 위한 말이다. 형제들은 이 놀라운 상황을 어떻게 받아들여야 할지 아직 어찌해야 할 바를 모르고 있었을 것이다. 그들의 마음을 열기 위해 먼저 요셉이 약속을 한다.

본문의 신학

1. 하나님의 계획

요셉은 분명히 하나님이 자신을 애굽에 먼저 보내셨음을 알고 있었다. 이는 야곱의 자손들을 살리시려는 하나님의 계획의 일환이었다. 후에 이사야가 말하는 남은 자와 같이 하나님이 지키시려 마음먹으신 사람은 미리 준비하신다.

2. 피해자의 화해

요셉을 포함한 야곱의 아들은 열두 명이었고 당연히 그들은 형제였다. 그런데 요셉을 팔아넘기는 일이 벌어졌다. 형제 관계가 원수 관계가 될 수밖에 없다. 다시 형제로 화목하게 되는 데 필요한 것은 무엇인가? 요셉은 파괴적이고 폭력적인 방법을 쓰지 않았다. 피해자인 자신이 먼저 가해자인 형제들을 불러서 문제를 해결한다.

3. 권력자의 화해

야곱은 이미 총리의 지위에 올라있었다. 대제국의 강력한 권력을 가지고 있었고, 얼마든지 행사할 수 있었다. 그런데 그런 힘이 있는 사람이 먼저 화해를 청했다. 능력이 있고 힘이 있는 사람이 피해자라면 복수를 생각하는 것이 일반적이다. 내가 힘이 있으면 손을 내밀기가 현실적으로 어렵다. 그런데 요셉은 권력을 쓰는 것보다 더 어려운 화해를 청했다. 그렇게 화평을 이뤘다.

4. 용서의 의지

요셉이 애굽에서 승승장구하고 있을 때 곡식을 사러 온 형제들을 먼저 만났다. 그리고 오늘 본문은 그 후 2년의 시간이 지난 시점이다. 그런데 오늘 본문에 이르러서야 자신이 누구인지를 밝히고 형제들을 용서한다. 2년 전에 바로 용서하지 않았다. 용서가 한번의 감정적인 동요로 되지 않았음을 알 수 있다. 몇 차례 형제들과의 만남과 대화, 그리고 하나님의 은혜를 되짚으며 용서하기로 결심했을 것이다. 이렇게 용서는 감정만으로 이루어지지 않고 하나님의 은혜를 깨닫는 것과 의지적인 결단까지 필요하다.

5. 선지자의 연결

요셉은 예수님을 기억나게 한다. 형제들에 의해 요셉은 은 이십 개에 팔렸다. 예수님은 은 30개에 팔렸다. 구약의 선지자 중 스가랴가 은 삼십에 예수님이 팔린 것을 예언했다. 나아가 스가랴는 예수님이 동족에게 배반당하고 팔릴 것도 예언했다. 이렇게 선지자에 의해 요셉과 그리스도의 고난이 연결된다.

평행 본문

롬 11:13-16, 29-32

유대인은 복음을 거부했다. 결국 구원은 이방인에게로 넘어가는 과정에 있었다. 바울은 이런 상황에서 제사하는 처음 익은 곡식 가루가 거룩하다면 떡덩이도 그럴 수밖에 없음을 강조해 유대인들에게 여전히 구원이 유효함을 말한다. 결국 이방인들이 교만할 이유가 없는 것이다. 하나님은 이스라엘을 향해 하신 약속을 거두지 않으실 것이다. 구원의 문제에는 유대인이라고, 또 이방인이라고 차별이 존재하지 않는다.

마 15:(10-20), 21-28

정결에 관한 율법은 우리를 깨끗하게 하기에는 부족하다. 종교지도자들이 그 예이다. 하나님이 심지 않은 그들을 향해서 강하게 경고하신 후에 바리새인과 서기관들이 영적으로 소경과 같기에 사람들을 그릇된 길로 인도할 수 있음을 깨닫게 하신다. 이후 가나안 여인의 몸을 고쳐주심을 통해 영적인 치유와 더불어 우리의 구체적인 하루의 일상까지도 간섭하기 원하시는 모습을 보여주신다.

설교를 위한 적용

오늘에 적용

- 3절 **"대답하지 못하더라"** : 계속 인내해야 한다. 요셉은 크게 마음먹고 자신의 마음을 열었다. 그러나 듣던 형제들은 쉽게 반응하지 못했다. 요셉인 것을 알았겠지만 대놓고 반가워하지 못했다. 이렇게 내가 먼저 선의로 대해도 상대가 바로 반응하기 어려울 수 있음도 이해해야 한다.
- 4절 **"애굽에 판 자라"** : 말보다 행동을 파악해야 한다. 요셉이 드디어 형제들에게 자신의 정체를 드러냈다. 그 전까지 많은 일이 있었다. 이제 형제들의 마음을 알았고 용서를 위해 손을 내민 것이다. 그러나 그 말 중에 과거의 아픔이 드러나 있었다. 애굽에서 팔았다는 말을 했기 때문에 듣는 사람 입장에서는 저의를 파악하기 어려웠을 것이다. 그러나 말보다 행동이 진심을 담고 있음을 알아야 한다.
- 7절 **"먼저 보내셨나니"** : 고통도 하나님의 섭리로 인한 것임을 깨달아야 한다. 요셉이 오늘 본문에 이르기까지 결코 순탄한 삶을 산 것이 아니다. 그 모든 삶을 하나님이 인도하셨다고 고백할 때는 고통과 부조리까지 하나님의 섭리 아래 있었다는 것을 알았다는 말이다.

- 8절 "**하나님이 나를**" : 하나님이 역사를 주관하심을 인정해야 한다. 애굽의 총리로 세운 것은 표면적으로는 바로였다. 그러나 요셉은 하나님이 세웠다고 이해한다. 바로가 의존하는 상황이 된 것도 하나님이 그렇게 하셨음을 고백한다.
- 10절 "**고센 땅에 머물며**" : 하나님이 인도하시는 이유를 먼저 생각해야 한다. 요셉이 원해서 가족과 고향을 떠난 것이 아니다. 아브라함도 고향을 떠나 낯선 곳으로 향했다. 그런 괴로움이 없었으면 그리스도의 계보를 이어갈 수 없었을 것이다. 삶의 터전을 옮겨야 할 때 하나님이 이유가 되실 수도 있음을 깨달아야 한다.

설교 개요

- 배신을 당하는 것은 괴로운 경험이다. 요셉은 배신을 당했는데 그것도 가까운 형제들에게 당했다. 자기가 믿고 의지함이 마땅하던 형들이 주도했다. 형들이 은폐하기 위해 아버지에게 가짜 피묻은 옷을 보여준 사실을 요셉은 몰랐으니 아버지도 자신을 찾지 않는다고 원망했을 것이다.
- 그런데 오늘 본문에서는 이런 사실을 모두 용서한 것처럼 보인다. 어떻게 이런 고통을 이겨내고 오늘 본문에서처럼 형제들을 용서할 수 있었을까?
- 그것은 사람이 아닌 하나님을 의지했기 때문이다. 사람을 의지하면 당장은 외롭지 않을 수 있다. 고립감을 느끼지 않을 수 있다. 그런데 요셉처럼 배신을 당하면 더 큰 상처를 받을 수밖에 없다.
- 요셉은 이미 형제들에게 먼저 버림을 받은 후, 보디발의 아내에게 버림을 받았다. 그리고 관원장에게 버림을 받았다. 이런 외로움 속에서 드디어 하나님을 만나게 된다.
- 하나님을 만나니 애굽의 총리가 되어 신분이 상승했다. 나중에 형제들을 만났을 때 요셉이 사람들을 의지했더라면 형제들을 용서하지 못했을 것이다. 그러나 이미 요셉은 사람이 아닌 하나님을 의지했다. 그래서 하나님의 섭리

와 계획으로 지금까지 일이 이루어진 것을 알았고 그것으로 형제들을 용서했다.

설교를 위한 예화

한국기독교역사문화관이 개관을 하면서 선교사들의 삶과 희생을 더 생생하게 엿볼 수 있게 되었다. 그 중에 특히 1885년 한국에 첫발을 디딘 언더우드 선교사에 관한 자료도 있는데 한국어 공부 노트와 함께 그의 형인 존 언더우드(1857-1937)가 만들던 타자기도 전시되어 있다.

언더우드 타자기는 당시 발달된 문명의 상징과도 같은 사무기기였을 것이다. 막대한 부를 축적할 수 있었을 것인데 그 형은 연희전문학교 부지를 구입하는 등 동생의 선교에 힘을 보탰다. 호레이스 그랜트 언더우드는 먼저 조선에 와서 자신의 사명을 발견했고 온 형제의 선교를 향한 꿈을 실현했던 사람이다.

2026 8.23

오순절 후 열세 번째 주일

성서정과 | 시 124; 출 1:8-2:10; 롬 12:1-8; 마 16:13-20

예배로 부름 Call to Worship
이 날은 여호와께서 정하신 것이라 이 날에 우리가 즐거워하고 기뻐하리로다 여호와여 구하옵나니 이제 구원하소서 여호와여 우리가 구하옵나니 이제 형통하게 하소서(시 118:24-25)

예배 기원 Invocation
말씀으로 온 세상을 창조하시고, 택한 백성에게 언약을 세우사 구원을 이루신 하나님! 주님께서 베푸실 은혜를 사모하며 성전에 나온 저희는 진리의 말씀에 주리고 목이 말라 애가 탑니다. 지극히 겸손한 마음으로 엎드렸사오니 말씀하옵소서. 귀를 기울여 청종하겠사오니 가르쳐 주옵소서. 오늘도 강단에서 흘러나온 생명수 말씀이 개인만 아니라 가정과 일터에까지 흐르게 하시고, 그 말씀이 닿는 곳마다 생물이 살아나며 물고기가 심히 많아지며 각종 과실나무가 자라서 열매가 끊이지 않는 생명의 역사를 이루어주옵소서. 예수님의 이름으로 기원하옵나이다. 아멘.

이 주일의 찬송 Hymns
내게 있는 모든 것을(50장) / 샤론의 꽃 예수(89장) / 내 주의 나라와(208장) /
내 주 예수 주신 은혜(317장) / 내 죄를 회개하고(326장) / 내 주를 가까이 하게 함은(338장)

성시 교독 Responsive Readings　　　　　시편 124:1-8

〈다윗의 시 곧 성전에 올라가는 노래〉

인도자　¹ 이스라엘은 이제 말하기를 여호와께서 우리 편에 계시지 아니하셨더라면
회 중　　우리가 어떻게 하였으랴
인도자　² 사람들이 우리를 치러 일어날 때에 여호와께서 우리 편에 계시지 아니하셨더라면
회 중　³ 그 때에 그들의 노여움이 우리에게 맹렬하여 우리를 산채로 삼켰을 것이며
인도자　⁴ 그 때에 물이 우리를 휩쓸며 시내가 우리 영혼을 삼켰을 것이며
회 중　⁵ 그 때에 넘치는 물이 우리 영혼을 삼켰을 것이라 할 것이로다
인도자　⁶ 우리를 내주어 그들의 이에 씹히지 아니하게 하신 여호와를 찬송할지로다
회 중　⁷ 우리의 영혼이 사냥꾼의 올무에서 벗어난 새 같이 되었나니 올무가 끊어지므로 우리가 벗어 났도다
다같이　⁸ 우리의 도움은 천지를 지으신 여호와의 이름에 있도다

고백의 기도 Prayer of Confession

쉬지 말고 기도하라고 명령하신 주님! 지난 한 주간의 삶을 돌아보면서, 저희의 생활 속에 기도의 흔적이 있었는가 돌아봅니다. 바리새인처럼 미사여구가 가득한 기도는 많았으나, 세리처럼 가슴을 두드리며 진심으로 드리는 기도는 적었습니다. 힘겨운 일을 만났을 때 성전으로 올라와 엎드리지 않았고, 형통한 일이 많았지만 하나님께 드리는 감사의 기도가 없었습니다. 교회 안에 병든 자가 있는 것을 알았으나 병 낫기를 위하여 간구하지 않았습니다. 오랫동안 기도를 멈춘 저희 몸과 마음은 능력을 상실한 채 시들어가고 있습니다. 영의 호흡을 멈춘 채로 살았던 저의 죄를 용서해 주시고, 더 이상 기도의 잠을 자지 않도록 도와주옵소서. 예수님의 이름으로 이 고백의 기도를 드립니다.

사함의 확신 Assurance of Forgiveness

내가 네게 노하지 아니하며 너를 책망하지 아니하기로 맹세하였노니 산들이 떠나며 언덕들은 옮겨질지라도 나의 자비는 네게서 떠나지 아니하며 나의 화평의 언약은 흔들리지 아니하리라 너를 긍휼히 여기시는 여호와께서 말씀하셨느니라(사 54:9b-10)

너희는 나를 누구라 하느냐

본문의 접근

본문의 재경청 마 16:13-20

13 예수께서 빌립보의 가이사랴 지방에 이르러서, 제자들에게 물으셨다. "사람들이 인자를 누구라고 하느냐?" **14** 제자들이 대답하였다. "세례자 요한이라고 하는 사람들도 있고, 엘리야라고 하는 사람들도 있고, 예레미야나 예언자들 가운데에 한 분이라고 하는 사람들도 있습니다." **15** 예수께서 그들에게 물으셨다. "그러면 너희는 나를 누구라고 하느냐?" **16** 시몬 베드로가 대답하였다. "선생님은 살아 계신(자오, ζάω, living) 하나님의 아들 그리스도십니다." **17** 예수께서 그에게 말씀하셨다. "시몬 바요나야, 너는 복이 있다(마카리오스, μακάριος, bless). 너에게 이것을 알려 주신 분은, 사람이 아니라, 하늘에 계신 나의 아버지시다. **18** 나도 너에게 말한다. 너는 베드로다. 나는 이 반석(페트라, πέτρα, stone) 위에다가 내 교회를 세우겠다. 죽음의 문들이 그것을 이기지 못할 것이다. **19** 내가 너에게 하늘 나라의 열쇠(클레이스, κλείς, key)를 주겠다. 네가 무엇이든지 땅에서 매면 하늘에서도 매일 것이요, 땅에서 풀면 하늘에서도 풀릴 것이다." **20** 그 때에 예수께서 제자들에게 엄명하시기를, 자기가 그리스도라는 것을 아무에게도 말하지 말라고 하셨다. 〈새번역〉

본문 개관

본문은 예루살렘에 입성하시기 전에 갈릴리 지역에 머무실 때 제자들과 있었던 일을 보여준다. 베드로와의 대화를 통해 제자도에 대해 가르치시는 형태를 취하고 있다. 그런데 보다 큰 관점에서 볼 때 마태는 본문에서 교회의 탄생을 기록하고 있다. 교회는 건물만을 의미하지 않는다. 단순한 사람들의 모임도 아니다. 예수님을 그리스도요 하나님의 아들로 고백하는 사람들의 모임이다.

본문 분석

1. 빌립보 가이사랴(13절)
오늘 이야기의 무대는 갈릴리의 빌립보 가이샤랴이다. 로마의 황제 가이사와 분봉 왕 헤롯 빌립의 이름을 조합해서 명명했다. 로마의 영향력이 강했는데 다양한 이방신들을 섬기는 신전이 있었다고 한다.

2. 사람들이(13절)
제자들을 향해 사람들이 인자를 누구라 하느냐고 예수님께서 물으신다. 제자들을 보고 말씀을 하시는 것이지만 곧 이어서 "너희는 나를 누구라 하느냐"고 말씀하신 것을 봐도 제자들의 생각을 먼저 물으신 것이 아님이 분명하다.

3. 예레미야(14절)
제자들은 예수님에게 사람들이 세례자 요한 혹은 엘리야로 알고 있다고 하며 동시에 예레미야를 언급하기도 했다.

4. 바요나(17절)
예수님은 베드로를 부르실 때 바요나 시몬이라 하셨다. 본문을 기록한 마태는 16절에서 그냥 시몬 베드로라 칭한다. 바요나는 요나의 아들이라는 뜻이다.

시몬은 베드로의 유대식 이름이다.

5. 혈육이(17절)

베드로가 예수님을 그리스도시오 살아계신 하나님의 아들로 고백할 수 있었던 것은 그의 혈육, 그러니까 죄로 오염된 인간의 지식이나 경험이 아니었다.

본문의 신학

1. 인자

예수님이 제자들에게 사람들이 자신을 누구라고 하느냐고 물으실 때 인자라고 표현하셨다. 사람의 아들은 평범한 인간인 것을 말한다. 천상의 높은 존재로 표현하지 않으시고 스스로를 사람의 아들로 칭하며 제자들 외의 인식을 물으셨는데, 그것은 앞으로 예루살렘에서 고난당하시고 다시 부활하실 그 놀라운 하나님의 아들이 동시에 육신을 입고 오신 것이라는 비밀을 전제하신 것이라 할 수 있다.

2. 삼위일체 하나님

사람들이 자신을 누구라고 하더냐고 물으시는 예수님의 질문에 제자들은 세례 요한, 엘리야, 예레미야라고 답을 했다. 나름대로 유대인들에게 현재 의미가 있고, 예전에 있었던 인물들이다. 그런데 예수님은 인간인 동시에 삼위일체 하나님이신 참신이셨기에 사람들의 일반적인 생각이 철저하게 틀렸음을 알 수 있다.

3. 교회의 터전

베드로의 고백을 들으시고 예수님이 이 반석 위에 내 교회를 세우겠다고 하셨다. 베드로라는 한 사람만을 지칭해서 말씀하신 것이라기보다 베드로와 같이 예수님을 그리스도요 살아계신 하나님의 아들로 고백하는 사람들의 그 믿음 위에 교회가 선다고 말씀하신 것으로 볼 수 있다.

4. 교회의 성격

교회는 베드로와 같이 예수님의 뜻과 가르침을 따르는 사람들의 신앙 위에 세워진다. 그래서 단순한 사람의 모임이거나 기관이 아니다. 제자들의 신앙을 고백하는 공동체이다.

5. 교회의 능력

교회는 악에 대항하는 공동체이다. 만일 교회가 약한 모습을 보이거나 악에 유보적인 태도를 보인다면 그것 자체로 이미 교회로서의 성격을 잃어버렸다는 증거이다. 예수님은 천국 열쇠를 베드로로 대표되는 교회에 주셨다. 그 정도로 책임이 막중하고 권한이 크다. 교회가 잠잠하면 악이 왕성해진다.

평행 본문

시 124

다윗은 왕이 된 뒤에도 자신의 과거를 잊지 않았다. 특히 전투를 겪으며 숱한 고비를 넘은 이유는 자신의 무공이나 용맹함이 아니라 바로 하나님의 돌보심인 것을 인정했다. 적들은 마치 큰 물과 같이 들이닥쳤고 그들의 기세는 영혼이라도 삼킬 듯 맹렬한 것이다. 그러나 하나님은 큰 권능으로 다윗과 그의 수하들을 지키셨다. 그래서 이 모든 영광을 하나님께 돌린다.

롬 12:1-8

성도의 삶은 그 자체로 하나님께 드려져야 한다. 이런 신앙의 원리를 기억하고 있다면 매일의 삶에서 하나님과 동행하는 방법을 찾게 될 수밖에 없다. 믿음으로 말미암아 우리는 하나님이 주신 은사가 무엇인지 먼저 파악해야 한다. 은혜로 하나님이 이미 우리에게 은사를 허락하셨다. 이 은사가 다른 것은 당연하다. 따라서 각자가 할 수 있는 역할이 무엇인지 알고, 그것이 최대한 발현될 수 있도록 노력하며 다른 이들의 은사 역시 소중히 여기며 존중해야 한다.

설교를 위한 적용

오늘에 적용

- 15절 "너희는 나를" : 맹목적으로 다른 이들을 추종해서는 안 된다. 사람들은 예수님에 대해서 정확하게 알지 못했다. 제자들은 그들이 어떻게 생각하는지 알고 있었다. 그러나 일반 대중의 생각을 무조건 좇은 것은 아니었다.
- 15절 "나를 누구라 하느냐" : 주님에 대한 믿음을 항상 확인해야 한다. 예수님은 갑자기 제자들의 생각을 물으신다. 예수님을 따르는 사람으로서 예수님에 대한 단편적인 인상을 가지고 있는 것은 자연스럽다.
- 17절 "네가 복이 있도다" : 복을 누려야 한다. 베드로가 예수님에 대해서 그리스도이신 동시에 하나님의 아들이심을 고백했을 때 예수님은 복이 있다고 하셨다. 예수님의 본질을 깨닫는 것은 내 힘으로 되는 일이 아니다. 그러니 그런 고백을 할 수 있다는 것 자체가 큰 은혜이고 복이다.
- 18절 "음부의 권세가" : 악과의 대결에서 승리의 비결을 알아야 한다. 죽음과 음부의 권세와 맞서 싸우는 비결은 그것을 대상으로 싸우는 데서 시작되지 않는다. 베드로와 같이 바른 신앙을 고백하는 것이 먼저이다.
- 19절 "네가 땅에서 무엇이든지" : 베드로의 권세를 누려야 한다. 예수님이 베드로에게 매고 푸는 권세를 주셨는데 이는 베드로 한 사람이 독점할 수 있는 성격의 것이 아니다. 베드로와 동일하게 예수님을 그리스도시고 살아계신 하나님의 아들로 고백하는 모든 사람에게 주어진 능력이다.

설교 개요

- 세상 사람들이 삼위일체 하나님을 부르는 이름은 다양하다. 신앙이 없는 사람들은 비하하는 발언을 서슴지 않기도 한다. 하나님과 예수님을 이방의 신화들과 비교하기도 한다.
- 예수님의 질문에 제자들은 사람들이 세례 요한, 엘리야, 혹은 예레미야라 생각한다고 답을 한다. 대중의 인식은 전적으로 틀렸다. 왜냐하면 요한도 엘리야도 예레미야도 당대에는 훌륭했지만 결국은 모두 인간이었기 때문이다.
- 베드로는 그리스도이시고 하나님의 아들이라고 고백했다. 이런 베드로를 예수님은 칭찬하셨다. 그리고 놀라운 말씀을 더하시는데 그런 말을 한 베드로 위에 교회를 세우겠다고 하신 것이다.
- 예수님이 베드로 위에 교회가 세워질 것이라 하신 이유는 베드로가 자신의 신앙으로 고백을 했기 때문이다.
- 예수님이 베드로 위에 교회를 세우시겠다고 하신 것은 단순한 말씀이 아니다. 예수님의 몸인 교회를 세워 음부의 권세와 맞서게 하시겠다는 선포다.

설교를 위한 예화

리처드 웜브란트 목사(1909-2001)는 공산주의 루마니아의 탄압 아래서도 신앙을 굳건히 지켰다. 1948년에 수감된 이후 수차례 투옥과 고문을 당하다가 1964년 풀려나 "순교자의 소리"라는 단체를 설립해, 전세계에 고통 받는 그리스도인들의 실상을 문서와 활동을 통해 알렸다. 그의 삶은 "그리스도를 위한 고난"이라는 제목으로 영화화되기도 했다. 그와 같은 처지에 있었던 수감자 중 어떤 이는 기도모임을 조직해 감옥에서 25년을 갇혀 있었다. 어떤 이는 동료를 위해 자신은 감옥의 젖은 돌 위에서 잠을 청하기도 했다. 이들은 이런 고초를 겪으면서도 그리스도에 대한 믿음을 부인하지 않았다.

2026 8.30

오순절 후 열네 번째 주일

성서정과 | 시 105:1-6, 23-26, 45c; 출 3:1-15; 롬 12:9-21; 마 16:21-28

예배로 부름 Call to Worship
너희는 귀를 기울이고 내게로 나아와 들으라 그리하면 너희 영혼이 살리라 내가 너희를 위하여 영원한 언약을 맺으리니 곧 다윗에게 허락한 확실한 은혜니라(사 55:3)

예배 기원 Invocation
날마다 우리와 동행하시며 풍성한 은혜를 채워주시는 하나님 아버지께 감사와 찬송과 영광을 올려드립니다. 거칠고 험한 세상에서 방황하던 저희가 주님의 부르심에 응답하여 성전으로 나왔습니다. 주님의 날개 아래로 모여온 저희를 한 심령도 빠짐이 없이 영접하여 주시고, 위로와 평안과 안식을 허락하여 주옵소서. 보혜사 성령님께서 예배하는 우리의 몸과 마음을 온전히 주관하여 주시기를 원합니다. 세상의 온갖 걱정과 근심은 간 곳 없게 하시고, 믿음의 눈을 열어 살아 역사하시는 하나님만 바라보게 하옵소서. 예수님의 이름으로 기원하옵나이다. 아멘.

이 주일의 찬송 Hymns
거룩하신 하나님(77장) / 네 맘과 정성을 다하여서(218장) / 거룩하게 하소서(422장) / 이 세상 끝날까지(447장) / 십자가를 질 수 있나(461장) / 큰 사랑의 새 계명을(468장)

성시 교독 Responsive Readings 시편 105:1-6, 23-26, 45c

인도자	¹ 여호와께 감사하고 그의 이름을 불러 아뢰며 그가 하는 일을 만민 중에 알게 할지어다
회 중	² 그에게 노래하며 그를 찬양하며 그의 모든 기이한 일들을 말할지어다
인도자	³ 그의 거룩한 이름을 자랑하라 여호와를 구하는 자들은 마음이 즐거울지로다
회 중	⁴ 여호와와 그의 능력을 구할지어다 그의 얼굴을 항상 구할지어다
인도자	5-6 그의 종 아브라함의 후손 곧 택하신 야곱의 자손 너희는 그가 행하신 기적과 그의 이적과 그의 입의 판단을 기억할지어다
회 중	²³ 이에 이스라엘이 애굽에 들어감이여 야곱이 함의 땅에 나그네가 되었도다
인도자	²⁴ 여호와께서 자기의 백성을 크게 번성하게 하사 그의 대적들보다 강하게 하셨으며
회 중	²⁵ 또 그 대적들의 마음이 변하게 하여 그의 백성을 미워하게 하시며 그의 종들에게 교활하게 행하게 하셨도다
인도자	²⁶ 그리하여 그는 그의 종 모세와 그의 택하신 아론을 보내시니
회 중	45b 이는 그의 율법을 따르게 하려 하심이로다 할렐루야

고백의 기도 Prayer of Confession

십자가의 능력으로 죄와 사망에서 저희를 건져 주시니 감사합니다. 값없이 베풀어주신 은혜를 받아 주님의 백성이 되었건만, 저희는 성도다운 삶을 살지 못했습니다. 하나님께서 기쁘게 받으시는 예배자의 삶을 사는 대신에, 육신의 탐욕을 만족시키기 위하여 우상을 만들고 숭배하는 어리석음을 범하였습니다. 영적인 감각을 상실하여 몸과 마음을 방탕함에 방임하고 온갖 더러운 일을 행하기도 하였습니다. 유혹의 욕심을 따라 썩어가는 구습을 반복하였습니다. 하나님의 선하시고 기뻐하시는 뜻이 무엇인지를 잘 알고 있으면서도, 짐짓 죄를 지은 것을 생각할 때, 너무나도 가슴이 아픕니다. 오, 사랑의 하나님! 작은 유혹 앞에서도 쉽게 흔들리며 죄를 반복하고 있는 저희를 불쌍히 여겨 주옵소서. 자비와 사랑을 베푸시어 이 모든 죄에서 벗어날 수 있도록 힘과 용기를 주옵소서. 예수님의 이름으로 이 고백의 기도를 드립니다. 아멘.

사함의 확신 Assurance of Forgiveness

모든 선지자도 증언하되 그를 믿는 사람들이 다 그의 이름을 힘입어 죄 사함을 받는다 하였느니라(행 10:43)

가나안을 향한 부르심

본문의 접근

본문의 재경청 출 3:1-15

1 모세는 미디안 제사장인 그의 장인 이드로의 양 떼(쩨온, צֹאן, flock)를 치는 목자가 되었다. 그가 양 떼를 몰고 광야를 지나서 하나님의 산 호렙으로 갔을 때에, **2** 거기에서 주님의 천사가 떨기(쎄네, סְנֶה, bush) 가운데서 이는 불꽃으로 그에게 나타났다. 그가 보니, 떨기에 불이 붙는데도, 그 떨기가 타서 없어지지 않았다. **3** 모세는, 이 놀라운 광경을 좀 더 자세히 보고, 어째서 그 떨기가 불에 타지 않는지를 알아 보아야 하겠다고 생각하였다. **4** 모세가 그것을 보려고 오는 것을 보시고, 하나님이 떨기 가운데서 "모세야, 모세야!" 하고 그를 부르셨다. 모세가 대답하였다. "예, 제가 여기에 있습니다." **5** 하나님이 말씀하셨다. "이리로 가까이 오지 말아라. 네가 서 있는 곳은 거룩한 땅이니, 너는 신을 벗어라." **6** 하나님이 또 말씀하셨다. "나는 너의 조상의 하나님, 곧 아브라함의 하나님, 이삭의 하나님, 야곱의 하나님이다." 모세는 하나님을 뵙기가 두려워서, 얼굴을 가렸다. **7** 주님께서 다시 말씀하셨다. "나는 이집트에 있는 나의 백성이 고통받는(오니, עֳנִי, affliction) 것을 똑똑히 보았고, 또 억압 때문에 괴로워서 부르짖는 소리를 들었다. 그러므로 나는 그들의 고난을 분명히 안다. **8** 이제 내가 내려가서 이집트 사람의 손아귀에서 그들을 구하여, 이 땅으로부터 저 아름답고 넓은 땅, 젖과 꿀이 흐르는 땅, 곧 가나안 사람과 헷 사람과 아모리 사람과 브리스 사람과 히위 사람과 여부스 사람이 사는 곳으로 데려 가려고 한다. **9** 지금도 이스라

엘 자손이 부르짖는 소리가 나에게 들린다. 이집트 사람들이 그들을 학대하는(라하쯔, לחץ, oppression) 것도 보인다. 10 이제 나는 너를 바로에게 보내어, 나의 백성 이스라엘 자손을 이집트에서 이끌어 내게 하겠다." 11 모세가 하나님께 아뢰었다. "제가 무엇이라고, 감히 바로에게 가서, 이스라엘 자손을 이집트에서 이끌어 내겠습니까?" 12 하나님이 대답하셨다. "내가 너와 함께 있겠다. 네가 이 백성을 이집트에서 이끌어 낸 다음에, 너희가 이 산 위에서 하나님을 예배하게 될 때에, 그것이 바로 내가 너를 보냈다는 징표(오트, אות, sign)가 될 것이다." 13 모세가 하나님께 아뢰었다. "제가 이스라엘 자손에게 가서 '너희 조상의 하나님께서 나를 너희에게 보내셨다'하고 말하면, 그들이 저에게 '그의 이름이 무엇이냐?' 하고 물을 터인데, 제가 그들에게 무엇이라고 대답해야 합니까?" 14 하나님이 모세에게 대답하셨다. "나는 곧 나다. 너는 이스라엘 자손에게 이르기를, '나'라고 하는 분이 너를 그들에게 보냈다고 하여라." 15 하나님이 다시 모세에게 말씀하셨다. "너는 이스라엘 자손에게 이르기를 '여호와, 너희 조상의 하나님, 곧 아브라함의 하나님, 이삭의 하나님, 야곱의 하나님이 나를 너희에게 보내셨다' 하여라. 이것이 영원한 나의 이름이며, 이것이 바로 너희가 대대로 기억할 나의 이름이다." 〈새번역〉

본문 개관

출애굽기는 놀라운 이적으로 가득하다. 그중에서도 오늘 본문인 3장은 하나님의 존재와 권능이 직접 드러나는 이적으로 시작한다. 불이 붙은 떨기나무 그리고 하나님이 이름을 스스로 알려주시는 장면은 인간의 이해력을 뛰어넘는 수준이다. 하나님은 구체적인 장소에서, 구체적인 모습으로 임재하셨다. 그리고 모세라는 매우 구체적인 한 인물에게 사명을 부여하신다. 동시에 함께하겠다는 구체적인 약속을 행하셔서 하나님의 뜻을 반드시 이루실 것을 보여주신다.

본문 분석

1. 장인(1절)

본문의 모세는 이전에 그려졌던 화려했던 왕궁에서의 모습도, 과감했던 행동도 볼 수 없는 차분한 상태에 있다. 그는 장인으로부터 독립해서 살고 있지 않다. 심지어 돌보던 양들도 자신의 양이 아닌 장인의 소유다. 40년의 시간 동안 그다지 이룬 것이 없어 보인다.

2. 불꽃 안에서(2절)

이전에 모세는 하나님을 만난 적이 없다. 만약 하나님이 모세가 감당하기 힘들 정도의 모습으로 이때 나타나셨다면 모세는 상당한 충격을 받았을 것이다. 어쩌면 하나님은 모세를 배려해서 떨기나무 가운데로부터 나오는 불꽃 안에서 나타나셨을 것이다.

3. 얼굴을 가리매(6절)

모세는 처음에는 무슨 일인지 정확히 파악을 하지 못했던 모양이다. 하나님이 조상의 하나님이심을 밝히시자 그제야 비로소 얼굴을 가렸다. 하나님의 임재를 단순한 느낌 등으로 안 것이 아니라 조상들의 하나님이셨다는 깨달음으로 안 것이다.

4. 내 백성(7절)

하나님은 이스라엘의 고통을 들으셨다. 그리고 "내 백성"이라고 부르신다. 성경에서 하나님이 이스라엘을 내 백성이라고 부르신 것은 여기가 처음이다.

본문의 신학

1. 소명의 때

하나님이 일꾼으로 부르실 때 인간의 기준으로 보면 안 된다. 모세의 삶이 애굽 시기를 거쳐 긴 광야 시기를 지내는데 근 80세에 이르기까지 하나님은 구체적으로 부르시지 않으셨다. 이제 삶을 정리해야 할 시기라고 볼 만한 장년기 이후에 오늘 본문에서 하나님이 모세 앞에 나타나신다. 소명에는 인간 기준에 적당한 때가 있는 것이 아니라 하나님의 계획에 맞는 때가 있는 것이다.

2. 하나님의 자유

하나님은 인간의 눈에 거룩한 장소에만 임하시는 것이 아니었다. 자신의 일을 행할 소명을 부여하는 자리도 어떤 굉장한 자연 경관을 배경으로 하지 않으셨다. 하나님이 자유롭게 임하시는 곳이 곧 거룩한 곳이고, 하나님이 행하시는 일이 곧 거룩한 일이 된다. 모세는 전혀 예상하지 않은 장소에서 하나님을 만난다.

3. 이스라엘의 하나님

전통적으로 불이 붙었지만 타버리지는 않은 이 떨기나무가 유대교를 상징한다고 해석해왔다. 하나님은 후에 이스라엘 백성들이 출애굽할 때 불기둥으로 인도하셨다. 어둠을 밝히고 부정한 것들을 태우는 불은 하나님의 속성을 알리는 경우가 많다. 이스라엘을 인도하기 위한 하나님의 계획이 모세 앞에 나타나시는 모습에서도 확인된다.

4. 하나님의 단호하심

하나님의 거룩하신 속성으로 인해 모세가 가까이 오는 것을 금하신다. 거룩하신 하나님은 죄악으로 오염된 인간이 가까이 할 수 없다. 불에 가까이 가면 사람이 다치는 것과 같이 하나님의 임재가 인간에게는 그 자체로 위험하다. 하나님이 모세에게 신을 벗으라 하신 것은 거룩함을 침범하지 않게 하시는 것이고, 가까이 오지 말라 하신 것은 그로 인해 모세가 다치게 될 것을 미리 막으신 배려라고도 볼 수 있다.

평행 본문

롬 12:9-21

그리스도 안에서 각자 은사대로 섬기며 살 때 그 근본은 사랑이다. 하나님의 속성을 따라 서로 사랑할 때 악을 미워하게 된다. 각자 부지런하여 열심을 품고 주님을 섬기고 기도하며 손님을 대접함이 마땅하다. 공동체 안에서도 함께 즐거워하고 슬퍼하는 정신이 요청된다. 그럼에도 박해를 당하거나 악한 마음으로 공격을 받을 수도 있다. 그러나 그 어떠한 상황에서도 같은 방식으로 되갚는 것이 아니라 오히려 축복과 선으로 대해야 한다.

마 16:21-28

예수님이 대속적인 죽음과 부활을 알리신다. 마태는 이를 "비로소" 나타내셨다고 한다. 복음서에서 수난 예고는 한 번으로 그치지 않는데 이 첫 번째 수난 예고에 대해 베드로는 격하게 거부하는 반응을 보인다. 바로 앞에서 보였던 것과 사뭇 다른 이런 모습에 예수님은 "사탄아 내 뒤로 물러 가라"하시며 경계하신다. 베드로의 십자가 없는 헌신으로 말미암아 무의미한 추종이 되지 않도록 각오를 다지게 하신다.

설교를 위한 적용

오늘에 적용

- 8절 "인도하여" : 지도자는 하나님의 부름을 받아야 한다. 지도자는 스스로의 노력으로 만들어진다고 생각할 때가 많다. 그러나 하나님이 그를 불러주셔야 사람들 앞에 설 수가 있다. 설혹 자신의 의지와 노력으로 지도자가 된다고 해도 그 무리는 그 사람의 뜻대로 움직이기에 하나님의 뜻대로 인도되기는 어렵다.
- 9절 "이제 가라" : 바로 나를 부르심을 알아야 한다. 하나님은 모세에게 이스라엘 백성들의 아픔을 알게 하셨다. 그리고 큰 계획을 말씀하셨다. 이런 하나님의 마음을 헤아리고 백성들을 인도할 사람은 다른 사람이 아니라 바로 그 말씀을 들은 모세였다.
- 12절 "내가 너를" : 하나님이 증거이다. 모세는 하나님의 의도를 처음에는 알지 못했다. 백성을 인도하라는 말씀에 자신이 무슨 자격으로 그런 일을 하겠냐고 하나님께 되물었다. 하나님은 이런 명령을 내리시는 하나님 자신이 증거임을 분명히 하셨다.
- 13절 "말하리이까" : 하나님께 물어야 한다. 12절에서 하나님의 답변을 들은 후에 모세는 다시 질문한다. 그런데 이것은 거부하는 의도가 담겨 있지는 않다. 왜냐하면 하나님의 명령을 구체적으로 시행할 때 발생할 상황을 생각하면서 그럴 때 어떻게 해야 할지를 묻는 질문이기 때문이다. 하나님께 물으며 사역함이 마땅하다.

설교 개요

- 모세는 적막한 삶을 이어가고 있었다. 과거의 화려함도 멀리하고 적막에 둘러싸여 살고 있었다. 대인관계도 가족에 한정되어 있었다. 공간적으로는 광야라는 트인 공간에 살았지만 그는 갇혀 있는 사람이었다. 공간에 갇혀있었

고, 장인의 소유물에 갇혀 있었다. 양도 자신의 양이 아니었기 때문이다. 청년기를 다 보내고 나이에도 갇혀 있었다.
- 하나님이 그를 찾아오셨다. 그런데 모세 입장에서 생각해 보면 하나님이 나타나신 모양이 그다지 특별할 것이 없었던 모양이다. 아무런 사건 없이 하루를 보내는 그에게 그저 잠시 흥미로운 사건으로 다가왔을 것이다. 왜냐하면 지금 하나님이 어마어마하게 놀라운 자연 현상으로 찾아오신 것이 아니기 때문이다.
- 잡목에 불이 붙는 일이야 그리 새로울 것이 없다. 그 불이 나무를 태우지 않는 것도 무심히 보면 그저 나무가 잘 타지 않나 할 수도 있다. 그래서 모세는 그것이 신기했지만 하나님이신 것을 바로 알지 못했을 정도였다.
- 그때 하나님이 친히 말씀하신다. 스스로를 조상들의 하나님으로 알려주신다. 모세는 그제야 하나님이신 것을 알아차린다. 하나님은 모세에게 백성을 이끌라고 하신다. 하나님이 그 고통을 먼저 들으셨고 해결하시려고 모세를 부르신 것이다.
- 하나님은 모세에게 지금 사는 땅에 갇혀 있지 말라고 하신다. 스스로 경계를 허물고 백성들이 있는 곳으로 나아라고 하신다. 젖과 꿀이 흐르는 가나안 땅이 지금 눈에 보이지 않아도 그것을 보라고 하신다. 스스로 시간의 경계를 허물고 미래로 나아가라고 하신다. 장인의 양 떼에도 갇혀 살지 말라고 하신다. 재물이 삶의 목적이 아니라 소명이 목적인 것을 깨닫게 하신다.

설교를 위한 예화

미국의 신학자 조나단 에드워즈(1703-1758)는 1727년 메사추세츠의 한 교회에 부목사로 부임하며 사역을 시작했다. 하루에 열 시간이 넘게 성경과 신학을 연구하며 저술을 거듭해 대각성 운동에 큰 영향을 끼치기도 했다. 그런데 그가 무려 24년간이나 담임으로 섬기던 그 교회에서 사임하게 되었는데 몇 가지 이유가 겹친 것으로 보인다. 그러나 이런 역경이 그의 사역을 막지는 못했다. 1750

년 교회를 사임한 그는 인디언 부족들이 사는 곳으로 이동해 선교의 열정을 다시 불태웠다. 동시에 이 기간에 중요한 저서들을 남기기도 했다. 1758년 뉴저지 신학교(프린스턴의 전신) 총장으로 초빙을 받아 처음에는 사양했는데 후에 하나님의 뜻으로 알고 승낙했다고 한다. 그러나 총장으로 시무한 지 한 달이 지났을 때 천연두 예방접종이 잘못되어 천연두로 하나님의 부름을 받고 만다.

예상하지 못한 일로 자신의 뜻이 꺾였을 때 에드워즈는 낙담하지 않았다. 다시 사역에 나섰다. 그리고 모세처럼 앞날을 알지 못하는 상황에서도 하나님의 부르심을 따라 끝까지 사역했다.

2026
9.6

오순절 후 열다섯 번째 주일

성서정과 | 시 149; 출 12:1-14; 롬 13:8-14; 마 18:15-20

예배로 부름 Call to Worship
여호와의 산에 오를 자가 누구며 그의 거룩한 곳에 설 자가 누구인가 곧 손이 깨끗하며 마음이 청결하며 뜻을 허탄한 데에 두지 아니하며 거짓 맹세하지 아니하는 자로다 그는 여호와께 복을 받고 구원의 하나님께 의를 얻으리니 이는 여호와를 찾는 족속이요, 야곱의 하나님의 얼굴을 구하는 자로다(시 24:3-6)

예배 기원 Invocation
택한 성도를 영원히 버리지 않으시며, 임마누엘로 동행하여 주시는 하나님께 감사와 찬송을 올립니다. 지난 이레 동안 우리를 사랑하사, 환난 날에 주님의 초막 속에 비밀히 지켜주시고, 생명과 건강과 사업과 가정을 지켜주신 은혜에 감사를 드립니다. 세상에는 즐거운 일이 많으나 저희에게는 예배를 통해 주님과 교제하는 것이 가장 큰 즐거움이요 비교할 수 없는 기쁨입니다. 분주한 세상사를 뒤로하고 하나님께만 집중하여 드리는 이 예배를 온전한 번제와 같이 열납하여 주옵소서. 예수 그리스도의 이름으로 기원하옵나이다. 아멘.

이 주일의 찬송 Hymns
큰 영화로신 주(35장) / 나의 죄를 씻기는(252장) / 죄에서 자유를 얻게 함은(268장) / 예수 따라가며(449장) / 헛된 욕망 길을 가며(513장) / 말씀에 순종하여(573장)

성시 교독 Responsive Readings 시편 149:1-9   2

인도자	¹ 할렐루야 새 노래로 여호와께 노래하며 성도의 모임 가운데에서 찬양할지어다
회 중	² 이스라엘은 자기를 지으신 이로 말미암아 즐거워하며 시온의 주민은 그들의 왕으로 말미암아 즐거워할지어다
인도자	³ 춤추며 그의 이름을 찬양하며 소고와 수금으로 그를 찬양할지어다
회 중	⁴ 여호와께서는 자기 백성을 기뻐하시며 겸손한 자를 구원으로 아름답게 하심이로다
인도자	⁵ 성도들은 영광 중에 즐거워하며 그들의 침상에서 기쁨으로 노래할지어다
회 중	⁶ 그들의 입에는 하나님에 대한 찬양이 있고 그들의 손에는 두 날 가진 칼이 있도다
인도자	⁷ 이것으로 뭇 나라에 보수하며 민족들을 벌하며
회 중	⁸ 그들의 왕들은 사슬로, 그들의 귀인은 철고랑으로 결박하고
다같이	⁹ 기록한 판결대로 그들에게 시행할지로다 이런 영광은 그의 모든 성도에게 있도다 할렐루야

고백의 기도 Prayer of Confession

저희는 하나님을 알되 하나님을 영화롭게 하지도 않았으며, 값없이 주신 구원의 은혜에 더 진심으로 감사하지 않았습니다. 신앙의 연조가 길어질수록 저희 생각은 오히려 허망하여졌으며, 미련한 마음이 어두워졌습니다. 행함은 없고 신앙적인 지식만 쌓여서 스스로 지혜 있다 자부하나 어리석은 자가 되어 살았습니다. 썩어지지 아니하는 하나님의 영광을 썩어질 사람과 새와 짐승과 기어다니는 동물의 형상으로 바꾸고 그것을 섬기며 살았습니다. 정욕이 넘쳐나 순리대로 쓸 것을 역리로 쓰며 서로를 향하여 부끄러운 일을 행했습니다. 마음에는 하나님 두기를 싫어하여 불의, 추악, 탐욕, 악의가 가득한 자요, 시기, 살인, 분쟁, 악독이 가득한 자로 지냈습니다. 저희가 바로 하나님을 비방하는 자요, 악을 도모하는 자요, 부모를 거역하는 자였으니 이 모든 죄를 용서하여 주옵소서. 예수님의 이름으로 이 고백의 기도를 드립니다. 아멘.

사함의 확신 Assurance of Forgiveness

내가 축복할 것을 받았으니 그가 주신 복을 내가 돌이키지 않으리라. 야곱의 허물을 보지 아니하시며 이스라엘의 반역을 보지 아니하시는도다(민 23:20-21a)

밤에 빛의 갑옷을 입고

본문의 접근

본문의 재경청 롬 13:8-14

⁸ 서로 사랑하는 것 외에는, 아무에게도 빚을 지지(옵헤일로, ὀφείλω, owe) 마십시오. 남을 사랑하는 사람은 율법을 다 이룬 것입니다. ⁹ "간음하지 말아라. 살인하지 말아라. 도둑질하지 말아라. 탐내지 말아라" 하는 계명과, 그 밖에 또 다른 계명이 있을지라도, 모든 계명은 "네 이웃을 네 몸과 같이 사랑하여라" 하는 말씀에 요약되어 있습니다. ¹⁰ 사랑은 이웃에게 해를 입히지 않습니다. 그러므로 사랑은 율법의 완성(플레로마, πλήρωμα, fulfillness)입니다. ¹¹ 여러분은 지금이 어느 때인지 압니다. 잠에서 깨어나야 할 때가 벌써 되었습니다. 지금은 우리의 구원이 우리가 처음 믿을 때보다 더 가까워졌습니다. ¹² 밤이 깊고, 낮이 가까이 왔습니다. 그러므로 우리는 어둠의 행실을 벗어버리고, 빛의 갑옷(호플론, ὅπλον, armor)을 입읍시다. ¹³ 낮에 행동하듯이, 단정하게 행합시다. 호사한 연회와 술취함, 음행과 방탕, 싸움과 시기에 빠지지 맙시다. ¹⁴ 주 예수 그리스도로 옷을 입으십시오(엔뒤오, ἐνδύω, sing into clothing). 정욕을 채우려고 육신의 일을 꾀하지 마십시오. 〈새번역〉

본문 개관

아우구스티누스가 집어 들고 읽으라는 소리를 듣고 펼쳐 읽은 구절인 13장

13-14절이 포함된 본문이다. 로마서를 크게 구분할 때 11장까지의 앞부분과 그 이후 뒷 부분으로 나누는데 성도의 삶에 대해 알려주는 12장 이후 13장 앞은 사회생활의 규범을 말하고 있다. 10절까지는 다른 사람을 사랑하는 삶을, 그리고 14절까지는 경건한 생활을 강조한다.

본문 분석

1. 빚(8절)

성도라면 어떤 빚이라도 지지 말라고 한다. 그런데 사랑만은 예외이다. 이것을 보면 바울이 실제 금전적인 부채만을 의미하는 것이 아님을 알 수 있다. 사랑의 빚은 갚지 않아도 된다. 왜냐하면 우리는 이미 하나님으로부터 무수히 많은 은혜를 사랑으로 받은 사람들이기 때문이다. 이 빚은 도저히 하나님께 갚아드릴 수가 없다. 그러니 다른 사람에게 갚는 것이 마땅하다.

2. 완성(10절)

바울이 율법의 완성을 사랑이라고 한다. 이때 완성은 충만이라는 뜻도 가지고 있다. 무엇을 가득하게 채우거나 가득한 상태를 의미하는데 그대로 번역을 하면 "율법의 충만은 사랑"이 된다.

3. 사랑(10절)

이때 사랑은 아가페인데 바울은 하나님의 사랑과 그리스도의 사랑으로 말미암아 우리가 죄에서 자유를 얻게 되었음을 기본적으로 강조해왔다. 이 구절에서도 사랑은 하나님과 관계가 있다. 율법을 충실히 수행하기 위해서라도 사랑해야 한다는 것인데 애초에 율법을 준수하는 것은 하나님이 원하신 일이다.

4. 갑옷(12절)

어두움의 영향에서 벗어나는 것은 어둠의 일을 벗는 데서부터 시작한다. 그러면 그 반대가 되는 빛은 빛의 일을 다시 입는 것이 됨이 맞을 듯한데 바울은 빛의 갑옷을 입으라고 한다. 갑옷은 당연히 전투를 대비한다는 의미이지만 당시에는 힘과 명예의 상징이기도 했을 것이다.

본문의 신학

1. 임박한 종말

바울은 종말을 강조한다. 그래서 자신의 서신 여러 곳에서 가까워진 종말을 알리고 있으며, 적극적으로 대처하라고 한다. 그런데 문제는 그 종말의 구체적인 때와 장소를 모르는 것이다. 따라서 우리는 언제 임할지 모르는 이 종말을 준비해야 한다.

2. 깰 때

잠은 육신의 피곤을 풀어주지만 영적으로는 아무런 반응을 하지 않는 순간을 의미한다. 임박한 종말을 생각할 때 가장 먼저 준비할 수 있는 것은 깨어 있는 것이다. 본문에서 바울이 종말을 살아가는 원리와 지침을 이야기할 때 깨어 있을 것을 강조한 것은 전혀 이상하지 않다.

3. 낮에 취할 자세

깨어 있는 것은 영혼의 밤에 해야 할 일이다. 그런데 바울은 낮에와 같이 단정히 행동하라고 말한다. 영적인 암흑이 아니라 빛이 있는 낮에도 성도는 행실을 조심해야 한다는 말인데, 그 이유는 정욕을 위하는 것과 육신의 일을 추구하는 데 있다. 낮이거나 밤이거나 정욕을 만족시키는 삶은 잠들어 있는 것과 다르지 않다.

4. 종말을 향한 싸움

바울은 성도의 삶이 전쟁과 같다고 한다. 그래서 빛의 갑옷을 입자고 독려한다. 그냥 단순히 빛의 옷이 아니라 전사가 싸울 때 갖춰 입어야 하는 갑옷이다. 바울은 지금 종말을 맞는 그리스도인이라면 그 삶 자체가 전쟁이라는 것을 일깨우고 있다. 본문에서 다른 무기는 특별히 언급되지 않는다. 그저 빛의 갑옷만 입으면 된다. 그 자체로 악의 세력으로부터 보호를 받으면서 복음에 합당한 삶을 사는 것이 전략이 된다.

평행 본문

출 12:1-14

하나님은 출애굽에 관한 구체적인 실행 계획을 시간에 대한 언급으로 시작하신다. 달의 시작, 곧 해의 첫 달이 바로 해방의 순간이다. 하나님의 백성에게 새해는 단순한 해와 달의 움직임이 아니라 하나님의 적극적인 개입과 인도에 대한 체험으로 시작했다. 더 이상 애굽의 종으로 사는 것이 아니다. 시간마저도 애굽의 월력을 따라 살지 않아도 된다. 새로운 백성이 새로운 시간에 맞춰 살게 되었다.

마 18:15-20

공동체 안의 형제가 죄를 범하였을 때 임의로 감정적인 조치를 취하지 말고 나름대로의 절차를 밟으라고 가르치신다. 첫 번째는 죄를 범한 형제를 개인적으로 만나서 회개를 권하는 것이다. 이 단계에서 바로 해결이 되지 않으면 한두 사람을 증인으로 삼아 다시 찾아가라 하신다. 신명기의 관례를 떠오르게 한다. 마지막으로는 교회에 말하라는 것이다. 이런 단계를 거치는 목적은 그 사람을 고립시키려는 것이 아니다. 다시 공동체의 일원이 될 수 있도록 하는 것이다.

설교를 위한 적용

오늘에 적용

- **13절 "단정히"** : 삶을 경건히 해야 한다. 바울은 오늘 본문과 또 다른 서신에서 단정하게 살 것을 명령한다. 단정하다는 것은 시각적인 것만을 의미하지 않는다. 욕망과 악에 취해 무분별하게 사는 것을 모두 정리하는 생활이다.
- **13절 "술 취하지"** : 술에 취하는 것과 방탕함에 빠지는 것을 경계해야 한다. 술이 갖는 폐해는 현대 사회에서도 이루 말할 수 없을 정도이다. 신앙적으로는 더 말할 것도 없다. 방탕하게 사는 것은 술에 취한 것과 연결해 생각할 수 있다. 술 취하거나 방탕하게 사는 동안은 적어도 성령님의 인도하심을 따라 산다고 말할 수 없다.
- **13절 "호색하지 말며"** : 음란과 호색을 멀리해야 한다. 단순히 정상적이고 건전한 성적 관계를 맺는 단계를 넘어서서 호색하게 되는 것은 자신의 욕망을 그대로 충족시킨 결과이다. 이렇게 자제를 하지 못하는 욕망은 더 큰 자극을 요구하게 된다. 음주와 마찬가지로 이렇게 제어할 수 없는 욕망의 충족은 당연히 그 자체로 문제이지만 거기에 빠져서 그리스도인이 마땅히 행해야 할 것마저 하지 못하게 만드는 문제가 있다.
- **13절 "시기하지 말고"** : 자신이 다투거나 시기하는지 살펴야 한다. 현대사회는 경쟁이 기본이다. 그러나 그것이 과하면 다투는 것이 된다. 시기도 개인적인 감정에 그치지 않는다. 마음에서 시작해서 행동으로 시기의 대상을 헤치기 때문이다.

설교 개요

- 예수님이 다시 오시겠다고 말씀하신 지 이천 년이 이미 넘었다. 그러면 종말의 때는 오지 않는 것인가? 아니다. 그만큼 종말은 더욱 가까워졌다. 그러면

오늘을 사는 성도의 삶은 어떠해야 하겠는가?

- 밤에는 육신을 위해 휴식을 취한다. 그러나 언젠가는 낮이 밝아올 것이다. 바울은 이상하게 밤에 깨어 있으라고 한다. 성도는 마땅히 깨어 있어야 하기 때문이고, 그것이 오늘을 사는 우리의 삶이라고 한다. 그러면 낮이 시작되고 나서 깨어도 되는 것이 아닌가? 아니다. 날이 밝고 나서 깨어나면 이미 늦다. 낮은 주님의 재림으로 말미암는 구원의 때를 의미한다. 성도는 그때는 당연히 깨어 있어야 하지만 문제는 지금이다.
- 지금은 밤이다. 그래서 사방을 둘러봐도 어둠이 가득하다. 이 어둠이 더 깊어갈수록, 그래서 지쳐갈수록 낮이 가까운 법이다. 우리는 너무나 어두워서 동이 트는 정확한 시간을 맞출 수가 없다. 그때에 일어날 수가 없다. 그래서 우리가 할 수 있는 방법은 그 전에 일어나는 것이다. 밤이 어둡지만 깨어 있는 것이다.
- 깨어서 해야 할 일은 먼저 어둠을 벗어버리는 것이다. 어둠에 익숙해져서 무감각해진 나를 돌아보는 것이다. 내가 너무나 편하게 생각했던 옛 습관들, 옛 생각들을 벗어야 한다.
- 그리고 빛의 갑옷을 입어야 한다. 이것은 구체적으로 사랑의 실천으로부터 시작된다. 바울이 말하는 것처럼 사랑은 이웃에게 악을 행하지 않는 것이다. 여기에는 타인과 과하게 다투거나 시기하지 않는 것도 포함된다.
- 그 다음 빛의 갑옷을 입는 것은 나 자신을 사랑하는 것이다. 나는 구원 받기에 합당한 사람이다. 악을 멀리하기에 마땅한 사람이다. 사랑의 범위를 내게로 넓혀서 나의 몸과 영혼을 방탕함으로부터 지켜야 한다. 이것이 종말을 사는 성도의 자세이다.

설교를 위한 예화

나는 꼭 이런 말을 한 것은 아니나 대강 이런 뜻으로 당신에게 부르짖었습니다. "오, 주여, 어느 때까지입니까? 오, 주여, 어느 때까지입니까? 당신께서 영원히 노하시려 하십니까? 나의 이전의 죄악을 기억하지 마소서." 나는 그 죄악으로 인해 아직도 꽉 묶여 있는 것같이 느껴졌습니다. 그래서 나는 애처로운 목소리로 당신에게 부르짖기를 "언제까지입니까? 언제까지입니까? 내일입니까? 내일입니까? 왜 지금은 아닙니까? 왜 이 순간에 나의 불결함이 끝나지 않습니까?"라고 한 것입니다.

갑자기 이웃집에서 들려오는 소리가 있었습니다. 그 소리가 소년의 것인지 소녀의 것인지 나는 확실히 알 수 없었으나 계속 노래로 반복되었던 말은 "들고 읽으라, 들고 읽으라"(Tolle lege, Tolle lege) 는 것이었습니다. 나는 곧 눈물을 그치고 안색을 고치어 어린아이들이 어떤 놀이를 할 때 저런 노래를 부르는지 곰곰이 생각해 보았습니다. 그러나 아무리 생각해 보아도 전에 그런 노랫소리를 들어 본 기억이 나지 않았습니다. 나는 흘러나오는 눈물을 그치고 일어섰습니다.

나는 그 소리를 성서를 펴서 첫눈에 들어 온 곳을 읽어라 하신 하나님이 나에게 주신 명령으로밖에 생각할 수 없었습니다. 내가 그렇게 생각한 것도 내가 안토니우스에 대하여 들은 바 있었기 때문입니다. 안토니우스가 언젠가 교회에 나가서 복음서를 낭독한 말씀을 들은 바 있었는데, 그는 그 말씀을 직접 자기에게 하는 것으로 받아들였다는 것입니다. 그 말씀의 내용은 "가서 네 소유를 팔아 가난한 자들에게 주라. 그러면 하늘에서 보화가 네게 있으리라. 그리고 와서 나를 좇으라"(마:19:21)는 것이었습니다. 그는 이 말씀을 듣자 바로 당신께 돌아갔다는 것이었습니다.

나는 바로 알리피우스가 있는 곳으로 급히 돌아갔습니다. 왜냐하면 내가 그곳을 일어나 떠났을 때 거기에다 사도의 책을 놔두고 온 까닭입니다. 나는 그 책을 집어들자마자 펴서 내 첫눈에 들어 온 구절을 읽었습니다. 그 구절의 내용은 "방탕과 술 취하지 말며 음란과 호색하지 말며 쟁투와 시기하지 말고 오직 주 예수 그리스도로 옷 입고 정욕을 위하여 육신의 일을 도모하지 마라."(롬13:13-14)였습니다. 나는 더 이상 읽고 싶지도 않고 또한 더 읽을 필요도 없었습니다. 그 구절을 읽은 후 즉시 확실성의 빛이 내 마음에 들어와 의심의 모든

어두운 그림자를 몰아냈습니다.

『성어거스틴의 고백록』 어거스틴 지음, 선한용 옮김, 대한기독교서회(1994), 263-264.

2026 9.13

오순절 후 열여섯 번째 주일

성서정과 | 시 114; 출 14:19-31; 롬 14:1-12; 마 18:21-35

예배로 부름 Call to Worship
만국의 족속들아 영광과 권능을 여호와께 돌릴지어다 여호와께 돌릴지어다 여호와의 이름에 합당한 영광을 그에게 돌릴지어다 예물을 들고 그의 궁정에 들어갈지어다 아름답고 거룩한 것으로 여호와께 예배할지어다 온 땅이여 그 앞에서 떨지어다(시 96:7-9)

예배 기원 Invocation
해와 달과 구름을 주관하시고 산과 들과 그 안에 사는 각종 짐승을 돌보시는 하나님! 그토록 무덥던 더위를 물러가게 하시고, 아침저녁으로 선선한 바람을 보내주시니 참으로 감사합니다. 신앙생활을 하기에 너무나도 좋은 계절에 상쾌한 마음으로 예배를 드리게 하시니 더욱 감사를 드립니다. 높아진 하늘처럼 하나님을 향한 저희의 마음도 드높아지게 하시고, 성숙해지는 들판의 곡식처럼 저희의 신앙도 충실히 여물어가게 하옵소서. 모든 영광을 삼위일체 하나님께 올리오며 예수님의 이름으로 기원하옵나이다. 아멘.

이 주일의 찬송 Hymns
영광의 왕께 다 경배하며(67장) / 나의 죄 모두 지신 주님(256장) /
내 주 하나님 넓고 큰 은혜는(302장) / 인내하게 하소서 주여 우리를(367장) /
죄짐 맡은 우리 구주(369장) / 태산을 넘어 험곡에 가도(445장)

성시 교독 Responsive Readings   시편 114:1-8

인도자	¹ 이스라엘이 애굽에서 나오며 야곱의 집안이 언어가 다른 민족에게서 나올 때에
회 중	² 유다는 여호와의 성소가 되고 이스라엘은 그의 영토가 되었도다
인도자	³ 바다가 보고 도망하며 요단은 물러갔으니
회 중	⁴ 산들은 숫양들 같이 뛰놀며 작은 산들은 어린 양들 같이 뛰었도다
인도자	⁵ 바다야 네가 도망함은 어찌함이며
회 중	요단아 네가 물러감은 어찌함인가
인도자	⁶ 너희 산들아 숫양들 같이 뛰놀며
회 중	작은 산들아 어린 양들 같이 뛰놂은 어찌함인가
인도자	⁷ 땅이여 너는 주 앞 곧 야곱의 하나님 앞에서 떨지어다
회 중	⁸ 그가 반석을 쳐서 못물이 되게 하시며 차돌로 샘물이 되게 하셨도다

고백의 기도 Prayer of Confession

불꽃 같은 눈으로 인생을 감찰하시는 하나님! 참마음으로 드리는 회개의 기도를 들어주옵소서. 그동안 저희는 다른 사람을 판단하고 정죄하며 살았습니다. 그러나 같은 일을 행했던 저희는 남을 판단하는 그 기준으로 나 자신을 정죄했다는 사실을 깨닫지 못했습니다. 하나님의 인자하심이 나를 인도하여 회개에 이르게 하신다는 사실을 깨닫지 못하고, 용납하심과 길이 참으심의 풍성함을 멸시하였습니다. 자비하신 하나님! 우리의 닫힌 영안을 열어주옵소서. 고집과 회개하지 않음이 하나님의 심판의 날에 진노하심을 쌓는다는 사실을 깨닫게 하시고, 이제부터는 참고 인내하며, 선을 행하고, 영광과 존귀와 썩지 아니함을 구하는 바른 신앙인의 길을 걸어가게 하옵소서. 예수님의 이름으로 이 고백의 기도를 드립니다. 아멘.

사함의 확신 Assurance of Forgiveness

너희가 만일 여호와께 돌아오면 너희 형제들과 너희 자녀가 사로잡은 자들에게서 자비를 입어 다시 이 땅으로 돌아오리라 너희 하나님 여호와는 은혜로우시고 자비하신지라 너희가 그에게로 돌아오면 그의 얼굴을 너희에게서 돌이키지 아니하시리라 (대하 30:9)

> 오늘의 주제

바다와 땅의 찬양

본문의 접근

본문의 재경청 시 114

¹ 이스라엘이 이집트에서 나올 때에, 야곱의 집안이 다른 언어(라아즈, לֹעֵז, strange language)를 쓰는 민족에게서 떠나올 때에, ² 유다는 주님의 성소(코데쉬, קֹדֶשׁ, sanctuary)가 되고, 이스라엘은 그의 영토가 되었다. ³ 바다는 그들을 보고 도망쳤고, 요단 강은 뒤로 물러났으며, ⁴ 산들은 숫양처럼 뛰놀고 언덕들도 새끼 양처럼 뛰놀았다. ⁵ 바다야, 너는 어찌하여 도망을 쳤느냐? 요단 강아, 너는 어찌하여 뒤로 물러났느냐? ⁶ 산들아, 너희는 어찌하여 숫양처럼 뛰놀았느냐? 언덕들아, 너희는 어찌하여 새끼양처럼 뛰놀았느냐? ⁷ 온 땅아, 네 주님 앞에서 떨어라(훌, חוּל, tramble). 야곱의 하나님 앞에서 떨어라. ⁸ 주님은 반석을 웅덩이가 되게 하시며, 바위에서 샘이 솟게 하신다. 〈새번역〉

본문 개관

시편 114편은 113편부터 118편까지 6개의 할렐시 모음 중 하나이다. 할렐 시편은 이스라엘의 역사 중 출애굽과 관련된 제의에 사용되었다. 114편은 애굽에서 탈출한 이후 광야길을 걸어갈 때 겪었던 일들을 중심으로 기록이 되는데 감사하는 마음이 강하게 드러난다. 앞의 두 절은 하나님과의 관계가, 나머지 8절까지는 하나님의 인도하심을 중심으로 기록되었다.

본문 분석

1. 언어가 다른 민족(1절)

출애굽 때 이스라엘은 고통 가운데 있었다. 그것은 먹고 사는 문제라기보다 이들을 억압하는 사람들의 문제가 더 컸을 것이다. 왜냐하면 광야에서 애굽에서 살았던 생활수준을 그리워했기 때문이다. 언어가 다른 민족은 유대인을 돕던 사람이 아니었다.

2. 바다가(3절)

히브리어로 바다를 뜻하는 얌은 예전부터 인간이 감당하기 어려운 존재였다. 여러 신화에서 신과 싸우는 세력으로 묘사된다. 혼돈과 무질서한 상태의 바다가 출애굽 당시에는 하나님의 뜻에 순종한다.

3. 요단은(3절)

출애굽 이후 가나안에 들어갈 때의 사건을 의미한다. 이 사건이 출애굽 직후 홍해가 갈라진 것과 함께 언급이 되는데 하나님의 구원 사건을 대표하는 두 가지 일인 것을 알 수 있다.

4. 떨지어다(7절)

하나님이 나타나시자 피조물인 땅은 떨 것을 명령받는다. 땅이 떨 정도로 하나님의 위엄이 크고 놀랍다. 그런데 여기에서 떤다는 것은 단순한 공포에 의한 것이 아니다. 하나님의 임재 앞에서 자연스럽게 느끼게 되는 놀라움과 경외심이다. 학자에 따라서 이 떨라는 단어를 춤을 추라는 것으로 해석하기도 한다.

본문의 신학

1. 모두의 사건

114편에는 인간뿐만 아니라 온 피조계가 주인공으로 등장한다. 바다와 요단강은 유대민족의 행진을 돕는다. 산들과 작은 산들은 즐거워서 뛰논다. 이스라엘의 역사, 구체적으로 출애굽은 하나님의 백성에 관한 사건이지만 전체적인 관점에서 봤을 때는 온 우주적인 사건이고 자연은 그 증인이 된다.

2. 하나님의 통제

바다와 강과 같은 물은 전통적으로 혼돈을 상징했다. 지금도 큰물은 인간이 마음대로 제어하기가 매우 어려운데 고대세계에서는 그 공포의 강도가 훨씬 더 했을 것이다. 이런 물도 하나님이 직접 제어하신다. 하나님의 뜻을 이루기 위해서 하나님은 그 물을 가르기도 하시고 멈추게도 하신다.

3. 인간의 찬양

하나님은 땅이 이 놀라운 사건에 대해서 반응할 것을 명하신다. 이 땅은 산이나 작은 산들을 모두 포함한다. 크게 하늘과 대비되는 땅은 인간이 살 터전이다. 하늘은 상징적으로 하나님이 거하시는 공간인데 비해 땅은 인간으로 대표되는 피조물에게 위임된 공간이다. 이 넓은 범위의 땅에 속한 모든 것들이 주님 앞에서 춤을 추라고 한다. 기쁨에 동참하라는 말이다.

4. 신앙의 유산

출애굽에서 야곱의 이야기가 언급되는 것은 지극히 과거에 대한 회상을 의미한다. 그런데 지금 본 시편의 내용은 미래로 향하는 길에 서 있다. 조상들의 신앙이 과거에 머물지 않고 미래로 이어진다는 의미이다. 114편의 내용에도 출애굽 당시의 사건들이 묘사가 되어 있는데, 다가오는 세대는 이것을 접하며 새로운 미래를 살아갈 원동력으로 삼는다.

평행 본문

출 14:19-31

하나님은 준비하신대로 이스라엘 백성을 광야로 인도하셨다. 허나 애굽의 추격이 만만치 않았다. 하나님은 급박한 상황 가운데서 구체적으로 개입하신다. 바로 구름 기둥을 뒤로 옮기시는 것으로 같은 시간에 애굽은 흑암 가운데, 이스라엘은 빛 가운데 거하게 된다. 마침내 홍해가 갈라지고 그 길을 따라 애굽의 추격을 뿌리친다. 천지를 지으신 하나님은 다시 한번 길이 아닌 곳을 길로 만드셨다. 그렇게 인도하셨다.

롬 14:1-12

신앙에 절대적인 영향을 미치는 문제가 아닌 아디아포라 문제에 관해서 바울이 가르친다. 교회가 먼저 할 수 있는 것은 믿음이 약한 이들을 비판하지 않는 것이다. 각자 어떤 행동을 할 때는 나름대로 이유가 있었을 것이다. 그 문제 자체보다 서로 의심하고 비판하는 것이 가져오는 폐해가 더 큰 상황이 있음도 알아야 한다. 이런 일들을 판단할 때 기준은 당연히 하나님이 되어야 한다.

설교를 위한 적용

오늘에 적용

- 1절 "언어가 다른" : 먹고 사는 것보다 더 중요한 일이 있음을 알아야 한다. 유대인들은 애굽에서 적어도 먹고 마시는 문제는 해결할 수 있었다. 그런데 하나님은 이들을 광야로 부르셨다. 그 이유는 하나님의 백성으로 사는 것이 인생의 목적이 되어야 하기 때문이었다.

- 2절 **"되었도다"** : 출애굽이 하나님의 백성을 만들었음을 알아야 한다. 이스라엘은 애굽에서 탈출함으로 말미암아 비로소 하나님의 백성이 되었다. 우리는 인생의 사건에서 무엇이 출애굽과 같은 것인지 분별해야 한다.
- 3절 **"바다가"** : 자연을 통치하시는 하나님을 발견해야 한다. 하나님도 예수님도 물을 다스리셨다. 오늘 본문에서 반석을 쳐서 물이 나오게 하셨다. 홍해를 가르시고 요단강을 멈추셨다. 하나님은 자연마저도 그분의 뜻에 굴복시키신다.
- 8절 **"샘물이"** : 우리를 구하시는 하나님을 인정해야 한다. 출애굽 이후 광야에서 백성들이 물이 없어 고통당할 때 하나님은 이를 그냥 넘기시지 않으셨다. 물이 귀한 그곳에서 직접 물을 공급하셨다. 자연과 환경을 동원해서 우리를 살리시는 하나님이시다.

설교 개요

- 기독교를 비판하는 사람들은 정확히 알지 못하면서 교회가 폐쇄적이라고 하기도 하고, 교인들끼리 어울린다는 말을 하기도 한다.
- 그러나 신앙의 근원이 되는 하나님은 교인들만 창조하신 것이 아니다. 교인들을 위한 세계만을 만드신 것이 아니다. 온 피조물을 지으시고 그 안에 사람을 두셨다.
- 하나님은 출애굽 사건을 통해 자신의 백성들을 죽음에서 생명으로 인도하셨다. 겉으로만 보면 당신의 백성들만을 살려내신 것이다. 그런데 이 사건에 땅과 거기에 속한 짐승들은 기뻐 뛰논다. 그 이유가 무엇인가?
- 하나님을 믿고 따르는 모든 사람들이 구원받게 될 것임을 출애굽 사건을 통해서 확실하게 체험했기 때문이다. 하나님이 단지 한두 사람의 신이 아니라 온 피조물과 모든 나라의 주인이심을 확인했기 때문이다.
- 시편 114편은 이렇게 신자와 비신자, 그리고 이미 믿었던 야곱으로 대표되는 과거와 앞으로 하나님의 나라에서 살게 될 미래 세대가 함께 하나님의 구원

을 기뻐하고 찬양하는 노래이다.

설교를 위한 예화

테리 맥칼몬(Terry MacAlmon, 1955년 5월 12일 출생)은 찬양 및 예배 사역자인데, 그가 작곡한 〈나는 찬양하리라(I Sing Praises)〉는 전 세계 각국의 찬양곡 순위 40위권에 올라 있고 한국을 포함해 여전히 사랑을 받는 찬양이다. 그런데 그의 삶은 처음부터 순탄하지 않았다. 두개골 협착 증세 때문에 태어나서 한 달도 못살 것이라는 진단을 받았기 때문이다. 어머니의 간절한 기도와 함께 삶을 이어나가게 된 이후 피아니스트로 찬양을 연주하며 자라던 그가 청소년 수련회에서 하나님이 예배로 감싸고 계심을 체험했다고 한다.

하나님은 예배자로 우리를 부르신다. 이를 위해서 오늘 본문 114편처럼 온 우주만물을 찬양으로, 거룩한 춤으로 부르실 것이다. 이를 위해 우리의 약함도 치유하실 것이다.

2026 9.20

오순절 후 열일곱 번째 주일

성서정과 | 시 105:1-6, 37-45; 출 16:2-15; 빌 1:21-30; 마 20:1-16

예배로 부름 Call to Worship

우리의 능력이 되시는 하나님을 향하여 기쁘게 노래하며 야곱의 하나님을 향하여 즐거이 소리칠지어다 시를 읊으며 소고를 치고 아름다운 수금에 비파를 아우를지어다 초하루와 보름과 우리의 명절에 나팔을 불지어다(시 81:1-3)

예배 기원 Invocation

민족의 명절인 추석과 연휴를 앞에 두고 있는 주일에, 저희가 마음을 가다듬고 하나님께 나와 예배합니다. 여기까지 인도하신 에벤에셀의 하나님! 강한 팔로 붙드시고 풍성한 수확과 은혜를 주심에 감사를 드립니다. 매일 매 순간 성도와 함께하시는 임마누엘의 하나님! 연약한 손을 잡아주시어 우리의 발이 실족하지 않게 지켜주심에 감사를 드립니다. 앞으로도 영원히 우리에게 선하고 복된 길을 예비하여 주시는 '여호와 이레'의 하나님께 감사를 드립니다. 어제나 오늘이나 영원토록 변함이 없으신 하나님, 홀로 영광을 받으시옵소서. 예수님의 이름으로 기원하옵나이다. 아멘.

이 주일의 찬송 Hymns

찬송으로 보답할 수 없는(40장) / 주 어느 때 다시 오실는지(176장) / 위대하신 주를(334장) / 귀하신 주여 날 붙드사(433장) / 예수 말씀하시기를(511장) / 영광은 주님 홀로(596장)

성시 교독 Responsive Readings   시편 105:1-6, 37-45

인도자	1 여호와께 감사하고 그의 이름을 불러 아뢰며 그가 하는 일을 만민 중에 알게 할지어다
회 중	2 그에게 노래하며 그를 찬양하며 그의 모든 기이한 일들을 말할지어다
인도자	3 그의 거룩한 이름을 자랑하라 여호와를 구하는 자들은 마음이 즐거울지로다
회 중	4 여호와와 그의 능력을 구할지어다 그의 얼굴을 항상 구할지어다
인도자	5-6 그의 종 아브라함의 후손 곧 택하신 야곱의 자손 너희는 그가 행하신 기적과 그의 이적과 그의 입의 판단을 기억할지어다
회 중	37 마침내 그들을 인도하여 은 금을 가지고 나오게 하시니 그의 지파 중에 비틀거리는 자가 하나도 없었도다
인도자	38 그들이 떠날 때에 애굽이 기뻐하였으니 그들이 그들을 두려워함이로다
회 중	39 여호와께서 낮에는 구름을 펴사 덮개를 삼으시고 밤에는 불로 밝히셨으며 40 그들이 구한즉 메추라기를 가져 오시고 또 하늘의 양식으로 그들을 만족하게 하셨도다
인도자	43 그의 백성이 즐겁게 나오게 하시며 그의 택한 자는 노래하며 나오게 하시고
회 중	44 여러 나라의 땅을 그들에게 주시며 민족들이 수고한 것을 소유로 가지게 하셨으니
다같이	45 이는 그들이 그의 율례를 지키고 그의 율법을 따르게 하심이로다 할렐루야

고백의 기도 Prayer of Confession

교회의 머리가 되시는 주님! 저희는 한 믿음을 가진 형제들과 더불어 신앙생활을 하면서 많은 실수와 잘못을 했습니다. 이기적인 욕심을 따라 당을 지었고, 진리를 따르지 아니하고 사욕을 채우는 불의를 좇았습니다. 하나님은 사람을 외모로 취하지 아니하시건만 저희는 겉모양만 아름답게 꾸미는 데 힘썼습니다. 나에게는 율법이 있다고 자랑하였으나 그 말씀을 생활 속에서 실천하지는 않았습니다. 다른 이에게는 선을 행하라 권하였지만 정작 나 자신은 거짓을 말하며, 율법을 범함으로 하나님을 욕되게 하였습니다. 외식하는 신앙으로 죄를 범한 저희는 하나님의 영광에 이르지 못하게 될까 두렵습니다. 참 마음으로 회개하오니 그리스도 안에 있는 속량의 은혜로 저희를 성결하게 씻어주옵소서. 예수님의 이름으로 이 고백의 기도를 드립니다. 아멘.

사함의 확신 Assurance of Forgiveness

자기 죄를 숨기는 자는 형통하지 못하나 죄를 자복하고 버리는 자는 불쌍히 여김을 받으리라 (잠 28:13)

기쁨과 하나 됨

본문의 접근

본문의 재경청 빌 1:21-30

²¹ 나에게는, 사는 것이 그리스도이시니, 죽는 것도 유익합니다(켈도스, κέρδος, gain). ²² 그러나 육신을 입고 살아가는 것이 나에게 보람된 일이면, 내가 어느 쪽을 택해야 할지 모르겠습니다. ²³ 나는 이 둘 사이에 끼여 있습니다. 내가 원하는(에피뒤미아, ἐπιθυμία, lusting) 것은, 세상을 떠나서 그리스도와 함께 있는 것입니다. 그것이 훨씬 더 나으나, ²⁴ 내가 육신으로 남아 있는 것이 여러분에게는 더 필요할 것입니다. ²⁵ 나는 이렇게 확신하기 때문에, 여러분의 발전과 믿음의 기쁨을 더하기 위하여 여러분 모두와 함께 머물러 있어야 할 것으로 압니다. ²⁶ 내가 다시 여러분에게로 가면, 여러분의 자랑거리(카우케마, καύχημα, proud)가 그리스도 예수 안에서 나 때문에 많아질 것입니다. ²⁷ 여러분은 오로지 그리스도의 복음에 합당하게 생활하십시오. 그리하여 내가 가서, 여러분을 만나든지, 떠나 있든지, 여러분이 한 정신으로 굳게 서서, 한 마음으로 복음의 신앙을 위하여 함께 싸우며, ²⁸ 또한 어떤 일에서도 대적하는 자들을 두려워하지 않는다는 소식이 나에게 들려오기를 바랍니다. 이것이 그들에게는 멸망의 징조이고 여러분에게는 구원의 징조입니다. 이것은 하나님께서 하시는 일입니다. ²⁹ 하나님께서는 여러분에게 그리스도를 위한 특권, 즉 그리스도를 믿는 것뿐만 아니라, 또한 그리스도를 위하여 고난을 받는(파스코, πάσχω, suffer) 특권도 주셨습니다. ³⁰ 여러분은 내가 하는 것과 똑같은 투쟁(아곤, ἀγών, conflict)을 벌이고 있

습니다. 여러분은 내가 그렇게 하는 것을 보았으며, 내가 그렇게 하는 것을 지금 소문으로 듣습니다. 〈새번역〉

본문 개관

기쁨의 편지로 알려진 빌립보서에는 기쁨과 함께 일치의 메시지도 담겨 있다. 오늘 본문 앞부분에서 바울은 먼저 자신이 기뻐하는 이유를 설명하고 26절까지 자신을 염려하는 빌립보 교회 교인들을 안심시킨다. 그 후 교회의 하나됨을 위한 메시지를 전한다.

본문 분석

1. 사는 것이 (21절)

바울에게 있어서 사는 것은 그리스도뿐이라는 말이다. 그러니까 숨을 쉬고 행동하는 것이 다른 이유 때문이 아니라 그리스도로 말미암았다는 말이다.

2. 유익함 (21절)

케르도스는 이익이 되거나 유익한 것을 의미한다. 사는 것이 그리스도로 인함이지만 죽는 것도 나름대로 이득이 될 만한 것이 있다는 말이다.

3. 끼었으니 (23절)

자신이 이러지도 저러지도 못하고 갇혀 있는 상태를 말한다. 죽음 이후 그리스도와 연합한 상태도 의미가 있고, 살아남아서 복음을 전하며 소명을 완수하는 기쁨도 있으니 그 가운데서 어떻게 해야 하는가 고민한다.

4. 증거 (28절)

증거는 명백한 혹은 분명한 표시 등을 의미한다. 대적자들을 무서워하지 않는 것은 그들 입장에서는 망하는 증거고 성도의 입장에서는 구원을 받을 증거가 된다.

본문의 신학

1. 죽음의 유익

고대 그리스를 포함해서 매일의 고통보다 차라리 죽음을 선택하는 것이 좋다는 생각이 분명히 존재했다. 바울이 죽는 것도 유익하다고 한 것이 그런 맥락으로 읽히는 것도 무리는 아니다. 그러나 바울은 이미 감옥에 갇혀 있을 때 더욱 믿음이 진보한 경험이 있었다. 그리고 그리스도의 고난에 동참하기를 주저하지 않았다. 결국 그리스도와 떠나서 죽음을 맞는 것을 의미하지 않는다.

2. 부활의 소망

바울은 죽음 이후 그리스도와 함께 연합하는 영광을 생각하며 죽는 것이 유익하다고 했을 것이다. 복음을 위한 삶이 진짜 인생인 것을 깨달은 것이다. 죽느냐 사느냐가 더 이상 문제가 아니다. 어떤 목적으로 누구와 함께 하느냐가 중요했다.

3. 함께 사는 것

27절에서 바울은 그리스도의 복음에 합당하게 생활하라고 한다. 고대 사회에서 혼자 살아간다는 것은 상상하기 어려운 일이었다. 바울은 비기독교인과 다른 성도의 모범을, 함께 화목한 모습으로 보일 것을 말한다.

4. 함께 싸우는 것

27절 후반부에 한마음으로 서서 한 뜻으로 협력하라는 바울의 말은 그 자체가 바로 악과 대결하는 방법임을 알려준다. 한마음으로 선다는 것은 전투에서 당당하게 서서 물러서지 않고 진영을 지킨다는 것을 연상하게 한다.

평행 본문

출 16:2-15

이스라엘 백성은 종의 신분에서 풀려났다는 큰 은혜를 입었음에도 당장의 생활의 어려움 때문에 모세와 아론을 원망했다. 불평이 이번이 처음은 아니었다. 이런 거듭되는 태도에도 하나님은 이를 이해하시고 귀를 기울이셨다. 하늘로부터 먹을 것을 약속하시고, 곧바로 이를 시행하셨다.

마 20:1-16

천국에 대해 가르치시기 위해 포도원 품꾼의 비유를 제자들에게 들려주신다. 포도원 주인은 일꾼을 구해서 데리고 온다. 어쩔 수 없이 일한 총 근로시간은 차이가 날 수밖에 없다. 그런데 하루를 마치고 품삯을 계산할 때 모든 사람에게 동일한 임금이 지급되었다. 이는 전적으로 주인의 주권에 속한 문제였다. 천국에 합당한 사람은 일꾼 모두가 한 가족이라는 마음을 갖는 것이 마땅하다.

설교를 위한 적용

오늘에 적용

- **21절 "사는 것이"** : 그리스도와 함께함을 믿어야 한다. 그리스도는 바울 안에 이미 계시다. 그래서 구원에 이르는 것을 잘 알고 있었다. 죽음의 위협이나 그 어떤 유혹에도 그리스도께서 이미 나와 함께하심을 잊으면 안 된다.

- 23절 "떠나서": 죽음이 끝이 아님을 알아야 한다. 죽는 것은 두려운 일이다. 현생의 삶을 마감하기 때문이다. 그러나 그리스도 안에서 죽음은 더 이상 멸망이나 끝이 아니다. 영광 가운데 영원한 삶을 누릴 수 있기 때문이다.
- 25절 "내가 살 것과": 생존의 이유를 알아야 한다. 바울은 자신이 살게 되더라도 그 목적이 분명하다고 밝힌다. 그것은 바로 성도들의 믿음의 진보와 기쁨을 가져오는 것이다. 이미 구원 받은 사람으로서 이것은 사명이다.
- 26절 "너희 자랑이": 다른 이에게 좋은 일이 내게도 유익임을 알아야 한다. 바울이 석방을 일부러 피하는 것이 아니다. 이런 일이 생기는 것이 바울 개인에게 좋은 일인 것은 분명하지만 동시에 빌립보교회 성도들에게도 자랑할 만한 일이 된다. 어떤 좋은 일이 서로에게 유익이 됨을 알아야 한다.

설교 개요

- 고대사회에서는 도시를 중심으로 살았다. 빌립보처럼 유명한 도시는 그런 목적으로 모여서 사는 사람들이 많았다.
- 그런데 바울은 지금 복음에 합당하게 살라고 말한다. '살아라', '생활해라'라는 말의 원어 폴리튜에스데는 도시국가(폴리스)에 속한 사람으로 마땅히 그 도시의 규율을 지키며 살라는 말이다.
- 그러면 지금 빌립보를 지배하던 로마의 시민으로 살라는 말인가? 아니다. 바울 자신이 로마의 시민이기는 했지만 세상의 시민권을 의지해서 살라고 말하는 것이 아니다.
- 바울은 지금 전혀 다른 도시의 삶, 즉 하나님 나라의 삶을 살라(생활하라)고 말한다. 복음에 합당하게 살기 위해서는 로마의 법을 따르는 것이 아니라 하나님 나라의 법을 따르는 것이 필요하다.
- 하나님의 백성이 되기 위해서는 대적들을 주의해야 한다(28절). 대적들은 강하다. 그래서 힘든 싸움이 예상된다. 그러나 미리 낙심할 것은 없다. 성도에게는 함께 서서 협력할 믿음의 형제, 자매들이 있기 때문이다.

설교를 위한 예화

〈그의 성화 속 인물들에게 표정이 없는 이유는?〉

화가 페루지노(Pietro Perugino, 1446-1523)는 그의 제자가 라파엘로라는 것 때문에 유명하다. 그는 라파엘로를 11살 때부터 4년 동안 가르쳤다. 그러나 동시대인은 페루지노를 15세기 마지막 10년부터 16세기 초까지 르네상스가 절정에 달했던 시기, 이탈리아 미술의 가장 위대한 화가라고 했다. 당대의 미술 평론가 바사리(Vasari)도 그의 그림은 당시 사람들을 크게 기쁘게 했다고 평가했다. …

그는 15세기 말에서 16세기 초까지 활동한 화가이다. 이미 미켈란젤로나 레오나르도 다 빈치, 그리고 라파엘로 같은 천재가 일어나 활동하고 있었던 시대였다. 그러나 그는 변화의 추이를 외면하고 자신의 방법만을 고집했다. 고로 그에 대한 비평이 쇄도하기 시작했다. …

그런 상황에서 1508년 교황 율리우스 2세는 그에게 바티칸을 장식하도록 했다. 즉 자비와 정의의 그리스도를 그리도록 했는데, 교황은 중도에 작업을 멈추게 했다. 페루지노의 그림을 좋아했던 교황 식스토 4세가 자신의 삼촌이었는데도 말이다. …

그의 그림에서 인물들이 표정이 없는 이유에 대해, 바사리는 그의 성격과 삶에 원인을 두었다.

놀라운 것은, 화가가 신앙과 무관하게 재능만으로 성경의 내용을 그릴 수 있고 뭇사람들을 감동케 한다는 점이다. 그런 건 일종의 예술적 기만은 아닐까? 성당의 벽화를 아름답게 그린 르네상스의 천재 화가 중 그런 화가들이 얼마나 많을까? …

〈크리스천투데이, 로마한인교회 한평우 원로목사 2025.03.13. https://www.christiantoday.co.kr/news/367041〉

2026 9.27

오순절 후 열여덟 번째 주일

성서정과 | 시 78:1-4, 12-16; 출 17:1-7; 빌 2:1-13; 마 21:23-32

예배로 부름 Call to Worship
아름답고 거룩한 것으로 여호와께 예배할지어다 온 땅이여 그 앞에서 떨지어다 모든 나라 가운데서 이르기를 여호와께서 다스리시니 세계가 굳게 서고 흔들리지 않으리라 그가 만민을 공평하게 심판하시리라 할지로다(시 96:9-10)

예배 기원 Invocation
겸손한 자를 가까이하시고, 교만한 자에게는 엄중히 갚으시는 하나님! 세상에서 자랑하던 지혜와 능력과 문벌과 재물을 모두 내려놓고 오직 십자가의 도를 바라보며 예배합니다. 주님만을 의지하고자 하는 저희의 중심을 받아 주옵소서. 두려움에 떠는 자에게 활력이 넘치는 말씀을 채워주시며, 걱정과 근심에 억눌려 있는 자에게는 성령의 감화를 주시어 평안과 자유를 누리게 하옵소서. 마귀의 유혹을 받으며 방황하는 자에게는 속히 끊을 수 있는 결단을 주옵소서. 예수 그리스도의 이름으로 기원하옵나이다. 아멘.

이 주일의 찬송 Hymns
주 예수 이름 높이어(36장) / 슬픈 마음 있는 사람(91장) / 나의 갈 길 다 가도록(384장) / 오 놀라운 구세주(391장) / 주와 같이 되기를(454장) / 주님의 마음을 본받는 자(455장)

성시 교독 Responsive Readings 시편 78:1-4, 12-17

인도자	¹ 내 백성이여, 내 율법을 들으며 내 입의 말에 귀를 기울일지어다
회 중	² 내가 입을 열어 비유로 말하며 예로부터 감추어졌던 것을 드러내려 하니
인도자	³ 이는 우리가 들어서 아는 바요 우리의 조상들이 우리에게 전한 바라
회 중	⁴ 우리가 이를 그들의 자손에게 숨기지 아니하고 여호와의 영예와 그의 능력과 그가 행하신 기이한 사적을 후대에 전하리로다
인도자	¹² 옛적에 하나님이 애굽 땅 소안 들에서 기이한 일을 그들의 조상들의 목전에서 행하셨으되
회 중	¹³ 그가 바다를 갈라 물을 무더기 같이 서게 하시고 그들을 지나가게 하셨으며
인도자	¹⁴ 낮에는 구름으로, 밤에는 불빛으로 인도하셨으며
회 중	¹⁵ 광야에서 반석을 쪼개시고 매우 깊은 곳에서 나오는 물처럼 흡족하게 마시게 하셨으며
인도자	¹⁶ 또 바위에서 시내를 내사 물이 강 같이 흐르게 하셨으나
회 중	¹⁷ 그들은 계속해서 하나님께 범죄하여 메마른 땅에서 지존자를 배반하였도다

고백의 기도 Prayer of Confession

우리의 옛사람은 예수님과 함께 십자가에 못 박혔거늘, 저희는 여전히 죄에 매여 종 노릇하는 삶을 살아왔습니다. 죄에 대하여 죽은 자로 살고, 의에 대하여 살아있는 자로 여기며 살아야 했거늘 저희는 반대로 죄에 대하여는 살아있고, 의에 대하여는 죽은 자처럼 잠잠했습니다. 하나님의 말씀에 순종하지 않고 사욕을 따라갔던 죄를 고백합니다. 육신의 지체를 하나님께 의에 병기로 드리지 못하고, 오히려 불의의 무기로 죄에게 내어주었습니다. 그리하여 눈으로는 보지 말아야 할 것을 보고, 입으로 하지 말아야 할 말을 했으며, 손과 발로 하지 말아야 할 행동을 하였습니다. 죄가 주장하는 삶을 살았던 저희의 모든 죄를 용서하여 주옵소서. 예수님의 이름으로 이 고백의 기도를 드립니다. 아멘.

사함의 확신 Assurance of Forgiveness

너희가 과연 이 모든 악을 행하였으나 여호와를 따르는 데에서 돌아서지 말고 오직 너희의 마음을 다하여 여호와를 섬기라 여호와께서는 너희를 자기 백성으로 삼으신 것을 기뻐하셨으므로 여호와께서는 그의 크신 이름을 위해서라도 자기 백성을 버리지 아니하실 것이요(삼상 12:20, 22)

목마름의 은혜

본문의 접근

본문의 재경청 출 17:1-7

1 이스라엘 자손의 온 회중은 신 광야를 떠나서, 주님의 명령대로 진을 옮겨 가면서 이동하였다. 그들은 르비딤에 진을 쳤는데(하나, חנה, pitch), 거기에는 백성이 마실 물이 없었다. **2** 백성이 모세에게 마실 물을 달라고 대들었다(리브, ריב, quarrel). 이에 모세가 "당신들은 어찌하여 나에게 대드십니까? 어찌하여 주님을 시험하십니까?" 하고 책망하였다. **3** 그러나 거기에 있는 백성은 몹시 목이 말라서, 모세를 원망하며, 모세가 왜 그들을 이집트에서 데려왔느냐고, 그들과 그들의 자식들과 그들이 먹이는 집짐승들을 목말라 죽게 할 작정이냐고 하면서 대들었다. **4** 모세가 주님께 부르짖었다. "이 백성을 제가 어떻게 해야 합니까? 그들은 지금이라도 곧 저를 돌로 쳐서 죽이려고 합니다." **5** 주님께서 모세에게 말씀하셨다. "너는 이스라엘 장로(자켄, זקן, elder)들을 데리고, 이 백성보다 앞서서 가거라. 그리고 나일 강을 친 그 지팡이(마테, מטה, staff)를 손에 들고 가거라. **6** 이제 내가 저기 호렙 산 바위 위에서 너의 앞에 서겠으니, 너는 그 바위를 쳐라. 그러면 거기에서 이 백성이 마실 물이 터져 나올 것이다." 모세가, 이스라엘 장로들이 보는 앞에서, 하나님이 시키신 대로 하였다. **7** 이스라엘 자손이 거기에서 주님께 대들었다고 해서, 사람들은 그 곳의 이름을 므리바라고도 하고, 또 거기에서 "주님께서 우리 가운데 계시는가, 안 계시는가?" 하면서 주님을 시험하였다(나싸, נסה, test)고 해서, 그 곳의 이름을 맛사라고도 한다. 〈새번역〉

본문 개관

본문의 사건은 이스라엘 백성들이 출애굽 한 이후 시내 산으로 향하는 도중에 발생한 일이다. 출애굽 여정 전체를 놓고 보면 하나님은 이 백성들과 시내산에서 언약을 맺으셨고, 본문은 그 여정의 일환이었다. 백성들은 이미 하나님의 권능을 애굽 땅에서 체험했다. 출애굽의 기적을 통해서도 하나님의 인도하심을 익히 알고 있었다. 그런데 갈증과 생존의 문제 앞에서 여전히 하나님을 의심했다. 이런 백성들에게 하나님은 다시 기적을 일으켜 권능을 드러내신다.

본문 분석

1. 다투어 (2절)

단순하게 투닥거리는 의미만이 아니라 서로를 고발하는 뜻을 담고 있다. 지금 이스라엘 백성들은 모세를 찾아와 이 문제를 해결하지 않으면 가만히 있지 않겠다는 태도를 보이고 있다.

2. 시험하느냐 (2절)

모세는 여호와 하나님을 왜 시험하느냐고 통렬하게 지적을 한다. 하나님께 절대적인 신뢰를 보이지 않고 진짜 능력이 있으신 분인가, 아니면 백성들을 구원으로 인도하실 분인가 의심한다는 뜻이다.

3. 돌을 (4절)

이스라엘 백성들이 폭력성을 드러냈다. 어찌 보면 지금보다 더한 어려운 환경 속에서도 하나님의 인도하심으로 위기에서 탈출했는데 그런 일들을 다 잊어버린 모습이다. 이들은 이 화를 어찌 풀 방법이 없어서 눈앞의 모세에게 돌까지 던질 기세였다.

4. 치라 (6절)

반석 위에 서서 그 반석을 나일 강을 쳤던 그 지팡이로 치라고 하신다. 이때 치라는 말은 막대기로 두드리는 수준이 아니다. 세게 휘두르는 모습이다.

본문의 신학

1. 기적의 조건

이스라엘 민족은 출애굽으로 새로운 어려움에 봉착했다. 광야에서 출애굽은 더 이상 해방이 아니었다. 갈증과 결핍과 분노로 다가왔다. 그 어떤 사람이라도 이 많은 사람에게 만족을 주기 어려운 조건들이 이어졌다. 바로 그때 하나님은 기적을 베푸셨다. 똑같은 물이어도 평온할 때 마주치면 기적이 아니다. 하나님의 기적은 험난한 환경에서 비로소 체험된다.

2. 하나님의 답

백성들은 하나님이 계시지 않는다고 불평했다. 물을 달라고 하며 하나님을 의심했다. 모세를 향해 원망을 했다. 모세는 이런 상황에서 백성들을 향해 무슨 연유로 하나님을 시험하는 것이냐고 묻는다. 이 물음을 통해 우리는 당시 백성들이 하나님의 인도하심과 선하심 자체를 의심했음을 알 수 있다. 하나님이 계획을 가지고 민족의 이동이라는 큰일을 결심하셨다는 사실 자체를 의심하는 것이었다. 하나님은 이런 이스라엘의 질문에 선하심으로 답을 하셨다.

3. 하나님의 겸비

이스라엘 백성들은 모세를 비난하는 데 그치지 않는다. 그를 고발하듯 몰아붙였다. 돌을 들어 모세를 칠 기세였다. 이런 상황에서 하나님은 모세에게 나일 강을 치던 지팡이를 들고 장로들과 함께 므리바의 바위 위에 서라 하신다. 그리고 하나님이 이 모세 앞에 서겠다고 스스로 말씀하셨다. 그러자 하나님을 고발한 백성 앞에서 모세가 판결을 하는 재판관이 되고 장로들이 증인이 되는 형국이다. 하나님은 피고가 되기를 자처하신다.

4. 하나님의 희생

므리바 반석 위에 서도록 모세에게 명령하신 하나님은 나일 강을 쳤던 그 지팡이로 이 반석도 치라고 명하신다. 그저 가볍게 톡톡 치는 것이 아니라 세게 휘두르라는 것이다. 반석은 신명기와 시편 등에 하나님으로 묘사된다. 그런 정황을 생각해 보면 하나님이 스스로에게 모세의 지팡이를 휘두르게 하시는 것이다. 백성들의 패악을 스스로 담당하시는 모습이다.

평행 본문

시 78:1-4, 12-16

시편 78편에는 지혜와 찬양, 교훈과 역사적 사건 등이 복합적으로 등장한다. 시인은 이스라엘이 경험한 역사의 사건을 드러내려는 의도를 시작부터 보여준다. 전체적으로는 출애굽과 광야 사건, 이에 대한 회고, 다른 역사적 경험, 북 왕국과 남 유다 등의 순서로 구성되었다. 오늘 본문인 4절까지의 내용 중 1절과 2절은 마치 스승의 입장에서 가르치듯 백성에게 교훈을 주는 장면이다. 3절과 4절은 앞에서 말한 비밀을 공개하는 부분인데 바로 조상들의 경험이다. 그 중에서도 12절부터 16절은 주님이 이스라엘에게 행하신 큰 일, 즉 바다를 건너게 하신 사건과 광야에서 물을 주신 체험이다.

빌 2:1-13

빌립보 교회에 지금 필요한 것은 하나가 되는 것이다. 이를 위해서 바울은 그리스도 안에 권면, 사랑의 위로, 성령의 교제, 긍휼, 자비를 말한다. 그런데 이런 일들을 바로 마음을 같이하는 것, 그리고 사랑 안에서 하라고 권고한다. 그리고 구체적으로 겸손한 마음으로 남을 존중하라고 하는데, 그 대표적인 모범은 바로 그리스도이다. 우리는 그리스도이신 예수님의 마음을 품어야 한다. 방법은 항상 복종하고 두려워하며 구원을 이루는 것이다.

설교를 위한 적용

오늘에 적용

- 1절 **"명령대로"** : 하나님을 지속적으로 주목해야 한다. 1절은 이스라엘 백성들이 하나님의 명령대로, 그러니까 원문 그대로 그 입을 따라서 현재에 이르렀음을 보여준다. 지금가지 하나님은 말씀하셨다. 앞으로도 그러실 것이니 그 입을 지속적으로 주목해야 한다.
- 4절 **"여호와께 부르짖어"** : 하나님께 아뢰어야 한다. 이스라엘 백성들이 모세에게 자신들의 고통을 호소했다. 그러다 점점 그 강도가 거세어져서 이제는 돌로 쳐서 죽게까지 할 상황이었다. 모세는 자신의 힘으로 해결하려 하지 않고 하나님께 아뢰었다. 그렇게 백성들을 하나님께로 인도했다.
- 5절 **"지팡이를 손에 잡고"** : 하나님의 마음을 기억해야 한다. 백성은 자신들이 지나온 길을 까맣게 잊어버리고 있다. 어떻게 애굽의 이적들이 바로의 마음을 흔들었는지, 어떻게 홍해를 건넜는지 잊어버렸다. 그러나 하나님은 이 모든 과정을 잊지 않고 계시다. 그래서 그 나일 강을 치던 지팡이를 들게 하신다.
- 7절 **"시험하여"** : 은혜를 은혜로 받아야 한다. 백성들은 출애굽 이후 끊임없이 하나님께 요구했다. 애굽 군병들의 추격을 뿌리칠 것과 먹을 것 마실 것을 요구했다. 그때마다 하나님이 응답하셨고 필요를 채우셨다. 이 모든 것이 은혜인데, 지금 백성들은 은혜를 권리로 여기는 모습이다.

설교 개요

- '반석'하면 베드로가 생각난다. 그 반석이 오늘 본문에도 등장하는데 어떤 특정한 사연이 깃들었던 반석이 아니었다. 오늘 본문의 갈등은 반석에서 물이 터져나오는 것으로 해결이 된다. 그러면 신약의 베드로와 같이 구약에서 모세가 반석인가?
- 백성들은 처음에는 그저 마실 물을 구했다. 이미 앞선 14장에서부터 감사보다는 불평이 터져나오고 있었다. 이스라엘은 눈앞에 보이는 모세에게 불평을 털어놓기 시작했다. 그런데 이 불평이 점점 강도를 더해서 마침내 원망하고, 고발하는(다투는) 지경에 이르렀다.
- 모세가 마침내 이 문제를 하나님께 고했다. 백성들의 폭력성이 실제 위협이 되었기 때문이다. 하나님은 바로 이 문제를 해결하지 않으신다. 모세를 재판장으로 삼으시고, 장로를 증인으로 삼으신다. 백성들은 이 문제를 고발한 원고이다. 피고는 참람하게도 하나님이시다. 하나님이 스스로를 법정에 세우신다.
- 법정은 반석 위에 설치되었다. 이제 진실이 드러날 것이다. 하나님이 과연 무고한 백성을 꾀어내어 광야에서 죽게 만드신 것인가? 모세의 판결은 무엇인가?
- 모세는 반석을 지팡이로 내려쳤다. 그런데 그 반석은 바로 하나님이시다. 이스라엘 역사에서 하나님이 반석이 되지 않으신 적이 없다. 다툼은 하나님 스스로의 희생으로 봉합되었다. 이 이야기를 들은 후대의 모든 사람은 조상들의 불신앙을 떠올리며 부끄러워하게 된다.

설교를 위한 예화

1986년 갈릴리 인근 키부츠에 살던 형제는 놀라운 발견을 했다. 게네사렛 해변에서 진흙에 덮인 어선을 발견했는데 그것은 바로 예수님 시대의 어선이었다. 이런 놀라운 유물이 발견될 수 있었던 것은 3년간이나 지속되었던 가뭄 때문이다. 가뭄으로 수위가 점점 낮아져 그동안 볼 수 없었던 유물이 발견된 것이다.

2026 10.4

오순절 후 열아홉 번째 주일

성서정과 | 시 19; 출 20:1-4, 7-9, 12-20; 빌 3:4b-14; 마 21:33-46

예배로 부름 Call to Worship

만군의 여호와여 주의 장막이 어찌 그리 사랑스러운지요. 내 영혼이 여호와의 궁정을 사모하여 쇠약함이여 내 마음과 육체가 살아계시는 하나님께 부르짖나이다. 나의 왕, 나의 하나님, 만군의 여호와여 주의 제단에서 참새도 제 집을 얻고 제비도 새끼 둘 보금자리를 얻었나이다. 주의 집에 사는 자들은 복이 있나니 그들이 항상 주를 찬송하리이다(셀라) (시 84:1-4)

예배 기원 Invocation

나의 힘이 되시고, 능력이 되시며, 구원의 뿔이 되시는 하나님 아버지! 지난 한 주간 저희는 군대가 대적하여 진을 치는 것 같은 위협 속에서 살았습니다. 높은 파도가 자주 일어나서 우리 영혼을 삼키려고도 했습니다. 거칠고 고단한 인생길에서 방황하고 있는 성도를 불쌍히 여기시고, 예배하는 자녀들에게 세상을 이길 능력과 용기를 주옵소서. 주님의 장막 은밀한 곳에서 쉬면서 새 힘을 얻게 하시고, 은혜를 받은 후에는 높은 바위 위에 우뚝 서듯이 세상에 나가 승리하게 하옵소서 예수 그리스도의 이름으로 기원하옵나이다. 아멘.

이 주일의 찬송 Hymns

하늘이 푸르고(47장) / 주는 귀한 보배(81장) / 주 예수 해변서(198장) /
천성을 향해 가는 성도들아(359장) / 행군 나팔 소리에(360장) / 나 맡은 본분은(595장)

성시 교독 Responsive Readings   시편 19:1-14

인도자 1 하늘이 하나님의 영광을 선포하고 궁창이 그의 손으로 하신 일을 나타내는도다

회 중 2 날은 날에게 말하고 밤은 밤에게 지식을 전하니

인도자 3 언어도 없고 말씀도 없으며 들리는 소리도 없으나

회 중 4 그의 소리가 온 땅에 통하고 그의 말씀이 세상 끝까지 이르도다

인도자 하나님이 해를 위하여 하늘에 장막을 베푸셨도다 5 해는 그의 신방에서 나오는 신랑과 같고 그의 길을 달리기 기뻐하는 장사 같아서

회 중 6 하늘 이 끝에서 나와서 하늘 저 끝까지 운행함이여 그의 열기에서 피할 자가 없도다

인도자 7 여호와의 율법은 완전하여 영혼을 소성시키며 여호와의 증거는 확실하여 우둔한 자를 지혜롭게 하며

회 중 8 여호와의 교훈은 정직하여 마음을 기쁘게 하고 여호와의 계명은 순결하여 눈을 밝게 하시도다

인도자 9 여호와를 경외하는 도는 정결하여 영원까지 이르고 여호와의 법도 진실하여 다 의로우니

회 중 10 금 곧 많은 순금보다 더 사모할 것이며 꿀과 송이꿀보다 더 달도다

인도자 13 또 주의 종에게 고의로 죄를 짓지 말게 하사 그 죄가 나를 주장하지 못하게 하소서 그리하면 내가 정직하여 큰 죄과에서 벗어나겠나이다

회 중 14 나의 반석이시요 나의 구속자이신 여호와여 내 입의 말과 마음의 묵상이 주님 앞에 열납되기를 원하나이다

고백의 기도 Prayer of Confession

육신의 생각은 사망이요, 영의 생각은 생명과 평안이라고 가르쳐 주신 주님. 이 시간 저희가 지극히 겸손한 마음으로 지난날의 삶을 돌아봅니다. 그동안 저희는 하나님과 원수가 되는 육신의 생각을 따랐습니다. 주님의 말씀에 순종하는 경건하고 거룩한 삶을 살지 못했고, 오히려 썩어 없어질 육신의 쾌락을 이루기 위해 살았습니다. 내 육신 하나를 편하게 하려고 가족을 힘들게 한 적도 있었습니다. 내 자존심과 명예를 지킨다는 명분으로 교회 안에 분란을 일으키는 장본인이 되기도 하였습니다. 더 많은 재물을 축적하려는 욕심으로 불의한 일에 가담하기도 하였습니다. 하나님을 기쁘시게 하지 못했던 저희를 불쌍히 여겨 주옵소서. 이제부터는 육신에게 져서 육신대로 살지 않게 하시고, 성령님의 인도하심을 받아 하나님의 자녀다운 삶을 살게 하여 주옵소서. 예수님의 이름으로 이 고백의 기도를 드립니다. 아멘.

사함의 확신 Assurance of Forgiveness

내가 이르기를 내 허물을 여호와께 자복하리라 하고 주께 내 죄를 아뢰고 내 죄악을 숨기지 아니하였더니 곧 주께서 내 죄악을 사하셨나이다 (시 32:5)

오늘의
주제

주인의 결심

본문의 접근

본문의 재경청 마 21:33-46

³³ "다른 비유를 하나 들어보아라. 어떤 집주인(오이코데스포테스, οἰκοδεσπότης, householder)이 있었다. 그는 포도원을 일구고, 울타리를 치고, 그 안에 포도즙을 짜는 확을 파고, 망대(퓔고스, πύργος, tower)를 세웠다. 그리고 그것을 농부들에게 세로 주고, 멀리 떠났다. ³⁴ 열매를 거두어들일 철이 가까이 왔을 때에, 그는 그 소출을 받으려고 자기 종들을 농부들에게 보냈다. ³⁵ 그런데, 농부들은 그 종들을 붙잡아서, 하나는 때리고, 하나는 죽이고, 또 하나는 돌로 쳤다. ³⁶ 주인은 다시 다른 종들을 처음보다 더 많이 보냈다. 그랬더니, 농부들은 그들에게도 똑같이 하였다. ³⁷ 마지막으로 그는 자기 아들을 보내며 말하기를 '그들이 내 아들이야 존중하겠지' 하였다. ³⁸ 그러나 농부(게올로스, γεωργός, land-worker)들은 그 아들을 보고 그들끼리 말하였다. '이 사람은 상속자(클레로노모스, κληρονόμος, heir)다. 그를 죽이고, 그의 유산을 우리가 차지하자.' ³⁹ 그러면서 그들은 그를 잡아서, 포도원 밖으로 내쫓아 죽였다. ⁴⁰ 그러니 포도원 주인이 돌아올 때에, 그 농부들을 어떻게 하겠느냐?" ⁴¹ 그들이 예수께 말하였다. "그 악한 자들을 가차없이 죽이고, 제 때에 소출을 바칠 다른 농부들에게 포도원을 맡길 것입니다." ⁴² 예수께서 그들에게 말씀하셨다. "너희는 성경에서 이런 말씀을 읽어 본 일이 없느냐? '집 짓는 사람이 버린 돌이 집 모퉁이의 머릿돌이 되었다. 이것은 주님께서 하신 일이요, 우리 눈에는 놀라운 일이다.' ⁴³ 그러므로 나는 너희에게

말한다. 하나님께서는 너희에게서 하나님의 나라를 빼앗아서, 그 나라의 열매를 맺는 민족에게 주실 것이다. ⁴⁴ [이 돌 위에 떨어지는 사람은 부스러질(쉰들하오, συνθλάω, crush) 것이요, 이 돌이 어떤 사람 위에 떨어지면, 그를 가루로 만들어 놓을 것이다.]" ⁴⁵ 대제사장들과 바리새파 사람들은 예수의 비유를 듣고서, 자기들을 가리켜 하시는 말씀임을 알아채고, ⁴⁶ 그를 잡으려고 하였으나, 무리들이 무서워서 그렇게 하지 못하였다. 무리가 예수를 예언자로 여기고 있었기 때문이다. 〈새번역〉

본문 개관

본문은 예수님의 예루살렘 입성 후 성전을 중심으로 활동하시며 가르치실 때 유대교 지도자들을 향해 하신 비유의 말씀 중 하나이다. 그들의 악한 면들을 이미 바로 앞 구절의 두 아들의 비유에서 밝히셨다. 이어지는 본문에서는 유대 지방의 관습을 배경으로 포도나무, 즉 유다와 농부인 유대교 지도자들의 관계를 통해 참 선지자를 어떻게 박해했는지, 복음이 왜 이방을 향해 나아가는지를 가르치신다.

본문 분석

1. 집 주인(33절)

마태가 자주 사용하는 단어로 마태복음에 본문 포함 일곱 번 등장한다. 이 집주인이 포도원을 만들었다. 내용적으로는 하나님을 의미한다.

2. 열매(34절)

마태복음 21장에서도 여러 번 등장하는 단어로 매우 중요한 의미를 갖는다. 열매는 인간이 자신들의 행동으로 가져오는 것을 말한다. 물론 그 동기가 하나님의 가르침과 뜻을 따르는 것이어야 한다.

3. 가까우매(34절)

열매를 맺을 때가 가까운 것을 말한다. 집 주인이 이 열매를 취하기 위해 종들을 파송한다. 가까워졌다는 단어는 천국이 가까웠다고 선포할 때 사용한 단어와 같다.

4. 후에(37절)

원어는 두 번째로, 이후에, 나중에 등의 뜻을 가지고 있는데 이와 더불어 '마지막으로'라는 뜻도 포함한다. 집 주인은 연속해 종들을 농부에게 보냈다. 그런데 농부들은 도무지 주인의 의도를 따를 생각이 없다. 결국 마지막으로 아들을 보내기로 결심한다.

본문의 신학

1. 포도원 주인

본문에서 집 주인이 포도원을 만들었는데, 전통적으로 포도원은 이스라엘을 상징했다. 농부들은 이 이스라엘을 이끌고 가는 지도자들이다. 집 주인인 포도원 주인은 포도를 아꼈다. 이 포도원의 소출은 모두 집 주인의 것이다. 포도를 가꾼 농부들의 것이 아니다.

2. 아버지와 아들

집 주인은 농부들에게 종을 먼저 보낸다. 그런데 거듭 보낸 종들마저 농부들의 패악에 상하는 결과를 봤다. 그래서 아들을 보내는데 이 아버지와 아들의 관계는 예수님과 그 아버지 되시는 하나님과의 관계를 그린다. 아들은 아버지로 말미암아 권위를 갖고, 아버지로 말미암아 보냄을 받은 존재이다.

3. 태만

포도원의 농부들이 소출을 바치지 않는다. 농부는 당연히 그 밭의 주인에게 포도를 드려야 한다. 본문의 아버지는 주인이시다. 농부들의 악행은 그뿐만이 아니다. 주인이 보낸 종들을 때리고 죽이고 돌로 친다. 이들은 하나님이 보내신 선지자들을 의미하는데 지금 유대교 지도자들이 하는 행동이 과거 그들의 조상 때부터 이어진 뿌리 깊은 죄의 결과임을 보여준다.

4. 하나님 나라의 권리

아들은 온 이스라엘의 주인이기도 하다. 아버지의 권리를 행사할 수 있기 때문이다. 아들은 세를 주고 포도원을 빌린 사람이 아니다. 포도원의 주인이다. 이런 아들을 악한 농부들이 죽이고 그 권리를 빼앗으려 했지만 결과는 그들이 포도원에 대한 일체의 권리를 빼앗기는 것이 된다.

평행 본문

시 19

시편 19편은 온 우주에 가득한 하나님의 말씀을 주목하게 하는 내용으로 시작한다. 6절까지 한 연으로 구분하는 것이 적절한데 내용적으로도 하늘로 시작해서 하늘로 끝나기 때문이다. 나머지 부분을 다른 한 연으로 구분하면 율법의 완전함으로 시작해서 주님의 교훈이 기쁘게 함을 노래하고 마지막에는 시인의 입의 말과 마음의 묵상을 하나님께 드리기를 원하는 내용으로 마무리한다. 하늘과 우주에서 시작해서 개인의 죄의 고백과 헌신과 연결되는 시이다.

출 20:1-4, 7-9, 12-20

하나님과 이스라엘의 관계는 법에 의해 더욱 명확해졌다. 백성은 하나님의 법을 지켜야 했다. 하나님이 먼저 백성들에게 십계명을 주셨다. 이 십계명은 이후 많은 율법들의 정신과 방향을 제시하는 시금석과 같은 역할을 했다. 이 십계명이 모세에게 주어지고 그 시간 밑에서 이를 목격한 백성들은 두려움에 떨었다.

설교를 위한 적용

오늘에 적용

- 33절 "세로 주고" : 맡겨진 책임을 다해야 한다. 집 주인인 하나님은 농부들에게 포도원을 세로 주고 타국으로 출타하신다. 농부들은 최선을 다해서 이 포도원을 가꿔야 했다.
- 42절 "성경에" : 성경 말씀을 읽고 기억하며 삶으로 살아야 한다. 예수님은 유대교 지도자들에게 이 악한 농부들의 비유를 들려주시고 나서 이와 같은 일들이 이미 성경에 기록된 것을 기억하지 못하느냐고 물으신다. 이것은 그 내용을 마음에 새겨 삶으로 살고 있는가를 확인하신 것이다.
- 43절 "빼앗기고" : 예수님을 붙잡아야 한다. 예수님 이전에 세례자 요한의 존재와 사역이 하나님의 구원과 관련되어 있음을 믿지 않은 사람들에게도 한 번 더 기회가 주어졌다. 바로 예수님이시다.
- 43절 "열매 맺는" : 열매 맺는 백성이 되어야 한다. 신앙의 열매들은 악한 농부들이 더 이상 맺지 못한다. 그래서 하나님 나라를 빼앗기고 말 것이다. 이제 그 하나님 나라는 열매를 맺는 백성들이 차지하게 된다. 이들은 하나님의 언약을 지키는 사람들이고, 이방인이 될 수도 있다.

설교 개요

- 세상은 쉽게 포기한다. 한두 번 해보다 안 되면 포기한다.
- 본문의 집 주인은 쉽게 포기하지 않는다. 주인은 지금 황당한 상황에 처해 있

다. 내 집이고 내 소출인데 농부들이 수확한 포도를 보내지 않는다.
- 이 농부들은 지금 포도원을 점거하고 있다. 그 소출인 포도원과 포도를 점유하고 있다. 당연히 주인에게 돌려줘야 할 것을 차지하고 있다.
- 주인은 자신의 정당한 권리를 찾기 위해 종을 보냈다. 그리고 그 종들이 배척을 당하자 더 많은 종을 다시 보낸다. 그러다 결국 그 누구보다 더 사랑하는 피붙이 아들까지 보낸다. 주인은 이 포도원을 포기하지 않는 것이다.
- 농부들은 단순히 포도를 주인에게 주지 않으려고 하는 것이 아니다. 그들은 아들을 대적하는 사람들이다. 하나님은 포도원의 주인이 되셔서 이 포도원을 다시 찾으실 것이다. 열매의 가치를 알고 그 열매를 주인을 위해 맺을 사람들에게 돌려줄 것이다.

설교를 위한 예화

도둑이 제 발 저리다는 속담이 있다. 이와 관련된 민담이 있다.

옛날에 두 사람이 만나 대화를 나누며 하루를 지내게 되었는데 아침에 일어나 보니 한 사람이 가지고 있던 물건을 도둑맞고 말았다. 그는 자기 봇짐을 마당에 있는 절구에 넣어두었는데 그것이 사라졌다. 이 사람은 당장 관아로 가서 고발을 했고 원님은 함께 있었던 다른 한 사람과 그 절구를 함께 잡아오라고 했다.

희한하게 원님은 그 돌절구를 추궁했다. 그리고 돌절구를 도둑으로 몰아붙였다. 함께 잡혀간 다른 한 사람도 원님의 판결이 맞다고 맞장구를 쳤다. 원님은 돌절구의 죄가 크니 제주도로 귀양을 보낸다고 판결했다. 그런데 돌절구가 자기 혼자 귀양을 갈 방법이 없으니 주인이 지고 가라고 했다. 그제서야 주인은 자기가 범인인 것을 자백했다는 이야기이다.

오늘 본문의 돌은 세상을 심판하러 오실 그리스도이다. 그리고 이 돌은 사람을 심판할 돌인 동시에 구원할 돌이기도 하다.

2026 10.11

오순절 후 스무 번째 주일

성서정과 | 시 106:1-6, 19-23; 출 32:1-14; 빌 4:1-9; 마 22:1-14

예배로 부름 Call to Worship

내가 여호와의 이름을 전파하리니 너희는 우리 하나님께 위엄을 돌릴지어다 그는 반석이시니 그가 하신 일이 완전하고 그의 모든 길이 정의롭고 진실하고 거짓이 없으신 하나님이시니 공의로우시고 바르시도다(신 32:3-4)

예배 기원 Invocation

오! 사랑의 하나님! 가을이 깊어가는 사색의 계절에 참 좋으신 주님을 생각합니다. 주의 인자하심이 어찌 그리 크신지요, 사람들이 주의 날개 그늘로 피하나이다. 주께로 나온 모든 성도들에게 주의 집에 있는 살진 것으로 풍족하게 채워주시며, 복락의 강물을 마시게 하여 주옵소서. 생명의 원천은 오직 주께 있사오니 예배하는 저희가 주님의 빛을 보게 하여 주옵소서. 주를 알며, 주님만을 경외하는 예배자에게 인자하심을 계속 베푸시며, 마음이 정직한 성도에게 주의 공의를 베풀어 주옵소서. 예수님의 이름으로 기원하옵나이다. 아멘.

이 주일의 찬송 Hymns

성도들아 찬양하자(18장) / 나의 죄 모두 지신 주님(256장) / 요나처럼 순종않고(281장) / 내 영혼의 그윽히 깊은 데서(412장) / 기쁜 일이 있어 천국 종 치네(509장) / 공중 나는 새를 보라(588장)

성시 교독 Responsive Readings   시편 106:1-6, 19-23

인도자 ¹ 할렐루야 여호와께 감사하라 그는 선하시며 그 인자하심이 영원함이로다

회 중 ² 누가 능히 여호와의 권능을 다 말하며 주께서 받으실 찬양을 다 선포하랴 ³ 정의를 지키는 자들과 항상 공의를 행하는 자는 복이 있도다

인도자 ⁴ 여호와여 주의 백성에게 베푸시는 은혜로 나를 기억하시며 주의 구원으로 나를 돌보사

회 중 ⁵ 내가 주의 택하신 자가 형통함을 보고 주의 나라의 기쁨을 나누어 가지게 하사 주의 유산을 자랑하게 하소서

인도자 ⁶ 우리가 우리의 조상들처럼 범죄하여 사악을 행하며 악을 지었나이다

회 중 ¹⁹ 그들이 호렙에서 송아지를 만들고 부어 만든 우상을 경배하여 ²⁰ 자기 영광을 풀 먹는 소의 형상으로 바꾸었도다

인도자 ²¹ 애굽에서 큰 일을 행하신 그의 구원자 하나님을 그들이 잊었나니

회 중 ²² 그는 함의 땅에서 기사와 홍해에서 놀랄 만한 일을 행하신 이시로다

인도자 ²³ 그러므로 여호와께서 그들을 멸하리라 하셨으나

회 중 그가 택하신 모세가 그 어려움 가운데에서 그의 앞에 서서 그의 노를 돌이켜 멸하시지 아니하게 하였도다

고백의 기도 Prayer of Confession

나를 연단하시고 아름다운 신앙인으로 빚어가시는 토기장이신 하나님, 천히 쓸 그릇과 귀히 쓸 그릇을 만들 권한이 하나님께 있습니다. 그럼에도 하나님께 불평과 불만을 토해낸 적이 많습니다. 믿음의 공동체 안에서 내가 원하는 직분을 얻지 못했다고 주권자이신 하나님을 원망했습니다. 교회에서 힘겨운 책임을 떠안게 되면, 이렇게 힘든 일을 왜 내가 해야 하느냐면서 불편한 심기를 드러냈습니다. 참 좋으신 하나님 아버지. 이제부터는 하나님의 주권과 섭리를 확실히 믿고, 모든 삶을 주님께 맡기며 순종하는 삶을 살게 하옵소서. 예수님의 이름으로 이 고백의 기도를 드립니다. 아멘.

사함의 확신 Assurance of Forgiveness

우리가 아직 죄인 되었을 때에 그리스도께서 우리를 위하여 죽으심으로 하나님께서 우리에게 대한 자기의 사랑을 확증하셨느니라(롬 5:8)

오늘의 주제

하나님의 기억하심

본문의 접근

본문의 재경청 출 32:1-14

1 백성은, 모세가 산(하르, הר, mountain)에서 오랫동안 내려오지 않으니, 아론에게로 몰려가서 말하였다. "일어나서, 우리를 인도할 신(엘로힘, אלהים, gods)을 만들어 주십시오. 우리를 이집트 땅에서 올라오게 한 모세라는 사람은 어떻게 되었는지 모르겠습니다." **2** 아론이 그들에게 말하였다. "여러분의 아내와 아들딸들이 귀에 달고 있는 금고리들을 빼서, 나에게 가져 오시오." **3** 모든 백성이 저희 귀에 단 금고리들을 빼서, 아론에게 가져 왔다. **4** 아론이 그들에게서 그것들을 받아 녹여서, 그 녹인 금을 거푸집에 부어 송아지(에겔, עגל, calf) 상을 만드니, 그들이 외쳤다. "이스라엘아! 이 신이 너희를 이집트 땅에서 이끌어 낸 너희의 신이다." **5** 아론은 이것을 보고서 그 신상 앞에 제단을 쌓고 "내일 주님의 절기(하그, חג, feast)를 지킵시다" 하고 선포하였다. **6** 이튿날 그들은 일찍 일어나서, 번제를 올리고, 화목제(쉐렘, שלם, peace offering)를 드렸다. 그런 다음에, 백성은 앉아서 먹고 마시다가, 일어나서 흥청거리며 뛰놀았다. **7** 주님께서 모세에게 말씀하셨다. "어서 내려가 보아라. 네가 이집트 땅에서 이끌어 낸 너의 백성이 타락하였다. **8** 그들은, 내가 그들에게 명한 길을 이렇게 빨리 벗어나서, 그들 스스로 수송아지 모양을 만들어 놓고서 절하고, 제사를 드리며 '이스라엘아! 이 신이 너희를 이집트 땅에서 이끌어 낸 너희의 신이다' 하고 외치고 있다." **9** 주님께서 다시 말씀하셨다. "나는 이 백성을 살펴 보았다. 이 얼마나 고집이 센 백성이냐? **10** 이제 너는 나를 말리지 말아라. 내가 노하였다(하라, אף, burn). 내가 그들

을 쳐서 완전히 없애 버리겠다. 그러나 너는, 내가 큰 민족으로 만들어 주겠다." ¹¹ 모세는 주 하나님께 애원하였다. "주님, 어찌하여 주님께서 큰 권능과 강한 손으로 이집트 땅에서 이끌어 내주신 주님의 백성에게 이와 같이 노하십니까? ¹² 어찌하여 이집트 사람이 '그들의 주가 자기 백성에게 재앙을 내리려고, 그들을 이끌어 내어, 산에서 죽게 하고, 땅 위에서 완전히 없애 버렸구나' 하고 말하게 하려 하십니까? 제발, 진노를 거두시고, 뜻을 돌이키시어, 주님의 백성에게서 이 재앙을 거두어(나함, נָחַם, repent) 주십시오. ¹³ 주님의 종 아브라함과 이삭과 이스라엘을 기억하여 주십시오. 주님께서 그들에게 맹세하시며 이르시기를 '내가 너희의 자손을 하늘의 별처럼 많게 하고, 내가 약속한 이 모든 땅을 너희 자손에게 주어서, 영원한 유산으로 삼게 하겠다'고 하셨습니다." ¹⁴ 모세가 이렇게 간구하니, 주님께서는 뜻을 돌이키시고, 주님의 백성에게 내리시겠다던 재앙을 거두셨다. 〈새번역〉

본문 개관

출애굽기는 하나님이 백성 이스라엘로 하여금 애굽 밖에서 자유롭게 예배하도록 하신 일에 대한 기록이다. 18장까지가 출애굽 자체를 이야기한다면 19장부터는 예배하는 공동체의 탄생을 알려준다. 예배하는 이스라엘의 시작은 순탄하지 않았다. 하나님은 이들을 심판하려 하신다. 그러나 다시 한번 마음을 돌이키신다. 그 과정에서 모세는 백성을 위해 중보한다.

본문 분석

1. 송아지(4절)

아론은 백성들이 가지고 온 금으로 송아지 형상을 만든다. 고대사회에서 송아지는 숭배의 대상이 되는 경우가 많았다. 풍요와 다산의 상징이기도 했다. 이는 애굽에서도 마찬가지였다. 이들이 정착하게 될 가나안에서도 소는 풍요와 힘을 상징했다. 과거의 유혹이고 미래에도 유혹이 될 대상이었다.

2. 절일(5절)

아론은 금송아지를 그저 금송아지로 두지 않았다. 하나님과 동일한 존재로 오도하게 만들었다. 백성들은 이 송아지를 앞에 두고 번제도 드리고 먹고 마셨다. 이렇게 된 데에는 이 날을 하나님의 절일로 선포한 아론의 오판이 작용했다.

3. 뛰놀더라(6절)

백성들은 금송아지를 앞에 놓고 이를 축하한다. 일어나서 번제를 드린다. 그리고 화목제를 드린다. 마치 하나님께 제사를 드리는 것과 같이 금송아지에게 그렇게 한다. 그리고 먹고 마시며 뛰어놀았다. 단순히 논 것이 아니라 환락의 현장으로 바꿔버린 것이다.

4. 너를(10절)

하나님의 진노가 폭발했고 모세는 이를 지켜보고 있다. 조목조목 백성들의 죄를 나열하실 때 그 엄위하신 하나님의 위엄 앞에 어찌할 바를 몰랐을 것이다. 급기야 그 많은 백성들을 심판하시고 모세 혼자만으로 다시 큰 민족을 이루게 하겠다 하신다. 하나님에게 숫자의 많고 적음은 의미가 없다.

본문의 신학

1. 하나님 중심

모세가 눈앞에 보이지 않자 백성들이 자신들을 위하여 신을 만들어 달라고 아론에게 요구한다. 아론은 이들의 요청에 따라 우상을 만든다. 신상을 만드는 방법은 순수하게 아론의 아이디어에서 나온 것이다. 하나님은 자신을 섬기는 방법에 대해서 이미 모세를 불러 스스로 알려주셨다. 하나님을 섬기는 방법도 하나님 중심이 되어야 한다.

2. 눈에 보이지 않는 하나님

이스라엘 백성들은 자신들을 그 자리에서부터 인도할 신을 만들어 달라고 한다. 이제까지 자신들을 이끈 것은 모세였다. 그런데 신을 만들어 달라고 하는 것을 보니 하나님에 대한 기억은 남아 있는 듯하다. 그런데 문제는 이런 요구를 하게 된 동기가 모세가 보이지 않기 때문이라는 데 있다. 다시 말해 모세가 보이지 않아도 그들은 하나님 때문에 잠잠히 기다리기만 하면 되는 상황이었던 것이다. 그만큼 그들은 하나님에 대해 무지했고 눈에 보이는 것만을 믿으며 살아왔다.

3. 하나님의 진노

하나님은 금송아지를 만든 백성들에게 진노하셨다. 그들의 행동은 하나님의 명령 자체를 어긴 것이다(명령한 길을 속히 떠나). 그리고 하나님을 위하는 일을 한 것이 아니라 자기 자신들을 위한 일, 즉 금송아지를 부어 만드는 일을 했다. 그리고 그것을 예배하며 제물을 드렸다. 결국 이스라엘은 목이 뻣뻣한 백성이고 부패한 상태였다. 하나님은 이스라엘을 자신의 백성이 아니라 모세의 백성이라고 하신다. 하나님의 진노에는 이유가 있다.

4. 뜻을 돌이키시는 하나님

모세는 백성들이 한 일을 보고 경악했다. 하나님은 그들을 진멸하리라 말씀하신다. 그러나 이대로 백성들을 다 진멸할 수는 없는 일이다. 그래서 하나님께 이 백성들을 다시 한번 돌아보실 이유를 아뢴다. 이들은 하나님이 직접 구해내신 사람들이다. 그리고 그들을 꺼내온 애굽에서 하나님의 이름이 더럽혀질까 두렵다고 하며, 세 번째로는 조상들에게 약속하신 내용을 기억해 달라는 것이다. 하나님은 이런 모세의 중재에 진멸하시려는 뜻을 돌이키신다.

평행 본문

빌 4:1-9

4장을 나누는 기준이 되는 9절까지의 말씀 중 전반부에서 바울은 먼저 서로 화목하지 못한 사람들로 하여금 그리스도를 중심으로 마음을 합할 것을 주문한다. 7절까지는 기뻐하라는 매우 유명한 말씀이다. 바로 앞의 구절이 공동체를 위한 권면이었다면 7절부터는 개인적인 신앙 영역에 관한 교훈이다. 아무것도 염려하지 말라는 말은 이미 상황 자체가 염려해도 전혀 이상하지 않을 정도로 심각하다는 말이다. 그럴 때에도 기도와 간구로 하나님과의 연결을 유지해야 한다. 이런 신앙은 단지 인식의 영역이 아니라 살면서 실천하는 단계까지 나아가야 한다.

마 22:1-14

예수님의 사역과 가르침에 대한 태도가 어떠해야 하는지를 혼인 잔치의 비유를 통해 가르치신다. 왕이 혼인 잔치에 초대했는데 오기 싫어서 이에 응하지 않았다면 임금의 노함을 피할 수 없을 것이다. 이런저런 이유를 들어 자리를 피하거나 심지어 왕이 보낸 종들을 잡아 모욕하고 죽이기까지 하는 극악무도한 일을 서슴지 않았다는 말은 천국에 대한 일말의 지식도 희망도 없었음을 의미한다. 초대에 응했지만 예복을 입지 않은 사람도 구원에 합당한 상태가 아님을 의미한다.

설교를 위한 적용

오늘에 적용

- **1절 "인도할 신"** : 사람이 아니라 하나님을 봐야 한다. 백성은 지금 자신들을 인도할 신을 만들어 달라고 한다. 이 시점까지 그들을 잠잠하게 했던 것은 어찌보면 하나님이 아닌 모세였다. 모세가 하나님과 그들 사이에서 때때로 기적을 보여주며 이끌었던 것이다. 그러나 백성들이 정작 봐야 했던 것은 모세가 아니라 하나님이었다.
- **5절 "아론이 보고"** : 자신의 행위를 돌아봐야 한다. 아론은 백성들의 요구에 대해 아무런 지적이나 비판도 하지 않았다. 그들이 원하는 송아지 신상을 만들었다. 그리고 이 날을 여호와의 절일로 선언하기까지 했다. 이런 아론의 행동은 후에 하나님의 진노를 피하지 못하게 만든다.
- **13절 "기억하소서"** : 하나님의 기억하심의 은혜를 우리도 기억해야 한다. 하나님의 진노는 명백히 백성들의 죄악 때문이었다. 이스라엘은 하나님을 기억하지 못했다. 그러나 하나님은 조상에게 하신 약속을 기억하셨다. 우리도 이 하나님의 기억하심 자체를 기억해야 한다.
- **14절 "돌이키사"** : 하나님의 사랑에 감사해야 한다. 하나님이 이스라엘 백성들에게 진노하신 것은 하나님의 변덕 때문이거나 무자비함 때문이 아니었다. 정당한 사유가 있었다. 그럼에도 하나님은 계획을 바꾸신다. 백성들을 사랑하시기 때문이다. 이 사랑에 감사해야 한다.

설교 개요

- 인간은 효율을 추구한다. 특히 한국인은 매사를 빠르고 효과적으로 처리하는 것이 몸에 배어 있다. 그런데 오늘 본문의 이스라엘 백성들도 한국인 못지않게 효율적인 모습을 보인다.

아론도 본문에서 극도의 효율을 보여준다. 모세를 대신할 다른 신을 만들어 달라는 백성들의 요구에 주저하지도, 시간을 낭비하지도 않고 바로 착수한다.

- 이미 금과 패물은 백성들의 손에 있었다. 출애굽할 때 준비가 되었다. 아론은 그것들을 가지고 오라고 한다. 백성들은 일말의 주저함도 없이 아론에게 금을 맡긴다. 그리고 송아지를 만들어낸다. 이렇게 송아지 형상의 신상은 만들어 졌다. 그런데 신비는 어디로 갔는가?
- 하나님의 중요한 속성 중 하나는 신비이다. 하나님은 인간이 다 이해할 수 없는 신비로운 존재이시다. 금송아지는 자신들이 가지고 나온 패물로 만든 형상이 있는 물건일 뿐이다. 거기에는 신비가 깃들 여지가 없다. 하나님은 이미 자신을 섬길 방법을 세세하게 알려주셨다. 성막 안에서 기명 하나하나, 몸가짐 하나하나 어떻게 갖춰야 할 것인가를 알려주셨다. 하나님의 신비로움을 지키는 길이 바로 거기에 있었다. 그러나 이 신비가 없는 금송아지에는 세속적인 번쩍임만이 있을 뿐이다.
- 게다가 금송아지에는 어떤 능력도 없다. 백성들은 이제까지 모세가 보여준 이적을 보면서 살아왔다. 그들에게 모세는 신과 같은 존재였기에 모세가 보이지 않자 불안해했던 것이다. 그러나 모세도 결국 그 능력의 근원이 아니라는 것을 아는 것이 중요하다. 모세나 금송아지나 그 자체로는 아무런 힘도, 능력도 없다. 오직 하나님만이 이 모든 일의 시작이시다.

설교를 위한 예화

존 뉴턴(John Newton, 1725-1807)의 삶은 위험과 역경의 연속이었다. 낙마로 위태로운 순간을 경험하기도 했고 하마터면 배에서 익사할 뻔한 적도 있었다. 노예선 선원이 된 이후 투옥되기도 했다. 이때만 해도 자신이 만든 '어메이징 그레이스'가 노예 해방의 정신을 담은 찬송으로 불리기도 할 것이라는 사실은 상상도 못했을 것이다. 1748년 폭풍에서 살아나 제2의 인생을 시작한 이후 1772년 마침내 어메이징 그레이스의 가사를 적게 된다. "Amazing grace how sweet the sound That saved a wretch like me I once was lost, but now I'm found Was blind, but now I see" 몹쓸 상태였던 자신을 구원하신 그 은혜를 잊지 않았고, 길 잃은 자신을 하나님이 찾아주심을 기억했다. 그래서 마침내 하나님을 볼 수 있게 되었다.

2026
10.18

오순절 후 스물한 번째 주일

성서정과 | 시 99; 출 33:12-23; 살전 1:1-10; 마 22:15-22

예배로 부름 Call to Worship
부와 귀가 주께로 말미암고 또 주는 만물의 주재가 되사 손에 권세와 능력이 있사오니 모든 사람을 크게 하심과 강하게 하심이 주의 손에 있나이다. 우리 하나님이여 이제 우리가 주께 감사하오며 주의 영화로운 이름을 찬양하나이다(대상 29:12-13)

예배 기원 Invocation
창세 전에 우리를 택하사 그리스도의 사랑 안에서 거룩하고 흠이 없게 하신 하나님! 기쁘신 뜻을 따라 하나님의 자녀가 된 저희가 예배하러 왔습니다. 지혜와 계시의 영을 허락하여 하나님을 더욱 깊이 알게 하시고, 예수님 안에서 거저 주신 구원의 영광을 찬송하게 하옵소서. 보혜사 성령님께서 우리 중심에 깊은 감동과 깨달음을 주시어 하나님의 부르심과 소망을 알게 하시고, 주의 자녀에게 임하는 기업의 풍성함을 몸소 체험하게 하옵소서. 교회의 머리가 되시는 예수 그리스도의 이름으로 기원하옵나이다. 아멘

이 주일의 찬송 Hymns
복의 근원 강림하사(28장) / 주의 친절한 팔에 안기세(405장) / 믿음의 새 빛을(464장) / 내 주 하나님(469장) / 때 저물어서 날이 어두니(481장) / 만세 반석 열리니(494장)

성시 교독 Responsive Readings

시편 99:1-9　　2

인도자　¹ 여호와께서 다스리시니 만민이 떨 것이요 여호와께서 그룹 사이에 좌정하시니 땅이 흔들릴 것이로다

회 중　² 시온에 계시는 여호와는 위대하시고 모든 민족보다 높으시도다 ³ 주의 크고 두려운 이름을 찬송할지니 그는 거룩하심이로다

인도자　⁴ 능력 있는 왕은 정의를 사랑하느니라

회 중　주께서 공의를 견고하게 세우시고 주께서 야곱에게 정의와 공의를 행하시나이다

인도자　⁵ 너희는 여호와 우리 하나님을 높여 그의 발등상 앞에서 경배할지어다 그는 거룩하시도다

회 중　⁶ 그의 제사장들 중에는 모세와 아론이 있고 그의 이름을 부르는 자들 중에는 사무엘이 있도다 그들이 여호와께 간구하매 응답하셨도다

인도자　⁷ 여호와께서 구름 기둥 가운데서 그들에게 말씀하시니 그들은 그가 그들에게 주신 증거와 율례를 지켰도다

회 중　⁸ 여호와 우리 하나님이여 주께서는 그들에게 응답하셨고 그들의 행한 대로 갚기는 하셨으나 그들을 용서하신 하나님이시니이다

인도자　⁹ 너희는 여호와 우리 하나님을 높이고 그 성산에서 예배할지어다

회 중　여호와 우리 하나님은 거룩하심이로다

고백의 기도 Prayer of Confession

예수님을 믿는 성도에게 최후의 승리를 주시는 하나님 아버지! 구원받은 성도가 되어 이 땅에서 살아갈 때, 믿음이 부족하여 짓게 된 죄와 허물을 고백합니다. 너희를 박해하는 자를 위하여 축복하라 하셨지만, 저희는 박해하는 자에게 분노하고 욕하며 저주를 서슴지 않았습니다. 즐거워하는 자와 함께 즐거워하고 우는 자들과 함께 울라 하셨지만 이웃의 고통스러운 삶에 관심을 두지 않았습니다. 높은데 마음을 두지 말고 스스로 지혜 있는 체 하지 말라 하셨지만 내가 가진 재물과 지식을 믿고 이웃 앞에서 교만했습니다. 악을 악으로 갚지 말고 모든 사람 앞에 선한 일을 도모하라는 말씀도 마음에 새기지 못했습니다. 성도로서의 아름다운 모습을 드러내지 못했던 죄와 허물을 용서하옵소서. 예수님의 이름으로 이 고백의 기도를 드립니다. 아멘.

사함의 확신 Assurance of Forgiveness

여호와의 말씀이니라. 그날 그 때에는 이스라엘의 죄악을 찾을지라도 없겠고 유다의 죄를 찾을지라도 찾아내지 못하리니 이는 내가 남긴 자를 용서할 것임이라 (렘 50:20)

믿음의 소문

본문의 접근

본문의 재경청 살전 1:1-10

¹ 바울과 실루아노와 디모데가 하나님 아버지와 주 예수 그리스도 안에 있는 데살로니가 사람의 교회에 이 편지를 씁니다. 은혜와 평화가 여러분에게 있기를 빕니다. ² 우리는 여러분 모두를 두고 언제나 하나님께 감사를 드립니다. 우리는 기도할(프로슈케, προσευχή, prayer) 때에 여러분을 기억하고 있습니다. ³ 또 우리는 하나님 우리 아버지 앞에서 여러분의 믿음의 행위와 사랑의 수고(코포스, κόπος, labor)와 우리 주 예수 그리스도께 둔 소망(엘피스, ἐλπίς, hope)을 굳게 지키는 인내를 언제나 기억하고 있습니다. ⁴ 하나님의 사랑을 받은 형제자매 여러분, 우리는 하나님께서 여러분을 택하여 주셨음을 알고 있습니다. ⁵ 우리는 여러분에게 복음을 말로만 전한 것이 아니라, 능력과 성령과 큰 확신으로 전하였습니다. 우리가 여러분 [가운데서], 여러분을 위하여, 어떻게 처신하였는지를, 여러분은 알고 있습니다. ⁶ 여러분은 많은 환난을 당하면서도 성령께서 주시는 기쁨으로 말씀을 받아들여서, 우리와 주님을 본받는 사람이 되었습니다. ⁷ 그리하여 여러분은 마케도니아와 아가야에 있는 모든 신도들에게 모범(튀포스, τύπος, example)이 되었습니다. ⁸ 주님의 말씀이 여러분으로부터 마케도니아와 아가야에만 울려 퍼진 것이 아니라, 하나님을 향한 여러분의 믿음에 대한 소문이 각처에 두루 퍼졌습니다. 그러므로 이것을 두고는 우리가 더 말할 필요가 없습니다. ⁹ 그들은 우리를 두고 이야기합니다. 우리가 여러분을 찾아갔을 때에 여러분이 우리를 어떻게 영접했는지, 어떻게 해서 여러분이, 우상을 버리고 하

나님께로 돌아와서 살아 계시고 참되신 하나님을 섬기며, ¹⁰ 또 하나님께서 죽은 사람들 가운데서 살리신(에게이로, ἐγείρω, raise) 그 아들 곧 장차 내릴 진노(올게, ὀργή, wrath)에서 우리를 건져 주실 예수께서 하늘로부터 오시기를 기다리는지를, 그들은 말합니다. 〈새번역〉

본문 개관

데살로니가는 알렉산더 대왕의 장군인 카산더에 의해 세워진 도시이다. 마게도냐가 로마의 영향력 아래 들어갔을 때 행정의 중심으로 부상한다. 바울은 데살로니가 교회를 세운 후 데살로니가를 떠나 아덴으로, 고린도로 자리를 옮겼다. 바울은 쉽게 데살로니가로 갈 수 없는 상황에서, 데살로니가 교회 안에 있는 유대인들의 영향과 각종 내외부의 공격으로부터 신앙을 지킬 것을 편지로 전달했다.

본문 분석

1. 역사 (3절)

믿음으로 말미암은 행위, 혹은 일 등을 의미한다. 이는 단순히 인간적인 노력으로 얻어진 것이 아니었다. 성령님의 철저한 개입과 감동이 사람들로 하여금 고난 가운데서도 인내하게 했고, 행동으로 신앙을 드러내게 했다.

2. 수고 (3절)

믿음의 역사는 사랑의 수고와 뗄 수가 없는 관계를 형성한다. 사랑으로부터 시작된 수고에서 수고는 고된 일을 했을 때의 상태를 의미한다. 사랑은 아가페로 인간을 사랑하신 하나님의 바로 그 사랑으로부터 우리가 알고 배우게 된다.

3. 소망(3절)

소망은 그리스도에 대한 소망이다. 인간적이고 세상적이며 물질에 대한 소망이 아니다. 신앙적인 소망은 인내하게 하는데 장차 이루어질 일에 대해 그만큼 큰 기대를 가질 수 있기 때문이다.

4. 우리(5절)

바울은 자신이 전한 복음을 그냥 복음이라 하지 않고 우리 복음이라고 표현한다. 이는 바울이 복음을 그리스도로부터 받아들여서 생명의 말씀으로 깨닫게 되었고, 이 진리를 다시 전했다는 의미에서 우리 복음이라고 한다.

본문의 신학

1. 은혜와 평강

바울은 데살로니가 교회에 편지하면서 일반적으로 쓸 만한 기뻐하라는 인사를 적지 않았다. 대신 은혜와 평강이 있기를 바랐다. 이 은혜와 평강은 일반적인 기쁨을 넘어설 수 있는 가치이다. 기쁨도 당연히 포함하고 있는 것들이다.

2. 성도의 덕목

바울은 디모데가 전해준 데살로니가 교회 교인들의 상황에 대해서 감사한다. 그것은 믿음으로 말미암는 행동이고, 사랑에서 비롯된 수고이다. 그리고 예수 그리스도에 대한 소망으로 인해 참아 내는 것이다. 이 세 가지는 데살로니가교회에만 특수하게 중요한 것이 아니라 모든 성도들이 갖춰야 할 덕목이다.

3. 하나님의 택하심

바울은 데살로니가 교회 성도들을 형제들로 부른다. 그 이유는 그들이 하나님의 택하심을 받았음을 확신했기 때문이다. 하나님 안에서 한 형제이고 자매인 것을 의심하지 않았다. 그리고 이런 사실로 인해서 감사했다.

4. 복음의 능력

바울은 데살로니가 지역에 복음을 전했다. 그 결과 그들이 바울과 닮은 사람이 되었다. 그런데 그렇게 닮는 것으로 끝나지 않는다. 닮는 것이 목적이 아니었다. 마게도니아와 아가야에 있는 성도들의 본이 되었다.

평행 본문

출 33:12-23

모세는 간절한 마음으로 하나님께 사명을 이어갈 새로운 지도자를 구한다. 하나님은 금송아지 사건과 같은 이스라엘의 패역에도 불구하고 다시 한번 모세의 기도에 응답하신다. 모세는 백성들을 위해 중보한 것인데 이는 지도자로서의 자질을 보여주는 동시에 출애굽을 포함한 이때까지의 여정이 자신의 힘과 능력으로 된 것이 아님을 고백하는 의미를 담고 있다.

마 22:15-22

바리새인들을 포함한 유대교 지도자들은 예수님을 고발하기에 급급해서 서로 모의하고, 의도된 질문을 던지는데 거리낌이 없었다. 본문에서는 바리새인들과 헤롯 당원들이 합세해서 예수님을 옭아매려 한다. 로마와 얽힌 정치적인 문제로 몰아가 예수님에게 혐의를 씌우려는 것이다. 예수님은 세금에 관한 이 논쟁에서 하나님에 속한 사람은 거리낄 것이 없음을 보여주시는데, 물질의 주인도 하나님이시고, 정치권력의 주인도 하나님이심을 알고 있는 사람만이 가질 수 있는 태도를 모범으로 보여주신다.

설교를 위한 적용

오늘에 적용

- 3절 "소망의 인내를" : 그리스도를 기대하며 살아야 한다. 주님의 재림을 확신하며 기다린다면 지금의 어려움을 이겨낼 수 있다. 그것이 사랑의 수고도 가능하게 하며, 믿음으로 말미암는 여러 가지 일들을 행할 수 있게도 한다.
- 5절 "성령과" : 성령님을 항상 의지해야 한다. 바울은 데살로니가 전도에서 큰 공을 세웠다. 그런데 정작 바울이 말하는 것은 자신이 전달하기는 했지만 믿게 하신 이는 성령님이다. 전도할 때에도 항상 성령님을 의지해야 한다.
- 6절 "주를 본받은" : 주님을 본받아야 한다. 바울은 삶으로 복음을 전했다. 데살로니가 교인들이 직접 주님을 만난 것은 아니다. 온전한 복음을 전했더니 그것을 받아들인 사람들이 주님을 본받게 되었다.
- 10절 "살리신 그의 아들이" : 주님의 재림을 확신해야 한다. 바울은 주님이 하늘로부터 강림하실 텐데 그것을 어떻게 알 수 있는지를 말한다. 바로 죽은 자들 가운데서 다시 살리신 하나님의 아들, 그리스도이신 예수님의 부활이 그것이다. 부활하신 주님이 계시기에 그 아들이 강림하실 것도 확신할 수 있다.

설교 개요

- 여행을 할 때 맛집을 찾아다니거나 평상시에도 식사를 가급적이면 이름이 난 데를 찾는 경우가 많다. 그만큼 평판이 좋은 데는 이유가 있기 때문이다.
- 데살로니가 교회는 평판이 좋다. 인근 지역에 이들을 향한 소식이 퍼졌다. 이런 좋은 소문들이 바울의 귀에 들어갔다.
- 이렇게 데살로니가 교인들은 복음을 글자로만 전한 것이 아니었다. 그들은 말씀을 실천하는 삶을 살았다. 그리고 그렇게 복음의 능력을 만나는 사람들에게 증명했다. 삶으로 복음의 선한 영향력을 확산시켰다.

- 이들이 이렇게 할 수 있었던 비결은 닮는 것이었다. 복음을 전한 바울을 닮는 것으로 그치지 않았다. 복음대로 살았더니 그리스도를 닮게 되었고, 결국 그로 말미암아 삶이 변화되었다.
- '믿음의 소문'은 그들이 우상을 버리고 하나님께로 돌아오는 것으로부터 시작되었다. 그런데 단순히 한두 번 해서 된 일이 아니다. 처음 몇 번은 다른 사람들을 속일 수도 있고, 모범적인 신앙을 흉내 낼 수 있지만 결국 삶이 바뀌지 않으면 그 평판이 오래 갈 수 없다.

설교를 위한 예화

마틴 네이몰러 박사(Martin Neimoller, 1892-1984)는 독일의 신학자이며 루터교 목사였는데 나치에 대항해 고백교회 운동을 벌였고 강제 수용소로 보내지기도 했다. 일설에 의하면 그가 감옥에 가기 전에 히틀러를 잠시 만날 기회가 있었다고 한다. 히틀러는 네이몰러 박사를 돌이키려고 했다고 한다. 짧은 시간이지만 철학과 니체의 사상에 대해서 토론을 했다. 네이몰러 박사가 신앙을 포기하지 않았기 때문에 결국 감옥에 갇히고 말았다. 몇 년 후 감옥에서 석방되었는데, 그는 자신을 괴롭히는 환상을 꿈에서 보았다고 한다. 히틀러가 하나님의 심판을 받고 있었고, 그 옆에 자신이 서 있는 모습을 본 것이다. 그 환상에서 그리스도가 히틀러를 향해 죄에 대해 변명해 보라고 하셨는데, 히틀러가 말하기를 아무도 자신에게 복음을 전하지 않았다고 답했다고 한다.

네이몰러 박사는 히틀러와 철학적인 논쟁을 하느라 그 시간을 낭비한 것에 대해 크게 후회했다고 한다. 그는 그때 예수 그리스도의 사랑에 대해 말하지 않았다.

2026
10.25

오순절 후 스물두 번째 주일

성서정과 | 시 90:1-6, 13-17; 신 34:1-12; 살전 2:1-8; 마 22:34-46

예배로 부름 Call to Worship
할렐루야 하늘에서 여호와를 찬양하며 높은 데서 그를 찬양할지어다 그의 모든 천사여 찬양하며 모든 군대여 그를 찬양할지어다 해와 달아 그를 찬양하며 밝은 별들아 다 그를 찬양할지어다 하늘의 하늘도 그를 찬양하며 하늘 위에 있는 물들도 그를 찬양할지어다(시 148:1-4)

예배 기원 Invocation
기가 막힐 웅덩이와 깊은 수렁에서 고통받는 성도를 끌어올려 주시는 하나님! 어떤 이는 병거를 의지하고, 어떤 이는 말을 의지하나 저희는 참 구원자가 되시는 하나님의 이름을 자랑합니다. 마음을 다하고 뜻을 다하고 성품을 다하여 드리는 예배를 받아주옵소서. 성령께서 우리의 영안을 열어주시어 보좌에 앉으신 주님을 보게 하시고, 거룩한 손을 들고 높이 계신 하나님께 찬미의 제사를 드리게 하옵소서. 마음과 귀도 활짝 열어주시어 강단에서 들려오는 진리의 말씀을 청종하게 하옵소서. 이른 새벽부터 늦은 황혼의 시간까지 정성껏 준비하여 예배하는 주님의 백성에게 충만한 복을 내려 주옵소서. 예수님의 이름으로 기원하옵나이다. 아멘.

이 주일의 찬송 Hymns
예부터 도움 되시고(71장) / 오 만세 반석이신(74장) / 지금까지 지내온 것(301장) / 목마른 내 영혼(309장) / 예수가 거느리시니(390장) / 내 평생 소원 이것뿐(450장)

성시 교독 Responsive Readings 시편 90:1-6, 13-17 **2**

인도자	¹ 주여 주는 대대에 우리의 거처가 되셨나이다
회 중	² 산이 생기기 전, 땅과 세계도 주께서 조성하시기 전 곧 영원부터 영원까지 주는 하나님이시니이다
인도자	³ 주께서 사람을 티끌로 돌아가게 하시고 말씀하시기를 너희 인생들은 돌아가라 하셨사오니
회 중	⁴ 주의 목전에는 천 년이 지나간 어제 같으며 밤의 한 순간 같을 뿐임이니이다
인도자	⁵ 주께서 그들을 홍수처럼 쓸어가시나이다 그들은 잠깐 자는 것 같으며 아침에 돋는 풀 같으니이다
회 중	⁶ 풀은 아침에 꽃이 피어 자라다가 저녁에는 시들어 마르나이다
인도자	¹³ 여호와여 돌아오소서 언제까지니이까 주의 종들을 불쌍히 여기소서
회 중	¹⁴ 아침에 주의 인자하심이 우리를 만족하게 하사 우리를 일생 동안 즐겁고 기쁘게 하소서
인도자	¹⁵ 우리를 괴롭게 하신 날수대로와 우리가 화를 당한 연수대로 우리를 기쁘게 하소서
회 중	¹⁶ 주께서 행하신 일을 주의 종들에게 나타내시며 주의 영광을 그들의 자손에게 나타내소서
다같이	¹⁷ 주 우리 하나님의 은총을 우리에게 내리게 하사 우리의 손이 행한 일을 견고하게 하소서

고백의 기도 Prayer of Confession

자다가 깰 때가 벌써 되었다고 말씀하신 주님! 아직도 영적인 잠에서 깨어나지 못하고 미몽 중에 신앙생활을 하고 있는 저희의 죄를 고백합니다. 처음 믿을 때보다 신앙과 인격이 점점 더 성장해야 했건만 저희는 여전히 옛 성품을 버리지 못한 채 죄악 중에 살고 있습니다. 낮에와 같이 단정히 행하며, 거룩하고 진실한 믿음을 지켜야 했건만, 저희는 신앙의 연조가 오래됐었음에도 어둠의 일을 벗지 못하고 있습니다. 방탕하며 술취하고 음란하며 호색하고 다투며 시기하는 일을 끊어내지 못하고 있습니다. 능력의 하나님! 주 예수 그리스도로 옷을 입게 하시고, 더 이상 정욕을 위하여 육신의 일을 도모하지 않는 성숙한 신앙인이 될 수 있도록 도와주옵소서. 예수님의 이름으로 이 고백의 기도를 드립니다. 아멘.

사함의 확신 Assurance of Forgiveness

여호와께서 말씀하시되 오라 우리가 서로 변론하자 너희의 죄가 주홍 같을지라도 눈과 같이 희어질 것이요 진홍같이 붉을지라도 양털같이 희게 되리라 (사 1:18)

오늘의 주제

지도자의 최후

본문의 접근

본문의 재경청 신 34:1-12

¹ 모세가 모압 평원(아라바, עֲרָבָה, plains), 여리고 맞은쪽에 있는 느보 산의 비스가 봉우리(로쉬, רֹאשׁ, top)에 오르니, 주님께서는 그에게, 단까지 이르는 길르앗 지방 온 땅을 보여 주셨다. ² 또 온 납달리와 에브라임과 므낫세의 땅과 서해까지 온 유다 땅과 ³ 네겝과 종려나무의 성읍 여리고 골짜기에서 소알까지 평지를 보여 주셨다. ⁴ 그리고 주님께서 그에게 말씀하셨다. "이것은 내가 아브라함과 이삭과 야곱에게 맹세하여 그들의 자손에게 주겠다고 약속한 땅이다. 내가 너에게 이 땅을 보여 주기는 하지만, 네가 그리로 들어가지는 못한다." ⁵ 주님의 종 모세는, 주님의 말씀대로 모압 땅에서 죽어서, ⁶ 모압 땅 벳브올 맞은쪽에 있는 골짜기에 묻혔는데, 오늘날까지 그 무덤이 어디에 있는지를 아는 사람은 아무도 없다. ⁷ 모세가 죽을 때에 나이가 백스무 살이었으나, 그의 눈은 빛을 잃지(카하, כָּהָה, dim) 않았고, 기력은 정정하였다. ⁸ 이스라엘 백성은, 모압 평원에서 모세의 죽음을 애도하는 기간이 끝날 때까지, 모세를 생각하며 삼십 일 동안 애곡하였다(바카, בָּכָה, weep). ⁹ 모세가 눈의 아들 여호수아에게 안수하였(싸마크, סָמַךְ, hand laid)으므로, 여호수아에게 지혜의 영이 넘쳤다. 이스라엘 자손은, 주님께서 모세에게 명하신 대로, 여호수아의 말을 잘 듣고 그를 따랐다. ¹⁰ 그 뒤에 이스라엘에는 모세와 같은 예언자가 다시는 나지 않았다. 주님께서는 얼굴과 얼굴을 마주 대고 모세와 말씀하셨다. ¹¹ 주님께서는 그를 이집트의 바로와 그의

모든 신하와 그의 온 땅에 보내셔서, 놀라운 기적과 기이한 일을 하게 하셨다. **12** 온 이스라엘 백성이 보는 앞에서, 모세가 한 것처럼, 큰 권능을 보이면서 놀라운 일을 한(아싸, עשׂה, perform) 사람은 다시 없다.〈새번역〉

본문 개관

신명기의 마지막 장이면서 모세의 삶을 마감하는 장면이 담겨 있는 본문이다. 이제 새로운 시대가 시작될 것이다. 모세의 삶은 그 자체로 의미가 있지만 하나님의 약속이 이어지는 징검다리 역할을 했다는 것에서도 큰 의미를 찾을 수 있다. 하나님은 므리바에서의 일에 대한 책임을 물어 그때 하신 말씀을 이행하신다. 또 하나님은 출애굽한 백성들의 미래를 가나안에서 이어가신다.

본문 분석

1. 느보 산(1절)

여리고 맞은편에 있고 모압 땅에 속한 산이다. 요단강에서 동쪽으로 20킬로미터 정도 떨어져 있고 해발 800미터 정도다. 비스가 산 역시 느보 산과 함께 아바림 산맥에 속해 있다.

2. 말씀대로(5절)

모세가 드디어 생을 마감한다. 가나안 땅이 아니라 모압 땅에서 죽는다. 그런데 그 앞에 여호와의 말씀대로 모압 땅에서 죽었다고 한다. 이전 므리바에서 하나님이 말씀하신 그대로 이루어진 것이다.

3. 삼십 일을(8절)

모세의 죽음을 슬퍼하며 삼십 일간 백성들이 애도 기간을 가졌다. 모세가 지도자로서 단호한 면들을 보였기 때문에 상처를 받은 사람도 많았을 것이지만 그 마지막까지 신실했기 때문에 많은 이들이 슬퍼했다.

4. 안수하였으므로(9절)

모세가 후계자로 여호수아를 세웠는데 안수를 통해 했다. 단순히 여호수아가 후계자라는 것을 알리는 차원이 아니라 이제까지의 일들을 여호수아가 이어서 완수해야 한다. 이를 위해서 필요한 것은 지혜의 영이었다.

본문의 신학

1. 약속을 지키시는 하나님

하나님은 약속을 지키신다. 인간의 입장에서 좋지 않은 때에도 그것은 마찬가지다. 모세는 출애굽과 그 이후 백성들을 인도하며 참으로 많은 업적을 남겼다. 그러나 므리바 물에서 하나님의 말을 거역했다. 그래서 하나님은 가나안 땅에는 들어가지 못할 것이라고 하셨고, 그 약속을 오늘 본문에서 지키신다.

2. 하나님 앞으로

모세는 느보 산에서 가나안 땅을 바라봤다. 그리고 모압 땅에서 눈을 감았다. 이로 인해 백성들은 이제까지 자신들을 인도하던 지도자를 잃게 되었다. 그러나 이것은 인간의 생각이었다. 백성들은 이제 하나님을 직접 만날 수 있게 되었다. 광야에서 습관적으로 모세를 먼저 찾았던 습관에서 벗어나 하나님 앞으로 나아갈 수 있게 되었다.

3. 하나님의 평가

모세가 비록 가나안 땅에 들어가지 못했어도 그 행한 일들 전체가 하나님으로부터 비판을 받은 것은 아니다. 인간적으로 완전하지 못해서 젊었을 때 사람의 목숨을 해치기도 했지만, 여호수아에게 안수하며 그간 행한 일들을 여호수아가 이어서 하게 된다. 그래서 오늘 본문에서도 그 업적을 요약해서 칭송한다.

게다가 마지막 가는 모습에서도 하나님의 뜻에 저항하지 않고, 절대적인 주권을 인정하고 하나님을 더욱 높였다.

4. 새로운 지도자

여호수아는 단지 모세의 안수와 인정을 받아서 지도자가 된 것이 아니다. 여기에도 하나님의 인도하심과 계획이 있었다. 하나님은 지혜의 영을 허락하셨다. 그리고 온 백성들이 여호수아에게 순종했는데 그 이유는 하나님께서 모세에게 이미 명령하신 그 모습 그대로 여호수아도 지도자로 부름을 받았기 때문이다. 새로운 지도자에게 필요한 덕목은 개인적인 역량이나 신체 조건 등에 국한되지 않는다. 지혜의 영과 하나님의 지명하심이다.

평행 본문

신 34:1-12

32장에서 이미 하나님은 이스라엘 자손에게 주신 땅을 모세가 맞은편에서 바라볼 수는 있겠지만 들어가지는 못할 것이라 말씀하셨다. 이런 상황에서도 모세는 낙담하지 않고 이스라엘 자손들을 위하여 축복했다. 그리고 하나님의 명령에 따라 느보 산에 오른다. 하나님이 이 산에 올라가라고 명령하신 이유가 명확하게 드러나지는 않았지만 종으로서의 사명을 다한 모세를 위한 배려였던 것으로 볼 수 있다. 비스가 꼭대기까지 오른 모세는 그곳에서 자신의 회한을 드러내거나 하지 않았다. 모세의 마지막 길은 하나님이 친히 인도하셨고 백성들은 그의 삶을 되돌아보며 애곡했다.

마 22:34-46

바리새인 중 한 율법사가 예수님에게 질문을 던지는 것으로 시작되는 이야기이다. 가장 큰 계명에 대한 그의 질문에 예수님은 하나님 사랑과 이웃사랑이라 답을 하신다. 하나님을 향해서도, 이웃을 향해서도 어떤 두려움이나 강제적인 의무감이 아니라 사랑이 그 핵심에 있어야 함을 알게 된다. 이어서 바리새인들과 대화가 이어지는데, 예수님이 그들에게 자신에 대해서 어떻게 알고 있는가를 물으신다. 바리새인들은 예수님이 다윗의 자손인 것은 알고 있었다. 그러나 하나님의 아들로 세상을 구원하러 오신 분이신 것은 아직 알지 못했다.

설교를 위한 적용

오늘에 적용

- 6절 "아는 자가 없느니라": 스스로를 낮춰야 한다. 모세는 그동안 백성들을 이끈 지도자이다. 그것도 훌륭하게 이끌었다. 그럼에도 지금 그 매장지조차 알려지지 않는다. 스스로를 신격화하지도 않았고, 그것에 대해 순순히 받아들였을 정도로 낮은 마음을 가졌다.
- 9절 "지혜의 영이": 지혜의 영을 구해야 한다. 여호수아가 다음 지도자가 되어 지혜의 영을 받았다. 우리에게 하나님이 주시는 지혜의 영이 있다면 우리도 하나님이 세우신 지도자인 것이 분명하다. 하나님의 일을 수행하기 위해서는 먼저 지혜의 영을 받아야 한다.
- 9절 "말을 순종하였더라": 하나님의 말씀에 순종해야 한다. 백성들은 모세의 말에 순종했다. 여호수아의 말에도 순종했다. 그런데 모세와 여호수아를 세우시고 가르치시고 인도하신 분은 하나님이시다. 결국 하나님의 말씀에 순종해야 한다.

- 10절 "모세와 같은": 모세를 따르는 선지자가 되어야 한다. 오늘 본문은 분명하게 모세가 하나님의 선지자였고, 가장 뛰어난 선지자임을 확인한다. 모세 이후로 많은 선지자가 있었지만 모세와 비견이 될 선지자는 없었다. 우리도 모세의 뒤를 따르는 선지자가 되어야 한다.

설교 개요

- 사람이라면 누구나 적절한 대접을 받기 원한다. 동시에 자기만 빠지면 부당하다고 생각한다. 모세는 적절한 대접을 받지 못하게 되었다. 동시에 이스라엘 백성에게 약속된 가나안 입성에서도 빠지게 되었다. 모세가 하나님의 부름을 받은 이후 노력을 하지 않아서가 아니다.

- 백성들을 이끌고 우여곡절을 겪으며 이 자리까지 왔다. 그런데 므리바에서 하나님의 말씀을 단 한번 듣지 않은 것으로 인해 평생의 소원을 이루지 못하게 되었다. 그간 백성들에게 가나안의 비전을 얼마나 강조했겠는가? 자신이 들어가지 못할 것이라고 꿈에도 생각하지 못했을 것이다. 그랬으면 백성들에게 어떤 감동도 없이 연설을 했을 것이고, 이 자리에 이르지도 못했을 것이다.

- 이상한 것은 하나님이 모세를 미워하시는 것 같지 않다는 점이다. 오늘 본문에서도 모세와 같은 선지자가 그 후 나타나지 못했다고 평한다. 최고의 평가다. 그럼에도 가나안 땅에는 못들어간다는 것인데 그러면 하나님은 지금 모세를 놀리시는 것인가? 느보 산에 올라가 길르앗 온 땅을 단까지 보는 모습은 안쓰럽기까지 하다.

- 그러나 이것이 모세의 위대한 점이다. 모세는 이런 하나님의 결정에 화를 내지 않았다. 눈이 흐리지 않고 기력이 쇠하지 않아 판단을 잘 못하는 것도 아니고, 화를 낼 열정이 없는 것도 아니다. 그럼에도 지금 하나님의 결정을 순순히 받아들인다.

- 이렇게 모세는 자신의 마지막 사역을 완수한다. 하나님의 결정에 순종하는 모습을 통해 하나님은 언제나 옳으시다는 것을 보여준다. 그 절대적인 주권에 순종하는 자신을 통해 앞으로 올 세대들도 하나님께 순종하라는 마지막

메시지를 남긴다. 모세의 마지막 사역이다.

설교를 위한 예화

목계지덕(木鷄之德) - 박중식 김해외국어고등학교 교장

'장자' 달생편에 '망지사목계 기덕전'(望之似木鷄 其德全)이라는 기록이 있다. '보기에 흡사 나무로 만든 닭과 같으니, 그 덕이 완전하구나!' 하는 말로 닭에 대한 최대의 찬사다. 이 말은 기원전 8세기 중국 주나라 선왕(宣王)에게서 비롯된다. 선왕은 닭싸움을 너무 좋아해 닭 조련사 기성자에게 강건하고 잘생긴 닭을 보내며 최고의 싸움닭으로 만들어 달라고 요청한다. 열흘이 지나고 왕이 닭을 보내달라고 하니, 기성자는 겁이 없어서 아직 멀었다고 했다. 겁 없이 교만해 자신이 최고인 줄 알며 다른 닭을 지배하고 통제하려고 한다는 것이다. 우물 안 개구리로서 제대로 아는 것이 없는 닭이라고 했다. 또 열흘 후에 왕의 요청에 기성자는 닭이 교만함은 버렸지만 신중하지 못하고 평정심이 없다며 아직 멀었다고 한다. 상대방의 소리와 행동에 너무 조급하게 반응한다. 상황에 대한 판단이 없고 본대로 들은 대로 반응하며 자신의 이익을 위해 물불을 가리지 않는다고 했다. 또 열흘 후에 기성자는 닭이 조급함은 버렸지만 독기(毒氣)가 드러난다며 아직 멀었다고 했다. 무서운 발톱을 드러내고 깃털을 세우고 위협적인 눈으로 쏘아 보기에 감정 상태가 다 보인다고 했다. 40일 후에 기성자는 이제 훈련이 완성됐다고 했다. 이 닭은 절제된 행동을 하며 평정심을 갖고 있다. 다른 닭이 도전해도 겁먹지 않고 마치 나무로 만든 닭과 같아서 위압감에 어떤 닭이든 도망을 할 것이라고 했다….

아리스토텔레스는 인생에서 승리하려면, 올바른 일을 하기 위해서 절제하는 일에, 그리고 탁월함에 있어서 남보다 앞서겠다는 이기심을 발휘하면 된다고 했다. 지도자는 절제된 행동, 즉 스스로 모범을 보이고 도덕적이며 열정적 생활을 하지 않고서는 세상을 올바르게 움직일 수 없다는 말이다. 실제로 철저하게 그의 가르침에 따라서 행동한 결과 이탈리아 반도를 정복했던 사람이 있으니 그가 카스트루초(Castruccio Castracani)였다. 그리고 세계적 기업을 창업한 고 이병철 삼성기업 회장은 아들에게 두 가지 덕을 강조해 휘호를 물려 주었는데 '목계지덕'과 '경청(傾聽)'이라고 한다.

절제된 태도로 교만에 빠지는 것을 스스로 경계하며 진중한 태도로 자기의 감정을 자제할 수 있어야 한다. 흙 속에 묻힌 어린싹이 부드럽지 않다면 흙더미를 뚫고 위로 솟아오를 수 없는 것이 자연의 이치다. 남에게 부드럽고 자신에 엄격한 외유내강의 덕목을 갖추어야 진정한 리더가 될 수 있다.

〈경남매일, 박중식, 2014.01.14. http://www.gnmaeil.com/news/articleView.html?idxno=239173〉

2026 11.1

오순절 후 스물세 번째 주일

성서정과 | 시 107:1-7, 33-37; 수 3:7-17; 살전 2:9-13; 마 23:1-12

예배로 부름 Call to Worship

여호와는 위대하시니 우리 하나님의 성, 거룩한 산에서 극진히 찬양 받으시리로다 터가 높고 아름다워 온 세계가 즐거워함이여 큰 왕의 성 곧 북방에 있는 시온산이 그러하도다(시 48:1-2)

예배 기원 Invocation

우리의 피난처가 되시며 환난 중에 만날 큰 도움이 되시는 하나님 아버지! 세상에는 믿고 의지할 귀인이나 권세자가 없으니 그들의 생명이 코의 호흡에 달려있음이니이다. 인생들이 의지하고 따라야 할 분은 오직 하나님 한 분밖에 없음을 깨닫고 예배합니다. 주님을 의지하는 백성에게 은혜를 더하시어, 땅이 변하고 산이 흔들려 바다 가운데 빠지든지 바닷물이 솟아나고 그것이 넘침으로 산이 흔들릴지라도 두려워하지 않을 믿음을 주옵소서. 창조주 하나님만 세계 중에서 홀로 높임 받기를 원하오며 예수님의 이름으로 기원하옵나이다. 아멘.

이 주일의 찬송 Hymns

내 영혼아 찬양하라(65장) / 겸손히 주를 섬길 때(212장) / 허락하신 새 땅에(347장) / 전능하신 주 하나님(377장) / 내 갈 길 멀고 밤은 깊은데(379장) / 오 신실하신 주(393장)

성시 교독 Responsive Readings 시편 107:1-7, 33-37

인도자	¹ 여호와께 감사하라 그는 선하시며 그 인자하심이 영원함이로다
회 중	² 여호와의 속량을 받은 자들은 이같이 말할지어다 여호와께서 대적의 손에서 그들을 속량하사 ³ 동서남북 각 지방에서부터 모으셨도다
인도자	⁴ 그들이 광야 사막 길에서 방황하며 거주할 성읍을 찾지 못하고
회 중	⁵ 주리고 목이 말라 그들의 영혼이 그들 안에서 피곤하였도다
인도자	⁶ 이에 그들이 근심 중에 여호와께 부르짖으매 그들의 고통에서 건지시고
회 중	⁷ 또 바른 길로 인도하사 거주할 성읍에 이르게 하셨도다
인도자	³³ 여호와께서는 강이 변하여 광야가 되게 하시며 샘이 변하여 마른 땅이 되게 하시며
회 중	³⁴ 그 주민의 악으로 말미암아 옥토가 변하여 염전이 되게 하시며
인도자	³⁵ 또 광야가 변하여 못이 되게 하시며 마른 땅이 변하여 샘물이 되게 하시고
회 중	³⁶ 주린 자들로 말미암아 거기에 살게 하사 그들이 거주할 성읍을 준비하게 하시고
다같이	³⁷ 밭에 파종하며 포도원을 재배하여 풍성한 소출을 거두게 하시도다

고백의 기도 Prayer of Confession

교회 안에 모든 성도를 동일한 사랑으로 이끄시는 하나님! 예수님 안에서 한 지체를 이루고 있는 형제들을 돌아보지 못한 죄를 고백합니다. 내가 속한 믿음의 공동체에 처음으로 등록하는 새 신자들이 있었지만, 저희는 그들을 남처럼 여기며 관심을 두지 않았습니다. 친절한 인사를 건네지도 않았고, 그들이 교회에 적응하기까지 어떤 것이 낯설고, 어떤 일이 힘들 것인지 알고자 하지도 않았습니다. 믿음이 강한 내가 마땅히 믿음이 약한 저들의 약점을 담당해야 했건만, 우리의 냉정함과 무관심으로 인해 새로 나온 교우들이 교회에 적응하기가 힘들었습니다. 먼저 믿은 성도로서 마땅히 이웃을 기쁘게 하고 선을 이루고 덕을 세우도록 힘써야 했건만 그러지 못했습니다. 무관심과 무책임과 무정함으로 일관했던 저희의 죄를 용서해 주옵소서. 예수님의 이름으로 이 고백의 기도를 드립니다. 아멘.

사함의 확신 Assurance of Forgiveness

하나님이 그들이 행한 것 곧 그 악한 길에서 돌이켜 떠난 것을 보시고 하나님이 뜻을 돌이키사 그들에게 내리리라고 말씀하신 재앙을 내리지 아니하시니라 (욘 3:10)

자비량 선교사 바울

본문의 접근

본문의 재경청 살전 2:9-13

⁹ 형제자매 여러분, 여러분은 우리의 수고와 고생(목도스, μόχθος, hardship)을 기억하고 있을 것입니다. 우리는 여러분 가운데 아무에게도 폐를 끼치지(에피바레오, ἐπιβαρέω, burden) 아니하려고, 밤낮으로 일을 하면서 하나님의 복음을 여러분에게 전파하였습니다. ¹⁰ 또, 신도 여러분을 대할 때에, 우리가 얼마나 경건하고(호시오스, ὁσίως, holy) 올바르고 흠 잡힐 데가 없이(아멤프토스, ἀμέμπτως, blamelessly) 처신하였는지는, 여러분이 증언하고, 또 하나님께서도 증언하십니다. ¹¹ 여러분이 아는 바와 같이, 아버지가 자기 자녀에게 하듯이, 우리는 여러분 하나하나를 대합니다. ¹² 우리는 여러분을 권면하고 격려하고 경고합니다마는, 그것은 여러분을 부르셔서 당신의 나라와 영광에 이르게 하시는 하나님께 합당하게(악시오스, ἀξίως, appropriately) 살아가게 하려는 것입니다. ¹³ 우리가 하나님께 끊임없이 감사하는 것은, 여러분이 우리에게서 하나님의 말씀을 받을 때에, 사람의 말로 받아들이지 아니하고, 실제 그대로, 하나님의 말씀으로 받아들였기 때문입니다. 이 하나님의 말씀은 또한, 신도 여러분 가운데서 살아 움직이고 있습니다. 〈새번역〉

본문 개관

바울의 편지 중 가장 먼저 쓰인 데살로니가전서는 임박한 종말과 부활에 대한 소망을 담고 있다. 이런 내용을 전개하기에 앞서 바울은 오늘 본문에서 먼저 이 교회를 세울 당시를 돌아본다. 바울은 자비량 선교와 사도가 누구인가에 관해 확고한 입장을 가지고 선교에 임했다. 본문에서 그 의미를 되새긴다.

본문 분석

1. 밤낮으로(9절)

쉬지 않고 일을 하는 모습인데 가말리엘에게 율법을 공부했던 바울이기에 직업과 병행해서 율법 공부도 이어나갔을 가능성이 있다.

2. 옳고 흠 없이(10절)

옳다는 것은 일차적으로 사회적인 법이나 규범에서 벗어나지 않는 상태를 말한다. 흠이 없다는 것은 다른 이들로부터 비난을 받거나 책망의 대상이 되지 않음을 의미한다.

3. 부르사(12절)

하나님의 나라로 부르신다는 것은 지금 복음을 따르는 삶을 살도록 하셨다는 말이다. '부르다'는 단어 자체도 하나님이 성도들을 불러서 그 나라, 즉 성령님이 활동하시는 곳에 이르게 하시고 그 영광을 바라보게 하심을 말한다.

4. 합당히(12절)

하나님께 합당히 행하는 것에는 여러 가지가 있을 수 있는데, '합당하다'는 단어 자체는 어느 한쪽으로 치우치거나 벗어나지 않고 부합하는 것을 말한다. 즉 하나님의 뜻에 맞게 사는 것을 의미한다.

본문의 신학

1. 자비량 사역

바울은 상당한 육체적인 노동을 감당했던 것으로 보인다. 고린도전서 4장 12절에서 밝힌 바와 같이 자신의 손으로 직접 일을 하는 수고를 마다하지 않았다. 이것에 대해 본문에서도 경건하고 의롭고 흠 없이 행했다고 자신 있게 이야기하고 있다.

2. 사역자의 자긍심

바울은 자신의 사역이 거룩하고, 옳고, 흠이 없다고 자신 있게 선포한다. 거룩하다는 것은 경건하다는 뜻이고, 옳다는 것은 죄가 없다 혹은 의롭다는 맥락에서 이해할 수 있다. 흠이 없다는 것은 흠잡힐 만한 행동을 하지 않았다는 것이다. 사역자의 모범을 보여준다.

3. 사도가 된다는 것

바울은 스스로를 사도라고 여겼다. 물론 예수님이 직접 고르신 제자는 아니었다. 그럼에도 오늘 본문에서 자신이 어떻게 사도가 되어서 복음을 전했는지를 말한다. 바울에게 사도의 기준은 예수님이 지상에서 활동하실 때 함께했다는 것이 아니다. 사도의 임무를 얼마나 잘 수행했는가, 얼마나 사람들을 하나님 앞으로 인도했는가다.

4. 영적인 부모

바울은 자신이 데살로니가 교회 교인들의 영적인 아버지라고 스스럼 없이 말한다. 그때나 지금이나 목회자는 성도들의 영적인 부모가 되어야 한다. 이 말은 군림하라는 것이 아니라 교인들을 가족으로 대해야 한다는 것이다. 부모는 기본적으로 자녀들에게 생명을 부여하는 사람이다. 그리고 잘 성장하기를 바라는 사람이다. 이것이 교역자의 참된 모습이기도 하다.

평행 본문

수 3:7-17

하나님은 다시 한번 길이 없는 곳에 길을 내셨다. 요단을 건너가게 하셨는데 구체적으로 해야 할 일들을 지시하셨다. 백성들이 광야에서 하나님을 의지해서 살았던 것처럼 이제 가나안에서도 하나님을 의지해서 사는 것이 하나의 방식이 되어야 한다. 모세를 세워서 그 뜻을 이루셨던 것처럼 이제부터는 여호수아를 통해 하나님이 일하실 것이다. 언약궤가 행렬의 맨 앞에 선 것처럼 하나님이 미래를 향한 백성들의 행진 맨 앞에 서실 것이고 이스라엘은 이를 충실히 따르기만 하면 된다.

마 23:1-12

예수님과 유대교 지도자들 간의 갈등이 고조되고 있다. 그들은 말만하고 행하지 않는 사람들이었다. 그런 사람들이 율법을 하나님으로부터 받고 그것을 백성들에게 전하여 가나안에 안착하게 한 모세의 자리에 앉아서 전했다. 더 심각한 것은 하나님이 아니라 모든 행동을 '사람에게 보이고자' 했다는 것이다. 예수님은 이들에게 자기를 낮추라고 하셨다. 그리고 실제로 모범을 보이심으로 가르침을 실천하셨다.

설교를 위한 적용

오늘에 적용

- 10절 "너희가 증인이요" : 사람들의 증언을 받을 사역자가 되어야 한다. 바울

은 자신의 사역에 대해 지금 데살로니가 교인들이 기억하고 있다는 것을 확신한다. 복음 전파와 성령님의 인도하심을 따라 사는 삶을 살게 되면 자연히 이를 목격한 이들의 증언이 있게 된다.
- 11절 "각 사람에게": 전도의 대상을 분명히 해야 한다. 바울은 마치 아버지가 자녀에게 하듯 교우들을 대했다. 이는 전도와 목회적 돌봄의 대상이 매우 한정적이었다는 것, 즉 개개인에게 밀착해서 세밀하게 전했음을 알게 한다.
- 11절 "권면하고": 적절한 방법을 사용해야 한다. 교회의 지도자라고 해서 모든 방법을 다 사용해서 성도들을 지도할 수 있는 것은 아니다. 강요하거나 부담을 지울 수는 없다. 바울은 권면했다고 하는데 이는 조용히 도움을 주는 것을 말한다. 이렇게 대상에 따라서 맞는 방법을 사용해야 한다.
- 11절 "위로하고 경계하노니": 위로와 훈련을 병행해야 한다. 위로는 그야말로 약한 이들을 다시 세우는 따뜻함이다. 경계는 잘못된 길로 가거나 의심에 빠졌을 때 단호하게 바로잡는 것이다. 감정에 휘둘려 어느 한쪽만 취해서는 안 된다.

설교 개요

- 목회자들은 교회의 모든 일에 관여한다. 교회의 성장을 위해 최선을 다한다. 그것이 당연하다. 그런데 그것만이 전부인가? 당연히 아니다. 교인들의 영적인 성장이 교회의 성장으로 이어져야 건강한 교회라 할 것이다.
- 바울은 데살로니가 지역에 교회를 세웠다. 짧은 시간에 성도들을 모았다. 그 교회를 떠나 다시 편지를 보낼 때 그의 관심은 교회의 건물이나 외형적인 것, 모이는 숫자 등에 있지 않았다. 바울은 성도들의 영적인 상태에 관심을 가지고 있다. 왜냐하면 자신이 아버지라고 여기고 있기 때문이다.
- 이 아버지는 권위를 내세우는 아버지가 아니다. 누구보다 자녀를 사랑하는 사람으로서의 아버지다. 누구보다 자녀의 성장을 위해 기도하는 아버지다. 누구보다 자녀의 구원을 바라는 아버지다.

- 세상의 다른 조직의 지도자들은 목회자와 같지 않다. 그들은 그 모임 자체를 위해 개인의 희생을 서슴지 않는다. 상처 주고 배척하기도 주저하지 않는다. 그러나 교회의 지도자는 참고 용인하며 더 기다린다. 하나님 아버지가 우리를 위해 기다리시고 용서하신 것과 같이 지도자도 그러함이 마땅하다.
- 구체적으로 바울은 이런 지도자가 되기 위해 실천했던 것을 10절에 밝힌다. 그것은 거룩함이다. 경건한 삶을 먼저 행해 보였다. 옳게 살았다. 누가 봐도 바른 길을 걸었다. 흠 없이 행동했다. 사람들이 보기에도 하나님이 보시기에도 모범적으로 살았다.

설교를 위한 예화

기독교가 전파되어 많은 것들을 변화시켰는데 구한말 이래로 노동에 대한 생각도 바뀌었다고 한다. 전통적으로 옛날부터 한국인은 노동을 천하게 생각했다. 양반은 체통 때문에 일하지 않았고, 그것이 신분을 알려주는 상징으로 여겼다. 당연히 조선 양반들은 손톱을 길게 기르고 잘 손질하여 광택을 냈다.

그런데 전도가 되자 변화가 시작되었는데, 전북 부안의 관동마을 살던 신경운이라는 양반의 손톱이 변했다는 것이다. 여느 다른 양반들처럼 손톱을 길게 다듬었는데, 순회 전도하던 테이트 선교사로부터 성경을 구입하게 되었고 성경을 읽어 신자가 되었다. 이듬해 봄에 테이트 선교사가 다시 그곳을 방문했을 때 학습교인이 되었고, 다시 방문했을 때 마침내 세례교인이 되었다.

그런데 테이트 선교사가 그의 손톱이 짧게 바뀐 것을 봤다고 한다. 놀면서 사는 귀족의 삶에서 완전히 바뀐 모습이었다. 그래서 무슨 변화가 일어났는지 물어보았는데, 신경운은 별다른 변화는 없다고 대답했다. 그러나 변화가 없었던 것이 아니고 구입한 성경을 열심히 읽는 변화가 있었다. 그리고 그 성경에 엿새 일하고 일곱 째 날은 안식일로 지키라는 말씀을 눈여겨 보게 되었다. 신경운은 이것을 기독교인이라면 하릴 없이 놀 수만은 없다는 뜻으로 받아들였다. 그래서 양반노릇을 청산하고 충성된 청지기 노릇을 감당했던 것이다.

2026 11.8

오순절 후 스물네 번째 주일

성서정과 | 시 78:1-7; 수 24:1-3a, 14-25; 살전 4:13-18; 마 25:1-13

예배로 부름 Call to Worship

너희 권능 있는 자들아 영광과 능력을 여호와께 돌리고 돌릴지어다. 여호와께 그의 이름에 합당한 영광을 돌리며 거룩한 옷을 입고 여호와께 예배할지어다. 여호와께서 자기 백성에게 힘을 주심이여 여호와께서 자기 백성에게 평강의 복을 주시리로다(시 29:1-2, 11).

예배 기원 Invocation

사랑의 하나님! 주님은 자비하사 병상에 누운 자를 붙드시며, 불치의 병에서 고통받는 자를 위로하시며 고쳐주시나이다. 거룩한 주일 아침에 세상의 의학으로는 고칠 수 없는 질병을 가지고 성전에 올라왔습니다. 언변과 철학과 인간의 방법으로는 해결할 수 없는 마음의 상처를 안고 이 자리에 앉아 있습니다. 의지할 데 없는 죄인이 두려워하며 떨고 있사오니 불쌍히 여겨 주옵소서. 정성껏 드리는 예배 중에 임재하시고, 여호와 라파 치료의 하나님께서 우리의 모든 연약함과 질병을 고쳐 주옵소서. 만병의 치료자가 되시는 예수님의 이름으로 기원하옵나이다. 아멘.

이 주일의 찬송 Hymns

만유의 주 앞에(22장) / 주 예수 믿는 자여(178장) / 하나님의 나팔 소리(180장) / 내 평생에 가는 길(413장) / 날마다 주님을 의지하는(556장) / 어느 민족 누구게나(586장)

성시 교독 Responsive Readings
시편 78:1-8

인도자 ¹ 내 백성이여, 내 율법을 들으며 내 입의 말에 귀를 기울일지어다

회 중 ² 내가 입을 열어 비유로 말하며 예로부터 감추어졌던 것을 드러내려 하니

인도자 ³ 이는 우리가 들어서 아는 바요 우리의 조상들이 우리에게 전한 바라

회 중 ⁴ 우리가 이를 그들의 자손에게 숨기지 아니하고 여호와의 영예와 그의 능력과 그가 행하신 기이한 사적을 후대에 전하리로다

인도자 ⁵ 여호와께서 증거를 야곱에게 세우시며 법도를 이스라엘에게 정하시고 우리 조상들에게 명령하사 그들의 자손에게 알리라 하셨으니

회 중 ⁶ 이는 그들로 후대 곧 태어날 자손에게 이를 알게 하고 그들은 일어나 그들의 자손에게 일러서

인도자 ⁷ 그들로 그들의 소망을 하나님께 두며 하나님께서 행하신 일을 잊지 아니하고 오직 그의 계명을 지켜서

회 중 ⁸ 그들의 조상들 곧 완고하고 패역하여 그들의 마음이 정직하지 못하며 그 심령이 하나님께 충성하지 아니하는 세대와 같이 되지 아니하게 하려 하심이로다

고백의 기도 Prayer of Confession

믿음 안에서 모든 민족을 차별 없이 구원하시는 하나님! 저희는 교회 안에서조차 하나 되지 못하고 육신의 정욕과 물질의 이익을 따라 갈라져 분쟁하고 있습니다. 교회의 지도자로 세움을 받았으면서도 분쟁의 당사자가 되었던 것을 용서해 주옵소서. 예수 그리스도의 이름으로 같은 믿음을 고백하며, 같은 말을 하고, 같은 뜻으로 온전히 연합해야 할 성도임을 잊고 지냈습니다. 옛날 고린도교회 성도들처럼 나는 어떤 이에게, 나는 아무개에게 속하였다고 생각하며 갈등과 편가름을 부추기고 있습니다. 분열하고 분쟁하는 모습을 보임으로 인해 교회 안에서는 성도들 마음에 상처가 깊어지고, 교회 밖으로는 비방하는 무리에게 빌미를 주는 것이 너무나도 안타깝습니다. 그리스도의 십자가를 헛되게 하는 이 모든 교만과 완악함을 용서해 주옵소서. 예수님의 이름으로 이 고백의 기도를 드립니다. 아멘.

사함의 확신 Assurance of Forgiveness

여호와께서 이르시되 배역한 이스라엘아 돌아오라 나의 노한 얼굴을 너희에게로 향하지 아니하리라 나는 긍휼이 있는 자라 노를 한없이 품지 아니하느니라 여호와의 말씀이니라(렘 3:12b)

> 오늘의 주제

그때 해야 할 일

본문의 접근

본문의 재경청 마 25:1-13

¹ "그런데, 하늘 나라는 저마다 등불(람파스, λαμπάς, lamp)을 들고 신랑을 맞으러 나간 열 처녀에 비길 수 있을 것이다. ² 그 가운데서 다섯은 어리석고(모로스, μωρός, stupid), 다섯은 슬기로웠다(프호니모스, φρόνιμος, wise). ³ 어리석은 처녀들은 등불은 가졌으나, 기름은 갖고 있지 않았다. ⁴ 그러나 슬기로운 처녀들은 자기들의 등불과 함께 통에 기름도 마련하였다. ⁵ 신랑이 늦어지니, 처녀들은 모두 졸다가 잠이 들었다. ⁶ 그런데 한밤중에 외치는 소리가 났다. '보아라, 신랑이다. 나와서 맞이하여라.' ⁷ 그 때에 그 처녀들이 모두 일어나서, 제 등불을 손질하였다. ⁸ 미련한 처녀들이 슬기로운 처녀들에게 말하기를 '우리 등불이 꺼져 가니, 너희의 기름을 좀 나누어 다오' 하였다. ⁹ 그러나 슬기로운 처녀들이 대답을 하였다. '그렇게 하면, 우리에게나 너희에게나 다 모자랄 터이니, 안 된다. 차라리 기름 장수들에게 가서, 사서 써라.' ¹⁰ 미련한 처녀들이 기름을 사러 간 사이에 신랑이 왔다. 준비하고 있던 처녀들은 신랑과 함께 혼인 잔치(가모스, γάμος, wedding celebration)에 들어가고, 문은 닫혔다. ¹¹ 그 뒤에 나머지 처녀들이 와서 '주님, 주님, 문을 열어 주십시오' 하고 애원하였다. ¹² 그러나 신랑이 대답하기를 '내가 진정으로 너희에게 말한다. 나는 너희를 알지 못한다' 하였다. ¹³ 그러므로 깨어 있어라(그레고류오, γρηγορεύω, alert). 너희는 그 날과 그 시각을 알지 못하기 때문이다." 〈새번역〉

본문 개관

종말에 있을 일들에 관해서 예수님이 가르치시는 24장부터 시작된 이야기 중 본문의 열 처녀 비유는 인자가 오시는 것과 이를 준비하는 것을 강조하는 말씀이다. 신랑은 올 것이고, 혼인 잔치는 치러질 것인데 이는 주님의 재림과 이를 준비하는 성도의 자세, 인내가 필요함을 알게 한다. 그러나 단지 기다리기만 하는 것으로는 부족하다. 바로 앞부분에서 가르치신 것을 종합하면 기다리면서도 자신의 사명을 다하는 것이 중요하다.

본문 분석

1. 그 때에(1절)

앞의 비유와 연결이 되기도 하지만 결정적으로 예수님의 재림을 의미한다. 종말의 때이고, 예수님이 재림하시는 바로 그 때를 말하는데, 열 처녀 비유뿐만 아니라 이어지는 두 비유와 도 연결된다.

2. 열(1절)

사람의 숫자 열 명은 회당의 구성 인원이 열 명인 것과 결혼식에 함께하는 인원이 열 명인 것 등을 고려할 때 매우 자연스러운 숫자다. 특히 열 처녀는 전통적으로 신부의 들러리다.

3. 등(1절)

등은 실내용 등잔이라기보다 밖에서 불을 밝히는 횃불에 가깝다. 기다란 자루 끝에 등을 달아 밤길을 밝힐 수 있는 용도의 등이다.

4. 미련하고(2절)

슬기로운 처녀들과 대조되는 처녀들에게 미련하다고 한 것은 사려 깊지 못한 상태를 묘사한다. 긴장해서 대비하지 못하고 얼이 빠져 있는 모양이다.

본문의 신학

1. 빛이 되는 삶

등을 밝히는 것은 세상의 빛이 됨을 의미한다. 하나님께 영광을 돌리는 것은 단순한 입술의 고백이나 찬양만으로 되는 것이 아니다. 예수님의 제자의 삶을 살아야 하는 것이고, 예수님의 증인이 되는 행동을 해야 비로소 하나님께 영광이 된다.

2. 재림의 때

예수님은 우리가 기다리고 준비한 때에 맞춰서 재림하지 않으신다. 결혼식이라는 중요한 행사에 신랑은 시간을 적절히 맞춰서 오지 못했다. 인간적으로 보면 상당한 실수이고 신랑의 큰 책임이라고 볼 수도 있다. 그러나 이런 교훈을 주셔야 할 정도로 재림의 때는 우리의 예상과 다를 수 있다. 그래서 항상 깨어서 준비해야 한다.

3. 준비의 중요성

본문 이야기에서 자칫 잘못하면 기름을 준비한 다섯 처녀가 준비하지 못한 처녀들에게 인색하게 굴었다는 점에 초점을 맞추게 될 수도 있다. 실제로 미련한 자들이 기름을 나눠달라고 직접적으로 부탁까지 하는데 슬기 있는 자들은 빌려주지 않기 때문이다. 그러나 본문이 말하고자 하는 교훈은 나눔의 여부에 있는 것이 아니다. 신랑을 맞이하기 위해서 횃불을 계속해서 밝히도록 유지하려고 하는 그 마음이 핵심이다.

4. 종말의 엄중함

신랑은 미련한 자들을 위해 문을 열어주지 않는다. 기름을 준비하고 신랑을 맞이하는 것은 그 때가 오기 전에야 가능하다. 아무리 주인이라고 부르며 자신들을 돌아볼 것을 요청해도 이미 때는 늦었다. 주님을 신랑으로 여기지 않는 것이 문제가 아니라 기름을 준비해야 한다는 것을 잊고 있었던 것이 문제이다.

평행 본문

수 24:1-3a, 14-25

여호수아의 시대도 저물어간다. 그는 모든 지파를 모아 마지막으로 전하고 싶은 이야기를 남긴다. 장소는 세겜이다. 이 세겜은 요단강을 건너 가나안에 입성한 이후 여호수아에게도, 이스라엘 백성들에게도 여러 가지로 의미가 깊은 장소였다. 여호수아는 과거를 회상하며 하나님의 인도하심을 떠올린다. 그리고 이렇게 은혜를 베푸신 하나님께만 의지할 것을 촉구한다. 우상과 하나님을 겸하여 섬길 수는 없다. 이 자리에서 백성들은 하나님을 버리지 않을 것과 다른 신들을 섬기지 않을 것을 말한다. 이를 들은 여호수아는 다시 한번 하나님을 떠날 때 있게 될 일을 알려주며 백성들의 각오를 새롭게 한다.

살전 4:13-18

데살로니가교회 교인들이 거룩하고 올바른 삶을 사는 것이 중요한데, 그것으로 충분하지 않다. 죽음 이후에도 소망이 있음을 기억하고 주님의 재림 때까지 희망을 지켜나가는 것이 중요하다. 바울은 성도의 부활을 확신하고 있다. 이 근거는 주의 말씀이다. 바울은 그 강림의 날 성도들이 구름에 끌어 올려져 공중에서 주님을 영접하게 될 것을 분명히 알게 한다. 이런 희망의 말은 지금의 어려움을 이길 원동력이다. 그래서 바울이 말한 것처럼 이러한 말로 서로를 위로할 수 있는 것이다.

설교를 위한 적용

오늘에 적용

- 3절 "가지지" : 기름을 실제로 준비해야 한다. 슬기 있는 자들은 기름을 준비했다. 미련한 자들도 기름이 필요한 것을 알기는 했다. 그러나 실제로 준비하지는 않았다.
- 9절 "부족할까" : 종말의 때를 잘 가늠해야 한다. 슬기 있는 자들이 미련한 처녀들의 기름을 나눠달라는 요청을 거부한 것은 일반적인 상식에서 신앙인의 기준에 맞지 않는다. 그러나 이때는 재림의 때이다. 일상적인 일들에 관한 가르침이 아니라 종말론적인 상황에서 어떻게 행동해야 할 것인지에 대한 비유이다. 그때 상식보다 더욱 중요한 가치가 무엇인지 알아야 한다.
- 10절 "사러 간 사이에" : 꼭 필요한 일을 해야 한다. 미련한 처녀들이 혼인 잔치에 들어가는 것이 중요함을 몰랐던 것이 아니다. 기름을 준비해야 한다는 것을 안 이후 기름을 구하기 위해 노력을 하지 않은 것도 아니다. 기름을 사러 가기까지 했다. 그러나 그 때에 꼭 필요했던 일을 정확하게 준비하지 못했기 때문에 결국 혼인 잔치에 참여하지 못했다.
- 13절 "깨어 있으라" : 깨어서 기름을 준비해야 한다. 사실 슬기 있는 자들도 계속 깨어 있지 못했다. 열 처녀 모두 잠들어 있었다. 그런데 중요한 것은 그때에 필요한 일을 했느냐에 있다.

설교 개요

- 재림에 관해 이야기할 때 언제 주님이 재림하실지에 대해 먼저 관심을 갖기 마련이다. 그러나 오늘 본문의 이야기는 그때도 중요하지만 재림하실 때 일어날 일에 대해 우리가 알아야 함을 알게 하신다.
- 재림의 때 있게 될 것은 심판이다. 우리가 주님이라고 아무리 소리 높여 불러

도 우리를 돌아보지 않으신다. 이미 예수님은 오늘 본문에서도 또 성경의 다른 가르침을 통해서도 재림의 때 있게 될 일들을 알려주셨다. 이렇게 알려주신 이유는 우리가 미련한 처녀들과 같이 되지 않기를 바라시기 때문이다.

- 만일 철저한 준비 없이 재림을 맞을 수 있다고 생각한다면 그 자체로 미련한 다섯 처녀와 같은 것이다. 미련한 처녀들은 별다른 준비 없이 혼인 잔치에 들어갈 수 있을 줄 알았던 것 같다. 길을 밝힐 등은 준비한 것만으로도 충분하다고 생각했던 모양이다.
- 만일 어떤 인간적인 자격으로 재림을 충분히 준비할 수 있다고 생각하면 미련한 다섯 처녀와 같은 것이다. 유대인이기 때문에, 교회에 오래 다녔기 때문에 구원을 받는 것은 아니다. 신랑은 오직 기름이 준비되었나를 보았다.

설교를 위한 예화

던컨 목사님이 아내 앤과 결혼한 지 1년 정도 되었을 때, 알고 있던 손님이 같은 도시로 이사를 왔다. 아내는 그를 저녁에 초대하기 원했는데, 던컨 목사님은 너무 바쁜데 손님을 맞을 수 있겠냐고 했다. "아니에요, 괜찮아요. 할 수 있어요."라고 말하고는 오후 늦게까지 하던 일을 했다. 그러고 나서 집에 와 집안을 치우기 시작했다. 평소 좋아하던 대로 신선한 꽃으로 집을 예쁘게 꾸미려고 했다. 이웃들에 전화를 해서 마당의 꽃을 꺾어도 되는지 허락을 받았고 전지 가위를 들고 동네 이웃들을 다니며 꽃을 꺾었다. 그러고 나서 집에 와서 꽃을 잘 놓고 식기들을 꺼냈다. 던컨 목사님이 15분 정도 일찍 집에 도착했을 때, 집은 정말 아름다워 보였다. 그런데 정작 아내 앤의 얼굴에 당혹스러운 표정이 가득했다. "무슨 일이예요?"라고 묻자, "음식을 준비할 시간이 없었어요."라는 대답이 돌아왔다. 결국 던컨 목사님 부부는 손님을 밖으로 모시고 가서 외식을 할 수밖에 없었다. 집은 멋져 보였지만 준비가 되어 있지 않아 곤란한 지경에 처했다.

⟨J. Ligon Duncan 마태복음 25:1-13 1999년 9월 14일 설교 중, https://fpcjackson.org/resource-library/sermons/be-ready-part-2-the-ten-virgins/?utm_source=chatgpt.com⟩

2026
11.15

오순절 후 스물다섯 번째 주일

성서정과 | 시 123; 삿 4:1-7; 살전 5:1-11; 마 25:14-30

예배로 부름 Call to Worship
나의 영혼아 잠잠히 하나님만 바라라 무릇 나의 소망이 그로부터 나오는도다 오직 그만이 나의 반석이시요 나의 구원이시요 나의 요새이시니 내가 흔들리지 아니하리로다 백성들아 시시로 그를 의지하고 그의 앞에 마음을 토하라 하나님은 우리의 피난처시로다(시 62:5-6,8)

예배 기원 Invocation
찬송과 경배를 세세토록 받으실 하나님! 아무런 공로 없는 저희를 예수님의 보혈로 거듭나게 하시고 하나님의 자녀로 받아주신 것에 감사를 드립니다. 베풀어 주신 구원의 은혜에 응답하며 예배하오니 기쁘게 받아 주옵소서. 저희가 드리는 기도는 주의 앞에 분향함 같이 되게 하시며, 즐거이 올리는 찬송은 온전한 번제처럼 하나님께서 기뻐하시는 향기가 되게 하옵소서. 오늘도 강단에 세우신 종을 통하여 들려주시는 말씀을 들을 때, 우리 심령이 독수리가 날개치며 올라감 같이 새 힘을 얻게 하옵소서. 예수님의 이름으로 기원하옵나이다. 아멘.

이 주일의 찬송 Hymns
성도여 다 함께(29장) / 마귀들과 싸울지라(348장) / 주 예수여 은혜를(368장) /
눈을 들어 산을 보니(383장) / 주님의 뜻을 이루소서(425장) / 이전에 주님을 내가 몰라(597장)

성시 교독 Responsive Readings   시편 123:1-4

인도자　¹ 하늘에 계시는 주여 내가 눈을 들어 주께 향하나이다
회　중　² 상전의 손을 바라보는 종들의 눈 같이, 여주인의 손을 바라보는 여종의 눈 같이,
인도자　　 우리의 눈이 여호와 우리 하나님을 바라보며
회　중　　 우리에게 은혜 베풀어 주시기를 기다리나이다
인도자　³ 여호와여 우리에게 은혜를 베푸시고 또 은혜를 베푸소서 심한 멸시가 우리에게 넘치나이다
회　중　⁴ 안일한 자의 조소와 교만한 자의 멸시가 우리 영혼에 넘치나이다

고백의 기도 Prayer of Confession

세상의 미련한 것들을 택하사 지혜 있는 자들을 부끄럽게 하시는 하나님! 저희는 어리석어서 세상에서 누리던 명예와 지위와 재물을 그대로 가지고 믿음의 공동체 안으로 들어왔습니다. 그리하여 교회 안에서 강한 자, 지혜 있는 자를 자처하면서 연약한 교우들을 멸시하였습니다. 가난하다고 무시했고, 많이 배우지 못한 사람이라고 따돌렸으며, 약하고 병든 자라 하여 외면했습니다. 아무 육체라도 하나님 앞에서는 자랑하지 못하게 하셨건만 저희는 얄팍하고 알량한 것들을 자랑하다가, 십자가의 능력을 놓치는 어리석음을 범하였습니다. 오, 사랑의 하나님. 저희의 완악한 마음을 고쳐 주옵소서. 구원받은 성도에게는 오직 예수 그리스도만이 하나님의 능력이요, 하나님의 지혜임을 깨닫게 하옵소서. 이제부터는 오직 십자가의 능력만 자랑하며 살게 하여 주옵소서. 예수님의 이름으로 이 고백의 기도를 드립니다. 아멘.

사함의 확신 Assurance of Forgiveness

생명의 율례를 지켜 행하여 죄악을 범하지 아니하면 그가 반드시 살고 죽지 아니할지라 그가 본래 범한 모든 죄가 기억되지 아니하리니 그가 반드시 살리라 이는 정의와 공의를 행하였음이라 (겔 33:15b-16)

오늘의 주제

하나님을 잊어버림

본문의 접근

본문의 재경청 삿 4:1-7

¹ 에훗이 죽은 뒤에, 이스라엘 자손은 다시 주님께서 보시는 앞에서 악한(라, רע, evil) 일을 저질렀다. ² 그래서 주님께서는 하솔을 다스리는 가나안 왕 야빈의 손에 그들을 내주셨다. 그의 군지휘관은 이방인의 땅 하로셋에 사는 시스라였다. ³ 야빈은 철 병거(레케브, רכב, chariot) 구백 대를 가지고 있었으며, 이십 년 동안 이스라엘 자손을 심하게 억압하였다. 그래서 이스라엘 자손은 주님께 울부짖었다. ⁴ 그 때에 이스라엘의 사사는 랍비돗의 아내인 예언자 드보라였다. ⁵ 그가 에브라임 산간지방인 라마와 베델 사이에 있는 '드보라의 종려나무' 아래에 앉아 있으면, 이스라엘 자손은 그에게 나아와 재판(미쉬파트, משפט, judgement)을 받곤 하였다. ⁶ 하루는 드보라가 사람을 보내어, 납달리의 게데스에서 아비노암의 아들 바락을 불러다가, 그에게 말하였다. "주 이스라엘의 하나님이 분명히 이렇게 명하셨습니다. '너는 납달리 지파와 스불론 지파에서 만 명을 이끌고 다볼 산으로 가거라. ⁷ 야빈의 군지휘관 시스라와 그의 철 병거와 그의 많은 군대를 기손 강 가로 끌어들여 너의 손에 넘겨 주겠다(나탄, נתן, deliver).'" 〈새번역〉

본문 개관

에훗이 죽고 난 이후에 이스라엘은 또 죄악에 물들었다. 계속되는 반복 가운데서도 어떠한 교훈도 얻지 못했다. 하나님은 하솔에서 통치하던 가나안 왕 야빈의 손에 이스라엘 백성들을 넘기셨다. 20년간 고통을 받은 후에야 비로소 그들은 다시 하나님께 매달렸다. 결국 하나님은 이들을 위해 드보라를 지도자로 세우셨다.

본문 분석

1. 악을 행하매(1절)

이스라엘 자손의 악행은 주기적인 것이었다. 많은 악 중 대표적인 것은 바로 우상숭배였다. 가나안에는 많은 종류의 우상이 있었고 이들은 끊임없이 이스라엘을 유혹했는데 너무나 쉽게 우상숭배에 빠졌다.

2. 파셨으니(2절)

하나님이 원수의 손에 이스라엘 자손들을 파셨다는 말씀이다. 팔았다는 것은 그 권세를 넘겼거나 소유권을 이양했다는 뜻이다. 원수의 팔에 넘겼다는 것과 같이 관용적으로 사용된다.

3. 드보라(4절)

이스라엘을 곤경에서 구할 사사는 우락부락한 남성 장수가 아니었다. 드보라는 여성으로 한 남편의 아내였다. 에브라임 산지에서 백성들을 재판하던 선지자였다. 부름 받은 이후부터 가나안 왕으로 군림하던 야빈과 대결해야 한다.

4. 바락(6절)

드보라는 자신의 장군으로 바락을 세운다. 갈릴리 납달리 지역 게데스에 있던 바락의 이름은 번개, 혹은 빛이 난다는 뜻을 가지고 있다. 전쟁에 적합한 인물이라거나 용맹함에 대한 별도의 설명이 없는 인물이다.

본문의 신학

1. 하나님이 주신 땅

하나님은 이스라엘 백성들의 조상 때부터 가나안 땅을 약속하셨다. 실제로 출애굽 이후 가나안 땅에 정착을 시작했다. 그런데 사사시대에 이르러 가나안의 왕은 야빈이다. 이스라엘 백성들이 하나님 앞에 성결하지 못하고 하나님의 뜻을 제대로 따르지 못해 허락하신 땅에서 왕 노릇을 하지 못하고 있다.

2. 사사인 선지자

드보라는 사사로 부름 받기 전에 선지자의 사명을 감당하고 있었다. 자신이 군대를 일으켜서 적과 대적하거나 하지 않았다. 바락 장군에게 하나님의 뜻을 전했다. 지도자를 세우고, 전쟁에 관한 일을 알렸다. 그리고 반드시 승리할 것을 하나님을 대신해 선포했다.

3. 지도력의 근거

당시 가나안을 지배하던 야빈은 매우 강력한 군사력을 확보한 상태였다. 장관 시스라를 필두로 철 병거가 구백 대나 있었다. 그런데 드보라는 평소에는 종려나무 아래에서 사람들의 분쟁을 해결하던 사람이었다. 이런 드보라의 승리를 통해 능력의 근원은 하나님이심이 부각된다.

4. 하나님의 전투

드보라를 통해 하나님은 바락이 군사들을 일으키게 하신다. 시스라와 그 군대를 바락 앞으로 이끄는 전술을 쓰시겠다고 하신다. 하나님이 이 모든 전투를 계획하고 계신 것을 알 수 있다.

평행 본문

시 123

120편부터 시작되는 성전 순례시로 분류되는 시들 중 하나이다. 표제는 성전에 올라가는 노래이고, 주된 내용은 하나님의 은혜와 긍휼을 구하는 것이다. 여기서 시인의 관심은 개개인에게 관한 것이 아니다. 우리에게 은혜를 베풀어 달라고 간청하며 온 공동체의 구원을 기대한다. 이유는 밖에서 이들을 조롱하고 멸시하는 세력이 있었기 때문이다. 시인과 그 공동체는 외적이 "안일한" 것과 달리 하나님의 손을, 눈을 바라보며 기대하는 깨어 있는 상태에 있다.

마 25:14-30

이 달란트 비유는 각자에게 분명히 맡겨진 것이 있고, 이를 알아야 하며, 최선을 다해 주어진 사명을 완수해야 함을 가르치는 비유다. 이 비유에서 주인은 오랜 후에 돌아와 결산한다. 마찬가지로 듣는 이들은 자연스럽게 주님도 오랜 시간이 지난 다음에야 오실 것을 유추하게 된다.

설교를 위한 적용

오늘에 적용

- 4절 "여선지자" : 하나님의 부름에 응해야 한다. 드보라는 어찌보면 조용하고 드러나지 않는 삶을 살고 있었다. 종려나무 아래에서 그저 자신의 고을에 속한 사람들의 재판을 주관하며 살았다. 그런데 지금 전쟁을 수행해야 하는 위기상황을 맞아 하나님의 부르심에 과감히 결단했다.

- 6절 "**사람을 보내어**" : 용감히 나서야 한다. 드보라는 하나님의 계획을 바락에게 전한다.
- 6절 "**다볼산으로 가라**" : 내 경험과 지혜를 의지하지 말아야 한다. 바락이 살고 있는 게데스에서 바락을 불러서 다볼 산으로 가라고 하나님의 말씀을 전하는데 단순히 가라는 것이 아니라 거기에 진영을 펼치라는 말씀이다.
- 7절 "**넘겨 주리라**" : 하나님의 관점에서 봐야 한다. 드보라가 말하는 내용은 군사 작전의 측면에서 맞는 내용이 아니었다. 그러므로 인간의 상식이 아닌 하나님의 관점에서 봐야 한다.

설교 개요

- 살면서 뜻하지 않게 반복되어 좌절할 때가 있다. 지금 이스라엘이 이 문제로 좌절하고 있다. 가나안 땅에 정착한 이후 평안한 생활이 이어지지 않는다. 가나안 땅의 이방인들의 위협에 다시 노출이 반복된다. 나에게 이미 주어진 것인데 그 사실을 알지 못해서 내가 찾지도, 누리지도 못할 때도 있다. 지금 이스라엘은 가나안에 있고, 가나안의 왕은 이스라엘 후손이 아니다. 야빈이 가나안의 왕이다. 가나안 땅은 하나님으로부터 이스라엘 조상들에게 주어진 땅이다. 하나님의 도우심으로 얻어낸 땅이다. 당연히 이스라엘 자손이 그 땅의 주인이고, 왕도 아브라함의 후손이어야 한다.
- 그런데 왜 지금 가나안의 왕이 가나안 원주민의 후손인 하솔 사람인가? 가나안을 정복할 때 하나님이 도와주셨기 때문에 그것을 지키지 못하는 것인가? 자신들이 힘을 길러 전쟁을 통해 어렵게 얻었으면 그것을 지키기 위해 필사의 노력을 다했을 것인데 하나님이 전쟁에 이기게 해주셔서 지금 그것조차도 지키지 못하는 것 아닌가?
- 백성들은 하나님께 고통을 호소한다. 야빈 왕이 철 병거 구백 대의 강력한 군사력으로 자신들을 압박하고 있어서 너무나 힘이 들다고 하나님께 하소연하고 있다. 지금 백성의 문제는 군사력이 없는 것이 아니다. 백성의 문제는 바

로 하나님을 잊어버리는 것이다.
- 가나안을 정복할 때도 하나님이 도우셨다. 그 땅에서 정착해 살 때에도 하나님을 섬기며 살면 된다. 그런데 그들은 여호와의 목전에서 반복해서 악을 행하고 우상을 숭배했다. 그들에게 필요한 것은 하나님을 기억하는 것이다.
- 드보라는 하나님의 선지자였다. 하나님과 동행하던 사람이었다. 성별이나 직업이 문제가 아니었다. 하나님의 사람이 하나님이 주도하시는 전쟁을 벌일 것이다. 바락과 같은 장수가 의지해야 할 분도 바로 하나님이시다.

설교를 위한 예화

미국의 극작가 테네시 윌리엄스(Tennessee Williams)가 1930년에 쓴 단편 소설 『Something by Tolstoi』의 내용이다.

책방을 맡아 운영하던 유대인 제이콥 브로드스키는 젊을 때 연인 라일라와 결혼했지만 결국 라일라는 더 큰 세상을 향해 떠났다. 그는 고독에 파묻혀 책만 읽으며 지냈다. 15년이 지난 크리스마스 무렵 한 여인이 손님의 모습으로 찾아왔다. 책을 찾으세요? 제이콥이 물었을 때 자신을 알아보지 못하는 남편을 보고 놀랐지만 이런 이야기를 담은 책을 아냐고 하며 자신들의 이야기를 들려줬다. 책방 위에 있던 거처에 살던 신혼부부가 젊은 아내의 열정 때문에 헤어지게 되었다는 내용을 차분히 말했다. 한동안 듣고 있던 제이콥이 말했다. "익숙한 이야기네요. 어디선가 읽은 거 같아요. 톨스토이 작품 중 하나인 것 같은데요." 라일라는 책방을 뛰쳐나갔고, 제이콥은 자신이 기다리던 아내가 왔다 간 것도 모르고 다시 책에 파묻혔다.

하나님의 은혜를 입고 살면서 말로는 하나님을 찾는다고 하면서도 정작 하나님 목전에서 우상을 숭배하는 것이 우리들의 모습이다. 어디선가 읽은 것 같은 스토리라고 말하면서 사사기의 이스라엘 백성들은 오늘도 하나님을 잊어버리고 산다.

2026 11.22

오순절 후 스물여섯 번째 주일 / 왕이신 그리스도 주일

성서정과 | 시 100; 겔 34:11-16, 20-24; 엡 1:15-23; 마 25:31-46

예배로 부름 Call to Worship

온 땅이여 여호와께 즐거이 소리칠지어다 소리 내어 즐겁게 노래하며 찬송할지어다 수금으로 여호와를 노래하라 수금과 음성으로 노래할지어다 나팔과 호각 소리로 왕이신 여호와 앞에 즐겁게 소리칠지어다(시 98:4-6)

예배 기원 Invocation

만왕의 왕이시요, 만주의 주가 되시는 하나님 아버지! 지존하신 하나님은 크고 두려우시며 온 땅의 왕이 되시나이다. 거룩한 주일에 왕 앞에 나온 백성들이 손바닥을 치며 즐거운 소리로 찬송을 올리오니 홀로 높임을 받으시옵소서. 말씀에 굶주린 백성에게는 하늘의 만나를 먹여주시고, 은혜에 목마른 성도에게는 반석에서 솟아나는 생명의 물로 마시게 하옵소서. 거룩한 보좌에 앉으시고 하늘과 땅과 그곳에 거하는 모든 것을 통치하시는 하나님께 영광을 돌리오며 예수 그리스도의 이름으로 기원하옵나이다. 아멘.

이 주일의 찬송 Hymns

예수 우리 왕이여(38장) / 거룩하신 주 하나님(48장) / 천지에 있는 이름 중(80장) / 값비싼 향유를 주께 드린(211장) / 생명 진리 은혜 되신(462장) / 놀라운 그 이름(619장)

성시 교독 Responsive Readings 시편 100:1-5

인도자	¹ 온 땅이여 여호와께 즐거운 찬송을 부를지어다
회 중	² 기쁨으로 여호와를 섬기며 노래하면서 그의 앞에 나아갈지어다
인도자	³ 여호와가 우리 하나님이신 줄 너희는 알지어다
회 중	그는 우리를 지으신 이요 우리는 그의 것이니 그의 백성이요 그의 기르시는 양이로다
인도자	⁴ 감사함으로 그의 문에 들어가며 찬송함으로 그의 궁정에 들어가서
회 중	그에게 감사하며 그의 이름을 송축할지어다
인도자	⁵ 여호와는 선하시니 그의 인자하심이 영원하고
회 중	그의 성실하심이 대대에 이르리로다

고백의 기도 Prayer of Confession

십자가의 보혈로 거듭난 된 저희를, 주님의 장성한 분량에 이르기까지 자라게 하시는 하나님! 저희는 구원을 받은 우리의 몸이 하나님의 성전인 것과, 성령이 우리 안에 계시는 사실을 깊이 생각하지 못했습니다. 그러기에 하지 말아야 할 누추한 말을 입에 담고 살았으며, 정욕의 욕심을 이루기 위한 어리석은 행동을 많이 하였습니다. 함부로 이웃을 판단하였고, 믿음의 형제와 더불어 피차 고발하며 다투었습니다. 우리의 완악함으로 인해 하나님의 영광이 가려졌으며, 현시대의 교회 안에서 도적질과 탐욕을 부리는 일과 간음하는 일과 모욕하는 일과 속여 빼앗는 일이 수시로 일어나고 있음을 고백합니다. 주여, 이 모든 죄를 용서하여 주시고 이제부터는 성령의 인도하심을 따라 거룩한 생활을 하게 하옵소서. 예수님의 이름으로 이 고백의 기도를 드립니다. 아멘.

사함의 확신 Assurance of Forgiveness

주 예수 그리스도의 이름과 우리 하나님의 성령 안에서 씻음과 거룩함과 의롭다 하심을 받았느니라(고전 6:11b)

오늘의
주제

영광의 보좌에 앉으신 인자

본문의 접근

본문의 재경청 마 25:31-46

31 "인자가 모든 천사와 더불어 영광에 둘러싸여서 올(엘코마이, ἔρχομαι, come) 때에, 그는 자기의 영광의 보좌에 앉을 것이다. **32** 그는 모든 민족을 그의 앞에(엠프로스덴, ἔμπροσθεν, before) 불러모아, 목자가 양과 염소를 가르듯이 그들을 갈라서, **33** 양은 그의 오른쪽에, 염소는 그의 왼쪽에 세울 것이다. **34** 그 때에 임금은 자기 오른쪽에 있는 사람들에게 말하기를 '내 아버지께 복을 받은 사람들아, 와서, 창세 때로부터 너희를 위하여 준비한 이 나라를 차지하여라. **35** 너희는, 내가 주릴 때에 내게 먹을 것을 주었고, 목마를 때에 마실 것을 주었으며, 나그네로 있을 때에 영접하였고, **36** 헐벗을 때에 입을 것을 주었고, 병들어 있을 때에 돌보아 주었고, 감옥에 갇혀 있을 때에 찾아 주었다' 할 것이다. **37** 그 때에 의인들은 그에게 대답하기를 '주님, 우리가 언제, 주님께서 주리신 것을 보고 잡수실 것을 드리고, 목마르신 것을 보고 마실 것을 드리고, **38** 나그네 되신 것을 보고 영접하고, 헐벗으신 것을 보고 입을 것을 드리고, **39** 언제 병드시거나 감옥에 갇히신 것을 보고 찾아갔습니까?' 하고 말할 것이다. **40** 임금이 그들에게 말하기를 '내가 진정으로 너희에게 말한다. 너희가 여기 내 형제자매 가운데, 지극히 보잘 것 없는(엘라키스토스, ἐλάχιστος, least) 사람 하나에게 한 것이 곧 내게 한 것이다' 할 것이다. **41** 그 때에 임금은 왼쪽에 있는 사람들에게도 말할 것이다. '저주받은 자들아, 내게서 떠나서, 악마와 그 졸개들을 가두려고 준비한 영

원한 불(퓔, πῦρ, fire) 속으로 들어가라. ⁴² 너희는 내가 주릴 때에 내게 먹을 것을 주지 않았고, 목마를 때에 마실 것을 주지 않았고, ⁴³ 나그네로 있을 때에 영접하지 않았고, 헐벗었을 때에 입을 것을 주지 않았고, 병들어 있을 때나 감옥에 갇혀 있을 때에 찾아 주지 않았다.' ⁴⁴ 그 때에 그들도 이렇게 말할 것이다. '주님, 우리가 언제 주님께서 굶주리신 것이나, 목마르신 것이나, 나그네 되신 것이나, 헐벗으신 것이나, 병드신 것이나, 감옥에 갇히신 것을 보고도 돌보아(디아코네오, διακονέω, serve) 드리지 않았다는 것입니까?' ⁴⁵ 그 때에 임금이 그들에게 대답하기를 '내가 진정으로 너희에게 말한다. 여기 이 사람들 가운데서 지극히 보잘 것 없는 사람 하나에게 하지 않은 것이 곧 내게 하지 않은 것이다' 하고 말할 것이다. ⁴⁶ 그리하여, 그들은 영원한 형벌(콜라시스, κόλασις, punishment)로 들어가고, 의인들은 영원한 생명으로 들어갈 것이다." 〈새번역〉

본문 개관

종말에 관해 열 처녀 비유, 달란트 비유와 함께 오늘 본문이 기록되어 있다. 달란트를 어떻게 잘 활용할 것인가를 통해 심판의 날을 사는 마음가짐을 환기시켰다면, 25장 마지막 본문의 이야기를 들려주시며, 어떤 종류의 삶을 살아야 하는지, 그리고 심판대 앞에 서게 될 텐데 어떤 자세로 준비할 수 있을 것인지를 가르치신다.

본문 분석

1. 인자(31절)

예수님이 스스로를 칭하실 때 사용하신 단어다. 다니엘서 7장과 같이 구약에서 이미 나타난 단어로 마지막 때에 심판을 주도하실 분이시다. 오늘 본문에 등장하는 인자는 구약에 예언된 내용을 성취하실 분이고 하나님의 권능을 떠올리게 한다.

2. 양과 염소(32절)

양과 염소의 구분은 복음서에 등장하는 좋은 것과 나쁜 것의 구분과 맥을 같이한다. 목자들은 저녁이 되면 추위에 민감한 염소를 울타리 안으로 구분해 둔다고 한다.

3. 오른편(33절)

전통적으로 오른편은 좋고 선한 것을, 왼편은 부정적인 것을 상징했다. 34장 17절에 양 사이의 심판을, 에스겔 34장에 여호와께서 양과 양 사이와 숫양과 숫염소 사이에서 심판하실 것이라는 말씀이 등장한다.

4. 나라를(34절)

하나님이 오른편에 있는 선별된 이들을 대상으로 직접 말씀하신다. 복 받을 자들이라 하시고 창세로부터 예비된 나라를 상속받을 자들이라 하신다. 이들은 아래 구절의 선행으로 말미암아 나라를 상속받는 것이 아니다. 이미 하늘 나라를 상속받을 사람이기 때문에 상속을 받는다.

본문의 신학

1. 인자이신 예수님

예수님은 스스로를 사람의 아들이라고 하셨다. 그런데 우리와 동일한 사람의 아들이 아니시다. 죽음 이후에도 다시 살아나셨고 하늘에 오르셨다. 영광 중에 계시다 재림하실 주님이시다. 그런데 동시에 사람의 아들이시다. 우리의 상식과 시간 공간을 초월하는 하나님의 아들이 인자이신 것을 우리는 믿는다. 인자이신 그분이 우리와 함께 계실 때 가르치신 내용을 우리는 더욱 명확하게 알 수 있다.

2. 분별의 시간

　재림의 때 인자가 다시 오시면 양과 염소를 구별하는 것 같이 구분하실 것이다. 지금은 서로 섞여서 살고 있다. 누가 진리를 좇는 사람인지 누가 거짓의 영에 미혹된 사람인지 크게 문제 삼지도 않는다. 누가 선을 행하는지 누가 악을 퍼뜨리는지도 자세히 드러나지 않는다. 겸손한 사람일수록 자신의 일을 드러내지 않기 때문이다. 그러나 심판의 때가 되면 주님이 직접 구분하신다.

3. 끝없는 복

　성도는 이미 하나님의 구원이 예정된 사람들이다. 택함 받은 사람으로 이 세상에서 복음을 받아들이고, 그 가르침대로 살면서 영혼의 평안과 참된 화평을 이미 맛보았다. 그리고 영생의 복을 살면서 누린 사람들이 바로 그리스도인들이다. 그런데 이들에게 예비된 복이 또 있다. 바로 재림의 때에 아버지께 복을 받고 예비된 나라를 상속받게 될 것이다.

4. 예수님과 함께하는 삶

　누군가 주릴 때 먹을 것을 나누고 옥에 갇혔을 때 돌본 사람들이 바로 양과 같은 사람이라고 하신다. 그들이 바로 그 순간 예수님을 섬겼기 때문이라고 하신다. 그러나 우리가 살 때 실제로 예수님을 만나며 섬기는 것은 아니라고 할 수 있다. 그러나 예수님은 자신을 섬기는 그런 정신으로 우리가 행동하며 가르침대로 사는 것 자체가 예수님에게 한 행동으로 귀결된다고 하신다.

평행 본문

겔 34:11-16, 20-24

　이스라엘과 하나님의 관계는 돌봄을 받아야만 생존하는 양과, 이를 인애와 자비로 행하시는 목자이다. 하나님은 스스로 목자가 되기를 자처하셨다. 그렇다고 양들을 이용하려고 그렇게 하신 것이 아니다. 하나님은 양들에게 좋은 꼴을 먹이고 편안하게 누워 있게 할 것임을 밝히셨다. 한편 이 하나님은 백성 가운데 있는 불의와 부조리는 용납하지 않으시는 공의의 하나님이시다. 그래서 부당한 이득으로 살진 양을 심판하시고 하나님의 양 떼는 구원하실 것이다. 이를 위해 한 목자를 세우신다.

엡 1:15-23

하나님은 우리를 사랑하셔서 우리를 예정해 자녀가 되게 하셨다. 에베소 교회 교인들은 이미 삼위일체 하나님으로 말미암은 구원의 은혜를 기대할 수 있게 되었다. 이는 전적으로 그리스도 예수님의 사랑에 기인한다. 이제 더욱 성숙한 신앙을 위해서 하나님을 알아가야 하고(17절), 눈이 밝아져 더 많은 기업의 영광을 기대함이 마땅하다. 문제는 이런 한이 없는 풍성한 복을 성도들이 알 수 있겠느냐에 있다. 그래서 바울은 "너희로 알게 하시기를" 거듭 간구했다. 영적인 깨달음과 성장을 위하여 성도는 간구함이 마땅하다.

설교를 위한 적용

오늘에 적용

- **34절 "창세로부터"** : 창세로부터 우리를 향한 하나님의 사랑을 알아야 한다. 하나님은 즉흥적으로 우리를 돌보지 않으신다. 이미 창세 이전부터 우리를 향한 구원의 계획을 가지고 계셨고 그대로 행하셨다. 이 믿음 위에 서면 오늘 우리는 어떤 역경에도 흔들리지 않을 것이다.
- **37절 "어느 때에"** : 대가를 바라지 말고 행해야 한다. 오른편에 있는 성도들은 놀라서 묻는다. 도대체 어느 때에 그런 선행을 했는지 모르겠다고 한다. 이정

도로 그들은 자신들의 유불리, 대가의 유무를 따지지 않고 선행을 실천했다.
- **40절 "내게 한 것"** : 주님으로 여겨야 한다. 형제 중 가장 작은 자에게 행한 선행이 곧 예수님에게 행한 것이라고 말씀하신다. 그저 무작위로 많은 선행을 행하는 것이 중요하다는 말씀으로 이해할 수도 있겠지만, 예수님을 어떻게 생각하고 행동하는가가 우선이라는 것이다.
- **44절 "어느 때에"** : 현재와 미래를 연결해야 한다. 왼편에 속한 자들이 도대체 어느 때 자신들이 그런 행동을 하지 않았는가를 묻는다. 그들은 지금 생을 살면서 예수님을 생각하고 이웃을 사랑해야 한다는 것을 무시했다. 그것이 미래와 연결이 됨을 알지 못했다.

설교 개요

- 주님과 함께하지 못하면 그것 자체가 문제가 된다. 예수님은 당신의 백성들과 함께하기를 원하신다. 그래서 하늘 보좌를 버리시고 인간의 모습으로 우리에게 오셨다. 그리고 그 모진 고통을 당하신 이후에도 다시 우리를 찾아 이 땅에 재림하기를 원하신다. 우리와 함께하기 위해서다.
- 이렇게 예수님은 우리와 같이 하기를 원하시는데 정작 인간이 예수님을 거부하고는 한다. 예수님은 이런 이들을 저주를 받은 자들이라고 하시는데 이들에 대해 말씀하시면서 "나를 떠나" 있는 사람들이라 하신다. 그들이 예비된 영원한 불에 들어가는 것도 큰일이지만 예수님과 분리되는 것이 근본적인 문제이다.
- 현실에서도 어려운 이들을 돕는다는 것은 결국 그 순간 우리가 주님과 함께한다는 말이다. 주린 이에게 먹을 것을 줄 때, 목마른 이에게 물을 제공할 때, 나그네를 영접할 때, 옷을 입힐 때, 병자와 투옥된 이를 직접 내 손으로 돌볼 때 바로 그 순간 우리는 주님과 함께하는 것이다.
- 반대로 우리가 어려울 때 도움을 받는 순간에도 우리는 주님과 함께한다. 주리고 목마를 때, 이유 없는 고통을 당할 때 우리는 하나님께 기도한다. 예수님

의 도움의 손길이 우리에게 임하면 우리는 자연스럽게 주님과 함께한다.
- 심지어 심판의 때에도 주님과 함께하는 것이 중요하다. 양과 염소처럼 구분이 될 때도 우리는 주님과 함께 있게 될 것이다. 지극히 작은 자들에게 지극히 작은 자의 마음으로 지극히 작다고 생각하는 정성을 베풀면 그것이 바로 양의 자리에 서게 되는 비결이다. 이런 이들에게 하나님은 하나님 나라를 예비해 주셨다. 영원히 예수님과 함께하는 곳이다.

설교를 위한 예화

플로리다에서 목회하는 데이비드(David Henderson)목사는 자신의 경험을 아래와 같이 말한다.

청소년 심리학에 대해 아주 어려운 수업을 들었는데, 시험 때 교수님이 메모 카드를 작성해서 볼 수 있도록 허용해 줬다. 데이비드 목사님이 알던 스티브 윙어는 자신이 치른 논리학 시험에서 유사한 경험을 했다고 한다. 아주 어렵기로 유명한 논리학 시험이었는데 담당 교수는 종이 한 장에 채워서 참조하는 것을 허용했다. 대부분의 학생들은 A4용지(이야기에서는 레터지)에 이런저런 내용을 빼곡히 채워서 시험에 임했다. 그런데 한 학생은 교실에 들어와 종이 한 장을 바닥에 놓고는 고급 논리학 과목을 들은 학생을 한 명 데려와 그 종이 위에 세워 놓았다. 시험 내내 그 고급 논리학 과목을 들은 학생은 시험에 필요한 내용을 알려줬고, 그 학생은 유일하게 A를 받을 수 있었다.

마지막 시험의 때에 모든 과정에 대해 상세히 아는 사람을 데려온다면 어려움 없이 통과할 수 있을 것이다. 내가 알지 못하는 답을 알려줄 누군가가 있다는 사실을 기억해야 한다.

⟨https://sermoncentral.com/sermon-illustrations/30337/one-course-i-had-in-college-was-in-adolescent-by-david-henderson⟩

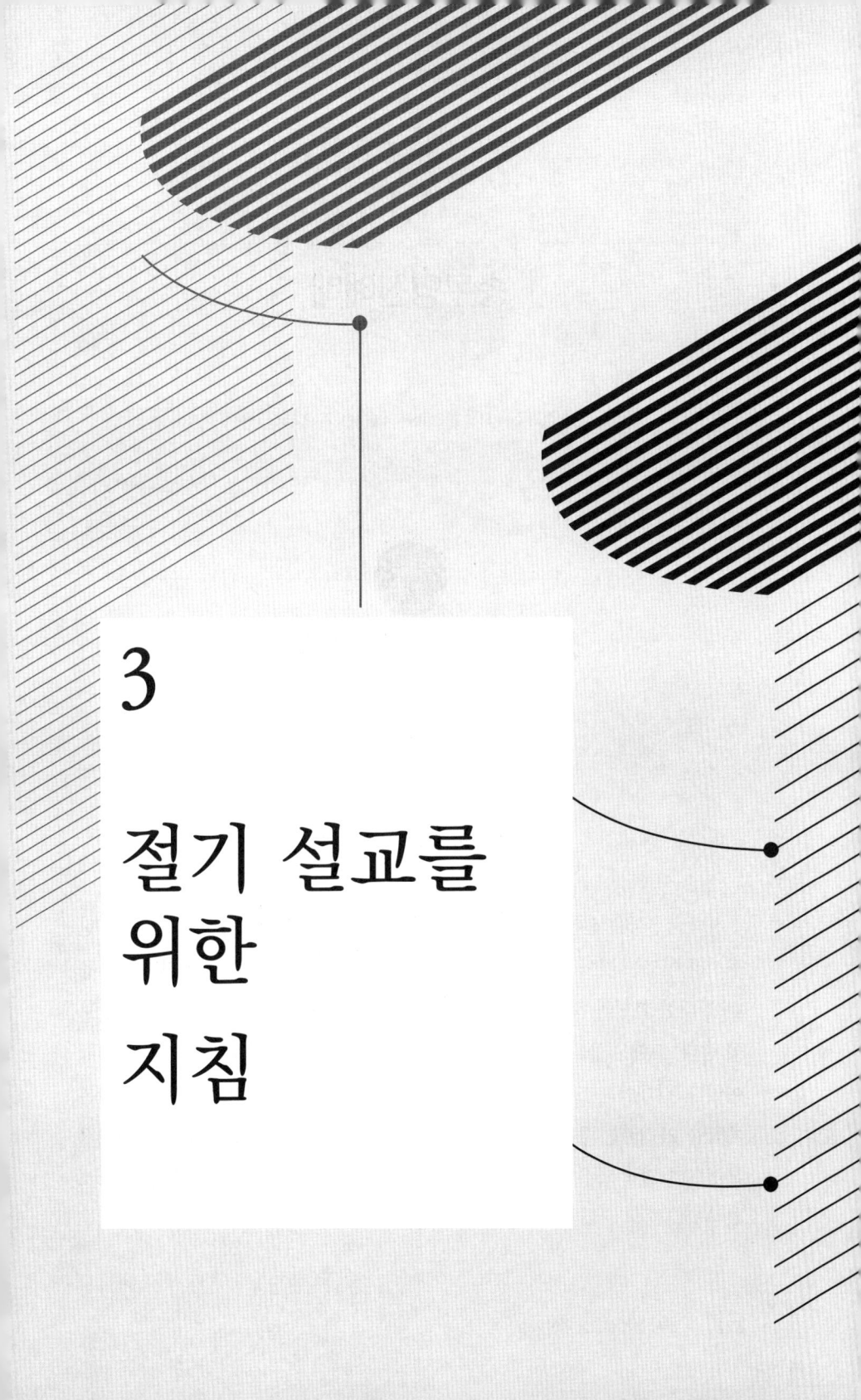

3

절기 설교를 위한 지침

2026 1.1

송구영신예배

성서정과 | 시 113; 합 3:16-19; 빌 4:4-7; 요 14:25-31

새해에 우리는 어떻게 할까?

석의적 접근

구약의 말씀 합 3:16-19

하박국 3장은 선지자의 기도로 표기되어 있으나 그 성격과 형식을 볼 때 탄원시라 이르는 것이 타당하다. 본문은 이 시의 마지막 부분으로서 선지자가 유다에 대한 환난과 하나님의 심판 예언을 듣고 두려움에 사로잡히는 모습을 보여 준다. 그때는 유다 왕국을 침략하려는 갈대아인들의 의도가 분명해진 상황이었다. 갈대아는 고대 메소포타미아 남쪽 지역의 명칭이었으며 훗날 바벨론 제국을 가리키는 용어가 되었다. 그들은 강대한 나라를 이루어 주변국들을 정복했으며 결국 남유다 왕국도 멸망시키고 왕을 비롯한 수많은 백성을 포로로 잡아갔다.

이러한 위기의 때에 하나님의 자녀들은 어떻게 해야 할 것인지를 제시해 주는 17-19절이 탄원시의 절정을 이룬다. 환난 중에도 기뻐하는 의인의 모습이 시적으로 형상화되었다. 내가 의지하던 세상의 것들이 사라진다 해도 구원의 여호와로 인하여 기뻐하겠다는 신앙고백을 담았다. 이는 하박국 선지자가 앞에서 이미 밝힌바, "의인은 그의 믿음으로 말미암아 살리라"(합 2:4)라는 선포와 기본적으로 일치한다. "나의 발을 사슴과 같게 하사"(19절)는 발 빠른 사슴을 소재로 삼아 시의 마무리를 이룬다. 추격자들을 떨쳐내고 높은 위치에 서게 되는 사슴의 모습은 고난과 시련을 이긴 성도의 모형이다.

서신서의 말씀 빌 4:4-7

사도 바울이 빌립보 교회의 교인들에게 주는 권면으로서 성도의 신앙 자세에 관한 요건을 제시하고 있다. 본문에 강조된 요건은 기쁨, 관용, 감사이며 그 결실은 하나님의 평강이라 하였다. 기쁨과 감사는 빌립보서뿐 아니라 바울서신 전체를 통하여 매우 빈번하게 사용된 용어들이다. 기쁨의 헬라어는 '카라(χαρά)'로서 유쾌함이나 은은한 행복감을 표현할 때 쓰는 단어이며, 감사라는 의미를 지닌 '유카리스티아(εὐχαριστία)'는 은혜를 입어 하나님께 예배를 드리는 마음과 태도를 함축하는 말이다.

본문에는 기쁨과 감사 사이에 "너희 관용을 모든 사람에게 알게 하라"(5절)는 말씀이 있다. 관용의 헬라어 명사형은 '에피에이케이아(ἐπιείκεια)'로서 적당함, 너그러움, 온화함, 공정함 등의 뜻으로 해석한다. 영문 성경에서도 이 말을 번역하려 할 때 한 단어로 된 적합한 표현을 찾을 수 없어 KJB는 'moderation(완화)'이라고 표기하였다. 이러한 자세로 하나님께 기도하면 그 결과로 하나님의 평강이 임한다. 평강은 '에이레네(εἰρήνη)'로서 평화와 번영, 그리고 안전과 안식을 나타낸다. 구약성경에서 평화의 인사로 쓰인 상징어 '샬롬(שׁלום)'이 이것과 동의어이다.

복음서의 말씀 요 14:25-31

예수 그리스도께서 성령을 보내주실 약속과 더불어 평안을 선포하는 말씀이 중심을 이룬다. 성령으로 인하여 평안을 누리게 되면 삶에 두려움이 사라지고 기쁨이 온다. 성령을 일러 '보혜사(保惠師)'라 하였다. 이는 다른 사람을 돕거나 변호하기 위해 부름을 받은 사람이라는 뜻이다. '위로자(Comforter)' 또는 '상담자(Counselor)'라는 번역도 가능하다. 성령은 우리에게 오셔서 그리스도의 진리를 생각나게 하시고 가르치시며 따뜻이 위로해 주신다.

성령을 받은 이에게 주시는 선물은 그리스도의 평안이다(27절). 이른바 '샬롬'은 하나님의 은총으로 영혼과 육신이 평화로운 상태를 가리킨다. 근심과 두려움이 사라지고 세상의 물질이나 지위, 명예가 주는 것과 전혀 다른 평안을 얻게 되는 것이다. 그런데 본문에서 예수님께서는 우리 곁을 떠나려 하신다. 참된 평안은 예수님께서 내 곁에 계시지 않는다고 여기는 것이 아니라 아버지께로 가셨음을 믿는 믿음과 관계가 있다. 또한 그리스도는 이제부터 우리와 말을 많이 하시지 않는다(30절). 때가 왔기 때문이다. 제자들과 많은 대화를 나누었던 밤에 그리스도의 자녀들은 보혜사 성령이 오실 약속을 받았고, 세상에서 얻을 수 없는 완전한 평안을 선물로 간직하게 되었다.

설교를 위한 조명

서신서의 말씀(빌 4:4-7)으로 설교 작성 / 대지 설교
"주님께서 가까이 오셨으니"

말씀에로 나아감

그 어느 해보다 온 국민이 우리나라를 위해 주님께 간절히 기도드렸던 한 해였다. 계엄령, 탄핵, 조기 대통령 선거, 새 정부 출범의 과정을 거치며 국민의 염려와 고통이 너무도 컸다. 혹시라도 나와 내 가족은 아무 일도 없어 다행이라 생각하는 이가 있는가? 아니다. 무력으로 백성을 억누르려 하는 것은 하나님께서 진노하시는 일이다. 그 과정에서 나라의 체계가 망가진다. 정치 경제적 후진국이 되어 무역 길이 막히고 고립 상태에 처하므로 우리의 생계와 사업들이 모두 위기를 겪을 수밖에 없다. 사랑하는 우리 자손들에게 물려줄 미래가 암흑으로 변한다. 정직하고 올바른 사람들이 괴로움을 당하고 교회의 아픔도 커진다.

지금은 어려웠던 한 해를 보내고 소망의 신년을 맞이하는 송구영신예배 시간이다. 주님께서 이 나라를 불쌍히 여기셔서 위기에서 건지시고 한 번 더 기회를 주셨다. 세계의 상황 역시 긴장 국면을 벗어나기 어려웠다. 이스라엘과 하마스 간의 전쟁이 미국과 이란으로 확산하고 평화가 위태로워지는 모습을 지켜보아야 하는 사람들의 마음은 긴장의 연속이었다. 이 고통의 날들을 인내하며 지내온 성도들에게 주님께서는 새로운 날을 주시며 위로와 회복을 약속하는 말씀을 내리신다. 그 말씀이 곧 기뻐하라, 관용하라, 기도하며 감사하라는 명령이며 이에 관한 약속의 결실이 하나님의 평강이다.

이 빌립보서의 말씀을 받기 전에, 성서정과로 함께 묶인 구약성경 하박국의 말씀을 먼저 살펴보도록 하자. 현재 우리의 상황과 비슷한 하박국 선지자의 기도 일부분이다. "내가 들었으므로 내 창자가 흔들렸고 그 목소리로 말미암아 내 입술이 떨렸도다 무리가 우리를 치러 올라오는 환난 날을 내가 기다리므로 썩이는 것이 내 뼈에 들어왔으며 내 몸은 내 처소에서 떨리는도다"(합 3:16). 이는 유다 왕국이 바벨론의 전쟁 위협을 두려워하며 오늘날의 계엄 상황 같은 처지에 있을 때 기록한 기도문이다. 창자가 흔들리고 입술이 떨려 말도 나오지 않는다. 환난이 내 뼈를 썩게 만들어 몸은 떨리기만 한다.

이 극단적인 환난은 여호야김 왕이 나라를 망치고 있을 무렵에 일어났다. 고난은 그 정도로 끝나지 않았다. 전쟁 염려에 이어 경제적 어려움이 밀어닥친다. "비록 무화과나무가 무성하지 못하며 포도나무에 열매가 없으며 감람나무에 소출이 없으며 밭에 먹을 것이 없으며 우리에 양이 없으며 외양간에 소가 없을지라도"(합 3:17). 전쟁과 혼란 속에 농사도 제대로 지을 수 없다. 소와 양도 다 사라졌다. 이렇게 빈손이 되고 말았다.

그런데 다음 말씀이 놀랍다. "나는 여호와로 말미암아 즐거워하며 나의 구원의 하나님으로 말미암아 기뻐하리로다"(합 3:18). 전쟁과 경제 위기라는 극단의 상황에서도 내게 구원의 하나님이 계시니 기뻐하겠다고 한다. 하나님은 두려움을 기쁨으로 바꾸어주실 수 있는 능력의 여호와이시기 때문이다. 창자가 흔들리고 뼈가 썩어도, 물가가 치솟고 사업이 어려워도, 의로우신 주님을 믿고 굳건히 서면 우리는 기쁨을 얻을 수 있다.

이제 오늘의 본문인 빌립보서 말씀은 이 기쁨을 새로운 날로 이어가도록 거듭 권면하신다. 송구영신의 시간은 주님이 가까이 오신 때이다. 따라서 본문 5절의 후반, "주께서 가까우시니라" 하신 말씀에 따라 오늘 선포의 제목을 '주님께서 가까이 오셨으니'라고 정하였다. 그리고 이 제목에는 뒷 구절이 생략되어 있다. 생략된 말은 '그러면 우리는 어떻게 할까?'이다. '주님께서 가까이 오셨으니 위기에 처한 우리는 어떻게 할까?' 이에 관한 명확한 대답이 오늘 빌립보서의 말씀이다.

본문 이해와 주안점

1. 주님 안에서 우리의 마음을 기쁨으로 채워야 한다(4절)

주님께서 가까이 오셨으니 그러면 우리는 어떻게 할까? 첫 번째 대답이다. "주 안에서 항상 기뻐하라 내가 다시 말하노니 기뻐하라"(4절). 이는 우리의 내면적 자세를 지시하는 명령이시다. 먼저 내 마음이 기쁨으로 가득 차야 한다. 그래야만 가까이 오신 주님을 진정으로 맞이할 수 있다. 그러나 항상 기뻐하기란 매우 어려운 일이며 불합리한 일이라고 여길 수 있다. 나라가 이렇게 위험에 빠졌는데 기뻐하라니 이건 아니라고 말하고 싶다. 또는 내 처지가 고통스러운데, 사랑하는 사람이 병들어 있는데, 아무리 노력해도 기뻐할 수 없는 조건인데, 억지로 기뻐한다면 이것은 가식이며 허위라고 항변할 수 있다.

항의하기에 앞서 여기 말씀을 주목하라. "주 안에서(in the Lord)"라는 전제가 있다. 이는 우리가 당면한 환경이나 조건을 넘어선다. 주님이 계심을 믿고 그 안에 서면 어려움이 변하여 기쁨이 되는 것을 깨닫게 된다. 지금 이 말씀으로 권면하는 바울 사도의 환경 조건을 보라. 그는 감옥에 갇혀 있는 몸이다. 일반 감옥이 아니라 로마 군대 중에서 황제의 친위부대인 시위대 감옥이다. 중죄인을 가두고 군사들이 매시 한 사람씩 교대하며 죄수를 지키는 감옥 중의 감옥이다. 이 절망의 시간, 바울에게 주 안에서 기쁨이 찾아온다. 바울은 예수 그리스도를 로마에 전도하는 것이 소원이었던 사도이다. 이 바울 앞에 로마 황제의 근위병들이 시간마다 자진해서 찾아오고 있다. 간수와 죄수는 처음에 경계심을 보이다가 서로 친근해진다. 그들이 바울 사도의 말을 듣고 나면 변화된 모습을 보인다. 복음이 전파되는 그 자리에서 바울의 기쁨은 충만해지고 내면적 감사가 넘쳐난다.

한 해 동안 우리는 어떤 어려움 속에서 괴로워했던가? 바울 사도처럼 감옥에 갇히지 않았다 해도 모든 것이 단절된 조건 아래 힘든 나날을 보낸 성도들이 있을 것이다. 주 안에서 믿음으로 기도하고 기뻐함으로써 이 고난을 이겨냈다면 누구보다도 큰 은혜를 받았음에 감사해야 한다. 한국교회 성도들은 올해 국가적 어려움을 주 안에서 기쁨으로 극복하는 은총을 누렸다. 이제 새해를 맞이하는 우리나라와 국민에게 하나님께서 복을 내리시며, 의와 믿음으로 굳게 서기를 기도하는 교우들에게 새로운 기쁨을 주실 것이다.

우리의 내면, 이 마음을 기쁨으로 채워야 한다. 이 기쁨은 권력, 지위, 재산, 향락에서 얻는 것이 아니다. 주 안에서 누리는 기쁨을 어디에서 얻는지 가르쳐 주시는 말씀이 여기 있다. "끝으로 형제들아 무엇에든지 참되며 무엇에든지 경건하며 무엇에든지 옳으며 무엇에든지 정결하며 무엇에든지 사랑받을 만하며 무엇에든지 칭찬받을 만하며 무슨 덕이 있든지 무슨 기림이 있든지 이것들을 생각하라"(빌 4:8). 이것들로 마음을 채우면 항상 기뻐할 수 있다. 참됨, 경건, 의, 정결, 사랑, 칭찬, 덕, 좋은 평판, 이것들은 '주님 안에서 가치 있는 것들'이다. 인간의 내면적 가치, 곧 정신적 가치로서 주님께서 우리에게 주시는 기쁨의 약속이다. 이 말씀대로 기뻐하며 주님을 맞이할 준비를 하자.

2. 모든 사람에게 관용을 베풀어야 한다 (5절)

'주님께서 가까이 오셨으니 그러면 우리는 어떻게 할까?' 두 번째 대답이다. "너희 관용을 모든 사람에게 알게 하라 주께서 가까우시니라"(5절). 이는 우리가 주위 사람들에게 보여야 할 외면적 자세이다. 직접 보이고 실천해야 할 일이 많으나 성경은 한마디로 관용이라 말씀하였다. 관용의 우리말 뜻은 '너그럽게 받아들이거나 용서함'이다. 우리 이웃에게 관용을 베풂으로써 내게 가까이 오신 주님을 만나 뵐 자격을 얻게 되는 것임을 알 수 있다.

관용이 무엇일까? 일단 이 말 자체가 단순하지 않다. 헬라어 중에 가장 번역하기 힘든 단어가 이것이라 한다. 원어는 '에피에이케스(ἐπιεικές)'로서 인내, 부드러움, 겸손, 양보, 온화함, 온유, 동정심, 아량, 관대함, 용서 등으로 번역이 되었다. 영문성경은 moderation(완화, 온건), gentleness(고상함, 친절) 등으로 쓰였다. 우아한 말들로 가득 차 있다. 거기에 더하여 이 말의 심오한 의미는 한 걸음 더 나아간다. 이 세상은 법이 있고 그 법은 사람에게 가장 공정하게 적용되어야 한다. '에피에이케스'는 '공정'이라는 개념을 포함한다.

예수님께서 성전에 들어가 가르치고 계셨을 때의 일이다. 서기관들과 바리새인들이 음행하다 잡힌 여인을 끌고 주님 앞에 왔다. 공정한 율법으로는 돌에 맞아 죽어야 하는 것이 맞다. 여기서 관용, 곧 '에피에이케스'는 공정을 벗어나지 않으면서 법을 초월하는 개념이다. 예수 그리스도의 관용은 "너희 중에 죄 없는 자가 먼저 돌로 치라" 하신 조처로 나타났다. 그래서 이 관용이 어떤 결과를 맺었던가? "예수께서 일어나사 여자 외에 아무도 없는 것을 보시고 이르시되 여자여 너를 고발하던 그들이 어디 있느냐 너를 정죄한 자가 없느냐 대답하되 주여 없나이다 예수께서 이르시되 나도 너를 정죄하지 아니하노니 가서 다시는 죄를 범하지 말라 하시니라"(요 8:10-11).

인내와 아량, 그리고 관대한 용서가 주님을 맞이하기에 적합한 태도임을 가르쳐 주고 있다. 우리가 살아가면서 원치 않게 억울한 일을 당하고, 재산을 잃어 괴로움을 겪기도 하며, 마음이 갈가리 찢기는 원통함 속에 잠을 이루지 못하는 시련이 찾아오기도 한다. 공정한 법으로 정의를 세워야 옳다. 그러나 그리스도인이라면 십자가에서 주님이 직접 용서의 본을 보이시고 관용을 말씀하신 사실을 잊어서는 안 된다. 그 관용의 사람을 예수님께서는 가장 귀하게 여기신다.

그렇다면 나라를 무서운 혼란으로 몰아간 사람들에게도 그냥 관용을 베풀어야 할까? 주님의 말씀이다. "너희는 스스로 조심하라 만일 네 형제가 죄를 범하거든 경고하고 회개하거든 용서하라"(눅 17:3). 먼저 죄를 엄히 경고해야 한다. 그리고 그들이 진정으로 뉘우치고 회개하는가를 살펴야 한다. 올해의 마지막과 새해의 첫 시간을 우리 국민 모두는 하나님 앞에서 경고와 회개 속에 관용하는 자세로 보내야 할 것이다.

3. 염려를 버리고 하나님께 기도와 감사를 드려야 한다 (6절)

'주님께서 가까이 오셨으니 그러면 우리는 어떻게 할까?' 세 번째 마지막 대답이다. "아무것도 염려하지 말고 다만 모든 일에 기도와 간구로, 너희 구할 것을 감사함으로 하나님께 아뢰라"(6절). 이는 우리가 다시 오실 주님께 드려야 할 신앙적 태도이다. 염려하지 말고 오직 하나님께 간절히 기도로 아뢰어야 한다.

그리고 이 기도 속에는 반드시 감사가 포함되어 있어야 한다고 말씀한다. 감사함으로 아뢴다는 것은 하나님의 뜻에 완전히 복종한다는 신앙적 자세를 가리킨다. '쉬지 말고 기도하라' '범사에 감사하라' 하신 은총의 명령이 이렇게 한데 묶여 있다.

올해를 지나오면서 얼마나 염려가 많았는가? 국가적 위기 말고도 여러 가지 개별적 걱정이 있었다. 나 자신의 건강과 가정 문제로부터 자녀 문제, 재산 문제, 일터의 문제, 다른 사람과 관계의 문제, 교회와 신앙 문제에 이르기까지 참 많은 걱정 근심이 있었을 것이다. 그렇지만 그리스도인은 이러한 일들을 지나치게 어려워하거나 낙심해서는 안 된다. 우리에게는 전능하신 하나님께 기도할 문이 열려 있고, 중보자이신 주님, 예수 그리스도의 이름으로 간구할 길이 마련되어 있기 때문이다. 어찌 감사하지 않겠는가! 그 주님께서 감사함으로 아뢰라 하셨고 우리에게 지금 가까이 오셨다고 일러 주신다.

마음으로 늘 기뻐하고, 이웃에게 관용을 베풀고, 감사 기도를 드리는 사람들에게 주님의 응답이 있다. 우리에게 가까이 오신 주님께서 내리신 은혜의 선물이다. "그리하면 모든 지각에 뛰어난 하나님의 평강이 그리스도 예수 안에서 너희 마음과 생각을 지키시리라"(7절). 그 귀한 선물의 이름은 평강이다. "모든 지각에 뛰어난 하나님의 평강"이라 하였다. 이 말씀을 새번역 성경으로 옮기면 '사람의 헤아림을 뛰어넘는 하나님의 평화'라고 해석된다. 인간의 생각을 초월하는 것이기에 우리의 지식과 기대와 이해력을 모두 동원한다 해도 결코 만들어 낼 수 없는 최상의 평강이라는 것이다. 우리 성경에는 평강, 평화, 평안, 화평, 그리고 그 유명한 히브리어 '샬롬(שלום)'이 같은 뜻으로 쓰였다. 이 평강, 샬롬이 성도들의 마음과 생각을 지켜준다 하였다.

말씀의 갈무리

마지막으로 우리 주님 예수 그리스도께서 친히 하신 말씀을 듣자. "평안을 너희에게 끼치노니 곧 나의 평안을 너희에게 주노라 내가 너희에게 주는 것은 세상이 주는 것과 같지 아니하니라 너희는 마음에 근심하지도 말고 두려워하지도 말라"(요 14:27). 아아, 정말 주님께 받고 싶다, 이 평안, 이 샬롬을! 세상에서 아무리 값비싼 평안을 구한다 해도 비교할 수 없는 주님의 샬롬!

이제 새해가 열리고 주님이 가까이 오셨다. 내 곁에 하나님의 아들이 함께 계시니 무엇이 근심되고 두렵단 말인가? 이 믿음으로 우리나라와 우리 교회는 평안을 회복하고 든든히 서게 될 것이다. 오직 기뻐할 뿐이다. 회개하는 사람에게 관용을 베풀며 함께 기도하고 하나님께 감사드리자. 이렇게 우리는 영원한 평강의 나라에 들어갈 준비를 하고 있다. 샬롬!

2026 5.3
어린이 주일

성서정과 | 시 101; 잠 22:1-16; 고후 5:6-10, 14-17; 요 6:60-65

오늘의 주제

믿음의 인격이 형성되는 때

석의적 접근

구약의 말씀 잠 22:1-16

본문은 지혜로운 사람의 삶을 위한 여러 교훈을 제시하고 있다. 이 가운데 가장 많이 등장하는 소재가 재물인데, 그것은 재앙의 원인이 되기도 하며 하나님이 주시는 보상으로 여길 수도 있다. 1절에서 많은 재물보다 명예와 은총을 택하라 하였다. 여기서 명예는 좋은 평판과 선한 이름을 가리킨다. 하나님께서 인정해 주심으로 이 은총을 받을 수 있다. 2절은 재물의 많고 적음에 관계없이 인간은 여호와 앞에서 평등하다는 말씀으로 이어진다. 그러나 재물은 하나님을 경외하는 사람에게 주시는 보상으로서 영적 선물인 영광이나 생명과 똑같은 위치를 차지하고 있음을 본다(4절). 재물은 하나님의 복으로 인식할 때 비로소 그 가치를 인정받는다.

어린아이에 관한 교훈이 두 차례에 걸쳐 나온다. "마땅히 행할 길을 아이에게 가르치라"(6절)는 말씀은 도덕적 훈련과 인성교육의 필요성을 강조한 것으로 해석한다. 인격 형성기에 자녀를 믿음으로 교육하는 것은 일생을 두고 하나님의 은혜를 받는 길이 된다. 15절에는 '아이의 마음'에 '징계하는 채찍'을 강조하였다. 이는 잠언 13장 24절과도 관련되는 말씀으로서 징계를 위해 매를 드는 것을 자녀 양육에 필요한 행위로 여겼다. 에베소서에는 "자녀를 노엽게 하지 말고 오직 주의 교훈과 훈계로 양육하라"(엡 6:4)라고 말씀한다.

서신서의 말씀 고후 5:6-10, 14-17

사람의 육신은 장막과 같아서 세월이 가면 낡아서 무너지고 만다. 바울 사도는 손으로 지은 장막과 하늘에 있는 영원한 집을 비교하면서 우리의 마음이 든든하다고 말한다. 본문 6절과 8절에 번역된 단어는 '담대하여(confident)'로서 자신에 차 있는 모습을 가리킨다. 세상을 사는 동안 이렇게 담대할 수 있는 까닭은 장차 몸을 떠나 주와 함께 있을 것을 알기 때문이다. 그래서 육신으로 있을 때든지 육체를 떠나 있든지를 막론하고 언제나 주를 기쁘시게 해야 한다. 그 앞에는 피할 수 없는 그리스도의 심판대가 있다.

믿음을 가진 사람들의 정신을 휘어잡는 것은 그리스도의 사랑이다. 육신에 매여 있는 사람이라면 예수 그리스도의 대속을 알지 못한다. 그저 육체를 따라 사물을 보고 판단하듯이 예수를 고난받고 죽은 한 인간으로 여기며 하나님의 아들로 인정하지 않는다. 그러나 17절은 "누구든지 그리스도 안에 있으면 새로운 피조물이라"라고 말씀한다. 그리스도 안에 있다는 것은 마치 포도나무와 가지처럼 한몸으로 연합한 상태라는 뜻이다. 그 사람은 새로운 피조물이 된다고 하였다. 곧 육체의 욕심대로 살지 않고 하나님을 따라 의와 진리의 거룩함으로 지으심을 받은 새사람을 입었다는 말씀이다(엡 4:24 참고).

복음서의 말씀 요 6:60-65

예수 그리스도의 말씀을 들은 사람 중의 일부는 그것을 받아들이기 어렵다는 반응을 보였다. 예수가 요셉의 아들이라는 육신적인 것에 집착한다면 하늘에서 내려온 살아있는 떡과 생명을 위한 성육신을 이해할 수 없음이 당연하다. 이것을 아시는 그리스도께서 "이 말이 너희에게 걸림이 되느냐"(61절)라고 물으셨다. '걸림이 되다(offend)'는 말은 비유적 의미로 함정에 빠뜨려 죄를 짓게 한다는 뜻으로 해석할 수 있다. 그들이 인간적인 판단으로 그리스도를 바라본다면 걸림이 된 상태에서 벗어나지 못한다.

새로운 존재로 변화된 사람만이 이 진리를 알게 된다. 그리스도는 앞으로 그들이 보게 될 승천에 관해 예언하시고(62절), 생명을 주시는 성령의 능력을 말씀하시며 육은 무익한 본성임을 비교하여 가르치신다(63절). 그러나 그리스도의 말씀을 듣는 사람 가운데는 믿지 않은 자들과 그를 십자가에 내어줄 배반자도 있었다. 누구나 예수님이 말씀을 선포하시는 그 자리에 있었다고 하여 그리스도의 사람이 되는 것은 아니다. 하나님의 영이 구원의 사역을 일으키셔야만 비로소 그들이 예수님을 받아들이게 되며 온전한 그리스도의 사람이 될 수 있다. 구원에 관한 하나님의 선택과 주권을 인정하고 영이요 생명이신 그 말씀을 믿어야 한다.

설교를 위한 조명

서신서의 말씀(고후 5:6-10, 14-17)으로 설교 작성 / 전개식 설교

"어린아이 같은 새로운 존재로"

Move 1. 지킬 박사와 하이드 씨

여러분은 어렸을 적, 한 소년이 해적의 유품에서 보물섬 지도 한 장을 발견하고 그 보물을 찾아 환상적인 모험을 떠난다는 소설을 읽은 기억이 있을 것이다. 제목이 『보물섬』인데, 이 이야기의 작가는 로버트 루이스 스티븐슨(R. L. Stevenson)이라는 영국 사람이다. 그는 몸이 약하여 40대 초반에 세상을 떠났으나 『보물섬』보다 더 유명하고 깊이 있는 작품을 후세에 남겨 놓았다. 인간의 욕망과 이중성을 풍자한 단편소설 『지킬 박사와 하이드 씨』가 그것이다. 1886년에 발표된 이래 백수십 년을 지나오면서 사람의 이중인격을 가리키는 대명사처럼 사용되어왔다.

이미 내용을 아는 바와 같이 지킬 박사와 하이드 씨는 두 사람이 아닌 하나의 존재다. 그러나 지킬과 하이드의 인격은 극단적으로 대조되는 다른 모습으로 나타난다. 주인공 헨리 지킬은 의학박사이며 자선가로 명성이 높은 사람이다. 그래서 소설 제목에서도 '닥터 지킬(Dr. Jekyll)'이라 불린다. 하지만, 지킬이라는 인간의 몸속에는 선과 악으로 분리될 두 가지 본능이 꿈틀거리며 싸우고 있었다. 내가 선하면 온전히 선해야 하고, 악인이라면 악으로 물들어 있어야 할 텐데 왜 한 인간 속에 선악이 공존하여 이처럼 혼란을 주는 것인지 알 수 없었다. 우리도 이와 다르지 않다. 선한 사람으로 살아가는 내가 문득 악하고 추한 생각을 할 때가 있으며, 남에게 비난받을 행동을 저지르다가 선함으로 돌아오는 경우도 많다. 이를 어찌해야 할까?

지킬 박사는 이런 인간의 이중성을 해결하기 위해 내 몸의 악한 것을 모두 끌

어내어 또 하나의 육체에 부여해 보고자 인격을 분리하는 화학 약물을 만든다. 이 약효가 유지되는 동안, 그는 자신을 분리해서 '미스터 하이드(Mr. Hyde)'로 변신한다. 하이드 씨로 변하면 그때부터 도덕심을 버린 흉악한 인간이 되어 모든 위신과 체면을 다 걷어차고 만다. 인격자에서 일탈하여 악한 본능을 따라 즐기는 사람으로 변해 버린다.

낮에는 인격 높은 지킬 박사로, 밤이 되면 욕망의 화신 미스터 하이드로 살아가는 이중인격자의 모습은 세속의 노예가 된 우리 인간들의 불행한 자화상이다. 그런데 여기서 문제가 터지고 만다. 하이드가 되면 도덕의식에서 벗어나 마음껏 해방감을 맛볼 것으로 기대했으나 결과는 참담한 후회뿐이었다. 무엇보다 큰 문제점은 날이 갈수록 내면의 악한 존재인 하이드를 통제할 수 없게 되고 만 것이다. 미스터 하이드는 마침내 타락을 넘어서 살인까지 저지르는 몸이 되었다. 악의 존재가 더욱 강해져서 약물을 먹지 않아도 더 무서운 하이드로 변해갔다. 그는 고통 속에서 참회록을 쓰고 자결하는 것으로 삶을 마친다. 인간의 이중성이 가져오는 불행한 결말을 어떻게 해결해야 할까? 지금 우리 마음속에도 지킬 박사와 하이드 씨라는 두 개의 이중성이 다투고 있는 것은 아닐까?

Move 2. 아이들의 인격 형성

어린아이들의 천진난만한 모습을 보노라면 인격 형성의 중요성을 깨닫고 주님께 기도드리지 않을 수 없다. 그 천진한 아이가 이중인격의 소유자로 변하여 악한 존재가 될 가능성이 있다는 사실은 우리를 긴장 속으로 몰아간다. 더구나 어린 자녀를 기르고 있는 부모로서 이보다 더 심각한 일은 없다. 어린아이는 부모와의 관계 속에서 안정과 유대감을 얻기 시작한다. 가족의 사랑으로 마음을 열며 인격이 형성되어가는 것이다.

학령 시기와 청소년의 때를 지나며 사회적 경험 및 상호작용은 계속 발전하게 된다. 정체성을 확립하는 데서부터 자기 성찰에 이르기까지 자율적 인격 형성을 이루어간다. 이 형성기에 무엇을 보고 듣고 배웠는가에 따라 사람의 인생이 달라진다. 일생을 거짓 없는 믿음으로 살아온 디모데에게는 어렸을 적 신앙의 모범을 보이고 이끌어 준 외할머니 로이스와 어머니 유니게가 있었다(딤후 1:5). 어른들의 신앙이 곧 디모데의 인격이 되었음을 본다.

오늘의 성경 말씀은 이 문제에 관한 예비를 잘할 수 있도록 우리를 이끄신다. 이 예비를 위해 본문으로 들어가기 전에 미리 알아야 할 말씀을 우리에게 들려주셨다. 고린도후서 4장의 마지막 부분 말씀이 그것이다. "그러므로 우리가 낙심하지 아니하노니 우리의 겉사람은 낡아지나 우리의 속사람은 날로 새로워지도다"(고후 4:16). 여기서 겉사람과 속사람이 대조된다. '겉사람(outward man)'은 육체의 겉모습을 중요시하며 내 육신을 유지하는 데 더 비중을 두는 사람을 가리킨다. 이중성을 아무렇지도 않게 드러내는 사람이다. 이에 반하여 '속사람(inward man)'은 심령을 성결케 하며 주님을 위해 일신의 유익을 버릴 수 있는 존재를 말한다. 날로 새로워지는 속사람의 마음에 거짓된 이중인격은 자리를 잡을 수 없다.

Move 3. 믿음의 사람과 보는 대로 사는 사람

이제 본문 말씀으로 들어간다. 우리는 지킬과 하이드가 아니라 주님의 자녀이므로 내 삶에 그 무슨 이중성이 있으랴 생각하기 쉽다. 그러나 본문을 시작하는 말씀은 "우리가 육체의 몸을 입고 살고 있는 동안에는 주님과 따로 있음을 안다"라고 하였다. 다시 한번 본문 6-7절을 읽어 보자. "그러므로 우리가 항상 담대하여 몸으로 있을 때에는 주와 따로 있는 줄을 아노니 이는 우리가 믿음으로 행하고 보는 것으로 행하지 아니함이로라"(고후 5:6-7). 담대하다는 것은 믿음의 확신을 가졌다는 의미이다. 우리가 이 세상을 사는 동안에는 주님과 떨어져 있으므로 갖은 유혹과 죄악에 빠질 위험이 있다. 그러므로 믿음의 확신을 지니고 행하며 살아야지, 세상의 눈이 보는 대로 행하면 안 된다는 말씀이다.

믿음의 사람으로 든든히 살기를 바라건만, 세상의 악이 심하여 담대한 믿음을 지키기가 쉽지 않다. 이는 다만 내가 믿음이 약한 탓이라 볼 수는 없다. 인간 자체가 완전치 못하여 흔들리는 까닭이다. 성경에서는 사도 바울이 이 사실을 깨닫고 고민하는 구절이 길게 나온다. 내가 진정 원하는 것을 해야 하는데, 도리어 미워하는 것을 행한다고 고백했다. 이 말씀을 대할 때면 사도 바울도 우리와 다름없는 인간이로구나 하는 생각이 들면서 일종의 친밀감과 위로를 받을 수 있다. 그 솔직한 말씀의 한 부분을 읽어 본다. "내가 원하는 바 선은 행하지 아니하고 도리어 원하지 아니하는 바 악을 행하는도다 만일 내가 원하지 아니하는 그것을 하면 이를 행하는 자는 내가 아니요 내 속에 거하는 죄니라 그러므로 내가 한 법을 깨달았노니 곧 선을 행하기 원하는 나에게 악이 함께 있는 것이로다"(롬 7:19-21). 참으로 그렇다. 그래서 지킬과 하이드가 나오게 된 것이 아닌가!

하나님께서 내게 보이신 선함 앞에서 이것을 간절히 원하는 '나'와 이를 실제로 잘 행하는 '나', 이 둘이 전혀 다른 모습으로 서 있다는 뜻이다. 선함을 알고 있기에 그것을 실행하려 하지만 행할 수가 없고, 악함을 알기 때문에 그것을 하지 않으려 해도 어느샌가 그 일을 저지르고 있으니 나는 분명 이중적인 사람이다. 그러나 너무 괴로워하지 말라. 하나님께서는 사도 바울을 통해 우리의 고민을 아시고 위로를 내려주셨다. 선과 악의 이중성으로 괴로워한다는 것은 우리에게 믿음이 있다는 증거이다.

이 세상에 존재하는 거대한 죄악들과 맞서서 주님의 선함을 추구하고 있다면 우리는 선한 싸움을 싸우는 그리스도의 용사들이다. 이 노력의 끝에 반드시 상급이 있다. "이는 우리가 다 반드시 그리스도의 심판대 앞에 나타나게 되어 각각 선악 간에 그 몸으로 행한 것을 따라 받으려 함이라"(10절). 반드시 심판대 앞에 선다고 하였다. 주님은 우리의 선한 노력을 아시고 구원의 상급을 주실 것이며, 선과 악의 이중성에서 벗어나지 못해 실패한 사람에게는 그에 따른 심판의 대가를 내리신다.

Move 4. 육신의 잣대로 주님을 알았던 나

 선악의 이중성 속에서 아침에는 지킬 박사요 선한 제자가 되었다가, 저녁에는 하이드 씨처럼 악한 사람으로 변모하는 우리의 모습을 보았다. 14절부터 이어지는 오늘 말씀의 후반부는 이제 내게 남아있는 삶을 어떻게 살아야 할 것인가를 명확히 제시해 주신다. 먼저 그리스도의 사랑이 우리를 강권하여 이끌고 계심을 알아야 한다. 이 사랑으로써 주님을 알고, 세상을 보고, 다른 사람을 대하는 마음을 가져야 할 것이다.

 여기 또 하나의 중요한 말씀이 있다. "그러므로 우리가 이제부터는 어떤 사람도 육신을 따라 알지 아니하노라 비록 우리가 그리스도도 육신을 따라 알았으나 이제부터는 그같이 알지 아니하노라"(16절). 지금까지 우리가 살아온 판단 기준은 '육신을 따라 아는 것'이었다. 새번역 성경은 이 대목을 '육신의 잣대로'라고 번역했다. 눈에 보이는 사람들을 육신의 잣대로 판단해 왔다는 말이다. 저 사람은 문벌이 좋은 집 출생이고, 그래서 학벌과 지식이 높아 상대하기 어렵고, 또 저 사람은 권력의 자리에 있거나 재벌급에 속하므로 그가 옳지 않은 일을 한다 해도 아무 말도 하지 못하고 눈치 보며 살지는 않았는가? 육신의 잣대는 이처럼 비굴한 이중성을 만든다.

 이보다 더 심각한 육신의 잣대는 자기 자신에 대한 잘못된 판단이다. 인생을 살아가면서 우리의 눈은 조금씩 더 커지고 그 잣대도 어느덧 높아져 버린다. 대학을 마치고, 직장에서 직위가 더 올라가고, 가정에서 자손들이 생겨나고, 그러다가 어느새 공동체의 지도자가 되어 있기도 하다. 이 과정에서 자신도 모르는 사이에 교만해져 버린 사람이 많다. 내 모습은 어떤가? 육신의 잣대가 높아질수록 겸손함 대신 교만이 솟구치는 것은 아닌지 살펴야 한다.

 어렸을 적 순수한 소년 소녀의 눈으로 바라본 고향의 뒷산은 매우 높았고, 초등학교 운동장은 큰 광장처럼 넓기도 했다. 나를 가르치신 선생님은 최고의 위인이셨고, 농사를 짓는 아버지는 힘세고 권위 있는 능력자이셨다. 세상 어떤 일도 아버지의 손이 닿으면 안 되는 것이 없었다. 그러나 시간이 흘러 내 육신의 잣대가 높아지자 그것들은 모두 변했다. 높았던 뒷산은 볼품없는 언덕에 불과했고, 그 넓었던 학교 운동장은 손바닥을 편 것 정도로 줄어들어 있었다. 세계의 위인 같았던 선생님은 간 곳이 없고, 능력의 상징이셨던 아버지는 늙고 병들어 왜소해진 모습으로 자리에 누우셨다.

여기서 정말 중요한 신앙의 질문이 제기된다. 우리 주님 예수 그리스도는 내 안에서 어떻게 변하였는지 대답해 보라. 어릴 때는 사랑의 주님, 젊을 때는 능력의 주님, 세례의 은총이 충만했을 때는 구원의 주님으로 알고 믿었다. 그러나 내게 세상의 지식이 조금씩 쌓이고 지도자로서의 권위가 붙기 시작하자 사랑과 구원의 주님이라는 믿음이 변했음을 본다. 어떤 때는 예수를 한 종교의 창시자로, 또는 철학 사상의 한 봉우리로, 권력에 밀려 죽임을 당한 개혁자나 성인 정도로 이해하려 한 적은 없었는지? 내 이중성을 변명하기 위해 인간 예수의 행동을 놓고 토론 대상으로 삼은 잘못은 없었는지 철저히 돌아보아야 한다. 육신의 잣대로 주님을 알았던 일을 다시 반복하면 안 된다. 그것은 매우 교만한 신앙의 이중인격이다.

Move 5. 어린아이는 새로운 피조물

이제 이 인격을 새롭게 바꿀 시간이 왔다. 우리가 늘 듣고 외웠으면서도 구체적으로 깨닫지 못했던 하나님 말씀이 여기 있다. "그런즉 누구든지 그리스도 안에 있으면 새로운 피조물이라 이전 것은 지나갔으니 보라 새것이 되었도다"(17절). 내가 그 안에 있어야 할 대상이 곧 예수 그리스도이시다. 그리스도 안에 있게 되면 새롭게 창조된 새 생명이 된다는 선언이시다.

이 말씀을 우리는 의아하게 생각한다. 한 번 태어난 인간은 점점 닳아지고 낡아지는 것이지 어찌 새것이 될 수 있단 말인가? 아무리 얼굴을 곱게 단장하고 옷을 화려하게 차려입는다 해도 늙음을 감출 길 없고 힘이 부치는 것을 막을 수가 없다. 젊은이들이 발산하는 싱싱한 매력이 사라졌으므로 새것이라는 말씀에 선뜻 동의하기 어렵다. 그래서 나이가 들수록 사진을 찍기 싫어한다. 젊은 이들은 기회가 날 때마다 셀카, 경치는 물론이고 새로운 실내 디자인, 음식을 앞에 놓고, 또 몇이 모였다 하면 봉샷을 한다. 하지만 내 육신이 낡아졌다고 여기는 사람은 그것을 피하여 뒷전으로 돈다. 안타까운 현상이다. 핸드폰에 저장된 프로필 사진들은 공통점이 있다. 나이가 들어갈수록 사진 목록에서 자기 모습은 찾을 수 없다. 대신 그 자리에는 아들딸 그리고 손주들로 가득 채워진다. 새로운 피조물이 아름답고 사랑스러운 것은 당연한 일이다.

그런데 놀랍게도 주님께서는 우리에게 새로운 피조물이 될 것이라 말씀하신다. 내가 어린아이처럼 얼굴이 변신하는 사건이 아니다. 피부과나 성형외과에서 시술을 받은 효과를 얻었다는 말씀도 아니다. 이는 영적으로 거듭나게 하시는 성령의 역사로 거룩한 삶을 추구하게 된다는 의미이다. 악한 생각과 삶의 태도가 사라지고, 선하고 온전한 상태로의 변화가 시작된다는 선언이다. 심령의 눈을 뜨고 바라보면 이토록 완전히 변화된 내 모습에 놀라움을 금할 수 없을 것이다. 영이 밝아지면 우리의 육신도 건강하고 아름다운 모습으로 변화된다. 나의 삶에 새것이 왔다. 할렐루야!

오늘은 어린이 주일이다. 어린이는 새로운 피조물이며 하나님이 기뻐하시는 천국의 구성원이다. 주님 안에서 새롭게 되는 사람은 인격이 어린아이처럼 순수하게 자리를 잡는다. 속사람이 날로 새로워지는 은총을 받게 되는 것이다. 그리스도를 생명의 구주로 알고 순전히 믿으면, 이때부터 세상 사람들을 육신의 잣대로 재던 태도가 사라지고 사랑으로 섬기는 인격의 변화가 시작된다. 나 자신을 내리누르던 이중인격은 그 어디에도 없다. 이것이 새로운 피조물이며 새것이 된 존재의 모습이다. 우리도 이런 새 존재가 될 수 있을까? 그렇다. 어린아이의 인격으로 돌아가 믿음으로 행하는 사람은 그리스도 안에 있는 새로운 피조물이다.

2026 5.10

어버이 주일

성서정과 | 시 71; 삼상 2:18-21; 히 11:8-12, 17-22; 마 20:20-28

오늘의 주제

어버이의 자녀 사랑 방식

석의적 접근

구약의 말씀 삼상 2:18-21

엘가나의 아내 한나는 자신이 서원한 대로 아들을 여호와께 드렸다. 따라서 어린 사무엘은 실로에 있는 성전에서 자라는 몸이 되었다. 그들 부부는 매년 실로에 예배와 제사를 드리러 올라가는데 그때마다 사랑하는 아들을 위해 겉옷을 지어다가 그에게 주었다. 사무엘이 입었던 세마포 에봇은 제사를 위해 제사장이나 레위인들이 착용하는 예복이었다. 본문에서 어머니 한나가 사무엘에게 만들어 준 겉옷은 제사장의 에봇을 닮은 소박한 의류로 볼 수 있다. 아직 성전에서 직책이 없는 소년이었으므로 깃에 장식품을 달지 않고 생활복을 겸한 옷이 필요했다. 어머니는 아들이 보고 싶을 때마다 사랑의 마음을 가득 담아 겉옷을 만들었다.

대제사장 엘리가 엘가나의 가정을 축복하고 여호와께서 한나를 돌아보셨다. 그리하여 오랫동안 임신을 하지 못했던 한나가 사무엘 아래로 3남 2녀를 더 낳는 복을 받았다. 본문에 앞서 시 형식으로 된 한나의 기도에는 "전에 임신하지 못하던 자는 일곱을 낳았고"(2:5)라는 대목이 있다. 실제로 한나가 출산한 자녀의 수는 사무엘을 포함하여 여섯 명이다. 기도문에서는 일곱이란 숫자가 지닌 완전성을 바라는 의미로 해석함이 옳다. 한나가 자녀 여섯 명을 낳은 것이 여호와께서 내리신 복에 부족함이 있었다고 볼 수는 없다.

서신서의 말씀 히 11:8-12, 17-22

히브리서에서 믿음의 소유자들을 열거해가는 중에 아브라함과 사라의 차례에 이르렀다. 아브라함의 믿음을 한마디로 압축하면 미래에 얻을 기업을 확실히 바랐다는 것이다(10절 참고). 그의 영원한 복에 대한 소망은 자녀를 통해 이루어지게 된다. 이 믿음을 가진 또 다른 한 사람이 아브라함의 아내 사라였다. 사라는 아들을 낳지 못한 채로 단산했으나 하나님의 약속을 믿었다. 처음에는 자녀를 얻으리라는 말씀을 믿지 못했으나(창 18:12), 하나님의 신실하심을 알게 된 순간부터 사라의 믿음은 견고해졌다.

이러한 믿음의 과정을 거쳐 얻은 아들이 이삭이다. 그러나 하나님은 그 외아들 이삭을 제물로 바치라는 시험을 내리셨다. 아브라함은 그 말씀을 수행하면서 "하나님이 능히 이삭을 죽은 자 가운데서 다시 살리실 줄로 생각한지라"(19절)라고 하였다. 이삭은 이미 죽은 자나 다름없는데 하나님께서 죽음에서 아들을 다시 되돌려 주실 것이라는 믿음의 표현이다. 부모의 굳센 믿음을 이어받은 아들 이삭은 자기 자녀인 야곱과 에서에게 장차 이루어질 예언적 복을 전하며 축복하였다. 야곱은 앞으로 열두 지파를 이룰 자손들에게 지팡이를 짚고 축복했으며, 그의 아들 요셉은 수백 년 후에 있을 출애굽을 예언하며 자신의 뼈에 관한 명령을 내렸다. 자손들에게 믿음과 사랑을 전하며 임종의 때까지 축복을 아끼지 않은 사람들의 기록이 이어지고 있다.

복음서의 말씀 마 20:20-28

본문의 내용이 기록된 다른 복음서에서는 한 가지 중요한 차이점을 드러낸다. 마가복음 10:35-45에는 예수님께 나아와 영광의 자리를 구한 사람이 야고보와 요한, 장본인들로 되어 있다. 곧 그들의 어머니인 살로메가 아들들을 위해 구한 것이 아니다. 이처럼 두 복음서의 내용에 차이가 있는데 일부 학자들은 마가복음의 기록이 더 빠르고, 마태복음이 기록될 무렵에는 사도들의 영광이 더 높아졌으므로 이 세속적인 요구를 본인들이 아닌 모친의 욕망으로 돌린 것이라고 말하기도 한다. 더구나 모친이 예수 그리스도의 이모라는 혈연관계에 있다는 점에서 이러한 요청이 가능했다고 보았다.

그러나 그리스도의 대답은 야고보와 요한에게로 직접 향하고 있으며, 그들이 고난의 잔을 마실 수 있느냐는 주님의 물음에 함께 대답한다(22절). 두 아들은 이미 모친과 똑같은 생각을 하고 있었다. 모친은 자식을 사랑하는 마음으로 아들의 생각을 그리스도께 전한 것이다. 이 소문을 들은 다른 제자들이 분노하며 항의하자 그리스도는 모든 제자를 불러 섬김의 도를 가르치셨다. 자신의 생명을 많은 사람의 대속물로 주기까지 자신을 낮추신 것이다. 그 과정에서 그리스도는 세속적 요구를 한 야고보와 요한의 모친을 꾸짖지 않으셨다. 자식의 일에 적극적으로 나서는 모친의 마음을 이해하시고 이제부터는 하나님과 사람 앞에 섬기는 종의 자세를 갖도록 말씀하셨다.

설교를 위한 조명

복음서의 말씀(마 20:20-28)으로 설교 작성 / 네 페이지 설교

"섬기는 어버이"

Page 1. 으뜸이 되려 하는 욕망(성경 속의 문제)

오늘의 말씀을 보면서 인간의 사회 집단과 그 조직 속에 섞여 힘들게 살아가는 우리 모습이 떠오른다. 짐승의 세계는 힘센 동물의 순서대로 단순한 서열이 존재한다. 그러나 인간에게는 복잡한 사회 조직이 있고 그 조직마다 목표에 따른 지위와 역할이 부여된다. 또한 자기의 지위를 넘어서면 안 되는 엄격한 규범이 있다. 그러므로 인간은 누구나 조직과 집단을 통솔할 위치로 올라가고 싶어 한다. 하지만 이 욕망은 짐승처럼 힘만 가지고는 되지 않는다. 시험도 치르고, 배경도 있어야 하고, 경제적 뒷받침이 필요하고, 선거에 이기기 위해 세력을 규합하는 솜씨도 보여 주어야 한다. 우리 그리스도인들은 비록 욕심대로 높아지지는 못했으나 최소한 믿음과 양심을 지키며 지금도 열심히 살아가고 있다.

그런데 오늘 성경 말씀 내용이 충격을 준다. 예수 그리스도의 3년에 걸친 사역이 거의 끝나고 이제 그 일행이 예루살렘으로 올라가는 시점에 제자 두 사람이 주님께 세속적인 권력 청탁을 한 것이다. 그들은 놀랍게도 베드로 다음으로 주님 곁에서 열심히 활동한 야고보와 요한 형제였고, 그 내용은 '주의 나라에서 하나는 주의 우편에, 하나는 주의 좌편에 앉게 명하소서'라는 요청이었다. 예수님이 왕이 되시면 두 사람을 으뜸가는 권력자로 임명해 달라는 엄청난 청탁 사건이 드러난 현장이다. 이럴 수가 있는가? 그 훌륭한 제자들도 이러한 세속적 욕망을 품고 있었다니….

여기서 특별히 눈여겨보아야 할 일이 있다. 이 사건을 주도한 사람이 바로 그 형제들의 어머니라는 사실이다. 본문의 기록을 보자. "그 때에 세베대의 아들

의 어머니가 그 아들들을 데리고 예수께 와서 절하며 무엇을 구하니 예수께서 이르시되 무엇을 원하느냐 이르되 나의 이 두 아들을 주의 나라에서 하나는 주의 우편에, 하나는 주의 좌편에 앉게 명하소서"(20-21절). 어머니가 이렇게 적극적으로 나선 것이다. 본인들이 민망하여 차마 하지 못할 말을 어머니가 앞장서 대신한 것이다. 세베대의 부인이며 야고보와 요한의 어머니인 이 여인의 이름은 살로메다. 예수의 모친 마리아의 자매이므로, 육신으로는 예수의 이모가 된다. 이 관계의 배경이 이처럼 무리한 청탁을 하게 한 이유라고 볼 수도 있다.

　이 사건은 금방 알려지고 말았다. 곁에서 듣고 전한 사람이 있었을 것이다. 가장 화를 낸 사람들은 나머지 열 명의 제자들이었다. "여보게, 야고보와 요한! 자네들이 어찌 이럴 수 있나? 모친까지 합세하여 그럴 줄은 몰랐네. 인격자들이 어디서 그런 수를 쓴단 말인가? 권력이 그리 좋던가? 공개 사과하시게!" 아마 이랬을지도 모른다. 그러면 다른 제자들은 으뜸이 되려 하는 욕망이 없었을까? 아니다. 이 사건이 일어나기 직전의 논쟁 상황을 마가복음은 이렇게 기록하였다. "가버나움에 이르러 집에 계실 새 제자들에게 물으시되 너희가 길에서 서로 토론한 것이 무엇이냐 하시되 그들이 잠잠하니 이는 길에서 서로 누가 크냐 하고 쟁론하였음이라"(막 9:33-34). 제자들이 틈만 나면 서로 논쟁하며 다툰 이유가 으뜸으로 인정받고 싶은 욕망 때문이었다. '누가 크냐' 하는 것은 '가장 큰 사람은 누구냐' 곧 베드로부터 가룟 유다까지 모두 내가 더 크다는 생각이 마음속에 가득 차 있었음을 알 수 있다. 크다는 것은 대단하고 훌륭하다는 뜻이다. 그래서 '가장 위대한 제자는 바로 나다.' 이런 생각으로 대립하던 중에 야고보와 요한의 사건이 터지고 만 것이다.

Page 2. 세상에서의 끝없는 경쟁(세상에서의 문제)

　이 말씀을 읽으며 우리는 청탁을 주도한 어머니의 모습을 떠올린다. 야고보와 요한의 어머니는 이미 가업을 포기하고 그리스도의 제자가 된 두 아들을 지극한 정성으로 돌보고 있다. 남편 세베대가 어업을 일구어 왕성한 활동을 할 때

두 아들을 길러 능력 있는 어부로 만들었고, 지금은 제자의 길을 걷는 아들들의 뒤를 따르며 헌신적인 뒷바라지를 하는 중이다. 지금으로 말하면 대단한 '열혈 맘'이라 불릴 만하다.

엄마의 관점으로 세상을 보면 내 자녀들이 염려스럽기만 하다. 이 세상은 끝없는 경쟁이 펼쳐지는 무대이다. 여기에 티 하나 없는 내 아이가 말을 배워가며 세상 이치를 깨우치는 것이 대견하면서도 안쓰럽다. 학교생활로 들어가면 그 마음이 더욱 요동친다. 이제부터 너도 으뜸이 되고자 하는 경쟁 무대로 올라간다는 긴장감 때문이다. 내 아이는 치열한 다툼, 어려운 시험이란 과정을 거쳐 사회 조직 안으로 들어가게 된다. 매일 경쟁 속에 몸부림치는 자녀를 지켜보고 있는데 학연, 지연, 혈연으로 부당하게 추월해 버리는 사람들이 나타나면 견딜 수 없는 분노와 절망에 빠진다. 그래서 '열혈 맘'의 활동은 끝을 모르고 이어진다.

부모가 자녀를 사랑하고 이끄는 것은 당연한 일이다. 하지만 부모는 자녀를 무조건 감싸는 것보다 어떤 처지에 있든지 용기를 잃지 않도록 인내와 의지를 심어 주는 것이 중요하다. 자라나는 아이에게 1등 하기를 요구하기 전에 인성교육과 신앙교육에 더 힘을 써야 한다. 그리스도인으로서의 부모는 세상의 열혈 부모와 비교하여 그 목적과 방식이 달라야 하기 때문이다.

이 세상은 1등을 위해 치열한 경쟁을 펼친다. 사람의 욕망이 그러하고, 그것을 이루기 위한 노력의 결과가 뛰어난 사람이 1등의 영예를 얻는다. 올림픽 금메달은 그 종목에 출전한 모든 사람을 이긴 승리의 영광이다. 아슬아슬하게 뒤져 2등, 3등이 된 은메달이나 동메달리스트는 기억하지 않는 세상이다. 그래서 올림픽에서는 금메달 개수로 국가 순서를 매기지 않기로 했으나, 언론은 계속 금메달 순위를 발표한다. 사람들의 관심이 거기 있으니까. 스포츠는 그래도 낫다. 1등 아니면 완전히 패배자가 되는 것이 대통령, 국회의원, 지방 자치단체장을 뽑는 선거 제도이다. 그러므로 이 세상은 1등이 되어 으뜸의 자리로 올라가려는 욕망 실현의 경연장으로 변하고 말았다.

고린도전서의 말씀이다. "운동장에서 달음질하는 자들이 다 달릴지라도 오직 상을 받는 사람은 한 사람인 줄을 너희가 알지 못하느냐 너희도 상을 받도록 이와 같이 달음질하라 이기기를 다투는 자마다 모든 일에 절제하나니 그들은 썩을 승리자의 관을 얻고자 하되 우리는 썩지 아니할 것을 얻고자 하노라"(고전 9:24-25). 경쟁 사회에서 달음질하여 얻는 인생의 금메달을 칭찬하였다. 그러나 그 월계관은 우리의 삶과 더불어 곧 썩어 버리고 말지만, 영원히 썩지 않을 승리자의 관이 있다고 한다. 우리 구주 예수 그리스도께서 주시는 구원의 상급이 그것이다. 이는 절제, 곧 욕망의 제어를 통해 얻을 수 있다. 성령의 열매 가운데 하나임을 기억해야 한다.

Page 3. 섬김의 위대함(성경 속의 은혜)

드디어 예수님이 제자들을 불러 모으셨다. 누가 크냐 하며 다투고, 높아지기를 바라고, 으뜸이 되고자 하던 제자들이 주님 앞에 앉았다. 그들의 뒤에는 야고보와 요한의 어머니도 조용히 머리를 숙이고 앉아 있었을 것으로 보인다. 주님께서는 이방인 집권자들과 고관들이 권력을 쥘 때 어떻게 했던가를 먼저 말씀하셨다. 처음에 하던 태도와 달리 세력을 얻게 되면 권세를 부리고 독선에 빠지는 것이 세상 군주들의 행위인 것을 지적하시고, 이제 너희들은 그것과 완전히 다른 길을 걸으라고 가르치셨다. "너희 중에는 그렇지 않아야 하나니 너희 중에 누구든지 크고자 하는 자는 너희를 섬기는 자가 되고 너희 중에 누구든지 으뜸이 되고자 하는 자는 너희의 종이 되어야 하리라"(26-27절). 섬기는 자가 진정으로 큰 사람이며, 으뜸이 되려 한다면 섬기는 종이 되라는 말씀이다. '섬김은 위대하다'라는 주님의 말씀이 제자들과 그들의 어머니의 마음에 새겨지고 있었다.

'섬기다'라는 말을 모르는 사람은 없다. 그러나 주님의 말씀인 고로 새삼스럽지만 여기서 사전적 의미를 확인해 보자. 먼저 '모시어 받들다'라는 뜻풀이가 있다. 예부터 종이 하던 일을 지금 내가 한다면 비굴한 행위인 양 느껴지기도 한다. 그러나 '섬기다'의 뜻은 이것만이 아니다. 두 번째의 풀이는 '남을 아끼다'로 되어 있다. '아끼다'는 '소중히 여겨 함부로 쓰지 아니하다'라는 뜻인데 이를 사람에게 적용하면 '그를 위하는 마음에서 해가 되지 않게 하려고 애쓰다'가 된다. 얼마나 아름다운 단어인가! '아끼는 자녀' '아끼는 성도' '아끼는 제자' 이 모두가 섬김의 의미를 지닌 말이다.

신분이 낮은 종이 했던 섬김이 이토록 위대하게 되는 까닭은 무엇인가? 남을 아끼기 위하여 자기 자신을 희생하고 끝없는 사랑을 베푸는 이 행동은 아무나 할 수 없다. 자녀를 사랑하는 부모가 할 수 있는 일이고 진정한 그리스도인이 되었을 때 비로소 가능한 일이다. 권력을 쥐려고 잠시 선거에 나와 국민을 섬기겠다고 말하는 사람들은 수도 없이 많았다. 그러나 진정으로 섬김의 위대함을 실천하는 사람은 과연 몇이나 되었을까? 세상이 아무리 섬김을 외면하고 누가 크냐 하며 다투고 있을지라도 예수님을 믿는 우리 그리스도인들은 달라야 한다. 여기 주님의 말씀을 다시 들어보라. "인자가 온 것은 섬김을 받으려 함이 아니라 도리어 섬기려 하고 자기 목숨을 많은 사람의 대속물로 주려 함이니라"(28절).

예수님이 세상에 오신 목적을 밝히신다. 특히 마음에 감동으로 와 닿는 것은, 우리를 위하여 스스로 낮아지시고 그것도 부족하여 그 귀한 목숨까지 대속물로 주시겠다고 하신 일이다. '대속물'이란 ransom, 곧 전쟁 포로나 노예를 풀어 주기 위해 지불하는 몸값을 가리키는 말이다. 죄로 인하여 영생의 길에서 벗어난 우리 죄인들을 위하여 자신의 생명까지 구원의 몸값으로 주시겠다는 것이다. 이 섬김보다 위대한 것은 세상에 없다. 진정한 부모의 사랑은 그리스도의 섬김을 본받아 자녀에게 이어지게 됨을 알 수 있다.

Page 4. 아버지의 등을 밀며(세상에서의 은혜)

오늘 어버이 주일에 시 한 편을 함께 감상하기로 한다. 손택수 시인의 서정시 〈아버지의 등을 밀며〉에서 우리는 가까운 이웃이 귓가에 들려주는 듯한 아버지의 이야기를 들을 수 있다.

아버지는 단 한 번도 아들을 데리고 목욕탕엘 가지 않았다

여덟 살 무렵까지 나는 할 수 없이

누이들과 함께 어머니 손을 잡고 여탕엘 들어가야 했다

누가 물으면 어머니가 미리 일러준 대로

다섯 살이라고 거짓말을 하곤 했는데

언젠가 한 번은 입속에 준비해 둔 다섯 살 대신

일곱 살이 튀어나와 곤욕을 치르기도 하였다

나이보다 심하게 여물었구나, 누가 고추를 만지기라도 하면

잔뜩 성이 나서 물속으로 텀벙 뛰어들던 목욕탕

어머니를 따라갈 수 없으리만치 커버린 뒤론

함께 와서 서로 등을 밀어주는 부자들을

은근히 부러운 눈으로 바라보곤 하였다

그때마다 혼자서 원망했고, 좀 더 철이 들어서는

돈이 무서워서 목욕탕도 가지 않는 걸 거라고

아무렇게나 함부로 비난했던 아버지

등짝에 살이 시커멓게 죽은 지게 자국을 본 건

당신이 쓰러지고 난 뒤의 일이다

의식을 잃고 쓰러져 병원까지 실려 온 뒤의 일이다

그렇게 밀어드리고 싶었지만, 부끄러워서 차마

자식에게도 보여 줄 수 없었던 등

해 지면 달 지고, 달 지면 해를 지고 걸어온 길 끝

적막하디 적막한 등짝에 낙인처럼 찍혀 지워지지 않는 지게 자국

아버지는 병원 욕실에 업혀 들어와서야 비로소

자식의 소원 하나를 들어주신 것이었다

   아버지에게는 고생과 고난의 상처가 있었다. 그것은 가정을 지키고 자녀들을 먹여 살리기 위해 평생 짊어졌던 지게 자국이었으나, 아버지로서

는 감추고 싶은 상처였다. 이것을 뒤늦게 안 아들의 아픈 사연이 우리 마음에 공감을 일으킨다. 그리스도인들이 이 시를 읽을 때는 아버지의 감추어진 상처가 주님의 고난으로 다가오고 그 섬김과 대속을 떠올리게 한다. 또한 오늘의 성경 말씀처럼 아들을 위하여 당돌히 주님께 요청했다가 섬김의 교훈을 무겁게 받았던 어머니의 마음도 잊을 수 없다. 우리의 아버지와 어머니는 섬김의 어버이로서 내게 생명과 사랑을 주신 귀한 분들이시다.

2026 8.9

광복절 감사 주일

성서정과 | 시 67; 사 43:14-21; 엡 2:11-22; 마 13:18-23

세상 민족의 화평이신 주님

석의적 접근

시편의 말씀 시 67

이 시는 성격상 추수 감사 찬양으로 분류되기도 한다. 그 근거는 6-7절로서 땅이 소산을 내어 추수의 복이 넘쳤다는 것에 둔다. 그렇다면 이스라엘 백성이 장막절 절기에 성전에 나아가 하나님께 감사드린 노래로 볼 수도 있다. 하지만 이 시의 전반적 흐름은 추수 감사에만 국한하지 않고 모든 나라와 온 땅이 하나님을 경외한다는 폭넓은 선교적 내용으로 시작과 끝을 장식하고 있다. 세계를 구원하려는 소망을 담은 찬양의 시로서 다윗의 시인 65편과 공통점이 많은 것으로 알려졌다.

아론의 축복(민 6:24-26)을 연상하면서 시작한 이 시는 하나님의 구원 대상을 이스라엘로부터 시작하여 모든 민족에게로 넓혀가고 있다. 하나님은 공평하셔서 어떤 나라와 민족을 편애하지 않으시고 의인을 지키시며 악인을 심판하신다. 의로운 통치자가 하나님이시므로 모든 민족은 주 하나님을 찬송해야 할 의무가 있다. 찬양을 받으신 하나님께서는 우리에게 복을 주신다. 그 복은 육신의 것과 영적인 것이 함께 결합해 있다. 곧 땅이 그 소산을 내어 풍성한 결실을 얻게 될 것이고, 하나님의 구원을 감사하며 경외하는 영적 감사가 세상의 끝까지 퍼져 나갈 것이라 하였다.

서신서의 말씀 엡 2:11-22

유대인은 자기들만이 하나님의 백성이라는 자만심으로 이방인들을 경멸했다. 그러나 예수 그리스도께서는 밖에 있는 외인들을 불러 서로 구별이 없이 한 몸으로 화평을 이루게 하셨다. 그리스도 자신의 피로 중간에 막힌 담을 허신 것이다. 여기서 담이라는 표현은 성전의 구조와 관련이 있다. 성전에서 이방인의 뜰과 유대인의 뜰은 철저히 구분되었고 그 사이에 장벽이 높게 둘러 있었다. 유대인이 아닌 사람이 담을 넘으려 하면 죽임을 당한다는 경고문이 붙어 있을 정도였다. 그리스도는 그토록 심하게 분리되었던 두 세력을 십자가로 화목하게 하시고 평안을 주셨다.

이 담은 율법을 가리키는 비유적 표현이기도 하다. 유대인은 수천 개로 세분화한 법을 가지고 이방인과 차별화를 꾀하였다. 그러나 율법을 가지고는 세상을 구원할 수 없다. 그리스도의 십자가로 인하여 의례적인 율법은 드디어 종말을 고하고 유대인과 이방인의 구별도 사라져 모두 구원의 자녀가 되었다. 그리하여 세상의 모든 사람이 예수님이 모퉁잇돌이신 교회에서, 영원한 완성을 위해 함께 지어져 가고 있다고 하였다. 성도의 신앙생활을 앞으로 완성될 교회의 건물에 비유한 말씀이다.

복음서의 말씀 마 13:18-23

본문은 예수님이 이미 앞에서 말씀하신바 씨 뿌리는 비유에 관한 설명이다(13:3-9 참고). 씨는 '천국 말씀'(19절)이고, 씨를 뿌리는 자는 예수 그리스도 자신이시다. 본문에서는 직접 언급하지 않았으나 뒤에 나오는 가라지 비유에서 "좋은 씨를 뿌리는 이는 인자요"(37절)라고 밝히고 있다. 뿌려진 씨를 빼앗는 악한 자는 사탄이다. 누가복음에서는 마귀라 표현하였고, 그렇게 하는 목적은 "믿어 구원을 얻지 못하게 하려고 말씀을 그 마음에서 빼앗는 것이요"(눅 8:12)라고 하였다. 하나님의 나라가 전파되는 과정에는 반드시 악의적인 방해가 따르는 것을 알 수 있다.

이 비유에는 하나님의 말씀을 받아들이는 사람의 마음이 네 가지 종류로 나누어짐을 보여 준다. 먼저, 길가와 같이 단단한 마음이다. 진리를 들어도 깨닫지 못할 정도로 굳어버린 이 마음에서는 복음의 씨앗이 자랄 수 없다. 다음으로, 돌밭처럼 얕은 마음이다. 돌 위에 흙이 얇게 덮인 곳에서 씨앗은 오래 견디지 못한다. 말씀을 잠시 받아들이는 듯하나 곧 넘어지고 만다. 세 번째는, 가시덩굴이 얽히듯 염려가 많은 마음이다. 말씀을 듣고 뿌리를 내렸으나 세상 유혹에 빠져 믿음의 결실이 없다. 끝으로, 좋은 땅과 같은 마음이다. 옥토에 뿌린 씨앗이 수십 배에서 백 배에 이르는 수확을 얻는 것처럼 진리를 듣고 깨닫는 사람은 구원의 복음을 널리 전하고 생명의 열매를 얻게 된다.

설교를 위한 조명

시편의 말씀(시 67:1-7)으로 설교 작성 / 이야기 설교

"모든 민족을 위한 기도"

Stage 1. 온 세계 민족 수는 얼마나 될까

민족이란 무엇인가? 일정한 지역에서 오래 공동생활을 하면서 언어와 풍습, 역사와 문화를 함께한 동질적 집단을 지칭하는 말이다. 우리는 한민족으로서 같은 언어를 쓰고 문화적 동질성을 가진 사람들이다. 평소에는 같은 민족이라는 점에 관해 별로 중요성을 느끼지 못하다가도, 외국에 나가거나 다른 민족과 대립 관계에 서게 되면 민족의식이라는 자각이 매우 강렬하게 작용하는 것을 경험한다.

올림픽이나 월드컵 경기 등 국가 대항전이 열리면 이런 의식이 급속히 분출한다. 우리나라 선수가 나오기만 하면 어떤 종목이든 관계없이 소리를 높여 응원하게 된다. 그 선수를 언제 보았다고 함께 가슴 죄며 승리를 나의 일처럼 기뻐하고, 패배에 눈물짓는단 말인가? 이유는 단 하나, 같은 민족이기 때문이다. 민족이라는 이름은 이토록 뜨거운 결속력을 갖고 있다.

그렇다면 이 세상에는 몇 개의 민족이 있을까? 민족의 숫자는 국가의 수와 일치하지 않는다. 우리나라처럼 같은 민족이면서도 나라가 갈라져 있기도 하고, 중국처럼 50여 개의 소수민족이 하나의 나라 속에 들어 있기도 하다. 미국 같은 합중국(United States)은 합성국가로서 인종까지도 아예 다르다. 현재 세계에는 250여 개의 나라가 있다고 한다. 우리가 이름도 모르는 작은 나라도 많다. 2년 전에 열렸던 올림픽에는 205개국이 참가했는데 생소한 명칭이 참 많았다. 나우루, 키리바시, 남태평양에 있는 이런 작은 섬나라를 아는 사람은 거의 없었을 것이다. 멀리 카리브해에 있는 세 나라는 앞에 '세인트'라는 이름이 공통으로 붙어서 '세인트 삼 형제'로 기억에 남았다. 세인트 루시아, 세인트 빈센트 그

레나딘, 세인트 키츠 네비스, 인구가 모두 1만 명에서 20만 명 사이에 있는 소국들로서 민족을 이루며 산다.

올림픽에서 특히 관객의 마음을 숙연하게 했던 것은 '난민 대표팀'이다. 공식 명칭이 'Refugee Olympic Team'인데, 민족의 내전이나 분열 때문에 고국을 떠나야 하는 상황이 된 선수들을 위해 올림픽 위원회가 만들어 준 팀이다. 2016년 리우 올림픽 때 처음으로 난민 대표 10명이 참가하여 시작되었고, 2024년에는 12개 민족, 29명이 참가했다. 그들을 볼 때마다 시리아나 남수단처럼 민족적 아픔을 겪고 있는 나라들이 생각나 가슴이 아프다. UN에 가입한 나라의 숫자는 200국이 되지 못한다. 그러므로 세상에는 나라의 수보다 훨씬 많은 숫자의 민족들이 존재한다. 역사의 슬픔을 안은 채 겨우 유지하고 있는 세상의 민족들까지 그 수를 센다면 정말 어느 정도일지 알 수가 없다.

민족은 문화적 동질성을 가지므로 같은 언어를 쓴다. 그럼 세상에는 한국어와 영어를 비롯하여 몇 개의 언어가 있을까? 학자들은 대략 6,500개의 언어집단이 있다고 한다. 놀라울 정도로 많다. 그러나 작은 부족끼리 사용하는 원시적 언어를 제외하고 500만 명 이상이 사용하는 언어의 숫자는 약 100개로 줄어든다. 우리는 아름다운 언어와 문화를 가진 자랑스러운 민족이다. 그리고 세상에는 우리 민족처럼 언어와 문화를 함께 향유하며 살아가는 수많은 다른 민족이 있다.

이는 창조주 하나님의 섭리이시다. 시작은 한 혈통이었으나 온 땅에 흩어져 각기 민족들을 이루어 살게 하신 것이다. "인류의 모든 족속을 한 혈통으로 만드사 온 땅에 살게 하시고 그들의 연대를 정하시며 거주의 경계를 한정하셨으니"(행 17:26). 이것이 하나님 안에서 각 민족이 존재하며 살아가는 이유이다.

Stage 2. 식민지 역사와 우리나라

그런데 사람들은 자기 나라의 세력이 커지면 다른 국가를 침략하여 지배권을 확대하려는 욕심이 생긴다. 이러한 사상이나 정책을 가리켜 '제국주의

(Imperialism)'라 하며 이 제국주의자들은 앞다투어 식민지 확보와 경영에 나섰다. 다른 땅을 자기들의 종속지역으로 만들어 국가 주권을 빼앗고 그곳을 원료 공급지나 상품시장으로 삼아 막대한 이익을 챙기는 것이다. 식민지의 백성은 수탈당하는 노예가 되었다.

이러한 역사는 고대 그리스나 로마제국에서 익히 보아 왔던 일이다. 그러나 15세기에 들어 신항로 개척 시대가 열리면서 해상무역 거점을 확보하고 식민지를 개척하려는 움직임이 여러 나라에서 강하게 일어났다. 유럽 각국은 경쟁적으로 배를 타고 나가 아시아, 아프리카를 주된 대상으로 삼아 식민지를 넓히는 데 몰두했다. 일찍부터 식민지를 개척한 나라들은 대체로 기독교 국가라는 공통점이 있다.

기독교인들은 식민지가 된 백성에게 선교운동을 활발히 펼쳤다. 하지만 그리스도를 전파하면서 강압적 수단을 동원할 수는 없었다. 선교사들은 대체로 제국주의에 비판적이었고 원주민들의 인권과 복지를 옹호하고자 애를 썼다. 그러나 그들도 제국의 통치를 통해 보호받는다는 한계점이 있었고, 기독교를 전하는 과정에서 현지 문화와 충돌하는 사례가 빈번했다. 선교는 서구 문명의 전파가 목적이 아니라 하나님의 사랑과 의를 실현하는 진정성 위에서 이루어지는 것이다.

우리 한국은 35년 동안 식민지로서 침탈당한 아픔을 가지고 있으면서도 그 역사적 과정이 매우 독특하다. 우리나라의 경우, 제국주의의 압제는 서양이 아닌 일본에서 밀려왔다. 이때 기독교는 일본의 식민지 통치에 저항하는 힘으로서 우리 민족을 보호하는 방패가 되어 주었다.

우리 민족의 명칭은 '한민족'이다. 중국의 한족과 발음이 같으므로 유의해야 한다. 영어 명칭으로는 코리안(Koreans), 북한식으로는 조선민족, 중앙아시아 지역의 동포들은 고려인이라 불렀다. 오천 년 세월 동안 한반도를 중심 삼아 위로는 만주 지방의 일부, 아래로는 반도에 속한 섬들을 한데 묶어 같은 언어와 풍습으로 하나의 문화 공동체를 형성해 왔다. 혈연으로 맺은 공통성을 중시하여 단일민족이라는 자부심이 매우 강하다. 인구는 남한에 5,200만, 북한에

2,500만, 해외에 800만, 모두 합하여 약 8,500만 명 규모의 한민족을 이루고 있다. 우리 한민족이 살아온 역사의 과정을 돌이켜본다면 그야말로 파란만장의 연속이다.

Stage 3. 성경 속의 이스라엘

이제 오늘의 성경 말씀으로 들어간다. 시편 67편은 다윗의 시가 아니며, 하나님의 뜻과 세계의 앞날을 거시적으로 보는 어떤 시인에 의해 쓰인 선교적 찬양시이다. 여기서 3절과 5절은 똑같은 구절로서 시에서 잘 쓰이는 후렴이다. 4-5절을 읽으면서 우리는 놀라운 경험을 얻게 된다. "온 백성은 기쁘고 즐겁게 노래할지니 주는 민족들을 공평히 심판하시며 땅 위의 나라들을 다스리실 것임이니이다 (셀라) 하나님이여 민족들이 주를 찬송하게 하시며 모든 민족으로 주를 찬송하게 하소서."

민족들을 공평히 심판한다는 것은 하나님께서 온 세상 사람을 구별하시지 않고 평등하게 다스리실 것을 알려준다. 이것이 왜 우리를 놀라게 할까? 잘 아는 바와 같이 이스라엘 사람, 곧 유대인의 민족의식은 세상에 유례가 없을 정도로 강고하다. 그들의 민족은 아브라함과 이삭을 거쳐 야곱에 이르러 열두 지파로 구성된다. 야곱의 믿음을 보신 하나님께서 천사를 통해 이름을 바꿔 주셨다. "그가 이르되 네 이름을 다시는 야곱이라 부를 것이 아니요 이스라엘이라 부를 것이니 이는 네가 하나님과 및 사람들과 겨루어 이겼음이니라"(창 32:28). 이스라엘은 하나님과 겨루어 이겼다는 뜻이다. 이 굉장한 의미의 이름을 직접 받은 그 민족의 자부심은 형언할 수 없을 만큼 높아졌다.

그러나 그 자부심은 순수한 기쁨을 넘어 일종의 우월감을 형성하게 되었고 다른 민족들을 멸시하는 배타주의로 흐를 위험성을 보였다. 하나님은 세상에 많은 민족을 내시면서 하나의 민족이 맹목적인 애국 애족심을 앞세워 폐쇄적인 태도로 나아가는 것을 경계하셨다. 오늘의 말씀을 보라. 하나님은 민족들을 공평히 심판하시겠다고 선언하시며, 모든 민족이 주를 찬송하기를 바라셨다.

이스라엘은 먼저 하나님을 알았으므로 그 하나님과 구원의 소식을 다른 민족에게 전해야 할 책임을 지니게 된 것이다. 하나님과 겨루어 이기는 은혜를 받았던 이스라엘이지만, 그 우월감이 교만이 되고 그 단결력이 배타적으로 흐를 때 철저히 하나님의 징계를 받았다.

Stage 4. 광복절에 생각하는 일본

오늘은 광복절 감사 주일이다. 올해로 우리 민족은 광복절 81주년을 맞이한다. 우리나라는 오천 년의 긴 역사 가운데서 부끄럽게도 나라의 주권을 잃고 식민지가 되었던 흑암의 세월 35년이 있다. 식민지 백성으로서 수탈을 당하고 우리말과 글자를 쓰지 못한 채 성과 이름까지도 바꿔야 하는 고난을 받았다. 교회와 학교에서 그들이 섬기는 신을 참배하도록 강요당했다. 그렇게 고통을 준 일본이라는 나라와 민족이 바로 우리 가까이에 살고 있다.

일본 민족을 일러 야마토 민족이라 부른다. 일본 최초의 통일 정권 이름이다. 야마토 말고 북쪽 홋카이도에 아이누라는 소수민족이 있고, 남쪽 오키나와섬에는 류쿠족이 산다. 그러나 오키나와는 일본이 유구국이라는 나라를 침략하여 합병한 것이므로 애초에 같은 민족이 아니다. 이른바 본토 민족인 야마토족의 특성은 사무라이 문화라는 이름 속에 잘 드러나 있다. 잘못된 무사도를 앞세워 침략에 정당성을 내세우고 포장했다.

야마토 민족의 종교는 신도, 곧 신사를 참배하는 것이다. 거기에 불교의 색채를 가미하여 정확히 말하면 신불습합, 이질적인 종교가 합하여진 모습이 되었다. 신사는 자연물이나 눈에 보이는 대상을 신으로 삼아 숭배한다. 천황을 신으로 높여 참배한다. 그리고 8월 무렵만 되면 일본의 고위 관료들이 줄줄이 참배하는 야스쿠니 신사는 제2차 세계대전을 일으킨 전범들을 신으로 만들어 추앙하는 곳이다. 일본은 지금도 전쟁을 일으켜 아시아 지역의 뭇 나라와 백성에게 피해를 준 것에 대한 반성이 전혀 없다. 당연히 하나님의 의와 회개에 관한 인식도 현저히 낮다. 기독교의 전파 시기는 우리나라보다 훨씬 빨랐으나 현재

일본의 기독교인 숫자는 전체 인구수의 1%도 채 되지 못한다.

그 이유가 무엇일까? 일본이 복음의 결실을 이루지 못하는 것을 보면서 뜻있는 사람들은 씨 뿌림에 관한 주님의 말씀을 생각한다. "아무나 천국 말씀을 듣고 깨닫지 못할 때는 악한 자가 와서 그 마음에 뿌려진 것을 빼앗나니 이는 곧 길가에 뿌려진 자요"(마 13:19). 일본 땅에도 씨 뿌리는 이들이 복음을 열심히 전하지만, 민족이라는 토양이 길처럼 단단해서 미처 깨닫기도 전에 악한 자가 빼앗아 버리는 격이다. 그 단단하고 악한 것의 중심에 신사가 있다.

그들은 태양으로부터 시작하여 산이나 자연물, 그리고 사람들도 필요에 따라 신으로 모신다. 천황은 물론이고 도쿠가와 이에야스, 세계대전의 전범인 도조 히데키 등도 신사에서 숭배를 받는다. 그 대신 그리스도의 복음은 일종의 지식이며 서양문물 정도로 여긴다. 그러니 하나님의 의는 설 자리가 없다. 해마다 8월 15일은 일본의 입장으로 종전기념일이라 하면서 정치 세력들이 야스쿠니 신사에 참배하고 새 군국주의의 부활을 외친다. 광복절은 그래서 우리 민족의 마음을 더욱 아프게 하고 일본과 더 높은 담을 쌓게 만든다.

Stage 5. 땅끝에 사는 민족들에게까지

그러나 우리 민족은 일본과 달라야 한다. 우리는 긴 역사 동안 다른 나라와 민족을 침략한 적이 없다. 가난하고 작은 나라였으며 남북으로 갈려 전쟁까지 치렀으나 이제는 세계에 경쟁력을 떨치는 부강한 나라가 되었다. 하나님을 섬기는 믿음의 국가, 온 세상에 복음을 전하는 선교의 중심지로 우뚝 섰다. 하나님이 주신 은혜의 결실이다.

옛날의 이스라엘은 적이 많아서 주변의 민족들과 끝없는 전쟁을 이어갔다. 그리고 큰 강대국에 점령당했다. 이사야 선지자는 이 이스라엘의 미래를 이렇게 예언했다. "내가 그들의 행위와 사상을 아노라 때가 이르면 뭇 나라와 언어가 다른 민족들을 모으리니 그들이 와서 나의 영광을 볼 것이며"(사 66:18). 하나님께서는 이스라엘만 아니라 이방 나라와 민족도 구원하기를 원하셔서 내가 그들을 모으겠다 하시며, 먼저 선택된 너희가 그 책임과 역할을 맡아달라는 당부를 하신 것이다. 오늘 우리가 읽은 말씀 '모든 민족들이 주를 찬송하게 하소서'와 같은 뜻의 말씀이다.

우리가 마음으로 담을 쌓아 버리고 싶은 일본은 그럼 어찌할 것인가? 하나님께서는 길가에 떨어진 씨 같은 그들의 완악한 마음을 옥토로 바꿀 책임을 한국에게 맡기신 것이 아닐까 생각해 본다. 예수 그리스도는 누구이신가? "그는 우리의 화평이신지라 둘로 하나를 만드사 원수 된 것 곧 중간에 막힌 담을 자기 육체로 허시고"(엡 2:14). 예수님이 담을 헐어 주시면, 우리는 주님을 먼저 믿은 민족으로서 그들에게 구원의 소식을 전해야 한다. 화평을 가르쳐 주고 진정한 주님의 평화를 그들의 나라 일본에, 동아시아에, 그리고 온 세계에 전해야 한다.

진정한 회개가 있을 때 참된 용서가 있다. 독일은 일본과 비슷한 전범 국가지만, 역사를 반성하며 전범 관계자들의 조사와 재판을 지금도 철저하게 행하고 있다. 수도 베를린에 '홀로코스트 피해 추모관'을 짓고 유대인 희생자들을 비롯하여 피해당한 사람을 위로한다. 독일 민족의 영광인 브란덴부르크 문 가까이에 이 추모관을 세움으로써 영광과 수치를 진심으로 보여 주는 그들에게 세계인들은 용서의 손길을 내밀었다. 하나님을 믿는 의의 길이 이것이다. 일본은 독일을 본받아야 한다. 일본의 앞날은 미래학자들에게 이미 비관적으로 나타났다. 제조업뿐 아니라 여러 면에서 국제 경쟁력이 하락하고 있으며, 후쿠시마 원전 사고의 후유증, 그리고 대지진 같은 재해 예상 등이 겹쳐 위기를 맞을 것이라는 진단이다. 일본의 회개와 변화가 필요하다.

81년째 광복을 맞이하는 우리나라와 교회도 걱정이 앞선다. 광복의 감격과 새 역사 창조라는 숭고한 노력은 무뎌진 지 오래다. 민족의 양심과 신앙을 주도했던 교회는 세속화의 바람 속에서 지금 거센 비난에 직면해 있다. 오늘은 하나님께서 우리에게 억압의 사슬을 끊어 주시고 다시 시작하라는 은혜의 선포를 내리신 날이다. 교회와 성도들이 새롭게 단결하여 일본에 화평의 복음을 전하고, 일본을 넘어 모든 나라 땅의 끝까지 진리와 평화를 세우고 하나님을 경외하는 사명을 수행해야 하겠다.

2026

추수 감사 주일

성서정과 | 시 1; 전 3:10-15; 살전 1:1-5; 마 13:36-43

감사의 마음을 글로 표현하기

석의적 접근

시편의 말씀 시 1

하나님께서는 모세를 불러 5경이라는 법을 내려주시고, 다윗을 통하여 5권의 시 묶음을 만들어 주셨다. 성경 시편은 1편의 앞에 제1권이라 쓰였고 전체 5권, 150편의 시로 구성되어 있다. 엄한 율법과 아름다운 문학의 조화가 성경을 장식한다. 시편의 저작자로 단연 다윗을 손꼽을 수 있다. 절반에 가까운 73편이 다윗의 저작이라 기록되었고 아삽, 고라 자손들의 것도 있으며 솔로몬과 모세의 시도 한두 편이 실렸다. 누가 썼는지 모르는 작가 미상의 시도 50편이나 된다.

그런데 시편을 여는 첫 1편은 다윗의 시가 아니다. 시의 배경에 관해 아무 언급도 없으므로 누가 어느 때 쓴 시인지 알 수 없으나, 이 시가 1편이 된 것은 시편 전체의 서문이 될 만한 시이기 때문이다. 시편의 서시인 1편은 시편 전체의 주제와 내용을 함축하고 있다. 곧 하나님 나라의 원리를 밝혀주고, 이를 위해 믿음의 사람들이 살아가야 할 방식을 비유와 상징으로 제시하였다. 인생에는 의인의 길과 악인의 길이 있을 뿐이다. 복 있는 사람이 율법을 즐거이 묵상하는 것은 마치 시냇가의 나무가 철을 따라 열매를 맺는 것과 같다. 반면에 악인은 꾀를 부리며 죄의 길에서 오만하게 살다가 바람에 나는 겨처럼 사라지고 말 것이라 하였다.

서신서의 말씀 살전 1:1-5

데살로니가는 마게도냐 분봉왕 카산더(Cassander)가 알렉산더의 여동생인 자기 아내의 이름으로 명명한 도시이다. 교회사적으로 유럽 지역에서 빌립보 다음으로 교회가 세워진 선교 도시가 되었다. 사도 바울은 데살로니가에 짧은 시간 머물고 떠났으나 그곳에 교회를 설립하고 성도들을 위해 늘 기도하며 문안하였다. 박해 속에서 그리스도의 재림을 기다리는 교인들에게 보낸 이 편지는 첫 바울서신으로 인정받고 있다. 종말론에 몰입해 있는 여러 초대교회를 위한 교훈적 내용이 중심을 이루는 서신이다.

바울과 그의 동료들은 데살로니가 교인들을 생각할 때마다 하나님께 감사가 넘치고 그 감사의 열매들이 기억에 선명히 떠오르는 체험을 했다. 감사의 요소는 성령의 확신 속에서 이룬 믿음, 사랑, 소망이며 완전한 열매의 모양은 각각 역사, 수고, 인내로 나타난다. 역사는 '행위(work)'로서 복음 전파의 일을 말한다. '수고(labor)'는 자신을 희생하는 노동이며, '인내(patience)'는 말씀이 이루어지기를 기대하는 과정에서 필요한 오래 참음을 의미한다. 고린도전서 13장과 달리 감사의 순서가 사랑, 소망으로 바뀐 까닭은 이 서신이 그리스도의 재림을 핵심적으로 다루려 하고 있으므로 최종 위치에 '소망의 인내'를 배치한 것으로 판단된다.

복음서의 말씀 마 13:36-43

예수 그리스도의 제자들은 앞에서 들었던 '가라지 비유'의 뜻을 명확히 알고 싶었다. 주님은 씨 뿌리는 것의 비유에 관한 설명(13:18-23)을 마치시고, 이어 가라지 비유(13:24-30)를 들려주셨다. 제자들이 잘 이해하지 못하는 가운데 겨자씨 비유(13:31-32)와 누룩 비유(13:33) 말씀이 선포되었으므로 그들은 조용한 시간을 틈타 가라지 비유에 대하여 자세히 설명 듣기를 원하였다. 이 모든 비유는 천국의 비밀을 알게 하는 데 목적이 있고, 이 비밀은 인간의 이성만으로는 이해하기 어렵기에 이런 과정을 거치는 것이 당연했다. 그리스도께서는 그들의 질문을 탓하지 않으시고 하나씩 친절하게 대답하여 주셨다.

좋은 씨를 뿌리는 이는 '인자(人子, Son of man)'라 하신다. 예수님이 자신을 이 용어로 칭하실 때는 철저히 세상에 내려온 인간이라는 뜻을 나타내시려는 의도가 있음을 본다. 인간으로 오신 주님이 지금 세상이라는 밭에 천국의 자녀들을 위해 씨를 뿌리신다. 가라지, 곧 '독보리(tare)'는 사탄의 자녀를 가리키며 그것을 뿌리는 자는 마귀이다. 가라지는 심판의 날인 세상 끝에 거두어 지옥의 상징인 풀무불에 던져질 것이며, 의인들은 하나님의 나라에 올려져 해와 같이 빛나게 된다. 추수의 날이 오기까지 가라지를 뽑는 것은 허락되지 않았다. 알곡과 가라지가 나뉘는 추수의 날은 단순히 한 해의 수확을 감사하는 의미를 뛰어넘고 있다는 사실을 깨닫게 한다.

설교를 위한 조명

시편의 말씀(시 1:1-6)으로 설교 작성 / 이야기 설교
"추수감사절에 쓰는 감사 편지"

Stage 1. 부모님께 드리는 손편지

우리는 날마다 하나님의 은혜 속에 살면서 범사에 감사하는 믿음의 자녀들이다. 그렇다면 어떤 방법으로 은혜의 하나님께 감사하는가? 저녁 기도시간을 내어 "하나님, 오늘도 베풀어 주신 은혜에 감사합니다." 날마다 이렇게 말로써 반복하다 보면 형식적으로 습관화되어 버리기 쉽다. 헌금을 정성껏 준비해 두었다가 주일에 교회에 나가 감사 봉헌을 드리는 이들도 많을 것이다. 하지만 물질보다 더 귀하고 중한 감사의 방법이 있을 것이라는 생각이 든다. 형제와 이웃을 사랑하고 나누는 것도 아름다운 방법이다. 그러나 사랑은 추상적이어서 감사의 결실이 구체적으로 눈에 보이지 않는다. 하나님께 진정한 감사를 드리고 싶을 때는 어떻게 하면 좋을까?

여러분은 부모로서 자녀를 키우는 동안 느낀 바가 많았을 것이다. 그 가운데서 글을 갓 배운 자녀가 부모에게 쓴 손편지, 그리고 장성한 자녀가 멀리서 부모에게 진정으로 문안을 드리는 정성스러운 글은 정녕 잊을 수 없다. 부모로서 이때보다 더 기쁜 순간은 없다. 말로 전화를 해 오거나 통장에 돈을 넣어 보내주는 것도 좋지만, 마음을 다해 쓴 글을 받는 것이 더욱 사랑과 감동을 불러일으킨다. 하나님께서는 인간에게 말을 허락하셔서 귀중하게 사용하도록 하셨으며, 이에 그치지 않고 그 말을 글로 새기고 써서 오늘 우리의 삶에 생생한 생명의 말씀이 되게 하셨다. 이토록 귀한 글을 받았으면 우리도 글로 대답하고 이 글을 감사의 수단으로 삼아야 한다. 생명의 책, 은혜의 글을 매일 양식으로 받았으면서도 하나님께 올리는 내 감사의 글이 이제껏 단 한 줄도 없는 사람이 있다. 추

수와 풍요의 기쁨을 누리면서도 감사의 글쓰기를 미처 생각하지 못했다면 하나님 앞에 참으로 죄송한 일이다.

17세기에 살았던 영국의 유명한 시인 존 밀턴은 서사시 『실낙원』을 쓴 신앙인이다. 그는 시 감상법 열 가지를 말했는데 마지막에 이것을 강조했다. "시를 감동적으로 읽었다면 꼭 작가에게 편지를 쓰라." 당시에는 편지밖에 소통할 길이 없었으므로 잘 읽었다고 답을 써서 보내는 것이 독자의 최대 의무라고 여긴 것이다. 매우 중요한 말이다. 우리는 하나님의 말씀을 받아 읽고, 또 시편을 읽었는데 그 감상과 느낌, 받은 은총을 기록하여 하나님께 올려 드려야 하지 않겠는가? 그러지 않았다면 밀턴의 말처럼 의무 위반이다. 그래서 오늘 추수 감사 주일에는 특별히 하나님 아버지께 드리는 감사의 의무와 방법으로서 감사의 글을 쓰도록 하자.

Stage 2. 하나님께 드리는 답장

오늘의 본문은 성경 말씀에서 너무도 유명한 시편 1편이다. 이 시를 다시 읽다 보니 우리도 추수 감사의 마음을 한 편의 시로 써서 담아내고 싶다. 여기서 생기는 고민은 '나도 글을 쓸 수 있을까? 더구나 감사의 시를 써서 주님께 올려 드리는 일이 과연 가능할까?' 하는 것이다. 걱정할 필요가 없다. 하나님은 모든 사람에게 그런 능력을 주셨다. 시편 95편에서는 누구나 시를 지어 감사하라고 권한다. "우리가 감사함으로 그 앞에 나아가며 시를 지어 즐거이 그를 노래하자"(시 95:2).

우리가 만약 학교 다니던 때 국어 시간에 시를 읽고 배우면서 시에 마음이 끌리거나 지금까지도 잊지 않고 암송하는 시가 있다면 시인이 될 기본 조건을 이미 갖춘 것이다. 그렇다면 이제까지 비록 글쓰기를 멀리했다 할지라도 지금 시를 써 보는 것이 좋다. 우리는 오늘도 많은 생각을 했고 아름다운 느낌을 받았다. 그 가운데 추수의 감사를 떠올리고 그것을 글로 옮겨 보자. 믿음의 시인이 탄생하는 순간이다.

시는 인간의 사상과 감정을 함축적 언어로 운율을 따라 표현한 것이다. 쉽게 말하면 내 생각과 느낌을 리듬 있게 가다듬으면 된다. 그렇지만 함축하는 것이 어렵다. 그래서 시는 길게 설명하지 않고 그 대상을 비유와 상징으로 나타낸다. 시인 지망생들은 선생님에게 시를 잘 쓰는 방법이 무엇이냐고 묻는다. 그러면 선생님들의 대답은 똑같다. "먼저 좋은 시들을 많이 읽어 보라." 이렇게 함으로써 시인이 탄생한다. 성경에는 많은 시와 은혜로운 글들이 가득하다. 매일 말씀을 읽음으로써 믿음의 사람, 믿음의 문인들이 태어나는 것이다.

반드시 시나 수필, 소설을 쓸 필요는 없다. 내가 마음으로 느끼는 생각을 글로 쓸 수 있다는 사실이 중요하다. 마음의 느낌이 있고, 글자를 안다면 누구나 글을 쓸 수 있다. 오늘 추수 감사 주일에 시편 1편을 비롯한 감사의 말씀을 여러 차례 읽으시라. 그리고 노트를 준비하여 1편을 그대로 필사하라. 귀한 글을 존중하는 방법으로 원문을 그대로 옮겨쓰는 필사가 있다. 그리고 필사 후 말씀을 읽고 난 감상문을 쓰라. 성경 말씀은 하나님께서 내게 주신 글이므로 나의 감상문은 하나님께 드리는 답장이다.

이미 오래전에 내게 편지를 보내주신 하나님께서 나의 답장을 기다리고 계신다. 내가 자녀에게 소식을 전했는데 아무런 응답이 없다면 서운함이 클 것은 당연한 일이다. 이제 한 해의 풍요를 감사하는 이 날에 정성을 다하여 하나님께 감사의 답장을 드리자. 하나님이 가장 기뻐하실 예물이며 내 인생 최고의 신앙고백이 될 것이다.

Stage 3. 의인의 길에 씨를 뿌리고

추수를 위하여 먼저 해야 할 일은 씨를 뿌리는 일이다. 시편 1편 말씀은 하나님 나라의 대원칙이 무엇이며 인간은 어떤 삶을 살아야 하는 가를 알려주는 교훈이 있다. 하나님 나라의 추수는 의인으로서의 열매를 거두는 것임을 명백히 가르친다. 이 시는 다윗이 쓴 시가 아니고 누가 어느 때 쓴 시인지 알 수 없으나, 이 시가 1편이 된 것은 시편 전체의 서문이 될 만한 시이기 때문이다. 즉 '서시(序

詩)'라는 말이다. 그렇듯 시편의 서시인 1편은 시편 전체의 함축이며 성경을 읽는 온 세상 사람들이 가장 사랑하는 시다.

"무릇 의인들의 길은 여호와께서 인정하시나 악인들의 길은 망하리로다"(6절)라는 마지막 절을 보라. 인생에는 두 개의 길이 있을 뿐이라고 한다. 하나는 의인의 길, 다른 하나는 악인의 길이다. 인생은 다양하고 복잡하여 수많은 길이 있을 것 같이 생각되지만, 상징적으로 인간은 두 종류이며 그들이 걸어가는 인생도 두 길밖에 없다. 하나님의 의를 따르는 사람들의 인생은 여호와께서 인정하신다. 인정하신다는 의미는 킹제임스성경에는 'know' 곧 '아신다'라고 했고, NIV에서는 'watch over'이라 하여 '지켜보신다' '주시하신다'로 표현했다. 의인의 인생길은 하나님께서 친히 알아서 지켜보시고, 하나님을 떠난 자들의 인생길은 하나님의 보호에서 떠나 멸망밖에 없음을 나타냈다. 하나님 나라에서 인간을 판단하는 기준은 이 둘밖에 없다. 우리는 둘 중에서 어느 길을 선택하여 가고 있는 것일까?

간단하다. 그러나 그 속에 흐르는 긴장감을 떨칠 길이 없다. 의인과 악인, 천국과 지옥, 구원과 멸망, 결국 이 둘 가운데 하나를 취할 수밖에 없는 인생이기에 우리는 윤동주의 〈서시〉에서처럼 '하늘을 우러러 한 점 부끄럼 없기를' 기도하며 괴로워하지 않았던가! 하나님의 인정을 받기 위해 우리는 의의 길을 걷고, 감사할 줄 알고, 악을 범치 않으며, 회개하는 양심을 지키려 하는 것이다. 의인의 길에 씨를 뿌리면 하나님께서 그것을 아시며 지켜보시고 우리에게 추수의 복을 베푸신다.

Stage 4. 열매를 주심에 감사

시편의 첫 구절로 올라간다. 복 있는 사람은 무엇을 해야 할까? 먼저 우리가 하지 말아야 할 것을 끊는 것이 복이라고 한다. 마치 땅을 파내지 않으면 집을 세울 수 없듯이 내 삶에서 악을 도려내지 않으면 복을 누릴 수 없다. "복 있는 사람은 악인들의 꾀를 따르지 아니하며 죄인들의 길에 서지 아니하며 오만한 자들의 자리에 앉지 아니하고"(1절). 단절해야 할 것은 '악인의 꾀' '죄인의 길' '오만한 자의 자리'이다.

악한 사탄은 인간에게 꾀를 부려 하나님이 금하신 실과를 몰래 따먹게 하였다. 그러면 하나님과 같이 되어 영원히 행복할 것이라고 유혹했다. 그 꾀를 따른 결과 도리어 인간은 하나님의 얼굴을 피하게 되었고 종신토록 수고하며 땀을 흘리다가 흙으로 돌아가야 하는 죄인의 길에 서게 되었다. 죄인의 특성은 오만하기 그지없어 바벨탑을 쌓고 이 꼭대기를 하늘에 닿게 하여 자기 이름을 빛내기를 바란다. 하나님처럼 되고 싶고 하늘까지 닿는 높은 탑을 쌓아보고 싶은 것이 불행의 길로 들어서는 출발점이다. 지금도 권력을 잡으려고 평화를 깨뜨려 전쟁을 일으키는 자들이 있으며, 돈을 벌기 위해 비열하게 거짓된 조작을 일삼는 무리가 있다. 하나님께서 노여움을 발하시면 악인들의 계획은 어림도 없다. 시편은 우리에게 계속하여 그것을 알려준다.

참된 행복은 내가 욕심을 내고 꾀를 내는 데서 오는 것이 아니라 하나님이 계시해 주시는 뜻 안에서 이루어진다. 그럼 어떻게 해야 하나? 2절에서 말씀한다. "오직 여호와의 율법을 즐거워하여 그의 율법을 주야로 묵상하는도다"(2절). 율법은 하나님이 법으로 정해 주신 말씀이다. 이 말씀을 즐겁게 받아서 낮이나 밤이나 묵상하는 사람이 되어야 한다. 묵상은 작은 소리로 입에 두고 읊으면서 기쁘게 노래하는 것이다. 힘이 없어 세상을 호령하지 못해도, 돈이 부족해 재벌 경영을 하지 못해도 하나님의 법을 읽고 따르면 복 있는 의인이 될 수 있다.

다음으로 의인과 악인의 차이는 어떤 것인지 비유를 통해 우리에게 알려준다. "그는 시냇가에 심은 나무가 철을 따라 열매를 맺으며 그 잎사귀가 마르지 아니함 같으니 그가 하는 모든 일이 다 형통하리로다"(3절). 의인의 삶을 나무에 비유했다. 언제나 잎이 싱싱하여 그늘을 만들어 주고, 철 따라 열매를 맺는 나무와 같이 의인의 삶은 사람들에게 평안을 베풀고 풍성한 도움과 은혜의 선물을 나누어 준다. 어떻게 하면 그런 나무가 될 수 있을까? 그것은 다름 아닌 뿌리내리기에 달렸다. 땅속 깊이 뿌리를 내리며 생명의 물줄기를 공급받을 수 있게 시냇가를 향해 뿌리를 뻗어야 한다. 하나님께서 내려주신 생명의 강에 뿌리가 닿아 있는 것이 의인의 삶이다. 이는 모든 일이 다 형통하게 되는 은혜의 길이다.

예레미야 선지자가 외친 예언의 말씀 한 구절이다. "그러나 무릇 여호와를 의지하며 여호와를 의뢰하는 그 사람은 복을 받을 것이라 그는 물가에 심어진 나무가 그 뿌리를 강변에 뻗치고 더위가 올지라도 두려워하지 아니하며 그 잎이 청청하며 가무는 해에도 걱정이 없고 결실이 그치지 아니함 같으리라"(렘 17:7-8). 어쩌면 시편 1편하고 똑같은 말씀을 선포했는지 놀랍다. 이는 예레미야 시대에 시편 1편이 널리 알려졌다는 증거다. 위대한 문학인이었던 예레미야 선지자는 시편으로써 믿음의 백성을 격려하였다. 오늘의 우리에게도 이 시는 시대를 초월하여 얼마나 큰 힘이 되는지 모른다.

Stage 5. 알곡이 되기를 기도하는 편지

그럼 악인은 무엇인가? 그들의 삶은 한 그루 나무가 될 수 없다. "악인들은 그렇지 아니함이여 오직 바람에 나는 겨와 같도다"(4절). 뿌리를 내리지도 못하고 바람이 부는 대로 이리저리 흩날리다가 결국 흔적도 없이 사라질 겨에 비유되었다. 겨와 같은 악인은 평소에 무엇을 하며 살아가고 있을까? 그들은 벼가 자랄 때 그 옆에 붙어서 마치 알곡처럼 위장한다. 사탄의 지배를 받으면서도 마치 의인인 것처럼 행세하며 위선을 떤다. 성경의 표현대로 외식하는 사람이다. 그러나 그들의 마지막은 허망하다.

훗날 세례 요한은 알곡과 쭉정이에 대해 선포했다. 쭉정이는 알맹이가 없는 곡식이다. 그것은 꺼지지 않는 불에 태워질 것이라 하였다(마 3:12). 예수님은 곡식 가운데 있는 가라지를 말씀하셨다. 가라지, 즉 독보리는 독이 있는 잡초이다. 이 독보리를 뽑아버리자고 하는 사람들에게 하신 말씀을 우리는 기억한다. "주인이 이르되 가만 두라 가라지를 뽑다가 곡식까지 뽑을까 염려하노라 둘 다 추수 때까지 함께 자라게 두라 추수 때에 내가 추수꾼들에게 말하기를 가라지는 먼저 거두어 불사르게 단으로 묶고 곡식은 모아 내 곳간에 넣으라 하리라"(마

13:29-30). 그래서 주님 말씀처럼 이 세상 사는 동안 가라지 같은 악인은 하나님의 진노를 피하며 살아가고 있다. 하지만 악인은 심판을 견디지 못하며 의인들이 모일 하나님의 나라에 들어가지 못한다.

심판의 날이 오고, 누구나 그 자리에 서지 않을 수 없다. 겨는 알곡과 분리되어 불에 태워진다. 구원의 자녀들은 알곡이 되고 열매가 되어 영원한 생명 강가의 나무처럼 푸르게 살 것이다. 시는 짧고 명쾌하고 매우 대조적으로 끝났다. 의인과 악인의 이 극명한 대조 속에서 우리는 인생에 두 개의 길이 있을 뿐이라는 사실을 깨닫는다. 악인의 길은 사탄의 꾀를 따르고 세상의 것에 취해 오만한 인생을 살다가 하나님 앞에서 바람에 날리는 겨와 같이 사라지고 만다. 창조주에게 생명을 받아 이 귀한 인생을 살았는데 멸망으로 끝나는 길을 가다니 이것이 웬말인가!

추수 감사 주일에 우리는 시편 1편을 읽었다. 내 삶의 모습은 시냇가에 심은 나무인가, 아니면 바람에 날리는 겨인가. 올해도 풍성한 결실을 얻고 의인의 길로 가고 있는지 깊이 묵상하고 내가 받은 은혜와 생각과 느낌을 글로 써 보자. 이는 하나님께 올리는 시편의 제사요 예물이다. 추수의 계절 가을을 주신 하나님께서 때에 관하여 교훈을 내리신다. "하나님이 모든 것을 지으시되 때를 따라 아름답게 하셨고 또 사람들에게 영원을 사모하는 마음을 주셨느니라 그러나 하나님이 하시는 일의 시종을 사람으로 측량할 수 없게 하셨도다"(전 3:11). 때와 시간이 지나면서 우리는 영원을 볼 수 있는 마음을 얻게 된다고 하신다. 사람은 그때를 측량할 수 없으나 영원을 사모하는 믿음을 지니게 되면 창조주께서 그때를 아름답게 하신다고 말씀하셨다. 추수 감사 주일에 약속의 하나님께 우리 모두 감사의 답장을 올려드리자.

A
Handbook
for
Preaching and
Worship
2026

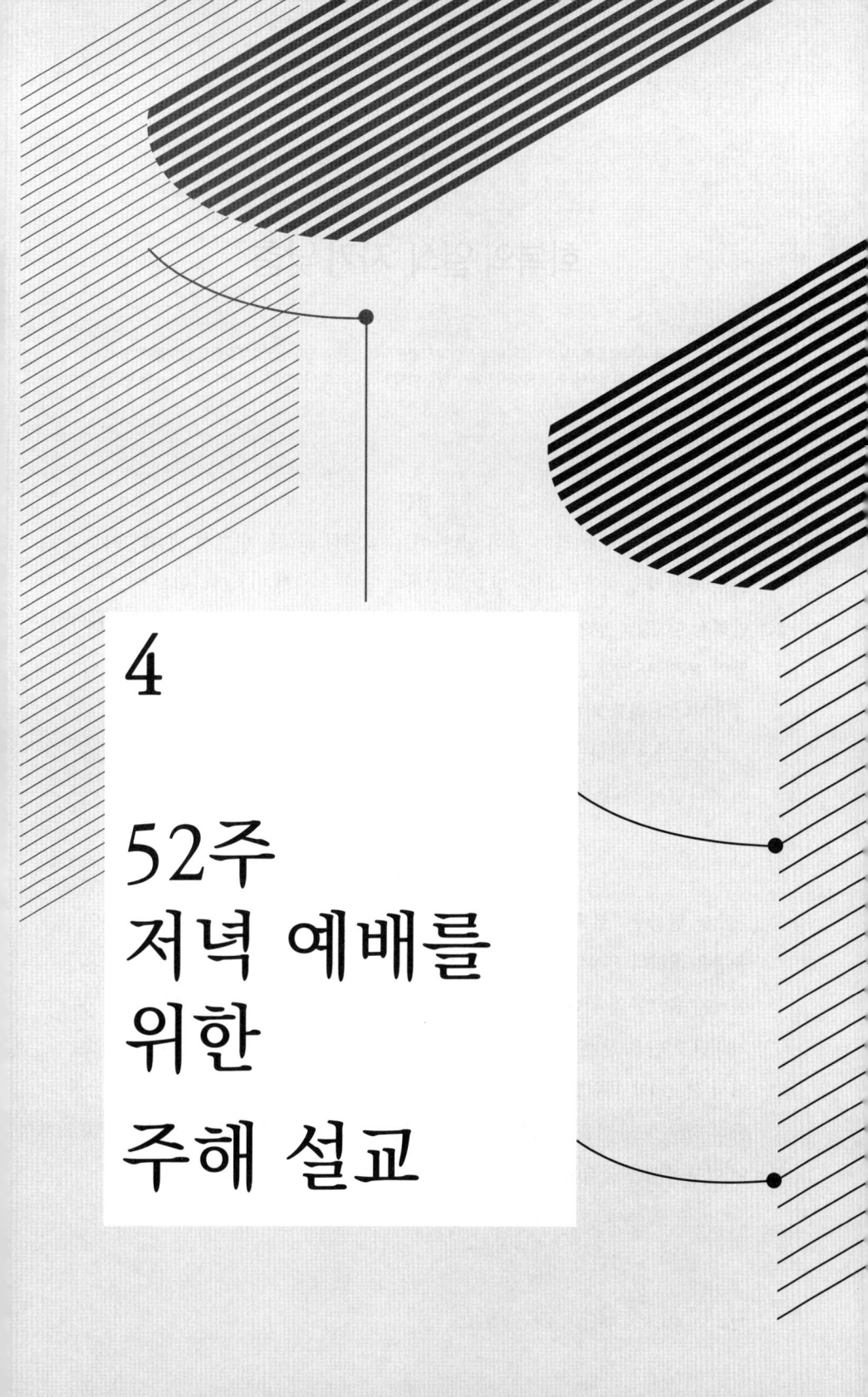

4

52주 저녁 예배를 위한 주해 설교

1주

회복의 열쇠, 자기 낮춤

본문 | 대하 12:1-16
요절 | 그 때에 유다 방백들이 시삭의 일로 예루살렘에 모였는지라 선지자 스마야가 르호보암과 방백들에게 나아와 이르되 여호와께서 이같이 말씀하시기를 너희가 나를 버렸으므로 나도 너희를 버려 시삭의 손에 넘겼노라 하셨다 한지라(5절)

접근

교병필패(驕兵必敗)라는 말이 있다. 이는 '교만한 군대는 반드시 패한다.'라는 말로 자신의 능력만을 너무 믿고 과신하여 남을 무시하거나 하나님을 잊고 교만해질 때, 결국 넘어지고 실패한다는 삶의 진리를 우리에게 들려주는 말이다. 잠언 16장 18절에도 보면, "교만은 패망의 선봉이요 거만한 마음은 넘어짐의 앞잡이니라"라고 기록하고 있다.

르호보암은 하나님께 순종함으로 초기 통치는 안정적이었다. 그렇지만 시간이 지나면서 하나님의 법을 떠나 교만해졌다.

르호보암의 범죄(1-4절)

오늘 말씀은 "르호보암의 나라가 견고하고 세력이 강해지매 그가 여호와의 율법을 버리니 온 이스라엘이 본받은지라"라는 말씀으로 시작한다. 르호보암은 아버지 솔로몬의 막대한 유산을 물려받았고, 남유다의 방비를 강화하는 등 독자적인 기반을 튼튼히 했다(대하 11장). 경제적으로 군사적으로 안정된 상황 속에서 견고하게 세워졌다. 그런데 나라가 부유해지자 왕은 하나님과의 언약을 소홀히 하고 그 율법을 경시했다. 이로 인해 르호보암 5년에 애굽 왕 시삭을 보내어 예루살렘을 공격하게 했다.

스마야의 경고와 르호보암의 회개(5-6절)

애굽 왕 시삭이 침략한 일로 인해 유다 지도자들이 이 위기를 대처하기 위해 예루살렘에 모였다. 이는 국적인 재난 앞에서 그 해결책을 모색하기 위한 긴박한 상황임을 묘사하고 있다. 이러한 위기 속에서 하나님은 선지자 스마야를 보내 "너희가 나를 버렸으므로 나도 너희를 버려 시삭의 손에 넘겼노라"라는 말씀을 전하게 하셨다. 시삭의 침공은 단순히 외세의 침략이 아니라 하나님을 버린 유대 백성을 향한 하나님의 심판이었다. 이로 볼 때, 세워질 때 조심하는 신앙(고전 10:12)이 얼마나 중요한지를 깨닫게 된다.

하나님의 긍휼과 부분적인 구원(7-16절)

스마야를 통한 대언의 말씀을 들은 방백들과 왕은 "스스로 겸비한 모습", 즉 잘못됨을 뉘우치며 "여호와는 의로우신 분"이라고 고백한다. 하나님은 이러한 모습을 바라보시면서 그들을 멸하지 않기로 결정하신다. 비록 시삭의 손에서 완전히 구원하지는 않았지만, 그의 공격을 막아 백성을 보호하신다. 비록 솔로몬이 만든 금 방패를 빼앗겼지만, 놋 방패를 만들어 궁문을 지키게 했다. 이렇게 하신 이유는 스스로 겸비했고 선한 일도 있었기 때문이다(12절). 그 후 17년을 다스린 후 그의 조상과 함께 묻히고 그의 아들 아비야가 왕위를 계승한다.

이렇게 하나님은 우리를 번영하게도 하시지만, 교만과 불순종에 대해서는 용납하지 않으시는 분이시다. 또한 회개하고 돌이키는 자에게는 긍휼과 자비로 회복시키시는 분이시다. 그러므로 성도는 교만한 삶은 반드시 패망이 오고 겸비한 자는 하나님의 긍휼과 자비로 회복시키시는 하나님이라는 사실을 깨닫고 항상 겸손하게 반응하며 나아가는 사람이 되어야 한다.

적용

1. 나는 나의 나 됨으로 인하여 교만하고 있지 않은가?
2. 나는 세움을 받은 자로서 말씀을 가볍게 여기지는 않는가?
3. 나는 말씀 앞에 겸손히 반응하고 있는가?

2주

또 다른 각자의 길

본문 | 대하 13:1-22
요절 | 이스라엘 하나님 여호와께서 소금 언약으로 이스라엘 나라를 영원히 다윗과 그의 자손에게 주신 것을 너희가 알 것 아니냐(5절)

접근

남 유다와 북이스라엘이 분열된 후, 서로 다른 각자의 길을 걷게 된다. 마치 이도지교(異道之交)라는 말처럼, 그들의 길은 서로 교류가 없고, 각자의 길을 걷게 되었다. 그 중 오늘 말씀은 남유다의 제2대 왕인 아비야와 북이스라엘 초대 왕이었던 여로보암 사이에 일어난 전쟁을 배경으로 하고 있다. 이처럼 분열된 두 나라는 전혀 다른 두 모습을 우리에게 보여 준다. 이 이야기는 우리가 무엇을 붙들고 살아가야 하는지 그 신앙의 본질에 대해서 교훈하고 있다.

언약을 기억하는 아비야(1-12절)

오늘 말씀은 압도적인 전력의 차이에서부터 시작된다(3절). 상식적으로 볼 때, 이 전쟁은 이미 승패가 결정될 것처럼 보인다. 그런데 아비야는 전쟁에 앞서 에브라임 산지 스마라임 산 위에서 "하나님의 소금 언약"(5절)을 기억한다. 그리고 아비야는 북이스라엘이 벧엘과 단에 우상을 세워 하나님을 배반했음을 고발하고 그는 하나님의 규례대로 참된 제사를 드린다. 아비야는 전쟁을 힘의 논리(군사력)로 풀어가지 않고 신앙의 문제로 풀며, 전쟁은 하나님께 속해 있음을 분명히 선포한다(12절).

위기 속 부르짖음(13-18절)

아비야의 위대한 신앙 선포에도 현실은, 여로보암이 유다 군대 뒤로 복병을 보내 앞뒤로 포위당하는 그야말로 진퇴양난의 절망적인 상황으로 다가온다. 하지만 유다 백성들은 하나님께 부르짖었고 제사장들은 나팔을 불었다(14절). 그리고 유다 사람들은 하나님께 힘껏 소리를 질렀다. 그 결과 놀라운 일이 벌어졌다. 하나님께서 전쟁에 개입하셔서 압도적인 승리를 하게 하셨다(15절). 18절은 이 승리의 원인에 대해서 "이는 그들이 그들의 조상들의 하나님 여호와를 의지하였음이라"라고 증언하고 있다. 위기 속에 하나님을 향한 절대 신앙과 믿음을 가지고 외치는 부르짖음은 곧 하나님께서 개입하시고 일하시는 능력을 보게 한다.

순종의 길과 불순종의 길(19-22절)

전쟁의 승리로 아비야는 강성해졌고 벧엘을 비롯한 여러 성읍을 빼앗았다(19절). 반면 여로보암은 다시는 강성하지 못하고 여호와의 치심을 받아 죽음을 당하게 된다(20절). 이는 하나님의 언약을 배반하고 우상숭배의 길을 걸었던 자의 비참한 최후를 보여 준다. 이렇게 분명하게 다른 두 길을 걸었던 아비야와 여로보암, 그들의 삶은 순종과 불순종의 두 길이었다. 이 두 길은 언약을 붙들고 신앙을 선포했을 때의 삶과 그렇지 않고 우상숭배의 삶에 빠져 하나님께 불순종한 삶의 길이 얼마나 다른지를 극명하게 보여 주고 있다. 우리 또한 두 길의 갈림길에 설 수 있을 것이다. 이 갈림길에서 어떤 길을 선택할 것인지 신앙의 지혜로움이 있어야 할 것이다. 오늘 말씀을 통해 성도는 우리의 힘이 세상의 조건이 아니라 하나님에 대한 전적인 신뢰와 믿음의 표현에 있음을 알아야 한다.

적용

1. 나는 나의 힘이 전적인 하나님에 대한 믿음과 신뢰에 있음을 인정하는가?
2. 나는 나의 모든 삶의 첫 시작이 예배에 있음을 시인하는가?
3. 나는 어떠한 상황 속에서도 하나님의 말씀을 붙들고 있는가?

3주

위기 속 강력한 무기

본문 | 대하 14:1-15
요절 | 아사가 그의 하나님 여호와께 부르짖어 이르되 여호와여 힘이 강한 자와 약한 자 사이에는 주밖에 도와 줄이가 없사오니 우리 하나님 여호와여 우리를 도우소서 우리가 주를 의지하오며 주의 이름을 의탁하옵고 이 많은 무리를 치러 왔나이다 여호와여 주는 우리 하나님이시오니 원하건대 사람이 주를 이기지 못하게 하옵소서 하였더니(11절)

접근

오늘 말씀은 14장에서 16장까지 이어지는 남 유다 3대 왕 아사의 치세에 대한 시작 부분을 기록하고 있다. 병행 본문인 열왕기상 15장 9-24절은 짧은 분량으로 소개하고 있지만 역대기에서는 세세하게 설명하고 있다. 그 이유는 아사의 치세는, 혁고정신(革故鼎新), 즉 묵은 것을 바꾸고 새롭게 하는 개혁 정신을 엿볼 수 있기 때문이다. 아사가 왕위에 오를 때는 신앙적으로 혼합주의 빠져 있는 상황에서 예배의 회복, 우상 제거 등 신앙 개혁을 단행했다. 이 개혁은 10년간의 평안을 가져왔고 엄청난 전쟁 속에서도 승리할 수 있었다.

평안의 때에 이루어진 신앙 개혁(1-8절)

성경은 아사가 왕이 되자 "그의 땅이 십 년 동안 평안하니라"(1절)라고 기록하고 있다. 여기서 평안은 그냥 주어지는 것이 아니라 3-5절을 보면, 이방 제단과 산당을 없애고, 주상(우상 기둥)을 깨뜨리고, 아세라 목상을 찍어 버리면서 하나님 외에 다른 어떤 것도 섬기지 않겠다는 단호한 신앙의 결단을 할 때 주어졌다. 그뿐 아니라 그는 온 유다 백성에게 "여호와를 찾게 하며 그의 율법과 명령을 행하게"(4절)하였다. 아사는 평안을 누리기만 하는 것이 아니라 성읍들을 건축하고 군대 등 모든 조직을 정비하였다. 이렇게 평안이 주어질 뿐만 아니라 지킬 수 있는 지혜가 필요하다.

절대적 위기 속의 의탁(9-11절)

9절을 보면, 구스 사람 세라가 백만 명의 군대과 삼백 대의 병거를 이끌고 침공하였다. 아사가 준비한 58만의 군대는 풍전등화(風前燈火)와 같은 연약한 존재에 불과했다. 구스의 막강한 군대 앞에 절망적인 상황이었다. 그럼에도 아사는 포기하지 않고 기도한다. 이 기도는 자신의 무력함을 완전히 인정하는 기도였고, 오직 그 무력한 상황 속에서 하나님만이 도움이라는 고백이었으며 전쟁이 유다의 전쟁이 아니라 하나님의 전쟁임을 선포한 위대한 신앙 고백이었다. 모든 주권이 하나님께 있음을 인정하는 기도를 드릴 때 하나님은 그 기도를 들으시고 역사하시는 분이시다.

하나님의 개입과 완전한 승리(12-15절)

아사의 간절한 기도는 즉각적인 하나님의 개입으로 이어진다(12절). 유다 군대는 도망하는 구스 군대를 그랄까지 추격하여 한 사람도 살아남지 못하게 했다. 성경은 "여호와 앞에서 패망하였음이니라"라고 기록하면서 다시 한번 하나님께서 행하셨음을 강조한다. 그러므로 우리는 위기 가운데 더욱 주님을 신뢰하고 간절한 기도를 통해 하나님께서 개입하시는 은혜를 경험할 수 있어야 한다.

존 파이퍼 목사의 『믿음으로 사는 즐거움』(Battling Unbelief: Defeating Sin with Superior Pleasure)라는 책이 있다. 이 책은 믿음의 싸움은 하나님을 의지할 때 승리하는 경험을 하게 된다는 의미를 담고 있다. 영적 전쟁에서 승리하기 위해서는 평안의 때 교만하지 않고 오히려 모든 우상을 제거하고 순수한 신앙으로 나아갈 수 있어야 한다. 그리할 때 모든 인생의 문제와 어려움 앞에서도 두려워하지 않고 담대히 나아갈 수 있을 것이다. 그리고 승리하게 하실 것이다. 주님의 승리를 맛보고 경험하는 은혜가 있기를 바란다.

적용
1. 나는 평안이 지속될 때도 교만하지 않고 순수한 신앙을 유지해 가고 있는가?
2. 나는 감당할 수 없는 두려움이 엄습해 올 때, 주님의 도우심을 바라고 있는가?
3. 나는 주님의 승리를 맛보고 경험하는 은혜를 누리고 있는가?

4주

여호와를 찾는 신앙

본문 | 대하 15:1-19
요절 | 그런즉 너희는 강하게 하라 너희의 손이 약하지 않게 하라 너희 행위에는 상급이 있음이라 하니라 (7절)

접근

파죽지세(破竹之勢)라는 말이 있다. 이는 대나무는 한번 칼집을 내어 쪼개기 시작하면, 그다음부터는 거침없이 끝까지 쪼개진다는 의미이다. 이처럼 초반의 성공을 바탕으로, 강력한 기세로 일을 밀어붙이는 상황을 표현하는 말이다. 승승장구와 비슷한 말이지만, 파죽지세는 그 기세가 매우 강력하고 거침없다. 100만 대군 앞에서도 기도로 승리했던 경험으로 더욱 깊은 개혁과 하나님을 향한 전적인 헌신으로 나아가야 함을 강조한다.

개혁을 촉구하는 선지자(1-7절)

아사 왕이 위대한 승리를 하고 돌아올 때, 오뎃의 아들 아사랴에게 하나님의 영이 임하여 신앙의 원칙을 선포한다(2절). 또한 참 하나님과 율법, 제사장이 없던 과거 이스라엘의 혼란과 고통을 상기시킨다(3-6절). 그리고 용기를 내어 개혁을 완수할 것을 권면하면서 "너희는 강하게 하라 너희의 손이 약하지 않게 하라 너희 행위에는 상급이 있음이라"라고 선포한다. 선지자의 메시지는 우리의 태도에 따라 하나님의 임재와 외면이 결정되고, 하나님 없이 하나님을 떠난 삶이 얼마나 비참한지를 일깨워 준다.

실천하는 신앙(8-15절)

아사 왕은 선지자의 말을 헛것으로 받지 않았다. 왕은 "마음을 강하게 하여" 개혁을 실행에 옮긴다. 그는 성읍들에 가득한 가증한 우상들을 모두 제거한다. 또한 허물었던 여호와의 제단을 재건한다. 그의 개혁이 하나님이 함께하시는 증거가 되자, 북이스라엘의 에브라임, 므낫세, 시므온 지파 사람들까지 예루살렘으로 모여들었다. 예루살렘에 모인 백성들이 승리의 전리품인 소 700마리와 양 7,000마리로 하나님께 제사를 드린 후, 역사적인 언약을 맺는다(15절). 참된 신앙 부흥은 사람을 끄는 힘과 능력이 있고, 참된 언약을 기억하게 한다. 그러므로 하나님께서 주시는 평안을 누리게 된다.

우선순위 결단(16-19절)

아사의 종교 개혁의 정점은 개인적인 결단에서 나타난다. 그는 할머니인 마아가가 혐오스러운 아세라 목상을 만들자, 그녀를 태후의 자리에서 폐위시킨다. 이는 신앙의 문제가 혈연이나 정치적 문제보다 위에 있음을 보여 주는 단호한 행동이었다. 그는 우상을 찍고 빻아 기드론 시냇가에서 불살라 버렸다. 비록 산당을 완전히 제거하지 못하는 한계를 보이기는 했지만, 성경은 "아사의 마음이 일평생 온전하였더라"라고 기록한다. 그는 그의 부친과 자신이 구별하여 드린 은과 금과 그릇들을 하나님께 드렸고 그가 통치한 35년까지 다시는 전쟁이 없고, 오랜 평화를 누리게 되었다. 그는 삶의 우선순위를 분명하게 정하고 구별된 삶을 살았다.

아사 왕은 파사현정(破邪顯正), 다시 말해서 사악하고 그릇된 것을 깨뜨리고 바른 것을 드러내는 사자성어를 기억나게 하는 왕이다. 그러므로 참된 신앙인은 하나님 보시기에 부정한 것을 깨뜨리고 바른 신앙을 회복하여 하나님이 기뻐하시는 삶으로 나아가야 한다.

> **적용**
> 1. 나는 나의 잘못된 태도를 과감하게 무너뜨리고 있는가?
> 2. 나는 삶의 우선순위를 분별하여 정하고 있는가?
> 3. 나는 새로운 개혁을 위해 노력하고 있는가?

5주

신앙의 성공과 실패

본문 | 대하 16:1-14
요절 | 여호와의 눈은 온 땅을 두루 감찰하사 전심으로 자기에게 향하는 자들을 위하여 능력을 베푸시나니 이 일은 왕이 망령되이 행하였은즉 이후부터는 왕에게 전쟁이 있으리이다 하매(9절)

접근

C.S. 루이스의 『스크루테이프의 편지』라는 책이 있다. 이 책을 보면, 악마는 인간에게 극적인 죄를 짓게 하기보다는 서서히 하나님에게서 멀어지게 하고 스스로의 힘으로 살아갈 수 있다는 '자만심'과 '현실주의'에 빠지게 하는 전략을 사용하는 것을 보게 된다. 이처럼 오늘 말씀은 아사가 영적으로 타락해 가는 과정을 마치 악마의 속삭임에 빠지고 있는 듯한 모습으로 그리고 있다. 마치 용두사미(龍頭蛇尾)라는 말처럼, 시작은 훌륭했지만, 끝은 보잘것없이 흐려지는 모습을 보인다.

사람을 선택한 왕 (1-6절)

아사의 통치 36년, 북이스라엘 바아사 왕이 유다를 압박하기 위해 라마 성을 건축하며 길을 봉쇄하는 위기가 찾아온다(1절). 아사의 반응은 1장과 완전히 달랐다. 그는 하나님께 부르짖는 대신, 성전 곳간과 왕궁 곳간의 은금을 꺼내 아람 왕 벤하닷에게 보내는 '인간적인 꾀'를 선택한다(2절). 벤하닷은 이스라엘을 공격했고, 그 결과 바아사는 라마 건축을 중단했고 아사는 그 자재를 가져다가 게바와 미스바를 건축하는 실리를 챙겼다. 겉으로 보기에는 외교적·정치적 승리처럼 보였다. 하지만 하나님 편에서는 실패로 가는 길이었다. 그 이유는 하나님을 의지하지 않고 벤하닷을 의지했기 때문이다.

세속적 성공의 이면(7-10절)

성공의 순간, 하나님의 사람 선견자 하나니는 아사에게 찾아가 그의 심장을 찌르는 메시지를 전한다(7절).

"여호와의 눈은 온 땅을 두루 감찰"하시는 분이심에도, 왕이 아람 왕을 의지하고 하나님을 의지하지 아니하였기에 전쟁이 있게 될 것이라고 선포한다(9절). 그렇지만 왕은 이 통렬한 책망 앞에서 회개하지 않고 오히려 분노하여 선지자를 옥에 가두게 된다. 심지어 백성들을 학대하기까지 한다. 그의 마음은 굳어지고 교만은 하늘을 찔렀다. 마귀는 이렇게 성공이라는 달콤한 사탕을 주지만, 그 뒤에는 은밀하게 파멸의 길로 인도하는 덫이 숨겨져 있음을 깨달아야 한다.

돌이키지 않는 비극적인 삶(11-14절)

아사는 발에 심각한 병이 들었지만, 여호와께 구하지 않고 의원들에게 구하였다(12절). 물론 병이 들었을 때 의사를 찾는 일은 당연한 일이다. 하지만 그의 문제는 삶의 주인이신 하나님을 완전히 배제하고 오직 인간적인 수단과 방법에만 의존했다는 점이다. 결국 이러한 모습은 그의 신앙적 파산을 보여 주는 비참한 결말을 가져왔다. 유진 피터슨은 『한 길 가는 순례자』(*A Long Obedience in the Same Direction*)라는 책에서 삶 전체가 영적 순례라는 이미지를 사용하면서 신앙이란 순간적 경험이 아니라 작은 성실함의 반복이 큰 축적을 낳는 결과라고 강조한다. 말씀을 통해 우리는 처음의 간절함을 잊지 않아야 함을 깨닫는다. 작은 문제 앞에서라도 넘어질 수 있다는 점을 인식하고, 그래서 작은 문제라도 주권자이신 하나님께 묻는 겸손한 자세가 필요하다. 더 나아가 하나님의 책망을 거부하지 않고 통회하며 회개하여 회복의 길로 나아갈 수 있어야 한다.

적용

1. 나는 처음의 간절함을 잊지 않고 있는가?
2. 작은 문제 앞에서라도 넘어질 수 있다는 점을 인식하고 있는가?
3. 하나님의 책망을 거부하지 않고 통회하며 회복의 길로 나아가려 하는가?

6주

부흥의 엔진

본문 | 대하 17:1-19
요절 | 그들이 여호와의 율법책을 가지고 유다에서 가르치되 그 모든 유다 성읍들로 두루 다니며 백성들을 가르쳤더라(9절)

접근

사이몬 시넥(Simon Sinek)의 『리더 디퍼런트』(Leaders Eat Last)라는 책에는 Leaders Eat Last: Why Some Teams Pull Together and Others Don't(리더는 마지막에 먹는다: 왜 어떤 팀은 힘을 합치고 어떤 팀은 그렇지 않은가)라는 내용이 나오는데, 진정한 리더십이란 조직의 구성원을 최우선으로 섬기는 것임을 생물학적이고 사회학적 관점에서 조명한다. 이러한 모습은 오늘 말씀에 등장하고 있는 여호사밧과 같이 섬기는 리더십과 깊은 관련이 있다.

다윗의 처음 길을 따른 왕(1-6절)

여호사밧은 왕이 되자마자 스스로 강하게 하여 이스라엘의 위협을 대비한다(1-2절). 이는 현실을 무시한 맹목적인 신앙이 아니라 책임감 있는 준비와 함께 시작하고 있음을 보여 준다. 역대기 사가는 "여호와께서 여호사밧과 함께 하셨으니"라고 선언하면서 그 이유를 설명한다. 그는 조상 다윗의 길로 행했고, 바알들에게 구하지 않았고, 그리고 하나님의 계명을 따랐다. 그의 마음은 항상 하나님을 따르고자 했다(6절). 그는 최고의 가치를 하나님 따르는 것에 두었고 이 마음이 산당과 아세라 목상들을 제거하는 과감한 개혁 정신으로 이어졌다. 이처럼 우리의 마음을 하나님께 두고 신앙의 기초를 굳건히 하는 것이 신앙의 첫 시작임을 인식해야 한다.

체계적인 말씀 교육 개혁(7-9절)

여호사밧의 개혁 중 가장 독보적이고 핵심적인 사역이 바로 말씀 교육에 대한 개혁이었다. 역사상 유례없는 국가 주도 말씀 사경회였다. 그는 통치 3년에 방백, 레위 사람, 제사장으로 구성된 연합 순회 교사단을 조직한다(7-8절). 국가의 지도자들이 모두 말씀 교육에 동원되었다. 세속적인 지혜나 지식이 아니라 오직 하나님의 말씀만이 백성을 가르치는 유일한 기준이었다. 그들은 성안에만 머무는 것이 아니라 유다의 모든 성읍을 두루 다니면서 백성들을 가르쳤다. 이러한 가르침이 새롭게 부흥하는 중요한 엔진이었다. 말씀으로 채워진 부흥의 엔진이 오늘 우리에게도 돌려져야 할 때이다.

총체적인 복과 번영(10-19절)

한 나라를 통치하는 데 하나님의 말씀을 최우선 순위에 두었을 때 하나님은 상상 이상의 복으로 응답하셨다. 부흥의 엔진은 외교적 안정(평화), 경제적 번영과 강력한 국방력으로 이어졌다. 10절은 "여호와께서 유다 사방의 모든 나라에 두려움을 주사 여호사밧과 싸우지 못하게" 하셨고, 경쟁 관계였던 블레셋 사람들조차 조공을 바쳤고, 아라비아 사람들은 막대한 양의 가축을 예물로 가져왔다. 그뿐만 아니라 그는 점점 강성해져 견고한 요새와 국고성을 건축했고, 예루살렘에는 116만 명에 달하는 대군을 두었다.

그러므로 말씀이 부흥과 하나님께서 주시는 번영의 가장 기초임을 깨닫고 오직 말씀만이 부흥의 중요한 엔진이며, 이 부흥의 결과로 하나님께서 주시는 복과 번영을 누릴 수 있다는 사실을 믿어야 한다.

적용

1. 당신은 신앙의 기초를 말씀 위에 세우고 있는가?
2. 부흥의 시작은 배우고 가르치는 것에서 출발한다는 것을 알고 있는가?
3. 먼저 그의 나라와 그의 의를 구하면서 하나님의 복과 번영을 누리고 있는가?

7주

거짓과 진실 사이

본문 | 대하 18:1-32
요절 | 병거의 지휘관들이 여호사밧을 보고 이르되 이가 이스라엘 왕이라 하고 돌아서서 그와 싸우려 한즉 여호사밧이 소리를 지르매 여호와께서 그를 도우시며 하나님이 그들을 감동시키사 그를 떠나가게 하신지라(31절)

접근

댄 애리얼리(Dan Ariely)의 『거짓말을 하는 착한 사람들』(The Honest Truth about Dishonesty)이라는 책이 있다. 이 책은 사람들이 왜 거짓에 더 끌리는지, 진실을 말하기 어려운 심리적 배경을 이해하는 데 도움을 주는 책이다. 그는 사람들이 사소한 부정행위를 저지르며 이득을 얻는 동시에 자기 자신이 정직한 사람이라고 합리화하는 탁월한 능력을 갖고 있다고 말한다.

이처럼 오늘 여호사밧은 영광의 그 정점에서 한순간에 추락하고 있는 모습을 보여 주고 있다.

비극의 씨앗(1-3절)

모든 비극의 씨앗은 잘못된 만남에서부터 시작된다(1절). 이 말씀은 하나님의 축복으로 얻은 부와 영광이 가장 악한 왕과 손을 잡는 교만으로 이어지는 통로가 되고 있음을 알려준다. 이 잘못된 만남은 잘못된 약속으로 이어진다. 그는 아합이 준비한 잔치에 참여했다가 길르앗 라못을 치러 가자는 아합의 제안에 경솔하게 동참하겠다고 약속하고 만다. 근묵자흑(近墨者黑)이라고 했던 것처럼, 악한 사람 옆에서 사악한 일에 동참하게 되고 만 것이다. 이렇게 불경건한 교제가 신앙에 악영향을 미치게 된다는 점을 잘 깨달아야 한다.

진실과 거짓의 싸움(4-27절)

이 부분에서 한 편의 드라마와 같은 장면을 만나게 된다. 왕의 비위를 맞추는 400명이라는 거짓 선지자들과 목에 칼이 들어와도 진실만을 외치는 한 명의 참 선지자가 대결하고 있기 때문이다. 아합은 마지못해 미가야를 소개한다. 온갖 회유와 협박에도 미가야는 "목자 없는 양 같이" 흩어질 것(16절)이라는 하나님의 음성을 그대로 전한다. 그리고 아합을 심판하시기 위해 '거짓말하는 영'이 400명에게 들어가도록 허락하셨다는 사실을 폭로한다. 그리고 미가야는 그 진실의 대가로 뺨을 맞고 옥에 갇히게 된다. 이렇게 거짓과 진실의 싸움에서 거짓이 이기는 것 같지만, 결국에는 망하게 된다는 사실을 깨달아야 한다.

미가야의 예언 성취(28-34절)

두 왕은 모두 400명의 거짓 예언을 듣고 전쟁터로 나간다. 아합은 자신만 살기 위해 변장을 하고 여호사밧에게는 왕복을 입게 하여 미끼로 삼는다(29절). 적에게 포위되어 죽음의 위기에 처한 순간 여호사밧이 소리를 지르자 "여호와께서 그를 도우시며 하나님이 그들을 감동시키사 그를 떠나가게" 하셨다(31절).

그러므로 성도는 달콤한 유혹을 분별할 수 있어야 한다. 귀에 듣기에 좋은 말에 귀를 기울이는 것이 아니라 바른말에 귀를 기울일 수 있어야 한다. 그뿐 아니라 다수의 의견보다 하나님의 뜻에 민감하게 반응할 수 있어야 한다.

적용

1. 나는 신앙의 순수성을 지키기 위해 세상의 유혹을 단호하게 끊어낼 용기가 있는가?
2. 나는 다수의 의견보다 하나님의 음성에 더 민감하게 반응하고 있는가?
3. 나는 실패의 순간에도 하나님께 부르짖을 때 살길이 열린다는 믿음이 있는가?

8주

회복의 길, 회개

본문 | 대하 19:1-11
요절 | 그런즉 너희는 여호와를 두려워하는 마음으로 삼가 행하라 우리의 하나님 여호와께서는 불의함도 없으시고 치우침도 없으시고 뇌물을 받는 일도 없으시니라 하니라(7절)

접근

논어에 보면, 과이불개 시위과의(過而不改 是謂過矣)라는 말이 있다. 이는 '잘못을 저지르고도 고치지 않는 것, 이것을 잘못이라고 이른다'라는 말이다. 잘못을 저지르고도 고치지 않는 것은 신앙에서도 보면, 패망의 지름길이다. 여호사밧의 아버지 아사는 말년에 책망을 듣고도 고치지 않았기에 진정한 실패자가 되었다. 하지만 여호사밧은 큰 잘못을 저질렀음에도 그것을 고쳤기에 실패자가 되지 않았다. 그만큼 회개의 중요성에 대한 경각심을 깨닫게 된다.

사랑의 책망과 회개(1-4절)

전쟁터에서 구사일생으로 돌아온 여호사밧 앞에 선견자 예후(1-2절)에게 하나님은 그의 죄에 대해서 묵과하지 않으시고 잘못된 동맹이 얼마나 큰 죄였는지를 분명하게 지적하신다. 그러나 "왕에게 선한 일도 있으니(3절)"라고 언급하면서 과거의 선한 행실을 기억하고 인정해 주신다. 이 책망과 인정 앞에서 여호사밧은 변명하거나 분노하지 않고 행동으로 자신의 회개를 증명한다(4절). 이처럼 하나님의 사랑과 책망 앞에 벌거벗은 자처럼 서는 것이 바로 올바른 성도의 자세라는 점을 잊지 않아야 한다.

참된 회개의 열매(5-7절)

여호사밧의 회개는 개인의 차원으로 끝나지 않고 나라의 근간을 바로 세우는 일명 '사법 개혁'의 구체적인 열매로 나타났다. 그는 모든 견고한 성읍에 재판관을 세우고 그들을 향하여 거룩한 명령을 내린다(5절). 그리고 하나님은 "불의함도 없으시고 치우침도 없으시고 뇌물을 받는 일도 없으시기에" 하나님의 성품에 따라 공정하게 재판하도록 명령한다. 그들의 마음 자세 또한 "여호와를 두려워하는 마음"이 되어 그 직무를 수행하도록 촉구한다(7a). 성도의 삶 역시 하나님 앞에서 경외하는 마음으로 공정하게 사는 삶이 되어야 한다.

중앙 사법기관 설치(8-11절)

여호사밧은 계속해서 중앙 사법기관을 설치한다(8절). 여기서 종교적인 문제는 대제사장 아마랴가 감당하게 했고, 세속적인 문제는 유다 지파의 지도자 스바댜가 감당하도록 했다. 이렇게 최고 법원을 구성하고 전문적으로 일을 처리할 수 있도록 업무를 분담했다(11절). 그리고 "너희는 힘써 행하라"(11b)라고 용기 있는 실행을 촉구하면서 "여호와께서 선한 자와 함께 하실" 것이라고 권면한다. 이렇게 하나님은 선한 자와 함께 하신다는 사실을 기억해야 한다.

적용

1. 하나님의 책망은 나를 살리는 '사랑의 회초리'라는 사실을 인정하는가?
2. 참된 회개를 통해 삶의 개혁으로 이어지고 있는가?
3. 참된 회개를 통해 개인적 차원을 넘어 사회적 공의로 나아가는 삶이 되고 있는가?

9주

하나님의 개입을 이끌어 내는 비결

본문 | 대하 20:1-13
요절 | 우리 하나님이여 그들을 징벌하지 아니하시나이까 우리를 치러 오는 이 큰 무리를 우리가 대적할 능력이 없고 어떻게 할 줄도 알지 못하옵고 오직 주만 바라보나이다 하고 (12절)

접근

오늘 말씀은 '위기 대응 교과서'와 같은 말씀을 우리에게 선사하고 있다. 승리의 결과가 아닌, 승리를 만들어 낸 첫 반응과 첫 기도의 모든 비밀을 우리에게 보여 주고 있다. E.M 바운즈의 『기도의 능력』(Power Through Prayer)에서 저자는 기도가 단순히 소원을 아뢰는 행위가 아니라 하나님의 능력이 흘러나오는 통로라는 점을 역설한다. 이러한 면에서 절대적 위기 앞에서 엄습해 오는 두려움을 이겨내고 하나님의 보좌를 움직이게 하는 비밀은 기도에 있다는 사실이다.

위기를 직면하는 신앙의 첫 반응(1-4절)

평화롭던 유다에 모압, 암몬, 마온의 연합군이 쳐들어오는 거대한 쓰나미가 몰려 왔다. "여호사밧이 두려워하여(3절)"라고 기록하고 있다. 그렇지만 그 두려움의 에너지를 "여호와께로 낯을 향하여 간구"하는 방향으로 눈을 돌린다. 그는 개인의 기도를 넘어 온 백성에게 금식을 선포하며 국가 전체를 영적으로 무장시킨다. 왕의 리더십 아래 유다 모든 성읍에서 백성들이 "여호와께 구하기 위하여" 예루살렘으로 모였다. 왕은 인간적인 대책 회의에 앞서 하나님께로 나아가는 영적 집회를 열었고, 오직 이 위기의 상황을 해결할 방법은 오직 하나님께만 있음을 고백하게 한다.

여호사밧의 기도(5-11절)

성전 뜰에 모인 백성 앞에서 여호사밧은 위기 가운데 드리는 기도의 모범을 담은 기도를 드린다(6절). 이 기도에서 기도는 나의 문제를 나열하기 전에, 하나님이 어떠한 분이신지에 대해 인정하고 찬양하는 것에서부터 시작되어야 함을 알게 된다. 그리고 그는 하나님 언약의 말씀을 붙든다. 과거에 이 땅을 주신 것과 성전을 향해 기도하면 어떤 재앙 가운데서도 듣고 구원하시겠다는 솔로몬의 언약을 기억하고 그 언약을 근거로 삼아 기도한다. 더 나아가 그는 현재 상황의 부당함과 억울함을 숨김없이 하나님께 아뢴다. 기도는 막연한 소망이 아니라 하나님 앞에서 언약의 말씀에 뿌리를 두고 정직하게 상황을 아뢰는 것이다.

오직 주님만 바라보는 신앙 고백(12-13절)

나의 무능력을 인정하는 것은 기도에서 심장부이다. 여호사밧은 "우리를 치러 오는 이 큰 무리를 우리가 대적할 능력이 없고 어떻게 할 줄도 알지 못하옵고"라고 고백하며 자신의 무능함을 철저하게 인정한다. 일종의 항복 선언이다. 그리고 그는 오직 주님만 바라본다고 고백한다. 완전한 자기 항복은 절망이 아니라 최고의 믿음으로 나아가는 길이 된다. 그러기에 절박한 위기 상황 속에서 오직 주만 바라보는 신앙은 유일한 소망이 주께 있음을 고백하는 기도의 완성이다. 그러므로 성도는 사면초가의 위기 상황 속에서도 자신의 무능함을 인정하고 오직 주님만 바라보는 신앙이 필요하다.

적용

1. 나는 두려움이 찾아올 때 기도하라는 사이렌으로 인식하고 있는가?
2. 나는 하나님께서 언약하신 말씀을 근거로 하여 기도하고 있는가?
3. 사면초가의 상황에 직면할 때, 오직 주만 바라보는 신앙으로 나아가고 있는가?

10주

승리를 가져오게 하는 믿음의 찬양

본문 | 대하 20:14-37
요절 | 여호사밧의 나라가 태평하였으니 이는 그의 하나님이 사방에서 그들에게 평강을 주셨음이더라(30절)

접근

외국 찬양 가사 중에 "찬양이 나의 무기다(Praise Is My Weapon)"라는 노래가 있습니다. 이 찬양은 단순한 종교적 행위를 넘어, 삶의 어려움과 맞서는 강력한 무기가 될 수 있음을 노래한다. 이 찬양의 가사처럼, 오늘 말씀은 하나님의 약속을 믿는 찬송이 어떻게 가장 위대한 승리를 가져오는지를 보여 주고 있다. 하나님의 약속을 듣고, 눈에 보기에는 아무런 증거가 없어 보여도 믿음으로 먼저 찬송하며 나아갈 때, 하나님께서 어떻게 싸우시고 인간의 상상을 뛰어넘는 승리를 안겨주시는지 신앙의 원리를 안내하고 있다.

하나님의 응답(14-19절)

모두가 숨죽여 하나님을 바라보던 그 순간, 하나님의 영이 레위 사람 야하시엘에게 임한다(14절). 그리고 "이 전쟁은 너희에게 속한 것이 아니요 하나님께 속한 것이니라"라고 선포한다(15절). 하나님은 그들에게 "서서 너희와 함께한 여호와가 구원하는 것을 보라"(17절)라고 명령한다. 이 약속의 말씀을 듣자마자, 여호사밧과 온 유다 백성은 엎드려 경배하고, 레위 사람들은 '심히 큰 소리'로 하나님을 찬양했다. 하나님의 위대한 선포는 믿음으로 서서 하나님의 승리를 목격하게 했다. 그래서 아직 적군이 물러가지 않았지만 이미 승리한 것으로 여기고 먼저 찬양으로 하나님께 영광을 돌렸다.

찬송이 무기가 될 때(20-28절)

다음 날 아침, 유다 군대는 상식을 초월한 방식으로 전쟁터로 나간다. 여호사밧은 군대 앞에, 거룩한 예복을 입은 찬양대를 앞세우고 "여호와께 감사하세 그의 인자하심이 영원하도다"(21b) 찬양하며 찬양을 무기로 삼고 나아간다. 그때 하나님이 개입하시자 모압과 암몬과 세일 산 주민들은 서로를 의심하고 공격하여 스스로 전멸하고 말았다(23절). 유다 백성이 한 일은 며칠 동안 전리품을 거두는 것뿐이었다. 그들은 죽음의 골짜기가 될 뻔한 곳에 모여 하나님을 송축하고 그곳을 '찬송'이라는 의미를 담은 '브라가 골짜기'라고 불렀다. 그러므로 성도는 찬양이 하나님의 군대를 움직이는 기폭제가 된다는 사실을 믿음으로 고백할 수 있어야 한다.

승리 이후의 삶(29-37절)

하나님의 위대한 승리를 목격한 주변 나라들은 하나님을 두려워했고 여호사밧 왕국에는 평화가 찾아온다(29-30절). 반면 그의 말년에 어두운 기록을 남기는데, 산당만은 철거하지 않았고(33절), 북이스라엘의 아하시야와 동맹을 맺고 에시온게벨에서 배를 만든 일이었다. 선지자는 이 연합 때문에 하나님께서 그들의 배를 부수실 것이라고 예언했고, 그 예언대로 배가 파선된다.

성도는 상식적으로 이해되지 않아도 '가만히 서서' 하나님께서 행하시는 일을 볼 수 있어야 한다. 그리하여 절망의 자리를 찬양의 자리로 바꿀 수 있어야 한다. 무엇보다도 승리의 삶 이후 교만과 타협을 경계함으로 경건한 삶으로 나아가야 한다.

적용

1. 나는 조급함을 내려놓고 하나님을 높이는 찬송을 먼저 드리고 있는가?
2. 나는 하나님의 명령에 따라 하나님이 일하실 자리를 내어 드리고 있는가?
3. 나는 승리한 후에도 과거에 실패했던 그 죄의 자리로 다시 돌아가려고 하지는 않는가?

11주

비상 그리고 추락

본문 | 대하 21:1-20
요절 | 여호와가 네 백성과 네 자녀들과 네 아내들과 네 모든 재물을 큰 재앙으로 치시리라 (14절)

접근

탈무드에 보면, '한 사람을 구하는 것은 온 세상을 구하는 것이고, 반대로 한 사람을 파괴하는 것은 온 세상을 파괴하는 것이다'라는 말이 있다. 이는 개인의 선택이 얼마나 큰 영향력을 보여 주는지에 대한 유대인의 지혜이다.

오늘 말씀 또한 한 사람의 잘못된 선택이 어떻게 한 세대를 파멸시키는지에 대해 깨우쳐 주는 말씀이다. 여호사밧의 뒤를 이은 여호람이 아합의 딸과 잘못된 결혼을 통해 하나님의 길을 버리고 죄악의 길을 선택하게 된다.

잘못된 시작 (1-7절)

여호사밧의 통치가 끝나고 그의 아들 여호람이 왕위에 오르는데 그의 통치는 축복이 아니라 피로 시작되었다. 그는 동생 여섯 명과 일부 방백들을 칼로 모두 죽이는 끔찍한 일을 저지른다(4b). 이러한 악에 근원에 대해서 "그가 이스라엘 왕들의 길로 행하여 … 이는 아합의 딸이 그의 아내가 되었음이라"(6절)라고 기록하고 있다. 비록 시작은 잘못되었지만, 한 줄기 빛을 보게 되는 것은 "여호와께서 다윗의 집을 멸하기를 즐겨하지 아니하셨음은 … 다윗과 그의 자손에게 항상 등불을 주겠다고 말씀하셨음이더라"(7절)라고 기록하고 있기 때문이다.

왕의 타락은 국가의 타락으로(8-15절)

강력했던 여호사밧의 왕국과 달리 에돔과 립나가 연이어 반란을 일으킨다(10절). 왕은 유다 백성들을 우상숭배의 길로 이끌었고 온 나라를 반란으로 타락시켰다. 그때 북왕국 최고의 선지자 엘리야에게서 한 통의 편지가 날아온다. 편지는 죄의 내용을 조목조목 지적하고 그의 아내와 자녀, 재물에 큰 재앙이 내릴 것과 그 자신은 창자에 중병이 들어 비참하게 죽게 될 것이라고 무서운 심판의 메시지를 예고한다. 이렇게 왕이 하나님을 버리자, 그의 나라도 하나님의 도를 버리기 시작한다. 이렇게 죄의 결과는 한 사람의 파멸로 끝나지 않고 한 나라의 붕괴로 이어진다. 그러므로 우리는 타락의 결과가 얼마나 비참한지를 깨닫고 경각심을 가지고 주의 도를 따르는 삶이 되어야 한다.

비참한 죽음 그리고 잊혀짐(16-20절)

엘리야의 예언은 한 치의 오차도 없이 그대로 성취된다. 하나님께서 블레셋과 아라비아 사람들을 움직이시자, 그들이 쳐들어와 왕궁의 모든 재물과 그의 아들들, 아내들을 모두 빼앗아 간다(17절). 그리고 예언대로 여호람은 창자에 병이 들어 2년 동안 극심한 고통 속에서 살다가 창자가 빠져나와 죽게 되는 비참한 최후를 맞이하게 된다. 그의 마지막은 더욱 비참했다. 그는 아무도 울어주고 슬퍼해 줄 사람도 없이 쓸쓸하게 세상을 떠나게 되었다. 그리고 그렇게 그는 백성들에게서 잊혀지게 되었다.

19세기 복음주의 거장 J.C. 라일은 『거룩』(Holiness)이라는 책에서 죄의 심각성과 성화의 중요성을 타협 없이 역설하면서 '죄의 결과'가 왜 그토록 무서운지를 신학적으로 성찰할 수 있도록 돕고 있다. 그러므로 우리는 죄의 심각성과 그의 결과가 얼마나 비참한지를 깨닫고 항상 겸손한 자세로 살아가야 한다.

적용

1. 부모 세대의 타협이 자녀 세대의 재앙의 씨앗이 될 수 있다는 사실을 알고 있는가?
2. 죄는 개인의 문제로 끝나지 않고 가정과 사회의 문제로 이어지고 있다는 사실을 알고 있는가?
3. 하나님은 분명히 심판하시되 언약을 기억하고 있다는 사실을 인정하고 있는가?

12주

죄악 속에 숨겨진 약속의 씨

본문 | 대하 22:1-12
요절 | 아하시야도 아합의 집 길로 행하였으니 이는 그의 어머니가 꾀어 악을 행하게 하였음이라(3절)

접근

오늘 말씀은 참으로 참혹한 광경을 묘사하고 있다. 자신의 권력을 위해 자기 혈육인 왕손들을 모두 죽이려 한 아달랴의 파괴적인 악의 모습은 마치 C.S. 루이스의 『나니아 연대기』(The Chronicles of Narnia) 첫 번째 이야기에서 마녀 제이디스가 자신의 권력을 위해 '말로 다 할 수 없는 암호'를 외워 자기 세상을 멸망시키는 극악무도한 모습과 흡사하다.

어머니의 죄를 답습한 아들, 아하시야(1-6절)

오늘 말씀은 여호람에게서 유일하게 살아남은 아들 아하시야가 왕위에 오르는 사건으로 시작된다(1절). 그렇지만 그의 통치 방향은 그 시작부터 잘못된 방향으로 흘러간다. 성경은 그의 죄에 대한 근거를 명확하게 지적한다. "그의 어머니가 꾀어 악을 행하게 하였더라"라고 기록한다(3절). 아합과 이세벨의 딸이었던 아달랴가 아들의 가장 가까운 곳에서 그를 악으로 이끄는 '악의 조언자'였다. 그는 할아버지 여호사밧이 18장에서 저질렀던 것과 정확히 똑같은 장소에서, 똑같은 실수를 반복한다. 아달랴의 조언은 마치 지록위마(指鹿爲馬)라는 말처럼 잘못된 조언을 통해 왕이 패망의 길로 이르게 한다. 성도는 악한 자의 꾀를 분별해서 패망의 길로 들어서지 않도록 해야 한다.

하나님의 주권적 심판(7-9절)

죄에 대한 하나님의 심판은 엄격하시다. 하나님께서 예후를 들어 아합 가문을 심판하실 때, 아하시야는 그 심판의 현장에 제 발로 들어간다(7절). 결국 아합 가문을 심판하려던 예후에 의해서 죽임을 당하게 된다(8절). 그럼에도 사람들이 그를 장사 지내 주었던 이유는 "그는 전심으로 여호와를 구하던 여호사밧의 아들"이라는 사실 때문이다. 할아버지의 선한 영향력이 손자에게까지 흐르는 하나님의 긍휼을 엿볼 수 있다.

사탄의 계략과 하나님의 보존(10-12절)

아하시야의 죽음 이후, 역사는 최악의 국면으로 치닫는다. 아하시야의 어머니 아달랴는 아들의 죽음을 슬퍼한 것이 아니라 그것을 기회로 삼아 스스로 왕이 되려고 유다의 모든 왕손, 즉 자신의 손자들을 모두 죽이는 전무후무한 악행을 저지른다. 이는 단순한 권력욕을 넘어, 다윗 가문을 통해 오실 메시아의 길을 끊으려는 사탄의 계략이었다. 이제 다윗의 등불은 풍전등화와 같은 상황에 놓이게 되었다. 바로 그 순간, 하나님은 한 명의 여인을 두었고, 그 여인은 아달랴의 칼날에서 갓난아기 요아스를 빼돌렸다. 이후 그는 6년 동안 성전에서 비밀리에 양육되었다. 온 땅에 아달랴의 어둠이 덮고 있을 때, 하나님은 마지막 남은 불씨가 조용하게 타오르도록 준비하고 계셨다.

그러므로 성도는 지혜롭고 경건한 조언자를 곁에 두어야 한다. 그리고 잘못된 역사를 반복하지 않도록 해야 한다. 뿐만 아니라 하나님께서 남은 자를 통해서 거룩한 불씨가 다시 타오르게 한다는 사실을 잊지 않아야 한다.

적용

1. 나는 달콤한 악한 조언보다 올바른 조언을 따르고 있는가?
2. 나는 역사의 바른 교훈을 통해 오늘을 바르게 살아가려고 노력하는가?
3. 핍박과 어려운 환경이 나를 뒤덮고 있을 때, 하나님은 거룩한 희망의 불씨를 살리고 계시다는 사실을 믿고 있는가?

13주

참된 개혁, 예배 회복의 첫길

본문 | 대하 23:1-21
요절 | 온 회중이 하나님의 전에서 왕과 언약을 세우매 여호야다가 무리에게 이르되 여호와께서 다윗의 자손에게 대하여 말씀하신 대로 왕자가 즉위하여야 할지니(3절)

접근

오늘 말씀은 사필귀정(事必歸正)이라는 말을 떠올리게 한다. 왜냐하면 6년 동안 세상을 지배했던 악정이 끝나고 하나님의 언약과 정의에 따라 모든 것이 제자리로 돌아가고 있기 때문이다. 또한 하나님의 언약을 믿는 한 사람의 용기가 어떻게 한 시대를 바꾸고, 무너진 예배를 회복시키는지 잘 보여 주고 있다. 그러면서 오늘 우리에게 묻는다. '하나님의 언약에 기초한 거룩한 용기가 어떻게 어둠의 시대를 끝내고 참된 예배를 회복할 수 있는가?' 이 질문 앞에 겸허하게 반응하며 진정한 회복의 길로 나아갈 수 있는 신앙의 길을 마련할 수 있어야 한다.

마침내 용기를 내다(1-10절)

여호야다는 먼저 군대의 백부장들과 비밀리에 언약을 맺고 그들을 통해 전국의 레위 사람들과 족장들을 예루살렘으로 소집하여 거사를 위한 거룩한 동맹을 맺는다.(3절). 이 거룩한 개혁은 인간의 욕심에 의한 것이 아니라 하나님의 약속을 성취하기 위한 거룩한 사명임을 알게 된다. 그는 안식일에 일하는 제사장들과 레위인들을 중심으로 성전의 모든 출입구를 통제하고, 다윗 왕이 성전에 보관해 둔 무기를 나누어 주며, 어린 왕 요아스를 보호할 경호 계획을 세운다. 모든 계획은 성전을 중심으로 이루어졌다.

드디어 그날이 밝았다(11-15절)

여호야다는 요아스를 성전으로 인도하여 왕관을 씌우고 '율법 책'을 손에 들려준 뒤 기름을 부어 왕으로 삼았다(11절). 백성들은 "왕의 만세!"를 외치며 환호한다. 백성들의 함성을 듣고 달려온 아달랴는 이미 왕좌에 앉은 요아스를 보고 "반역이로다, 반역이로다!"(13절)라고 외친다. 여호야다는 "여호와의 전에서는 그를 죽이지 말라"고 명령하여 마지막 순간까지 성전의 거룩함을 지키는 지혜를 보여 준다. 결국 아달랴는 성전 밖으로 끌려나가 비참한 최후를 맞이한다. 거룩한 개혁은 힘이 아니라 하나님 말씀 위에서 이루어져야 함을 깨닫게 된다.

언약 갱신과 영적 정화(16-22절)

정치적인 혁명이 영적인 개혁 운동으로 이어졌을 때, 거룩한 개혁이라고 말할 수 있다(16절). 모든 백성이 바알의 신당으로 달려가 신당을 허물고 제단과 우상을 깨뜨리고 바알의 제사장 맛단을 죽여 아달랴 시대의 우상숭배를 송두리째 뿌리뽑는 일에 함께했다. 여호야다는 모세의 율법과 다윗의 규례에 따라 성전의 직무를 다시 정비하고 레위인들을 세워 무너졌던 공적 예배를 회복시킨다. 마침내 모든 백성이 왕을 호위하여 보좌에 앉힌다. 성경은 "모든 백성이 즐거워하고 성중이 평온하더라"(21절)라고 기록하며 그 막을 내린다.

그러므로 성도는 모든 개혁의 첫 출발은 깨어있는 한 사람의 용기 있는 결단에서 시작됨을 기억해야 한다. 그리고 참된 개혁은 오직 예수 그리스도의 말씀 안에서 이루어져야 함을 알아야 한다. 더 나아가 모든 우상은 완벽하게 부수고 거룩한 예배를 회복할 수 있어야 한다.

적용

1. 나는 말씀 안에서 거룩한 개혁의 정신을 이어가고 있는가?
2. 나는 모든 우상을 제거하기 위한 결단을 신속하게 내리고 있는가?
3. 나는 참된 예배를 회복하며 기쁨과 평안을 누리며 살고 있는가?

14주

영적 기둥을 지탱하라!

본문 | 대하 24:1-27
요절 | 요아스 왕이 이와 같이 스가랴의 아버지 여호야다가 베푼 은혜를 기억하지 아니하고 그의 아들을 죽이니 그가 죽을 때에 이르되 여호와는 감찰하시고 신원하여 주옵소서 하니라(22절)

접근

유진 피터슨의 『한 길 가는 순례자』(A Long Obedience in the Same Direction)라는 책을 보면, 그리스도인의 삶이란 단거리 경주가 아니라 길고 꾸준하게 한 방향으로 나아가는 순례의 길이라고 묘사한다. 우리는 오늘 말씀을 통해서 인생 긴 여정에서 용두사미가 되어서는 안 되겠다는 사실을 깨닫게 된다.

오늘 등장하는 요아스는 그 끝이 실패로 끝난 대표적인 인물로 묘사된다. 그 이유는 그는 생명의 은인이자 영적 스승이었던 제사장 여호야다가 살아있는 동안 선한 왕이었지만, 그가 죽자마자 곧바로 타락하여 우상숭배에 빠졌을 뿐만 아니라 배은망덕한 죄를 저질렀고 처참한 최후를 맞이했기 때문이다. 이로 인해 하나님 앞에 바로 서는 독립적인 신앙이 얼마나 중요한지를 깨닫게 된다.

선한 영향력, 선한 통치(1-16절)

요아스는 통치 전반에는 칭찬과 성공으로 가득한, 그야말로 '황금기'였다(2절). 그리고 그는 오랫동안 훼파된 채 방치되었던 하나님의 성전을 수리하는 일에 열심이었다. 그는 백성들이 기쁨으로 드린 헌금을 모아 성전을 복원하기도 하였다. 그는 분명히 선한 왕이었다. 그런데 여호야다의 죽음은 영광스러운 시대가 막을 내리고 어두운 시대의 서막이 되었다. 이러한 사실을 볼 때, 하나님 앞에 정직하고 경건한 신앙인이 바로 설 때 한 나라의 통치가 바르게 이루어진다는 것을 알 수 있다. 또한 공동체가 바르게 서기 위해서는 경건한 사람을 통한 선한 영향력이 얼마나 중요한지를 깨닫게 된다.

영적 기둥의 무너짐(17-22절)

여호야다가 죽자마자 요아스의 감추어 있었던 본성이 드러나기 시작했고, 걷잡을 수 없을 정도로 빠르게 타락의 길로 내달리고 있었다. 유다 방백들이 아첨하자 성전을 버리고 아세라 목상과 우상을 섬기게 된다. 여호야다의 아들 스가랴가 하나님의 영에 감동되어 "너희가 여호와를 버렸으므로 여호와께서도 너희를 버리셨느니라"라고 예언한다. 이에 왕은 생명의 은인이었던 여호야다의 아들을 왕의 명령으로 그것도 거룩한 성전 뜰 안에서 돌로 쳐 죽이는 최악의 죄를 저지르게 된다. 스가랴는 죽어가면서 "여호와는 감찰하시고 신원하여(원한을 갚아) 주옵소서"(22절)라고 기도한다. 영적인 기둥이 무너졌을 때 얼마나 비참한 상황이 초래되는지를 여실히 깨닫게 된다.

요아스의 최후(23-27절)

하나님의 심판은 즉시 임하게 된다. 23절을 보면, "아람 군대가 요아스를 치려고 올라와서 유다와 예루살렘에 이르러 백성 중에서 모든 방백들을 다 죽이고 노략한 물건을 다메섹 왕에게로 보내니라"라고 기록하고 있다. 요아스는 큰 부상을 입고, 결국 스가랴를 죽인 죄 때문에 그의 신하들에게 배신당하여 침상에서 암살당하고 만다. 그는 왕들의 묘실에 장사되지 못하는 수치를 당하게 된다(25절). 이렇게 그는 비참한 최후를 맞이하게 된다. 그러므로 성도는 용두사미가 되어서는 안 된다. 끝까지 신앙의 경주를 달려 승리의 면류관을 쓰는 은혜가 있어야 한다.

> **적용**
> 1. 나는 좋은 영적인 멘토와 함께 신앙의 길을 걷고 있는가?
> 2. 나는 받은 은혜를 잊어버리고 배은망덕한 죄에 빠지지 않고 있는가?
> 3. 나는 나를 향한 쓴소리도 하나님의 음성으로 받아들이는 성숙한 신앙인이 되고 있는가?

15주

패망의 선봉

본문 | 대하 25:1-28
요절 | 아마샤가 듣지 아니하였으니 이는 하나님께로 말미암은 것이라 그들이 에돔 신들에게 구하였으므로 그 대적의 손에 넘기려 하심이더라(20절)

접근

오늘 말씀은 요아스 왕의 실패에 이어 그의 아들 아마샤의 이야기로 또 다른 실패의 이야기를 기록하고 있다. 그는 어떻게 보면, 완전히 악하지도, 완전히 선하지도 않은 인물이었다. 그는 순종의 문턱까지 갔다가 돌아서고, 승리의 정점에서 교만해져 나락으로 떨어지는, 그야말로 '반쪽짜리 신앙'의 비극을 보여 주는 인물이다. 팀 켈러는 『내가 만든 신』이라는 책에서 돈, 성공, 권력과 같은 것들이 어떻게 우리의 마음속에 우상을 만드는지에 대해 상세하게 보도하고 있다.

값비싼 순종(1-13절)

아마샤의 통치는 모순적인 평가와 함께 시작한다. 그는 율법에 따라 아버지를 죽인 신하들은 처벌하되 그 자녀들은 살려주는 등 율법을 지키는 모습을 보이며 출발했다. 그런데 그는 잘못된 선택, 즉 에돔과 싸우기 위해 유다 군대 외에 북이스라엘 용병 10만 명을 은 100달란트(약 3.4톤)라는 거금을 주고 고용한다. 바로 그때 어떤 하나님의 사람이 왕에게 나아와 "왕이여 이스라엘 군대를 왕과 함께 가게 하지 마옵소서. 여호와께서는 이스라엘 곧 온 에브라임 자손과 함께 하지 아니하시나니"라고 경고한다(7절). 이에 왕은 이미 거금을 주었는데 어찌할까? 고민한다. 하지만 선지자는 여호와께서 이보다 더 많은 것을 주실 것이라고 선포한다. 그는 이 말씀을 듣고 값비싼 순종을 하고 전쟁에서 승리하게 된다.

승리 뒤에 찾아온 교만 (14-16절)

아마샤는 값비싼 순종으로 전쟁에서 승리하였다. 그런데 문제는 감사와 겸손 대신 가장 어리석고 이해할 수 없는 행동을 한다. 에돔 족속의 우상들을 가져와 자기의 신으로 세우고 그것들을 경배하는 상식 이하의 우상숭배에 빠진다. 하나님은 다른 선지자를 보내서 "그 신들이 자기 백성을 왕의 손에서 능히 구원하지 못하였는데도 어찌하여 왕은 그 신들에게 구하나이까"라고 책망한다. 그럼에도 교만해진 아마샤는 선지자를 협박하고 입을 막아버린다. 책망을 거부하는 순간, 그의 영적 생명은 끝난 것이나 다름없다.

절정에 다다른 교만 (17-28절)

교만은 패망에 이르게 하는 지름길이다. 그는 승리에 도취해 아무 이유 없이 북이스라엘의 요아스 왕에게 전쟁을 선포한다. 이스라엘 왕은 "가시나무가 백향목에게 사신을 보내 … 들짐승이 지나가다가 그 가시나무를 짓밟았느니라"라고 아마샤의 교만을 조롱했다. 그렇지만 왕은 듣지 않았다. 결국 전쟁에서 참패하여 예루살렘 성벽이 헐리고 성전과 왕궁의 보물이 모두 약탈당했다. 결국 그는 쫓아온 자들에게 암살당하며 비참하게 생을 마감하게 된다.

하나님은 온전한 마음을 원하신다. 100% 순종에는 대가가 따르지만, 하나님은 그보다 더 큰 것을 주시는 분이시다. 무엇보다도 영적 승리를 얻은 뒤 찾아오는 교만을 경계해야 한다.

적용

1. 나는 말씀에 바르게 반응하지 않아 값비싼 순종을 했던 경험이 있는가?
2. 나는 결과 이상의 성과를 경험하면서 나도 모르게 올라오는 교만에 사로잡힌 적은 없는가?
3. 나는 성공이라는 우상에게 사로잡혀 있지는 않는가?

16주

성공의 때를 경계하라

본문 | 대하 26:1-23
요절 | 하나님의 묵시를 밝히 아는 스가랴가 사는 날에 하나님을 찾았고 그가 여호와를 찾을 동안에는 하나님이 형통하게 하셨더라(5절)

접근

리차드 포스터의 『돈, 섹스, 권력』(Money, Sex & Power)라는 책은 그리스도인이 살아가면서 가장 강력하게 다가오는 세 가지 유혹에 대해서 다룬다. 특히 '권력'이라는 부분은 웃시야를 이해하는 데 많은 도움이 된다. 그는 성공을 통해 얻은 권력을 하나님의 영광이 아닌 자신의 교만을 위해 사용하려다 파멸에 이르게 된 것을 잘 보여 주는 대표적인 인물이다. 마치 과유불급(過猶不及)이라는 말처럼, 왕으로서 하나님을 섬기려는 열심은 좋았지만, 제사장의 영역까지 침범하는 것은 결국 큰 화를 불러오게 되었다.

웃시야의 성공 신화(1-15절)

왕의 전반부는 그야말로 '성공 신화'였다. 5절은 "하나님의 묵시를 밝히 아는 스가랴가 사는 날에 하나님을 찾았고 그가 여호와를 찾을 동안에는 하나님이 형통하게 하셨더라"라고 기록하면서 그의 모든 성공의 근원이 하나님을 찾는 신앙에 있었음을 밝히고 있다. 그는 52년이라는 시간을 통해 놀라운 업적을 이룬다. 성경은 그의 명성이 퍼져나간 이유를 "그의 이름이 멀리 퍼짐은 기이한 도우심을 얻어 강성하여짐이었더라"라고 기록하고 있다(15절). 신앙의 성공은 하나님을 찾는 데 있다.

성공의 정점에 나타나는 교만(16절)

웃시야 왕의 삶을 보면, 교만자패(驕慢自敗)라는 사자성어가 기억난다. '교만한 자는 반드시 스스로 패한다'라는 이 말은 강성해진 후 교만해져 파멸에 이르는 웃시야의 모습을 그대로 보여 주는 사자성어이다. 그가 교만해진 것은 강성해진 것 때문이다. "그가 강성하여지매 그의 마음이 교만하여 악을 행하여"(16a). 물론 성공이나 강성해지는 것 자체가 죄는 아니었지만, 그 성공과 강성해짐이 마음을 교만하게 만드는 이유가 된다면 그 성공과 강성함은 독약이 될 수 있다는 사실이다. 우리는 이 사실을 통해서 "그런즉 선 줄로 생각하는 자는 넘어질까 조심하라"(고전 10:12)는 말씀을 다시 한번 상기하게 된다.

경계를 넘는 교만(17-23절)

그는 교만해진 나머지 오직 제사장에게만 허락된 성전 분향을 자신이 직접 하려고 했다. 이는 월권행위이자 하나님의 질서에 정면 도전하는 행위였다. 그때 제사장 아사랴와 용맹한 제사장 80명이 그의 뒤를 따라 들어가 막아선다(18절). 책망을 들은 웃시야가 분을 내는 순간, 그의 이마에 나병이 발생한다. 그는 평생 나병 환자로 별궁에 격리되어 살면서 성전에 들어가지 못했고, 죽어서도 왕들의 묘실에 들어가지 못하고 그 곁에 묻히는 수치를 당하며 생을 마감하게 된다.

우리는 수치를 당하는 최후를 맞이하지 않기 위해서는 성공했을 때 더욱 겸손해야 한다. 하나님께서 세우신 질서를 지킬 수 있어야 한다.

적용

1. 나는 인생의 위기가 성공의 때라는 점을 인식하고 있는가?
2. 나는 하나님께서 세우신 경계를 존중하며 질서에 순응하고 있는가?
3. 진리를 위해 진리 아닌 것에 맞서는 거룩한 용기가 있는가?

17주

'그러나'의 신앙이 주는 은혜

본문 | 대하 27:1-9
요절 | 요담이 그의 하나님 여호와 앞에서 바른 길을 걸었으므로 점점 강하여졌더라(6절)

접근

존 맥스웰(John C. Maxwell)은 『실패를 딛고 전진하라』(Failing Forward: Turning Mistakes into Stepping Stones for Success)라는 책에서 실패를 시련이 아니라 성공으로 향하는 디딤돌로 삼으라고 강조한다. 실패는 피할 수 없기에 실패하지 않는 것보다 실패 후 어떻게 반응하는가가 중요하다.

오늘 말씀은 아버지의 실패를 교훈 삼아 바른길을 굳게 간 왕에 관한 이야기를 담고 있다. 요담이 교만으로 하나님의 경계를 넘었다가 비참한 최후를 맞이한 아버지 웃시야의 실패를 반면교사 삼아, 그 경계를 넘지 않고 하나님 앞에서 바른길을 감으로써 그 나라가 견고하게 세워지고 있음을 보여 주고 있다.

'그러나'의 신앙 (1-2절)

요담은 아버지가 비록 실패했지만, '그러나' 아버지의 선한 점을 본받았다. 2절의 말씀을 보면, "요담이 그의 아버지 웃시야의 모든 행위대로 여호와 보시기에 정직하게 행하였으나"라고 기록하고 있다.

또 한 가지 중요한 것은 아버지가 교만으로 인해 하나님의 영역을 침범했던 치명적인 실수는 반복하지 않았다(2절). 그는 아버지의 성공과 실패를 바로 곁에서 지켜보았다. 그래서 그는 그것을 반면교사 삼아 아버지의 성공은 따랐으나 아버지의 실수는 반복하지 않았다. 이것이 바로 요담이 보여 준 지혜였다.

이처럼 성도도 '그러나'의 지혜를 배울 필요가 있다.

바른길의 결과(3-6절)

바른길을 가는 삶의 결과는 '견고한 강성함'이었다. 요담은 성전의 윗문을 건축하고, 성벽을 증축하고, 여러 성읍과 요새 그리고 망대를 건축하면서 내실을 다지는 데 힘을 썼다. 또한 암몬 자손과의 전쟁에서 승리하고 3년 동안 막대한 양의 조공을 받아 나라의 부를 증대시켰다. 이러한 삶에 대해서 6절은 "요담이 그의 하나님 여호와 앞에서 바른길을 걸었으므로 점점 강하여졌더라"라고 기록하고 있다. 그의 견고한 강성함은 화려한 길이 아니라 꾸준하고 바른길을 걸었던 결과였다.

평온한 마무리(7-9절)

인생의 마지막이 비참하고 수치스러운 일이 아니라, 기쁨이 되고 많은 사람에게 평강을 전하는 일이 되는 것은 참으로 중요한 부분이라 할 수 있다. 요담은 25세에 왕에 올라 16년을 다스렸다. 그의 죽음은 참으로 평안했다. 그의 삶은 아버지의 삶을 타산지석(他山之石)으로 삼아 아버지 웃시야의 교만이라는 실패의 돌을 가져와 자신의 겸손이라는 옥을 갈고 닦은 지혜로운 아들이었다. 그리고 평생에 바른길을 감으로 그는 최후의 순간에도 평안하게 열조의 품에 들 수 있었다. 이처럼 요담의 인생을 통해 성도들 또한 그 끝이 아름다운 삶이 되도록 경건하게 신앙의 여정을 달려가야 한다는 점을 배우게 된다.

적용

1. 나는 앞선 세대의 잘못된 신앙을 타산지석으로 삼고 있는가?
2. 화려하지 않지만 묵묵하게 바른길을 가는 신앙인이 되고 있는가?
3. 바른길을 감으로 점점 강성해지는 은혜를 누리고 있는가?

18주

완전한 영적 파산

본문 | 대하 28:1-27
요절 | 그런즉 너희는 내 말을 듣고 너희의 형제들 중에서 사로잡아 온 포로를 놓아 돌아가게 하라 여호와의 진노가 너희에게 임박하였느니라 한지라(11절)

접근

C.S. 루이스는 『고통의 문제』(The Problem of Pain)라는 책에서 "고통은 귀먹은 세상을 깨우기 위한 하나님의 메가폰이다."라는 말을 했다. 이 말은 각고면려(刻苦勉勵), 즉 고통이 인간의 영혼을 단련하는 하나님의 도구임을 알게 한다.

그런데 아하스는 하나님의 확성기를 듣고도 오히려 귀를 막고 자신의 죄악이라는 소음을 더 크게 만들어 버린 어리석은 인간의 전형을 보여 준다. 이런 의미에서 이 이야기는 역대기 전체를 통틀어 가장 어둡고 절망적인 그야말로 '최악의 실패담'을 담고 있다. 그러면서 오늘 말씀은 '인생의 곤고함이 찾아올 때 하나님을 향해 더 강하게 문을 닫고 있는지, 하나님께로 돌아가고 있는지'를 묻고 있다.

우상숭배에 대한 즉각적 반응(1-8절)

아하스의 통치는 시작부터 이전의 어떤 왕보다 더 극심한 죄악으로 가득했다. 그는 바알 우상을 부어 만들고, 힌놈의 아들 골짜기에서 분향했을 뿐만 아니라 가나안의 가장 가증한 풍속을 따라 '자기 아들을 불사르는' 인신 제사까지 하게 된다. 이는 역사상 전례 없는 최악의 범죄였다. 이에 대해서 하나님은 즉각 심판하신다. 북쪽의 아람과 이스라엘 군대가 쳐들어와 유다 군사 12만 명이 죽고 20만 명의 백성이 포로로 잡혀가는 끔찍한 참패를 당하게 된다.

그럼에도 긍휼의 기회를 주시는 하나님(9-15절)

모든 것이 끝난 것처럼 보이는 그 순간, 하나님께서는 가장 놀라운 방식으로 긍휼의 손길을 내미신다. 선지자 오뎃은 승리에 취해 포로들을 끌고 가는 북이스라엘 군대 앞에 나타나 그들의 과도한 잔인을 책망하고 동족인 포로들을 풀어 주라고 명령한다. 놀랍게도 지도자 몇몇은 선지자의 말에 동의하여 포로들을 받아들이는 것을 막아선다(12-13절). 그들은 포로들을 불쌍히 여겨 빼앗았던 옷을 입히고 신을 신기고 먹을 것과 마실 것을 주고 기름을 발라 치료해 주어 고향인 여리고까지 데려다주는 자비를 베푼다. 이는 아하스와 극명하게 대조되는 모습으로 하나님께서 아하스에게 돌아올 기회를 마지막으로 보여 주신 것이나 다름없었다.

더욱 거세지는 범죄(16-27절)

그러한 자비에도, 아하스는 그 신호를 무시하고 더욱 깊은 수렁에 빠지게 된다. 그는 에돔과 블레셋의 침략 앞에 하나님께 도움을 요청하지 않고 강대국이었던 '앗수르'에게 도움을 청한다. 그는 앗수르 왕에게 바칠 조공을 위해 여호와의 성전과 왕궁, 방백들의 집에서 재물을 가져다 바친다. 그러나 성경은 "그에게 유익이 없었더라"(21절)라고 기록하고 있다. 22절은 "이 아하스 왕이 곤고할 때에 더욱 여호와께 범죄하여"라고 기록하고 있다. 그뿐 아니라 성전 문을 모두 닫아버리고 예루살렘 곳곳에 우상의 제단을 쌓아 공식적인 여호와 예배를 완전히 폐지했다. 그러므로 성도는 하나님의 메가폰에 정직하게 반응하고 바른길로 갈 수 있는 신앙의 성숙함이 필요하다.

> **적용**
>
> 1. 나는 고난이라는 문제를 하나님께서 연단하시는 도구로 인정하고 있는가?
> 2. 나는 인생의 위기 앞에서 세속적인 힘을 의지하지 않고 하나님을 바라고 의지하는가?
> 3. 나는 어떤 상황에서도 예배의 문을 닫지 않고 하나님을 예배하기에 힘쓰고 있는가?

19주

부흥 매뉴얼

본문 | 대하 29:1-19
요절 | 안으로 들어가서 히스기야 왕을 보고 이르되 우리가 여호와의 온 전과 번제단과 그 모든 그릇들과 떡을 진설하는 상과 그 모든 그릇들을 깨끗하게 하였고(18절)

접근

파사현정(破邪顯正)이라는 말이 있다. 이 말은 '사악하고 그릇된 것을 깨뜨리고 바르고 옳은 것을 드러낸다.'라는 의미다.

특히 오늘 말씀은 한 지도자의 위대한 비전이 어떻게 공동체의 순종을 이끌어 내고, 무너진 하나님의 집을 다시 세워나가는지에 대한 내용을 담고 있다. 말로만 그친 개혁이 아니라 손과 발을 움직여 땀 흘리는 정결의 과정을 생생하게 담고 있다. 그렇다면 어떻게 하면 무너진 예배를 회복하고 다시 예배를 세울 수 있을까?

지도자의 결단과 비전 선포(1-11절)

히스기야는 왕이 되자마자 첫째 해 첫째 달에, 다른 어떤 국정 과제보다 먼저 굳게 닫혔던 성전 문을 여는 일부터 시작한다. 이는 모든 회복의 근원이 하나님과의 관계 회복에 있음을 아는 리더의 지혜를 엿볼 수 있는 부분이다. 그리고 그는 제사장과 레위 사람들을 불러 모아, 왜 이 개혁이 필요한지를 설득한다. 그는 과거 죄악과 그로 인한 하나님의 진노를 분명하게 진단하고 언약을 세워 이 재앙을 끝내자고 희망의 비전을 제시한다. 더 나아가 그들이 바로 이 거룩한 사명을 위해 택함을 받은 자들임을 일깨워 준다. 이처럼 부흥 전략은 분명한 설계도에 따라 비전이 선포되는 것에서 시작됨을 알아야 한다.

부흥의 원칙(12-15절)

부흥의 제1원칙은 '나를 먼저 성결케 하는 것'이다. 레위인들의 첫 번째 행동은 "자기 자신들을 성결하게 하는 것"이었다. 더러운 손으로 집을 청소할 수 없듯이 부정한 리더들을 통해서는 진정한 부흥을 이룰 수 없다. 하나님의 거룩한 일을 하기 위해서는 일하는 사람이 먼저 거룩하게 준비되어야 한다. 1907년 대부흥 운동은 지도자들의 회개가 먼저 있었고 이에 감동을 받은 성도들의 회개로 이어졌다. 그러므로 거룩한 부흥의 첫 시작은 종교 지도자들이 먼저 자신들을 정결하게 한 후, 진정한 부흥을 위하여 헌신하고 섬길 때 하나님의 놀라운 부흥의 역사가 이루어진다는 사실을 알아야 한다.

부흥의 실행(16-19절)

제사장들은 자신들만 들어갈 수 있는 성전 안 지성소까지 들어가 더러운 것들을 꺼내 왔고, 레위 사람들은 그것을 받아 성 밖 기드론 시내까지 가져다 버렸다. 이러한 청소는 16일이나 걸렸다. 대충하는 것이 아니라 성전 구석구석 모든 죄악의 흔적들을 완전히 뿌리 뽑는 철저하고 완전한 정화였다. 모든 정결 작업을 마친 후, 그들은 히스기야 왕에게 나아가 "우리가 여호와 온 성전을 정결하게 하였나이다"라고 보고한다.

부흥 매뉴얼은 이렇게 비전 선포와 함께 시작되고, '나를 먼저 성결하게 하는 제1원칙'에 따라 진행된다. 그리고 체계적이고 구체적인 정화 작업을 통해서 이루어진다.

적용

1. 나는 부흥을 위해서 하나님의 비전을 공유하고 있는가?
2. 하나님의 거룩한 사역을 위해 내가 먼저 거룩하게 청소가 되고 있는가?
3. 내가 맡은 역할을 충실하게 감당하면서 서로 협력하며 아름다운 사역을 감당하고 있는가?

20주

폭발적인 기쁨과 헌신의 근거

본문 | 대하 29:20-36
요절 | 왕이 레위 사람들을 여호와의 전에 두어서 다윗과 왕의 선견자 갓과 선지자 나단이 명령한 대로 제금과 비파와 수금을 잡게 하니 이는 여호와께서 그의 선지자들로 이렇게 명령하셨음이라 (25절)

접근

로이드 존스는 『부흥』(Revival)이라는 책에서, 참된 부흥은 인간이 만들어 내는 프로그램이 아니라 하나님의 주권적인 역사이며, 그 특징은 깊은 죄의 깨달음과 하나님의 영광에 대한 압도적인 경험, 그리고 말할 수 없는 기쁨이라고 설명한다.

오늘 말씀은 이러한 요소를 그대로 보여 주는 성경적 사례라고 할 수 있다. 왜냐하면 깨끗해진 성전 안에서 마침내 무엇이 행해지는지를 보여 주고 있고, 부흥의 절정이자 심장과도 같은 내용을 기록하고 있기 때문이다. 하드웨어의 복구는 끝났고 이제 소프트웨어를 다시 설치할 차례이다.

온 이스라엘을 위한 속죄(20-24절)

성전 청소를 마친 히스기야는 "일찍이 일어나" 지체 없이 예배 회복의 핵심 단계로 넘어간다. 그는 먼저 속죄 제물을 가져오게 한다. 나라와 성소와 유다를 위한 속죄 제사는 '온 이스라엘의 죄를 속하기 위함'이었다. 왕과 회중이 속죄 제물이 될 염소의 머리에 안수하고 자신들의 죄를 전가시킨다. 이 의식을 통해 대신 이 제물이 죽는다는 신앙의 고백을 하게 된다. 이렇게 모든 회복의 시작은 죄의 문제를 해결하는 것에서부터 시작된다.

예배 감격의 폭발(25-30절)

죄의 문제를 해결하는 속죄 제사가 드려지는 바로 그 순간, 예배의 감격이 폭발한다. 27절은 "번제 드리기를 시작하는 동시에 여호와의 시로 노래하고 나팔을 불며 … 악기를 울리고"라고 기록한다. 이는 모든 찬양과 예배가 희생 제물의 은혜 위에서만 가능하다는 진리를 깨닫게 한다. 왕과 온 회중이 몸을 굽혀 경배하고, 노래하는 자들은 노래하며, 나팔 부는 자들은 나팔을 불었다. 멈췄던 예배의 모든 요소가 속죄의 제단 위에서 다시 살아나는 감격적인 순간이었다.

회복의 열매(31-36절)

하나님과 관계가 회복되자, 자발적인 헌신이 넘쳐났고 백성들이 자원하여 가져온 제물이 너무 많아 "제사장이 부족하여 그 모든 번제 짐승들의 가죽을 능히 벗기지 못하는 고로"라고 기록될 정도였다. 이때 '마음의 성결함에 더 힘쓴' 레위 사람들이 제사장들을 도와 일했다. 하나님은 직분이나 서열을 통해서 일하시는 것이 아니라 마음이 준비되고 성결한 자를 들어 일하신다. 이 모든 부흥의 과정을 본 히스기야와 모든 백성이 함께 기뻐했다. 성경은 "이 일이 갑자기 되었다"고 설명한다. 인간의 힘으로는 상상할 수 없는 놀라운 회복이 순식간에 일어나자, 모든 것을 "하나님이 하셨음"을 깨달은 그 깨달음이 큰 기쁨을 가져다 주었다.

그러므로 성도는 모든 것을 행하시는 하나님, 그 일을 성취하시는 하나님을 경험할 때, 하나님께서 행하심으로 인하여 큰 기쁨을 얻는다.

적용

1. 나의 예배의 삶은 십자가의 은혜로부터 시작하고 있는가?
2. 나는 참된 회개의 강을 건너 자발적인 헌신으로 나아가고 있는가?
3. 나는 모든 일에 "하나님이 하셨다"라는 믿음의 고백을 하고 있는가?

21주

모든 장벽을 넘어선 초청

본문 | 대하 30:1-27
요절 | 에브라임과 므낫세와 잇사갈과 스불론의 많은 무리는 자기들을 깨끗하게 하지 아니하고 유월절 양을 먹어 기록한 규례를 어긴지라 히스기야가 그들을 위하여 기도하여 이르되 선하신 여호와여 사하옵소서(18절)

접근

존 스토트의 『그리스도의 십자가』(The Cross of Christ)라는 책을 보면, 십자가가 하나님과 인간 사이의 수직적 화해뿐만 아니라 인간과 인간 사이의 수평적 화해를 이룬다고 역설하고 있다.

히스기야 왕은 오랫동안 정치적으로 분열되고 영적으로 타락했던 북이스라엘 백성들에게까지 유월절 축제의 초청장을 보내면서 파격적인 모습을 보여 준다. 그리고 그 초청에 응답하여 모인 무리의 연약함과 절차적 허물까지도 덮고 치유하며, 마침내 멈출 수 없는 기쁨의 축제로 이어지는 모습을 그리고 있다.

경계를 허무는 초청(1-12절)

성전 정화를 마친 히스기야는 '유월절'을 회복하기로 결단한다. 그런데 그의 비전은 유다 왕국에만 머무르지 않았다. 그는 유다뿐 아니라 적대적인 관계에 있었던 북이스라엘의 에브라임과 므낫세 지파에까지 보발꾼을 보내 유월절에 참여하라는 초청장을 보낸다. 그 내용은 "여호와께로 돌아오라 … 너희 하나님 여호와는 은혜로우시고 자비하신지라 너희가 그에게로 돌아오면 그의 얼굴을 너희에게서 돌이키지 아니하시리라"라는 내용이었다.

파격적인 이 초청에 대한 반응은 엇갈렸다. '조롱하며 비웃는 사람'도 있었고 '겸비한 마음'으로 예루살렘으로 나온 사람도 있었다. 반면 유다에서는 '하나님의 손이 유다 사람들을 감동시켜' 한마음으로 왕의 명령에 순종하게 되었다.

마음의 중심을 보시는 하나님의 은혜(13-20절)

유월절을 지키기 위해 예루살렘에 모인 백성들은 두 번째 정결 작업을 시작한다. 그런데 북쪽에서 온 사람들이 율법의 규례대로 자신을 정결하게 하지 않은 채 유월절 양을 먹은 것이다. 이때 히스기야가 기도한다. "선하신 여호와여 사하옵소서 결심하고 하나님 곧 그의 조상들의 하나님 여호와를 구하는 사람은 비록 성소의 결례대로 스스로 깨끗하게 못하였을지라도 사하옵소서"(18-19절). 그는 율법의 형식보다 하나님을 찾으려는 마음의 중심을 보아달라고 간구한다. 하나님은 이 기도를 들으시고 백성을 고치셨다(20절).

멈출 수 없는 기쁨의 축제(21-27절)

죄의 문제가 해결되고 은혜가 선포되자 그들은 7일 동안 '큰 즐거움으로' 유월절을 지키고, 레위인과 제사장들은 날마다 하나님을 찬양했다. 축제가 끝나자, 그 기쁨이 너무나 커서 온 회중이 "다시 7일을 지키기로 결의하고" 축제가 자발적으로 연장이 된다. 성경은 이 축제를 "이스라엘 왕 다윗의 아들 솔로몬 때로부터 이러한 기쁨이 예루살렘에 없었더라"라고 평가한다. 마지막으로 제사장들과 레위 사람들이 백성을 축복하자 "그 소리가 하늘에 들리고 그 기도가 여호와의 거룩한 처소 하늘에 이르렀더라"라고 기록하며 하나님께서 이 모든 과정을 얼마나 기쁘게 받으셨는지를 보여 준다. 그러므로 참된 부흥은 담장을 넘어 이웃과 세계 열방을 향해야 한다.

> **적용**
> 1. 내가 누리는 구원의 기쁨이 타인을 향하고 있는가?
> 2. 나는 율법적 정결보다 하나님을 향한 마음의 중심을 보고 환대하고 있는가?
> 3. 나는 방황하는 영혼들에게 '돌아오라'는 복음으로의 초청을 멈추지 않고 있는가?

22주

영원한 투자 원리

본문 | 대하 31:1-21
요절 | 히스기야가 온 유다에 이같이 행하되 그의 하나님 여호와 보시기에 선과 정의와 진실함으로 행하였으니 (20절)

접근

'물심양면'(物心兩面)이라는 말이 있다. 이는 물질적인 면과 정신적인 면의 양쪽을 의미한다. 유다 백성들은 예배를 통하여 마음으로 은혜를 받았고, 그 결과 예물을 드리는 구체적인 행동으로 화답했다. 이러한 모습에서 우리는 진정한 부흥이란 '물심양면'의 헌신으로 나타나게 됨을 깨닫게 된다.

랜디 알콘의 『돈, 소유, 영원』(The Treasure Principle)에서도 성경적 재물관과 헌금의 원리를 명쾌하게 설명하고 있다. 이는 헌금이 사라지는 비용이 아니라 하나님 나라 창고에 쌓는 영원한 투자임을 보여 주고 있다.

자발적인 우상 파괴 (1절)

유월절이라는 성대한 예배가 끝나자마자 백성들은 각자의 성읍으로 돌아가 즉각적인 행동을 시작한다. 그들은 유다뿐만 아니라 자신들의 고향인 북이스라엘의 베냐민, 에브라임, 므낫세 지역까지 가서 주상을 깨뜨리고 아세라 목상을 찍으며 산당과 제단을 모두 제거했다. 이러한 모습은 예배를 통해 받은 은혜가 삶의 현장에 있는 구체적인 우상들을 더 이상 용납할 수 없게 만드는 거룩한 결단으로 이어져야 함을 말해준다. 은혜는 종교적 감상주의가 아니라 실제로 삶을 개혁하고 올바른 하나님의 정의와 공의를 실천하는 삶으로 나아가게 하는 기폭제 역할을 한다.

풍성한 헌신(2-10절)

히스기야는 백성들의 자발적인 열정이 식지 않도록 개혁을 체계적으로 이끌어 간다. 그는 제사장과 레위 사람들의 반열을 정하여 규칙적인 성전 예배와 직무를 회복시킨다. 그는 솔선수범하여 먼저 '자기 소유 중에서' 얼마를 정하여 매일의 번제와 안식일과 초하루와 절기의 번제에 쓰도록 했다. 왕의 이러한 솔선수범에 백성들은 "명령이 내리자 곧" 첫 열매와 십일조를 심히 많이 가져왔고 그 양이 너무 많아 "더미를 이루어" 쌓아야 할 정도였다. 이 헌신은 3월에 시작하여 7월에 마칠 정도로 꾸준하고 풍성했다. 대제사장 아사랴는 이 넘치는 예물을 보고 "여호와께서 그의 백성에게 복을 주셨음이라"(10절)라고 고백했다.

정직하고 체계적인 재정관리(11-21절)

히스기야는 이 넘치는 헌물을 투명하고 정직하게 관리하는 시스템을 구축한다. 그는 성전 안에 골방을 마련하고 그 일을 책임질 책임자와 부책임자를 임명하여 예물을 관리하게 했다. 임명된 책임자들은 모든 제사장과 레위 사람들, 그리고 그들의 자녀들에게까지 정해진 몫을 정확하고 공정하게 분배했다. 역대기 저자는 이 모든 일을 행한 히스기야를 향해 "그의 하나님을 찾고 한마음으로 행하여 형통하였더라"(21절)라고 평가하며 그의 성공 비결이 바로 이 전심의 순종에 있음을 증언한다.

그러므로 은혜받은 성도는 삶의 우상을 적극적이고 구체적으로 제거해야 한다. 그리고 정직하고 바르게 재정을 관리하는 시스템을 구축하여 물질로 시험받는 일이 없어야 한다.

적용

1. 나는 받은 은혜로 인하여 적극적으로 내 삶에 자리잡고 있는 우상을 제거하고 있는가?
2. 나는 받은 은혜보다 더 적극적으로 표현하고 있는가?
3. 나는 하나님의 은혜 안에서 정직하게 재정관리를 하고 있는가?

23주

최선과 믿음이 일치하는 신앙

본문 | 대하 32:1-23
요절 | 그와 함께 하는 자는 육신의 팔이요 우리와 함께 하시는 이는 우리의 하나님 여호와시라 반드시 우리를 도우시고 우리를 대신하여 싸우시리라 하매 백성이 유다 왕 히스기야의 말로 말미암아 안심하니라(8절)

접근

살아가면서 혹 감당할 수 없을 것 같은 압도적인 위협과 위압감이 몰려올 때, 어떻게 반응하겠는가? 오늘 말씀은 히스기야 왕이 앗수르의 침공이라는 국가적 위기 앞에서 한 편으로는 최선을 다해서 인간적인 방책을 세우고 준비하지만, 또 다른 편으로는 조금도 흔들리지 않는 믿음의 선포와 기도로 나아가는 모습을 보여 준다. 그리하여 하나님의 기적적인 개입을 통해 승리하게 되는 '믿음과 실천의 완벽한 조화'를 보여 주는 말씀을 기록하고 있다. 이러한 모습을 통해 유비무환(有備無患)의 신앙이 필요하다는 점을 깨닫게 된다.

지혜로운 준비와 담대한 선포(1-8절)

산헤립의 침공 소식을 들은 히스기야의 반응은 두 가지로 나타난다. 하나는 최선을 다하는 인간적인 모습이다. 그는 먼저 방백들과 의논하여 성 밖의 모든 물 근원을 막아 적의 식수원을 차단하고 무너진 성벽을 보수하고 망대를 세웠다. 그리고 무기와 방패를 많이 만들어 방어할 준비를 한다. 또 하나는 백성의 마음을 세우는 영적인 준비였다. 그는 백성을 모아 놓고 하나님은 반드시 우리를 도우시고 우리를 대신하여 싸우시리라"(7-8절)라고 담대하게 선포한다.

적의 조롱과 심리전(9-19절)

산헤립의 신하들은 성벽 위의 백성들이 들을 수 있도록 유다 말로 외친다. "너희가 의뢰하는 것이 무엇이냐? 히스기야에게 속지 말라! 세상의 어떤 신도 내 손에서 자기 백성을 건져내지 못했는데, 하물며 너희 하나님이 너희를 건져내겠느냐?"(14-15절). 그들은 하나님을 이방의 무력한 신들과 동일시하며 조롱하고 모독했다. 사실 두려움은 실제 존재하지 않는 허상에 대한 그림자 때문에 오는 허망한 감정이다. 그런데 이 감정이 우리를 무력하게 만들 수 있다는 사실이다. 전쟁 중 고도의 심리전처럼, 악한 자들은 우리를 넘어뜨리기 위해 두려움의 씨앗을 뿌린다는 점을 인식해야 한다.

연합기도와 하나님의 기적적인 구원(20-23절)

참을 수 없는 모욕과 위협이 앞에 있을 때 어떻게 반응해야 할까? 히스기야는 하늘을 향해 부르짖는다(20절). 적과 논쟁하거나 두려워하지 않고 왕과 선지자들은 함께 힘을 합쳐 모든 문제를 하나님께 아뢰는 기도를 드린다. 하나님께서는 왕의 기도에 즉각 응답하신다. 하룻밤 사이에 앗수르의 핵심 군사력 18만 5천 명이 전멸하고 산헤립은 부끄럽게 고국으로 돌아간다. 그렇지만 자신의 신전에서 경배하다가 자기 아들들의 칼에 맞아서 죽임을 당한다. 하나님을 모독한 자의 비참한 최후가 되고 말았다(사 37:36-38). 그러므로 성도는 '최선'과 '믿음'이 잘 균형 잡힌 신앙인이 되어야 한다. 이 신앙을 바탕으로 어떠한 두려움과 위협에도 하나님께 모든 것을 맡길 수 있어야 한다. 그리하여 하나님께서 모든 장애물을 제거하시는 은혜를 볼 수 있어야 한다.

적용

1. 나는 인생의 위협 앞에 '최선'과 '믿음'의 일치를 이루며 나아가고 있는가?
2. 나는 어떠한 비방과 조롱에도 하나님을 신뢰하는 기도의 삶을 살아가고 있는가?
3. 나는 하나님께서 나의 삶을 인도하시는 분이라는 사실을 경험하며 살아가고 있는가?

24주

회개, 그 위대한 인생으로의 초대

본문 | 대하 32:24-33
요절 | 히스기야가 마음의 교만함을 뉘우치고 예루살렘 주민들도 그와 같이 하였으므로 여호와의 진노가 히스기야의 생전에는 그들에게 내리지 아니하니라(26절)

접근

히스기야 왕의 삶을 보면, 전화위복(轉禍爲福)의 삶이라는 점을 깨닫게 된다. 재앙이 바뀌어 복이 되는 삶, 바로 히스기야의 삶이었다. 그는 교만으로 인해 하나님의 진노라는 재앙을 마주했지만, 회개를 통해 오히려 하나님의 용서와 더 큰 형통을 경험하게 되어 그의 인생 후반부를 보면, 정말 유종의 미(有終之美)를 거둔 삶이었다.

진정한 위대함은 넘어지지 않은 것이 아니라 하나님의 책망 앞에서 즉시 회개함으로 진노를 돌이키고 하나님 앞에서 존귀한 백성으로 마침표를 찍는 것이다.

치유와 교만(24-25절)

이후 히스기야는 죽을병에 걸렸지만, 하나님께 기도함으로 응답받고 '징표'까지 받는 기적적인 치유를 경험한다. 그러나 25절은 충격적인 대반전을 기록한다. 그는 가장 큰 은혜의 순간, 가장 큰 교만의 시험대 위에 오르게 되었다. 그는 감사를 잊고 자신이 높아지는 우쭐함에 빠지게 되었다. 이렇게 마귀는 은혜 뒤에 숨어 교묘하게 우쭐하게 하는 교만으로 들어가도록 유혹한다. 왕은 그 유혹에 빠지게 되었다.

그럼에도 돌이키는 신앙(26-30절)

히스기야는 교만의 죄로 하나님의 진노가 임박한 순간, 이전의 악한 왕들과 다른 길을 선택한다. 26절은 그러므로 "여호와의 진노가 히스기야의 생전에는 그들에게 내리지 아니하니라"라고 기록하고 있다. 자신의 죄를 깨닫고 즉시 회개한 결과 재앙이 내리지 않게 되었다. 그리고 이 회개를 받으신 하나님은 진노를 거두셨을 뿐만 아니라 이전보다 더 큰 부와 존귀를 허락하셨다. 30절 하반절은 "히스기야가 그의 모든 일에 형통하였더라"라고 기록하고 있다. 회개는 나약한 자들의 항변이 아니라 믿음 있는 자들의 위대한 결단이다.

인생의 최종 평가(31-33절)

역대기 저자는 그의 교만이 드러났던 결정적인 한 사건을 기록하면서 그의 인생을 신학적으로 해석한다. 바벨론 사절단이 방문했을 때, 히스기야가 그들에게 자신의 모든 보물창고를 자랑했던 사건을 언급하며 성경은 이렇게 해석한다. "하나님이 히스기야를 떠나시고 그의 심중에 있는 것을 다 알고자 하사 시험하셨더라"(31절). 하나님께서 잠시 그의 본성대로 내버려 두셨을 때, 그의 마음속 깊은 곳에 있던 교만이 드러났다는 것이다. 그럼에도 회개를 통해 인생의 마지막을 잘 마무리하게 되었다. 그는 죽어서 다윗 자손의 묘실 중 높은 곳에 묻혔고 모든 백성이 그의 죽음에 경의를 표했다.

그러므로 성도는 받은 은혜로 인하여 자족하고 겸손한 삶으로 나아가야 한다. 혹 교묘하게 다가오는 유혹에 넘어졌더라도 회개를 통해 자신의 삶을 바로잡아야 한다.

적용

1. 나는 가장 큰 은혜를 받을 때가 가장 위험한 때라는 것을 인식하고 있는가?
2. 나는 넘어지는 것보다 회개하는 것이 더 위대한 삶이라는 것을 깨닫고 있는가?
3. 나는 인생을 아름답게, 유종의 미를 거두기 위해서 겸손하게 나아가고 있는가?

25주

기도, 삶의 방향을 바꾸라!

본문 | 대하 33:1-25
요절 | 기도하였으므로 하나님이 그의 기도를 받으시며 그의 간구를 들으시사 그가 예루살렘에 돌아와서 다시 왕위에 앉게 하시매 므낫세가 그제서야 여호와께서 하나님이신 줄을 알았더라(13

접근

사람은 과연 개과천선(改過遷善)할 수 있을까? 과거의 잘못을 고치고 그전과는 전혀 다른 사람으로 태어날 수 있을까? 오늘 말씀에 나오는 므낫세는 이 말이 참이라는 사실을 증명이라도 해 주는 듯하다. 왜냐하면 쇠사슬에 묶여 끌려가던 죄인이 돌아서서 예배를 회복하고 개혁자가 된 인생이기 때문이다. 말 그대로 환골탈태한 사람의 전형적인 모습을 보여 주고 있다.

끝을 모르는 죄악의 질주(1-10절)

므낫세는 아버지 히스기야가 이루었던 모든 선한 개혁을 파괴하고 그보다 더한 악을 행했다. 그는 아버지가 헐어버린 산당을 다시 세우고, 바알과 아세라 우상을 섬기고 '하늘의 모든 별'인 일월성신을 숭배했다. 더 끔찍한 것은 그가 여호와의 이름을 두시겠다던 거룩한 성전 안뜰에 우상의 제단을 쌓은 일이다. 그는 자기 아들들을 불 가운데로 지나게 하는 인신 제사를 드렸고, 점술과 마술 등 온갖 악한 행위를 일삼았다. 9절을 보면, "악을 행한 것이 … 더욱 심하였더라"라고 기록하고 있다. 하나님께서 여러 번 그에게 말씀하셨지만, 그는 듣지 않았다. 그의 삶은 브레이크 없는 버스처럼 죄악을 향해 달려가고 있었다.

쇠사슬에 묶인 자의 기도(11-13절)

결국 하나님의 심판이 임하게 되었다. 하나님께서 앗수르 군대를 보내 그를 치게 하셨고 쇠사슬로 결박하여 바벨론으로 끌려가는 치욕을 겪게 하셨다. 그러한 가운데 인생의 가장 밑바닥, 가장 큰 고통과 환난 속에서 그에게 변화가 찾아왔다(12절). 그가 겸손하게 기도하자 하나님께서 그의 기도를 들으시고 그의 간구를 받으셨다. 그 결과 13절은 "므낫세가 그제서야 여호와께서 하나님이신 줄을 알았더라"라고 증언한다. 겸손하게 자신을 비우게 될 때 하나님을 인격적으로 만나게 되었다.

회개의 열매(14-25절)

예루살렘으로 돌아온 므낫세의 삶은 이전과 완전히 달라졌다. 그는 성전에서 모든 이방 신들과 우상을 제거하고 자신이 쌓았던 제단들을 모두 성 밖에 버렸다. 그리고 여호와의 제단을 보수하고 화목제와 감사제를 드렸고 백성들에게 여호와를 섬기라고 명령했다. 그러나 그의 개혁에도 불구하고 그의 오랜 죄악의 영향력이 완전히 사라지지 않았음을 보여 준다(17절). 그의 아들 아몬은 그의 악행은 본받았지만, 겸손한 회개는 본받지 않아 결국 신하들에게 살해당하게 된다.

오늘 말씀을 통해 하나님 앞에서 용서받지 못할 죄는 없다는 사실을 알게 된다. 또한 고난은 우리를 겸손하게 만드는 하나님의 마지막 수단이라는 사실을 알게 된다. 더 나아가 참된 회개는 반드시 삶의 변화라는 '열매'를 동반하게 된다는 사실이다. 그러므로 우리의 신앙이 겸비하여 삶의 아름다운 열매를 맺어야 한다.

> **적용**
> 1. 나는 나만 알고 있는 은밀한 내면의 죄까지도 하나님께 회개하며 용서함을 받고 있는가?
> 2. 나는 참된 회개를 통해 삶의 아름다운 열매를 맺고 있는가?
> 3. 나는 좋은 부모의 역할과 자녀들에게 끼치는 선한 영향력으로 신앙의 유산을 남기고 있는가?

26주

순수한 신앙의 열정, 개혁의 시작

본문 | 대하 34:1-33
요절 | 왕이 자기 처소에 서서 여호와 앞에서 언약을 세우되 마음을 다하고 목숨을 다하여 여호와를 순종하고 그의 계명과 법도와 율례를 지켜 이 책에 기록된 언약의 말씀을 이루리라 하고(31절)

접근

오늘 말씀은 그 칠흑 같은 어둠 속에서 어떻게 한 줄기 빛이 떠오르는지, 그리고 유다의 마지막 영적 부흥의 불꽃이 어떻게 타오르는지를 보여 주고 있다. 이 중심에는 여덟 살에 왕이 된 요시야가 있다. 그는 순수한 신앙적 열정을 가졌고, 그 열정은 성전 수리로 이어졌다. 그 과정에서 발견된 '율법책'이 왕의 마음을 찢는 개인적인 회개를 낳았으며, 마침내 온 백성을 말씀 앞에 세워 언약을 갱신하는 공동체적 개혁으로 완성되었다. 중요한 것은 이 모든 참된 부흥의 중심에는 말씀이 있었다는 사실이다.

순수한 열정(1-7절)

요시야는 8세에 왕이 되어 "아직도 어렸을 때", 곧 16세에 그의 조상 다윗의 하나님을 찾기 시작한다. 그는 20세가 되자 유다와 예루살렘을 넘어 북이스라엘 영토에까지 가서 모든 아세라 목상, 우상, 산당 들을 매우 철저하고 과감하게 파괴한다. 아직 율법책을 발견하기 전이었지만, 하나님을 향한 그의 순수한 열정이 악을 미워하고 제거하는 행동으로 나타나게 되었다. 이처럼 주님을 향한 순수한 열정이 영적 부흥을 이끌게 하는 원동력이 되었다는 점을 깨닫게 된다.

말씀의 발견과 가슴을 찢는 회개(8-28절)

26세가 된 요시야는 훼파된 성전을 수리하기 시작한다. 바로 이 과정에서 대제사장 힐기야가 수백 년간 잊고 있었던 '여호와의 율법책'을 극적으로 발견하게 된다. 그리고 서기관 사반이 왕 앞에서 이 율법책을 읽자, 요시야는 그 말씀을 듣는 순간 자신의 옷을 찢었다. 그가 말씀 앞에 서자 자신과 백성들의 죄악된 모습이 얼마나 처참한지를 비로소 보게 되었다. 그는 곧바로 신하들을 여선지자 훌다에게 보내 하나님의 뜻을 묻게 한다. 그녀는 두 가지를 예언하는데, 첫째는 말씀대로 이 땅에 재앙이 임할 것이고 둘째는 그러나 왕이 말씀을 듣고 회개했기에 왕의 생전에는 그 재앙을 보지 않게 될 것이라는 내용이었다.

언약 갱신(29-33절)

요시야는 개인적인 회개에 머무르지 않고 온 공동체로 확장시킨다. 그는 장로, 제사장, 레위 사람 그리고 '높고 낮은 모든 백성'을 성전으로 불러 모아 발견된 언약 책의 모든 말씀을 직접 읽어준다. 그는 백성들 앞에서 "마음을 다하고 목숨을 다하여" 이 말씀대로 행하기로 하나님과 언약을 맺고 모든 백성 또한 이 언약에 참여하게 한다. 언약 갱신 이후, 요시야는 모든 가증한 물건을 제거하고 그가 사는 모든 날 동안 백성들이 여호와를 따르는 길에서 떠나지 않았다고 성경은 기록한다. 그의 리더십 아래 한 세대가 온전히 하나님을 섬기게 되었다. 이렇게 한 사람의 회개가 공동체의 회개로 이어져 온 백성의 삶이 거룩하게 회복되었다. 그러므로 성도는 하나님을 향한 순수한 신앙이 모든 개혁의 첫 출발임을 알아야 한다.

적용

1. 나는 하나님을 향한 순수한 열정을 가지고 있는가?
2. 나는 말씀을 들을 때 옷을 찢는 심정으로 반응하고 있는가?
3. 나는 나에게 주신 은혜를 공동체적 책임으로 반응하고 있는가?

27주

부흥의 절정 그리고 안타까운 비극

본문 | 대하 35:1-27
요절 | 요절 선지자 사무엘 이후로 이스라엘 가운데서 유월절을 이같이 지키지 못하였고 이스라엘 모든 왕들도 요시야가 제사장들과 레위 사람들과 모인 온 유다와 이스라엘 무리와 예루살렘 주민과 함께 지킨 것처럼은 유월절을 지키지 못하였더라(18절)

접근

우리가 살아가면서 순간순간 판단을 하고 결정을 내려야 할 때가 있다. 그때 우리가 무엇을 참고하고 판단의 기준으로 삼고 있는가는 매우 중요한 일이다. 예를 들어 독단억측(獨斷臆測), 즉 혼자만의 판단과 짐작으로 결정하게 되면 판단 오류에 빠질 확률이 높기 때문이다. 어쩌면 하나님의 경고를 무시하고 자신의 정치적 판단과 고집으로 전쟁터로 나간 요시야의 마지막 모습이 이를 잘 보여 주는 대표적인 사례가 될지 모르겠다.

회복된 예배의 절정(1-19절)

요시야는 언약 갱신에 이어 그 언약의 핵심인 유월절을 지키기로 한다. 이 유월절은 거의 완벽에 가까웠다. 요시야는 모세의 율법과 다윗과 솔로몬의 규례를 따른 모든 절차를 '질서 있게' 준비하도록 격려했다. 그리고 어린 양과 염소 3만 마리, 수소 3천 마리를 백성을 위해 내어놓았다. 또한 방백들과 레위 사람의 지도자들도 자원하여 예물을 드렸다. 모든 백성이 기쁨으로 유월절을 지켰고, 성경은 "선지자 사무엘 이후로 이스라엘 가운데서 유월절을 이같이 지키지 못하였고"(18절)라고 평가한다. 이 평가는 하나님 보시기에 얼마나 합당하고 영광스러웠는지를 보여 주는 최고의 찬사였다.

뜻밖의 하나님 음성(20-21절)

이 모든 영광스러운 일을 마친 후 이야기는 급격한 비극으로 전환된다. 애굽 왕 느고가 유프라테스 강의 갈그미스를 치기 위해 군대를 이끌고 지나가게 된다. 사실 이는 유다와 전혀 상관없는 국제 분쟁이었다. 그러나 요시야는 어찌 된 일인지 이 전쟁에 개입하여 애굽 군대의 길을 막기 위해 므깃도 골짜기로 나아간다. 애굽 왕 느고는 사신을 보내 요시야에게 말할 때, 하나님은 전혀 예상할 수 없는 방법인 이방 왕의 입을 통해서 경고하셨다(21절).

하나님의 뜻을 외면한 왕(22-27절)

뜻밖의 방법으로 하나님의 음성이 들렸지만, 요시야는 하나님의 음성으로 듣지 못했다. 그는 "하나님의 입에서 나온 느고의 말을 듣지 아니하고" 변장까지 하면서 고집스럽게 전쟁터로 나갔다. 22절은 "요시야가 몸을 돌이켜 떠나기를 싫어하고 오히려 변장하고 그와 싸우고자 하여 하나님의 입에서 나온 느고의 말을 듣지 아니하고"라고 기록하고 있다. 결국 그는 적의 화살에 맞아 치명상을 입고 예루살렘에서 죽음을 맞이하게 된다. 예레미야가 애가를 지었을 정도로 그의 죽음은 큰 슬픔이었다.

그러므로 성도는 하나님의 음성에 민감해야 한다. 하나님의 음성은 뜻밖의 상황 속에서 들려오는 경우가 있기 때문이다. 항상 깨어있지 않으면 한 번의 잘못된 판단으로 비극적인 최후를 맞이할 수 있다는 점을 기억하면서 참된 예배자로, 항상 겸손한 자세로 서 있어야 한다.

적용

1. 나는 말씀의 질서와 기쁨의 조화를 이루고 있는가?
2. 나는 뜻밖의 통로를 통해 하나님의 음성이 들려올 때 민감하게 반응하고 있는가?
3. 나는 한 번의 잘못된 판단과 선택이 되지 않도록 항상 겸손하게 주님을 의뢰하고 있는가?

28주

잿더미 속에서 시작된 새로운 구원 약속

본문 | 대하 36:1-23

요절 | 바사 왕 고레스가 이같이 말하노니 하늘의 신 여호와께서 세상 만국을 내게 주셨고 나에게 명령하여 유다 예루살렘에 성전을 건축하라 하셨나니 너희 중에 그의 백성된 자는 다 올라갈지어다 너희 하나님 여호와께서 함께하시기를 원하노라 하였더라(23절)

접근

역대기의 마지막 장은 유다 왕국의 비극적인 최후의 기록이자, 동시에 그 모든 절망을 넘어서 하나님의 새로운 시작을 예고하는 희망의 서곡이 오버랩되고 있다. 요시야의 죽음 이후 걷잡을 수 없이 타락해 가는 마지막 네 왕의 시대를 통해 하나님의 끊임없는 경고와 오래 참으심에도 끝내 회개하지 않은 백성이 마침내 '치료할 수 없는' 지경에 이르러 완전한 심판 가운데 놓이게 되는 것을 보여 준다. 그러나 그 완전한 심판의 잿더미 위에서 하나님은 이방 왕 고레스를 통해서 약속을 다시 한번 드러내시며 새로운 희망의 문을 열고 계신다.

걷잡을 수 없는 네 왕의 시대(1-14절)

위대한 왕 요시야가 죽자 유다 왕국은 브레이크 없이 낭떠러지를 향해 질주하는 버스와 같았다. 여호아하스는 백성들에 의해 왕으로 세워졌으나 애굽 왕에 의해 폐위되어 애굽으로 끌려가 죽게 되고, 여호야김은 애굽이 세운 왕이었으나 바벨론의 느부갓네살에게 굴복하고 결국 쇠사슬에 묶여 바벨론으로 끌려간다. 그리고 여호야긴은 악을 행하다가 바벨론으로 끌려가고 성전의 귀한 보물도 함께 약탈당한다. 유다의 마지막 왕인 시드기야는 예레미야를 통해 주신 메시지를 듣고도 겸손하지 않았다. 지도자들뿐만 아니라 백성들도 극심한 타락의 길을 걷고 있었다.

치료할 수 없게 된 상태(15-21절)

15절을 보면, "그의 백성과 그 거하시는 곳을 아끼사 부지런히 그의 사신들을 그 백성에게 보내어 이르셨으나"라는 말씀을 볼 때, 하나님은 계속해서 선지자를 보내셨다. 그렇지만 그의 백성들은 회복 불가능한 상태에 이르렀다(16절). 이것이 바로 최종 심판의 이유였다. '더 이상 치료할 수 없는 상태'에 이르러 결국 하나님은 바벨론 군대를 들어 유다를 심판하신다. 성전은 불타고 성벽은 헐리고 모든 보물은 약탈당하고 살아남은 자들은 바벨론에 포로로 끌려가게 된다. 그들은 더 이상 회복할 가능성이 없어 보였다. 이것이 그들의 비극이었다.

잿더미 속에 피어난 희망(22-23절)

모든 것이 완전히 끝난 것 같은 절망의 그 순간, 역대기는 가장 위대한 메시지로 그 끝을 맺는다. 70년이 찼을 때 하나님은 페르시아 왕 고레스의 마음을 감동시키셔서 그의 입을 통해 "하늘의 신 여호와께서 … 나에게 명령하여 유다 예루살렘에 성전을 건축하라 하셨나니 너희 중에 그의 백성 된 자는 다 올라갈지어다 너희 하나님 여호와께서 함께하시기를 원하노라"라는 위대한 선포를 약속하신다. 역대기 저자는 이 희망의 선언으로 말씀을 맺는다.

오늘 말씀을 통해서 하나님의 말씀을 반복해서 무시하는 것은 가장 무서운 죄임을 알게 된다. 그 결과는 심히 비참한 심판이라는 사실을 기억해야 한다. 그럼에도 하나님의 희망은 끝나지 않고 여전히 하나님을 신뢰하는 자들을 구원하신다고 약속하신다.

> **적용**
> 1. 나는 하나님의 경고를 가볍게 받고 있지는 않는가?
> 2. 나는 하나님이 우리가 알지 못하는 방법으로도 우리에게 희망을 주시는 분이라는 사실을 인정하고 있는가?
> 3. 나는 인생의 절망 가운데서도 여전히 하나님은 우리를 희망으로 이끄신다는 사실을 믿고 있는가?

29주

귀환, 잃어버린 영광의 회복

본문 | 스 1:1-11
요절 | 이스라엘의 하나님은 참 신이시라 너희 중에 그의 백성 된 자는 다 유다 예루살렘으로 올라가서 이스라엘의 하나님 여호와의 성전을 건축하라 그는 예루살렘에 계신 하나님이시라(3절)

접근

에스라는 역대하의 마지막 구절에서 "올라갈지어다"라는 희망의 메시지가 현실이 되는 그 첫 장에 서게 되었다. 오늘 말씀은 인간의 모든 역사와 권력 위에 일하시는 하나님의 절대적인 주권과 신실하심을 극명하게 보여 주는 그 서막이라고 할 수 있다.

70년의 긴 포로 생활이라는 절망적인 현실 속에서 하나님은 이방 왕 고레스를 감동시켜 예레미야를 통해 예언했던 그 약속을 성취하셨고 마침내 귀향길을 열어 주시는 하나님의 긍휼하심을 보게 된다.

역사의 주관자(1-4절)

말씀을 성취하시는 하나님은 1절에서 "예레미야의 입을 통하여 하신 말씀을 이루게 하시려고"라고 기록하면서 그 모든 역사를 시작한다. 또한 하나님은 "바사 왕 고레스의 마음을 감동시키시매"라고 기록하면서 모든 역사의 주관자는 바로 하나님이심을 증언하고 있다. 하나님의 감동을 받은 고레스 왕은 조서를 통해 "하늘의 하나님 여호와께서 세상 모든 나라를 내게 주셨고, 나에게 명령하사 유다 예루살렘에 성전을 건축하라 하셨나니"라고 고백한다.

백성들의 마음이 감동됨(5-6절)

하나님의 일하심은 이방 왕에게서 그치지 않고, 백성들에게로 이어진다. "유다와 베냐민 족장들과 제사장들과 레위 사람들과 그 마음이 하나님께 감동을 받고 올라가서 예루살렘에 여호와의 성전을 건축하고자 하는 자가 다 일어나니"(5절). 이처럼 백성들도 마음에 감동을 받고 귀환할 결단을 하게 된다. 하나님의 부흥과 회복은 항상 하나님의 마음에 감동된 사람을 통해서 이루어진다.

잃어버렸던 영광의 회복(7-11절)

귀환은 단순히 몸만 돌아가는 것이 아니었다. 그것은 잃어버렸던 예배의 영광을 회복하는 것이었다. 그것은 천재일우(千載一遇), '천년에 한 번 만나는 기회'와 같은 하나님의 은혜였다. 고레스 왕은 과거 느부갓네살이 예루살렘 성전에서 약탈해 갔던 성전 그릇을 모두 꺼내 돌려주었다. 금 접시, 은접시 등 총 5,400개에 달하는 그릇들이 자세히 기록되어 있다. 이러한 모습은 잃어버렸던 예배의 영광이 다시 회복될 것이라는 사실을 가시적으로 보여 주는 것이다. 마치 죄에서 돌아와 새로운 피조물로 회복되어 참된 예배자로 세워지는 성도의 모습의 예표라고 할 수 있다.

그러므로 성도는 모든 역사의 주관자가 바로 하나님이라는 사실을 굳게 믿어야 한다. 또한 하나님의 약속은 가장 절망적인 상황에서도 반드시 이루어진다는 사실을 확신해야 한다. 더 나아가 하나님의 마음에 감동되어 잃어버렸던 예배를 회복하는 거룩한 주의 백성이 되어야 한다.

적용

1. 나는 인생의 생사화복을 주관하시는 분이 하나님이라는 사실을 믿고 있는가?
2. 나는 가장 절망적인 상황 속에서도 하나님의 약속은 반드시 이루어질 것이라고 확신하고 있는가?
3. 나는 하나님의 마음에 감동되어 잃어버렸던 예배를 회복하고 있는가?

30주

첫 번째 귀환자 명단

본문 | 스 2:1-70
요절 | 이에 제사장들과 레위 사람들과 백성 몇과 노래하는 자들과 문지기들과 느디님 사람들이 각자의 성읍에 살았고 이스라엘 무리도 각자의 성읍에 살았더라(70절)

접근

고레스의 마음을 움직여 귀환 길에 오르게 하셨던 하나님의 주권에 관한 이야기에 이어, 그 위대한 부르심에 응답하여 길을 떠난 사람들의 '이름'을 기록하고 있다. 언뜻 보기에는 수많은 이름과 숫자를 기록하고 있기에 지루하게 느낄 수도 있지만, 이 명단이야말로 하나님의 구원 역사에 동참한 '믿음의 용사들' 한 사람 한 사람을 기억하시는 하나님의 놀라운 마음이 담긴 '생명책'과 비견될 수 있는 내용을 담고 있다.

위대한 여정의 시작(1-67절)

오늘 말씀은 1차 포로 귀환자들의 명단을 기록하고 있다. 이 명단은 지도자 그룹(스룹바벨, 예수아 등)을 시작으로 일반 백성들은 가문별로, 제사장, 레위인(노래하는 자, 문지기 포함), 느디님(성전 봉사자), 솔로몬 신하의 자손 등 다양한 그룹으로 나누어 기록하고 있다. 특이한 점은 제사장 가문은 4,289명이나 레위인들은 노래하는 자와 문지기를 모두 포함해서 341명에 불과했다. 이는 바벨론에서 안정된 삶을 버리고 다시 황무지로 돌아오는 것이 얼마나 큰 결단이었는지를 반증하는 내용이다. 특별히 자신의 계보를 증명하지 못해 공동체에 완전히 속하지 못하는 이들에 관한 이야기는 회복 공동체가 얼마나 '언약적 정체성'과 '질서'를 소중히 여겼는지를 보여 준다.

예루살렘 도착, 그리고 첫 번째 헌신(68-70절)

길고 긴 여정 끝에 예루살렘에 도착한 그들이 가장 먼저 한 행동은 그들의 신앙 정체성이 어떠한가를 보여 주는 것이었다. 68절에 그들은 자신의 집을 짓거나 땅을 확보하기 전에 무너진 하나님의 집을 세우는 일에 먼저 마음을 드렸다. 그들은 각자 "힘자라는 대로" 공사 비용에 보탤 금과 은, 그리고 제사장의 옷을 드렸다. 이는 억지로 드린 헌금이 아니라 구원의 은혜에 감사하여 드리는 자발적이고 기쁨에 찬 헌신이었다. 마침내 조상들이 살던 성읍에서 새로운 공동체가 시작되었다.

명단이 주는 의미

하나님 나라에서는 무명의 용사가 없다는 사실을 알게 한다. 이처럼 교회 안에서 이름 없이, 빛도 없이 묵묵하게 섬기는 헌신과 충성을 하나님께서는 기뻐하시고 생명책에 기록하시는 분이시다. 사실 진정한 회복은 무엇을 가졌느냐가 아니라 나의 영적 뿌리가 어디에 있고, 내가 누구인가를 분명하게 인식하는 정체성 확인에서부터 시작된다. 이는 참된 감사로 이어지고 참된 감사는 자발적인 헌신으로 이어지게 된다는 사실이다.

그러므로 성도는 교회 안에서 어떤 역할이 중요하거나 덜 중요한 것은 없음을 인식해야 한다. 각자에게 주신 은사대로 부르심의 자리에서 충성할 때, 교회는 아름답게 세워지고 그들을 통해서 하나님 나라가 이루어진다.

적용

1. 나는 무명처럼 존재하지만, 하나님 나라를 위해서 묵묵하게 헌신하고 있는가?
2. 나의 영적 뿌리는 하나님의 백성이라는 정체성에서 기인하고 있는가?
3. 나는 참된 감사와 자발적인 기쁨으로 헌신할 때 하나님의 기쁨이 될 수 있다고 확신하는가?

31주

예배 회복, 그 위대함의 첫발

본문 | 스 3:1-13
요절 | 제사장들과 레위 사람들과 나이 많은 족장들은 첫 성전을 보았으므로 이제 이 성전의 기초가 놓임을 보고 대성통곡하였으나 여러 사람은 기쁨으로 크게 함성을 지르니(12절)

접근

마이클 카드의 『신성한 슬픔』(A Sacred Sorrow)이라는 책을 보면, '슬픔'이나 '애통'에 대해서 깊이 연구하고 있는데, 대성통곡은 단순히 옛것을 그리워하는 눈물이 아니라 죄로 인해 영광을 잃어버린 것에 대한 거룩한 슬픔(애통)이라고 말한다. 이처럼 백성들의 마음은 희비가 교차하는 상황에 놓이게 되었다.

두려움을 이기는 예배 회복(1-7절)

성읍에 정착하게 된 백성들은 일곱째 달이 되자 일제히 예루살렘으로 모였다. 지도자인 예수아와 스룹바벨을 중심으로 '하나님의 제단'을 만드는 일을 제일 먼저 했다. 그 이유는 "모세의 율법에 기록된 대로" 번제를 드리기 위함이었다. 3절은 "무리가 모든 나라 백성을 두려워하여 제단을 그 터에 세우고 …"라고 기록하고 있는데 그들은 안전이 아닌 위협 속에서 하나님을 더 의지하기 위한 믿음의 결단으로 예배를 시작하게 되었다. 6절은 " … 그때에 여호와의 성전 지대는 미처 놓지 못한지라"라고 기록하면서 완벽한 예배 환경이 아니라 예배의 본질인 제단을 먼저 회복했다. 이 예배의 회복이 있은 후에야 비로소 성전 건축을 위한 준비를 시작하게 된다.

말씀 위에 놓이는 성전의 기초(8-11절)

예배를 회복한 지 약 8개월이 지난 후, 그들은 성전 재건의 첫 삽을 뜨게 된다. 8절은 돌아온 지 둘째 해 둘째 달, 스룹바벨과 예수아의 주도하에 레위 사람들을 공사 감독으로 세우고 성전 건축을 시작한다. 건축자들이 "여호와의 성전 기초를 놓을 때", 제사장들은 나팔을, 레위 사람들은 제금을 들고 "이스라엘 왕 다윗의 규례대로"(10절) 하나님을 찬송했다. 그들은 "여호와는 선하시니 그의 인자하심이 이스라엘에게 영원하시도다"라고 노래했고, 모든 백성은 큰 소리로 화답하며 하나님을 찬양했다. 이들의 화답의 찬송은 가슴 깊은 곳에서 우러나오는 신앙의 위대한 고백과 같았다.

기쁨의 함성과 눈물이 뒤섞인 소리(12-13절)

바로 그 순간, 두 세대의 반응이 극명하게 엇갈렸다. 그들은 과거 솔로몬 성전의 찬란했던 영광을 기억했기에 지금 눈앞에 초라한 기초를 보며 잃어버린 영광에 대한 슬픔과 희망의 눈물을 흘렸다. 반면 12절에 과거를 모르는 젊은 세대는 "기쁨으로 크게 함성"을 질렀다. 13절은 "즐거이 부르는 소리와 통곡하는 소리를 백성이 분간하지 못하였더라"라고 기록한다.

그러므로 성도는 모든 회복의 시작은 예배의 회복에 있고 완벽한 때를 기다리지 말고 '지금, 이 순간'이 바로 예배드려야 할 때임을 분명히 알아야 한다.

적용

1. 나는 '지금, 이 순간'이 예배를 회복해야 할 때임을 깨닫고 있는가?
2. 나는 공동체 안에서 슬픔의 눈물과 기쁨의 함성이 구분되지 않고 거룩한 소리로 하늘에 울려 퍼진다는 사실을 인정하는가?
3. 나는 하나님 앞에서 작은 시도도 위대한 희망의 첫걸음이라는 사실을 확신하는가?

32주

영적 대반격

본문 | 스 4:1-24
요절 | 이로부터 그 땅 백성이 유다 백성의 손을 약하게 하여 그 건축을 방해하되(4절)

접근

부흥의 시작을 맛보았던 앞장과 달리 오늘 말씀은 그 뜨거운 부흥의 현장에 찬물을 끼얹은 '영적 대반격'에 관한 내용을 기록하고 있다. 이들의 위장된 호의, 낙심하게 만들기, 행정 절차를 이용해 방해하는 행위는 마치 C.S. 루이스의 『스크루테이프의 편지』(*The Screwtape Letters*)에 나오는 악마의 교활한 방법을 연상하게 한다. 이렇게 영적 부흥의 역사 뒤에는 항상 다양한 방법으로 하나님의 거룩한 신앙을 멈추게 한다는 사실을 깨닫게 된다.

위장된 호의(1-3절)

성전 건축 소식을 들은 사마리아 사람들, 즉 유다와 베냐민의 대적들이 교활한 방법으로 접근한다. 그들은 스룹바벨에게 와서도 "우리도 너희와 함께 건축하게 하라 우리도 너희 같이 너희 하나님을 찾노라"라고 말한다. 이는 함께 예배하는 동역자인 척하며 혼합주의 신앙을 성전 건축의 중심부로 침투시키려는 '트로이 목마'와 같은 계략이었다. 그러나 스룹바벨과 지도자들은 그들의 정체를 분별했다. 3절에서는 이 사실에 대해서 "우리 하나님의 성전을 건축하는 데 너희는 우리와 상관이 없느니라"라고 증언한다. 그들은 거짓된 평화나 일시적인 도움을 위해 예배의 순수성을 타협하기를 거부했다.

낙심과 좌절을 통한 방해(4-5절)

위장이 통하지 않자 대적들은 본색을 드러내고 집요하게 방해하기 시작한다. 그들은 유다 백성의 "손을 약하게 하여" 건축을 방해하고, "그들을 두렵게 하여" 낙심하게 했다. 그들은 고레스 왕의 시대부터 다리오 왕이 즉위할 때까지 관리들에게 뇌물을 주어 계획을 막는 등 수년에 걸쳐 끈질기게 공사를 방해했다. 마치 그들은 "그들의 발은 행악으로 달려가며 무죄한 피를 흘리기에 빠름이요"(사 59:7)라는 의도적이고 반복적으로 죄악의 길을 걷고 있었다.

정치적 비방과 공권력을 통한 방해(6-24절)

에스라의 저자는 잠시 시간을 뛰어넘어 후대에 있었던 비슷한 방해 공작을 예로 들며 대적들의 공격 패턴을 보여 준다. 후대 아닥사스다 왕 때, 르훔과 심새 같은 대적들은 왕에게 편지를 보낸다.

이 편지에 설득이 된 아닥사스다 왕은 성전 건축을 중단하라고 명령한다. 대적들은 이 왕의 조서를 힘입어 예루살렘으로 달려가 '권력과 힘으로' 성전 건축을 강제로 중단을 시킨다. 이로써 예루살렘의 성전 건축은 다리오 왕 2년까지 약 16년간 완전히 멈추게 된다. 그러므로 우리는 거룩한 영적 부흥 뒤에는 반드시 사탄의 방해가 따름을 기억해야 한다. 그들은 지속적이고 끈질기게 방해하여 낙담하게 만들고 포기하게 만든다. 그렇지만 성도는 하나님의 때를 기다릴 줄 아는 믿음을 지켜야 한다.

> **적용**
>
> 1. 나는 마귀의 유혹이 광명한 천사처럼 다가온다는 사실을 알고 분별을 잘하고 있는가?
> 2. 나는 마귀가 지속적이고 끈질기게 다가와 낙망하게 하고 포기하게 했던 경험이 있는가?
> 3. 나는 사역의 멈춤이 실패가 아니라 하나님의 때를 기다려야 할 인내의 시간이라는 사실을 깨닫고 있는가?

33주

새로운 기폭제

본문 | 스 5:1-17
요절 | 바벨론 왕 고레스 원년에 고레스 왕이 조서를 내려 하나님의 이 성전을 다시 건축하게 하고 (13절)

접근

오랫동안 멈추었던 사역이 다시 시작된 것은 하나님의 말씀이 선포될 때였다. 학개와 스가랴 선지자를 통해 선포된 하나님의 말씀에 힘입어 다시 일어서게 되었다. 또다시 방해하는 세력들이 나타났지만, '눈동자와 같이 지키시는 하나님'의 보호하심이 그들을 보호했고 심지어 대적의 방해 공작조차도 합력하여 선을 이루는 도구로 바꾸시는 하나님의 놀라운 은혜를 보게 된다.

부흥의 기폭제 (1-2절)

16년간의 침묵을 깨뜨린 것은 정치적인 변화나 경제적인 호황이 아니었다. 그것은 바로 선지자들의 말씀이었다. 학개는 "이 성전이 황폐하였거늘 너희가 이 때에 판벽한 집에 거주하는 것이 옳으냐?"(학 1:4)라고 말씀을 전하면서 하나님의 일을 뒷전으로 두고 자기 삶을 먼저 챙기는 잘못된 신앙에 대해서 깨닫게 했고, 스가랴는 '회복될 예루살렘의 영광'(슥 8:3)에 대한 비전을 보여 주면서 그들에게 용기를 주었다. 이 말씀에 스룹바벨과 예수아가 곧바로 일어나 성전 건축 공사를 다시 시작했고 선지자들은 '함께 그들을 도왔다'라고 기록한다.

다시 시작된 방해 (3-5절)

예상대로 일이 다시 시작되자 대적들이 즉시 나타난다. 총독 닷드내와 그의 동료들이 와서 "누가 너희에게 명령하여 이 성전을 건축하고 이 성곽을 마치게 하였느냐?"라며 권위를 문제 삼아 위협한다. 이에 5절은 "하나님이 유다 장로들을 돌보셨으므로 그들이 능히 공사를 막지 못하고, 이 일을 다리오 왕에게 아뢰고 그 답장이 오기를 기다렸더라"라고 기록하면서 하나님의 보이지 않는 손길로 보호하심을 증언하고 있다. 대적자들의 목표는 공사를 즉각 중단시키는 것이었지만, 하나님의 보이지 않는 손길이 그들의 계획을 막았고 위협적인 대치를 합법적인 행정 절차로 바꾸어 놓게 하셨다.

대적의 보고서가 유리한 증언이 되다(6-17절)

총독 닷드내가 이 일을 다리오 왕에게 보고한 내용은 유다 백성들에게 유리한 증언이 된다. 이 글에는 유다 장로들이 했던 답변, 즉 자신들의 정체성, 성전 역사, 멸망의 이유, 그리고 재건의 법칙 근거(고레스의 조서)를 매우 논리 정연하고 당당하게 증언했다. 닷드내는 왕에게 "왕의 보물창고에서 조서를 찾아보시고, 과연 고레스 왕이 그런 명령을 내렸는지 확인하신 후, 왕의 뜻을 우리에게 알려주십시오"라고 요청한다. 대적의 방해 공작이 오히려 고레스의 조서를 다시 찾게 되는 계기가 되었다.

그러므로 성도는 영적 침체를 경험할 때 오직 말씀 듣는 자리로 나와야 함을 깨달아야 한다. 하나님은 보이지 않는 손길로 지키시고 보호하신다는 사실을 신뢰해야 한다.

적용

1. 나는 나의 영적 침체를 깨뜨리기 위해 말씀 듣는 자리로 나아가고 있는가?
2. 나는 어떠한 상황에서도 하나님을 신뢰하는 사람을 지키시는 하나님이라는 사실을 인정하고 있는가?
3. 나는 대적의 방법을 선으로 바꾸시는 하나님을 경험해 본 적이 있는가?

34주

상상할 수 없는 방식

본문 | 스 6:1-2
요절 | 그들이 하늘의 하나님께 향기로운 제물을 드려 왕과 왕자들의 생명을 위하여 기도하게 하라(10절)

접근

오늘 말씀은 조사의 결과가 어떻게 상상을 초월하는 하나님의 위대한 역전 드라마로 이어지는지를 보여 주고 있다. 대적의 방해를 넘어 하나님의 주권적인 개입으로 완성되는 성전과 회복되는 기쁨은 전화위복(轉禍爲福)의 역사를 보여 준다. 대적의 조서가 오히려 잊고 있었던 고레스 왕의 칙령을 재발견하게 하고, 다리오 왕은 이전보다 훨씬 더 강력한 지원과 보호 명령을 내리게 된다. 이를 통해 하나님은 원수의 계획마저도 선을 위한 도구로 사용하시는 것을 보게 된다.

역전의 서막(1-12절)

닷드내의 보고를 받은 다리오 왕은 바벨론에 있는 기록 보관소를 조사하라는 명령을 내린다. 그런데 바벨론이 아닌 메대 지역의 수도 악메다 궁성에서 고레스 왕이 내렸던 성전 건축에 관한 조서 원본이 발견된다. 다리오 왕은 고레스의 조서를 확인하는 데 그치지 않고 이전보다 훨씬 더 강력하고 구체적인 명령을 한다. 방해 금지 명령, 국고에서 공사비 전액 지원, 제물 공급 명령, 엄중한 처벌 경고 등 다양한 방법으로 지원하게 된다. 대적들은 순식간에 방해자에서 방관자로, 공사를 막으려는 자에서 공사비를 지원하게 되는 후원자가 되었다. 하나님의 위대한 역사는 이렇게 시작되었다.

마침내 완성된 성전 (13-18절)

왕의 명령이 떨어지자, 상황은 180도 완전히 바뀐다. 닷드내와 그의 동료들이 왕의 명령을 "신속히 준행"하게 된다. 유다 장로들은 선지자 학개와 스가랴의 격려를 받으며 건축을 순조롭게 진행하여 마침내 다리오 왕 제6년에 완공한다. 그들은 기쁨으로 "하나님의 성전 봉헌식"을 행한다. 솔로몬 시대에 비하면 소박한 규모의 제물이었지만, 70년 포로 생활 끝에 다시 세워진 성전을 바라보는 그들의 감격은 그 무엇과도 비교할 수 없었다. 시편 122:1에서 "여호와의 집에 올라가자 할 때에 내가 기뻐하였도다"라고 고백하고 있듯이 성도의 가장 큰 기쁨은 성전이 회복되고 예배가 회복되는 일이다.

새 성전에서의 첫 유월절 (19-22절)

성전 봉헌은 곧바로 예배의 회복으로 이어진다. 합류한 모든 사람이 함께 유월절을 지킨다. 그들은 7일 동안 무교절을 "즐거움으로" 지켰다. 성경은 그 기쁨의 이유를 "이는 여호와께서 그들을 즐겁게 하시고 또 앗수르 왕(여기서는 페르시아 왕을 의미)의 마음을 그들에게로 돌려 … 힘 있게 하셨음이었더라"라고 증언하고 있다. 여기서 "앗수르 왕의 마음을 돌이키셨다"라는 고백이 이 모든 사건의 핵심이다. 이렇게 이스라엘 백성들은 모든 영광을 하나님께 돌리는 것으로 이 위대한 역전 드라마의 막을 내리게 된다.

그러므로 성도는 하나님은 우리가 상상할 수 없는 방법으로 응답하신다는 것을 깨달아야 한다. 하나님은 대적의 마음까지도 돌이키시는 역사의 주관자이심을 믿어야 한다.

> **적용**
> 1. 나는 하나님께서 상상할 수 없는 방식으로 응답하신다는 것을 경험하고 있는가?
> 2. 나는 하나님께서 원수의 마음까지도 협력하여 선을 이루는 도구로 사용하신다는 것을 경험하고 있는가?
> 3. 참된 부흥은 즐거움과 기쁨으로 완성된다는 사실을 깨닫고 있는가?

35주

말씀의 사람, 새 시대를 열다

본문 | 스 7:1-28
요절 | 에스라가 여호와의 율법을 연구하여 준행하며 율례와 규례를 이스라엘에게 가르치기로 결심하였었더라(10절)

접근

성전 건축 이후, 잊혀진 하나님의 율법을 깊이 연구하고 준행하며 가르치기로 결심한 학사 에스라를 어떻게 하나님께서 선한 손으로 도우시는가를 보여 주고 있다. 또한 어떻게 세상 권력자를 움직여 그에게 영적 재건을 위한 모든 권한과 지원을 허락하는지를 증언하고 있다. 이는 한 사람의 말씀 중심의 헌신이 새로운 부흥의 씨앗이 되고 있음을 생생하게 보도해 주고 있다.

하나님의 선한 손 아래 선 학자(1-10절)

약 60년의 침묵을 깨고 에스라는 새로운 주인공으로 등장한다. 그는 대제사장 아론의 16대손으로 흠 없는 제사장 가문의 혈통을 지닌 인물이었다. 그는 "이스라엘의 하나님 여호와께서 주신 모세의 율법에 익숙한 학자"였다. 그는 포로라는 절망적인 상황 속에서도 평생 하나님의 말씀을 깊이 파고든 말씀 전문가였다. 10절은 그의 인생 모토이자 핵심적인 말씀이다. 그는 "여호와의 율법을 연구하여 준행하며 율례와 규례를 이스라엘에게 가르치기로 결심"했다. 그는 말씀을 연구하는 데서 그치지 않고 그 말씀대로 살아냈고 그 말씀을 백성에게 가르치는 것을 삶의 목표로 삼았다. 성경은 그의 성공 비결이 "그의 하나님 여호와의 도우심을 입었기 때문"이라고 증언하고 있다.

왕의 파격적인 조서(11-26절)

에스라와 함께 돌아가고 싶은 모든 백성의 귀환을 허락하고 왕과 신하들이 드리는 막대한 양의 은금을 예물로 주었고 강 건너편 왕의 국고에서도 필요한 모든 경비를 지원하라고 명령한다. 제사장, 레위인 등 성전에서 봉사하는 모든 사람에게 세금을 면제해 주는 파격적인 혜택을 부여한다. 가장 놀라운 것은 에스라에게 유다 땅에 재판관들을 세우고 "하나님의 율법과 왕의 법률"에 따라 백성을 재판하며 율법을 알지 못하는 자는 가르치고 순종하지 않는 자는 사형이나 징역, 재산 몰수 등으로 처벌할 수 있는 막강한 사법권을 위임받았다. 하나님의 법이 공적인 법으로 인정받은 것이다.

모든 영광을 하나님께(27-28절)

이 엄청난 조서를 받은 에스라는 자신의 능력을 자랑하지 않고 즉시 무릎 꿇고 하나님을 찬양한다. "우리 조상들의 하나님 여호와를 송축할지로다! 그가 왕의 마음에 예루살렘 여호와의 성전을 아름답게 할 뜻을 두시고 …". 그는 왕의 마음을 움직이신 분이 바로 하나님이심을 정확히 알고 모든 영광을 돌린다. 그는 자신의 용기조차도 "내 하나님 여호와의 손이 내 위에 있으므로 내가 힘을 얻어"라고 고백한다. 그는 자신의 모든 성공과 담대함의 근원이 '하나님의 선한 손'임을 철저히 고백하는 준비된 신앙인의 모습을 보여 주었다.

하나님은 하나님의 때를 위해 말씀으로 준비된 사람을 주목하시고 찾으신다. 그리고 하나님의 선한 손이 함께 하셔서 모든 것을 형통하게 하신다. 그러므로 성도는 모든 성공에 하나님께 영광을 돌릴 수 있는 믿음의 사람이 되어야 한다.

적용

1. 나는 하나님의 때를 위해서 말씀으로 준비되어 있는가?
2. 나는 하나님의 위대한 손길이 나와 함께 하시고 나를 인도하여 주심을 경험하고 있는가?
3. 나는 나의 성공에 자만하지 않고 하나님께 모든 영광을 돌리고 있는가?

36주

하나님에 대한 온전한 신뢰

본문 | 스 8:1-23
요절 | 그러므로 우리가 이를 위하여 금식하며 우리 하나님께 간구하였더니 그의 응낙하심을 입었느니라(23절)

접근

조지 뮬러는 『조지 뮬러의 응답받는 기도』(*Autobiography of George Mueller*)라는 책에서 수천 명의 고아들을 오직 기도로만 먹이고 입혔던 간증을 한다. 그는 평생을 기도로 살았던 '기도의 사람'이었다. 오늘 말씀에 나오는 에스라는 위대한 귀환 여정 앞에서 인적 자원의 부족이라는 현실적인 문제를 지혜롭게 해결하고, 더 나아가 자신의 신앙 고백을 삶으로 증명하기 위해 금식과 기도를 통해, 길의 위험 앞에서도 세상의 보호가 아니라 오직 하나님의 보호만을 구하는 온전한 신뢰를 보여 주고 있다.

첫 번째 위기 (1-15절)

가장 먼저 에스라는 자신과 함께 예루살렘으로 돌아갈 가문의 지도자들과 사람들의 명단을 확인한다. 그리고 그 위대한 여정을 시작한다. 15절을 보면, 아하와 강가에 모여 3일간 머물며 점검하던 중 에스라는 치명적인 문제를 발견하게 된다. "백성과 제사장들을 살핀즉 그 중에 레위 자손이 한 사람도 없는지라"라고 기록하고 있는데 성전 봉사와 율법 교육의 핵심 인력인 레위 사람이 한 명도 없다는 것은 이 사역의 근간을 흔드는 심각한 문제였다. 사실 하나님은 사람과 조직을 통해서 일하시기 때문에 훈련된 조직력을 갖추는 것은 매우 중요한 일이다.

기도하는 리더십의 문제 해결(16-20절)

에스라는 지도자들을 불러 가시뱌 지방의 지도자 잇도에게 보내며 "우리 하나님의 성전을 위하여 섬길 자를 데리고 오라"라는 구체적인 메시지를 전한다. 그 결과 "우리 하나님의 선한 손의 도우심을 입고 그들이 이스라엘의 손자 레위의 아들 말리의 자손 중에서 한 명철한 사람을 데려오고 또 세레뱌와 그의 아들들과 형제 십팔 명과 하사뱌와 므라리 자손 중 여사야와 그의 형제와 그의 아들들 이십 명을 데려오고"라고 증언하고 있다(18-19절). 하나님의 도우심으로 레위인들과 성전 봉사자들이 이 부르심에 응답하여 합류하게 되었다. 하나님은 이렇게 부르심에 응답하시는 사람을 통해 협력하여 선을 이루게 하신다.

믿음의 증언(21-23절)

이제 인적 구성은 완료됐지만, 가장 큰 난관이 남아 있었다. 그것은 바로 약 1,500km에 달하는 위험한 여정이었다. 22절에서 에스라는 자신의 깊은 고뇌를 고백한다. 그는 왕에게 하나님의 보호하심을 증언했기 때문에 이제 와서 인간적인 보호(왕의 군대)를 요청하는 것이 자신의 신앙 고백과 모순된다고 느꼈다. 그는 이런 딜레마 속에서 기도와 금식을 선택한다. 23절에는 그 결과 "그의 응낙하심을 입었느니라"라고 증언하고 있다.

성도는 사방이 막힐 때 온전한 신뢰를 바탕으로 기도하는 사람이 되어야 한다. 하나님은 간절한 마음으로 하나님께 간구할 때 분명히 응답하시는 분이시다. 그러므로 온전한 기도의 사람으로 하나님께서 행하심을 증언하는 성도의 삶이 되어야 한다.

적용

1. 나는 하나님의 일을 체계적으로 이루어 가기 위해 기꺼이 헌신하는 사람들을 세우고 함께 협력하여 선을 이루어 가고 있는가?
2. 나는 문제를 발견했을 때 금식과 기도로 하나님께 간절히 간구하고 있는가?
3. 나는 기도에 응답하시는 하나님을 증언하고 있는가?

37주

거룩한 청지기의 책임감

본문 | 스 8:24-36
요절 | 무리가 또 왕의 조서를 왕의 총독들과 유브라데 강 건너편 총독들에게 넘겨 주매 그들이 백성과 하나님의 성전을 도왔느니라(36절)

접근

오늘 말씀은 '하나님을 신뢰한다는 것이 인간의 책임을 소홀히 해도 된다는 의미인가? 기도는 우리의 성실한 노력을 대체하는가? 아니면 완성시키는가?' 질문하게 한다. 에스라는 하나님의 보호를 전적으로 신뢰하면서도 동시에 왕과 백성이 드린 막대한 양의 헌물을 지키기 위해 투명하고 책임감 있는 청지기의 모습을 보여 준다.

청지기적 책임과 투명성(24-30절)

기도를 마친 에스라는 이제 그 기도가 응답될 것을 믿고 실제적이고 지혜로운 준비를 시작한다. 그는 제사장 지도자 12명을 따로 세우고, 중요한 임무는 리더십을 공유하고 책임을 분담하면서 사역을 시작한다. 그는 은과 금, 그릇들의 무게를 정확하게 달아서 넘겨준다. 이는 모든 과정이 투명하고 정직하게 이루어지도록 하는 책임감 있는 리더의 모습이다. 에스라는 "너희는 여호와께 거룩한 자요 이 그릇들도 거룩하고 … 이 그릇을 달기까지 삼가 지키라"(28-29절)라고 말한다. 그는 이 임무가 단순히 재물을 운반하는 일이 아니라 거룩한 청지기로서 거룩한 예물을 지키는 영적인 사명임을 분명히 일깨운다.

위대한 여정과 신실한 보호(31-34절)

모든 준비를 마친 그들은 마침내 아하와 강을 떠나 예루살렘으로 향한다. 31절은 그 여정의 결과를 "우리 하나님의 손이 우리 위에 계시매, 그가 대적과 길에 매복한 자의 손에서 우리를 건지신지라"라고 한 문장으로 요약한다. 23절에서 드렸던 금식 기도가 정확하게 응답되었음을 보여 주는 감격적인 말씀이다. 예루살렘에 도착하여 사흘을 쉰 뒤, 그들은 곧바로 성전으로 나아가 제사장들 앞에서 가져온 은과 금과 그릇들의 무게를 다시 단다. 34절은 "모든 것을 다 세고 달아 보고 그 무게의 총량을 그때에 기록하였느니라" 증언하면서 시작할 때의 투명성이 마칠 때의 정직함으로 증명되고 있음을 보여 준다.

사명의 완수와 감사 예배(35-36절)

모든 임무를 완수한 백성들이 마지막으로 향한 곳은 바로 예배의 자리였다. 예배는 실패자들이 힘을 공급받기 위한 장소가 아니라 푯대를 향한 사명의 경주를 끝낸 사람이 승리를 주신 하나님께 감격하여 감사와 영광을 돌리는 거룩한 장소이다. 사로잡혔다 돌아온 자들이 그들의 여정을 지켜주신 하나님께 감사의 번제를 드린다. 그들의 여정은 하나님께 드리는 예배로 비로소 완성되었다. 그들은 마지막으로 왕의 조서를 총독과 관리들에게 전달하고 그들이 백성과 하나님의 성전을 돕게 함으로써 공식적인 사명을 완수하게 된다. "맡은 자에게 구할 것은 충성"(고전 4:2)이라는 말씀을 기억나게 한다. 그러므로 사명자에게는 무엇보다도 중요한 것이 청지기적 책임감과 투명성이다. 하나님은 이러한 사람을 보호하시고 이끌어 주셔서 그 책임을 완수하게 하신다. 그리하여 모든 것을 이루게 하신 하나님을 경배하고 찬양하는 참된 예배자가 되게 하신다.

> **적용**
> 1. 나는 철저한 책임감과 투명성을 가지고 사명을 감당하고 있는가?
> 2. 나는 책임감과 투명성을 가지고 맡겨진 사명을 잘 완주하고 있는가?
> 3. 나는 모든 사역의 마침표가 감사로 드리는 예배에 있다고 믿고 있는가?

38주

누룩을 제거하기 위한 리더의 중보기도

본문 | 스 9:1-15
요절 | 말하기를 나의 하나님이여 내가 부끄럽고 낯이 뜨거워서 감히 나의 하나님을 향하여 얼굴을 들지 못하오니 이는 우리 죄악이 많아 정수리에 넘치고 우리 허물이 커서 하늘에 미침이니이다(6절)

접근

오늘 말씀은 공동체의 근간을 흔드는 죄악 앞에 자신의 일과 동일시하며 통곡할 수 있는 중보자의 모습을 보여 주고 있다. 하나님의 은혜에도 불구하고 가나안 족속과 통혼하며 세상과 타협하는 모습은 '거룩한 자손'이라는 정체성을 잃어버린 일이었다. 에스라는 이런 기가 막힌 슬픔과 철저히 자기를 동일시하며 하나님 앞으로 나아가 참된 회개의 본질을 보여 준다.

지도자의 고통(1-4절)

모든 일이 순조롭게 진행되던 그때, 방백들이 에스라에게 충격적인 사실을 보고한다. 백성들, 심지어 제사장과 레위 사람들까지도 이방 민족과 통혼하여 그들의 가증한 우상숭배 문화를 받아들인 것이다. "거룩한 자손이 그 지방 사람들과 섞이게 된 셈"이다. 이는 그들의 정체성을 잃어버리고 신앙의 순수성을 잃어버린 영적인 문제였다. 더욱 심각한 것은 "방백들과 고관들이 이 죄에 더욱 으뜸이 되었다"라는 사실이다. 이 말을 들은 에스라는 속옷과 겉옷을 찢고 자기 머리털과 수염을 뜯으며 "기가 막혀 앉아" 버린다.

은혜를 배반한 죄에 대한 통렬한 고백(5-9절)

저녁 제사를 드릴 때까지 기가 막혀 앉아 있던 에스라는 마침내 무릎을 꿇고 하나님께 기도하기 시작한다. 그는 "나의 하나님이여, 내가 부끄럽고 낯이 뜨거워 감히 나의 하나님을 향하여 얼굴을 들지 못하오니 이는 우리 죄악이 많아 정수리에 넘치고 우리 허물이 커서 하늘에 미침이니이다"라고 기도한다. 그는 죄 없는 자신을 죄인들과 동일시하며, '그들'의 죄가 아닌 '우리'의 죄로 고백한다. 그는 과거 조상들의 죄로 인해 포로가 되었던 역사를 상기시키며 그런 그들에게 하나님께서 페르시아 왕들의 마음을 움직여 잠시나마 "숨을 돌리고" 성전을 세우게 하신 이 '짧은 순간에 큰 은혜'(8-9절)를 베풀어 주셨음을 고백한다. 그리고 바로 그 은혜의 빛 아래서 현재의 죄악이 얼마나 배은망덕하고 끔찍한 것인지를 통렬하게 고발한다.

하나님의 공의 앞에 할 말을 잃다(10-15절)

에스라의 기도는 무언가를 요구하는 기도가 아니라, 하나님의 절대적인 공의 앞에 완전히 엎드리는 기도였다. 그는 하나님께서 분명히 금지하셨던 명령(가증한 이방과의 통혼 금지)을 어겼음을 인정하며, "이제 무슨 말씀을 하오리이까?"라고 탄식한다. 그는 "우리 하나님이 우리 죄악보다 형벌을 가볍게 하시고 이만큼 백성을 남겨주셨사오니 우리가 어찌 다시 주의 계명을 거역하고 이 가증한 백성들과 통혼하오리이까?"라며, 하나님의 자비조차 배신한 죄의 심각성 때문에 하나님께서 진노하사 남은 자 없이 모두 멸하셔도 할 말이 없다고 고백한다. 그의 기도는 "주는 의로우시니 … 우리가 … 도리어 주께 범죄하였사오니 이로 말미암아 주 앞에 한 사람도 감히 서지 못하겠나이다"라는 완전한 굴복과 영적 파산의 고백으로 끝난다. 영적 파산이야말로 하나님의 긍휼을 이끌어 내는 가장 강력한 기도이다.

> **적용**
> 1. 나는 그리스도인이라는 정체성을 확고하게 하면서 살아가고 있는가?
> 2. 나는 공동체의 죄를 나의 죄로 여기며 중보기도 하는가?
> 3. 나는 하나님의 의로우심 앞에 참된 회개로 나아가고 있는가?

39주

가장 단호한 개혁

본문 | 스 10:1-44
요절 | 요절 오직 아사헬의 아들 요나단과 디과의 아들 야스야가 일어나 그 일을 반대하고 므술람과 레위 사람 삽브대가 그들을 돕더라(15절)

접근

오늘 말씀은 읍참마속(泣斬馬謖)이라는 사자성어를 기억나게 한다. 큰 원칙과 기강을 바로 세우기 위해 사사로운 정을 버리고 사랑하는 신하마저 처단해야 했던 것처럼, 오늘 말씀은 이스라엘 공동체의 거룩함이라는 대의를 위해 눈물을 머금고 사랑하는 아내와 자녀들을 떠나보내야 했던 고통스러운 결단을 보여 주고 있다. 이는 회개가 단순한 감정의 정화가 아니라, 죄의 뿌리를 잘라내는 '고통스러운 수술'임을 증거하고 있다. 그리고 참된 회개가 얼마나 구체적이고 고통스러우며 결단력 있는 행동을 요구하는지를 기록하고 있다.

회개의 시작(1-8절)

에스라의 기도는 응답이 없었던 것이 아니라, 백성들의 마음을 움직이는 것으로 응답되었다. 에스라가 성전 앞에 엎드려 울며 기도하자, 이스라엘 백성의 큰 무리가 남녀노소 할 것 없이 그 주위로 모여 "심히 통곡"하기 시작했다. 스가냐는 일어나 "우리가 우리 하나님께 범죄하여 … 이스라엘에게 아직도 소망이 있나니 … 이 모든 아내와 그들의 소생을 다 내보내기로 우리 하나님과 언약을 세우고 율법대로 행할 것이라 … 일어나소서! 우리가 도우리니 힘써 행하소서!"라고 외쳤다. 에스라는 일어나 모든 지도자에게 이 일에 관한 맹세를 시키고 3일 안에 모든 백성이 예루살렘으로 모이라는 포고령을 내린다. 불순종하는 자는 재산을 몰수하고 공동체에서 쫓아낸다는 단호한 조치를 내린다.

회개의 과정(9-17절)

아홉째 달 이십일, 모든 백성이 하나님의 성전 앞 광장에 모였다. 성경은 그들이 "이 일과 큰비 때문에 떨고 있더니"라고 묘사한다. 죄의 무게와 추운 겨울비가 그들의 비참한 심정을 대변해 준다.

에스라는 그들의 죄를 선포하고 이방 아내와 헤어져 스스로를 구별하라고 명한다. 이에 온 회중이 "당신의 말씀대로 우리가 마땅히 행할 것이니이다"라고 화답한다. 그들은 이 일이 하루아침에 끝날 수 없는 큰일임을 알고, 각 성읍 별로 날짜를 정하고 장로들과 재판관들의 주관하에 질서 있게 이 문제를 처리하기로 합의한다. 감정적인 결의가 아닌, 책임감 있고 체계적인 실행 계획을 세운 것이다.

회개의 명단(18-44절)

에스라서의 마지막 장은 이방 아내를 맞이했다가 회개에 동참한 사람들의 긴 명단으로 끝이 난다. 이 명단은 예수아의 자손과 같은 제사장 가문에서부터 시작된다. 이는 개혁과 회개가 언제나 영적 지도자들로부터 시작되어야 함을 보여 준다. 이 명단은 2장의 '영광의 명단'과는 대조되는 '수치의 명단'처럼 보일 수 있다. 그러나 동시에, 자신의 죄를 인정하고 고통스러운 회개의 과정에 동참한 '용기 있는 자들의 명단'이기도 하다. 그들은 자신의 이름을 공개적으로 기록함으로써, 다시는 같은 죄를 반복하지 않겠다는 결단을 보인 것이다.

우리는 때로는 고통스러울지라도 과감한 수술이 필요하다. 이렇게 한 사람의 진실한 회개가 공동체 전체를 살릴 수 있다는 사실을 우리는 기억해야 한다.

> **적용**
>
> 1. 나는 참된 회개를 통해 구체적인 실천으로 나아가고 있는가?
> 2. 나는 공동체의 거룩함을 위해 과감한 수술이 필요하다고 생각하는가?
> 3. 한 사람의 진실한 회개가 공동체 전체를 살릴 수 있다는 사실을 확신하는가?

40주

기도로 사명을 품다

본문 | 느 1:1-11
요절 | 이르되 하늘의 하나님 여호와 크고 두려우신 하나님이여 주를 사랑하고 주의 계명을 지키는 자에게 언약을 지키시며 긍휼을 베푸시는 주여 간구하나이다(5절)

접근

에스라는 말씀을 통해 성전을 건축한 영적 지도자였다면, 느헤미야는 성벽을 재건한 행동하는 지도자였다. 그 재건의 역사는 화려한 계획이 아닌 먼 이국땅에 들려온 비보 앞에 한 사람의 깨어진 마음과 눈물의 기도에서 시작했다. 페르시아 제국의 심장부에서 안락한 삶을 살던 고위 관료였던 그가 고국 유다의 처참한 소식을 듣고 어떻게 그것을 자신의 아픔으로 끌어안고 금식하며 기도하는지를 보여 준다. 그리고 기도는 단순한 슬픔의 토로가 아니라 하나님의 약속을 붙들고 그 문제의 주역이 되겠다는 거룩한 사명으로 발전해 간다.

안락함 속에 들려오는 비보(1-3절)

느헤미야는 페르시아 제국의 수도 수산 궁에 있었고, 왕의 신임받는 최측근 '술 관원'이었다. 그는 포로의 후손이었지만, 세상적으로는 최고의 성공과 안정을 누리고 있었다. 그가 유다에서 온 동생 하나니를 만나자, 다른 것이 아닌 "사로잡힘을 면하고 남아 있는 유다와 예루살렘 사람들의 형편을" 묻는다. 돌아온 대답은 끔찍했다. 남은 자들이 "큰 환난을 당하고 능욕을 받으며, 예루살렘 성은 허물어지고 성문들은 불탔다"라는 것이었다. 성벽이 무너졌다는 것은 국가로서의 정체성과 자존감을 완전히 상실한 채 '능욕', 즉 수치 속에 살고 있다는 의미였다.

기도하는 사람의 첫 반응(4절)

이 소식을 듣고 느헤미야가 보였던 반응은 충격적인 소식에 주저앉아 버렸고 민족의 아픔을 자신의 아픔으로 여기며 울었고 그의 슬픔은 며칠 동안 계속되었고 금식으로 이어졌다. 그리고 그는 그 모든 슬픔을 가지고 기도의 자리로 나아갔다. 이러한 반응은 처참한 상황을 만난 참된 신앙인이 보이는 신앙의 모습이 무엇인지를 보여 주는데, 민족의 아픔을 자신의 아픔으로 느끼고 기도의 자리로 나아가는 것이야말로 참된 신앙인의 모습이라고 할 수 있다.

사명을 잉태하는 위대한 기도(5-11절)

그는 '그들'의 죄가 아닌, "나와 내 아버지의 집을 포함한 우리 이스라엘 자손"의 죄라고 고백한다. 그는 하나님의 '약속의 말씀'을 붙들고 기도한다. "주께서 말씀하시길, 만일 우리가 범죄하면 흩으실 것이나, 만일 우리가 주께로 돌아와 계명을 지키면 땅끝에 흩어져 있을지라도 다시 모아 주의 이름을 두신 곳에 이르게 하겠다 하셨나이다". 기도의 마지막은 놀라운 결단으로 이어진다. "주여 구하오니 … 오늘 종이 형통하여 이 사람 앞에서 은혜를 입게 하옵소서". 자신이 직접 왕 앞에 나아가 이 문제를 해결하겠다는 결단을 이미 마음에 품고, 그 길을 열어달라고 기도한다. 그리고 그는 "술 관원이 되었음이" 이 사명을 위한 자리라고 깨닫게 된다. 하나님의 일은 아파하는 마음에서 시작한다. 그리고 참된 기도는 '우리'라는 공동체 의식을 가지고 끌어안는 기도이다. 또한 하나님 언약의 말씀을 붙들고 기도하는 것은 가장 강력한 무기이다.

적용

1. 나는 무너진 삶을 바라보며 아파하는 마음이 있는가?
2. 나는 '우리'라는 의식을 가지고 죄를 끌어안고 기도하는 삶을 살고 있는가?
3. 하나님은 나를 문제를 해결해 가시기 위해 그 자리에 두었다는 사실을 인정하고 있는가?

41주

마침내 길을 연 기도의 사람

본문 | 느 2:1-20
요절 | 그 밤에 골짜기 문으로 나가서 용정으로 분문에 이르는 동안에 보니 예루살렘 성벽이 다 무너졌고 성문은 불탔더라(13절)

접근

오늘 말씀은 느헤미야가 주도면밀하면서 구체적이고 철저하게 준비하는 모습을 보여 준다. 그리고 기도하며 최적의 때와 방법을 기다리며 심사숙고하는 신중한 태도를 우리에게 보여 준다. 이러한 일련의 사건은 기도가 끝난 후 우리는 무엇을 하고 있는지, 그리고 하나님의 때를 위해서 무엇을 준비하고 있는지 질문하고 있다.

4개월간의 기도, 찰나의 응답(1-4절)

느헤미야는 4개월 동안 슬픔을 안고 기도하며 왕 앞에 설 기회를 기다렸다. 어느 날 왕에게 포도주를 드리는데, 그의 얼굴에 드리워진 수심을 아닥사스다 왕이 알아차린다. 이는 왕 앞에서 근심을 보이는 것이 목숨을 위협할 수도 있는 매우 위험한 순간이었다. 왕이 "네가 무엇을 원하느냐?"라고 물었을 때, 느헤미야는 즉시 대답하기 전에 먼저 "하늘의 하나님께 묵도하고"라고 기록한다. 이는 위기와 기회의 순간에, 가장 먼저 하나님의 지혜를 구하는 '화살기도', 즉 짧고 즉각적으로 드리는 기도로서 순간순간 하나님께 마음을 올리는 기도의 위대한 모범이며 대표적인 예이다. 느헤미야는 왕 앞에서 즉시 하나님께 마음으로 기도하는 모습을 보여 주었다.

준비된 계획, 예비된 허락(5-10절)

느헤미야는 왕에게 예루살렘 성을 건축하도록 자신을 보내 달라고 요청하고, 왕이 언제 돌아올지를 묻자, 기한까지 정하여 대답한다. 그는 한 걸음 더 나아가, 안전한 통행을 위해 '총독들에게 보내는 조서'와, 성벽과 성문 재건에 필요한 '나무를 공급하라는 조서'까지 구체적으로 요청한다. 8절의 마지막은 이 모든 성공 이유를 "내 하나님의 선한 손이 나를 도우시므로 왕이 허락하고"라고 증언한다. 느헤미야는 철저히 준비하고 왕의 군대 장관과 마병의 호위를 받으며 길을 떠났지만, 그의 사역을 방해할 대적 산발랏과 도비야가 근심했다는 기록을 통해 하나님의 일에는 반드시 방해가 따를 것을 암시한다.

비전 선포와 한마음의 결단(11-20절)

예루살렘에 도착한 느헤미야는 즉시 자신의 계획을 발표하지 않았고, 도착 후 3일 동안 침묵하며 기다리다가 밤에 몰래 소수의 사람과 함께 무너진 성벽의 실상을 직접 확인한다. 현실 파악을 마친 후에야 그는 비로소 백성들 앞에 비전을 제시한다. 이 비전에 백성들은 "일어나 건축하자!"라며 힘을 냈고, 대적들은 "너희가 왕을 배반하고자 하느냐?"라며 조롱했다. 그는 대적들과 변론하지 않고, "하늘의 하나님이 우리를 형통하게 하시리니 그의 종들인 우리가 일어나 건축하려니와"라고 선포하며 영적인 경계선을 분명히 긋는다.

느헤미야를 통해 깨닫게 되는 것은 4개월간의 기도가 왕 앞에서도 담대하게 말할 수 있는 용기와 지혜를 주는 밑거름이 되었다는 사실이다. 그리고 방해하는 세력이 있었음에도 하나님의 주권을 선포하며 하나님께서 이루실 것을 믿음으로 선언했다. 기도의 사람은 실천을 통해 하나님의 행하심을 증언하는 사람이다.

적용

1. 나는 중대한 결정을 앞두고 오랜 시간 간절한 마음으로 하나님께 기도를 드리는가?
2. 나는 기도하는 것과 동시에 철저하게 준비하고 있는가?
3. 나는 어떤 방해가 있더라도 믿음으로 선포하며 하나님의 일하심을 증명하고 있는가?

42주

거룩한 연합

본문 | 느 3:1-32
요절 | 그 때에 대제사장 엘리아십이 그의 형제 제사장들과 함께 일어나 양문을 건축하여 성별하고 문짝을 달고 또 성벽을 건축하여 함메아 망대에서부터 하나넬 망대까지 성별하였고(1절)

접근

오늘 말씀은 낯선 이름들과 지명이 나열되었기에 자칫 지루한 공사처럼 보일 수 있다. 그렇지만 하나님 나라가 어떻게 세워지는지를 보여 주는 가장 위대하고 아름다운 청사진 중 하나라고 할 수 있다. 예루살렘 성벽 재건은 거의 불가능해 보였지만, 전문가 그룹이 아닌 대제사장부터 평범한 상인과 여성들까지 백성이 '각자 맡은 자리에서' 함께 벽돌을 쌓아 올리는 연합과 헌신을 통해 거룩하게 이루어졌다. 여기서 우리는 '거룩한 연합'이 가져오는 신앙의 아름다운 원리를 발견하게 된다.

지도자의 솔선수범(1절)

"대제사장 엘리아십이 그의 형제 제사장들과 함께" 솔선수범하여 '양문을 건축'하고 '함메아 망대'와 '하나넬 망대'까지 성벽을 쌓고 거룩하게 구별했다(1절). 성벽 재건의 첫 시작은 대제사장 엘리아십과 그의 형제들이 '양문'을 건축하면서 시작되었다. 이 문은 양의 산지인 동쪽, 특히 모압 지방에서 오는 양들을 사서 제물로 바치기 위해 끌어들이는 문이다. 또한 이곳에 양을 사고파는 시장이 있었기에 이러한 이름으로 불린 듯하다. 이 지역은 성전 구역과 연관되어 있었고 특히 제사장들이 주로 거주한 곳이었다. 그들은 그곳을 가장 먼저 성별하였다. 이렇게 함으로써 모든 공사가 거룩한 예배 행위임을 보여 주었다.

다양한 계층의 동참과 연합(2-32절)

이 위대한 공사에 성벽 건축과는 거리가 멀어 보이는 금장색, 향품 장수, 상인들까지 공사에 참여했다. 그리고 많은 사람이 '자기 집 맞은편' 또는 '자기 집과 마주 대한 곳'을 건축했다. 이는 나에게 맡겨진 삶의 자리부터 책임감 있게 세워 나가는 것이 공동체를 세우는 가장 효과적인 방법임을 보여 준다. 여리고, 드고아, 기브온 등 예루살렘 주변의 다른 지역 사람들도 예루살렘 재건을 위해 기꺼이 동참해 주었다. 더 나아가 살룸의 딸들과 같이 당시 사회에서 주목받지 못했던 여성들까지 이 거룩한 역사에 자신의 이름을 올리면서 다양한 계층이 참여했고 이렇게 연합의 아름다운 열매를 보게 된다.

부끄러운 불참과 위대한 협력의 원리(5절)

위대한 연합에도 소수의 인원은 동참하지 않아(5절) 부끄러운 기록으로 남아 있다. 이는 하나님의 역사에 동참하지 않는 것이 얼마나 큰 수치인지를 보여 주는 동시에 그들의 불참에도 전체 공사를 막지 못했다는 점을 시사해 준다. 느헤미야는 '성벽 전체 재건'이라는 압도적인 과업을 각 가문과 그룹이 감당할 수 있는 42개의 작은 구간으로 나누었다. 이 분담과 협력의 원리가 불가능해 보였던 일을 가능하게 만든 핵심적인 리더십의 모습이었다.

그러므로 거룩한 연합은 리더의 솔선수범으로 시작하여 모든 계층의 성도들이 동참할 때 가능하다. 그 위대한 출발도 바로 "내 집 앞"에서부터 시작한다. 하나님은 우리의 지위가 아니라 우리의 참여를 기억하고 하나님의 나라를 이루어 가신다.

적용

1. 나는 하나님의 거룩한 뜻을 위해서 기꺼이 동참하고 있는가?
2. 나는 말이 아니라 행동으로 동참하고 있는가?
3. 나는 내 삶의 가장 가까운 곳부터 책임감을 가지고 믿음으로 세워나가는가?

43주

위기 대처법

본문 | 느 4:1-23
요절 | 성을 건축하는 자와 짐을 나르는 자는 다 각각 한 손으로 일을 하며 한 손에는 병기를 잡았는데 (17절)

접근

오늘 말씀은 내우외환(內憂外患), 즉 내부의 근심과 외부의 환란이라는 의미의 사자성어를 떠오르게 한다. 왜냐하면 밖으로는 산발랏 연합군의 살해 위협이 있었고 안으로는 백성들의 피로와 두려움, 낙심이 있었기 때문이다. 그럼에도 느헤미야는 '기도'라는 절대적인 신뢰와 '파수꾼'이라는 철저한 준비를 병행하면서 위기를 돌파하게 되는데, 이 모습을 통해 신앙인으로서 어떻게 기도와 행동의 균형을 맞추면서 사명을 완수해 나갈지에 대한 실제적인 전력을 보여 주고 있다.

조롱에 응답하는 방법(1-6절)

성벽 공사가 진척되자 대적 산발랏과 도비야는 "이 미약한 유다 사람들이 하는 일이 무엇인가?", "그들이 건축하는 돌 성벽은 여우가 올라가도 곧 무너지리라"라며 조롱하며 백성들의 사기를 꺾으려고 했다. 느헤미야는 그들과 싸움을 벌이며 감정을 소비하지 않았다. 그는 즉시 하나님께 나아가 "우리 하나님이여 들으시옵소서. 우리가 업신여김을 당하나이다"라고 기도하며 모든 모욕과 판단을 하나님께 맡겨 드린다. 그리고 백성들도 그 조롱에 흔들리지 않고 "마음들여 성벽을 건축하여" 절반 높이까지 완성한다. 기도는 외부의 비난에도 내부의 결속을 가져오는 힘이 되었다.

살해 위협에 응답하는 방법(7-14절)

공사가 더욱 진척되자 대적들의 위협은 구체적인 살해 음모로 발전한다. 이 소식은 백성들 사이에 큰 두려움과 낙심을 불러일으켰고, "흙무더기가 아직도 많거늘 짐을 나르는 자의 힘이 다 빠졌으니 우리가 성을 건축하지 못하리라"라는 내부적인 위기까지 겹친다. 이에 9절은 "우리가 우리 하나님께 기도하며 그들로 말미암아 파수꾼을 두어 주야로 방비하는데"라고 기록하면서 기도와 파수꾼, 기도와 실천이라는 두 가지 방법을 동시에 실행했다. 그는 두려워하는 백성들을 향해 "너희는 그들을 두려워하지 말고, 지극히 크시고 두려우신 주를 기억하고, 너희 형제와 자녀와 아내와 집을 위하여 싸우라"라고 외치며 독려한다.

지속적인 위협에 대한 응답(15-23절)

느헤미야는 지속적인 위협 속에서도 일과 방비를 병행하는 놀라운 시스템을 구축한다. 절반은 일하고, 절반은 갑옷을 입고 무기를 들고 경비를 섰다. 그리고 짐을 나르는 자도 한 손으로 일하고 한 손에는 병기를 잡았고 건축하는 자는 칼을 허리에 차고 일을 했다. 그뿐 아니라 나팔수를 곁에 두어 위급한 상황이 생기면 나팔을 불어 모두가 함께 모여 싸울 수 있도록 했다. 그들은 밤에도 집에 가지 않고 예루살렘 안에서 묵으며 경비를 섰고 옷을 벗지 않을 정도로 완전하게 헌신했다.

그러므로 성도가 기억해야 할 것은 비난과 조롱에도 필요한 것은 논쟁이 아니라 기도라는 사실이다. 또한 기도와 실천이라는 전략은 하나님의 거룩한 사명을 완수해 가는 신앙의 양 날개와 같다는 점을 인식해야 한다.

> **적용**
> 1. 나는 비난과 조롱에도 논쟁보다 하나님께 기도하는 자리로 나아가고 있는가?
> 2. 나는 기도와 실천이라는 양 날개의 균형을 잘 잡고 있는가?
> 3. 나는 거룩한 하나님의 일을 행함에 '두려워할 분은 오직 우리 주님'이라는 사실을 인식하고 있는가?

44주

무너진 공동체를 세우는 정의와 희생

본문 | 느 5:1-19
요절 | 그들에게 이르기를 우리는 이방인의 손에 팔린 우리 형제 유다 사람들을 우리의 힘을 다하여 도로 찾았거늘 너희는 너희 형제를 팔고자 하느냐 더구나 우리의 손에 팔리게 하겠느냐 하매 그들이 잠잠하여 말이 없기로(8절)

접근

팀 켈러(Timothy Keller)는 『정의란 무엇인가?』(Generous Justice)라는 책에서 성경이 말하는 '정의'는 단순히 공정한 규칙을 지키는 것을 넘어 가난하고 연약한 자들의 필요를 채우기 위해 적극적으로 행동하는 것이라고 말한다. 오늘 말씀은 바로 '성경적 정의'를 실현하기 위해 분노하고, 책망하며, 스스로를 희생한 한 지도자의 위대한 모습을 그려 준다. 느헤미야는 자신의 모든 기득권을 포기하는 '희생적 리더십'의 본을 통해 공동체를 하나 되게 하는 모범을 보여 준다.

내부로부터의 절규(1-5절)

성벽 공사가 한창이던 그때 백성들 사이에서 큰 부르짖음이 터져 나온다. 흉년과 과도한 세금으로 인해 가난한 백성들은 먹고살기 위해 밭과 포도원, 집을 저당 잡히고 있었다. 심지어 귀족들과 민장들은 율법이 금지한 '동족 간의 이자 놀이'를 통해 그들의 고통을 가중시키고 있었다. 결국 빚을 갚지 못한 부모들은 자기 자녀들을 부유한 동족에게 종으로 팔아야 하는 끔찍한 상황에 내몰리게 되었다. 그야말로 동족을 착취하는 죄를 범하였다. 이는 하나님의 언약 공동체라는 정체성 자체가 내부로부터 붕괴되고 있음을 보여 주는 비극적인 상황이다.

정의를 향한 거룩한 분노와 개혁(5-13절)

백성들의 부르짖음을 들은 느헤미야의 반응은 단호하고 즉각적이었다. 6절을 보면, "크게 노하였으나"라고 기록하면서 그의 분노는 사적인 감정이 아닌 하나님의 공의가 무너진 것에 대한 거룩한 분노였음을 알 수 있다. 그는 분노를 바로 터뜨리지 않고 '깊이 생각하고'(7절) 큰 총회를 열어 이 문제를 공론화한다. 그는 총회에서 "너희가 어찌하여 너희 형제를 종으로 파느냐", "너희가 우리 하나님의 두려워하는 마음으로 행하여 이방 대적의 비방을 그치게 해야 하지 않겠느냐"라고 외친다. 그는 "모든 빚과 이자를 당장 돌려주라"라고 외친다. 귀족들이 그렇게 하겠다고 약속하자, 그 약속을 지키겠다는 맹세를 하도록 한다.

말보다 행동으로 증명하는 리더십(14-19절)

느헤미야는 지난 12년 동안 총독의 직무를 수행하면서 마땅히 받을 수 있는 녹(월급)과 백성에게 부과할 수 있는 세금을 '하나님을 경외함'으로 한 번도 받지 않았다고 고백한다. 그는 오히려 매일 150명이 넘는 사람들을 자신의 사비로 먹이고 백성들에게 어떤 경제적인 부담도 지우지 않았다. 그는 이 모든 일을 마치고 하나님께 "내 하나님이여, 내가 이 백성을 위하여 행한 모든 일을 기억하사 내게 은혜를 베푸시옵소서"라고 기도하며 모든 섬김의 최종적인 평가를 하나님께 맡긴다.

사실 성도들이 경계해야 할 점은 교회 외부가 아니라 내부의 문제, 즉 이기심과 다툼 등 내부의 죄이다. 진정한 성도의 삶은 자신의 권리를 기꺼이 내려놓을 수 있는 용기가 있어야 한다.

적용

1. 나는 공동체를 무너뜨릴 수 있는 내면의 죄에서 벗어나 있는가?
2. 나는 하나님의 거룩한 공의가 바로 세워질 수 있도록 나의 권리를 포기할 용기를 가지고 있는가?
3. 나는 회개는 말로만 아니라 삶의 현장에서 바르게 이루어지고 있는가?

45주

위대한 사명에 집중하라!

본문 | 느 6:1-19
요절 | 내 하나님이여 도비야와 산발랏과 여선지 노아댜와 그 남은 선지자들 곧 나를 두렵게 하고자 한 자들의 소행을 기억하옵소서 하였노라(14절)

접근

견인불발(堅忍不拔), 즉 어떤 일에 있어서 굳게 참고 견디어 마음을 빼앗기지 않는 것이다. 특별히 사명에 있어서 더욱 그렇다. 오늘 말씀은 네 번의 동일한 유혹과 온갖 비방과 위협 속에서도 전혀 흔들리지 않았던 느헤미야의 굳건한 의지를 보여 준다. 이러한 모습은 대적들이 교활하고 집요하게 공격을 퍼붓는 상황 속에서도 승리하게 되는 "영적 전쟁의 클라이맥스"를 잘 보여 준다.

타협의 유혹(1-4절)

산발랏과 도비야는 "오노 평지 한 촌에서 서로 만나자"라고 하며 느헤미야에게 회담을 제안한다. 이는 느헤미야를 안전한 예루살렘 밖으로 유인하여 해치려는 함정이었다. 그는 그들의 속셈을 꿰뚫어 보고 역사상 가장 위대한 '거절의 명언'을 남긴다. "내가 이제 큰 역사를 하니 내려가지 못하겠노라 어찌하여 역사를 중지하게 하고 너희에게로 내려가겠느냐"라고 말하며 대응한다. 그들이 네 번이나 똑같은 제안을 했음에도, 느헤미야는 네 번 모두 똑같이 거절하며 자신의 사명에 집중한다. 때로는 이렇게 사역에 집중하는 것이 유혹에 빠지지 않는 방법이다.

거짓 소문을 통한 비방(5-9절)

회유가 통하지 않자, 그들은 느헤미야의 명예를 실추시켜 백성들의 신뢰를 잃게 만들려는 계략을 쓴다. 산발랏은 일부러 봉하지 않은 편지를 보내 거짓 소문을 퍼뜨린다. 봉하지 않은 편지는 오가는 모든 사람이 읽고 소문을 퍼뜨리게 하려는 악의적인 의도였다. 느헤미야는 "네가 말한 바 이런 일은 없는 일이요 네 마음에서 지어낸 것이라"라고 단호하게 거부한다. 그리고 그는 그들의 의도가 "역사를 중지시키려는 것"임을 간파하고, 즉시 하나님께 "이제 내 손을 힘있게 하옵소서"라고 짧지만 강력한 기도를 드린다.

내부자를 통한 신앙적 함정과 52일 만의 완성(10-19절)

선지자 스마야는 거짓 예언을 하며, 느헤미야의 목숨이 위험하니 "하나님의 전으로 들어가서 외소 안에 머물고 문을 닫자"라고 제안하며 제사장만이 들어갈 수 있는 성소에 들어감으로써 율법을 어기도록 한다. 느헤미야는 "나는 들어가지 않겠노라"라고 외치며 이 예언은 하나님께로부터 온 것이 아니라 대적들에게 뇌물을 받은 거짓 예언임을 간파한다. 이 모든 방해에도 성벽 역사는 마침내 52일 만에 끝이 난다. 이 모든 소식에 모든 대적과 이방 민족들은 "다 두려워하여 크게 낙담하였으니 그들이 우리 하나님께서 이 역사를 이루신 것을 앎이니라"라고 고백한다. 그렇지만 도비야와 내통하는 유다의 귀족들이 계속해서 편지를 보내는 등 아직 영적 싸움이 끝나지 않았음을 보게 된다. 그러므로 성도는 흔들리지 않는 신앙인이 되기 위해서는 사역에 집중해야 하며, 거짓과 비방이 있다 할지라도 그 모든 문제를 주님께 가지고 나아가 기도할 수 있어야 한다.

적용

1. 나는 위대한 신앙 여정 가운데 사소한 유혹에 넘어가지 않도록 신앙에 집중하고 있는가?
2. 나는 거짓과 비방에 대응하는 최고의 무기는 하나님께 기도드리는 것이라는 사실을 인정하고 있는가?
3. 나는 어떠한 상황에도 말씀을 왜곡시키는 범죄를 저지르지 않고 하나님의 뜻에 합당한지 늘 점검하고 있는가?

46주

신앙의 뿌리를 소중히 기억하라!

본문 | 느 7:1-73
요절 | 내 아우 하나니와 영문의 관원 하나냐가 함께 예루살렘을 다스리게 하였는데 하나냐는 충성스러운 사람이요 하나님을 경외함이 무리 중에서 뛰어난 자라(2절)

접근

오늘 말씀은 대부분 2장에 기록했던 1차 포로 귀환자 명단이 거의 그대로 반복되고 있지만 진정한 공동체 회복의 핵심이 무엇인지를 보여 주는 말씀이다. 핵심적인 내용은 '거룩한 백성의 정체성을 다시 세우는 것'인데, 특별히 성벽이라는 구조물을 완성한 후, 그 안에 채울 내용물, 즉 사람에게 초점을 맞추고 있다. 그는 하나님의 특별한 감동을 받아 80여 년 전에 처음으로 돌아왔던 믿음의 선조들에 대한 명단을 다시 확인함으로써 지금의 공동체가 어떤 뿌리 위에서, 어떤 정체성을 가지고 세워졌는지를 각인시킨다.

성벽 완공 이후의 질서 확립(1-4절)

성벽이 완공되고 문짝까지 달리자, 느헤미야는 즉시 도시의 운영 시스템을 구축한다. 그는 가장 먼저 문지기와 노래하는 자들, 레위 사람을 세운다. 이는 성벽의 목적이 군사적 방어를 넘어 거룩한 예배 공동체를 보호하는 데 있음을 보여 준다. 그는 예루살렘을 다스릴 책임자로 자기 동생 하나니와 영문의 관원 하나냐를 세운다. 그들을 선택한 기준은 단 하나 "충성스러운 사람이요 하나님을 경외함이 무리 중에서 뛰어난 자"(2절)였기 때문이다. 성읍은 크고 매우 넓었으나 그 안에 거주할 백성의 수는 적었고 가옥이 아직 제대로 건축되지 않은 문제점이 여전히 남아 있었지만, 성안의 질서를 확립했다.

정체성의 회복(5-73절)

이러한 문제를 해결하기 위해서 느헤미야는 인구 조사를 계획한다. 5절에 "내 하나님이 내 마음을 감동하사"라고 고백하며 하나님께서 인구 조사를 하라는 마음을 주셨음을 선언한다. 그는 그 과정에서 약 80년 전 스룹바벨과 함께 처음으로 돌아왔던 사람들의 족보(스 2장)를 발견한다. 그리고 그 옛 명단을 낭독한다. 이는 단순히 과거를 회상하는 것이 아니라 뿌리를 존중하는 행위였다. 그리고 이 성벽 안에 살 자격이 있는 '거룩한 백성'이 누구인지, 그 언약적 정체성의 기준을 다시 한번 분명히 하고자 했다. 명단의 마지막은 지도자들이 성전 역사를 위하여 예물을 드리는 헌신의 장면으로 마무리된다. 이는 처음 귀환했을 때의 그 헌신을 다시 한번 재현하는 것이었다.

교훈

오늘 말씀을 통해 우리에게 주신 메시지는 한 마디로 부흥의 핵심은 건물이나 시스템에 있는 것이 아니라 사람에게 있다는 사실이다. 또한 우리의 영적 뿌리와 신앙의 유산을 기억하고 존중하는 태도이다. 느헤미야가 옛 명단을 통해 공동체의 뿌리를 확인했듯이 우리 역시 신앙의 선조들이 물려준 거룩한 유산을 기억하고 존중할 수 있어야 한다. 특별히 하나님의 거룩한 명단에 나의 이름이 기록된 것으로 감사할 수 있어야 한다.

적용

1. 나는 거룩한 주의 백성이 되었다는 분명한 정체성을 가지고 있는가?
2. 나는 하나님을 경외하는 신실한 믿음을 가지고 있는가?
3. 나는 영적 뿌리와 신앙의 유산을 소중히 여기고 있는가?

47주

여호와를 아는 것이 큰 힘이다

본문 | 느 8:1-18
요절 | 하나님의 율법책을 낭독하고 그 뜻을 해석하여 백성에게 그 낭독하는 것을 다 깨닫게 하니(8절)

접근

환호작약(歡呼雀躍)이라는 말이 있다. 이 말은 '기뻐서 소리 지르며 참새처럼 뛰어오른다'라는 말이다. 이 말처럼 오늘 본문은 말씀을 깨닫고, 순종하며, 초막절을 지키며, 기뻐하는 이스라엘 백성들의 모습을 생생하게 묘사하고 있다. 이스라엘 백성들의 자발적인 요청으로 말씀 사경회가 시작되었다. 사경회를 통해 잊고 있었던 율법을 깨닫고, 그들은 마음을 찢는 '회개의 눈물'을 흘리게 되었다. 지도자들은 그들을 슬픔에만 머무르게 하지 않고 '여호와로 인하여 기뻐하는 것이 너희의 힘'이라고 선포함으로써 거룩한 기쁨을 회복하도록 하였다. 그 기쁨은 즉각적인 순종의 열매로 이어져 전인격적인 부흥을 일으켰다.

말씀에 굶주린 이들의 거룩한 갈망과 경청(1-8절)

부흥은 프로그램이 아니라 백성들의 갈망에서 시작되었다. 모든 백성이 한 사람처럼 수문 앞 광장에 모여, 학사 에스라에게 "모세의 율법책을 가져오기를 청"하였다(1절). 에스라가 나무 강단에 올라 책을 펴자, 모든 백성이 일어섰고, 그가 여호와 하나님을 송축하자 백성들이 손을 들고 "아멘, 아멘" 화답하며 몸을 굽혀 얼굴을 땅에 대고 하나님을 경배했다. 에스라와 레위 사람들은 새벽부터 정오까지, 무려 6시간 동안 율법책을 낭독할 뿐만 아니라, "그 뜻을 해석하여 백성에게 그 낭독하는 것을 다 깨닫게" 했다(8절). 이렇게 부흥은 말씀을 읽는 것과 그 참된 의미를 깨닫는 데서부터 시작되었다.

말씀에 대한 두 가지 반응(9-12절)

말씀을 듣고 깨달은 백성들에게 나타나는 반응은 두 가지였다. 하나는 율법의 말씀이 거울이 되어 자신들의 죄악 된 모습을 비추자, 모든 백성이 말씀을 들으며 울기 시작했다. 이는 말씀을 통하여 자신들의 삶이 하나님의 말씀에서 얼마나 벗어났는지를 깨닫게 되었다는 것이다. 그때 지도자들이 백성들을 위로한다. "오늘은 주의 성일이니 근심하지 말라 여호와로 인하여 기뻐하는 것이 너희의 힘이니라"(10절). 백성들은 이 말을 듣고 돌아가 먹고 마시며 나누고 크게 즐거워했다(12절). 참된 기쁨은 하나님의 말씀을 깨닫는 것에서부터 시작된다.

말씀에 즉각적인 반응(13-18절)

부흥은 일회성 집회로 끝나지 않았다. 이튿날 족장들과 제사장들, 레위 사람들이 율법을 더 깊이 알고자 다시 에스라에게 모였다. 그들은 율법책에서 하나님께서 일곱째 달에 초막절을 지키라고 명령하신 것을 발견한다. 그들은 이것을 지식으로만 간직하지 않고, 즉시 온 백성에게 알려 모두 산에 가서 나뭇가지를 가져다가 초막을 짓고 그 안에서 거하며 절기를 지켰다. 성경은 이 초막절이 "여호수아 때로부터 그날까지 이스라엘 자손이 이같이 행한 일이 없었으므로 이에 크게 기뻐하며"(17절)라고 기록한다. 말씀에 순종할 때 역사를 바꾸는 기쁨을 맛보게 된 것이다. 우리는 지금 다시 말씀으로 돌아가야 할 시점에 서 있다. 다시 한번 부흥의 역사를 기대하고 갈망해야 하는 시대를 살아가고 있다. 그러므로 말씀의 의미를 더 깊이 깨달아 진정한 부흥의 역사를 써 갈 수 있어야 한다.

적용

1. 나에게는 말씀을 향한 갈망이 있는가?
2. 나는 말씀을 그냥 읽는 것이 아니라 그 의미를 깨닫고 있는가?
3. 나는 깨달은 말씀으로 인하여 생겨난 기쁨을 누리고 있는가?

48주

주님 앞에 선 정직한 고백

본문 | 느 9:1-38
요절 | 모든 이방 사람들과 절교하고 서서 자기의 죄와 조상들의 허물을 자복하고(2절)

접근

오늘 말씀은 '반궁자성'(反躬自省)이라는 한자 성어를 생각나게 한다. 이 말은 '자신에게 돌이켜 스스로를 살핀다'라는 뜻으로 자신들의 역사를 거울삼아 죄의 원인이 외부에 있지 않고 바로 '우리 자신'에게 있었음을 철저히 성찰하는 모습을 보여 준다. 기쁨의 축제가 끝난 후, 이스라엘 백성들이 금식하며 율법책을 읽고, 창조부터 현재까지 이어지는 구원의 역사를 되짚는 장엄한 회개의 기도를 드린다. 이 모습을 통해 하나님의 끝없는 은혜를 찬양하고 그 은혜를 끊임없이 배반해 온 자신들의 죄악 된 역사를 정직하게 고백하고 마침내 구체적인 헌신의 언약을 맺는 결단으로 이어진다.

슬픔과 경배의 준비(1-5절)

초막절이 지난 지 이틀 후, 백성들은 다시 모였다(1절). 그러나 이번에는 축제가 아니었다. 그들은 금식하고 굵은 베옷을 입고 티끌을 뒤집어쓰며 이방 사람들과 절교하는 등 자신들의 죄를 슬퍼하는 분명한 행동을 보였다. 그들은 낮 사분의 일(약 3시간)은 율법책을 읽고, 또 다른 사분의 일은 자신들의 죄를 자백하며 하나님께 경배했다. 그들은 말씀과 자백하는 행위를 균형 있게 했다. 그들은 말씀을 통해 자신들을 비추어 보고, 그 말씀 앞에서 죄를 고백하는 건강한 회개의 모습을 보여 주었다.

역사를 관통하는 위대한 회개의 기도(5-37절)

기도는 "오직 주는 여호와시라"(6절)라는 위대한 선포와 함께 온 우주를 만드신 창조주 하나님을 찬양하며 시작한다. 아브라함을 선택하시고 언약을 맺으신 신실하심, 애굽에서 고통받는 백성을 구원하시고 홍해를 가르신 하나님의 놀라운 능력을 찬양한다(긍휼 1). 그러나 백성들은 목이 곧아 순종하지 않았고, 금송아지를 만들며 하나님을 배반했다. 그럼에도 하나님은 그들을 인도했다. 하나님은 약속대로 가나안 땅을 주셨고, 그들이 짓지 않은 성읍과 파지 않은 우물, 심지 않은 포도원의 풍요를 누리게 하셨다(긍휼 2). 그렇지만 그들은 사사시대에 반복된 죄악을 저지르게 되었다. 마침내 현재로 돌아와 그들은 이 모든 역사 속에서 "주는 공의로우시니 우리는 악을 행하였사오나"라고 고백하며, 포로에서 돌아왔음에도 여전히 이방 왕들을 섬김으로 '큰 환난' 가운데 있음을 정직하게 아뢴다.

기도의 열매(38절)

이 길고 진솔한 기도는 감정의 해소로 끝나지 않았다. 구체적인 언약의 체결로 이어졌다(38절). 그들은 자신들의 죄악 된 역사를 반복하지 않기 위해 구체적인 순종을 약속하는 '언약 문서'를 작성하고 지도자들이 거기에 서명하기로 결단한다. 이러한 모습은 단지 말로만 회개하는 것으로 끝나지 않고 구체적인 언약 문서를 기록함으로써 그 언약을 대를 이어 기억하게 하려는 신앙의 굳은 결단이라고 할 수 있다. 이처럼 우리 또한 입술의 고백으로 끝나지 않고 구체적인 실천 서약 목록을 기록함으로써 그 결단을 오래도록 기억하고 실천하는 자세가 필요하다.

> **적용**
> 1. 나는 기쁨의 축제와 더불어 슬픔의 회개와도 균형이 잘 잡혀 있는가?
> 2. 나는 내 삶을 향한 하나님의 신실하신 인도하심을 구체적으로 기억하고 묵상하고 있는가?
> 3. 나는 변명하지 않고 "주는 의로우시고 우리는 악을 행하였나이다"라고 정직하게 고백하는가?

49주

회개를 넘어, 삶의 언약으로

본문 | 느 10:1-39
요절 | 곧 이스라엘 자손과 레위 자손이 거제로 드린 곡식과 새 포도주와 기름을 가져다가 성소의 그릇들을 두는 골방 곧 섬기는 제사장들과 문지기들과 노래하는 자들이 있는 골방에 둘 것이라 그리하여 우리가 우리 하나님의 전을 버려 두지 아니하리라(39절)

접근

오늘 말씀은 눈물의 기도가 구체적으로 '무엇을' 낳았는지를 보여 주는 '부흥의 서명식'과 같은 내용을 담고 있다. 참된 부흥은 감정적인 체험으로 끝나지 않고, 반드시 삶의 구체적인 영역에서 '거룩한 약속'과 '결단'으로 이어져야 함을 보여 주는 말씀이다. 오늘 말씀은 "은혜받고 회개한 후에, 우리의 삶은 구체적으로 어떻게 달라졌는가?", "당신은 하나님 앞에 어떤 약속으로 서 있는가?"라고 묻는다. 그러면서 회개를 넘어 구체적인 삶의 약속으로 하나님께 헌신하도록 우리에게 촉구하고 있다.

언약에 서명한 자들(1-29절)

9장의 마지막 절인 38절에 "견고한 언약을 세워 기록하고 … 인봉하나이다"라고 한 약속이 10장에 와서 그대로 실행된다. 언약 문서에는 총독 느헤미야를 시작으로 해서 제사장, 레위 사람, 방백들의 이름이 순서대로 기록된다. 이는 개혁과 헌신에 지도자들이 가장 먼저 책임감 있게 앞장섰음을 보여 준다. 그리고 지도자들뿐만 아니라 "그들의 아내와 자녀들, 곧 지식과 총명이 있는 모든 자"가 이 언약에 동참한다. 그들은 "저주로 맹세하기를 우리가 … 하나님의 율법을 따라"(29절) 행하겠다고 선언한다. 그리고 이 약속을 어길 경우, 저주를 받겠다는 각오로 언약에 참여한다.

언약의 구체적인 내용(30-39a절)

그들이 맹세한 내용은 매우 구체적이고 실제적이었다. 30절을 보면, "우리의 딸들을 이 땅 백성에게 주지 아니하고 우리의 아들들을 위하여 그들의 딸을 데려오지 아니하며"라고 말씀한다. 이 말씀은 에스라 9-10장의 아픔을 반복하지 않고 신앙의 순수성을 지키기 위한 첫 번째 약속이었다. 그리고 "안식일에는 물건을 팔러 와도 우리가 사지 아니하고, 일곱째 해마다 땅을 쉬게 하고 모든 빚을 탕감하리라"라는(31절) 말씀은 예배의 시간(안식일)을 거룩히 지키고, 가난한 자를 위한 정의(안식년과 희년)를 실천하겠다는 약속이었다. 그뿐만 아니라 성전세, 제단에 쓸 나무(서원제물), 첫 열매(초실절), 십일조 등, 하나님의 집(유대 공동체)을 유지하기 위한 구체적이고 정기적인 헌신을 약속하였다.

언약의 핵심 정신

이 모든 구체적인 약속은 마지막 한 문장으로 요약된다. "우리가 우리 하나님의 전을 버려두지 아니하리라." 이 말씀은 단순히 성전 건물을 방치하지 않겠다는 의미를 넘어 하나님 중심의 예배 공동체를 삶의 최우선 순위에 두고 그것을 지키고 세우기 위해 기꺼이 대가를 치르겠다는 그들 모두가 다짐한 결단의 핵심 정신이었다. 이는 하나님의 집, 즉 예배, 기도, 교제, 봉사의 자리를 삶의 최우선으로 삼겠다는 결단이었다. 바쁜 일상 속에서도, 세상의 유혹 속에서도 하나님의 교회를 소홀히 하지 않겠다는 결심이 오늘 우리에게 절실히 필요함을 촉구하는 말씀이다. 그러므로 우리는 하나님 중심의 삶을 최우선으로 하는 신앙의 결단을 할 수 있어야 한다.

적용

1. 나는 참된 회개를 통해 막연한 다짐이 아니라 구체적인 약속으로 증명하고 있는가?
2. 나는 꾸준한 헌신을 통해 예배 공동체를 유지해 가고 있는가?
3. 나는 하나님의 집을 최우선 순위에 두기로 결단하는가?

50주

거룩한 도성을 위한 헌신과 결단

본문 | 느 11:1-36
요절 | 예루살렘에 거주하기를 자원하는 모든 자를 위하여 백성들이 복을 빌었느니라(2절)

접근

오늘 말씀은 부흥의 열기가 어떻게 차갑고 현실적인 문제 앞에서 '희생적인 헌신'으로 이어지는지를 보여 주는 내용을 기록하고 있다. 11장 역시 이름들을 기록하고 있지만, 이 명단은 하나님의 도성을 세우기 위해 자신의 안락함을 포기한 '거룩한 개척자들'의 명예로운 이름이다. 이들은 성전 재건이라는 외적인 부흥 이후, 텅 빈 예루살렘을 '거룩한 성'으로 채우기 위해 백성들이 어떻게 제비를 뽑고 또한 자원하여 위험과 불편을 감수하고 이주했는지를 보여 준다. 이러한 내용은 예배 공동체를 세우기 위한 희생과 헌신이 얼마나 고귀한가를 증거하고 있는 말씀이다.

문제와 해결책(1-2절)

성벽은 완공되었지만, 심각한 문제가 있었다. 수도가 텅 비어 있었다. 이에 지도자들은 솔선하여 예루살렘에 거주했다. 나머지 백성들은 제비를 뽑아 십분의 일은 거룩한 성 예루살렘에 거주하게 하고, 나머지는 각자의 성읍에 머물게 했다. 그리고 2절은, "예루살렘에 거주하기를 자원하는 모든 자를 위하여 백성들이 복을 빌었느니라"라고 기록한다. 제비뽑기 외에도 자원하는 이들이 있었고, 백성들은 그들의 희생을 알고 축복했다. 당시 예루살렘에 사는 것은 어떤 특권이 아니라 위험과 불편을 감수해야 하는 '희생'이었음을 보여 준다.

예루살렘의 새로운 거주민들(3-24절)

3절부터 시작되는 말씀 대부분은 희생을 감수한 사람들의 명단을 기록하고 있다. 그 명단에는 유다 지파, 베냐민 지파의 평신도 지도자들, 제사장들, 레위 사람들(찬양대, 성문지기 포함), 성전 막일꾼(느디님 사람들) 등 다양한 계층이 포함되어 있었다. 이는 예루살렘이 다시금 이스라엘의 행정적, 영적 중심지로서 제 기능을 할 수 있도록 완전한 공동체를 이루었음을 보여 준다. 이렇게 신앙의 아름다운 공동체는 자신의 불편함과 위험을 감수하는 희생이 뒤따르기 마련이다. 하나님은 대가를 기꺼이 치르는 사람을 통해서 하나님의 나라를 이루어 가신다. 이렇게 기록된 이름은 하늘의 별과 같이 빛나는 거룩한 이름이 된다.

유다와 베냐민의 정착촌(25-36절)

마지막으로 예루살렘 외의 다른 성읍과 촌락에 거주하는 백성들의 명단을 기록하고 있다. 이는 예루살렘이라는 구심점과 그 수도를 지지하는 주변의 여러 마을이 조화롭게 국가를 이루고 있음을 보여 준다. 건강한 공동체는 강력한 중심과 튼튼한 주변부가 함께 세워져야 함을 알게 된다. 사실 신앙 공동체는 동떨어진 외딴섬이 아니다. 주변 사람들, 문화, 환경과 아름다운 조화를 이루며 공적 영역에서 공적인 역할을 감당할 수 있어야 한다. 그러므로 예루살렘이라는 강력한 영적 중심과 각자의 성읍이라는 튼튼한 삶의 현장이 함께 기록된 것처럼, 성도로서 우리의 신앙도 강력한 '교회 중심의 예배'와, 각자의 가정과 직장이라는 '세상 속의 삶'이 균형을 이루며 함께 세워져 가야 한다.

적용

1. 나는 하나님 나라를 이루기 위해 거룩한 헌신을 기꺼이 하고 있는가?
2. 우리 공동체는 공동체의 책임을 공정하게 분담하고 있는가?
3. 나는 영적 중심의 예배와 삶의 현장을 균형 있게 살아가고 있는가?

51주

뿌리를 기억하는 감사

본문 | 느 12:1-26
요절 | 이상의 모든 사람들은 요사닥의 손자 예수아의 아들 요야김과 총독 느헤미야와 제사장 겸 학사 에스라 때에 있었느니라(26절)

접근

오늘 말씀은 음수사원(飮水思源)이라는 단어를 생각나게 한다. 이 단어의 뜻은 '물을 마실 때 그 물의 근원을 생각한다'라는 뜻으로 근본을 잊지 말라는 의미이다. 이 사자성어는 성벽 봉헌이라는 기쁨의 물을 마시기 전에, 그 물의 근원이 된 믿음의 선조들의 헌신을 먼저 생각하고 있기 때문이다. 오늘 말씀은 '우리가 오늘 누리는 은혜와 축복의 자리는 과연 누구의 헌신과 희생 위에 세워졌는가?' 묻는다.

회복의 선구자들을 기억하다 (1-9절)

봉헌식의 역사를 기록하기에 앞서 느헤미야는 시간을 거슬러 올라가 약 90년 전, 스룹바벨과 대제사장 예수아를 따라 처음으로 포로 생활에서 돌아왔던 제사장들과 레위인들의 이름을 먼저 기록한다.

이는 지금 드리는 이 봉헌식이 갑자기 생겨난 행사가 아니라, 아무것도 없던 폐허 위에서 믿음으로 회복을 시작했던 바로 그 첫 세대의 희생과 헌신에 뿌리를 두고 있음을 선언하는 의미이다. 현재의 열매가 과거의 씨앗 덕분임을 잊지 않겠다는 감사의 표현이며, 그들의 이름을 호명함으로써 그들의 헌신을 공식적으로 기리는 것을 의미한다. 이처럼 회복의 그 뿌리를 기억하는 것은 신앙 공동체의 정체성을 회복하는 일이다.

영적 권위의 연속성을 확증하다 (10-26절)

이어서 느헤미야는 예수아로부터 시작된 대제사장의 계보와 각 시대별 제사장 가문 지도자들의 명단을 상세히 기록한다. 이는 이스라엘의 영적 리더십이 포로기라는 끔찍한 단절의 시간 속에서도 하나님의 보호하심 아래 끊어지지 않고 신실하게 이어져 왔음을 증명하는 내용을 담고 있다. 다시 말해서 지금 봉헌식을 주관하는 제사장들과 레위인들이 갑자기 나타난 사람들이 아니라, 하나님께서 아론에게 약속하시고 다윗을 통해 세우신 거룩한 직무를 정통성 있게 계승한 지도자들임을 보여 주고 있다. 이를 통해 봉헌식의 권위와 거룩함을 확립하고 있다.

교훈

오늘 내가 드리는 이 편안한 예배는, 이름도 빛도 없이 신앙을 지켜온 믿음의 선조들과 나를 위해 기도해 준 부모님, 주일학교 선생님의 눈물과 헌신 위에 서 있다는 사실이다. 우리는 신앙의 뿌리를 잊지 않고 감사할 줄 아는 성도가 되어야 한다. 또한 우리에게는 낯선 이름의 나열일지 모르지만, 하나님께는 당신의 나라를 위해 수고하고 헌신했던 사랑하는 자녀 한 사람 한 사람의 소중한 이름이다. 하나님 나라에는 결코 '무명용사'가 없다는 사실을 깨닫고 큰 위로와 격려를 받을 수 있어야 한다.

그러므로 성도는 큰 축제를 앞두고 과거를 먼저 돌아본 이들처럼, 우리도 인생의 중요한 순간에 교만해지기보다는 먼저 나를 지금의 이 자리로 이끌어 주신 하나님의 은혜와 사람들의 수고와 헌신을 기억하는 성숙한 자세가 필요하다.

적용

1. 나는 찬란하게 빛났던 과거의 헌신자들을 기억하고 있는가?
2. 우리의 공동체는 세운 리더십을 존중하고 안정감 있게 세워지고 있는가?
3. 나는 많은 은혜를 누리기 전에 과거의 뿌리를 돌아보고 있는가?

52주

삶으로 이어진 기쁨

본문 | 느 12:27-47
요절 | 이 날에 무리가 큰 제사를 드리고 심히 즐거워하였으니 이는 하나님이 크게 즐거워하게 하셨음이라 부녀와 어린아이도 즐거워하였으므로 예루살렘이 즐거워하는 소리가 멀리 들렸느니라(43절)

접근

오늘 말씀은 느헤미야의 성벽 재건 이야기 전체의 정점이자, 모든 고난과 수고가 마침내 기쁨의 찬양으로 열매 맺는 가장 감격적인 장면을 그리고 있다. 다시 말해서 환천희지(歡天喜地), 즉 하늘도 기뻐하고 땅도 기뻐하는 모습을 묘사한다. 왜냐하면 온 백성이 남녀노소 할 것 없이 크게 즐거워하고 그 소리가 하늘에까지 닿을 듯한 봉헌식의 벅찬 분위기를 만들어 내고 있기 때문이다. 특별히 본문 말씀은 완성된 사역을 기쁨의 찬양으로 하나님께 봉헌하고, 그 기쁨을 지속적인 순종의 삶으로 이어가는 내용을 생생하게 묘사하고 있다.

거룩한 축제의 준비(27-30절)

봉헌식을 위해 각지에 흩어져 있던 레위 사람들을 예루살렘으로 불러 모은다. 축제의 중심에 예배 인도자들을 세웠음을 알 수 있는 부분이다. 감사와 노래, 악기(제금, 비파, 수금)를 동원하여 기쁨의 축제를 준비한다. 가장 중요한 것은, 제사장들과 레위인들이 먼저 자기 자신을 정결하게 한 후, 이어서 백성들과 성문, 성벽을 정결하게 했다. 이는 하나님께 드리는 모든 기쁨과 감사는 반드시 '거룩함'의 기초 위에 세워져야 함을 보여 준다. 그러므로 거룩한 예식에 참여하기 전 자신을 성결하게 할 수 있어야 한다.

봉헌식의 절정(31-34절)

느헤미야는 역사상 가장 독특하고 장엄한 예배 행렬을 기획한다. 그는 백성들을 두 개의 큰 감사 찬양대로 나누어, 완성된 성벽 위를 각각 반대 방향으로 행진하게 한다. 한쪽 행렬의 앞에는 학사 에스라가 섰고, 다른 쪽 행렬의 뒤에는 총독 느헤미야 자신이 섰다.

두 찬양대는 성전 앞에서 만나 하나가 되어 큰 제사를 드리고 "심히 즐거워하였으니 이는 하나님이 크게 즐거워하게 하셨음이라"라고 기록한다(43절). 또한 "부녀와 어린아이도 즐거워하였으므로 예루살렘이 즐거워하는 소리가 멀리 들렸느니라"(43절)라는 말씀처럼, 남녀노소 모두 함께 누렸고 세상이 들을 수 있을 만큼 큰 영향력을 가진 증거가 되었다.

기쁨의 열매(44-47절)

봉헌식의 그 날에 백성들은 십일조와 헌물을 관리할 책임자들을 세우고, 제사장과 레위 사람들에게 마땅히 돌릴 몫을 즐거이 드렸다.

이렇게 기쁨으로 드린 봉헌식에 이어 백성들이 자발적인 헌물을 드리게 되었는데 십일조가 회복되었다. 느헤미야 시대의 백성들은 다윗 시대의 규례를 따라 예배를 섬기는 자들의 생활을 책임지는 거룩한 시스템을 완전히 회복시켰다. 이는 부흥의 기쁨이 일회성 행사로 끝나지 않고, 지속 가능한 삶의 헌신으로 뿌리내렸음을 보여 준다.

그러므로 성도는 기쁨의 원리, 영적 회복의 원리를 잘 깨달아 신앙 안에서 올바른 회복의 삶이 되어야 한다.

적용

1. 나는 모든 예배의 시작은 정결함에 있다는 사실을 인식하고 있는가?
2. 우리의 기쁨이 세상이 들을 수 있도록 큰 소리가 되고 있는가?
3. 예배를 통한 감격이 나의 성실한 삶으로 이어지고 있는가?

2026년 예배와 설교 핸드북 PDF 자료 활용법

그동안 예배와 설교 아카데미는 바른 설교와 바른 예배를 위한 사역을 감당해 왔습니다. 그리고 현장 목회에 도움이 될 수 있는 사역에 대한 끊임없는 고민과 솔루션을 찾기 위해 최선의 노력을 해 왔습니다.

이에 다양한 목회 정보를 제공하기 위한 방법으로 **PDF 자료와 더불어 다양한 정보를 홈페이지를 통해 제공**해 드리고 있습니다. 자료는 매월 홈페이지에서 다운 받으실 수 있습니다.

따라서 2021년부터 CD를 별도로 제공하지 않고 있습니다. 이에 많은 양해 부탁드립니다.

간곡히 부탁드리는 말씀은 **본인 외에 타인에게 핸드북 자료를 공유하거나 제공하는 일은 불법이므로 금해** 주시기 바랍니다.

예배와 설교 아카데미 기존 회원 이용 방법

1. 홈페이지 메인화면에서 '26년 핸드북 회원 업그레이드 신청하기' 배너를 클릭하고, **이름, 연락처, 교회, 26년 구입한 핸드북 시리얼 넘버**를 기록한 후 제출한다. 관리자가 승인하게 되면 자료를 활용할 수 있다.

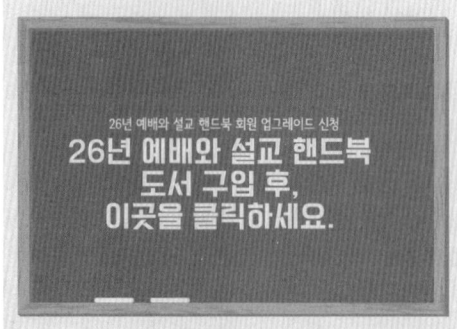

개인정보 수집 및 이용 동의 *

회사명(이하 '회사'라 한다)는 개인정보 보호법 제30조에 따라 정보 주체의 개인정보를 보호하고 이와 관련한 고충을 신속하고 원활하게 처리할 수 있도록 하기 위하여 다음과 같이 개인정보 처리지침을 수립, 공개합니다.

제1조 (개인정보의 처리목적)
회사는 다음의 목적을 위하여 개인정보를 처리합니다. 처리하고 있는 개인정보는 다음의 목적 이외

☐ 개인정보 수집 및 이용에 동의합니다.

이름 *

연락처 *

핸드북 시리얼 넘버 기입   26C574-5IQH-35O1-NF6J

신청합니다

2026년 예배와 설교 핸드북 신입 회원 이용 방법

1. 홈페이지(wpa.imweb.me) 상단에서 회원 가입 후,

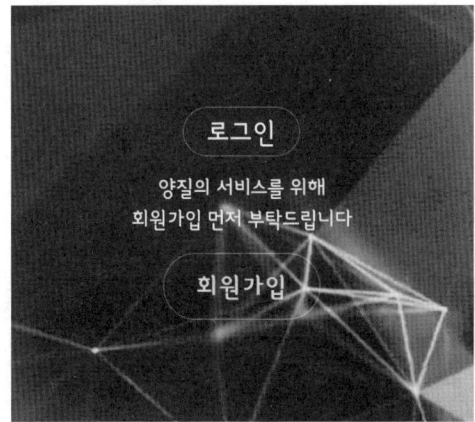

2026 예배와 설교 핸드북

2. 메인화면에서 '26년 핸드북 회원 업그레이드 신청하기' 배너를 클릭하고,

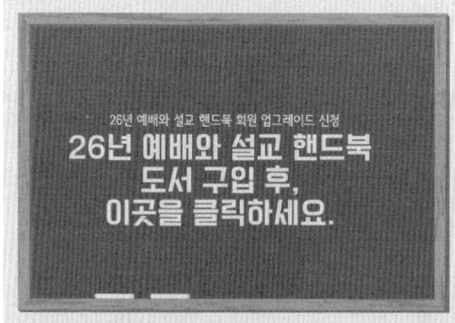

3. 회원 가입 후 26년 회원 업그레이드 신청

개인정보 수집 및 이용 동의 *

회사명(이하 '회사'라 한다)는 개인정보 보호법 제30조에 따라 정보 주체의 개인정보를 보호하고 이와 관련한 고충을 신속하고 원활하게 처리할 수 있도록 하기 위하여 다음과 같이 개인정보 처리지침을 수립, 공개합니다.

제1조 (개인정보의 처리목적)
회사는 다음의 목적을 위하여 개인정보를 처리합니다. 처리하고 있는 개인정보는 다음의 목적 이외

☐ 개인정보 수집 및 이용에 동의합니다.

이름 *

연락처 *

핸드북 시리얼 넘버 기입

신청합니다

4. 제출 후 관리자가 승인하게 되면 자료를 활용할 수 있다.

〈참고〉 핸드폰으로 QR 코드를 찍어서 **이름, 연락처, 26년 핸드북 시리얼 넘버**를 기록하고 제출한다.

이름 *

연락처 *

핸드북 시리얼 넘버 기입

신청합니다

자료 이용 방법

1. 홈페이지 로그인
2. 홈페이지 상단 메뉴 중 예배와 설교 핸드북 위에 마우스를 올려놓는다.
3. 하부 메뉴 중 26년 예배와 설교 핸드북 클릭
4. 주일 예배설교 자료 클릭
5. 해당하는 게시판을 클릭하고 자료를 다운로드 받는다.

※ 모든 자료는 본인 외에 타인에게 공유하는 것을 금해 주시기 바랍니다.

26년 핸드북 회원에게 드리는 혜택

1. 25년 예배와 설교 핸드북 PDF 자료 열람 가능
2. 매주 주일 설교 자료 제공
3. 절기 새벽 예배 설교 자료 제공(대림절, 사순절, 기쁨의 50일 등)
4. 각종 세미나 50% 할인 혜택

※ 설교집, 교회사, 시집, 신앙 에세이 등 출판을 원하시는 분은 예배와 설교 아카데미(02-457-9756)로 문의해 주세요.

야곱아 너를 창조하신 여호와께서 지금 말씀하시느니라
이스라엘아 너를 지으신 이가 말씀하시느니라
너는 두려워하지 말라 내가 너를 구속하였고
내가 너를 지명하여 불렀나니 너는 내것이라

이사야 43:1

저자

김수중

조선대학교 명예교수
(전)조선대학교 부총장
조선대학교 국어국문학과(B. A. / M. A.)
장로회신학대학교 신학대학원(M. Div.)
장로회신학대학교 대학원(Th. M.)
성신대학교 대학원 국어국문학과(Ph. D.)
sj824kim@hanmail.net

최영현

한일장신대학교 교수(예배학, 설교학)
연세대학교 신학과(Th. B.)
연세대학교 대학원(조직신학, Th. M.)
장로회신학대학교 신학대학원(M. Div.)
장로회신학대학교 대학원(예배·설교학, Th. M.)
Columbia Theological Seminary, Atlanta GA(Practical Theology, Th. M.)
Graduate Theological Union, Berkeley, CA(Homiletics, Ph. D.)
숭실사이버대학교 법·행정학과(법학사)
yhchoi@hanil.ac.kr

한경국

(전)장로회신학대학교 겸임교수(예배학, 설교학)
호남대학교 영어영문학과(B. A.)
장로회신학대학교 신학대학원(M. Div.)
장로회신학대학교 대학원(예배·설교학, Th. M.)
Columbia Theological Seminary (Practical Theology, Th. M.)
University of St. Michael's College in the University of Toronto
(Home Seminary: Knox / Homiletics, Ph. D.)
kyongkuk.han@alum.utoronto.ca

김성우

대전신학대학교 교수(예배학, 설교학)
호남신학대학교 신학과(Th. B.)
건국대학교 철학과(B. A.)
장로회신학대학교 신학대학원 (M. Div.)
장로회신학대학교 대학원(예배·설교학, Th. M.)
장로회신학대학교 대학원(예배·설교학, Ph. D.)
lord-house@hanmail.net

Worship & Preaching Academy

※
너희는 지난날을 기억하라
정장복 저 | 신국판 | 382쪽 | 18,000원

이 책은 『예배와 설교 핸드북』을 통해 매년 접했던 지난 20년의 〈회고와 전망〉을 단권으로 묶어 언제 어디서나 쉽게 독자들이 우리의 근대사의 기록을 읽으며 역사의 주인이 하나님이심을 알고 하나님이 주체가 되셔서 펼치신 놀라운 손길을 다시 한 번 되새기며 하나님을 바르게 예배하고 주신 말씀을 올곧게 운반하는 열풍이 식지 않기를 바라는 마음으로 출간하였다.

※
한국 기독교문학 꼭 읽어야 할 작품들
김수중 저 | 신국판 | 224쪽 | 12,000원

이 책은 한국 기독교문학에서 문제작이라 판단되는 대상들을 가려내어 신앙과 문학 이해에 도움이 될 만한 평설을 쓴 책이다. 문학에 대한 전문적인 글이 아니라, 누구나 쉽게 읽을 수 있고 믿음에 도움이 되는 작품들을 소개하였다.

※
예배와 설교의 뿌리
정장복·최영현 편저 | 신국판 | 372쪽 | 16,500원

이 책은 오래 전부터 이어내려 온 기독교의 풍부한 전통이 생생하게 담겨진 예배와 설교의 문헌들로 엮여져 있다. 이 책을 통해 예배와 설교를 위해 사는 사람들이 그 뿌리를 만져볼 수 있고, 자신의 정체성을 알게 해주는 등불을 켜주게 될 것이다.

※
실천신학의 네 가지 중심 과제
리처드 아스머 저 | 김현애·김정형 역 | 신국판 | 354쪽 | 18,000원

이 책은 실천신학에 대한 풍부하고 명쾌한 입문서로서 이론과 실제를 겸비한 책이다. 그래서 일상생활과 밀접하고 유익한 실례가 많아 목회상담학, 예배학, 설교학, 영성신학, 선교신학, 기독교교육학 등 실천신학의 여러 영역에서 두루 사용될 수 있는 안내서이다.

Worship & Preaching Academy

알고 드리는 예배 알고 듣는 설교
정장복 저 | 신국판 변형 | 444쪽 | 24,000원

이 책은 올바른 예배에 대한 교육이 부재한 한국교회에서 하나님이 원하시는 예배를 드리고, 하나님의 말씀을 올곧게 경청하고 싶어 하는 평신도들에게 예배와 설교에 대한 기초적인 상식과 지식을 알려주어 참된 예배자로 세워가기 위해 집필한 책이다.

예배의 신학
정장복 저 | 신국판 | 614쪽 | 32,000원

이 책은 기독교 예배에 대한 역사적 뿌리와 전통의 틀을 알고 싶어 하는 사람들을 위한 책이다. 한국교회의 예배의 줄기가 어디서부터 이어졌는지 알고자 하는 사람들과 기독교 예배를 좀 더 깊게 연구하고 싶어 하는 목사와 신학도들은 꼭 읽어야 할 필독서이다.

설교의 신학
정장복 저 | 신국판 | 430쪽 | 28,000원

이 책은 설교사역자들에게 설교사역에 대한 소중한 가치를 안겨 주며 설교사역의 아정표를 제시해 주는 책이다. 설교사역자들이 바른 설교를 정립하는 데에 길잡이가 될 것이다.

※ 제39회 한국기독교출판문화상(2022년) 신학부문 국내 우수상 수상

사막에서 별을 노래하다
김운용 저 | 신국판 | 424쪽 | 19,500원

이 책은 우리가 걷는 인생길이 광야, 사막과 많이 닮았다는 생각을 가진 저자의 묵상집이다. 저자는 사막, 힘든 길을 걸어갈 수 있었던 것은 곳곳에 숨겨놓으신 말씀과 은혜 때문이었음을 우리에게 들려주고 있다.

Worship & Preaching Academy

나의 하나님은 슈퍼 울트라 '울'
신옥수 저 | 신국판 | 260쪽 | 16,500원

이 책은 여성설교자이자 조직신학 교수인 저자가 가슴 절절한 하나님 사랑을 노래하고 있으며, 때로는 파워풀한 선언으로 우리를 하나님의 위대한 사랑으로 초대하고 있다.

이토록 따스한 성령님
신옥수 저 | 4x6판 | 332쪽 | 19,800원

이 책은 여성설교자이자 조직신학 교수인 저자가 삶의 나날을 매일의 햇살처럼 한결같이 어루만져 주시는 성령님의 사랑을 노래하고 있으며, 인생의 광야길에 숯불에 구운 떡과 한 병 물을 차려놓고 우리를 다독이시는 성령님의 온기 가득한 식탁으로 초대하고 있다.

망치를 든 설교학
김성우 저 | 신국판 | 367쪽 | 19,500원

이 책은 들려지는 설교를 위한 신학적 통찰력과 방향성을 제시하는 책이다. 특별히 저자는 신학자이자 현장 목회자로서 신학과 실천이 조화를 이루며 복음적 실천으로 나아가도 록 설교학적 방향성을 잘 제시하고 있다. 다양한 형태로 설교를 전하는 방법에 목마른 설교자에게 추천하는 책이다.

예배 : 소중한 하늘 보석
마르바 던 저 | 김운용 역 | 신국판 | 584쪽 | 29,000원

다양한 "예배 전쟁"이 이루어지고 있는 상황에서 양 진영을 연결하려고 하면서 이 책에서 마르바 던은 지역교회 목회자들과 교단 관계자들이 예배와 문화에 대해 보다 면밀하게 사고할 수 있도록 돕고 있다. 저자는 진정한 예배는 그 중심에 하나님이 계시며, 예배자들의 품성을 형성해 주며, 공동체를 세워 나가게 된다고 주장한다.

2026년 주일별 예전색

월 일	교회력	월 일	교회력
2025년도		5.10	부활절 여섯 번째 주일 / 어버이 주일
11.30	대림절 첫 번째 주일	5.17	부활절 일곱 번째 주일
12.07	대림절 두 번째 주일	5.24	성령 강림 주일
12.14	대림절 세 번째 주일	5.31	삼위일체 주일
12.21	대림절 네 번째 주일	6.07	오순절 후 두 번째 주일
12.25	성탄절	6.14	오순절 후 세 번째 주일
12.28	성탄절 후 첫 번째 주일	6.21	오순절 후 네 번째 주일
2026년도		6.28	오순절 후 다섯 번째 주일
1.04	성탄절 후 두 번째 주일	7.05	오순절 후 여섯 번째 주일
1.06	주현절	7.12	오순절 후 일곱 번째 주일
1.11	주현절 후 첫 번째 주일 / 주님의 수세 주일	7.19	오순절 후 여덟 번째 주일
1.18	주현절 후 두 번째 주일	7.26	오순절 후 아홉 번째 주일
1.25	주현절 후 세 번째 주일	8.02	오순절 후 열 번째 주일
2.01	주현절 후 네 번째 주일	8.09	오순절 후 열한 번째 주일
2.08	주현절 후 다섯 번째 주일	8.16	오순절 후 열두 번째 주일
2.15	주현절 후 여섯 번째 주일 / 산상 변모 주일	8.23	오순절 후 열세 번째 주일
2.18	참회의 수요일	8.30	오순절 후 열네 번째 주일
2.22	사순절 첫 번째 주일	9.06	오순절 후 열다섯 번째 주일
3.01	사순절 두 번째 주일	9.13	오순절 후 열여섯 번째 주일
3.08	사순절 세 번째 주일	9.20	오순절 후 열일곱 번째 주일
3.15	사순절 네 번째 주일	9.27	오순절 후 열여덟 번째 주일
3.22	사순절 다섯 번째 주일	10.04	오순절 후 열아홉 번째 주일
3.29	종려주일/수난주일	10.11	오순절 후 스무 번째 주일
4.02	성 목요일	10.18	오순절 후 스물한 번째 주일
4.03	성 금요일	10.25	오순절 후 스물두 번째 주일
4.05	부활 주일	11.01	오순절 후 스물세 번째 주일
4.12	부활절 두 번째 주일	11.08	오순절 후 스물네 번째 주일
4.19	부활절 세 번째 주일	11.15	오순절 후 스물다섯 번째 주일
4.26	부활절 네 번째 주일	11.22	오순절 후 스물여섯 번째 주일 / 왕이신 그리스도 주일
5.03	부활절 다섯 번째 주일 / 어린이 주일		※ 수난 주간에는 보라색을 사용하셔도 됩니다.